인간 神과 평화의 바벨탑

인간 神과 평화의 바벨탑

국제정치의 원칙과 평화를 위한 세계헌정질서의 모색

강성학

고려대학교출판부
KOREA UNIVERSITY PRESS

The Mortal God and the Peace Tower of Babel

The Principles of International Politics and the Quest for Global Constitutional Order for Peace

Sung-Hack Kang

고마운 아내

신혜경 여사에게

추천사

"인간 神과 평화의 바벨탑"

김경원
고려대학교 석좌교수

우리나라에서 흔히 국제정치 또는 국제정치학이라고 부르는 학문은 아직 통일된 이름을 갖고 있지 않다. 국제정치(International Politics), 세계정치(World Politics), 국제관계론(International Relations) 등의 용어가 있지만, 이런 명칭들 사이에는 공통된 의미도 있으면서도 서로 다른 의미도 있기 때문에 하나의 명칭으로 통일되지 못하고 다양한 명칭들이 상호 교환 가능한 상태에 놓여 있는 형편이다.

미국 대학에서는 "국제관계"(International Relations, IR)라는 표현이 가장 널리 사용되고 있지만 그렇다고 "국제정치" 또는 "세계정치"라는 대안이 곧 사라질 것 같아 보이지도 않는다.

이와 같은 국제관계학의 명칭 문제의 혼돈에도 불구하고 "국제관계"의 개념을 정의하는 데 있어서는 비교적 명백한 공통점이 있다.

국제정치는 국내정치와 정반대의 개념이다. 국제정치는 국내정치를 지리적으로 확장해 놓은 공간을 의미하는 것이 아니라 그 본질에 있어서 국내 정치와는 정반대의 논리와 현상을 의미한다.

국가의 본질은 특정한 공간 내에서 정당한 폭력수단의 독점을 의미하는 데 반해 국제관계는 폭력수단이 독점되지 않고 오히려 힘이 분산되어 있는 상태를 뜻한다.

국내구조(Domestic Structure)는 힘의 독점을 전제로 하기 때문에 모든 갈등과 분쟁은 최종적으로 국가의 권위체제에 의하여 처리되거나 적어도 그렇게 된다는 전제가 최소한의 국내적 질서를 보장해 준다. 그렇기 때문에 국내적 갈등과 분규는 무한투쟁으로 번지기 전에 종결되지만 국제적 갈등은 "정부"가 존재하지 않기 때문에 국가의 생존은 최종적으로 자신의 "힘"에 의존할 수밖에 없는 것이다. 그리고 각자가 스스로 "경찰" 역할을 해야 한다면 모든 국제적 갈등은 잠재적으로 전쟁 가능성을 전제하고 있게 마련이다.

이러한 국가들의 운명을 안보 딜레마(Security Dilemma)라고 하는데, 근대 영토국가는 이 세상에 태어나면서부터 안보 딜레마에 직면하게 된다. 왜냐하면 안보를 증강하기 위해 군사력 증강 프로그램을 추진하면 그것은 반드시 상대 국가들의 반응을 초래함으로써 안보증강 계획을 무효로 만들어 버리게 된다. 그리고 그런 동학(dynamics)의 결과는 세력균형에는 변화가 없고 위험의 규모만 확대되었다고 볼 수 있다.

그런데 우리나라의 "소위 정치 지도자들"은 국제관계의 본질에 관하여 이해가 부족한 것이 문제다.

저자 강성학 교수에 의하면

> 소위 우리나라의 정치 지도자들은 국제정치의 냉혹한 현실을 올바로 인식하지 못한 채 〔…〕 강렬한 의지만으로 세상을 바꾸거나 대한민국의 운명을 가르는 외교정책을 시대착오적 이데올로기나 아류의 정치이론, 혹은 어설픈 평화의 독트린에 사로잡혀 무면허 선장처럼 마구잡이로, 몰아붙여 우왕좌왕하는 걸 목격하면서 비극적 운명의 타이타닉 호처럼 보이지 않는 국제정치의 거대한 빙산에 부딪쳐 대한민국호가 침몰하여 승선한 국민 모두가 수장되는 건 아닌가 하고 불현듯 두려움과 걱정스러운 마음을 갖게 된다

라고 이 책을 쓰게 된 동기에 대해 적고 있다. 강성학 교수는 "두려움과 걱정스러운 마음"을 갖게 되면서부터 그와 같은 비극을 피할 수 있는 길을 찾고 있다.

> 따라서 국제정치의 냉혹한 바다에서 대한민국호가 파도타기에 성공하면서 국가의 번영과 궁극적으로는 통일된 민족의 행복이라는 항구까지 순항하기 위해서는 외교정책의 결정자들에게 국제정치의 무시할 수 없는 원칙들과 이상의 실현과정에 대한 기나긴 역사적 지식에 입각한 철학적 세계관이 무엇보다도 절실하게 요망된다

고 지적하고 있다.

그러니까 저자는 미래 정치 지도자들을 교육하겠다는 생각으로 《인간 神과 평화의 바벨탑》을 썼지만 앞으로 정치 지도자가 될 계획이 없다고 하더라도 국제관계에 조금이라도 관심이 있는 사람이라면 누구나 읽어서 풍요한 지성적 메뉴를 맛보지 않는 사람은 없을 줄 안다.

우선 《인간 神과 평화의 바벨탑》이 커버하는 역사는 방대하고 다양한 내용으로 가득 차 있다.

강성학 교수는 유럽의 중세기로부터 출발, 오늘의 유엔에 이르기까지 유럽의 역사를 폭넓게 섭렵하고 있다. 물론 강성학 교수의 초점은 근대국가의 진화과정을 해부하는 데 있지만 역사를 서술할 때에는 좁은 뜻의 국제정치를 넘어 신축성 있고 유연한 눈초리로 유럽사회의 변화과정을 관찰하는 것이 필요하다.

《인간 神과 평화의 바벨탑》은 처음부터 "국제헌정질서"라는 개념을 도입, 국제정치 분석에 중심적 역할을 담당하게 하는데, 강 교수는 종국적으로는 국제헌정질서를 완벽하게 발전시키는 것을 국제정치의 최종 목표로 간주하는 것 같아 보인다.

표면적으로 《인간 神과 평화의 바벨탑》은 베스트팔렌에서부터 유엔에 이르기까지 "국제평화수립을 모색했던 역사적 국제회의들"을 조사하고 있다. 역사와 제도를 동시에 분석하는 것은 쉬운 일은 아니지만 잠재적으로 참으로 큰 열매를 기대할 수 있는 것도 사실이다. 더욱이 시대의 변천과정에 따라 "국제헌정질서"를 분석할 필요가 증가할 것이 분명하다. 우리들의 앞으로의 과제는 우리 시대에 적합한 구조를 개발하는 일이다.

《인간 神과 평화의 바벨탑》은 한국에서 출간된 국제관계 분야의 책들 가운데 가장 독특하고 읽을 가치가 풍부한 책이다.

우선 국제정치만 다룬 것이 아니라 국제정치의 기초를 제공하고 앞으로의 가능성을 예측하는 것이 독특하다. 특히 역사적 국제평화 회의를 분석하면서 바로 같은 문제로 깊은 사색과 분석을 시도했던 국제정치 분야의 사상가들을 다시 한 번 찾아보는 것은 참으로 유익한 지적 탐구라고 하지 않을 수 없다. 《인간 神과 평화의 바벨탑》의 긴 지적 여정을 출발하면서 제일 먼저 만나는 사람으로 한스 모겐소를 내세운 것은 참 좋았다고 하지 않을 수 없다. 주지하다시피 모겐소는 국제정치학 분야에서 현실주의(Realism)를 내세웠던 가장 웅변적인 학자였고 오늘날 대부분의 국제정치 전공자들 중에 일단 모겐소를 거치지 않은 사람은 없을 것으로 본다. 그의 생각을 다시 한 번 검토하는 것은 아주 현명한 결정이었다.

《인간 神과 평화의 바벨탑》이 접근한 마지막 인물은 우드로 윌슨이다. 앞에서 만나 본 모겐소의 공격의 목표물이 윌슨이었다. 그리고 미국의 현인 조지 케넌의 윌슨 비판은 영웅적이며 철저했다. 말하자면 미국 대통령을 지냈으면서도 미국 지식인사회에서 감상적인 이상주의자로 공격받고 구제불능으로 보이던 윌슨을 따뜻한 동정심과 이해심을 가지고 다시 생각해 보는 것이 바로 《인간 神과 평화의 바벨탑》에서 강성학 교수가 용감하게 시도한 작업이다.

그러면 윌슨은 구제되었는가? 강성학 교수는 윌슨이 옳았다고 설득하는 데 성공했다고 볼 수 있을까?

여기에는 유엔 문제도 있다. 강성학 교수는 유엔의 문제점도 충분히 이해하면서도 유엔의 미래에 대해서 마지막 희망과 기대를 포기하기를 주저한다. 유엔은 성공할 수 있을까?

항구한 평화를 보장할 수 있는 유엔의 헌정질서는 그런 구상이 존재한다고 하더라도 그것을 현실화하기 위한 유엔의 개혁이 가능할까?

강 교수의 논리는 단순하지 않다. 문제의 앞면만이 아니라 뒷면 좌우면 모두 보고 나서 사유하는 신중한 논리전개, 단순하고 명백한 답보다 복합 리얼리티를 포기하지 않는 저자의 태도에 박수를 보낸다.

저자 서문

> 나는 아무것도 발명하거나 발견하지 않았다. 나는 단지 전통적 지혜를 재발견하고 그것을 현재의 문제들에 적용하려고 노력했을 뿐이다.
> —한스 J. 모겐소

저자는 본서를 마키아벨리처럼 통치권자를 위한 비망록이나 소위 대권 야심가들을 위한 정책보고서로 작성하지 않았다. 그렇다고 해서 본서가 동료 교수들이나 학자들 앞에 새로운 과학적 이론이나 혹은 새롭게 발견된 지식, 혹은 시적 창의력이나 미래를 꿰뚫는 통찰력을 과시하기 위해 작성된 것도 아니다. 본서는 플라톤처럼 순전히 대학생들의 교육적 목적을 위해 국제정치학 분야에서 오늘날 비교적 소홀히 취급되는 과거에 축적된 지식과 지혜를 오늘의 대학생들에게 전달하려는 일종의 역사철학적 교과서로서 작성한 것이다. 물론 국제정치의 현상에 관심이 있을 일반인들도 염두에 두고 있었다. 그러나 동시에, 저자는 누구보다도 미래의 정치 지도자가 되려는 야심찬 젊은이들에게 본서의 정독을 통해 올바른 국제정치적 안목을 계발하는 데 큰 도움이 되기를 바라는 은밀한 욕심도 솔직하게 고백하고자 한다. 따라서 어떤 국제정치의 문제에 대한 간단한 답안 작성을 위해 잠깐 일별하려 하거나 목차나

색인을 이용하여 손쉽게 도움을 받을 수 있는 참고서를 원하는 사람들에겐 본서가 별로 즉각적인 도움이 되지는 못할 것이다. 그 대신에 모든 국제정치현상을 포괄적으로 이해할 수 있는 어떤 국제정치적 조망을 얻을 수 있을 것이다.

언제부터인가 이 땅의 소위 정치 지도자들이 국제정치의 냉혹한 현실을 올바로 인식하지 못한 채 자신의 명예와 권력을 향한 강렬한 의지만으로 세상을 바꾸거나 대한민국의 국가적 운명을 가르는 한국외교정책을 시대착오적 이데올로기나, 아류의 정치이론, 혹은 어설픈 평화의 독트린에 사로잡혀 무면허 선장처럼 마구잡이로, 몰아붙여 우왕좌왕하는 걸 목격하면서 비극적 운명의 타이타닉 호처럼 보이지 않는 국제정치의 거대한 빙산에 부딪쳐 대한민국호가 침몰하여 승선한 국민 모두가 혹시 수장되는 건 아닐까 하고 불현듯 두려움과 걱정스러운 마음을 갖게 되었다. 용기 있는 정치 지도자의 대담한 결단이 때론 국제적으로 어려운 위기 속에서 나라의 운명을 구하기도 하지만 그런 경우엔 거의 모두가 국외로부터 밀어닥친 심각한 국가적 위기를 국내적 단결을 통해 절망적 분위기를 극복하고 감당하기 어려운 희생을 치르면서도 결코 포기하지 않는 끈질긴 투쟁으로 승리를 쟁취해 냈었다. 반면에 지도자들이 자신의 정치적 비전이나 야심의 실현만을 고집하여 비현실적 대외정책을 추진하고 또 국내적으로 희생양을 찾아 분할하여 지배하려 드는 경우에는 국내외적으로 국가적 위기를 초래하여 국가의 운명을 오히려 위태롭게 하였다. 외교정책의 선택은 결과에 대한 근본적인 불확실성 속에서 이루어지기 때문에 본질적으로 도박의 성격을 완전히 배제할 수는 없는 것이지만 그래도 그 정책적 선택은 강력한 희망과 무모한 의지보다는 이성적 목적과 합리적 전략에 입각한 분별력 있는 선택이어야 할 것이다. 따라서 국제정치의 냉혹한 바다에서 대한민국호가 파도타기에 성공하면서 국가의 번영과 궁극적으로는 통일된 민족의 행복이라는 항구까지 순항하기 위해서는 외교정책의 결정자들에겐 국제정치의 무시할 수 없는 원칙들과 이상의 실현과정에 대한 기나긴 역사적 지식에 입각한 철학적 세계관이 무엇보다도 절실하게 요청된다고 하겠다.

그리하여 본 저자는 한국외교정책의 국제적 배경과 한민족의 외교를 다룬 《새우와 고래싸움》이라는 저서를 2004년 2월에 출간한 직후 국제정치의 본질적이고 항구적인 원칙들과 국제평화수립을 모색했던 역사적 국제회의들을 조사하기로 하였다. 특히 평화의 이상을 실현하고자 전심전력으로 노력했던 우드로 윌슨 대통령에 대한 본격적인 연구도 함께 구상하고 3월부터 준비 작업에 착수하였다. 우선 유엔의 창설과정에 참여하여 유엔헌정질서의 탄생을 직접 목격한 영원한 이상주의자요, 유엔의 변함없는 연인인, 미국의 옛 지도교수였던 로렌스 핑켈슈타인(Lawrence S. Finkelstein) 은사님께 저서 집필 결심을 알려드리면서 한때 평화의 神으로 불렸고 오늘날 유엔헌정질서의 진정한 선구자였던 우드로 윌슨 대통령에 관한 특별히 중요한 고전적 문헌에 대해 문의를 드렸고 그분은 기쁜 마음으로 필독서를 추천해 주셨다. 은사님의 지칠 줄 모르시는 태평양 횡단 지도에 언제나처럼 감사드린다. 정치철학 분야의 스승이신 모턴 프리쉬(Morton Frisch) 은사께서 보내 주신 카를 슈미트에 관한 서적들도 큰 도움이 되어 저자를 위한 태평양 횡단 교육을 계속해 주신 데 대해 깊이 감사드린다.

그러나 저술할 때는 무엇보다도 작업에 집중할 시간이 필요했다. 다행스럽게도 2005년 가을학기부터 2006년 8월 말까지는 고려대학교에서 승인해 준 저자의 휴식년이었다. 이에 2005년 여름방학 때부터 집필 작업에 집중하기 위해 기회를 찾던 중 일본 유엔연구학회의 야스시 아카시(Yasushi Akashi) 회장님과 주오대학교의 타케오 우치다(Takeo Uchida) 교수님 그리고 고려대학교의 옛 은사이신 김경원 대사님의 과분한 추천으로 일본 국제교류기금으로부터 국제교류 펠로우십을 받게 되었다. 그리하여 2005년 7월 1일 도일하여 와세다대학교에 자리를 잡게 되었다. 세 분께 진심으로 감사드린다. 와세다대학에서는 오쿠마공공경영대학원(The Okuma School of Public Management)의 카타오카 히로미츠(Kataoka Hiromitsu) 전 원장님의 각별한 배려와 이시다 미츠요시(Ishida Mitsuyoshi) 현 원장님의 친절하신 협조로 넓은 공간의 쾌적한 연구실과 안락한 숙소를 마련할 수 있었다. 이분들께도 깊이 감사드리고 싶다. 국제교류기금으로부터의 펠로우십 수혜 기간이 끝난 후엔 고려대학교와 와세다대학교 간의 교환교수 프로그램의 대상자로 전환하여 집필에 전념할 수 있었다. 그런 기회의 혜택을 주신 나의 자랑스러운 고려대학교와 당시의 어윤대 총장님께 진심으로 감사드린다. 또한 자주 일시 귀국을 통해 소장으로서의 책임을 다하려고 노력은 했지만 소장인 본 저자의 장기 해외 체류 중 한결같은 마음으로 평화연구소의 운영과 살림살이에 정성을 다해 준 이웅현 연구교수에게 특히 감사하고 싶다. 또한 운명의 주사위가 참으로 묘하게 돌다가 맡게 된 한국 풀브라이트 동문회 회장직의 책임도 다하기가 여러 가지로 어려웠지만 넓은 아량과 깊은 배려의 미덕을 변함없이 보여 주신 한국 풀브라이트

위원단의 심재옥 단장님과 풀브라이트 동문회의 최영 부회장님 그리고 임성호 총무님을 위시하여 회원님들께 죄송하고 고마운 마음을 이곳에 기록하고 싶다. 또한 일본 와세다대학교에 도착하는 날부터 떠날 때까지 그곳에서 정착하고 이사하고 귀국하는 여러 과정에서 몹시 바쁜 중에도 소중한 시간을 내어 저자의 편의를 위해 여러모로 애써 준 와세다대학교의 강사이며 현재 센다이의 도호쿠후쿠시대학교의 윤영수 교수에게도 감사하는 마음을 여기에 남기고 싶다. 그리고 어느 분보다도 아주 어려운 길이지만 그러나 때로는 "황홀한" 학문의 길로 저자를 안내하셨을 뿐만 아니라, 방대한 초고를 모두 다 읽으시고 본서의 추천사를 직접 써 주시느라 무척 애써 주신 김경원 은사님께 충심으로 감사드린다.

책을 쓴다는 것은, 일찍이 윈스턴 처칠이 갈파했던 것처럼, 하나의 힘들고 어려운 모험이다. 그것은 즐거움으로 시작해서 연인으로 변했다가 주인이 되고 종국에는 폭군이 되어 버리기 때문이다. 약 40년간의 정치학 공부와 지난 26년간의 교수생활 중 본서의 내용과 관련된 외교사와 국제기구론을 20여 년간 가르치고 국제정치의 이론과 철학적 배경을 지금도 가르치고 있는 나에게 본서의 주제와 그 내용들은 비교적 아주 친숙한 것들이지만 단일 주제하에 분량 있는 한 권의 책을 쓴다는 것은 언제나 새로운 도전이 아닐 수 없다. 여기서 본서의 제12, 14, 15, 16장들은 과거에 이미 학술지에 발표되었던 것들을 다소 보완한 것임을 밝혀 둔다. 어쨌든 이젠 나이도 먹을 만큼 먹고 보니 나 홀로 이국생활이란 굳은 결심과 단단한 각오만큼 체력이 받쳐 주지도 못하고 이따금씩 엄습해 오는 적막감은 나를 외롭고 처량하게 만들기도 했다. 그럴 때면 한평생을 이 아들 하나를 위해 희생하시고도 지금도 이 아들의 건강과 안전을 위해 밤낮으로 기도하시는 늙고 병약하신 어머님의 모습을 떠올리면서 애써 마음을 가다듬고 또 본서의 대표적 주인공 가운데 한 사람인 우드로 윌슨이 교수 시절에 다음과 같이 했던 말을 순전히 위안 삼아서 되뇌곤 했었다.

> 독특한 저술의 선행조건은 자립과 자아발전이다.
> 스스로 보는 능력은 함께 섞이지 않고 어떤 초연함과 자기봉쇄에 의해서 얻어질 수 있는 것이다.
> 건설적 상상력에는 오직 격리된 상황 속에서만 가능한 어떤 불멸의 묘기가 있다.

그렇다고 해도 본서가 윌슨이 말하는 수준의 독특한 저술에 미치지는 못할 것이다. 그러나 그런 기대를 갖고 집필하는 마음마저 죄가 되지는 않을 것이라 생각했다.

그동안 저자는 몇 권의 저서들을 내면서 경애하는 어머님과 존경하는 스승님들 그리고 고마우신 선배 교수님께 그 책들을 각각 헌정해 왔다. 이젠 정년도 카운트다운에 들어갔고 또 계속해서 이만한 분량의 저서를 낼 자신도 없고 해서 본서는 나의 사랑하고 고마운 아내에게 헌정하고 싶다. 내 아내 신혜경은 30년 전 편모슬하의 외아들에다 가진 것 없고 당시에 장래도 아주 불확실한 나에게 시집온 뒤, 병약하신 시어머님을 정성껏 보살펴 드리면서 세 자식을 건강하게 키우고, 또 검소하게 살면서 부족한 가정 살림을 단 한마디의 불평도 없이 꾸려 옴으로써 저자가 학교생활과 학문에만 전념할 수 있도록 애쓰고 배려해 준 참으로 고마운 아내이지만 고약한 나의 성미(그래서 시오노 나나미의 《남자들에게》라는 책을 읽은 후 아내는 작가가 분류한 카테고리 속에서 내가 부정적인 의미의 천연기념물에 해당한다고 말했지만 나는 선비란 원래 그런 거라고 변명했었다)는 적절한 보답은커녕 제대로 한번 정감 있는 말씨로 고맙다는 표현도 하지 못한 채 어느덧 30년의 세월이 흘러가 버렸다. 아직도 하얀 원고지에 파란 잉크의 만년필로 글쓰기를 고집하는 저자의 수많은 원고지들을 컴퓨터 자판으로 옮기는 본서의 초벌 작업도 바로 아내가 해 준 것이다. 이제 이 책이나마 아내에게 헌정하여 내 책 속에 아내 신혜경의 이름을 영원히 간직함으로써 아내에 대한 나의 사랑과 고마운 마음을 표하고 동시에 기록해 두고자 한다.

2006년 11월
고려대학교 정경관
九皐書室에서

차례

제1장

프롤로그
—학문이란 결국 미래로의 복귀(Back to the Future)가 아니던가?

우리가 위대한 사상가들과 동시대에 살고 있다면 아마도 우리는 그들을 인정하지 않을 것이다. 교육이란 위대한 사상가들의 정신을 접하는 것이다. 죽은 위대한 사상가들의 정신을 접하는 방법이란 그들의 책을 주의 깊게 읽는 것이다. 바로 그런 위대한 책들의 존재가 우리로 하여금 "현재의 폭압"으로부터 벗어날 수 있게 해 준다. 즉, 그것은 당장 쓸모 있는 것만을 연구하려는 생각에서 벗어나게 해 준다는 말이다. 레오 스트라우스의 지적처럼 위대한 사상가들은 가장 중요한 문제들에 관해서 상호 모순된다. 그러나 우리는 그들의 실수에서조차 진리에 관해 그들이 무엇을 보여 주는가를 알아야 할 것이다.

—제임스 V. 샬, S. J.

얼마나 많은 도덕과 정치제도들이 계속해서 발견되고 잊혀지고 재발견되고 또 다시 잊혀지고 얼마 후엔 다시 나타나 마치 새로운 것처럼 항상 세상을 사로잡고 놀라게 하는지, 그리하여 인간정신의 풍요로움이 아니라 인간들의 무지함을 증언하는 것이 참으로 믿을 수 없는 정도이다.

—알렉시스 드 토크빌

21세기에 들어선 우리는 세계화의 시대에 살고 있다고 한다. 이제 "세계화"는 거의 모든 사람들의 캐치프레이즈이며 세계화란 말 자체가 가장 세계화된 것들 가운데 하나가 되었다. 코끼리를 만지는 장님들의 우화에서처럼 서로 다른 학문들은 세계화를 서로 다르게 정의한다. 따라서 세계화가 다양한 의미를 갖고 있지만 핵심적 의미는 지구상의 사방팔방으로 무제한적 자유시장의 확산이다. 즉 세계화는 경제의 세계화 같은 단일 차원의 의미에서 주로 이해되고 있다. 세계는 세계시장의 개념을 진작시키고, 신자유주의적 경제성장의 덕목과 자본이나 상품 그리고 노동이 보다 자유스럽게 국가 간 월경을 허용할 유용성을 변호한다. 이것이 경제학자들이나 많은 일반대중이 "세계화"에 관해서 말할 때 대체로 염두에 두고 있는 것이다. 세계화는 지난 몇 십년간 전 세계에 걸쳐, 특히 소위 발전도상국들에서 시장의 "규제의 철폐"를 진작하여 경제성장을 이루는 데 기여했다고 한다. 세계화에 반대하는 사람들의 견해도 이런 맥락에 고정되어 있다. 그래서 세계화를 반대하는 사람들이나 집단들은 여전히 근대 민족국가 중심세계의 핵심적 특징인 국가의 주권적 독립과 자율성을 옹호하고 또 내세운다. 그러면서도 탈근대국가와 사회의 안락한 삶과 모든 인간적 가치들을 최고의 수준으로 향유하려고 아우성을 친다. 그들은 전근대 사회들이 지나온 길고 긴 고통스러운 근대화의 터널을 통과하지 않고 탈근대적 가치를 향유하기를 기대한다. 그들은 마치 길고도 힘겹게 일하는 연령을 생략하고 나이 들어 은퇴한 후 그동안에 저축과 연금으로 편안하게 사는 사람들이 향유하는 모든 혜택만을 요구하는 철없는 젊은이들같이 보인다. 뿐만 아니라 극단적인 자칭 반세계화 투사들에겐 세계화란 바로 미국화를 의미한다. 그래서 처치해야 할 괴물 같은 세계화, 즉 미국화는 지구상의 소중한 문화적 다양성과 고귀한 전통의 고유함을 말살하기 때문에 타도하고 또 막아야 한다고 절규하면서 그들은 무한정 투쟁을 선언하기도

한다.

그러나 분명히 세계화는 단순한 미국화 이상을 의미한다. 그것은 전 지구적 규모와 차원의 인간상호연계에 관한 것이다. 이런 의미에서 세계화는 비록 우리가 그것의 포위망을 최근까지 의식하지 못했다고 할지라도 인간의 역동성으로 항상 인류와 함께 있었다. 단지 우리는 세계를 문명이나, 종교, 민족 혹은 인종과 같은 색안경을 통해 보다 협소하게 세상을 보았을 뿐이다. 지금도 여전히 세계의 많은 사람들은 그렇게 보고 있다. 그런 인식적 안경, 즉 세계관이 인간들의 상호연계와 역동성에 대한 전 지구적 의식의 발전을 계속해서 좌절시키고 또 지연시키고 있다. 역사적으로 과거에 세계화는 통상과 기술혁신과 함께 무력에 의한 정복의 결과였다. 그리고 대제국이란 한때 "문명의 상징"이기도 하였다. 그러나 오늘날 우리 시대의 세계화란 물리적 정복에 의한 강요에 의해서라기보다는 보다 편안한 삶과 물질적 만족의 기대를 매개로 하는 보다 설득력 있는 "유혹"에 의해서 이루어진다고 하겠다. 이것은 소위 "연성권력"(soft power)이라고 불러도 좋을 것이다. 어쨌든 오늘날의 정보기술혁명은 그런 유혹의 힘을 보다 민주화된 세계에서 거의 누구에게나 보다 더 만연되고 보다 더 강력하게 만들어 버렸다. 이것이 우리 시대 세계화의 아주 독특한 특징일 것이다. 또한 우리 시대의 세계화는 이 세상의 모든 사회의 역사적 성격과 국가의 상대적 지위를 변질시킨 다차원적 과정으로 더 적실하게 해석되어야 할 것이다. 그것은 다양한 탈국경적 형식의 삶의 증가뿐만 아니라 복수의 충성대상의 발전, 비국가적 정치 행위자들의 출현과 확장, 신자유주의적 세계화에 대항하는 지구적 항의의 발전 및 상이한 종류의 세계화를 위한 지원 등으로 구성된다. 유엔체제를 비롯한 정부 간 국제기구들이나 수많은 비정부기구(NGO)들의 종사자들과 회원들을 필두로 지구상의 소위 세계화주의자들 혹은 국제자유주의자들은 보편적 인권과 일할 권리, 환경의 지구적 보호 및 지구상의 빈곤의 과감한 축소 등이 범세계적으로 인정되고 또 이룩되도록 끈질긴 운동을 벌이고 있다. 그리하여 세계정부가 없는 세상에서 세계적 통치(global governance)라는 문제가 21세기의 주요 과제가 되어 버렸다.

이러한 새로운 현상이나 심화는 "세계화"라기보다는 더 전통적 용어인 사해동포주의화(cosmopolitanization)라고 부르는 것이 더 적절할 것이다. 그것을 세계적이라고 부르든 사해동포주의적이라고 부르든 이런 현상의 가장 과시적인 면 가운데 하나는 매스미디어의 효과, 즉 소위 "CNN 효과"를 통해 전 지구적 공감이나 동정 혹은 연민의 만연된 현상이다.

동정심은 인류의 역사만큼이나 오래된 것이다. 지금 새로운 점이 있다면 아무리 지리적으로 먼 곳에서 발생하는 다른 사람들의 고통도 우리가 거의 동시간적으로 목격한다는 점이다. 우리 시대 정보혁명의 덕택으로 방송카메라에 잡히지 않는 인간들의 고통은 사실상 거의 사라졌으며 생중계를 통해서 아니 어떤 것들은 되풀이해서 보여 줄 수 있게 되었다. 우리가 안방을 벗어나지 않고서도 우리는 전 지구상의 슬픔을 리모컨 버튼을 누르는 우리의 손가락을 통해 손쉽게 목격할 수 있게 된 것이다. 그러나 그렇다고 해서 사해동포주의적 공감이 "민족적 공감"이나 국내적 연민을 대체하고 있다고 생각한다면 그것은 치명적 오해가 될 것이다. 텔레비전의 화면을 통해 모든 것이 방영된다고 해도 우리는 언제든지 채널을 바꾸거나 아예 텔레비전수상기를 꺼 버릴 수 있다. 뿐만 아니라 시청자들은 전형적 뉴스 프로그램의 리듬을 경험하고 있다. 즉 심각한 문제들의 방영 뒤엔 스포츠 소식이나 일기, 생활정보와 연예인들의 활동과 온갖 오락용 소식을 함께 전한다. 따라서 헤드라인 뉴스로 고통스런 뉴스가 우리의 공감과 연민을 일으킨다고 해도 거의 모든 시청자들은 곧 마음의 안정을 갈구하는 소비사회의 일상적 관심 속으로 젖어 들고 만다. 방송 제작자들은 시청자들이 위안받고자 한다는 것을 잊지 않고 있다. 어쩌면 적당한 양의 고통은 오히려 마음의 위안을 가져다줄 것이다. 또한 먼 지역 사람들의 불행과 고통의 소식에 대해 관심을 진실로 끌기 위해서는 다른 인기 있는 연속극과 같은 오락 프로그램들과 경쟁해야만 한다. 따라서 텔레비전은 분명히 먼 곳의 고통을 생생하게 보여 주지만 그것을 반드시 보다 현실적인 당면 문제로 만들지는 못한다. 먼 타국의 고통스러운 소식은 가상적 세계에서 일어나는 것처럼 느끼게 되고 우리의 현실감이 빈약하여 그 결과 도덕적 의무감이나 정책적 결의의 효과를 가져오지 못한다. 어쩌면 텔레비전은 우리를 자신의 거실로 몰아넣고 그곳에 머물게 하는 결과만 가져온다고 말해도 과언은 아닐 것이다.

일찍이 장 자크 루소(Jean Jacques Rousseau)가 간파했듯이, 우선, 동정의 정치란 오래가지 못한다. 왜냐하면 동정심이란 연약한 것, 특히 자국의 국경선 밖에선 아주 나약한 것이기 때문이다. 그래서 그는 사해동포주의적 박애정신에 믿음을 두지 않았다. 동정심이나 공감에 관해서 논할 때 우리는 "인도주의적"인 것과 "국가적"인 것을 구별해야 한다. 뿐만 아니라, 연민의 정치란 바람직스럽지도 않다. 플라톤이 그 옛

적에 이미 경고했었던 것처럼 타인에 대한 연민은 곧 자신에 대한 연민으로, 즉 오히려 타인들에게 무정하게 만드는 자기중심적이고, 또 자신을 극화시키는 연민으로 쉽게 전환된다. 연민을 받을 자격으로 본다면 자기 자신이야말로 연민과 동정의 바로 그 대상이라고 믿는다. 니체(Nietsche)는 연민이 근대 인간들로부터 남들을 판단할 능력을 앗아간 뒤 그들을 부드럽고 유약하게, 즉 사실상 가련하게 버려두는 영혼의 결함이라고 믿었다. 그리하여 연민의 초점이 타인들에게서 자신에게로, 그리고 자신의 계급을 희생자로 전환시킬 때 연민은 소위 억압자들에 대항하는 가혹한 잔인함으로 변질될 수가 있는 것이다. 바로 이런 길을 따라서 보다 유연한 미덕이 적들의 고통에 무감각하게 되고 로베스피에르(Robespierre)에 의한 피에 굶주린 소위 "미덕의 군림"이 초래되는 것이다. 오늘날 우리는 동정심을 계속 불러일으키면서 무자비하게 더해 가는 타격에서 물러서지 않고 끊임없이 공격해대는 소위 자칭 과거의 희생자들에 익숙하다. 어쩌면 플라톤이 우리 시대의 우리들에게 은밀하게 경고하고 있는지도 모르겠다. 어쨌든 연민의 정치란 사해동포주의적으로는 너무도 미약하고 국가적으로는 어쩌면 위험할 수도 있다는 차이가 있지만 효율적 해결 노력의 면에서만 본다면 분명히 지구적인 것과 국내적인 것 사이에는 결코 좁힐 수 없는 거대한 괴리가 엄연히 존재한다.

그러나 모든 것이 변해 버렸다는 범지구적으로 세계화된 21세기 세계에서 과거의 국제정치에 관한 철학과 역사에 관련된 저서를 낸다는 것은 다소 기이하게 생각될지도 모르겠다. 더구나 저자 서문에서 인용한 한스 모겐소(Hans J. Morgenthau)의 말처럼 본서는 순전히 창조적인 작품도 아니다. 그러나 사과할 생각은 없다. 왜냐하면 일찍이 마틴 와이트(Martin Wight) 교수가 주장했듯이 대학 교육의 주된 목적들 가운데 하나는 "시대정신(Zeitgeist)으로부터 탈출"하는 것이기 때문이다. 다시 말해서, 현재 우리가 인간적 성취의 정점에 있다고, 즉 우리가 미증유의 번영이나 혹은 전례 없는 재앙의 직전에 서 있다고 쉬지 않고 우리를 납득시키려는 치사하고 편협하고 속 좁은 시대정신으로부터 벗어나 인류의 위대한 지성적 전통에 들어가 보는 것이기 때문이다. 본서의 대표적 주인공 가운데 한 사람인 미국의 제28대 우드로 윌슨(Woodrow Wilson) 대통령이 대학교수 시절에 주장했듯이 모든 사람은 원하든 원치 않든 자기가 살아가는 시대의 정신을 감지한다. 그리고 그 시대가 그의 사상을 어느 정도 형성한다. 그러나 시대정신에 봉사하려는 염원은 파괴적 질병의 세균을 잠복시키는 일이다. 글을 쓰는 모든 사람은 불멸을 위해 써야 한다. 그리고 불멸성의 기준들은 한 시대의 것이 아니다. 여러 시대들의 정신들을 품기 위해서는 일상적 의견의 변덕스런 분위기를 초월할 여러 시대들을 관통하는 정신력이 있는 곳, 즉 자기 시대의 드높은 창공으로 들어가야만 한다. 현 시대는 과도기이다. 과거의 시대들도 그랬다. 우리 시대의 최전면에서 지배적인 것처럼 보이는 우리 주변의 관심사란 언젠가 바뀔 것이고 우리의 조망 속에서 그 지위를 상실할 것이다. 어느 시대도 그 전 시대로부터 물려받은 것에 대단한 것을 추가하지 않는다. 따라서 자기 시대의 지속적 원칙이 없는 시시한 논쟁거리와 곧 소멸할 문제들로부터 벗어나 언제나 누구에게도 유효하고 빛을 발할 아이디어들을 다루어야 한다. 그것은 일종의 정신적 해방이다. 과거 모든 세대들이 극단적으로 주관적이고 긴급한 문제

해결에 직면했지만 그들을 객관적으로 평가하는 것이 어쩌면 불가능하다는 것을 인정해야 한다. 또 동일한 아이디어들이 과거에도 탐구되었다는 것을 알고 그들의 교훈을 통해 다가오는 세상을 보는 안목을 기르는 것은 분명히 정신의 해방이 아니겠는가?

대한민국도 국제사회의 한 구성 국가이다. 따라서 국제사회를 정확히 이해하는 것은 대한민국의 생존과 번영에 거의 불가결한 객관적 필요조건이다. 국제사회라는 환경적인 국가의 객관적 조건을 끊임없이 개선해 나가기 위해서는 국제사회의 본질과 그것이 작동하는 원칙들을 올바로 이해하고 그것들을 국제정치의 바다에서 항해하는 대한민국호의 유용한 나침반으로 활용해야 할 것이다. 우리가 가능한 한 정확히 이해해야 하는 국제사회는 물론 우리가 살아가는 21세기 시대에 갑자기 혜성처럼 혹은 날벼락처럼 출현한 것이 아니다. 그것은 인류역사의 진화과정과 함께 변하고 성장해 온 것이다. 따라서 오늘날의 범지구적 주권국가들의 국제사회는 기나긴 형성과정의 산물이다. 특히 자연과학기술의 발전에 따른 항해술의 발전과 산업화와 통상확장 교통 및 정보통신기술의 발달과 수차례의 이데올로기의 폭풍을 수백 년간 겪으면서 마침내 형성된 국제사회의 세계화는 이제 전 인류의 정치적 대화를 가능하게 만들었다. 그러나 근대 국제사회의 역사적 출발점은 적어도 역사적으로는 1648년 베스트팔렌의 평화이며 보다 일반적으로는 16-17세기로서 그때 국제사회의 기본적 규범과 원칙들이 유럽의 정치적, 외교적 및 군사적 실천 속에서 이루어졌다. 그리고 그 후에도 근대 국제사회의 규범과 원칙들은 수세기에 걸쳐 그 구체적 내용이 변경되었다. 그것들은 공격받고 옹호되고 위반되고 또 지탱되었다. 그러나 그것들은 여러 차례 짓밟혔지만 그 후에 언제나 불사조처럼 부활되었으며 보통은 그 이전 국제위기를 초래한 문제들에 대응하려는 새로운 방식의 표현으로 부활되었다. 참담한 전쟁을 겪고 국제평화를 모색하는 대규모 국제회의들이 시도했던 것들이다. 1648년 베스트팔렌회의 이후 1712년 위트레흐트회의, 1815년 빈회의, 1919년 파리회의, 1945년 샌프란시스코의 유엔 창설회의가 바로 그런 회의였다. 그리고 유럽에서 냉전의 공식적 종말을 장식하는 1990년의 파리헌장이 모색했던 것도 바로 그런 것이다.

오늘날 범세계적 국제사회의 모태인 유럽의 국제사회는 유럽의 고유한 조건에서 발생하고 또 발전하였다. 유럽인들은 종교와 정치문제엔 분열되었지만 공통의 문명을 공유했기 때문에 서로 간 쉽게 인정하고 규범적 관계를 수립할 수 있었다. 바로 그것이 그들의 중세 종교적 통일이 르네상스와 종교개혁으로 부서지고 그 후유증인 30년전쟁을 겪은 후에 최초의 근대 국제사회를 함께 건설할 수 있게 했다고 해도 과언이 아닐 것이다. 따라서 베스트팔렌체제는 최종적으로 중세사회를 전복시키고 새로운 인간 神인 주권국가가 중심이 되는 근대의 세계로 안내한 르네상스와 종교개혁에 의해 촉발된 유럽의 사회 및 정치적 삶의 혁명적 전환에 대한 하나의 제도적 답안이었다. 그것은 사람들이 우주와 그 속에서 자신들의 위치를 이해하는 방식을 결국 바꿔 버린 새로운 문화를 작동시킨 17세기 과학발전에 적응했다. 또한 그것은 근대 정치적 삶의 세속화에 엄청나게 기여하고 공공정책의 합리적 기준을 제공했으며 근대 민족국가의 출현을 가져온 정치적 아이디어들을 발전시킨 18세기 계몽주의와 정치혁명에도 적응했다. 그것은 또한 근대 기술력을 배가하고 그것을 국가의 주민들 전체로 확산시켰으며 근대 기계화사회를 촉진시킨 19세기의 산업혁명에 순응했다. 그것은 도시화와 인구폭발을 목격했다. 그것은 정당성의 토대와 법률을 변경하여 민족주의의 독트린과 민족국가를 떠맡았다. 그러나 그것은 구성원 국가들의 헌정적 혹은 이념적 준봉을 요구하지 않았다. 그것은 군주국들과 함께 공화국들, 그리고 나중엔 권위주의 국가들과 나란히 민주국가들도 수용할 수 있었다. 베스트팔렌의 국제사회는 사회적 및 정치적 변화와 그 이상의 모든 변화들에 적응했다. 특히 20세기에 와서 국제사회의 생명력과 융통성은 눈부신 것이었다. 국제사회의 토대는 그 파괴와 혁명적 영향이 전례 없는 두 차례의 세계대전을 견뎌냈다. 그것은 1917년 러시아의 혁명과 그 후 수십 년간 국제정치에서 계속된 공산주의자들의 일종의 성전 시대에서도 살아남았다. 그것은 나치스와 파시스트들 속에서도 살아남았다. 그것은 20세기 중반 제3세계의 탈식민화 요구에 대답했을 뿐만 아니라 바로 변화를 촉진하고 지도하는 개념과 규범들을 공급했다. 그것은 또한 핵 시대와 우주 시대에도 적응했다.

국제사회가 그런 모든 근본적이고 혁명적인 사회적 변화에 성공적으로 적응할 수 있었던 같은 두 가지의 믿을 만한 이유가 있었기 때문이다. 하나는 국제사회의 분산화이다. 국제사회는 분권화되고 비위계적이어서 세계적 중세의 제국이 르네상스와 종교개혁으로 붕괴된 방식이나 로마제국이 독일 부족들의 야만적 침공으로 붕괴되고 파괴된 방식으로 붕괴될 수 없었으며 틀림없이 앞으로도 그런 식으로 붕괴되지는 않을 것이다. 또 하나는 헤들리 불(Hedley Bull)이 강조한 것으로 국제사회와 관련된 개념과 규범적 원칙들이 탈출하기 어려운 일종의 지적 감옥을 이루고 있다는 사실이다. 다시 말해서, 국제사회와 관련된 개념과 언어를 사용하지 않고서는 국제적 삶의 관한 설득력 있는 대안적 이미지들에 관해서 생각하기가 대단히 어렵다. 그것들은 우리의 사고에 너무도 기본적이고 또 너무 깊이 각인되어 있다. 따라서 우리가 국제정치의 미래를 생각할 때에도 그동안 긴 역사 속에서 온갖 풍파를 겪으면서 진화해 온 국제사회의 다원주의적 틀과 그 사회의 성질에서 완전히 벗어나기 어려울 것이 분명하다. 로버트 잭슨(Robert Jackson)이 지적한 것처럼 국제사회는 한민족의 언어의 문법과 아주 흡사하다. 어휘와 관용어는 어느 정도 바뀔 것이며 단어와 표현들도 생기고 사라지지만 언어의 구조 즉 문법과 구문은 기본적으로 남는다. 국제사회는 바로 그런 어떤 것이다. 그것은 많은 어휘와 관용어의 변화에도 불구하고 17세기 이래 본질적으로 그대로 남아 있는 국제관계의 문법이다. 제도란 그것에 관해서 사람들이 서로 인정하고 또 이해되길 기대하는 속에서 의사소통하고 또 상호작용할 수 있는 하나의 틀이다. 그것은 사람들이 보통 그리고 정규적으로 관련된 여러 가지 사회적 활동을 수행하기 위한 실행이나 절차, 전례 혹은 상호 인정하는 상징이나 표시를 제공한다. 그것은 안정과 예측성을 제공한다. 그리하여 우리는 제도에 매달리고 또 정기적으로 그것을 혁신한다. 이런 성공적 제도들의 적응과 기타 여러 가지 많은 것들이 오늘날 국제관계가 국가들의 국제사회를 초월할 것이라는 주장에 대해 회의를 갖게 한다.

그럼에도 불구하고 오늘날 많은 소위 세계화주의자들은 국제관계에서 장기적인 역사적 연속성을 쉽게 망각한 채 단기적인 오늘의 혁신적 변화현상과 그 영향에만 세심한 관심을 기울이는 경향이 있다. 물론 국제관계에서 불멸적이거나 영원히 신성한 것은 없다. 주권국가도 언젠가는 근본적으로 변할 수 있을 것이다. 인간 神인 주권국가들의 국제사회도 인간의 피조물인 이상 로마제국이나 대영제국처럼 사라질 수 있을 것이다. 그런 사건은 물론 범세계사적 변화가 될 것이다. 그것은 범지구적 혁명이 될 것이다. 21세기를 맞아 그런 변화가 이미 일어나고 있는지도 모른다. 그러나 지난 3-4백년간에 걸친 주권국가들의 국제사회가 보여 준 생존력의 관점에서 본다면 국가주권은 아직도 엄연히 살아 있는 神이다. 물론 그것이 과거의 혁명적 변화들에 잘 적응했던 것처럼 오늘날 우리가 "세계화"라고 지칭하는 과학적, 기술적, 사회적, 경제적 및 정치적 혁명에 성공적으로 적응할 것인지는 두고 볼 일이다. 주권국가들의 국제사회가 전 지구적 세계화에 밀려 결국 사라질 수도 있을 것이다. 그러나 베스트팔렌에서 시작된 국제사회가 과거처럼 앞으로도 계속 지속될 것이라는 사실을 암시하는 길고도 인상적인 성공적 적응의 역사가 존재한다. 오늘까지 주권국가들의 사회가 국제정치의 유일하게 일반적으로 수락되고 실천되는 규범적 토대임도 입증되었다. 오늘날 인류를 위해 그런 봉사를 수행할 수 있는 그 어떤 다른 범세계적 정치제도도 존재하지 않는다. 주권국가들의 국제사회가 결코 최선의 제도와 질서는 아닐 것이다. 그러나 민주주의에 관해 행했던 윈스턴 처칠의 언명을 유통성 있게 원용하여 말한다면 주권국가들의 국제사회는 최악의 제도이다. 그러나 문제는 그보다 나은 제도가 아직은 없다고 하겠다.

인류가 막 작별을 고한 20세기 국제사회에서 "민족자결"과 "국민의 복지"가 가장 현저한 캐치프레이즈였다면 이제 인류가 진입한 21세기의 국제사회에서 가장 일상적 용어는 "세계화"(globalization)와 "세계적 통치"(global governance)일 것이다. 국내사회에선 통치의 원칙들이 존재한다. 그렇다면 세계정부가 없는 분권화된 다원적 국제사회의 "관리"에도 분명 어떤 관리운영방식(modus operandi)의 기준이 되는 원칙들이 있을 것이며 또 있어야만 할 것이다. 그러나 여전히 세계정부나 세계입법부가 부재한 21세기의 국제사회에서 그 관리 운영방식의 원칙들은 무엇이고 그것들은 어디에 있는 것일까? 그것들은 아무래도 국제사회의 진화과정 속에서 발전되어 온 국제적 규범일 수밖에 없을 것이다. 그런데 국제정치사에서 가장 의미 깊은 발전 가운데 하나는 전 세계의 정치적 당사자들이 마지못해서건 아니면 열성적으로든 유럽에서 기원한 외교와 국제법의 담론을 채택한 것이었다. 실제로 국제적 건조물들은 정체적이지도 불멸적이지도 않은 규범체제이다. 이것은 시대와 함께 존재하고 또 시대를 넘어 변화한다. 그것은 구체적으로 역사적이다. 태어나고 진화했고 또 계속해서 진화하고 있다. 비록 국제적 헌정적 규범원칙들이 중세 이후 유럽이라는 특정된 문명에 역사적 뿌리를 두고 있다고 할지라도 그것들은 이제 더 이상 서양문명에만 배타적으로 관련되지 않는다. 이제 그것들은 다양한 문화와 문명 간의 교량으로 봉사하고 있다. 즉 그것들이 세계화된 국제사회의 세계적 관리운영방식의 원칙들이 되는 것이다. 국제사회의 관리운영은 모두가 국제적 평화와 질서의 안정을 추구하는 것이었다.

그러나 제프리 블레이니(Geoffrey Blainey)가 지적했듯이 전쟁의 원인에 관해서 출판된 모든 천여 페이지의 서적에서도 평화의 원인을 직접 다루는 것은 한 페이지도 안 된다. 역사적 사실에 기초한 평화의 연구가 대부분 평화를 깬 원인, 즉 전쟁의 원인에 관한 연구로 귀결되었다. 그러나 전쟁과 평화의 원인은 논리적으로 서로 긴밀히 들어맞아야 한다. 유럽의 외교사에서 유럽이 평화로운 이유의 빈약한 설명은 유럽이 전쟁하는 이유의 빈약한 설명을 가져올 것이다. 전쟁의 타당한 진단은 평화의 타당한 진단에 반영될 것이다. 그래서 전쟁 원인에 관한 연구가 중요하다. 그러나 저자는 평화와 국제적 안정의 모색에서 전쟁의 연구 못지않게 제한된 시기 동안이나마 평화가 유지된 비결 그 자체의 연구가 그에 못지않게 중요한 탐구 대상이라고 생각한다. 또한 그것은 철학적인 그래서 추상적인 평화계획 못지않게 구체적 역사의 경험 속에서 탐색되는 것도 필요하다고 생각한다. 이 경우에 평화와 국제사회의 질서의 안정을 위해 언제 누가 어떻게 무슨 원칙과 규범을 통해 이룩하려고 했는지를 조사해야 한다. 역사적 과거란 하나의 자율적 과정이 아니다. 그것은 당시에 관련된 사람들에도 불구하고 발생한 것이 아니라 오히려 그들이 발생시켰던 것이다. 그때 발생한 것은 그들이 수행했거나 실패했던 결과이다. 역사적 과거, 즉 우리가 과거에 관해서 알고 있는 것은 역사적 조사에서 우리가 접근하는 당시 살아 있던 사람들이 행한 활동의 자취이며 유산이다. 그래서 그들에 관한 에피소드들은 당시 직접 관련된 사람들에게뿐만 아니라 그들을 돌아보는 역사가와 후손들에게도 의미 있는 것이다. 여기서 토크빌을 인용하면,

> 어쩌면 마담 드 세비네(Mme de Sévigné)가 사랑에 관해서 아주 듣기 좋게 말했던 것을 도덕이나 정치연구에도 적용하는 것이 허용될 것이다. 그것은 "위대한 재출발"이다.

저자가 본서에서 시도하려는 것도 바로 그런 "위대한 재출발"의 마음으로 "국제사회의 정치적 원칙들"과 마치 평화의 바벨탑을 쌓듯이 17세기 베스트팔렌에서부터 20세기 초 우드로 윌슨의 국제연맹 창설을 거쳐 2차 대전 후 유엔의 창설과 냉전 종식 후 파리헌장에 이르는 역사상 중대한 국제평화 수립의 노력과 모색들을 재발견하려는 것이다. 특히 우드로 윌슨 대통령과 그의 새로운 국제평화질서의 수립을 위한 노력과 좌절의 과정, 그의 비극적 유산과 교훈 그리고 그의 평화사상의 부활과 보편화 및 제도와 과정이 집중적으로 다루어질 것이다. 어쩌면 윌슨에 관한 이런 연구는 한국 국제정치학 분야에서 비교적 새로운 시도로 인정될 수 있을 것이다. 그러나 지금까지의 철학자들과 역사가들이 수행한 "위대한 재출발"에 비한다면 본서는 하나의 "초라한(humble) 재출발"에 지나지 않을 것이다. 그러나 이미 인용문이 말해 주듯 어디 "위대한 사랑"만 사랑이던가? "초라한 사랑"도 분명 사랑임엔 틀림없을 것이라는 믿음과 기대에서 역사가들의 발자취를 따라 재출발하려는 것이다.

그러나 역사 속으로 재진입하기에 앞서 저자는 먼저 현대국제정치학에서 소위 정치적 현실주의 이론의 창시자라고 간주되지만 이제는 거의 찾는 사람이 없는 한스 모겐소(Hans J. Morgenthau)와 함께 다소 지루할지도 모를 철학적 산책을 수행할 것이다. 이것은 필요한 작업이다. 왜냐하면 우선 첫째로, 우리가 오늘의 혼란스러운 지성적 안개 속에서 길을 찾으려면 소위 기본으로의 복귀(back to the basics)가 필요하기 때문이다. 21세기 탈이념의 시대에 필요한 탈이념적 국제정치이론을 일찍이 제시했던 이론가가 바로 한스 모겐소였다. 중요한 의미에서 그의 이론은 근대적일 뿐만 아니라 전근대 및 탈근대적 요소를 모두 함께 갖고 있는 서양문명의 지성적 전통의 후예이다. 따라서 그가 국제정치를 생각하는 방법을 우리가 현재의 국제정치 현상을 생각하는 안목을 세우는 데 유용하게 활용할 수 있을 것이다. 국제정치학에서 모겐소의 정치적 현실주의는 오늘의 세계화와 세계적 통치 시대엔 낡고 시대착오적인 패러다임으로 간단히 치부되거나 혹은 그가 국제정치학설사에서 단지 한때 영향력 있던 국제정치학자들 가운데 한 사람으로만 기억될 수도 있을 것이다. 그러나 냉전 시대라는 역사상의 한 시대가 종식되었다고 해서 그런 사실이 국제정치의 세계에 대한 그의 심오한 정치철학체계의 종말을 의미할 필요는 없다. 한 시대의 종식이 오히려 그의 갱생이나 부활을 암시할 수도 있기 때문이다. 미네르바의 부엉이는 석양에만 날개를 편다. 그러나 헤겔이 말했듯이 석양은 종국적으로 동일한 땅에 새로운 빛을 제공할 새 날이 뒤따른다. 우리는 모겐소를 정말로 정확히 알고 있는지 그리고 모겐소의 정치철학에서 여전히 보존해 나가야 할 것은 없는지 또 그동안 간과하거나 오해했던 것은 없었는지를 반추해 볼 필요가 있을 것이다.

둘째로, 본서에서 발견할 수 있는 것처럼, 국제사회를 하나의 "사회"로 인식하고 그 속에서 제도와 규범적 원칙들의 역할을 긍정하면 성급한 소위 현실주의적 속단주의자들이 그것을 즉각적으로 비현실적이거나 혹은 이상주의의 산물이라고 간단히 치부해 버릴 가능성이 높다. 물론 국제적 제도나 규범적 원칙들을 맹목적으로 신뢰한다면 "퇴폐적 이상주의"의 함정 속으로 추락하는 행동이다. 모겐소의 국제정치이론에서 핵심적 메커니즘은 힘의 균형이고 또 이 메커니즘을 관리하는 적합한 방법은 발전되고 세련된 외교를 통해서이다. 오직 힘만이 힘을 제지한다. 모겐소는 동맹, 보상 및 예방전쟁을 포함하는 상이한 힘의 균형 유지방식을 조사했고 또 그것의 성공적 운영을 제공한 유럽의 도덕적 및 정치적 동질성을 강조하였다. 그리고 그는 우리 시대 힘의 균형의 성공적 운영, 즉 국제평화와 안정을 위해 외교의 중요한 역할을 누구보다도 강조하였다. 그의 대표 저서인 《국가 간의 정치》의 부제가 "힘과 평화를 위한 투쟁"이 아니던가?

바꾸어 말해 그동안 "조정을 통한 평화"(Peace through Accommodation)의 수립과 유지가 현실주의적 정치이론의 중요한 실천적 행동요강 가운데 하나라는 모겐소의 가르침이 대체로 간과되었다고 해도 과언이 아니다. 그리고 바로 그런 외교를 통한 강대국가들의 합의에 의한 평화 수립의 모색이 역사상 몇 차례의 세기적 국제평화회의들의 목표였다. 따라서 그런 평화회의의 산물인 국제정치의 원칙들이란 결코 지적으로 미숙한 이상주의적 산물이 아니라 인간 神인 근대국가의 "국가이성"을 최우선시하는 소위 정치적 현실주의의 아들과 딸인 셈이다.[1]

셋째로, 국제정치학의 이론화 작업에서 1980년대 초부터 최근까지 지배적이고 또 케네스 월츠(Kenneth Waltz)에 의해 대변되는 소위 "신현실주의"가 과도한 실증주의적 성향으로 인해 정치 지도자의 역할을 거의 도외시하는 것과는 달리 모겐소의 전통적 현실주의는 정치 지도

---

1 모겐소도 항구적 평화에 대한 희망을 갖고 있었다. 그것은 문명을 말살하는 핵전쟁에 대한 두려움에 기인할 것이다. 이에 대한 상세한 분석을 위해서는 Thomas L. Pangle and Peter J. Ahrensdorf, *Justice Among Nations*(Lawrence, Kansas: The University Press of Kansas, 1992), pp. 231-238.

자의 역할에 결정적 중요성을 부여한다. 모든 정치에서 도덕과 필연, 혹은 신념과 책임의 딜레마에 처한 정치 지도자들의 "지도력"의 행사를 강조하는 그를 통해 세계화의 지배적인 탈정치 지향적 문화와 분위기 속에서 "국제정치"에 대한 우리의 무디어진 감각을 되살릴 수 있을 것이다. 그것은 교육적으로뿐만 아니라 실제적으로 필요하다. 왜냐하면 비코(Vico)의 말처럼 자연의 세계는 신이 창조했을지 모르지만 역사는 인간에 의해서 창조되는 것이라면 인간세계 특히 국제정치의 세계에서 정치가의 지도력은 개별 국가의 생존뿐만 아니라 인류의 생존 그 자체에도 필수적이기 때문이다.

끝으로, 비록 번거롭고 수고스럽기만 할지도 모르지만 그러나 이러한 지적 노력과 학문하는 과정을 통해서 우리는 제사(題詞)에서 인용한 "인간들의 무지함"에 대한 토크빌의 안타까운 경고를 경청하면서 그가 기대했던 "인간정신의 풍요로움"에 한걸음 더 다가설 수 있을 것으로 생각되기 때문이다.

제2장

한스 J. 모겐소와의 철학적 산책

—국제정치를 어떻게 생각할 것인가?

> 만일 내가 현실주의적 환경 속에 살았더라면 나는 훌륭한 이상주의자가 되었을지도 모른다.
>
> —한스 J. 모겐소

> 냉전 종식 직후 힘과 그것의 중요성에 관해 관심을 가진 학자들은 통찰력을 얻기 위해 보다 전통적 형태의 현실주의로 기울고 있다. 모겐소와 그의 아이디어들이 다시 시의적절한 것이 되었고, 따라서 새로운 세대의 독자들을 위해 역사적 및 지적 맥락에 맞출 필요가 있게 되었다.
>
> —리처드 니드 리보우(Richard Ned Lebow)

제2차 세계대전의 종결 와중에 유엔을 주도적으로 창설한 미국인들 사이에 만연된 자유주의적 국제정치 접근방법을 목격한 모겐소는 그런 자유주의적 국제정치관을 현실성 없는 이상주의로 공격하고 카를 슈미트(Carl Schmitt)가 말한 소위 다른 체제, 즉 "정치적인 것"을 자유주의자들처럼 부정하지 않고 오히려 그것을 인정하도록 했다. 슈미트에게 근대의 시대정신인 자유주의의 특징은 비정치적인 것을 통해 정확하게 "정치적인 것"의 부정(negation)이었다. 슈미트의 관점을 적용하면 미국의 오랜 전통인 자유주의는 그곳에서 "정치적인 것"을 제거해 버렸다. 자유주의는 비정치적이고 탈정치적 담론양식으로 정치를 수행한다. 그리하여 자유주의는 "정치적인 것"뿐만 아니라 "정치적인 것"에 대한 진지함을 사멸시켰다. 자유주의가 만들어 낸 연막을 제거하고 자유주의가 숨겨 놓은 은닉처로부터 "정치적인 것"을 환원시켜야 했다.

일찍이 16세기 초 이탈리아에서 마키아벨리가 "정치적인 것"을 종교와 도덕철학으로부터 해방시키고 17세기 홉스가 그것을 자연법 사상으로부터 옹호하려 했고 또 1920년대 슈미트가 유럽 특히 독일에서 팽배한 자유주의로부터 "정치적인 것"을 구별시키려고 했던 그 역할을 1940년 후반 한스 모겐소가 미국 땅에서 스스로 자처하고 나섰던 것이다. 그에게 영향을 끼친 슈미트가 "정치적인 것"에 관한 객관적 논의를 위한 "출발점"을 제공하는 것으로 만족했던 반면에 모겐소는 자유주의적 정치관에 대한 대안적 다른 인식체계, 즉 "정치적인 것"을 부정하지 않고 오히려 인정받게 하는 새로운 패러다임, 즉 소위 "정치적 현실주의" 이론을 "성공적으로" 제시했다. 그리하여 "현대 국제정치학의 창시자"로 옹립되었다.[2]

그러나 그의 국제정치이론은 모겐소 자신의 고백처럼 그가 새롭게 발명하거나 발견했던 것이 아니라 유럽의 전통적 지혜를 현대의 문제에 적용한 것이었다. 바꾸어 말하면 유럽이라는 구세계의 특수한 전통적 지혜를 미국이라는 신세계에 성공적으로 식목했던 것이다. 구체적으로 모겐소의 사고방식은 아주 슈미트적이다. 1929년 8월 모겐소는 베를린에 있는 슈미트의 아파트에서 그를 만나고 나오면서 "지금 나는

---

2 Stanley Hoffmann, "An American Social Science: International Relations," in *Janus and Minerva: Essays in the Theory and Practive of International Politics* (Boulder and London: Westview Press, 1987), p. 6.

살아 있는 가장 악마 같은 사람을 만났다"고 중얼거렸지만[3] 그 후 자신의 저작에서 모겐소는 슈미트의 "정치적" 분석의 비판을 꾸준히 자제했다. 젊은 날의 모겐소에 미친 슈미트의 지적 영향은 그에겐 너무 무거운 유산이었을 것이다.[4] 모겐소가 자신의 박사학위논문을 준비하는 동안 그리고 자신의 "정치적인 것"의 개념을 개발하는 데 있어서 그는 슈미트의 자유주의에 대한 비판을 철저히 공부했었다. 그리고 15년 후 미국에서 그것을 잘 사용하였다.[5] 실제로 슈미트는 모겐소에 의해 면도날 같은 분석가, 자기 시대의 탁월한 진단자로 묘사되었다.[6]

슈미트의 말처럼 일반적으로 국가와 관련되는 일을 정치적이라고 한다. 그러나 사실 국가는 정치적인 것을 먼저 전제한다. 자유주의 정치이론은 국가와 사회를 구분하여 사회를 우위에 두고 정치적인 것을 법적 행정적 결정으로 국한시키면서 모두 사회적 현상을 탈정치적 혹은 비정치적인 것으로 간주한다. 토머스 페인(Thomas Paine)의 말처럼 "사회는 합리적으로 규제되는 욕구의 결과이고 정부는 우리의 사악함의 결과"로 간주한다. 자유주의는 인간은 선하고 정부 관리는 부패하

3 Christoph Frei, *Hans J. Morgenthau: An Intellectual Biography*(Baton Rough: Louisiana State University Press, 2001), p. 160.

4 바로 그런 이유에서 본장의 논의가 모겐소 자신이 아니라 슈미트로부터 시작하는 것이다.

5 *Ibid.*, p. 197.

6 *Ibid.*, p. 161. 알폰스 쥘러(Alfons Söller)에 의하면 모겐소의 정치적 현실주의는 카를 슈미트의 권위주의적 반자유주의와 헤르만 헬러(Hermann Heller)의 민주적 사회주의 사이에서 바이마르 정치학의 역사적 맥락에서 개발되었다. 그는 독일에선 슈미트의 개념을 채택하지 않았지만 미국에서 자기 자신의 입장을 찾았다. 이런 주장의 확인을 위해서는 Alfons Söller, "German Conservative in America: Morgenthau's Political Realism," *Telos*, no. 72(Summer 1987), p. 161 참조.

기 쉽다는 가정 위에 서 있다. 그렇지 않은 어떤 제도도 자유주의적이라고 말할 수 없다. 자유주의는 정치적인 것을 윤리적인 것에 묶고 그것을 경제에 예속시켜 탈정치적 사회를 추구한다. 그것은 인간이 위험스럽고 역동적 존재라고 생각하지 않는다. 근대 자유주의가 수백 년간 풍미하면서 탈정치화가 지속되었다.

그러나 19세기 말부터 민족국가의 등장으로 국가가 국민의 복지를 직접 향상시켜야 하는 국가의 기능이 보편화되면서 국가와 사회는 고도로 상호 침투하게 되었고 그 결과 그리스 시대의 폴리스(polis) 공동체 같은 전체국가(total state)로 변해 버린 세상에서 "정치적인 것"이 단순히 "사회적인 것"과 구별되어야 할 필요가 있다. 더구나 단일 세계국가가 없는 국제사회에서 국가 간 "정치적인 것"의 명확한 이해는 더욱 필요하게 되었다. 여기서 "정치적인 것의 본질"을 묻는 것은 정치적인 것에 무슨 특수한 것이 있는가를 묻는 것이다. 슈미트는 정치적인 것이란 특수하게 정치적인 의미를 가진 모든 행동이 그것으로 추적될 수 있는 그 자신의 궁극적인 구별에 입각해야 한다고 주장했다. 그리하여 도덕의 영역에서 최종적 구별이 선과 악의 사이를, 미학의 영역에서는 아름다운 것과 추한 것의 사이를, 그리고 경제의 영역에서는 이윤이 있는 것과 이윤이 없는 것 사이의 최종적 구별이 있는 것과 꼭 마찬가지로 특수하게 정치적 구별은 "친구와 적"의 구별에 있다고 주장했었다.[7]

그는 여러 가지 상대적으로 독립적인 인간의 사고와 행동이 그 자신들의 기준을 갖고 있다는 가정 위에서 "정치적인 것의 기준"을 제시했

7 Carl Schmitt, *The Concept of the Political*, trans. George Schwab(New Brunswick New Jersey: Rutgers University Press, 1976), p. 26.

던 것이다. 이 기준은 궁극적인 구별의 성질을 갖고 있으며 보다 정확하게 말하면 궁극적인 대립들이다. 따라서 도덕의 기준은 선과 악의 대립이고, 미학의 기준은 아름다운 것과 추한 것의 대립이다. 이런 일반적 관계로 자신의 위치를 확인하면서 슈미트는 적과 친구의 구별을 특수하게 정치적 구별로 정의했다. 여기서 적과 친구는 공적인 적(public enemy)과 공적 친구로 항상 이해되어야 한다. 사태를 보는 적과 친구라는 양식의 두 요소들 가운데 "적"이라는 요소가 우선한다. 정치적 관계의 본질은 구체적 "대립"의 언급 속에 내포되어 있다. 그러므로 "적이" 친구보다 우선된다. 왜냐하면 실제 영역에 존재하는 싸움의 잠재력은 적의 개념에 속하지 친구의 개념에 속하지 않기 때문이며, 또 인간의 삶이란 전쟁의 잠재력, 긴박한 위급성, 즉 가장 극단적 가능성으로부터 그것의 특수한 "정치적인" 긴장을 받기 때문이다. 그러나 전쟁의 가능성만으로는 정치적인 것을 구성하지 않는다. 왜냐하면 전쟁이란 단지 극단적인 정치적 조치로 끝나는 것이 아니다. 그것은 또 어떤 자율적인 영역, 즉 "정치적인 것"의 영역 내에만 국한되는 긴급한 위급성이 아니라 전쟁이란 동시에 인간에겐 간단히 신체적 죽임의 진정한 가능성과 관련되고 또 그 관련성을 유지하고 있기 때문이다.

환언하면, 적의 개념엔 상존하는 전투의 가능성이 속한다. 전쟁이란 조직된 정치적 실체 간 즉 국가 간의 무장전투이다. 내전은 조직된 단위, 즉 국가 내에서 일어나는 무장전투이다. 스스로 상처 내는 내란은 국가의 생존을 위험하게 한다. 무기의 본질은 그것이 인간들을 죽이는 수단이다. 따라서 적이라는 단어처럼 전투라는 단어도 원래의 실존적 의미에서 이해되어야 한다. 전투란 모든 인간들이 언제나 어떻게든 관계하는 모든 경쟁을 의미하지 않으며 지적 논란이 상징적 레슬링을 의미하지도 않는다. 왜냐하면 인간의 전 생애가 하나의 투쟁이고 또 모든 인간이 상징적으로 전투원이라는 것이 사실이기 때문이다. 적과 친구 그리고 전투라는 개념은 그것들이 신체적 죽임의 진정한 가능성과 관련되는 바로 그 이유 때문에 그 단어들의 진정한 의미를 얻는 것이다.

전쟁은 적의에 기인한다. 전쟁이란 적의 실존적 부정이다. 그것은 적의의 가장 극단적 결과이다. 전쟁이란 단지 수단을 달리한 정치의 연속이라는 클라우제비츠의 유명한 격언도 전쟁이란 정치적 결정이기 때문에 누가 적인지에 관해서 정치적 결정이 이미 내려졌다는 것을 가정하고 있다. 따라서 적과 친구의 구별은 실제로 싸우는 군인이 결정해야 할 문제가 아닌 것이다. 적은 정치적으로 결정되는 것이다. 전쟁은 정치의 목표도 목적도 아니며 더구나 정치의 바로 그 내용도 아니다. 그러나 상존하는 가능성으로서 전쟁은 인간의 행동과 사고방식으로 결정하고 그리하여 특수하게 정치적 행위를 창조하는 주도적인 전제이다. 적과 친구의 구별은 단결과 분리, 즉 결합과 분열의 극단적 수준의 강렬성을 나타낸다.[8]

---

8 카를 슈미트 저서의 1927년의 초판에선 "강렬성"의 개념이 없었으나 1932년 재판에서 이 개념이 등장했다. 당시 젊은 학자였던 한스 모겐소는 자신의 1929년 박사학위논문에서 "정치적"이라는 순전히 형식적 개념을 발전시켰는데 그때 "강렬성"의 개념을 자신의 기준으로 이용하여 슈미트의 적과 동지의 기준에 대한 대안으로써 자신의 계획을 제시했었다. 슈미트는 이 새 제안이 아주 마음에 들어서 그 주제에 관한 자신의 축하 편지를 보냈었다. 그리고 1929년 8월 이 두 사람은 베를린에서 만나기로 했었다. 슈미트가 1932년 재판에 원저자를 밝히지 않은 채 이 "강렬성"의 개념을 포함시키자 모겐소는 크게 상처받아 자신의 글에서 이 표현을 강조했다. 이 문제에 관해서는 Carl Schmitt, *The Concept of the Political*, p. 26 ;

정치적인 것을 구성하는 이런 정향 즉 행동양식은 정치적인 것이 근본적인 것으로 다른 영역들과 함께 하나의 비교적 독립적 영역이라는 것을 보여 준다. 즉 정치적인 것은 권위적(authoritaive)이다.[9] 그리고 바로 이런 의미에서 정치적인 것은 도덕이나 미학 또는 경제 등의 영역과 동등하거나 유사하지 않다. 요컨대 정치적인 것은 하나의 독립적 세계인 것이다. 정치적인 것이 전투 그 자체에 있는 것이 아니라 그럴 진

Christoph Frei, *Hans J. Morgenthau: An Intellectual Biography*(Baton Rouge: Louisiana State University Press, 2001), pp. 160-161; Heinrich Meier, *The Lessons of Carl Schmitt* (Chicago: The University of Chicago Press, 1998), p. 29; Hans J. Morgenthau, "Fragments of an Intellectual Autobiography: 1904-1932," in *Truth and Power: A Tribute to Hans J. Morgenthau*, ed. Kenneth W. Thompson and Robert J. Myers(New Brunswick, 1984), pp. 1-17을 참조할 것. 모겐소의 그런 주장에 대한 최종적 진실과는 관계없이 저자의 생각으로 슈미트와 모겐소 모두가 정치적인 것에 관한 "강렬성"의 개념은 카를 폴 클라우제비츠가 "전쟁론"에서 이론적 전쟁과 실제 전쟁의 관계를 논하면서 "극단화" 현상을 강조한 것에서 영감을 얻었지 않았을까 하고 생각한다. 실제로 클라우제비츠의 저작은 그들이 자신들의 저서에서 그를 인용하는 것으로 보아서 두 사람 모두에게 아주 익숙한 문헌이었다. 이들의 "정치적", 전쟁과 전투, 강렬성이나 극단성 등의 개념들은 클라우제비츠에게 가장 중요한 개념들에 속한다. 널리 알려진 것처럼, 클라우제비츠는 "전쟁이란 수단을 달리한 정치의 연장"이라고 정의했고 그것은 타당한 것이다. 그리고 그것의 역, 즉 "정치란 수단을 달리한 전쟁의 연속"이라는 것도 역시 명백하다. 그러나 수단이 다르다는 것이 아주 중요하다. 정치 특히 국내정치란 평화로운 대결의 형식을 취하지만 전쟁은 조직된 폭력적 대결이다. 따라서 전자의 참여자는 모두 정치적으로 패배해도 살아남는다. 그러나 후자의 많은 참여자는 군사적 패배에서 살아남지 못한다. 전쟁은 죽이는 것이다. 그래서 전쟁에 관한 논쟁은 아주 강렬한 것이다. Carl Von Clausewitz, *On War*, trans. Michael Howard and Peter Paret(Princeton, N.J.: Princeton University Press, 1976), 특히 Book 1, chap. 1 참조.

9 "정치적인 것"이란 "사회적 제가치의 권위적 분배"라는 20세기에 가장 유명한 데이비드 이스턴(David Easton)의 자유주의적 정의도 "권위적"을 포함하고 있다.

정한 "가능성에 의해서 결정되는 경향", 즉 행동양식에 있다는 슈미트의 견해는 토머스 홉스의 자연상태를 상기시킨다. 홉스는 자연상태를 전쟁상태로 기술하면서 자연상태란 실제 전투에 있는 것이 아니라 그렇게 할 성질(disposition)에 있다고 주장했었기 때문이다.[10] 홉스의 자연상태가 슈미트에겐 진정으로 정치적인 상태인 것이다. 따라서 슈미트가 자연상태라는 홉스의 개념을 명예로운 자리로 복귀시켰다고 하겠다.[11] 정치적인 것이 인간이 처해 있는 상태이다. 정치적인 것이 자연적인, 즉 근본적이고 극단적인 인간의 상태로서 유일한 상태(the status)인 것이다.

그러나 슈미트의 자연상태는 홉스의 자연상태와는 근본적으로 다른 방식으로 정의되었다. 홉스에게 자연상태는 인간 개인들의 전쟁상태이지만 슈미트에게 그것은 집단 간 특히 국가 간의 전쟁상태이다. 바로 이런 차이에서 슈미트의 전쟁상태가 국제정치학과 보다 더 직접적인 관련성을 갖는다고 하겠다.[12] 슈미트에게 모든 정치적 행위는 친구와 적의 구별을 지향한다. 반면에 홉스의 자연상태가 만인에 대한 만인의 전쟁상태라는 사실은 자연상태의 포기를 자극하는 것으로 되어 있다. 홉스에게도 자연상태는 적어도 국가 간의 관계에서 계속된다. 따라서

10 Thomas Hobbes, *Leviathan: or the matter, forme and power of a commonwealth ecclesiasticall and civil*(Macmillan, 1962).

11 Leo Strauss, "Notes on Carl Schmitt, The Concept of the Political", in Heinrich Meier, *Carl Schmitt and Leo Strauss: The Hidden Dialogue*, trans. J. Harvey Lomax(Chicago: The University of Chicago Press, 1995), pp. 98-99.

12 홉스의 자연상태와 국제평화와의 관계에 관해서는 강성학, 《소크라테스와 시저》(박영사, 1997), 제10장 참조.

홉스의 개인 간의 전쟁상태로서 자연상태에 대비하는 홉스의 논증은 슈미트가 의미하는 정치적인 것, 즉 인간 집단 간 관계의 자연적 성질을 의문시할 필요가 없다. 그럼에도 불구하고 슈미트에 의하면 그것은 "죽음의 불사"를 자국의 구성원들에게 요구할 수 있는 정치적 집단 즉 국가의 본질에 속한다. 이런 요구의 권리를 홉스는 인정하지 않았다. 홉스에겐 전투에서 생명에 대한 두려움 때문에 도망치는 자는 불명예스럽게 행동했을 뿐이지 부당하게 행동한 것이 아니다.[13]

홉스에겐 국가도 개인으로부터 오직 조건부적 복종, 다시 말해서 그 개인의 구원이나 생명의 보존에 모순되지 않는 복종만을 정당하게 요구할 수 있는 것이다. 왜냐하면 생명을 확보하는 것이 국가의 궁극적인 토대이기 때문이다. 그러므로 인간이란 그렇지 않으면 무조건 복종할 의무가 있긴 하지만 자신의 생명을 위태롭게 하는 모험을 감행할 아무런 의무를 지지 않는다. 왜냐하면 죽음이야말로 가장 큰 악이기 때문이다. 홉스는 그 결과로부터 위축되지 않았으며 미덕으로서 용기의 지위를 명시적으로 부인했다. 바로 이런 사실에 의해 홉스는 자유주의의 창시자이다. 순전한 생명확보의 권리가 홉스의 자연권을 요약해 준다. 그리고 그것이 양도할 수 없는 인권, 즉 국가보다도 우선권을 가지며 또 국가의 목적과 한계를 결정하는 개인의 권리 주장의 성격을 완전하게 갖는다. 참된 생명 확보에 대한 자연권 주장에 대한 홉스의 초석은 자유주의의 의미에서 전 인권제도로의 길을 놓았다. 홉스가 후세에 발전된 자유주의와 다른 점이 있다면 그것은 오직 그러나 분명히 홉스는

13 Thomas Hobbes, *Leviathan: or the matter, forme and power of a commonwealth ecclesiasticall and civil*(Macmillan, 1962).

문명의 자유주의적 이상이 무엇에 대항하여 끈질기게 싸워 나가야 하는가를 알고 또 그것을 보았다는 사실일 것이다. 그 싸움은 단지 부패한 제도에, 즉 지배계급의 사악한 의지에 대항해서뿐만 아니라 인간의 자연적 사악함에 대항해야 한다는 것이었다.

비자유주의적 세계에서 홉스는 인간의 비자유주의적 본성에 대항하여 자유주의의 초석을 놓는 데 선두에 나섰다. 반면에 후세의 인간들은 자신들의 전제와 목적을 모르고 신의 창조와 섭리에 입각하여 인간본성의 원초적 선을 믿거나 아니면 자연과학적 중립성에 입각하여 자연의 향상에 대한 희망들, 즉 인간 자신의 경험에 의해 정당화되지 않은 희망들을 품었다.[14] 홉스는 극복될 수 있는 한계 내에서 자연상태의 극복을 시도했다. 반면에 후세 인간들은 자연상태를 몽상에서 만들어 내거나 아니면 자연상태를 잊었다. 그러나 궁극적으로 그런 몽상이나 그런 망각은 자연상태를 부정한 결과일 뿐, 즉 홉스가 도입한 문명의 지위의 결과일 뿐이다. 자유주의는 자연상태, 즉 위험함과 위험하게 된 자연상태를 잊었던 것이다. 그런데 슈미트가 자연상태에 대한 홉스의 명시적 부정에 있는 자유주의의 뿌리를 공격하기 위해서 홉스에게 돌아간 것이다. 비자유주의적 세계에서 홉스가 자유주의의 창설을 이루었던 반면에, 슈미트는 자유주의적 세계에서 자유주의의 비판에 착수했었다.

슈미트에게 정치적인 것은 인간에 의한 인간의 신체적 죽음의 진정한 가능성을 조회함으로써 구성된다. 진정한 가능성으로서 전쟁은 오

14 Leo Strauss, *op. cit.*, p. 101.

늘도 여전히 존재한다. 그렇다면 오늘날 전쟁의 가능성을 그리하여 정치적인 것을 완전히 제거하려는 강력한 운동이 존재한다는 사실의 관점에서 볼 때, 또 그리고 이 운동이 시대의 정신상태에 크나큰 영향력을 행사할 뿐만 아니라 전쟁이란 거룩하거나 도덕적으로 선하거나 이윤이 남는 것도 아니라는 진정한 환경을 권위적으로 결정한다는 사실의 관심에서 볼 때, 전쟁은 내일에도 아니 모레에도 가능할까? 바꾸어 말해, 비록 정치적인 것의 폐지가 지금까지 결코 성공하지 못했지만 그럼에도 불구하고 전쟁의 폐지가 미래에는 가능하지 않을까? 아니면 전혀 가능하지 않은 것일까? 슈미트에 의하면, 정치적인 것은 인간 삶의 하나의 기본적 특징이다. 이런 의미에서 정치는 운명이다. 그러므로 인간은 정치로부터 탈출할 수 없다. 정치적인 것의 피할 수 없음은 인간이 정치적인 것을 제거하려고 시도할 경우에 어쩔 수 없이 빠져드는 모순에서 드러난다. 그런 시도는 그것이 정치적일 경우에만 성공의 전망을 갖는다. 즉 만일 그런 노력이 인간들을 친구와 적으로 집합시킬 만큼 충분히 강력할 경우에 그리하여 만일 그런 노력이 평화주의자들을 비평화주의자들에 대한 전쟁으로, 즉 전쟁에 대항하는 전쟁으로 몰고 갈 수 있을 경우에만 성공의 전망을 갖는다. 그러면 전쟁을 반대하는 전쟁이 명백히 인류의 마지막 전쟁으로 개시될 것이다.

그러나 그런 전쟁은 필연적으로 강렬하고 비인간적이다. 왜냐하면 그 속에서 적은 막아야 할 뿐만 아니라 틀림없이 격멸해야 할 비인간적 괴물로서 싸울 것이기 때문이다. 그러면 인류를 위해 정치적인 것을 제거하려는 노력이 필연적으로 다름 아닌 비인간애의 증대라는 결과를 가져오게 될 것이다. 정치적인 것이 인간 삶의 기본적 특징이라고 말할 때, 환언하여, 인간이 정치적이기를 멈추면 인간이기를 멈춘다고 말할 때, 이 말은 또한 인간이 정치적이기를 멈출 때 인간은 인간적이기를 멈춘다는 것을 정확하게 의미한다.[15] 그리하여 만일 인간이 정치적인 것을 제거하려고 시도할 때 모순에 빠지게 되면, 그런 시도는 오직 부정직을 통해서만 궁극적으로 가능하게 될 것이다. 즉 인간의 살인행위로써 전쟁을 저주하고 그래서 인간들에게 전쟁을 수행하고 그리고 전쟁에서 죽이고 스스로 죽임을 당하도록 요구하는 것은 명백히 하나의 사기인 것이다. 따라서 정치적인 것은 가능할 뿐만 아니라 현실이며 또 현실일 뿐만 아니라 동시에 필연적인 것이다. 그것이 인간본성에 있는 것이기 때문에 필연적인 것이다. 그러므로 정치적인 것의 부정은 인간본성에 대한 논쟁으로 되돌아갈 수 있다. 궁극적인 논란은 인간이 원래 선하냐 아니면 악하냐이다. 그러나 여기에서 "선"과 "악"은 구체적으로 도덕적 혹은 윤리적인 의미에서 취하는 것이 아니라 "선"은 "위험하지 않은" 것으로 이해되고, "악"은 "위험한" 것으로 이해되어야 하는 것이다. 따라서 궁극적 의문은 인간이 위험한 존재인가 아니면 위험하지 않은 존재인가, 다시 말해, 위태로운 존재인가 아니면 해가 없는 위태롭지 않은 존재인가이다.

모든 거짓 없는 정치이론은 인간의 위험성을 전제한다. 따라서 인간의 위험성에 관한 명제는 "정치적인 것"의 지위에 관한 궁극적인 전제인 것이다. 정치적인 것의 필연은 인간의 위험성만큼 확실한 것이다. 그러나 인간의 위험성은 흔들림 없이 확실한 것인가? 슈미트에겐 인간

15 *Ibid.*, p. 105.

의 위험성에 관한 명제는 신앙(faith)의 인류학적 고백으로서 하나의 가정이다. 그러나 인간의 위험성이 진실로 규명된 것이 아니라 오직 가정되거나 신념이라면, 그 반대도 가능하다고 간주될 수 있으며 인간의 위험성을 제거하려는 시도가 실천될 수 있을 것이다. 인간의 위험성이 오직 믿음에 근거한다면 원칙적으로 그것은 위협받고 또 그와 함께 정치적인 것도 역시 위협받는다. 그러나 지구와 인류의 완전한 무정치적 상태가 발생할 것인지 그리고 언제 발생할 것인지에 대해서 슈미트는 스스로 알지 못한다고 고백해 버렸다.[16]

그럼에도 불구하고 슈미트가 주장하는 것처럼, 정치적인 것이 피할 수 없는 것이라면 그것은 위협받을 수 없다. 이것은 국가 간의 관계가 이루는 국제정치의 세계에선 더욱 분명해진다. 왜냐하면 여기에선 가능성만으로도 단 하나의 정치적 대립이 존재하는 한 정치적인 것은 피할 수 없다. 이곳엔 단 하나의 국가보다는 언제나 더 많은 국가들이 존재한다. 국가는 적의 실제적 존재를 그리하여 다른 국가와의 공존을 전제한다. 전 지구와 모든 인류를 포용하는 하나의 세계국가는 존재할 수 없다. 정치의 세계는 단일 우주가 아니다. 다원적 우주이다. 이런 의미에서 모든 국가이론은 다원주의적이다. 국가는 원래 모든 인류와 전 세계를 포용한다는 의미에서 원래 우주적일 수 없다. 어떤 국가가 인류의 이름으로 적국과 싸울 때 그것은 인류를 위한 전쟁이 아니라 특정된 국가가 적국에 대항해 우주적 개념을 찬탈하려는 것이다. 그 국가는 평화 정의 진보와 문명이라는 개념들을 자신의 것으로 주장하고 적국에게

16 Carl Schmitt, *op. cit.*, p. 54.

그런 것들을 부인하는 것과 같은 방식으로 인류와 자국을 동일시하려는 것이다.

인류 그 자체를 위한 전쟁은 존재하지 않는다. 진정한 인류란 적과 친구가 없는 비정치적 세상이다. 인류란 정치적 개념이 아니며 어떤 국가나 사회도 아니다. 18세기의 인류라는 인도주의적 개념은 당시 기존의 귀족적 봉건제도와 그에 수반하는 특권들을 부인하는 논박적인 개념이었다. 자연법과 자유주의의 개인주의적 독트린들에 따르면 인류란 우주, 즉 개인 관계의 모든 것을 포용하는 사회적 이상향이었다. 이것은 전쟁의 진정한 가능성이 배제되고 모든 친구와 적의 분열적 집단화가 불가능하게 되는 때에만 실현된다. 이런 우주적 사회에는 국가의 형식을 취한 민족이나 계급투쟁 그리고 "적의 집단"이 더 이상 존재하지 않을 것이다.[17] 많은 사람들에게 범세계적 공동체의 이상은 다름 아닌 전반적 탈정치화라는 유토피아적 개념에 지나지 않는다. 모든 대가를 지불해서라도 이루는 보편성(우주성)은 필연적으로 완전한 탈정치화와 그와 함께 특유의 국가들이 존재하지 않는다는 것을 의미할 수밖에 없다.

1919년 파리평화조약의 결과로 창설된 국제연맹은 "국가들의 사회", 즉 국제사회라고 불러야 적절하다.[18] 이 기구는 국가들의 존재를 가정하고 상호관계 중 어떤 것들을 규제하고 또 심지어 자신들의 정치적 존립을 보장하는 하나의 조직이다. 이곳에서 국제적인 것과 국가 간, 즉 탈정치화된 우주적 사회와 국가 간 기존 국경의 현상의 보장 간의 기본

17 *Ibid.*, p. 55.

18 바로 여기에서 후에 논할 국제사회의 모습이 자연스럽게 등장한다.

적 반테제가 존재한다. 국제연맹이 국가들을 폐지하지 않았던 것처럼, 그것은 전쟁의 가능성을 제거하지 않는다. 그것은 새로운 전쟁 가능성들을 도입하고 전쟁 발생을 허용하고 연합 국가들의 전쟁을 승인하고 또 어떤 전쟁들을 정당화하고 승인함으로써 오히려 전쟁에 대한 많은 장애물들을 치워 주었다. 그것은 국제연맹의 이사회와 총회의 이름하에 만나는 외교적 회의제도로서 특수한 상황에선 아주 유용한 만남의 장소이다. 그러나 이것은 연맹이 아니라 동맹에 가깝다. 보편적이지 않은 국가들의 연맹은 잠재적 혹은 실제적 동맹을 대변할 때만 정치적으로 중요할 수 있다. 그것은 전혀 세계국가가 아니었다.

세계국가가 전지구와 인류를 포용한다면 그것은 국가가 아니다. 그냥 막연히 "국가"라고 불릴 수 있을 뿐 정치적 성격을 모두 상실할 것이다.[19] 어쨌든 세계국가의 창설 가능성은 없어 보이지만 정치적인 것은 계속 위협받을 것이다. 왜냐하면 평화주의자들과 비평화주의자들 간의 대립은 사라지지 않을 것이기 때문이다. 만일 정치적인 것이 궁극적으로 위협받는다면 정치적인 것의 위상은 궁극적으로 정치적인 것의 현실성을 인정하는 것 이상이어야만 한다. 그것은 위협받는 정치적인 것의 옹호, 즉 정치적인 것의 긍정(affirmation)이어야 한다. 따라서 슈미트는 정치적인 것이 위협받는데도 불구하고 "정치적인 것"을 긍정했다. 그러나 인간의 위험스러움의 긍정은 그 자체로서 정치적 의미를 갖지 않고 오직 규범적, 즉 도덕적 의미를 갖는다. 다시 말해서 그 긍정은 국가를 형성하는 힘(권력)으로서 힘을 긍정하는 것이다. 그 힘은 마키

---

19 Carl Schmitt, *op. cit.*, p. 55.

아벨리가 말하는 비르투(virtu)에 해당한다. 우리는 여기서 또한 자연상태의 덕(virtue)으로서 홉스의 두려움(fearfulness)을 상기할 수 있다. 따라서 전쟁 같은 도덕이 슈미트의 정치적인 것의 긍정을 위한 궁극적 정당화가 되는 것처럼 보이며, 또 정치적인 것의 부정과 정치적인 것의 입장 간의 대립은 평화주의적인 국제주의와 호전적 민족주의 간의 대립과 일치하는 것 같다.

평화주의자들의 이상은 현 상황에서 행동과 이해에 아무런 의미를 갖지 못한다고 거부한 슈미트는 원칙적으로 세계국가(the world state)의 가능성을 통일된 인류의 소비와 생산에서 전적으로 무정치적인 동반자로 인정하면서도 범세계적 경제 및 기술적 집중이 내포할 무서운 힘이 어떤 인간들에게 넘어갈 것인가를 묻는다. 즉 세계국가에서 어떤 인간들이 지배할 것인가를 묻는 것이다. 이 의문은 그때 가서는 인간들이 완전히 자유로울 것이기 때문에 인간에 대한 인간의 정부가 불필요할 것이라고 희망하는 것으로 끝낼 수 없다. 왜냐하면 그 의문은 "무엇을 위해" 인간들이 자유로울 것인지에 대한 의문이 즉각 제기되기 때문이다. 이 의문에 대한 답은 그때 가서는 인간들이 위험스럽지 않을 것이라는 낙관적 전제나 여전히 위험스러울 것이라는 비관적 전제 위에서 이루어질 수 있다. 이 의문은 결국 인간에 대해 인간의 정부가 필요한지 아니면 불필요한 건지, 미래에도 필요할 건지 아니면 그땐 불필요할 것인지에 관한 것이다. 따라서 위험스러움은 지배의 욕구를 의미한다. 그러면 궁극적인 논쟁은 호전성과 평화주의 혹은 민족주의와 사해동포주의 사이에서가 아니라 소위 권위주의적 이론과 무정부주의적 이론 간에 발생한다.[20]

슈미트에겐 만일 친구와 적의 구별이 단지 하나의 가능성만으로도 끝난다면 정치가 없는 세계관, 문화, 문명, 경제, 도덕, 법률, 예술, 오락 등만 있을 것이며 정치나 국가는 없을 것이다. 평화주의가 실현된 세계는 정치가 없는 세계일 것이다. 그런 세계에서는 어쩌면 아주 흥미로운 모든 종류의 대항과 대조, 경쟁과 음모들이 있겠지만 인류에게 자기의 생명을 희생하도록 정당하게 요구할 수 있는 기반을 가진 대항은 없을 것이다. 바로 여기에서 슈미트가 평화주의의 이상을 거부하고 왜 정치적인 것을 긍정하는가가 분명해진다. 즉 그는 정치적인 것이 위협받는 상태에서 인간 삶에 대한 위협이 심각해 보이기 때문에 정치적인 것을 긍정했던 것이다. 따라서 정치적인 것의 긍정은 궁극적으로 다름 아닌 규범 즉 도덕의 긍정이 되는 것이다.[21]

오늘 이 순간에도 인류는 서로 싸울 진정한 가능성을 가진 집단과 국가들로 분할되어 있다. 그러나 과거와 근본적으로 달라진 것은 인간들이 분쟁을 벌인다는 사실에서 발생하는 것이 아니라 그들이 분쟁을 벌이는 대상에서 발생한다. 인간들을 싸우게 하는 것은 어떤 것이 중요하다고, 즉 권위적이라고 간주되느냐에 달려 있다. 시대에 따라 권위적이라고 간주되는 것들이 달랐다. 16세기엔 신학이 권위적이었다. 17세기엔 형이상학이, 그리고 18세기엔 도덕이 권위적이었다. 19세기엔 경제가 그리고 20세기엔 기술이 권위적이다. 근본적으로 세기마다 다른 영역이 중심영역이다. 정치적인 것이 중심영역인 경우는 결코 없다. 그러나 중심영역들은 변화하는 반면에 정치적인 영역은 항상 운명으로

---

20 *Ibid.*, p. 60.

21 Leo Strauss, *op. cit.*, pp. 112-113.

남는다. 인간의 운명으로서 정치적인 것은 인간에게 궁극적으로 무엇이 중요한가에 달려 있다. 국가 역시 각 중심영역으로부터 현실과 힘을 얻는다. 왜냐하면 친구와 적으로 구분되는 권위적 문제들과 그것들에 관한 분쟁도 마찬가지로 권위적인 영역에 의해서 결정되기 때문이다. 따라서 근대의 특징인 탈정치화의 정확한 의미는 변하는 중심영역의 계승에서 어떤 법이 지배하는가를 이해할 때에만 이해할 수 있다. 이 법은 중립화로 향하는 경향, 즉 안전, 명확, 합의 그리고 평화를 가능케 하는 기반을 얻으려는 노력이다. 여기에서 합의와 평화는 무슨 대가를 지불해서라도 얻어내려는 합의와 평화이다. 그러나 원칙적으로 이미 고정된 목적에 대한 수단에 관해서 합의에 도달하는 것은 언제나 가능한 반면에 언제나 목적 그 자체에 관해서는 분쟁이 있다. 즉 우리는 정의로운 것과 선한 것에 대해서만 서로가 그리고 자기 자신과 언제나 싸우는 것이다. 따라서 만일 무슨 대가를 지불해서라도 우리가 합의를 추구하려면 무엇이 옳은 것인가에 대한 의문을 완전히 포기하고 수단에만 관심을 갖는 길밖에 없다.

슈미트는 근대 유럽이 중립적 토대 그 자체를 찾아 마침내 기술에 대한 신앙에 도달했다는 것이다. 우리가 영원히 논쟁을 벌일 수 있는 신학적, 형이상학적, 도덕적 그리고 심지어 경제적 문제들과 비교하면 순전히 기술적 문제들은 참신하게 새로운 어떤 것을 수반하고 있다. 그러나 기술은 항상 수단이며 무기이다. 그리고 기술은 어느 누구에게나 봉사하는 바로 그런 이유 때문에 그것은 중립적이지 않다. 이런 중립의 가면은 무슨 대가를 지불해서라도 합의에 도달하려는 절대적이고 명백한 중립적 토대를 발견하려는 어리석은 시도를 폭로한다. 무슨 대가를 지불해서라도 도달하려는 합의는 인간적 삶의 의미를 대가로 지불하는 합의로써만 가능하다. 모든 대가를 지불하는 합의란 인간이 무엇이 옳은가에 관해 질문하는 것을 단념하는 경우에만 가능하다. 그러나 인간이 그 질문을 단념한다면 그는 인간이기를 포기하는 것이다. 그러나 만일 그가 무엇이 옳은가에 관해 진지하게 질문을 하면 싸움은 다시 점화될 것이다. 삶과 죽음의 싸움, 즉 친구와 적으로 인류의 집단을 나누는 "정치적인 것"의 정당성은 결국 무엇이 옳은가에 관한 질문의 심각성의 덕분이다.[22]

홉스가 자연상태를 부정한 반면에 슈미트는 자연상태를 긍정했다. 그 자연상태는 온전한 전쟁상태이다. 따라서 자연상태의 긍정은 호전적일 수밖에 없어 보인다. 그러나 자연상태로의 복귀는 전쟁의 긍정을 의미하는 것이 아니라 현상의 안전을 포기하는 것을 의미한다. 전쟁이 이상적인 어떤 것이기 때문이 아니라 기존 현상의 안락과 태평으로부터 손상되지 않고 부패하지 않은 자연으로 돌아가서, 순수하고 전적인 힘으로부터 인간사의 질서가 다시 일어날 수 있도록 하는 것이 필요하기 때문에 안전이 포기된다. 그리고 정치적인 것 그 자체의 긍정은 싸움 그 자체의 긍정이 되는 것이다. 정치적인 것 그 자체를 긍정하는 사람은 싸우고자 하는 모두를 존중한다. 그는 자유주의자들만큼이나 관용적이다. 그러나 그 의도가 정반대이다. 자유주의자들은 그 모든 정직한 신념도 이 법적 질서, 즉 평화를 신성한 것으로 인정하는 한 그것들은 모두 존중하고 묵인하는 반면에 정치적인 것을 그대로 긍정하는

22 *Ibid.*, pp. 114-115.

자는 진지한 신념, 즉 전쟁의 진정한 가능성을 향한 모든 결정을 존중하고 묵인한다. 그리하여 정치적인 것의 인정이 정반대의 대립을 이루는 자유주의임이 입증된 것이다. 따라서 정치적인 것의 긍정은 슈미트의 자유주의에 대항하는 첫 단어일 뿐이다. 즉 그 긍정이 자유주의에 대한 과격한 비판을 준비할 수 있게 해 준다. 그러나 슈미트에게 궁극적으로 중요한 것은 자유주의에 대항하는 전투가 아니며 정치적인 것의 긍정이 그의 최후의 진술도 아니다. 그의 최종적인 진술은 "인간사의 질서"이다. 그럼에도 불구하고 자유주의에 대한 논박이 아주 흔히 슈미트의 최후의 진술인 것처럼 보이고, 또 그가 아주 번번이 자유주의에 대한 속박에 얽혀 들어가서 그의 진정한 의도에서 유리된 채 자유주의에 의해 미행당하는 차원에 억류되어 있다는 것도 사실이다.[23]

제1차 세계대전 후 독일에서 바이마르공화정이 탄생하는 상황과 바이마르헌법의 자유민주적 성격 그리고 당시 허용된 극단주의적 정치운동 등을 유의하면서 슈미트는 국가가 태형을 가하는 기둥으로 전락하는 데 경악했으며 그래서 그런 상황을 반전시키길 희망했다. 그는 바이마르공화정의 독일국가를 강화시키려는 노력에서 당시 철학적이거나 혹은 전술적 이유에서 광범위하게 퍼져 있는 자유주의의 기본적 가정, 즉 아무리 반공화주의적이라 할지라도 모든 정당이 의회진출과 집권을 위해 경쟁할 수 있도록 자유롭게 허용되어야 한다는 가정에 도전했다. 이것은 그런 정당들의 집권을 위한 유일한 조건은 합법적으로 행동해야 한다는 것을 의미했다. 정치적 좌우익들이 부르주아의 합법성을 집

23 *Ibid.*, p. 118.

권을 위한 무기로 사용하는 것을 인식하고 또 국가에 대한 이념적 전복을 노리는 극단주의적 운동 가운데 하나가 승리할 것을 두려워했던 슈미트는 바이마르공화정의 지도층이 친구와 적을 구별할 즉각적인 준비를 하고 그에 따라 행동할 능력에 대해 별로 희망을 보지 못했다. 그리하여 1932년 슈미트는 국가의 전복을 의도하지 않는 정당들만 의회 진출과 집권을 위해 경쟁할 권한이 인정되어야 한다고 주장했다. 이것은 정치적 양측 극단주의자들을 몰아내는 것을 의미했다. 바이마르의 말기에 슈미트는 대통령의 권한을 과감하게 강화시키고자 했다, 그래서 그는 대통령제의 개념을 개발했다. 비록 그의 대통령제가 바이마르헌법에 뿌리를 두고 있었지만 슈미트의 개념은 헌법을 넘어섰고 그리하여 바이마르헌법의 정신과 문구에 더 이상 일치하지 않았다. 바꾸어 말하면 그는 기존의 국가를 구원하고 강화하기 위해서 헌법의 일부를 희생시킬 생각이었다. 슈미트는 무엇보다도 대통령에 복종하고 또 대통령과 단결한다는 조건하에서만 정당과 바이마르의회를 수락할 것이라는 것을 분명히 암시했다. 바이마르의 말기에 일어난 대통령제는 실제로 히틀러를 위한 길을 열었다고 오늘날에도 널리 비난받았지만 그러나 이것은 슈미트의 주장의 핵심을 놓친 것이다.[24] 최종적으로 등장한

24 George Schwab, "Introduction," in Carl Schmitt, *op. cit.*, p.15. 카를 슈미트에 대한 거의 일반화된 도덕적 비판에도 불구하고 그가 나치스와 무관함을 보여 주려는 최근의 시도에 관해서는 Joseph W. Bendersky, "Carl Schmitt at Nuremberg"와 "Interrogation of Carl Schmitt by Robert Kempner" 그리고 카를 슈미트의 답변들에 관해서는 1987년 여름 학술지 *Telos*(vol. 72)의 카를 슈미트에 관한 특집(특히 pp. 91-129)을 참조할 것. 제1차 대전 직후 당시 독일의 국가적 위기를 극복하기 위한 강력한 대통령제의 채택은 슈미트에 훨씬 앞서 막스 베버에 의해 제안되었다. 그것은 베버가 미국을 여행한 경험에서 얻은 개념이었다(H. H. Gerth

제도는 그가 촉구했던 것에서 알맹이가 빠진 형태였다. 따라서 친구와

and C. Wright Mills, eds., "A Biographical View," in *From Max Weber: Essays in Sociology*, New York: Oxford University Press, 1958, p. 18). 베버는 제1차 대전 중 미국 윌슨 대통령이 발휘한 카리스마적 지도력에 의해 큰 인상을 받았던 것으로 보인다. 그리고 슈미트는 베버의 의회주의와 카리스마적 영도력에 관한 이론을 자신의 정치이론의 출발점으로 삼았다(Wolfgang J. Mommsen, *The Political and Social Theory of Max Weber*, Chicago: The University of Chicago Press, 1989, p. 71). 그리하여 정치 지도자로서 국민에 의해 직접 선출된 제국 대통령의 개념을 포착했다(Wolfgang J. Mommsen, *Max Weber and German Politics 1890-1910*, Chicago: The University of Chicago Press, 1984, pp. 382ff. 그리고 제10장을 참조). 몸젠은 막스 베버가 추구했던 대통령제는 프랑스 드골의 제5공화정 헌정질서와 아주 흡사하다고 주장했다. 드골이 집권하기 위해 프랑스의 위대한 국가적 과거를 의식적으로 이용했듯이 베버도 훌륭한 카리스마적 지도자들에게 비스마르크의 걸리버의 릴리프스 같은 후임자들이 파괴한 비스마르크의 국가적 성취의 영광을 부활시킬 기회를 주어야 한다고 생각했다(*Ibid.*, pp. 411ff). 시대순으로 본다면 드골이 베버의 강력한 헌정질서의 계획을 독일이 아닌 프랑스에서 구현했던 셈이다. 그런 지도자는 어느 때 어떤 제도에서나 드문 것이다(Michael Joseph Smith, *Realist Thought From Weber to Kissinger*, Baton Rouge and London: Louisiana State University Press, 1986, p. 41). 그러나 강력한 카리스마적 지도력의 주장을 모두 히틀러의 집권과 무리하게 연결시킨다면 니체의 "초인", 헤겔의 "세계 역사적 인간", 루소의 "입법자", 홉스의 "절대 주권자", 마키아벨리의 "군주" 그리고 궁극적으로는 플라톤의 "철인왕"으로까지 거슬러 올라가야 할 것이다. 프랑켄슈타인 박사의 괴물처럼 당시의 철학자들이 그런 악명의 지도자들을 창조한 것이 아니다. 의도하지 않은 결과 아니 대부분 원래 철학자들의 가르침을 왜곡한 결과라고 보는 것이 좋을 것이다. 그런 천재적 철학자들의 사상은 그들이 살았던 시대의 조건을 반영하는 것이지만 그런 천재의 탄생은 역사의 우연의 산물이지 어떤 사회과학적 법칙의 산물은 아닐 것이다. 지나치게 철학자와 그의 정치적 영향력을 과대평가하거나 직접 연계시키는 무리한 상상력은 창조적이라기보다는 오히려 정치적 악의 속죄양을 찾는 지성의 자살행위라고 보아야 할 것이다. 슈미트의 정치 이론에 관한 가장 최근의 포괄적 평가에 관해서는 John P. McCormick, *Carl Schmitt's Critique of Liberalism*(Cambridge, U. K.: Cambridge University Press, 2007); Heinrich Meier, *The Lesson of Carl Schmitt: Four Chapters on Distinction between Political Theology and Political Philosophy* (Chicago & London: The University of Chicago Press, 1998)을 참조.

적을 구별할 필요성에 대한 슈미트의 호소에도 불구하고 당시 힌덴부르크(Paul von Hindenburg) 대통령은 계속 법률주의적 교리의 영향하에서 벗어나지 못했고 그리하여 바이마르가 직면하고 있는 정치적 도전들을 억제하고 또 제거하는 강력한 조치를 취하지 않았다. 그는 부정적 성향의 정당들이 집권을 위해 활동하고 경쟁하도록 계속 허용했을 뿐만 아니라 칙령에 의해 통치하는 것을 싫어했다. 헌법을 구하기 위해 극단적인 조치를 착수할 생각은 힌덴부르크 대통령에게 전혀 없었다. 그는 칙령에 의한 통치가 자신이 수호하겠다고 한 선서에 모순된다는 혼란한 생각에 젖어 있었다.

슈미트는 1922년에 이미 《정치신학》이라는 저서를 "주권자는 예외적 상태를 결정하는 자"라는 유명한 문장으로 시작했었다. 이 하나의 문장에서 그는 "지도자"의 본질적 개념을 포착했다. 즉 법의 통치가 언제 중단될 수 있는가를 결정할 수 있는 주권을 구현하는 자가 지도자라는 것이다. 국가는 법에 의해 운영되는 것이 아니라 법은 국가의 피조물이며 국가가 결정하는 대로 사용되어야 하는 것이다. 통치와 질서와 때로는 결단주의(decisionism)라고 명명된 결단의 사이에서 슈미트가 끌어내려는 것은 새로운 헌정질서를 수립하려는 것이었다.[25] 슈미트에게 법의 모든 개념은 근본적으로 정치적인 것이었다.

한스 모겐소는 1937년 미국으로 이민 가 1943년 시카고대학의 전임교수가 된 후 1946년 《과학적 인간 대 힘의 정치》라는 저서를 출판하면서 미국 정치학계에서 명성을 얻게 되었다.[26] 곧 이어서 그는 1948년

---

25 Philip Bobbitt, *The Shield of Achilles: War, Peace, and the Course of History* (New York: Alfred A. Knopf, 2003), pp. 593-594.

에 《국가 간의 정치》, 그리고 1951년에 《국가 이익의 변호》라는 2권의 보다 광범위한 내용의 작품을 내놓았다.[27] 이 저서 3권의 3위 일체로 모겐소는 미국 정치학계에서 저명한 위상뿐만 아니라 국제정치학에서 일종의 여론지도자(opinion leader)로서의 역할을 확립했다.[28] 그리하여 그의 이름은 "정치적 현실주의"라는 특수한 조망 및 정치적 프로그램과 점차 동일시되었다. 그리고 그의 저서 《국가 간의 정치》는 정치학의 고전으로 인정받았다. 그는 정치적 현실주의의 웅변적 대변인이 되었으며 1980년 그가 사망할 때까지 그의 이 저서는 미국에서 6번째 수정판이 나왔으며 여러 나라에서 번역되었다. 그리고 마침내 그는 현대 "국제정치학의 창시자'로 간주되게 되었다.[29]

모겐소는 독일에서 학생시절이던 1923년 가을에 외교사학자인 헤르만 옹켄(Herman Oncken) 교수가 가르친 2개의 세미나 과목에서 처음으로 독특한 현상으로서의 정치를 접했다.[30] 2개의 세미나 과목 중 하나는 비스마르크 치하의 독일 외교정책에 관한 것이었고 또 하나는 일반외교와 군사정책의 원칙에 관한 것이었다. 모겐소는 이 주제들에 큰 흥미를 가졌고 또 많은 것을 배웠다고 고백했다.[31] 따라서 모겐소의

---

26 Hans J. Morgenthau, *Scientific Man versus Power Politics*(Chicago: University of Chicago Press, 1946).

27 Hans J. Morgenthau, *Politics among Nations*(New York: Alfred A. Knopf, 1948); *In Defense of the National Interest*(New York: Alfred A. Knopf, 1951).

28 Alfons Söllner, "German Conservatism in America: Morgenthau's Political Realism," *Telos*, no. 72(Summer, 1987), p. 163.

29 Stanley Hoffmann, "An American Social Science: International Relations," in *Janus and Minerva*(Boulder and London: Westview Press, 1987), p. 6.

30 Christoph Frei, *op. cit.*, p. 120.

"정치적 현실주의"는 비스마르크의 현실정치(Real Politik)에 의해서 처음 형성되었다고 할 수 있다.[32] 옹켄 교수가 상정한 정치란 그 자체의 특수한 세력들을 가진 자율적 삶의 영역으로 보인다. 여기엔 다른 법칙들이 적용되며 보다 높은 재능이 필요하다. 왜냐하면 정치란 하나의 기술이기 때문이다.[33] 정치에 종사하는 사람은 누구나 하나의 세력권(power sphere) 내에서 움직인다. 초자연적인 "인류의 목적들"이 존재하지만 그것들은 정치권에 그 기원을 갖고 있지 않다. 왜냐하면 정치란 철저히 이 현세에 관한 것이기 때문이다. 즉 정치란 현실의 와중에서 일어난다.[34] 모겐소는 "현실정치"란 말이 중언부언이라고 말했다. 왜냐하면 모든 정치는 현실이기 때문이다.[35] 따라서 정치는 어떤 형식으로 압축되거나 혹은 어떤 체제로 생각할 수 없다. 그것은 삶의 바로 뿌리를 다룬다. 그것은 모든 것 들의 지레(lever)이다. 그 결과 이상적 목적의 실현은 언제나 삶 그 자체가 묶여 있는 정치, 즉 구체적인 정치질서에 의해서 지배된다. 모겐소 자신도 모든 것의 지레로서 정치를 경험했었다. 옹켄 교수가 정치영역의 뿌리와 관련된 기본적 본능, 즉 가장 깊은 내면의 욕구와 비합리적 힘들에 관해서 말했을 때 모겐소는 의미 있게 받아들였다.

---

31 *Ibid.*

32 Alfons Söller, *op. cit.*, p. 161

33 Herman Oncken, "Politik als Kunst"(1911), in *Nation and Geschichte: Reden and Aufsäze, 1919-1935*(Berlin, 1935), p. 363; Xheiaroph Dewi, *op. cit.*, p. 120, 주 20에서 재인용.

34 Herman Oncken, *op. cit.*, p. 367.

35 Christoph Frei, *op. cit.*, p. 21, 주 22.

더구나 모겐소에겐 옹켄의 생각들이 바로 교실 밖에서 경험적으로 확인되었다. "1923년 가을 뮌헨대학에서 성직자들과 수녀들이 대학의 복도에서 나치스 당원 학생들에 의해서 쫓겨나던 장면을 결코 잊지 않을 것이다"라고 말했다.[36] 옹켄 교수의 세미나는 1924년 봄에 끝났다. 그때까지 모겐소는 무엇이 정치적 영역을 구성하는가에 대해 보다 나은, 보다 일관된 개념을 갖게 되었다. 그때부터 그는 호기심에 사로잡힌 독학과 남독을 통해 기본적 핵심을 넓히고 심화시켜 나갔다. 프리드리히 니체, 막스 베버(Max Weber) 그리고 니콜로 마키아벨리에게서 모겐소는 자신의 조망, 즉 냉혹하고 꾸밈없는 현실주의, 다시 말해서, 힘에 대한 하나의 정면적 조망을 공유하는 권위자들과 스승들을 발견했다.[37] 그는 속이고, 위장하고 또 윤색하려는 모든 것과는 반대로 무엇이 정치영역인가를 결정하려고 노력했다. 그는 독일의 도덕주의적 접근법과는 대조를 이루는 니체의 지적 정직성, 베버의 맑은 객관성, 그리고 마키아벨리의 무자비한 경험주의를 높게 평가했다. 모겐소의 목적은 정치적 영역을 다른 삶의 영역과 혼동하지 않고 정치적 영역을 내부로부터 파악하는 능력을 의미하는 절대적 객관성에 도달하는 것이었다.[38]

그는 자신의 동포들이 당면문제들을 혼동할 때, 즉 도덕주의적 감정을 정치적 힘으로 착각하고 또 불분명한 추리를 정치적 지혜로 착각하

36 1966년 8월 8일자 《뉴욕타임스》(*New York Times*). 이 사건들은 뮌헨에서 히틀러의 쿠데타가 실패한 상황 속에서 발생했다. Christoph Frei, *op. cit.*, p. 121과 주 27에서 재인용.

37 *Ibid.*

38 *Ibid.*, p. 122

는 것을 볼 때 미칠 것 같았다. 그는 독일인들을 정치인들로 바꾸는 교육이 필요하다고 생각했다. 그러나 그런 교육자의 역할을 수행할 사람이 독일에는 없어 보였다. 그는 독일인들의 정치적 사유가 너무 혼란스럽고 초보적이라고 간주하고 그 자신 스스로 교육자가 될 결심을 했다. 그리하여 1927년 여름 모겐소는 마키아벨리에 관한 연구를 위해 참고문헌의 목록을 수집하기 시작했다. 그러나 그 과정에서 그는 프리드리히 마이네케(Friedlich Meinecke)의 《국가이성의 개념》(*Die Idee der Staatsräson*, 1914)이라는 작품을 접하게 되면서 자신의 집필 계획을 단념했다.[39] 모겐소는 국가이성에 관한 마이네케의 저서가 아주 많은 것을 내포하고 있기 때문에 마키아벨리에 관한 자신의 집필 계획을 포기했던 것이다.[40]

그러나 보다 중요한 프로젝트가 남아 있었다. 그것은 정치적 현실을 내부로부터 파악하는 것 그리고 그것을 개념적으로 자율적 삶의 영역으로 재구성하는 것이었다. 모겐소는 국제적 사법기능의 성격과 한계에 관한 자신의 1929년 박사학위논문에서 처음으로 "정치적인 것"의 한계를 규정하려고 시도했다. 이 연구에서 모겐소는 엄격한 법적 카테고리 때문에 국제법의 실천을 국한시키는 좁은 한계를 거듭 지적했다. 그리고 이 젊은 모겐소는 역동적이고 비판적인 접근법, 즉 초점이 국가관계의 정치적 성격으로 이동할 때에만 발전할 것이라고 보는 사고방

39 *Ibid*. 이 책(*Die Idee der Staatsräson*)은 1957년 *Machiavellism: The Doctrine of Raison d'Etat and Its Place in Modern History*라는 제목하에 처음으로 영어 번역본이 나왔다.

40 *Ibid*., p. 123.

식을 부각시켰다. 그리고 정치적인 것의 특징은 정치행위에 종사하는 사람의 심리 속에서 찾아야 하며, 정치적 문제들은 항상 힘의 문제라고 덧붙였다.[41] 그리고 1930년 〈인간 본성에서 정치적인 것의 기원에 관해서〉라는 미출판된 독일어 논문에서 그가 정치학에 절실하게 필요하다고 생각되는 "심리학적 토대"에 기여했다.[42] 이 논문에서 정치는 하나의 자율적 삶의 영역으로 구상되었으며 모겐소의 출발점은 이 영역의 사회적 성격이었다.

윤리나 종교는 개인의 고립된 영혼에서 나타날 수 있지만 정치영역은 그 자체를 넘어서는 어떤 것을 가정한다. 그것은 외부적 목적 즉 타인의 영혼과의 관련을 필요로 한다. 그러나 정치의 이런 사회적 성격이 국가에 특수한 구조적 토대에서 결정될 수 있다고 생각해선 안 된다. 그런 접근은 국가 그 자체가 "정치적인 것"을 이용하여 설명될 필요가 있기 때문에 악순환에 빠지게 될 것이다. 따라서 모겐소는 정치를 내부로부터, 즉 그 속에서 작용하는 힘들에 의해서 설명하고자 했다. 모겐소에 의하면 바로 그런 힘들은 언제나 개인 속에 뿌리를 두고 있다. 사회적 구조들을 이해하는 데 우리가 갖고 있는 유일한 접근로는 개별 인간들을 바라보는 것이다. 우리가 정치적이라고 지명하는 모든 현상은 정치적인 것의 원천으로서 인간의 심리로 돌아간다. 따라서 정치적인 것의 본질에 관한 통찰력을 얻는 유일한 방법은 인간영혼의 본질을 이해하는 것이다. 이렇게 볼 때 정치는 사회적 현상이고, 그 현상은 개인들 간의 관계뿐만 아니라 "정치적"이라는 용어의 형용사적 형식이 지시

41 *Ibid.*, p. 124.

42 *Ibid.*, pp. 124-125.

하는 것처럼 각 개인 내부에 있는 특성(quality)이 되어야 한다. "정치적인 것"은 어떤 주어진 문제를 정치적인 문제로 변질시키는 구체적인 특성이나 특징인 것이다. 따라서 모겐소는 정치적인 것을 각 개별 인간에게 존재하면서 필연적으로 타인에게 향해진 힘으로 생각하게 되었다.

그리하여 모겐소는 "정치적인 것"이란 하나의 내적 힘으로 확립했지만 아직 이 현상에 대해 그럴듯한 토대를 부여하지 않았다. 힘에 대한 염원은 그 자체가 "궁극적 힘들"의 산물이며 따라서 설명이 필요한 것이다. 이를 위해 그는 당시 유행하는 새로운 학문인, 지그문트 프로이트(Sigmund Freud)의 정신분석에 매료되기도 했다. 그러나 모겐소는 니체에 의존하여 인간에 관한 "궁극적 사실들"을 이해하려고 했다. 즉 인간의 의식은 인간의 동기체제의 모든 우여곡절을 넘어서 자기보존과 자기를 내세우려는 생명에 대한 충동을 만나게 된다고 생각했다. 자기보존의 충동이 인간 동기의 가장 명백한 요소이다. 자기보존의 충동이 기본적 요구에 대한 반응이라면 자기를 내세우려는 욕구는 넘치는 에너자의 기능이다. 보다 높은 발전단계에서 생명은 만개하여 스스로를 의식하게 된다. 자기를 내세우려는 욕구도 경험적 표현들의 모든 다양성을 강조해 준다고 모겐소는 생각했다.

실제로 인간에겐 "자기가 무엇을 할 수 있는가"를 보여 줄 수 있는 수많은 방법들이 있다. 예를 들어 도구를 만드는 데서 혹은 사냥이나 스포츠 혹은 전투 등에서 보여 줄 수 있다. 이런 모든 일을 하는 데서 인간은 자신의 힘의 범위를 시험하고 자신의 힘을 의식하게 되는 것이다. 모겐소는 나중에도 종종 이런 가장 폭넓은 니체적 의미에서의 힘(power)을 말하고는 하였다.[43] 자신을 내세우려는 욕구의 많은 표현들 가운데 인간을 지배하려는 힘의 욕구란 하나의 구체적 실례일 뿐이다. 그러나 이것이 정치권, 즉 정치적 영역을 구성한다.[44] 정치적 맥락에서 힘이란 보다 협의의 의미에서 즉 사회적 관계를 통제하는 능력으로 이해된다. 보다 구체적으로, 힘이란 "한 사람의 의지가 다른 사람의 심리를 지배하려는 동기적인 힘"을 받는 방식으로 한 사람이 다른 사람에게 영향을 미치기 위해 사용되는 것이다. 모겐소에게 이 동기적 힘의 원천이 무엇인지는 한 가지 중요한 예외적인 경우를 제외하고서도 차이가 없다. 그 예외적 경우란 실제로 물리적 힘이 관련되자마자 힘이란 용어는 정치적 함축을 상실한다는 것을 의미한다. 왜냐하면 정치적 힘(정치권력)이란 철저히 정신적인 것, 즉 두 두뇌간의 심리적 관계이기 때문이다.[45]

그러나 힘을 정의하는 것은 모겐소의 주된 목적이 아니었다. 그는 인간을 지배하려는 힘의 욕구, 즉 각 개인 내부에 있는 힘으로 이해되는 "정치적인 것"에 대한 심리학적인 설명을 발견하는 데 더 많은 관심이 있었다. 일찍이 니체는 일반적으로 자기를 내세우는, 즉 자기주장에

---

43 모겐소의 "자기를 내세우려는 욕구"는 니체의 "힘에 대한 의지"(will to power)와 잘 어울린다.

44 이런 모겐소의 인류학적 견해는 홉스의 견해와 완전히 일치한다. 그러나 힘에 대한 열망이 자기를 내세우려 한다는 모겐소의 개념은 홉스나 스피노자에 의해 제시된 근대 합리주의적 이론의 자기보존의 계산과는 전혀 일치하지 않는다. 모겐소에 의하면 생명의 역동성과 힘은 자기보존 같은 정체적 개념과 융합될 수 없다. 따라서 이 점에서 모겐소는 전적으로 니체 쪽에 속한다고 하겠다(*Ibid.*, p. 127). 모겐소의 지성적 조망 형성에 가장 중요한 영향을 미친 사람은 니체였다는 주장에 관해서는 p. 94를 참조.

45 여기서 크리스토프 프라이는 모겐소가 막스 베버의 힘에 대한 정의를 따르고 있다고 주장한다. *Ibid.*, p. 128, 주 54 참조.

대한 욕구와 특히 인간을 지배하려는 힘의 염원은 "더 많이"위한 욕구가 바로 기쁨의 본질이기 때문에 내적 한계를 모른다고 지적했었다. 완전한 기쁨의 만족이란 자신의 욕망의 궁극적 대상에 대한 지배력을 얻음으로써만이 성취될 수 있을 것이다. 인간본성의 이런 특수한 면의 현실주의적 근사치로서 모겐소는 성적 영역에서 돈 후안(Don Juan)과 정치적 영역에서 알렉산더와 나폴레옹을 지적했다. 요컨대 사람들이 어느 곳에서 함께 살든 그들의 기본적 욕구들이 갈등을 일으킨다. 그 결과 상대적 지위와 힘에 관한 지속적인 재평가가 존재할 뿐만 아니라 모든 종류의 대상에 대한 끊임없는 경쟁이 존재한다는 것이다. 모겐소에겐 이것은 모든 표현에서 갈등을 의미하고 이런 표현들 중 하나가 정치적 투쟁이다. 이것이 바로 정확하게 정치적인 것에 관한 모겐소의 심리학적 개념이 후에 그의 정치에 대한 사회학적 개념을 처음으로 다룬 곳이다. 즉, 사회적 차원에서 하나의 내적인 개인의 힘으로서 "정치적인 것"이란 힘의 투쟁(권력투쟁)으로서의 정치로 귀착한다.

후에 모겐소는 정치학의 맥락에서 정신분석학의 적용에 대한 유보를 종종 표명하고는 했다. 그는 정치적 경험의 복잡성과 다양성을 그러한 환원주의적 이론으로 설명하는 것이 불가능하다고 보았기 때문이다. 그러나 그는 자신의 기본적 요강을 포기하진 않았다.[46] 그는 자신의 박사학위논문과 1930년의 미발표 논문을 확장하여 정치에 관한 자신의 새롭게 발전된 개념을 국제적 긴장과 분쟁에 적용하였다. 그 결과 1933년 〈정치적인 것의 개념과 국제분쟁이론〉에 관한 연구를 출판하

46 *Ibid.*, p. 129.

게 되었다.[47] 여기서 정치적 영역을 간파하려는 그의 초기 노력들이 최종적 공식화(formulation)를, 또 어떤 면에서는 그것들의 절정을 발견했다. 모겐소는 그 이후 줄곧 그가 의존하는 개념적 도식을 채택했다.[48] 그는 사회적 현상으로서의 정치란 국가를 초월하고 또 실제로 선행한다는 자신의 입장을 재확인했다. 정치란 사람들이 함께 사는 곳에선 언제나 발생한다. 이 주장엔 새로운 것이 없다. 새로운 것은 힘에 대한 이런 열망이 3가지 다른 모습을 취한다는 도식에 있었다. 즉, 힘에 대한 열망은 기존의 획득된 힘을 유지하거나 그것을 증대시키거나 아니면 그것을 과시하려는 모습으로 나타난다는 것이다.[49] 힘을 유지하고 증대시키고 또 과시하는 것, 바로 이것이 인간들, 보다 정확하게 말해서, 정치적 인간(homo politicus)의 본질적 행동양식이라는 것이다. 모겐소가 여기서 제시하는 것은 정치적 행동양식을 이해하고 또 추정하는 하나의 이상형적(an ideal-typical) 개념이다. 이런 이상형적 분류는 모겐소가 스스로 인정했듯이[50] 막스 베버의 "직업으로서의 정치"(Politik als Beruf)라는 그의 유명한 1919년에 발표한 에세이에 등장했었다.

> 우리에게 정치란 힘을 공유하려고 노력하거나 힘의 분포에 영향을 미치려고 노력하는 것을 의미한다. 이것은 본질적으로 일상적 어법과 일치한다. 어떤 문제가 "정치적 문제"라고 말할 때, 각료나, 혹은

---

47 Hans Morgenthau, "La Notion de 'Politique' et la Théorie des Differents Internationaux"(Paris, 1933), *Ibid*에서 재인용.

48 *Ibid*.

49 Hans Morgenthau, 앞의 프랑스어 논문, p. 43.

50 Chritoph Frei, *op. cit.*, p. 130, 각주 59.

> 관리가 "정치적" 관리라고 말할 때 혹은 어떤 결정이 "정치적으로" 결정된다고 말할 때 그것이 의미하는 것은 언제나 힘의 배분, 유지 혹은 이전의 관심이 그 문제에 답하고 또 그 관리의 행동범위를 결정하는 데 결정적이라는 것이다. 정치에서 활동하는 사람은 이상적이든 이기적이든 다른 목적에 봉사하는 수단으로써 혹은 "힘을 위한 힘"으로써, 즉 힘이 부여하는 자부심(prestige-feeling)을 즐기기 위해서 힘을 추구한다.[51]

모겐소는 1933년에 발표한 논문에서 베버의 분류를 국가들의 행동에 적용했다.

> 외교정책이란 자국의 힘을 유지하거나 증대시키거나 아니면 과시하려는 의지일 뿐이다. 그리고 이런 3가지의 표현 행위는 현상유지 정책, 제국주의 정책 그리고 위신 정책에서 그것들의 기본적인 경험적 표현을 발견한다.[52]

이런 분류는 15년 후인 1948년 《국가 간의 정치》(*Politics among Nations*)에 그대로 반복되었다.

> 모든 정치적 현상은 힘을 유지하거나 증가시키거나 혹은 과시하는 3

---

51 Max Weber, "Politics as a Vocation," in H. H. Gerth and C. Wright Mills, trans. and eds, *From Max Weber: Essays in Sociology*(New York: Oxford University Press, 1958), p. 78.

52 Hans Morgenthau, 앞의 프랑스어 논문, p. 61.

> 가지 기본 형태 중의 하나로 집약될 수 있다. 정치의 이 3가지 전형에 현상유지 정책, 제국주의 정책, 그리고 위신 정책의 3가지 전형적 정책이 일치한다.[53]

그 후 이 정치적 행동에 관한 이런 분류는 오늘날까지 모겐소의 이름과 관련되어 왔다.

앞서 언급한대로 1937년 7월 28일 신대륙 미국으로 이주한 모겐소는 이곳에서 새로운 지적 환경을 발견했다. 그는 무엇보다도 사유와 추론에서 특별히 미국적인 방식에 직면했다. 그리고 이 과정에서 지성적 문화충격(culture shock)을 경험했다. 그는 미국적 정신의 주요 특징들에 당혹했고 완전히 아연해 했다. 미국은 중요한 아니 심지어 실존적 문제들에 대해서 다른 대답을 했을 뿐만 아니라 더 중요한 것은 이런 대답들이 자신의 관점에서 보면 잘못된 것이었다.[54] 어쨌든, 모겐소의 행동주의자적 대응과 잘못된 것을 교정하려는 그의 결심은 역사적 맥락 속에서 보고 해석해야만 한다. 유럽에서 독일의 성공적 기습전쟁(Blitzkrieg)과 극동에서 일본의 중단 없는 팽창으로 미국은 무서운 도전에 직면하게 되었다. 1941년 12월 일본의 진주만 기습공격으로 모겐소는 좌절감에 빠졌다.

1939년 히틀러의 폴란드 침공 이후 줄곧 모겐소는 자신의 능력의 한계 내에서 유용한 기여를 할 방법과 수단을 찾고 있었다. 그러나 미국

---

53 Hans J. Morgenthau, *Politics among Nations: The Struggle for Power and Peace*, 6th ed.(New York: Alfred Knopf, 1985), p. 52.

54 Christoph Frei, *op. cit.*, p.182.

에 보다 익숙하게 된 후에야 그는 자신의 새로운 나라인 미국을 위해 실질적이고 지속적인 봉사를 할 수 있는 기회가 보였다. 그는 마음속에서 원천적이고 심오한 어떤 것을 성취하고 싶어 했다. 이러한 배경과 이런 저변의 동기 속에서 모겐소는 《과학적 인간 대 힘의 정치》를 썼다.[55] 그리고 1946년 출간된 이 저서에서 모겐소는 미국에서 처음으로 그리고 여러 가지 방식으로 자기 철학의 가장 기본적 입장을 제시했다.[56] 그는 미국의 기본 철학적 가정에 뿌리를 둔 지적, 도덕적 및 정치적 질환을 진단했다.[57] 법률주의, 도덕주의, 이상주의, 완벽주의, 경험주의, 사실존중주의, 형식주의 그리고 무엇보다도 과학주의 같은 전형적 증상이 쉽게 탐지되었다. 이런 각 주의들 속에서 모겐소는 하나의 불건전한 과장, 다시 말해 개별적으로 대항해야만 하는 지성적 오류를 인지했다. 그러나 이 모든 증상에는 미국적 질병 그 자체, 즉 인간과 세계를 일반적으로 바라보는 잘못된 방식이 있었다. 모겐소에게 그것은 철학의 위기였다.[58] 따라서 모겐소는 자신을 위기의 관찰자와 분석자로서뿐만 아니라 그 질병을 치료할 수 있을 의사로서 생각했다.[59]

모겐소가 처방한 치료는 미국에서는 대부분 알려지지 않은 것으로 그가 유럽에서 가져왔던 지성적 치료약이었다. 보다 구체적으로 모겐

55 Hans J. Morgenthau, *Scientific Man versus Power Politics*(Chicago: University of Chicago Press, 1946).

56 Michael Joseph Smith, *Realist Thought from Weber to Kissinger*(Baton Rouge and London: Louisiana State University Press, 1986), p. 135.

57 Hans J. Morgenthau, *op. cit.*, p. 6.

58 *Ibid.*, p. 2.

59 Christoph Frei, *op. cit.*, p. 185.

소는 미국인들의 사유가 새로운 과학 시대 이전의 부문들을 알게 하는 것을 자신의 과업으로 삼았다. 그리하여 첫째로 지나치게 낙관적인 인생관의 근원적 악에 대항해 그는 인간 실존의 불가항력적 조건의 비극적 요소를 내놓았다. 둘째로, 인간이 합리적으로 발견하고, 계획하고 또 통제할 수 있는 것에 관한 지나친 기대 앞에 그는 과학적 방법의 한계를 강조했다. 셋째로, 타락한 자유주의의 잘못된 희망과 순진한 법률주의의 단순화 그리고 독선적인 도덕주의에 대항하여 모겐소는 정치적 세력들의 항구성과 정치의 자율성을 치켜들었다.[60]

첫째, 인간의 실존적 조건의 비극적 요소로서 모겐소는 라인홀드 니버(Reinhold Niebuhr)가 말한 소위 "역사적 낙관주의"가 미국적 오류의 근원이라고 보았다. 역사적 낙관주의란 사람들로 하여금 진화를 구원의 과정, 즉 궁극적 선을 향한 인류의 상향식 진보라고 생각하게 한다. 더구나 이 진보를 신의 힘이나 은총이 아니라 개별인간 자신의 이성의 덕만으로 모든 자신의 문제들을 정복할 인간의 내재적 능력으로 돌린다. 따라서 모겐소는 이런 철학의 주된 특징은 이성에 대한 의존이라고 주장한다.[61] 그리하여 합리주의가 치유해야 할 질병의 유일하고 가장 치명적 요소가 된다. 이것 또한 모겐소의 견해에 따르면 불건전한 과잉이다. 바로 그 뒤엔 인간이 성취할 수 있는 것에 대한 과장된 신념이 있다. 이성에 대한 이런 신념은 도덕적 딜레마, 정치적 갈등 및 사회적 문제들이 이해될 수 있을 뿐만 아니라 궁극적으로 해결될 수 있다는 순진한 자신감을 낳는다. 기존의 결함과 불완전성들은 앞서 이성부족의 잔

60 *Ibid*.

61 Hans J. Morgenthau, *op. cit.*, p. 3

재로 변명된다. 계몽과 교육이 진보의 도구로 아니 심지어 도덕적 진보의 도구로 간주된다. 왜냐하면 앎이 미덕이고 죄악은 주로 무지에 기인하기 때문이다. 악은 자율적 세력이 아니라 순전히 무지의 산물이다. 따라서 악은 잘못된 생각, 즉 이성의 부족에 있다.[62] 악은 이성의 진보와 더불어 세상에서 점점 제거될 것이다. 그러므로 완전한 행복도 쉽게 도달할 수 있다. 어떤 내재적 무능력도 경험적 세계에서 알 수 있는 모든 것을 알게 되는 것을 막지 않기 때문에 인간사의 실제 상태와 그것의 완성 사이의 거리는 단지 수량적 성질일 뿐이라서 지식의 진보적 축적으로 극복될 수 있다.[63] 그런데 모겐소는 미국적 사유가 특히 문제라고 생각하는 점이었었다. 그것은 "현재 이곳에서 완성의 약속"이 문제였다.[64] 역사적 낙관주의는 지상에서 선이 얻어질 수 있는 것처럼 믿는다. 그리하여 "있는 것"(is)과 "있어야 할 것"(ought to be)의 메울 수 없는 간극을 궁극적으로 부정한다. 즉 그것은 이상과 현실 간의 대립을 흐려 놓는다. 그리하여 모든 것을 알 수 있고, 배울 수 있고 또 실행할 수 있다는 환상이 창조된다.

모겐소가 인식했던 것은 자신의 힘에 대한 인간의 지나친 자신감뿐만 아니라, 삶 그 자체의 "평범화", 다시 말해서 그것 때문에 증가하는 기술이 반드시 하나씩 극복할 일련의 작은 장애물들로 삶이 용해되는 하찮은 낙관주의이다.[65] 이런 과잉 자신감과 삶의 평범화에 대적하고

62 *Ibid.*, p. 15.
63 *Ibid.*, p. 17
64 *Ibid.*, p. 18.
65 *Ibid.*, p. 207.

또 바닥으로부터 공격해 올라가기 위해서 모겐소는 니체의 정신이며 최선의 독일 전통인 역사의 비극적 차원을 부활시킨다. 즉 "삶의 비극적 감각", "인간 삶의 비극적 성격," "인간 삶의 내제적인 비극적 요소," "인간 삶의 비극적 조건", "악의 비극적 현존", "인간실존의 비극적 원소들", "인간실존의 비극적 복잡성" 등을 부활시킨다.[66] 진보에 대한 맥빠진 신념에 대한 개선책으로서 비극적 차원이 우선 무지보다도 인간실존의 한계에 대해, 다시 말해 욕망과 능력 간, 당위와 존재 간, 이상과 현실 간의 영원한 심연에 주의를 환기시킨다.

자신의 목적을 성취한 인간은 아무도 없다. 자신의 욕망이 언제나 자신의 성취를 초과할 것이다. 자기가 성취할 수 없는 정신적 운명과 그가 그대로 있을 수 없는 자신의 동물적 성질 사이에 걸쳐 있는 채로 인간이란 자신 마음속의 염원과 실제적 조건 사이의 대조를 자신의 개인적이고 고귀한 인간적 비극으로 경험하도록 영원히 저주받았다.[67] 그런 것이 인간의 운명이다. 인간은 신이 아니라 매우 불완전한 존재이다. 그리고 그는 자신의 모든 결함을 결코 극복할 수 없을 것이다. 그의 불완전은 자신의 실존에서 확고한 자리를 잡고 있기 때문에 언제나 그곳에 있을 것이다. 따라서 인간은 자신의 욕망을 절제해야만 한다. 이 비극적 요소는 기술의 창조물이 아니라 실존의 특징이다.[68] 역사적 낙관주의는 끝없는 진보, 즉 확실한 해결과 용인한 조건들의 전망을 제공한다. 그러나 모겐소는 정반대로 반복하는 유형, 피할 수 없는, 그래서

66 Christoph Frei, *op. cit.*, p. 187.

67 Hans J. Morgenthau, *op. cit.*, p. 221.

68 Christoph Frei, *op. cit.*, p. 188.

비극적인 요소들, 해소할 수 없는 불협화음, 모순들, 그리고 사물의 본질에 내재적이어서 인간이성이 해결할 힘이 없는 갈등들에 주의를 환기시켰다.[69] 이런 관점에서 볼 때 항구적 평화에 대한 희망은 투쟁의 항구성에 자리를 내주어야만 한다. 즉, 선의 궁극적 승리는 선과 악의 끝없는 갈등에 의해 대치되고, 이성의 믿음은 그것이 진보의 도구로써 뿐만 아니라 가장 어두운 열정에 봉사하도록 조작될 수 있다는 준엄한 암시에 의해 적당한 위치가 매겨져야 한다. 이성을 완전히 믿는다는 것은 이성이 봉사할 보다 강력한 비합리적 힘에 전장을 넘겨주는 것이다.[70] 매년마다 눈에 띄는 선으로의 진보는 없고, 단지 오늘은 선을 그리고 내일은 악을 보는 미완결의 갈등이 있을 뿐이다.[71] 모겐소의 이런 솔직함과 우울함은 니체에게서 유래한 것이다. 그는 니체로부터 오래전에 인간 조건의 비극적인 면에 관해서 배웠고 그래서 지금 그의 가장 중요한 영감이 된 것이다.

둘째로 미국정치학의 과학주의, 특히 시카고학파의 행태주의를 비판하고 나섰다. 그것은 자연과학에 잘못된 유추에 토대를 두고 또 정치에서 결정적인 정신적 갈등을 오해함으로써 계획의 잠재력뿐만 아니라 인간 계몽의 잠재력까지도 과대평가하고 있다고 주장했다.[72] 찰스 메리엄(Charles E. Merriam)의 이름과 학술활동에 밀접하게 관련된[73] 시카

69 Hans J. Morgenthau, *op. cit.*, p. 206.

70 *Ibid.*, p. 155.

71 *Ibid.*, p. 205.

72 Alfons Söller, "German Conservatism in America: Morgenthau's Political Realism," *Telos*, no. 72(Summer 1987), p. 164.

73 Dwight Waldo, "Political Science: Tradition Discipline, Profession, Science,

고학파의 교육 프로그램은 "응용"을 크게 강조하고 또 동일하게 가장 엄격한 "경험주의"에 집착했다. 그것은 무엇보다도 역사적 낙관주의와 진보에 대한 확고한 신념에 완전히 젖어 있었다. 즉 그것은 인간이 이성을 통해 자신과 세계를 이해할 수 있다는 확신 위에 서 있다.[74] 그러나 모겐소의 입장에서 본다면, 그것은 일상생활의 조건들이 본질적으로 합리적이고 인정할 만한 규칙들에 의해 지배받고 있으며 따라서 그것들에 관해 우리가 실제로 의존할 수 있으며 또 그것들의 진로를 계산할 수 있다고 믿는 것처럼 보였다. 그렇기 때문에 행태주의자들은 사회적 현상들이 수량적 연구방법의 도움으로 궁극적으로 간파될 수 있을 것이라고 확신하고 또 자연과학을 모델로 삼은 "멋진 신정치의 과학"(a brave new science of politics)을 창조하길 희망했다. 주디스 슈클라(Judith Shklar)의 말처럼, 그들의 목표는 정확한 예측, 직업적 전문성 및 변치 않을 정치개혁을 가능하게 해 줄 변화의 궁극적 결정 원인들에 도달할 완벽한 과학이었다.[75] 그러나 모겐소는 그런 주장들의 순전한 무지에 격노했다.[76]

그러나 당시 시카고대학에서 자기 신분상의 불확실성 때문에 모겐소는 미국의 사회과학 일반에 관한 포괄적 비판의 틀 내에서 과학주의

Enterprise," in Fred Greenstein and Nelson Polsby, eds., *Governmental institutions and processes*, Handbook of Political Science, vol. 5(Reading, Mass.: Addison-Wesley, 1975).

74 Hans J. Morgenthau, *op. cit.*, p. 122.

75 Judith Shklar, "Redeeming American Political Theory," *American Political Science Review*, 85(1991), p. 14, Chritoph Frei, p. 191에서 재인용.

76 Chritoph Frei, *op. cit.*, p. 191.

를 보다 광의적인 방식으로 공격했다.[77] 그리하여 그는 남들이 직면하기를 원치 않는 한계를 또 다시 지적했다. 그에 의하면 자연과학의 세계에서는 인간은 스스로 이해, 모방 및 통제의 지배자임을 입증했다. 그러나 불행하게도 불활성적 자연에 대한 증대된 지배가 일찍부터 비슷한 가능성이 있는 사회적 영역에서도 전제된다는 기대를 자아냈다. 다시 말해 사회과학도 언젠가 자연과학이 이미 성취한 것을 달성할 수 있으리라는 기대를 낳았다. 그리하여 과학적인 동일한 성격의 지식과 통제가 사회적 세계에서도 진실이라고 믿는다.[78] 모겐소의 입장에서 볼 때 이런 믿음들은 헛된 환상이요, 맥 빠진 꿈이다. 그것들을 밝혀 주기 위해서 모겐소는 어떤 근본적 사실들을 상기시킨다. 물이 섭씨 100도에서 끓는다는 것을 알기에 물의 온도를 그 수준으로 올리면 마음대로 물을 끓일 수 있다. 물이나 철의 반응에 대해 정확히 예측하는 것은 분명히 가능하다. 즉 A가 원인이면 B라는 결과가 나온다. 실제로 자연과학은 그것의 기술적 성취를 이런 형태로 확신하고 실험적으로 입증된 발견에 토대를 두고 있다. 그러나 이런 종류의 확실성이 사회적 영역에선 불가능하다.

사회과학은 원인의 발생에 대해서뿐만 아니라 일단 원인이 발생한다 해도 결과의 발생에 대해서 의심한다.[79] 그리하여 사회적 상호작용의 복잡한 네트워크는 구체적 인과관계로 풀기가 불가능하다. 각 결과는 다음단계 변화의 원인으로 동시에 작용하고 또 각 원인은 수많은 결

77 *Ibid*.

78 Hans J. Mongenthau, *op. cit.*, p. 127.

79 *Ibid.*, p. 131.

과를 초래할 수 있을 것이다. 한 개인이 어떤 사건에 어떻게 반응할까? 집단 아니 전 국민의 반응에 관해서는? 각 개인이 창조성과 이성 그리고 선택의 자유를 부여받고 있다는 사실만으로도 그 분석자의 과업은 거의 불가능하게 만드는 것이 충분하다. 더구나 각 개인의 결정은 그 자체가 신체적 및 심리적 조건들의 미로에 기반을 둔 과정의 결과이다. 이런 상황에서 예측이나 사회적 기획 등과 같은 것은 고사하고 정확한 사실 발견의 가능성을 믿는다는 것마저도 희망적 사고이다. 인간이란 자기 자신의 반응에 대해서 대체로 알지 못하는데 그런 그가 어떻게 타인들의 반응들에 관해서 더 잘 알 수 있겠는가?[80] 사회과학자는 어떤 유형과 전형적 윤곽을 찾아서 개인들의 행동과 사회적 현상을 사후에 조사할 수 있고 그리고 나서 그것들을 분류할 수 있겠지만 그것들을 예측할 수는 없다. 사회과학은 기껏해야 일련의 가설적 가능성들을 제시할 수 있을 뿐이며 그것들도 각각 어떤 일정한 조건하에서만 발생할 수 있다. 그리고 그런 가능성들 가운데 어떤 것이 실제로 발생할지는 "추측"에 지나지 않는다.[81] 그 이상을 얻을 수가 없다. 모겐소의 견해로는 총체적 지식과 모든 사회적 문제에 대한 명확한 해결을 학자로부터 기대하는 것은 불합리하다. 모든 불확실성을 제거할 방법이 없다. 최고의 현대적이고 세련된 과학적 방법마저도 소용이 없다. 그리하여 모겐소는 자신의 삶이 다할 때까지 계속 수행할 논쟁, 즉 형태주의적 연구계획의 방법론적 가정들과 방법적 과잉에 대항하는 정열적 투쟁을 시작했다. 또한 스탠리 호프만(Stanley Hoffmann)의 말대로 명시적이기보

80 *Ibid.*, p. 129.

81 *Ibid.*, p. 130.

다는 묵시적으로, 여기서 모겐소는 하나의 본질적으로 미국적인 속성, 즉 확실성의 추구, 계산할 수 없는 것을 계산하려는 욕망과 씨름했다.[82]

전통주의자인 모겐소의 주된 주장은 존재론적(ontological)이다.[83] 수량적 방법은 조사하는 주제의 성격을 올바르게 다룰 수 없다는 주장이다. 그는 측정할 수 없는 것과 헤아릴 수 없는 것의 중요성을 강조한다. 왜냐하면 정치에서 중요한 것은 바로 그 셀 수 없는 것이기 때문이다. 힘이란 계량화가 되지 않는 국제관계의 특성이다. 계량화될 수 있는 것은 힘을 구성하는 확실한 요소들이다. 따라서 그런 힘의 수량적 요소와 힘 그 자체를 동일시하는 것은 흔한 실수이다. 만일 이 정치인이나 저 정부가 얼마나 많은 힘을 갖고 있는가를 알고자 한다면 역사적이고 또 어쩔 수 없이 질적 판단을 위해 계산기와 컴퓨터를 버려야 한다.[84]

원칙적으로 모겐소는 계량적 방법의 사용을 반대하지 않는다. 그것도 여러 가지 다른 방법들 가운데 하나의 경험적 방법(heuristic approach)으로써 그에 걸맞은 자리가 있다. 그러나 그는 그 방법이 성취할 게 별로 없는 분야에서 계량적 절차에 과도하게 그래서 불건전한 의존이라고 간주되는 것에 대항하는 것이다. 뿐만 아니라 모겐소는 사실들을 이론과 역사로 넓히지 않고, 개인적 판단을 내림이 없이, 요컨대 사실들을

---

82 Stanley Hoffmann, "An American Social Science: International Relations," *Daedalus: Journal of The American Academy of Arts and Sciences*(Summer, 1977), pp. 41-59; Stanely Hoffmann, *Janus and Minerva: Essays in the Theory and Practice of International Relations*(Boulder, Colo: 1987), pp. 3-24.

83 Christoph Frei, *op. cit.*, p. 193.

84 Hans J. Morgenthau, *Truth and Power: Essays of a Decade: 1960-1970*(New York: Praeger, 1970), p. 245.

의미 있게 연계시키지 않고서 사실들이 스스로 말하기를 원하는 순진한 경험주의를 지속적으로 비난한다. 궁극적으로 경험주의와 사실존중주의는 과학자들을 그들의 보다 넓은 정치적 및 사회적 맥락 속에서 문제들을 파악하지 않고 데이터를 수집하고 관리하는 데 그치는 단순한 일개의 기능인으로 전락시킨다는 것이다.

유럽에서 젊은 법률가일 때 모겐소는 당시 독일의 공법 및 헌법의 지배적인 추세에 반대하여, 즉 현실로부터 완전히 괴리된 사람들과의 싸움에서 경험적 연구의 적극적이고 거리낌 없는 주창자였다. 그러나 미국에서 그는 이론과 역사의 중요성을 강조하고 또 때때로 과학의 내재적 한계를 상기시키는 데 있어서 경험적 연구에 대한 과장된 열정을 공격하는 데에도 그때 못지않게 단호했다. 그렇다면 모겐소의 입장이 완전히 변한 것일까? 실제로 변한 것은 그의 개념이라기보다는 오히려 그의 지적 환경이었다. 그의 과거 독일에서 반대자들이 방법론적 스펙트럼의 한쪽 끝을 차지하고 있었다면 미국에서는 그의 새로운 반대자들이 다른 쪽 끝에 서 있었다. 지식추구를 향한 그 자신의 방법을 내세우는 데 있어서 모겐소는 유럽과 미국에서 일방적으로 치우친 입장들이라고 생각되는 것을 교정하여 그것들을 자기 자신의 중앙 위치로 끌고 갈 수밖에 없었던 것이다.[85]

셋째로, 모겐소가 미국에서 부패한 자유주의, 순진한 법률주의와 독선적 도덕주의의 열정에 대항하여 미국인들에게 전달하려고 했던 것은 "정치의 자율성"이었다. 모겐소에게 미국의 과학주의는 하나의 전형적

85 Christoph Frei, *op. cit.*, p. 194.

이지만 그러나 결코 잘못된 세계관의 가장 불길한 징후는 아니었다. 지나치게 낙관적 세계관의 가장 위험한 부작용은 제2차 세계대전 후 자유세계의 운명에 결정적인 전선, 즉 정치의 영역에서 표명되었다. 역사적 낙관주의도 정치적 사고를 전염시켰다. 미국의 외교정책이 잘못된 지성적 가정에 토대를 두고 있었지만 그것이 때때로 옳고 즉 부분적이고 잘 균형 잡힌 것으로 될 수 있었던 것은 오직 우연이었다. 따라서 가장 시급한 과제는 구체적인 정책을 교정하는 것이 아니라 저변의 전제들, 즉 정치에 관해 생각하는 바로 그 방식을 교정하는 것이었다. 자신의 새로운 조국인 미국에서 모겐소의 사명은 성격상 단순히 지성적인 것일 뿐만 아니라 아주 실천적이었다. 즉 그는 "이론"을 그리고 장기적으로는 정치의 실천을 위해서 글쓰기에 착수했다.[86] 현실정치 무대에서 역사적 낙관주의에 의해 위험에 처한 사고방식은 자유주의 철학에 의해 "가장 전형적으로" 대변되었다. 여기서 "자유주의"라는 용어는 정치에 관해서 생각하고 또 정치에 종사하는 지성적으로서 오도된 방식으로 간주되는 "퇴폐적 자유주의"를 의미했다. 독일 바이마르공화국의 "부패한" 자유주의는 영국의 네빌 채임벌린(Neville Chamberlain)의 "순진한" 자유주의처럼 실패했었다. 그러나 미국에선 아무도 그런 실패들로부터 교훈을 얻으려고 하는 것 같지 않았다. 오히려 정치적 현실에서 종종 벗어나고 그리하여 정치적 사유를 좀먹는 퇴폐의 제1차적 본보기를 제공하는 것은 특히 미국식 자유주의였다.[87]

그리하여 모겐소는 바로 이것으로부터 시대가 특히 국제정치의 무

86 *Ibid.*, p. 195.

87 Hans J. Morgenthau, *op. cit.*, p. 106.

대에서 제기하는 정치적 문제들을 이해하고 처리하는 미국인들의 무능력이 유래한다고 보았던 것이다.[88] 따라서 그는 지성적 및 정치적 역사 속으로 여행하는 맥락에서 미국인 독자들을 자유주의의 출발점과 전성기로 되돌아가게 하고 나서 퇴폐적 타락을 정확하게 보여 주려고 했다. 보다 구체적으로 그는 자유주의 철학이 어떻게 부상하는 중상계급과 봉건제도의 잔재가 19세기의 갈등에 의해 지배된 조건하에서 정치이론으로 변환되었는가를 보여 주었다. 자유주의적 부르주아는 자신을 자유, 진보 및 이성을 위한 운동의 전위대로 생각했었다. 그러나 시작부터 그러한 감정은 기존의 봉건질서에 대항했을 뿐만 아니라 국가, 전통 그리고 정치 그 자체에 대항했다. 개인 자유나 사유재산 혹은 자유경쟁에 대한 어떤 정부의 제약도 힘의 남용으로 그리고 바로 그런 사실에 의해서 악마가 하는 일로 규탄되었다.[89] 오래지 않아 경제와 자유, 즉 기술과 의회주의의 복잡한 제휴가 그것의 적들, 즉 절대국가와 봉건귀족제도를 쓸어 버렸다. 그리고 이 승리와 함께 자유주의는 원래의 목적을 달성했던 것이다. 그러나 자유주의적 사유는 과거의 적들이 몰락한 뒤에도 살아남아 그것의 가정들과 자명한 원리들이 이 승리로 인해 강화되어 버렸다. 모든 정치철학의 역사적 상대성을 망각한 채 19세기는 하나의 독특한 역사적 그리고 철학적 형태를 역사적 조건과 상관없이 언제 어느 곳에서나 응용될 불변의 합리적 가정과 자명한 원리체계로 격상시켰던 것이다.[90]

---

88 *Ibid.*, p. 5.

89 *Ibid.*, p. 22.

90 *Ibid.*, p. 20.

바꾸어 말하면 구체적 조건하에서 성공적으로 집행되었던 아이디어와 어젠다가 잘못 일반화되었고 또 보편적 타당성을 얻게 되었다는 것이다. 그리고 바로 이 독단주의가 자유주의의 퇴폐적 추락을 초래했던 것이다. 국가에 대한 국내적인 정치투쟁의 부산물이었던 자유주의 이론이 이제 국제관계로 확장되었다. 그 과정에서 국내무대에서 그 가치를 입증했던 구체적 어휘와 구체적 도구들이 전적으로 판이한 영역으로 이월되었다. 바로 이것이 미국에서 여전히 지배적이라고 모겐소가 발견한 국제관계의 견해를 낳았던 것이다. 즉 정치가 회피되었거나 주변화되었거나 아니면 간단히 무시된 개념을 낳은 것이다. 힘의 정치의 황량한 현실에 대항하도록 삶의 다른 영역에서 온갖 형식들과 처방들이 도입되었다. "법의 지배", "법적 보장", "자유무역", "국제적 커뮤니케이션", "국제법", "국제기구" 그리고 종종 "과학"이 바로 그것들이다. 그리하여 정치적 전략이 과학적 "기획"에 의해 대치되고, 정치적 결정이 과학적 해결에 의해, 정치인이 전문가에 의해, 정치가가 정치고문에 의해서, 입법자가 법률공학자에 의해서 대치되어야 한다는 것이다. 그리하여 이런 정치철학은 정치가 기껏해야 최종적으로 극복되어야 할 악으로서 자리를 차지하는 과학적 사회이론으로 끝나게 된다.[91]

이런 자유주의의 구체적 어휘와 용어의 대용에서 모겐소는 하나의 자율적 영역으로써의 정치를 제거하려는 기도를 포착했다. 어떤 나라에서는 자유주의자들이 모든 다른 사람들과 똑같이 정치에서 항상 적극적이다. 그들은 세상으로부터 정치적 영역을 진실로 말살하지 못했

91 *Ibid.*, pp. 29, 32.

지만 비정치적 어휘를 토대로 정치에 종사함으로써 정치주의에 베일을 씌웠다. 그리하여 자유주의는 정치 그 자체를 제거하지 않았지만 그러나 정치에 대한 적합한 이해와 정치를 다루는 건전한 방식을 막아 버렸다. 세월이 가면서 퇴폐적 자유주의가 희망적 사유, 기만적 희망 그리고 추상적 이상들의 직물 속에서 뒤섞이게 되었고 또 단순화시키는 계획에 사로잡혀 버렸다. 그 결과 사람들은 정치적 현실을 직면하고 자기 자신의 판단력을 구사하지 못하게 되어 버렸다는 것이다. 모겐소는 전형적인 실례들로 법률주의, 도덕주의, 평화주의적 자유주의 그리고 민주적 민족주의 같은 사고의 환언주의 유형을 들었다. 물론 모든 이런 방식과 처방들이 정치의 진실한 성격을 바꿀 수 없으며 바꾸지도 않을 것이다. 그러나 그것들이 정치에서 사용되는 언어에 영향을 주고 또 변질시켜 실제로 일어나고 있는 것을 숨기기 쉬운 언어로 대치한다.[92]

자유주의는 국제정치의 영역에서 자신의 목적을 힘의 정치의 관점에서, 즉 국제적 현실의 토대 위에서가 아니라 자신의 합리주의적 오해의 전제에 맞추어 표현한다. 따라서 국제정세에서 자유주의적 계획은 외교정책의 합리주의적 이데올로기이다.[93] 이데올로기들은 가면을 쓰고, 숨기고 또 위장한다. 때론 이데올로기들이 심지어 완전한 자기기만을 수반하기까지 한다. 모겐소는 정치현실의 본질을 보여 주기 위해서 자유주의 정체를 밝히고자 했다. 그리하여 정치적 이론과 실천에서 건전한 추론의 이데올로기적 감염에 대항하여 그는 최대한 객관성을 목표로 하는 하나의 "현실주의"를 수립했다. 미국에서 아주 만연된 정치

---

92 *Ibid.*, p. 71.

93 *Ibid.*

에 대한 흐리멍덩함을 제거하기 위해서 모겐소는 정치의 영역이 인정되고 그것의 항구적 존재가 인정되도록 신경을 써야만 했다. 그 결과 그는 자유주의적 정치의 부정(negation)을 긍정, 즉 정치의 항구적 현실의 명시적 인정으로 맞섰다. 나아가서 모겐소는 이 긍정을 도덕적으로 무관심한 것으로, 즉 우리가 "정치적인 것"과 정치를 도덕적 토대 위에서 비난하거나 용서하는 것과는 별개의 것으로 간주한다. 간단히 말해 그러한 정치의 긍정이 건전한 분석과 적절한 행동을 위한 필요조건이다. 그리하여 정치가 완전히 말살되지는 않을지 모르지만 머지않아 대치될 것이라는 자유주의의 희망에 대항하여 모겐소는 "정치적인 것"과 정치의 항구적 본질을 강조했다. 그리하여 모겐소는 다음과 같이 선언한다.

> 모든 인간들에 공통적인 힘에 대한 욕구에 뿌리를 둔 힘의 정치란 바로 이런 이유로 사회적 삶 그 자체에서 분리될 수 없다.[94]

모겐소는 힘을 위한 투쟁을 인간본성에 근거한 사회적 삶의 기본적 특징으로 제시했다. 즉, 인간은 "본래 정치적 동물"이라는 것이다. 여기서 모겐소가 말하는 정치적 동물이란 공동생활을 하는 존재라는 아리스토텔레스의 개념이 아니라[95] 죽을 때까지 힘을 추구하는 존재라는

---

94 *Ibid.*, p. 9.

95 아리스토텔레스는 인간이란 원래 정치적 동물(Zoon Politikon)이라고 말했다. 이것을 그는 인간이란 합리적 동물, 즉 선과 악, 정의로운 것과 불의, 해로운 것과 이로운 것에 대한 의견을 가진 원래 합리적 동물이라는 것과 연계시킨다. 우리가 어떤 의견을 갖고 있을 때 우리는 이성이 있다. 그것은 자신뿐만 아니라 타인에게

홉스적 개념이다. 따라서 합리주의 철학은 인간의 본성과 사회적 세계의 성질 그리고 이성 그 자체를 오해했다는 것이다.[96] 거의 부지불식간에 모겐소의 자유주의 비판은 그것이 인간본성에 대한 부적합하고 잘못된 견해라는 비판이 된다. 그의 관점에서 보면 믿을 수 없는 인류학적 전제를 기초로 하여 출연한 것이 "정치"에 관한 긍정적 개념이 없는 정치철학이다. 그래서 그는 자신의 "인류학적 전제"를 "진실한" 정치철학을 위한 토대로 대신했다. 그렇게 하는 데 있어서 인간본성에 대한 "적합한" 그래서 아주 "회의적인 견해"를 고집하면서 정치적 구성요소로서 "힘에 대한 욕구"를 제시했다. 그 결과 모겐소는 인간 삶의 정치적 차원을 항구적 현실로서 긍정할 뿐만 아니라 "과학적 인간"의 부당한 간섭에 대항하여 "정치의 자율성"을 내세웠다. 정치란 그 자체의 법칙을 따르는 것이다. 그가 성취하고자 하는 것은 정치에 적합한 지적 접

도 적용된다. 우리의 합리성은 어떤 기이하게 선호하는 토대에 입각해 사는 것을 막는다. 물론 우리의 이성적 추리가 불건전하거나 편견일 수도 있다. 그러나 이성적으로 추리하려는 시도가 우리를 정치적 동물이 되게 한다. 우리는 자신이 살아가는 방법을 정당화하는 이유를 대지 않고는 살 수 없다. 그래서 우리는 공공의 개념, 즉 이성을 이용하여 우리가 내세우는 것을 규정하고 또 실행하려는 정치적 모임의 개념 없이는 살 수 없는 것이다. 이성이 없다면 우리가 내세우는 것은 단지 근거 없는 공격, 즉 순전히 힘을 행사한 것에 지나지 않을 것이며, 내세움이 없다면 우리의 추리력은 동면상태에 머물러 아무런 효과가 없을 것이다. 그런데 인간적 내세움은 언제나 의도적으로 분열적이다. 우리 집단 대 당신들의 집단식으로 말이다. 그래서 그것은 항상 정치적이다. 모든 정치적 모임은 인류의 나머지를 배제함으로써 의도적으로 부분적이고 자기 집단이 우수한 삶의 방식이라고 생각함으로써 결연히 파당적이다. 따라서 아리스토텔레스에 의하면 자연의 기준이란 적어도 인간사에 있어서 원래 경합적이다. 그래서 여러 개의 정치체제가 존재하는 것이고 또 인간들은 원래 정치체제들에 관해 선택권이 있다는 것이다. 따라서 아리스토텔레스는 그의 《정치》에서 최선의 정치체제를 제시했다.

96 Hans J. Morgenthau, *op. cit.*, p. 5.

근방법의 "해방" 즉 일종의 "독립"선언이었던 것이다. 다른 사유의 기준으로부터 그런 해방과 독립의 과정에 기여하려는 것이 바로 그의 "정치적 현실주의"의 목적인 것이다.[97]

모겐소는 정치적 현실주의를 위한 투쟁을 계속했고 국제정치학 분야에서 정치적 현실주의의 대변으로서 명성을 높여 가면서 정치적 현실주의의 이론의 학문적 기수가 되었다. 모겐소의 정치적 현실주의 요지는 한마디로 국가이성이며, 구체적으로 독일판 국가이성이다.[98] 그는 책임 있는 정치가에게 초연함과 객관성을 혹독하게 요구했다. 그의 1951년 《국가이익의 변호》라는 저서는 힘으로 정의되는 국가이익의 고려에 토대를 둔 건전한 분석과 합리적 행동에 대한 긴급요청을 담고 있다. 마이네케로부터의 아래 인용문이 이 저서의 핵심적 메시지를 집약하고 있다.[99]

> 정치 지도자는 자신을 엄격하게 통제해야 한다. 즉 그는 자신의 감정과 개인적 취향과 혐오를 억제하고 또 공동선을 확보할 실천적 과업에 완전히 몰두해야만 한다. 그는 또한 아주 냉정하고 합리적으로 국가의 실제적 이익을 규명하고 또 이것들을 어떤 감정적 연상으로부터 분리를 하려고 해야 한다. 왜냐하면 비스마르크가 말했듯이 증오와 복수심은 정치에서 나쁜 상담역이기 때문이다.[100]

---

97 Hans J. Morgenthau, *Politics among Nations*, p. 16.

98 Christoph Frei, *op. cit.*, p. 219.

99 *Ibid.*, p. 218.

100 Friedrich Meineke, *Machiavellism: The Doctrine of Rasion d'Etat and Its Palace in Modern History*(Boulder and London: Westview, 1984), p. 6.

국가의 정상에는 크라토스(Kratos)와 에토스(Ethos) 간, 즉 힘의 충동에 의해서 진작되는 행위와 도덕적 책임에 의해 진작되는 행위 사이에는 하나의 교량, 다시 말해 국가이성이 존재한다.[101] 따라서 정치가는 적합한 행동에 관한 정치적이고 윤리적인 원칙들 사이에서 사로잡히지 않을 수 없다. 군사적 힘과 정치력이 영원한 국가적 위대성의 조건들인 반면 그 위대성의 내용은 지적이고 도덕적인, 즉 개념과 가치들의 숨겨진 자원에서 나온다.[102] 그러나 정치와 윤리 사이의 균열을 제거할 방법은 없으며 명쾌한 해결책이 없다. 따라서 그들 간의 딜레마와 긴장은 영원히 남을 것이다. 따라서 모겐소에게는 절대적이고 순결한 선을 얻을 수 없는 곳에서, 그나마 유일하게 도덕적으로 의식적인 정치적 행동이란 차악을 선택하려고 노력하는 것이다.[103] 이렇게 볼 때 그는 명백하게 막스 베버의 "책임의 윤리"를 고수한다. 성공적으로 행동하는 것, 즉 정치기술의 규칙에 따라 행동하는 것이 정치적 지혜이다. 그러기 위해서는 정치가는 무엇보다도 하나의 핵심적 능력, 즉 분별력(prudence)에 의존해야 한다. 분별력이 모겐소의 행동철학의 맥락에서 유일한 하나의 주요 덕목이다.[104] 그의 어휘에서 분별력이란 영리함과 조심스러운 것 이상을 포괄한다. 분별력이란 실천적 지혜와 통찰력, 상상력, 결

---

101 *Ibid.*, p. 5.

102 Hans J. Morgenthau, *A New Foreign Policy for the United States*(New York: Afred Knopf, 1969), p. 176.

103 Hans J. Morgenthau, "The Demands of Prudence," in *The Restoration of American Politics*(Chicago: University of Chicago Press, 1962), p. 16.

104 Hans J. Morgenthau, *Politics among Nations*, p. 12; "The Problem of the National Interest", p. 109.

합력, 서로 다른 것들을 동시에 고려하는 능력 및 건전한 초연함 등을 상정한다. 최종 분석에서 분별력은 건전한 판단을 대표한다. 이것은 훌륭한 정치가가 추상적 원칙과 구체적 정치행동 간을 중재할 뿐만 아니라 인간의 정치적 본성과 도덕적 운명을 화해시킬 수 있게 해주는 필요불가결한 최고의 특성이다. 분별력 있게 행동함으로써 정치가가 궁극적 선을 얻지 못할지는 모르지만, 그러나 적어도 인간적으로 가능한 것을 얻을 수 있으리라는 것[105]이 정치가들에게 주는 모겐소의 가르침이다.

앞서 모겐소는 1920년대 바이마르공화정 시대에 독일인들의 정치적 사유가 너무 갈피를 잡지 못하고 유치한 도덕주의적 방법에 젖어 있다고 생각하여 정치교육자가 되겠다고 결심했을 때, 그는 마키아벨리와 정치기술에 관한 유용한 개요서를 순진한 독일인들을 위해 쓰려고 했었다. 그러나 국가이성에 관한 마이네케의 저서가 이미 같은 내용을 많이 담고 있다는 것을 발견하고 그 계획을 단념했었다고 지적했다. 미국으로 이주한 뒤 제2차 대전의 종결과 함께 미국인들의 도덕주의적 방법에 도전하기 위해서 모겐소는 결국 그런 내용의 책들을 출간하여 미국인들을 위한 정치교육자가 되고자 했다. 바꾸어 말해서 모겐소의 야심은 구세계인 유럽의 전통적인 지혜를 유토피아의 대륙으로 가져와 신세계에서 현실주의의 교육자 즉 "스승"이 되는 것이었다.[106]

---

105 Christoph Frie., *op. cit.*, p. 225.

106 Stanley Hoffmann, "Hans Morgenthau: The Limits and Influence of Realism," in *Janus and Minerva: The Essays in the Theory and Practice of International Politics*(Boulder and London: Westview, 1987), p. 76.

그렇다면 모겐소가 그런 야심을 얼마나 성공적으로 달성했을까? 미국의 국제정치학의 주류에서 모겐소가 승인하거나 인정하지 않았을 현실주의자이지만, 즉 모겐소주의자는 아니지만, 모두가 현실주의자가 되었다. 그리고 그의 인기에도 불구하고 대체로 모겐소는 오해되었다.[107] 스탠리 호프만에 의하면 모겐소의 메시지는 아주 오도되긴 했지만 분명히 이해된 반면에 그의 다른 메시지가 분명하게 이해되지 못했다.[108] 우선《국가 간의 정치》에서 대부분의 독자들이 기억하는 것은 정치적 현실주의의 주된 이정표, 즉 힘의 관점에서 정의된 국가이익의 개념이다. 그리하여 외교정책의 척도로서 힘에 대한 모겐소의 찬양이 제2차 대전 후 미국의 지도자들에게 어필했고 따라서 하나의 지적 축복으로 인식되었다. 정치적 현실주의가 미국의 범세계적 행동주의에 대한 정당성을 봉인해 주었다. 그러나 다른 한편으로 많은 정책 결정자들이 모겐소의 또 다른 중요한 메시지인 외교정책에서 필요한 온건성과 분별력에 대한 요구를 간파하지 못했다. 그리하여 모겐소의 야심은 패러독시컬한 결과를 낳고 말았다고 말할 수 있을 것이다.

107 *Ibid.*, pp. 76-77.

108 *Ibid.*, pp. 77ff.

제3장

주권국가와 다원주의적 국제사회

우리는 "국가들의 사회"를 가져야만 한다.
—우드로 윌슨

현대 국제사회의 질서와 정당성에 관한 패러다임은 사상적으로는 근대국가의 정치사상의 문을 열었던 르네상스기의 마키아벨리 시대로까지 거슬러 올라간다. 마키아벨리가 살았던 르네상스 시대엔 중세 봉건주의의 오랜 위계적 사회질서의 정당성이 붕괴되고 있었다. 그리하여 인간사회의 정당성에 관한 새로운 형판(型板)이 필요했으며 그것은 새로운 제도 즉 토머스 홉스에 의해서 "인간 신"(Mortal God)이라 명명된 국가(근대국가)에 의해서만 제공될 수 있었다.[109] 그러나 국가를 절대시해야 한다고 주장한 최초의 정치 사상가는 마키아벨리였다. 중세의 변화는 1453년 오스만 제국에 의한 콘스탄티노플의 정복으로 시작했지만 국제사회의 헌정적 변혁은 프랑스의 샤를 8세가 1494년 이탈리아 반도를 침공했을 때 촉발되었다. 샤를 8세의 청동제 대포들이 이탈리아의 성벽과 요새화된 마을을 단숨에 파괴해 버리자 중세의 질서를 지

109 Michael Howard, "Foreword," in Philip Bobbitt, *The Shield of Achilles*(New York, Alfred A. Knopf, 2002), p. 15.

탱했던 모든 것들이 쓸모없게 되었다. 그 결과 이탈리아의 군주들과 과두정치 집정관들이 하나의 아이디어를 짜냈다. 그것은 새로운 계약이었다.

그 계약은 국가에 관한 것으로 통치자를 안전하게 만들자고 약속한 계약이었다. 그리하여 세금을 거두고 병참지원을 조직하며 왕을 보호하기 위한 상비군을 두고 그 지위체제를 결정할 항구적 하부구조인 국가를 군주의 의지에 따라 통치하도록 했다. 그러나 세월이 흐르면서 그런 조치로 확보된 것은 군주들의 불멸성이 아니라 국가의 불멸성임이 분명해졌다.[110] 그리하여 불멸의 존재인 "근대국가"가 탄생하게 된 것이다. 근대국가는 15세기 말 이탈리아 반도에서 필연적 요구에 의해 군주(prince)의 지배로부터 군주국가(princely state)로의 전환에 기인했다. 이 시기 이전에도 "국가"(state)들은 분명히 존재했었다. 그러나 이 국가들은 투키디데스 시대의 "도시국가"들처럼 적어도 의식 속에서는 시민사회로부터 분리된 그런 법류상의 실체로 생각되지는 않았었다.[111] 투키디데스에게 국가는 결코 사물이 아니었다. 그것은 "법적 인격성"(legal personality)을 갖고 있지 않았다고 말할 수 있는 것이다. 그리스 시대의 국가는 아무 때나 그 형태를 바꿀 수 없는 인간들의 공동체였으며 사회 그 자체와 분리된 어떤 법적 속성을 가진 하나의 추상적 존재로 인식되지 않았다.

그러나 근대국가는 권력을 행사하는 지도자들로부터는 물론이고 그

---

110 Philip Bobbitt, *The Shield of Achilles*(New york; Alfred A. Knopf, 2002), p. 80.

111 H. H. Gerth and C. Wright Mills, *Max Weber: Essays in Sociology*(Oxford: Oxford University Press, 1946), pp. 256-257.

것이 통제하는 사회로부터도 분리될 수 있는 하나의 독립적 실체이다. 그리고 바로 이 분리가 국가에게 불멸성의 잠재력을 제공했던 것이다. 그 결과 오늘날 우리가 당연시하는 국가의 모든 법적 특징 즉 정통성, 인격성, 지속성, 순결 그리고 무엇보다도 "주권"이 처음으로 국가 그 자체에 부여되었던 것이다. 그것은 군주들이 갑자기 더 위협받게 된 전략적 경쟁상황을 관리하기 위하여 상설 관료제도의 봉사가 요구될 때 발생했다. 그리고 이 전략적 경쟁이 근대국가의 본질적 특징인 민간관료제와 군사관료에 의해 뒷받침되는 최고의 통치기구를 촉발시켰다.[112] 그런 전략적 경쟁은 이탈리아 반도에서 부유하지만 허약했던 이탈리아 "도시"들에 의해 군사적 혁신이 촉발되었다. 즉, 당시 아주 부유했던 이탈리아의 도시들은 직업군인 즉 용병대장들에게 전적으로 의존하게 되었다. 그러나 이들은 신을 위해 봉사했던 중세의 기사들과는 달리 금전적 이익에만 관심을 보였다.[113]

피렌체(플로렌스)를 대표하여 마키아벨리가 맨 처음 수행한 외교적 사명은 피사(Pisa)를 회복하기 위해 노력하고 있던 용병집단의 보수를 협상하는 것이었다. 피사에서 용병대장들을 관찰하면서 마키아벨리는 이 군대가 진격명령을 거부하고 하극상을 일으키더니 순식간에 사라져 버리는 상황에 주목했다. 실제로 1502년 말 몇 개월 동안 마키아벨리

112 Gunther E. Rothenberg, "Maurice of Nassau, Gustavs Adolphus, Raimondo Montecucolli, and the 'Military Revolution' of the Seventeenth Century," in Peter Paret, ed., *Makers of Modern Strategy: From Machiavelli to the Nuclear Age*(Princeton: Princeton University Press, 1986), p. 33.

113 Felix Gilbert, "Machiavelli: Renaissance of the Art of War," in Peter Paret, *op. cit.*, pp. 12-13.

는 시니가글리아(Sinigaglia)에 있었는데 그때 그곳에서 체사레 보르자(Cesare Borgia)는 많은 적대적 용병대장들을 자신과 만나자고 설득한 후, 그들이 도착하자마자 그들 모두를 살해해 버렸다. 이런 사건들은 마키아벨리에게 용병에 대한 의존의 취약성과 무자비하고 단호한 정치 지도자의 필요성을 확인해 주었던 것이다.[114]

그 후 마키아벨리는 다음과 같은 제안서를 작성했다. 첫째, 피렌체는 징집된 시민군을 보유해야 한다. 금전적 이득의 추구는 필연적으로 용병대장들을 부패시킬 것이다. 그들은 자신의 병사들을 보존하기 위해 결정적 전투를 피하고 보다 높은 보수 지급자에게 팔려 가고 또 자신의 고용주를 배반하기도 하며 유리할 땐 스스로 권력을 장악하려 할 것이기 때문이다. 둘째, 군주는 자신의 신민들로부터 충성을 불러일으키는 제도들을 창설해야 한다. 셋째, 법적 및 전략적 조직은 상호의존적이다. 좋은 군대가 있는 곳에 좋은 법이 있고 좋은 법이 있는 곳에 좋은 군대가 있다.[115] 넷째, 기만과 폭력은 개인에겐 나쁜 것이지만 그러나 군주가 국가를 대신해서 행동할 때는 정당화된다. 다섯째, 성공적 외교를 가능하게 하기 위해서는 상설 외교공관과 세련된 정보망이 유지되어야 한다. 여섯째, 법과 전쟁에서 군주의 전술은 그것이 역사의 우연성에 의해 지배되는 전략적 목적에 얼마나 기여하느냐의 합리적 평가에 의해서 측정되어야 한다. 이 모든 것들은 하나의 최종적 결론에 도달하는데 그것은 군주란 국가를 발전시켜야 한다는 것이었다.[116] 군

114 Philip Bobbitt, *op. cit.*, p. 86.
115 Machiavelli, *The Discourse*, III, 31.
116 Philip Bobbitt, *op. cit.*, p. 86.

주국가는 군주로 하여금 국가의 이성에 근거하여 자신의 행위를 합리화할 수 있게 된다. 그는 이제 자신을 위해서뿐만 아니라 국가에 봉사하도록 행동할 수밖에 없다.

여기서 우리는 이 시기에 국가(state)라는 말이 업무의 상태를 의미하는 라틴어원의 스타투스(status)가 제도화된 상황으로서 국가(state)로 변질되었다는 사실에 주목할 필요가 있다. 국가는 군주의 권한을 확장함으로써 봉건 시대의 군주에 대한 신하의 서약과 그 채무가 상실된 관계를 이제 "시민의 의무"로 대치하게 되는데, 이것은 마키아벨리의 징집군대가 실현되면 결정적인 변화를 이룰 것이다. 마키아벨리는 시민관료제도가 봉신들의 전략적 및 법적 역할을 대신할 것을 촉구했다. 이제 공복(civil servents)들이 보다 믿을 만한 국가의 하부구조를 제공할 것이다.[117] 아마도 마키아벨리의 통치술에 가장 중요한 직무상의 의견은 1505년 12월의 법령으로서 그것은 피렌체 시민군의 조직을 명하는 것이었다. 이 법령은 마키아벨리에 의해서 작성되었으며 그 전문은 몇 가지 마키아벨리의 근본적 견해를 전달하고 있다. 그중에서 특히 공화정의 토대는 정의와 군대, 즉 헌정적 및 정략적 능력의 결합이라는 아이디어였다. 또한 혼자서 행동하는 군주란 칙령만이 필요한 반면에 "군주국가"는 법률을 필요로 하기 때문에 그 법령이 이런 상념들을 구현하고 있다는 사실도 역시 중요할 것이다. 이것은 군주 자신의 사적 권위보다도 국가의 공적 권위의 형성으로 나아가는 본질적 이행이었다.

---

117 Machiavelli, *The Prince*, pp. 43-44.

이탈리아 제도의 현저한 특징 중 하나는 소위 힘의 균형(balance of power)이었다. 이 개념은 당시 은행업의 대가였던 메디치(the Medici) 가문에서 시작되었다. 수지나 균형은 원래 은행업의 개념이다. [118] 그러나 이 개념은 군주국가들의 이탈리아의 사회, 즉 이탈리아의 국제사회가 형성된 근대 세계에 와서야 등장했다. 이탈리아인들에게 균형이 유지되어야 한다는 것은 군주국가가 언제나 팽창욕구를 갖고 있다는 마키아벨리의 관찰을 보완하는 개념이었다. 군주국가(princely state)에 대해 왕정국가(kingdom)의 주된 이점은 우선 그 지배 대상인 영토적 규모의 차이에 있었다. 그러나 왕정국가가 군주국가와 어떻게 다른가는 1576년 장 보댕(Jean Bodin)에 의해서 분명하게 제시되었다.

보댕은 국가지도자가 일반인과는 다른 도덕적 규칙을 따를 수밖에 없다고 주장한 마키아벨리를 공격했다. 마키아벨리에게 국가란 인간이 아닌 그 어떤 것이기에 국가를 위해 봉사하는 데 있어서 군주는 일반인들의 행위를 지배하는 것과 다른 명령에 복종해야 한다는 것이었다. 그러나 보댕은 그런 권고는 군주의 권위를 약화시키는 성향이 있다면서 마키아벨리에게 도전하였다. 군주국가가 개인으로서의 군주로부터 관료조직을 가진 군주, 즉 군주와 국가로의 도약이라면 왕정국가로의 변화는 오히려 반대로 "군주의 신격화"였다. 바꾸어 말하면, 군주국가는 자신의 관료 및 군사조직으로부터 군주의 개인적인 것을 단절하

118 그리고 그것은 무역 수지(the balance or trade)의 개념으로 발전했다. 힘의 균형과 무역수지 간의 개념적 관계에 관한 상세한 논의를 위해서는 Jonathan Haslam, *No Virtue Like Necessity*(New Haven: Yale University Press, 2002), 제3장 참조.

고 지금까지 인간에게만 부여된 속성을 가진 "국가"를 창조했다. 그러나 왕정국가는 군주와 국가라는 두 요소를 재결합하여 "왕을 국가 그 자체"로 만들게 된다.[119] 이젠 군주가 "짐이 곧 국가다"라고 말할 수 있게 된 것이다. 보댕은 만일 그런 왕이 비도덕적으로 보인다면 이것은 국가의 정당성을 손상시키게 될 것이라고 주장했다.

그러나 그에게 마키아벨리보다도 훨씬 더 위험스러운 사람들은 인민들의 저항권을 주장하는 사상가들이었다. 모든 권위는 하나의 주권자, 즉 하나의 의지에 귀속되어야 한다고 보댕은 고집했다. 따라서 왕은 신민들의 동의가 있건 없건 그들에게 어떤 법이라도 부과할 수 있었다.[120] 그에게 인간의 의지가 자기 신체의 주권자인 것과 똑같이 왕의 의지는 국가의 주권자였다. 이것은 전제 정치론적 신념이다. 그리고 그것이 왕정국가의 입헌적 독트린이다. 아마도 오늘날 우리는 왕정국가의 실제 전제주의적 성격을 과장하기가 쉽다. 사물이 먼 거리에서 보면 비슷하게 보일 수 있기 때문이다. 그러나 당시 왕정국가에선 오늘날 우리가 생각하는 것보다는 더 많이 합의를 따르고 복잡한 조정을 거치는 것이 일상적이었다. 근대국가의 주권에 대한 생각은 16세기 프랑스에서 종교적 내전으로부터 발생했지만 실행과 기능에서 국가를 그 자체로서의 "권리"와 "진실"을 가진 하나의 기계로 파악하고 또 분명한 체계적 개념으로 발전시킨 것은 17세기 영국의 토머스 홉스였다.

홉스는 국가가 없는 자연상태를 전쟁상태로 간주했다. 그에게 자연상태는 실제의 싸움에 있지 않고 자연상태의 알려진 성질(disposition)

---

119 Philip Bobbitt, *op. cit.*, p. 102.

120 *Ibid.*, p. 102.

에 있다. 종교적 내전들이 유럽의 거의 전역에 가져온 핏빛으로 물든 혼란을 알고 있는 홉스는 국가주권 속에서 평화를 확보하고 안전을 보장할 수 있는 유일한 힘을 보았다. 이제 절대적 복종을 명령하는 것은 인간 신(Mortal God)인 근대국가라고 생각되었다. 근대국가를 위한 결정은 구체적으로 세속화의 결정이었다. 왜냐하면 독특한 이런 의미에서 국가를 완전히 비교할 수 없고 독특한 역사적 특수성은 이 국가가 세속화의 수단이라는 데 있었다. 이 새로운 실체인 근대국가는 중세의 신성한 제국과 교황의 정신적 권위를 제거했다. 그리고 무엇보다도 이런 성격의 국가는 십자군들의 종말을 의미했다.

세속화는 하나의 종말을 장식하고 또 새로운 시작을 의미했다. 주권적 정치 단위들이 서로서로 마주보고, 그리하여 효율적인 역할 수행능력의 덕택으로 그리고 원칙적 평등의 토대 위에서 새롭고 세속적이고 또 합리적인 질서를 이루는 비히모스(Behemoth)들과 리바이어던(Leviathan)들의 국가적 다원주의가 계층적 조직과 신성한 정향을 가진 기독교세계의 정치적 및 신학적 질서를 대치한 것이다. 근대국가들은 국내적으로 분명한 재판권을 수립하고 중앙 집중화된 입법 행정과 사법을 이용하여 종파 간 및 파벌 간의 분쟁을 잠재우는 데 성공한다. 국가 자신들 간에 근대국가들은 자신들의 경계가 설정된 영토에 대해 관할권의 상호인정을 통해 반목을 가두는 데 어느 정도 성공했다. 이제 전쟁은 국가들 간의 전쟁이 되었다. 그리고 국가는 내전을 종식시킴으로써 국가임을 입증한다. 따라서 내전을 종식시키지 않으면 국가가 아니다. 국가와 내전은 서로를 배제한다. 국가의 시대가 계속되는 한 국가 내에 적은 더 이상 없을 것이다.

영토의 밖에서 국가는 국가의 형식을 갖춘 다른 "정당한 적"에 대해서만 신경을 쓸 것이다. 국내의 모든 것은 경찰에 맡기고, 전쟁은 외교정책과 동의어가 될 것이다. 이제 국가가 스스로 모든 법을 제정한다. 그렇지 않으면 국가는 진실로 존재하지 않고 또 평화확보의 기능을 충족시키지 않는다. 그러면 자연상태가 다시 지배할 것이다. 그리고 그것은 더 이상 전혀 국가가 아니다. 그렇다면 그 자신의 "옳음"과 "진리"를 스스로 갖고 있는 국가라는 기계장치는 무슨 목적을 위해 구체적으로 이용될 수 있고 또 이용되어야 할까? 그것은 안식과 안전과 질서의 수립을 위한 수단이다. 따라서 주권자의 명령은 기독교 종교를 금지시키고 기독교 신앙의 공개적 부인을 요구해도 복종해야만 한다. 홉스는 주권국가를 종교 위에 두었기에 그의 인간 신이 기독교 신을 사실상 대치해 버린 것이다. 그에게 국가는 세속화된 세계의 새로운 신이다. 홉스는 개념적이고 체계적인 방법으로 종교개혁을 완성한 셈이다. 기독교 신이 안전을 더 이상 보장하지 못하게 된 이상, 그것을 보장할 새로운 인간 신의 창조가 필요했던 것이다.[121] 근대 왕정국가의 승리는 유럽의 사상에서 합리주의의 광범위한 유입이 수반되었다. 그리하여 루이 14세의 전제적 권한을 내세우는 자들 가운데 한 사람인 보쉬에(Bossuet)는 정부란 이성과 지성의 작품이라고 주목할 만한 주장을 했었다.

보쉬에는 왕권에는 4가지 특징이 있다고 주장했다. 그것은 첫째, 신성하고, 둘째, 가부장적이고, 셋째, 절대적이며, 넷째로 이성에 따른다

121 필자의 국가 간 평화에 대한 홉스의 논의를 위해서는 강성학, 《소크라테스와 시이저》(박영사, 1997) 참조.

는 것이다. 왕정의 이런 특성들은 신이 내린 왕조적 계승의 양식에 의해서, 왕의 인격을 대신하는 국가에 대한 의무 때문에, 내부든 외부로든 다른 어떤 제도에 대해서도 계층상 의무의 부재 때문에, 그리고 독단적이기보다는 세속적이고 합리적이기 때문에 정당한 것으로 특징지을 수 있을 것이다. 그리고 다음의 6가지의 제도적 구조들이 왕정국가를 상징했다. 첫째, 상비군(영국의 경우엔 해군), 둘째, 중앙집권적 관료제도, 셋째, 정규화된 전국에 걸친 과세제도, 넷째, 해외의 상설 외교대표부, 다섯째, 경제적 부와 통상을 증진시킬 체계적 국가정책, 그리고 여섯째, 왕이 교회의 수장이 되는 것 등이다. 이러한 제도적 특징들에도 불구하고 그 내용을 자세히 들여다본다면 왕정은 상비군을 보유했지만 적어도 수적인 면에서 외국 용병들이 여전히 지배적이었다. 중앙집권적 관료제도도 세입을 올리기 위해 관직들이 팔려 나갔다. 외교는 보다 공식화되고 대표부는 보다 더 안정적이었지만 공관의 주요의무는 여전히 왕실을 위한 결혼계약을 협상하는 것이었다. 끝으로 왕정국가가 자국 내 산업을 규제하고 또 보호했음에도 불구하고 그것은 사적 부의 확장, 그리하여 세금 세입을 증대시키기 위한 것이 아니라 국가의 권한을 올리기 위해서 그렇게 했다. 그리고 왕정국가는 종종 빚을 갚지 않았다. 30년전쟁의 결과로 왕정국가가 현저하게 수립되었지만 그것은 부분적으로는 전쟁 수행방법으로 인한 것이었다. 어쨌든 영토국가(territorial state)의 씨앗이 그때 뿌려졌다. 마이클 하워드에 의하면

> 30년전쟁에서 전투는 잔혹함과 무의미함의 극치에 달했다. 〔…〕 용병들은 일단 살아남기 위해서 민간 주민들을 약탈해야만 했으며 자

> 신의 집이 불타 버리고 자신들의 가족이 살육당한 민간인들은 전략적 계산에 의해서가 아니라 나름대로 우선 살아남기 위해서 아직 약탈당하지 않은 영토를 찾아 나서는 군대에 몰려들었다.[122]

그러한 공포는 영토적 주체에 헌정적으로 토대를 두는 그런 국가의 필요성을 부양했다. 잔인하게 당한 주민들이 산골로 도망치고 또 포위된 도시들로 몰려들었을 때 그들은 국가가 보호해 주길 기대했다. 30년전쟁으로 인한 실제 인명손실의 규모에 관해서는 논란이 있어 왔다.[123] 어떤 역사가들은 당시 독일 인구의 3분의 1을 말하고 또 당시 신성로마제국 인구의 20-40퍼센트가량이 고갈되었다고도 한다. 전쟁 초기 보헤미아에서 3만 5천 개의 마을 중에서 종전 시 약 6천 개만 남았다고도 한다. 어떤 전쟁지대에선 주민의 반 이상이 상실되었다. 1631년 피난민들이 모여든 마그데부르크(Magdeburg) 같은 곳은 공격 목표로 변해 거의 전 인구가 사라졌다. 이러한 사건들은 영토국가들의 생존능력과 그것에 대한 열망을 증폭시켰다.

베스트팔렌 이후 프랑스는 왕정국가로 남았지만 네덜란드 그리고 영국과 프로이센 등은 성공적인 영토국가로 변모했다. 베스트팔렌의 평화는 지금까지 왕조적 세습과 정복의 관습적 제도에 의해 부여된 국가의 헌정적 정통성의 원천을 증대시켰다. 그리하여 30년전쟁과 베스트팔렌 평화는 과거의 국가 간 차원의 종교적 투쟁을 종식시키고 전략

---

122 Michael Howard, *War in European History*(Oxford: Oxford University Press, 1986), p. 37.

123 John Theibault, "The Rhetoric of Death and Destruction in the 'Thirty Years' War," *Journal of Social History*, vol. 27(Winter 1993), p. 272.

적 의제를 세웠다. 이 전쟁의 결과로 특정된 주민들은 특정된 국가와 자신들을 동일시할 수밖에 없게 되었다. 이제 영토국가는 왕정국가와는 대조적으로 특별한 관심을 갖게 되었다. 왕조국가가 인물(왕) 중심으로 조직되었다면 영토국가는 국경의 지속성에 의해 정의되었고 따라서 끊임없이 국경에 관해 안달복달하게 되었다. 영토국가에겐 국경이 정당성, 방위선, 징세의 근거 등 모든 것이 되었다. 그리고 영토국가는 활기찬 무역제도에 의존했다. 왜냐하면 국내시장은 흔히 별로 크지 않았을 뿐만 아니라 수입관세가 세입의 큰 몫을 차지했기 때문이다. 그리하여 그런 국가들은 유사한 외교적 및 전략적 목적을 갖게 되었다. 이 목적들은 합리적 국경, 자유로운 바다와 열린 시장, 어느 국가도 타국의 문제를 지배하도록 허용되지 않는 국제적 합의, 국제무대에서 세속적 국가의 선호, 및 계속적인 외교적 대화 등을 포함했다. 그러나 무엇보다도 영토국가는 적극적이고 포용적인 국가들의 사회, 즉 국제사회에 의존했다. 일단 정통성이 간단히 세습이나 정복에 근거하지 않고 공식적으로 비준된 조약과 동의 위에 수립되게 되자, 오직 국제사회만이 힘의 균형에 의해 요청되는 끊임없는 영토적 조정에 정당성을 부여할 수 있었다.

왕조적 국가의 절정을 이룬 프랑스 루이 14세에 의한 헤게모니 추구의 좌절과 함께 맺어진 1713년의 위트레흐트조약(the Treaty of Utrecht)은 힘의 균형을 조약체제의 목적으로 명시한 최초 유럽의 조약이었다. 그런 목적을 달성하기 위해서는 국제사회가 필요했다. 그러나 위트레흐트는 전쟁에 중요한 역할을 부여했다. 힘의 균형은 영토적 조정을 허용할 뿐만 아니라 이따금씩 그것을 필요로 했다. 따라서 영토적 조정을 위한 소규모의 전쟁이 빈번하게 되었으며 영토가 전통이나 주민의 염원과는 관계없이 이양되고 조정되었다. 외교제도의 내적 일부로서 이런 전쟁의 결정적이고 비상한 역할은 전쟁 수행의 점증하는 전문화를 낳았다. 전쟁으로 영토 확장을 통해 프로이센의 영토국가를 이룬 프리드리히 대왕이 이 시대의 성공적 전형이라면 변화에 적응하지 못한 채 영토가 분할당한 폴란드가 실패한 국가의 본보기가 될 것이다.

프리드리히 대왕은 마키아벨리의 소위 비르투(virtu)를 가장 잘 발휘한 대표적인 군주였다. 역사가들은 프리드리히 대왕을 근대 초기의 "계몽군주"라고 명명했다. 그는 우리 시대엔 사악함에 의해서보다는 무지에 의해서 더 많은 실수가 범해진다고 말했었다. 프리드리히는 자신이 왕이 되기 이전에 이미 "사나이"였음을 자랑스러워했다.[124] 그에게 사나이가 되는 것은 또한 철학자가 되는 것을 의미했다.[125] 1739년 프리드리히는 《마키아벨리의 군주를 반박함》을 저술했고 그것은 볼테르에 의해 《반마키아벨리》라는 제목으로 바뀌어 1740년 세상에 알려졌다. 그의 왕조는 프로이센이 근대국가로 발전하는 데 있어서 근간이 되었다. 그리고 그 왕조의 기틀은 호엔촐레른왕가의 마지막 지배자 때까지 살아남았었다. 그러나 그들이 지배자라는 이 왕가의 본능이 프리드리히에게 완전히 부재했다. 분명히 위대한 통치자의 가장 개인적인 충동은 그에게도 아주 기본적 활력으로 존재했다. 그러나 처음부터 프

---

124 사나이다움(Manliness)에 관한 최근의 본격적 연구에 관해서는, Harvey C. Mansfield, *Manliness*(New Haven: Yale University Press, 2006)을 참조.

125 Friedlich Meinecke, *Machiavellism: The Doctrine of Raison D'etat and Its Place in Modern History*(Boulder and London, 1984), p. 275(최초 영문판은 1957년 Yale University Press 출판).

리드리히는 당시 인습적이고 관습적인 의미에서의 통치자는 아니었다. 그의 "반마키아벨리"가 그런 인상을 확인해 주었다. 여기서 우리는 통치자란 자기 "인민들의 제1의 봉사자"(the first servant of the state)이며 따라서 통치자는 자신의 신민들을 단지 자신과 평등한 자들로뿐만 아니라 어떤 점에서는 자기의 주인으로 간주해야 한다는 언급을 발견할 수 있다.[126]

순수하고 엄격한 국가이성의 정신이 프리드리히를 사로잡았었다. 그는 자신이 스스로 2가지의 원칙, 즉 명예와 국가의 이익에 의해 움직인다고 말했다. 1757년 1월 10일 그는 핀켄슈타인 장관에게 다음과 같은 유명한 지시를 내렸었다.

> 만일 포로가 되는 것이 나의 숙명이라면 그러면 나의 개인에 대해서는 최소한의 관심마저 갖는 것을, 혹은 내가 갇혀 있는 곳에서 내가 쓸지도 모르는 어떤 것에도 조금이라도 주의를 주는 것을, 누구에게나 금지한다. 그런 불행이 내게 떨어진다면 나는 국가를 위해 나 자신을 희생시킬 것이다. 그리고 나의 모든 장관들과 장군들은 나의 석방을 위해 어떤 땅이나 몸값도 제공하지 않도록 목숨을 걸고 책임져라. 그리고 내가 이 세상에 전혀 존재하지 않았던 것처럼 전쟁을 계속하고 또 모든 이득을 장악하라.[127]

프리드리히의 이런 결의는 깊고도 근원적인 감정에서 분출되었다.

---

126 *Ibid.*, p. 280.

127 *Ibid.*, p. 281에서 재인용.

그는 국가의 요구에 양립할 수 있는 최고 수준의 지상의 행복과 물질적 복지, 지적 자각과 도덕적 활력을 확보하는 것을 아주 진지하고 신성한 과업으로 간주했다. 왜냐하면 얼음 같은 냉혹함과 내적 따스함이 그에게선 동시에 그리고 서로 대립하면서 항상 용솟음치고 있었기 때문이다. 그리하여 그의 행동 방향은 언제나 아주 분명하고 확실했다. 국가의 필요라는 지상명령은 언제나 또 어떤 선택의 기회가 있는 모든 경우에 인류의 요구, 그리고 심지어 자신의 계몽주의의 철학적 이상들을 누르고 승리했다. 통치자와 국가 앞에 그가 세우는 최고의 과업은 물리적 힘의 보장과 그것의 강화라는 기존의 국가이성의 편협한 목적을 포용했을 뿐만 아니라 그것은 또한 인민을 교육시키고 행복하게 만드는 다른 인도주의적 개념까지도 포용했다. 그에게 인도주의적 국가의 이상과 힘 있는 국가의 개념은 국가에 관한 2개의 개념이 공생했다. 인도주의적 국가의 이상은 계몽주의에 의해서 새롭게 창조되었거나 아니면 적어도 새로운 내용으로 채워진 것이었고 힘 있는 국가의 개념은 삶과 역사와 경험에서 분출하여 일상적 경험과 필요성에 의해서 끊임없이 새롭게 확인된 것이었다. 그리고 후자가 전자에 우선했다. 그러나 이 우선순위가 국가의 인도주의적 개념의 소멸로 결코 이어지진 않았다.

그러나 아주 처음부터 프리드리히는 작은 군주국가를 경멸했다. 왜냐하면 그는 비왕조적 방식으로 그리고 순전히 국가 그 자체의 노선에 따라 생각했기 때문이다. 그가 독일세계의 작은 국가들에게서 보았던 것은 그것들에 대한 그의 경멸감만 심화시켰다. 최소한 그는 큰 국가와 작은 국가들은 아주 다른 규칙에 따라 취급되어야 한다는 모든 정치의 근본적 규칙을 존중했다. 그의 전 생애를 통해서 프리드리히는 큰 국가들의 관계와 중대한 조건들에만 진실한 관심을 두었었다. 그는 필연성에 입각한 정복자와 기질상의 정복자를 구별하고 만일 전자가 진실한 정의를 유지하기 위해 자신의 재능을 사용한다면 그에게 진정한 영광을 돌렸다. 프리드리히는 자신을 "야만적 수술"로 인간들을 더 큰 위험으로부터 구원하는 외과의사에 비유했다. 그래서 전쟁과 힘의 정치를 위한 정당한 근거를 모색하고 또 염원했다. 그에게 유럽에서 힘의 균형의 중요성은 공격적 전쟁마저 정당화시키는 것이었다. 즉 만일 가장 강한 유럽의 강대국의 압도적 힘의 증가가 전 우주를 집어삼킬 위협이 있다면 예방전쟁도 정당한 것이었다. 그는 과거에 위대한 인간이란 적들이 자신의 손발을 묶고 자신의 힘을 파괴할 수 있는 위치에 도달하기 전에 자신의 힘을 사용했다고 생각했다.

그는 자신이 마키아벨리의 세계에선 마키아벨리식으로 행동할 수밖에 없다고 믿었다. 당시엔 영토가 부와 힘의 척도였다. 국가의 경쟁력이 거기에 있었다. 그는 힘의 정치를 계몽주의의 이상에 종속시키려고 시도한 자신의 반마키아벨리즘을 포기하고 힘의 정치의 자율적 본질을 인정했다. 그리고 마키아벨리의 미덕을 아주 효율적으로 발휘했다.[128] 그에게 계몽주의의 태양은 정치에서 야만성의 밤을 극복하는 데 아직 성공하지 못했다. 야심적 강대국들 사이에 처해 있으면서 이에 무관심한 국가는 머지않아 재난을 당하고 만다는 마키아벨리의 말이 옳다고 그는 고백했었다.[129]

128 Harvey C. Mansfield, *Machavelli's Virtue*(Chicago: The University of Chicago Press, 1966), 특히 pp. 6-52.

129 Friedrich Meinecke, *op. cit.*, p. 302.

그러나 프리드리히의 정치적 사고와 행위에서 반마키아벨리에 대한 마키아벨리의 승리는 정치과정의 일면에 지나지 않았다. 마키아벨리에 대한 반마키아벨리가 승리한 다른 측면도 있었다. 왜냐하면 프로이센이 프리드리히 대왕의 영도하에서 단순히 강대국만 된 것이 아니라 문명화되고 헌정적인 국가로의 길에 접어들었기 때문이다. 프리드리히는 프로이센을 강력한 근대국가로 키우기 위해 마키아벨리의 비난할 만한 조치들을 취했지만 국내문제에선 비록 시대적 그리고 국가의 조건에 의해 심하게 제약당했지만 프리드리히의 인도주의적 이상들이 적용되는 영역을 발견했었다. 국가의 이성에 인도주의적 목적을 흡수하려 했던 프리드리히의 염원은 오직 불완전하게만 성취될 수 있었다. 그러나 그는 계몽주의 시대정신에 입각하여 그가 계승했던 약소국 프로이센을 슐레지엔전쟁(1740-50), 7년전쟁(1756-63) 그리고 바이에른왕위계승전쟁(1778-79) 같은 수많은 전쟁을 통해 유럽의 강대국가 중 하나로 인정받는 "강대국 프로이센"을 건설하여 대왕(the Great)의 칭호를 얻은 대표적 근대 계몽군주였다.[130]

영토를 토대로 한 절대왕정국가는 18세기 말에 "민족" 개념에 의해 도전받았다. 민족은 정당성의 새로운 기준을 창조했을 뿐만 아니라 새로운 국민 전쟁 시대의 병력 규모와 동기를 유일하게 제공할 수 있었다. 그리하여 국가가 민족으로 하여금 국가를 위해 행동하도록 동원하는 국가형태 즉 "국가민족"(state-nation)이 프랑스혁명과 나폴레옹전쟁을 계기로 등장했다.[131] 나폴레옹 지배하에서 프랑스는 자국의 영토 안

130 Christopher Duffy, *Frederick The Great: A Military Life*(London: Routledge, 1985).

에 많은 민족들을 편입시켰지만 프랑스 밖에서는 모든 민족주의를 억압했다. 나폴레옹의 제국주의는 약탈로 보상받았다. 자유, 평등, 그리고 박애를 천명한 민족이 이제는 비프랑스 주민들을 정복하고 그들 머리 위에 군대를 주둔시키고 그들의 상품을 몰수하고 그들의 무역을 왜곡하고 엄청난 배상금과 세금을 거둬들이고 젊은이들을 징집했다.[132] 그러나 나폴레옹에게 프랑스는 영토국가를 대치하려고 시도하기보다는 영토국가들의 사회에 합류하는 것이었다.

나폴레옹제국은 무엇보다도 나폴레옹이 프랑스혁명의 군사전략적 혁신을 계승했기에 가능했다. 군사 혁신 중 우선 첫째로, 일반징집을 통해 병사의 수에서 엄청난 증가를 이루었다. 이것은 프랑스 지휘관들에게 사용할 수 있는 병사의 형태를 변경시켰지만 과거와는 다른 종류의 전투 그리고 더 많은 전투를 수행할 수 있게 해 주었다. 클라우제비츠가 지적했듯이 전쟁이 갑자기 3천만 국민들의 일이 되었다. 그들은 스스로를 시민이라고 간주했고 그 결과 프랑스의 적들은 극단의 위험에 직면했다.[133] 1800년 이후 나폴레옹은 18세기 초 중엽의 7만 5천여 명의 군대와는 대조적으로 보통 25만 명이 넘는 병력으로 전투를 수행했다. 둘째는 포의 개혁은 유럽에서 가장 효율적이고 기동력 있는 포를

---

131 여기서 "국가민족"(state-nation)이라는 개념은 국가가 민족을 위해 봉사하는 "민족국가"와 구별되는 것으로 국가가 민족을 수단으로 동원하는 국가형태로서 필립 보빗(Philip Bobbitt)이 분류한 것이다. 이 개념에 관해서는, Philip Bobbitt, *op. cit.*, p. 146을 참조.

132 Paul M. Kennedy, *The Rise and Fall of the Great Powers*(London: Unwin Hyman, 1988), p. 133.

133 *New Cambridge Modern History*, vol. 9, p. 273.

생산했다. 셋째, 여러 개의 다른 길을 따라 동시에 진군할 수 있는 자율적이고 자립적인 여러 사단으로 군대의 분리가 전략적 이동에 더 큰 속도와 융통성을 제공했다. 넷째, 방어적 발포를 강조하는 전선으로부터 충격을 강조하는 공격분대로의 전환은 훈련은 부족했지만 열정적인 신병들을 이용할 수 있게 할 뿐만 아니라 전투의 폭력성을 증가시켰다. 요컨대 병사들의 수적인 큰 증가, 보다 크고 보다 더 세련된 행정 서비스, 혁신적인 포 전술과 포의 기술적 향상은 전투의 모든 단계에서 보병, 기병 및 포병의 긴밀한 합동작전을 처음으로 가능하게 만들었다. 그런 군대들이 그들을 여러 길을 따라 해산시키고 결정적 순간에 모두 집결시켜 단번에 적을 쳐부술 수 있는 사령관을 기다리고 있었다.

피터 패리트(Peter Paret)는 나폴레옹이 없었을 경우 그런 군사혁신의 효과에 대해 다음과 같이 추측했다.

> 툴롱(Toulon)에 가기 전에 나폴레옹이 살해되었었더라면 프랑스는 유럽의 힘의 균형을 깨뜨리려는 노력을 중단했거나 아니면 적어도 늦추었을 것이다. 유럽 전역에 걸친 전쟁이 요구하는 거대한 노력에 대한 그의 고집이 없었다면 프랑스 정부는 아마도 프랑스의 "자연적" 국경을 확보하는 것으로 만족했었을 것이다. 전쟁이 계속되었다 해도 혁명과 전쟁의 변질은 프랑스를 여전히 유럽에서 가장 강력하지만 유럽공동체를 지배하고 또 실제로 그것을 제거하기보다는 유럽 정치 공동체에 통합된 국가로 남게 했었을 것이다.[134]

---

134 Peter Paret, "Napoleon," in Peter Paret, ed., *Makers of Modern Strategy: From Machiavelli to the Nuclear Age*(Princeton: Princeton University Press, 1986), p. 126.

프랑스의 군대는 곧 여러 국가들의 애국적 적대감의 목표물이 되었다. 제국을 창조한 국가민족의 민족주의는 민족의 의지를 국가에 대한 봉사에 집중시켰다. 그리하여 그것은 타민족들을 굴복시키고 낯선 제도들을 그들에게 강요했던 것이다. 프랑스혁명이 프랑스 민족주의에 불을 붙였지만 혁명의 아들로 자처한 나폴레옹은 유럽의 민족주의를 오히려 억압하고 질식시켰다. 나폴레옹은 모든 영토국가들로 하여금 군사적으로 경쟁하려면 국가민족 형태에 준봉하도록 강요했다. 그리하여 나폴레옹을 패배시킨 뒤 개최된 빈회의 평화수립도 민족국가의 창설을 모색하지 않았다. 평화를 유지하기 위해서 전시상태로 연합을 그대로 지속시키는 것이 당시 영국의 외교부장관 캐슬레이(Robert Stewart Castlereagh)의 전략적 혁신이었다.

이것을 달성하기 위해서 그는 고도로 어려운 목표들에 착수했다.[135] 우선 첫째로 조국을 적에게 팔아먹은 적의 협력자로 새 정권을 낙인찍히지 않도록 하면서 프랑스의 새로운 정권을 정당화시킬 정도로 프랑스의 국가민족을 보존하면서도 나폴레옹의 초대형국가(Superstate)를 철폐해야 했다. 둘째, 감질나게 하는 프랑스의 제안과 협박하는 프랑스인들의 위협에 직면하여 동맹국들의 협력이 궁극적인 가치가 있을 것이라고 그들을 설득해야만 했다. 그것은 영국의 동맹국들이 상당한 영토적 이익을 취하지만 영국은 그러지 않을 것이라는 것을 의미했다. 셋째, 빈회의의 지도자회의를 제도화하여 정기적으로 만나 다국적 협력을 계속 유지하게 하지만 그러나 어떻게든 회원국들이 유럽의 여러 나

135 Philip Bobbitt, *op. cit.*, p. 161.

라에서 혁명에 의해 위협을 느낄 때 그것이 국내적 억압의 수단으로 변질되지 않도록 해야만 했다. 넷째, 5대 강대국들 중 어느 한 국가나 혹은 그 국가의 연합이 전쟁을 통해서 성공할 것이라고 합리적으로 기대할 수 없을 정도의 압도적 규모의 믿을 만한 무력의 공약을 그는 얻어내야만 했다. 다섯째, 그는 자신을 단순히 반동적 메테르니히의 추종자로 묘사하는 휘그(Whigs)당원들로부터는 물론이고 여론을 조종하는 수사학적 재주와 기술을 가진 같은 당 내의 조지 캐닝(George Canning)으로부터의 완강한 반대를 무릅쓰면서 모든 일을 수행해야만 했다. 여섯째, 그는 카르타고식 평화를 원하는 프로이센인들, 독일을 희생시켜서 대국의 헤게모니를 꿈꾸고 있는 러시아인들, 국가민족의 새로운 발전과 그것의 민족적 감정을 이용할 능력에 의해 위협받고 있다고 느끼는 오스트리아인들 그리고 영국을 자신들의 대륙적 꿈을 좌절시키고 일차적 박해자로 간주하는 프랑스인들과의 협력 속에서 행동해야만 했다. 캐슬레이는 국가가 통제할 수 없는 민족주의가 분출되지 않은 국가민족은 긍정적인 특징이 있음을 완벽하게 이해하고 있었다. 그런 국가의 리더십은 코즈모폴리턴적이다. 그것은 신속하게 결정할 수 있고 장기적 공약을 할 수 있었다. 워털루전투에서 나폴레옹을 영원히 제거한 동맹국 파트너들은 1815년 11월 20일 앞으로 20년간 빈의 결정을 전복하려는 어떤 기도가 있을 경우엔 각국이 6만 명의 병력을 파견하기로 공약하였다. 그리고 3년 후 1818년 가을 아헨(Aachen)회의에서 4국동맹을 재확인했음에도 불구하고 프랑스를 유럽사회의 소위 "평화의 기술"을 보호하기 위해서 강대국들의 사회에 가입시키는 5개국 동맹이 형성되었다. 소위 외교사에서 흔히 말하는 유럽협조체제(the Concert of European Powers)라는 용어는 이곳에서 처음 사용되었다. 그것은 상황을 안정화시키기 위한 것이었다. 그러나 외교사 학자들이 대체로 간과해 온 빈체제의 가장 두드러진 특징 가운데 하나는 프랑스혁명과 나폴레옹전쟁으로 무질서하게 흐트러져 버렸던 국제적 경계선을 새롭게 긋고 그것을 국제규범으로 유지시켰다는 점일 것이다. 즉, 근대 영토국가의 가장 핵심적 조건인 국제적 경계선의 국제적 존중을 국제사회의 안정을 위해 긴요한 조건으로 계속 간주했다는 사실이다.

빈에서 부활되어 지금까지 유지해 온 국제사회는 우선 나폴레옹 이전 다수의 정치적 당사자들의 모임이다. 우리는 국제사회의 이런 조건을 베스트팔렌 국제관계의 헌정적 토대인 관할권적 다원주의라고 부를 수 있을 것이다. 둘째, 국가의 국내적 일은 자신들만의 일이며 자신들의 국내적 가치들을 선택하고 자기방식대로 추구할 수 있다. 따라서 국가주권은 그런 가치들의 다양성을 수용하도록 기대된다. 우리는 이런 형태의 다원주의를 가치 다원주의라고 부를 수 있을 것이다. 그리고 국가들의 사회 즉 국제사회가 유지하는 국제정치의 보다 더 심오한 다원주의이다. 그러나 이런 고전적 정치학에서 다원주의라는 용어의 의미는 오늘날 우리 세대의 사회과학에서 사용하는 의미와 혼동되어서는 안 된다. 후자의 의미는 국제기구들과 비정부적 기구들을 포함하는 국가와 다른 조직된 집단들이 국제정치에서 주요한 행위자들이라는 사회학적 개념을 말한다. 이런 사회학적 사실은 국제정치에서 국가주권의 중요성을 감소시키는 것으로 보인다.[136] 그러나 이것은 고전적 국제사

136 P. Willetts, "Transnational Actors and International Organizations in World Politics," in J. Baylis and S. Smith, eds., *The Globalization of World Politics*

회학자들이 "다원주의"라는 용어로 의미했던 것이 아니다. 그들은 법률 및 정치이론에서 사용되는 원래의 의미로 그 용어를 사용했다. 즉 그들은 당시 국가들의 사회의 영토적-관할권적 다원주의와 그런 사회가 순응하는 가치 다양성을 지칭했다. 따라서 다원주의란 주권국가들의 헌정적 자유의 표현이며 바로 그 국가들이 순응하는 국내적 가치들의 다양성을 표현했다. 이런 고전적 의미의 다원주의는 일원론(monism)과 연대주의(solidarism)의 개념과 정반대의 의미로 사용되었다. 아이제이어 벌린(Isaiah Berlin)의 다음과 같은 가치 다원주의에 관한 단언이 그런 고전적 의미를 확실하게 해 줄 것이다.

> 인간관계란 어쩌면 결코 철저하게 분석되는 것은 물론 철저하게 묘사 될 수도 없는 개성의 인정 위에 수립된다. 공동체들, 문화들, 시대들을 이해하는 데, 즉 그들이 무엇이고 무엇을 위해 노력하며 무엇을 느끼고 고통받고 창조하는가, 그들이 어떻게 자신들을 표현하고 자신들을 보며 생각하고 행동하는가를 이해하는 데에도 그렇다. 인간들은 자신들을 뭉치게 하는 것, 즉 공동의 혈통, 언어, 땅, 집단적 경험의 유대를 의식하기 때문에 집단으로 모인다. 이런 유대들은 독특하고 감지할 수 없으며 궁극적이다. 문화적 경계선들은 인간들에게 자연스럽고 그들의 내적 본질과 환경 그리고 역사적 경험에서 우러난다. 그리스 문화는 독특하고 무진장하게 그리스인들의 것이다. 인도, 페르시아, 프랑스도 바로 다름 아닌 그 자신들이다. 우리 문화는 우리들의 것이다. 문화들은 같은 표준으로 잴 수 없는 것이다. 각각이 그

(Oxford: Clarendon Press, 1997), p. 289.

> 자신이고 신의 눈에 영혼들이 그런 것처럼 각각은 무한한 가치를 지닌다. 한 개를 위해 다른 것을 제거한다는 것, 위대한 정복자들이 그랬던 것처럼 한 사회를 굴복시키고 문명을 파괴하는 것은 자신으로 스스로 존재할 수 있는 권리, 자신만의 이상적 가치들의 관점에서 살 권리에 대한 가공할 범죄이다.[137]

인류 역사의 집에는 많은 저택들이 있다고 말한다.[138] 이런 은유는 전 세계에 걸쳐 생활양식의 뚜렷한 다양성을 지칭하는 것으로 그것은 특정한 영토적 집단으로 모여들어 그들 집단의 가치에 따라 자신들의 삶을 살아가는 인간들의 성향에 의해 나타난다. 국제정치에는 각기 다른 가치나 혹은 특이한 가치의 독특한 자기식의 가치를 가진 많은 집단들이 있다. 생활양식의 전 지구적 다양성의 현실은 국제정치의 규범적 건축을 탐구하려는 사람들에겐 누구에게나 중압감을 주는 인간조건의 오랜 특징이다. 그것은 현실적이기를 희망하는 어떤 규범적 탐구에 의해서도 무시되거나 비켜 갈 수 없는 하나의 현실이다.

그러나 자신으로 존재할 권리, 즉 자신의 이상적 가치의 관점에서 살 권리에서 시작하여 서로 다른 때에 서로 다른 수많은 사회와 집단들과 그 속의 인간들이 추구하는 목적과 궁극적인 가치들을 인정하는 것이 다원주의이다. 그러나 그런 목적들이 양립할 수 없다고 할지라도 그것들의 다양성이 무제한한 것일 수는 없는 것이다. 왜냐하면 인간의 본성이란

137 Isaiah Berlin, *The Crooked Timber of Humanity*(Princeton, N.J.: Princeton University Press, 1990), p. 38.

138 Robert Jackson, *op. cit.*, p. 179.

그것이 제아무리 다양하고 또 변화에 직면한다고 해도 적어도 인간이 라고 부르려면 어떤 원천적 속성(generic character)을 틀림없이 갖고 있기 때문이다.[139] 어떤 특정된 피조물이 무엇이며, 그 행동에서 어떤 종류의 규칙을 따르는가, 또 그것의 제스처가 무엇을 의미하는지를 더 이상 이해할 수 없는 한계가 있다. 그런 상황에서, 즉 의사소통의 가능성이 무너질 때 우리는 교란, 즉 불완전한 인류에 관해서 말한다. 그러나 인류의 한계 내에서 목적의 다양성은 비록 유한하지만 광범위할 수 있다. 한 문화의 가치가 다른 문화의 가치들과 양립할 수 없다는 사실이 가치의 상대주의를 수반하지는 않는다. 물론 이 상대주의는 상이한 문명들의 전망이나 동일한 문명의 단계 사이의 양립 불가능성뿐만 아니라 가치들 간의 피할 수 없는 갈등의 항구적 가능성을 남길 것이다.[140]

그렇다면 분리된 문명들의 가치들이 양립할 수 없는 사실이 제시하는 정치적 및 도덕적 질곡을 완화시킬 가능성은 전무한 것인가? 벌린의 반응은 2가지이다. 하나는 자연법의 길이 있고, 또 하나는 실용주의의 길이 있다. 우선 첫째는 규범적 원칙을 위한 자연법의 길이다. 옛 자연법의 개념으로의 일종의 복귀가 반드시 옛날처럼 신학적 혹은 형이상학적 토대에 근거할 필요는 없다. 따라서 우리의 가치가 객관적이고 보편적인 것이라고 말하는 것은 우리가 거역할 수 없는 외부로부터 우리에게 부과된 어떤 객관적 법전이 존재한다는 것을 말하는 게 아니다. 그것은 우리가 추운 것보다도 따뜻함을, 거짓보다는 진실을, 추구하고 또 타인에 의해 무시당하거나 오해받기보다는 있는 그대로의 자신을

---

139 Isaiah Berlin *op. cit.*, pp. 79-80.

140 *Ibid.*, p. 80.

인정받고자 하는 것을 피할 수 없는 것처럼, 우리가 인간이기 때문에 이런 기본적 원칙들을 수락할 수밖에 없다는 것을 말하려는 것이다. 이런 원칙들이 기본적이고 또 그것들이 오랫동안 널리 인정 되었을 때 우리는 그것들은 보편적인 윤리적 법률이라고 생각하게 된다.[141] 그런 기본적이고 보편적인 원칙들은 아직도 유효하다. 타인들의 문명이 우리의 것과 다르고 또 지리적으로 먼 곳에 있는 그들과 함께 하나의 세계 속에서 살아가야 하는 필연성은 그 타인들을 우리와 같은 동료 인간으로 인정하고 또 그들에게 인정을 요구하는 그리하여 서로 간의 존엄성과 자유를 인정하는 우리의 능력을 이겨내지 못한다. 그런 규범적인 가치가 여전히 존재한다면 어쩌면 바로 그것이 모든 인류의 위대한 사회에 관한 그로티우스적 개념일 것이다.[142]

둘째는 실용주의의 길이다. 이것은 갈등이나 충돌을 완벽히 제거할 수 없기 때문에 기대할 수 없다고 할지라도 그것들을 완화시킬 수 있는 길을 모색하고 실천하는 것이다. 권리주장들이 균형을 이루고 타협에 이를 수 있다. 구체적인 상황에서 모든 권리주장이 모두 다 균등하게 설득력을 갖고 있지는 않는다. 자유도 그렇고 평등도 그렇다. 결코 최종적이고 절대적이지는 못해도 우선순위가 수립되어야 한다. 그 우선순위를 수립할 때 정치 지도자들의 첫 번째 의무는 고통의 극단들을 피하는 것이다. 혁명, 암살 그리고 전쟁 같은 극단적 조치들이 절망적 상황에서 요구될지도 모른다. 그러나 그런 극단적 조치들의 결과들이 예상했던 것과는 판이하게 다르다는 것을, 즉 그런 조치들이 향상을 가져

141 *Ibid.*, pp. 204-205.

142 Robert Jackson, *op. cit.*, p. 181.

을 보장, 아니 충분히 높은 개연성마저도 존재하지 않는다는 것을 역사는 우리에게 가르쳐 주고 있다. 개인 생활에서나 국가정책에서 우리는 과감한 행동의 모험을 할 수 있을 것이다. 그러나 우리는 우리 자신이 그렇게 몰릴지도 모른다는 것, 즉 그런 조치들의 효과에 관한 확실성이 반드시 죄 없는 사람들의 피할 수 있는 고통으로 이어진다는 것을 항상 의식하고 결코 잊어서는 안 될 것이다. 따라서 규칙이나 가치 그리고 원칙들이 구체적인 상황에서 어느 정도 서로 간에 양보해야만 한다고 한다. 실용주의적 해결이 때론 잘못일 수 있지만 그러나 보다 빈번하게 이로울 것이다. 따라서 하나의 일반적 원칙으로 말할 수 있는 최선이란 절망적 상황의 발생, 즉 견딜 수 없는 선택상황의 발생을 막아 줄 위험스런 균형(equilibrium)을 유지하는 것이다. 그리고 그것이 우리 지식의 한계의 관점에서 그리고 더 나아가 개인과 사회에 관한 우리의 불완전한 이해의 관점에서 우리가 항상 매진할 수 있는 것이다.[143]

이것은 계몽된 자기이익의 도덕성이다. 그리고 바로 이것이 국제정치에서 현실주의의 도덕적 목소리이다. 이것은 기록된 역사를 통틀어 인류의 다수에 의해서 공유된 가치를 가진 사회들의 사회인 국제사회 속에서의 삶의 형식에 의해 강요되는 하나의 원칙이다. 이것이 보편적 원칙이 아니라면 그것 없인 국제사회가 존속되기 어려운 최소한의 원칙이다. 국제사회에서도 결코 타협할 수 없는 경우가 있다. 그러나 다른 한편으론 국제사회문제의 완벽한 해결책을 모색한다는 것은 피를 부르는 일이다. 이것은 가장 순수한 마음을 가진 가장 진지한 이상주의

---

143 Isaiah Berlin, *op. cit.*, pp. 17-18 .

자들이 요구한다고 할지라도 결코 보다 나은 방법이 아니다. 인류의 가장 엄격한 도덕주의자였던 이마누엘 칸트마저도 "비뚤어진 인류의 재목으로부터는 어떤 반듯한 것도 만들어질 수 없다"고 주장했었다. 도그마가 요구하는 반듯한 유니폼 속으로 인간들을 몰아넣는 것은 거의 언제나 잔학행위로 가는 길이다.[144]

인간들이 상호간의 적대감, 갈등, 탄압, 굴복 노예제도나 전쟁에 빠져들지 않고 유한적인 지구 공간 위에서 나란히 살아갈 예상되는 방법을 찾아야 한다는 공동인정에 대한 대응으로 지금까지 가져온 가장 기본적이고 동시에 가장 분명히 제도화된 조직이 있다. 이는 곧 다원주의라는 규범을 유지해 온 근대 국제사회이다. 관할권적 다원주의는 국가주권제도를 통해 인류의 다양성에 부응한 것이다. 그리고 이것이 정치적 독립을 향유하고 또 행사하는 국가의 주민들의 손에 특수한 가치들을 창조하고 수호하는 정치적 책임을 부여함으로써 가치다원주의를 가능하게 하고 있다. 결국 주권이 외부의 간섭 없이 헌정적으로 수호되는 영토적 공간을 제공하기 때문에 국제사회의 다원주의에 이바지하고 있다. 국제사회는 인간 신들인 주권국가들의 사회이다. 그러나 평등한 신들의 세계에도 각자 신들이 보유한 힘에 따른 어떤 위계질서적 규범과 원칙이 있다. 그리고 그것들은 역사적으로 진화했다.

17세기 주권국가들의 국제사회가 탄생한 이후 오늘날까지도 국제적 경계선, 즉 국경선은 국제사회의 대표적인 국제규범이다. 국경선 그 자체의 논리엔 "민족"이나 "민족국가"라고 부를 그 어떤 것을 가정할 만한

---

144 *Ibid.*, p.19.

것은 아무것도 없다. 민족이나 민족국가란 19세기와 20세기 국제사회의 특징적인 것이고 또 21세기에도 지속될 국경선에 대한 독특하고 또 근본적인 하나의 정당화이다. 물론 그 이전의 시대에는 다른 정당화가 있었으며 그것들 중 가장 공통적인 것이 영토에 대한 왕국들의 일상적 규범적 권리주장인 왕조적 권리의 정당화였다. 중세 시대에 준독립적 영토는 기독교 교회의 주교들과 기타 성직의 당국자들의 소유였다. 즉, 유럽은 영토적으로 왕국들뿐만 아니라 주교구들로 분할되었었다. 어떤 주교들은 준 독립적이었고 또 어떤 주교들은 로마에 있는 교황의 관할권하에 있었다. 바로 그런 상황이 정치적 삶의 곤란한 특징이요 정치적 갈등의 원천인 영토적 관할권에 관한 보호성을 창출했다. 국제적 국경선의 열쇠는 민족이나 부족, 언어상이나 종교적 공동체나 혹은 사회학적인 독특한 집단이 아니었다. 오히려 그것은 독립성의 토대 위에서 다른 모든 집단으로부터 영토적으로 떨어져 하나의 집단으로 거주한다는 것은 일정한 사람들의 염원이나 결심, 권리 아니면 의무, 전통 아니면 체념이거나 혹은 어떤 다른 공통된 성향이었다.[145] 그런 영토에서 거주하는 특정된 사람들은 언어나 종교 혹은 문화 등과 같은 사회학적인 특징들을 공유할 것이며 또 그런 자신들의 공통적인 사회적 주체성을 하나의 독립적 국가의 관할권에 대한 권리주장을 뒷받침하는 정당화로서 당연히 이해할 것이다. 그러나 사회적 주체성은 보통 동일한 국경선을 두는 영토 내의 사회학적 조건들은 상이한 사람들의 집단들을 모으는 국가의 관할권과 동일하지 않은 것이다.

145 Robert Jackson, *The Global Covenant: Human Conduct in a World of States* (Oxford: Oxford University Press, 2000), p. 318.

오늘날 대부분의 국가들은 사회 구성적인 면에서 다인종으로 구성되고 있다. 국제적 국경선은 주권국가의 영토적 관할권의 가장 멀리 떨어진 범위를 표시하는 인위적인 지리적 선들이다. 그 한계선을 넘어서면 비록 특정된 국가의 힘이나 부, 영향력이나 위신이 강하게 느껴진다고 할지라도 관할권을 갖고 있지는 않다. 왜냐하면 그 선을 넘어서면 다른 주권국가의 관할권이거나 아니면 특정된 국가들의 해양 선을 넘는 공해 같은 국가관할권 부재지역이기 때문이다. 더구나 국가들이 국경선들에 의해서 분리되는 경우에도 그들은 국경선들을 공유한다. 즉 국가들은 그들을 분할하는 것을 공동으로 보유하고 있는 것이다. 국제적 국경선이란 정의상 그리고 기하학상 두 개의 주권국가들에 의해 항상 보유된다. 이런 국제국경선들은 국가들의 영토적 관할권뿐만 아니라 국가들의 합의를 상징한다. 즉, 그것들이 국제사회의 구성적 한 요소인 것이다. 소위 제국들의 시대가 사라진 오늘날에 국제국경선들은 정치적 독립의 영토권의 경계를 정한다. 따라서 국제 국경선들은 아이제이어 벌린(Isaiah Berlin)이 분류한 이른바 "소극적 자유"의 가치인 간섭받지 않는 자유, 즉 불간섭의 원칙과 밀접하게 관련되어 있다.[146]

유엔헌장 제2조 제4항의 원칙은 어떤 국가의 영토적 순결에 대해서도 위협이나 무력의 사용을 금지하고 있다. 유엔헌장은 국경선을 넘나드는 활동들을 금지하고 있는 것이 아니다. 유엔헌장은 또한 영향 받는 관할권을 가진 모든 정부들이 동의한 국경선의 변화도 금지 하지 않는다. 또한 그것은 국경들의 사용과 중요성의 변화도 금지하지 않는다.

146 Isaiah Berlin, *Four Essays on Liberty*(Oxford: Oxford University Press, 1969), 3장.

그것은 오직 국제 국경선을 침해하고 또 위협이나 무력 사용과 관련된 간섭과 기타 임의적이고 침투적인 국제적 활동을 금지할 뿐이다. 바꾸어 말하면 유엔헌장은 국가주권의 원칙과 가치를 떠받들고 있는 것이다. 국경선들은 다원주의적 세계정치의 수많은 영토권들을 구성하고 그것들에 관해서 불간섭을 포함하여 다른 주권적 권리와 의무를 정의한다. 국경선들은 그것들 스스로가 국가안보를 제공할 수는 없지만 국가이익과 국가 간 안전의 영토적 범위의 경계들도 정한다.

그러나 그것들은 국가이익의 비영토적 범위의 경계를 정하지는 않는다. 그리고 강대국의 경우에 비영토적 국가이익의 범위는 자신들의 국경선을 훨씬 넘어서 확대할 수 있다. 그러나 안전한 국경들을 항구히 보유한다는 것이 마지노선 뒤에서 살아가는 것을 의미하지는 않는다. 그것은 국경선이 일반적으로 정당하고 합법적이라고 간주되는 국제사회 속에서 살아가는 것이다. 비록 국제적 경계선들이 순전히 인습적인 것이라 할지라도 그럼에도 불구하고 그것들은 역사적 시간을 통해 현저한 안정성과 지속성을 보여 주었다. 편의나 타성 혹은 습관이나 무관심이 특정된 국제적 경계선을 보존하는 데 중요한 역할을 할 수 있다. 그러나 국제적 경계선들은 보다 근본적인 차원에서 상호 간의 수락이나 아니면 적어도 국가들 간의 관용이나 특별히 경계선을 침범할 위치에 있는 강대국들에 의한 관용에 의해서 유지된다. 보통은 전쟁의 결과로 인한 것이지만 무력에 의한 국제 경계선의 변경은 수용되었으며 이것은 역사적으로 흔한 일이었다. 외국영토의 무장개입과 정복은 국제법에 의해서 그렇게 인정되는 주권국가들의 권리였다. 그러나 20세기에 들어서 국경선은 높아진 정당성과 어느 정도의 존엄성을 획득하게 되었다.

20세기 민족자결의 시대 이전에는 유럽에서 역사적으로 국제적 경계선과 그것들이 한정하는 영토는 상속의 규칙이나 결혼, 구매, 정복 등에 의해서 규제되었다. 영토란 교환할 수 있는 재산이었다. 그러나 무엇보다도 그 시대엔 모든 국경선들이 법에 의해서 결정되었다. 영토는 군사적 승리의 전리품이었다. 국제적 정복의 권리도 있었다. 무장한 힘에 의해서 결정된 경계선들은 영토적 갈등이 재발하여 새로운 현상이 수립될 때까지 독립적 관할권을 정해 주었다. 전쟁 발발 시 국경선은 군사 강국들에 의해 침입되고 관할권은 찬탈되었다. 전쟁이 끝나면 국경선들은 승전국들을 만족시키도록 다시 그어졌다. 그리하여 1815년 패배한 프랑스의 국경선들이, 그리고 1918년 패전한 독일의 국경선들이 승전 국가들에게 유리하게 변경되었다. 나폴레옹전쟁과 제1차 세계대전은 그 이전과 그 이후에 그랬던 것처럼 정치적 지도를 다시 만들었다. 무력에 의해 국제적 경계선들의 마지막 재수립은 물론 제2차 세계대전의 연합국들에 의해서 이루어졌으며 1943년 테헤란 회의와 1945년 포츠담회의에서 특히 미 · 소 그리고 영국 사이에서 합의되었다.

그러나 오늘날 우리는 유엔헌장을 위반하는 무력에 의해 결정되는 국경선들이 인정받을 수 없는 그런 다른 새로운 세계 속에서 살아가고 있다. 1945년 유엔 창설 이후 국제사회는 기존 국경선을 방어하거나 보존하거나 복귀시키기 위한 경우에만 무력사용을 인가할 준비가 되었다. 이것은 국제사회의 운영방식에서 많은 중요하고 광범위한 결과를 가져오는 근본적 변화였다. 20세기 후반기에 세계의 정치지도는 당시 통용되던 법적 유형으로 동결되었다. 일종의 현상의 참호구축작업이 있었다. 즉 기존의 국경선이 신성화되어 합법적 국경선 변경이 그만큼 더 어렵게 된 것이다. 1945년 이후 유럽에서 그리고 탈식민화된 아프리카에서 법률상의 경계선들이 그것들에 물리적 도전에 직면해서조차 거의 예외 없이 보존되었다. 아프리카에서 이것은 기존 국가들의 근본적 유약함을 고려할 때 더욱더 놀라운 일이다. 왜냐하면 아프리카 대부분의 국가들은 국내적 정당성, 안정성, 단결성 및 능력에서 심각하게 부족하기 때문이다.[147] 유럽에서 중대한 예외는 동·서독 간의 통일이었다. 그러나 구동독과 서독의 경계선이 대외적 1945년 이후 전혀 변경되지 않았다는 사실이 지적되어야 할 것이다. 유럽에서 기존 국경선의 보존은 유럽안전협력기구(The Organization for Security and Cooperation in Europe)와 유럽위원회(The Council of Europe)의 중심적 원칙이다. 1975년 헬싱키최종결의서(The Helsinki Final Act)는 국경선들이 국제법에 따라 평화적 수단과 합의에 의해서만 변경될 수 있다는 원칙을 표명했다. 1990년의 신유럽을 위한 파리헌장(The Charter of Paris for a New Europe)도 동일한 원칙을 재천명했다. 아프리카에서도 국경선의 존중이 아프리카 단결기구의 신성한 규범이다. 세계 어느 곳에서나 적용되는 그것은 유엔헌장의 기본적 조항이다. 즉 그것은 불간섭의 기본원칙의 요점이다. 요즈음에는 국경선들이 침략 국가를 응징하는 경우조차도 수정될 수 없는 것처럼 보인다. 이라크는 쿠웨이트의 침략범죄를 저지르고 걸프전에서 압도적인 군사적 패배를 당했음에도 불구하고

147 Robert Jackson and Carl G. Rosberg, "Why Africa's Weak States Persist: The Empirical and Juridical in Statehood," *World Politics*, vol. 35, no. 1(1982), pp. 1-24.

자국의 국경선을 유지했다.

따라서 우리는 기존의 국제적 경계선들이 예외적이고 또 실제로 거의 절대적 가치를 부여받은 시대에 살고 있다. 기존의 국제적 경계선들은 합법성은 물론이고 정당성의 표현이다.[148] 관련된 원칙은 "소유하고 있으니 소유해도 된다"(uti possidetis, ita possideatis)는 것이다. 현대 국제사회의 규범적 담론으로 번역할 때 이 원칙은 국경선을 공유하고 있는 모든 국가들이 그것을 변경하는 데 동의하지 않는 한 현 국경을 존중하라는 것이다. 이것은 과거 식민지 상황에서 그리고 국경을 새로 긋는 동의가 모든 영향받는 국가들로부터 나오지 않는다면 국가들이 붕괴되는 맥락에서 국제 경계선을 결정하는 데 수용되는 규범이다. 이 원칙은 원래 19세기 라틴아메리카에서 기원했다.[149] 식민 시대의 행정상의 경계선들이 일반적으로 수락될 수 있는 어떤 대안적인 영토적 규범이 없는 상황에서 국제적 경계선을 긋는 경우에 대체로 적용되었다. 즉, 라틴아메리카의 신생국들은 그 규범에 수렴되었고 또 그들은 그것을 지켰다. 라틴아메리카의 이 전례는 1960년대 탈식민화 시기에 아프리카에서 답습되었다. 즉 식민지 경계선들이 아프리카 대륙의 새로운 국제경계선을 결정하기 위해 유일하게 일반적으로 수용된 토대였다. 라틴아메리카와 아프리카에서 "소유하고 있으니 소유해도 된다"는 원칙은 탈식민화 후 지역적 평화와 질서 및 안전을 위한 살아 있는 규범

---

148 Robert Jackson, *op. cit.*, pp. 326-327.

149 Fred Parkinson, "Latin America," in Robert H. Jackson and Allen James, eds., *States in a Changing World: A Contemporary Analysis*(Oxford: Clarendon Press, 1993), 제12장.

적 토대의 모색과 밀접히 관련되었다.[150]

이 원칙의 진화에서 가장 최근의 단계는 냉전이 종식될 때 소련과 구 유고슬라비아의 붕괴였다. 소련연방이 붕괴되자 연방내의 행정적 경계선이 후속 독립국가연합(the Common Wealth of Independent States, CIS)의 국제적 경계선이 되었다. 붕괴가 훨씬 난폭하고 더 위험스러웠던 구 유고슬라비아에서도 내부의 행정적 경계선들이 후계 국가들을 정하는데 사용되었다. 1991년 슬로베니아와 크로아티아가 벨그라드로부터 그 논리적 귀결이 완전한 분리인 보다 큰 정치적 자유를 향한 조치를 취했을 때 공산유고슬라비아는 분열하기 시작했다. 프랑스의 헌정위원회 의장인 로베르 바댕테르(Robert Badinter)의 주제하에 유럽연합이 창설한 중재위원회(Arbitral Council)가 유고슬라비아에서 자결을 위한 여러 가지 자결의 타당성을 심판하기 위해 소집되었다. 이 유럽연합위원회는 마케도니아와 슬로베니아는 독립을 위한 모든 조건들을 충족시켰지만 크로아티아와 보스니아의 승인은 시기상조라고 판결했다.[151] "국제 안정에 불가결한 국가들의 영토적 순결, 즉 이 위대한 평화의 원칙이 오늘날 보편적이고 또 우선적 규범의 성질을 획득했다. 구식민국가들의 인민들이 그것을 현명하게 적용했다. 따라서 유럽은 그것을 폐기하는 우를 범해서는 안 된다"[152]는 이 위원회의 판결은 "소유하고 있

150 라틴아메리카와 아프리카의 비교를 위해서는, A. Kacowicz, *Zones of Peace in the Third World*(New York: SUNY Press, 1998), 특히 제3장과 제4장을 참조.

151 A. Pellet, "The Opinions of the Badinter Arbitration Committee," *European Journal of International Law*, 3(1992), pp. 178-185; Robert Jackson, *op. cit.*, p. 268에서 재인용.

152 *Ibid*.

으니 소유해도 된다"는 원칙의 결정적 중요성을 강조했다. 이 동일한 규범이 미국의 외교에 의해 마련된 1995년 데이턴협정(the Dayton Agreement)의 토대였고 또 보스니아-헤르체고비나, 세르비아 및 크로아티아 간에 서명되었다.

오늘날 책임 있는 어느 정치 지도자도 정복과 주민들의 강제이주의 권리를 부활시키기를 원하지 않고 있다. 그런 생각은 제2차 대전 이후 사장되었다. 역사적 경험에 비추어 볼 때 인종, 언어, 종교 혹은 문화 같은 비사법적 고려사항들을 국제 경계선을 결정하는 데 포함시키지 않으려는 대단한 경향이 있다. 지구상에는 경계선의 지위나 위치가 분쟁의 대상이 되는 많은 곳이 있음을 감안할 때, 국제사회와 대다수 구성원들이 무장 세력에 의한 영토적 변경이라는 전통적 방식으로의 어떤 복귀도 보고 싶어 할 가능성은 거의 없다. 1995년 데이턴협정과 그 후 보스니아의 나토(NATO) 점령은 국제정치의 과거 고전적 현실주의를 복원하기 위한 것이 아니라 법적소유권(uti possidetis juri) 원칙을 방어하기 위한 무력사용으로 이해되어야 할 것이다. 유고슬라비아로부터 분리요구를 강화시키는 효과를 갖는 코소보(Kosovo)의 나토점령조차도 합의에 근거하지 않는 분리의 어떤 지원도 억제했다.

세습된 경계선들의 존엄성과 안정은 국제사회의 근본적 건축용 블록(a building block)이며 대다수의 주권국가들이 지지하는 원칙이다. 만일 현재의 그런 실행이 포기되거나 민족자결의 사회학적 독트린을 선호하여 심각하게 의문시된다면 국제사회의 다수, 아니 대다수의 구성원들이 거의 확실히 부정적으로 영향받을 것이다. 예를 들어 만일 그것이 크로아티아나 보스니아-헤르체고비나 혹은 코소보에서 발생하도록 허용된다면 그것은 발칸의 이웃과 그곳을 넘어서는 다른 다인종 국가들의 주권으로부터 독립 요구와 어쩌면 무장한 도전들을 촉발시킬 수 있을 것이다. 따라서 현재의 사법적 규범을 지원하는 데에는 어쩔 수 없는 공동의 국제적 이익이 존재한다. 기존의 국경선들은 문화, 종교, 언어 및 대부분의 다른 사회학적 인민 간의 분할을 초월하는 하나의 드문 국제적 합의를 표현하고 있다. 그것은 소위 문명 충돌에 교량 역할마저 하고 있다. 이것은 물론 모든 국가가 자신들의 현 국경선에 만족할 것이라는 것을 의미하지는 않는다. 오히려 많은 국가들이 불만스러울지도 모른다. 그러나 그것은 보다 근본적인 그 어떤 것을 의미한다. 즉 어떤 특수한 경우에 그 국경선들이 아무리 거북하거나 불만스럽다고 할지라도, 그것들이 그리고 그것들을 뒷받침하는 사법적 실천이 안정적일 수 있고 또 모든 사람들에게 일반적으로 수락되는 준거기준이 될 수 있다는 점이다.

요컨대 국경선들이 국제정치의 하나의 구성적 규범으로 봉사할 수 있다는 것이다. 국제 경계선들은 헌정 규칙들이 국내적으로 국가에 제공하는 동일한 봉사를 하고 있다. 그것이 공정하지 않을지는 모른다. 그것이 정의롭지 못한지도 모른다. 또 그것이 공평하지 않을지도 모른다. 그러나 그것은 명확하고 예측 가능하다는 엄청난 실천적 이점을 갖고 있다.[153] 국경선들은 정치적 공직자들의 이익과 정치적 공직 그 자체의 권위 간의 연결체인 헌정 규칙과 비슷한 방식으로, 미국의 국부 가운데 한 사람인 제임스 매디슨(James Madison)은 질서가 잘 잡힌 헌

153 Robert Jackson, *op. cit.*, p. 333.

법에서 야심과 이익 간에 균형을 잡을 필요성을 역설했었다. 즉, 그는 야심이 야심을 막도록 해야만 한다. 인간의 이익은 자리의 헌정적 권리와 연계되어야 한다고 주장했었다.[154] 성공적으로 제도화된 국내정치에서 그 연계는 계몽적이고 효과적인 헌법에 의해서 제공된다. 성공적으로 제도화된 국제정치에서 그것은 부분적으로나마 모든 독립 국가들의 지리적 윤곽을 아주 분명히 해 주고 또 세계 지도상에서 인정받고 수호되는 장소를 분명히 표시해 주는 안정되고 정당하며 또한 항구적인 국경선들에 의해서 제공되고 있다고 하겠다.

154 James Madison, *The Federalist Papers*, no. 51.

제4장

국제헌정질서의 전주곡
—베스트팔렌체제의 수립

나는 국가의 적들 외엔 어떤 적도 없는 사람이다.
—리슐리외(Richelieu)

역사의 진행에는 궤도를 바뀌는 전환점이 있다. 1517년 마르틴 루터(Martin Luther)에 의한 종교개혁의 점화는 역사의 진로를 바꾸는 그런 전환점의 하나였다. 당시 그 종교개혁은 분명히 정치적 혁명으로 기독교 세계를 분열시켰다. 혁명의 불길은 덴마크, 노르웨이, 스웨덴, 작센, 헤세, 브란덴부르크 등으로 번지면서 볼테르가 신성하지(Holy)도 로마(Roman)적이지도 제국(Emipire)도 아니었다고 빈정거린 당시 신성로마제국을 양극화시켜 버렸다. 그 결과로 유럽은 전쟁이 난무하는 전쟁상태의 세계가 되었다. 그 과정에서 이곳저곳에서 군주국가들이 등장했다. 그리고 일방적 승리를 거둘 수 없었던 당시 군주들은 결국 아우구스부르크에서 현실을 수용하는 평화에 합의했다. 서기 1555년의 소위 아우구스부르크평화(The Peace of Augusburg)는 황제와 군주들 간 스스로 힘의 한계를 인정하고 하나의 원칙을 수립하면서 평화를 선택했었던 것이다. 그 원칙은 국가 간 합의된 최초의 원칙으로, 그 유명한

"지배하는 자 그의 것이 종교다"(Cuius regio eius religio)였다. 이 다자 조약은 군주국가들 간의 새로운 국제사회의 헌법 혹은 헌정적 질서의 지배적 원칙이 되었다. 이것은 이주의 자유를 허용하는 대신 국가의 종교는 주권자, 즉 군주의 선택에 의해서 결정된다는 것이었다. 이것은 유럽 국가들이 가톨릭 국가와 프로테스탄트 국가를 법적으로 더 이상 구별하지 않는다는 주권이론을 의미했다.

만일 당시 중세에 신성로마제국의 황제가 법률적 형식으로나마 자신의 관할권하에 있는 모든 영토에 대해 중앙집권적 통제력을 수립했었더라면 신성로마제국에 대한 서유럽 국가들의 관계는 중화제국에 대한 중국의 인접국들의 관계와 비슷했었을 것이며 프랑스는 베트남이나 한국 그리고 영국은 일본의 경우와 비슷했었을 것이다.[155] 그러나 신성로마제국 황제는 그런 수준의 통제력을 결코 달성하지 못했다. 적절한 수송과 통신체제가 없어서 그렇게 광범위한 영토들을 함께 묶을 수 없었기 때문이다. 그러나 무엇보다도 신성로마제국 황제는 당시 교회의 통제와 정부의 통제가 분리되어 있었기 때문에 파라오나 카이사르처럼 신적인 속성을 갖지 못했다.

16세기 초 황제 카를 5세가 오늘날 독일, 오스트리아, 이탈리아 북부, 체코, 슬로바키아, 헝가리, 프랑스 동부, 벨기에와 네덜란드를 포함하는 중유럽제국의 수립전망을 제기할 수 있을 만한 황제의 권한을 부활시켰지만, 바로 그때 종교개혁으로 교황권이 약화되어 패권적 유럽제국의 전망을 좌절시켰다. 교황권이 강할 땐 신성로마제국의 황제에

155 Henry Kissinger, *Diplomacy*(New York: Simon & Schuster, 1994), p. 56.

겐 목의 가시였고 강력한 경쟁적 존재였다. 그러나 16세기에 몰락하자 교황권도 똑같이 제국의 개념에 하나의 재해였다. 왜냐하면 황제들이 자신들을 신의 대리자로 간주하고 또 타인들도 그렇게 보기를 원했었지만 종교개혁 혁명 후 프로테스탄트의 땅에서 황제는 신의 대리자라기보다는 퇴폐적 교황에 연대한 빈의 군벌로 간주되게 되었다. 종교개혁은 반항하는 군주들에게 종교와 정치의 영역에서 새로운 행동의 자유가 아우구스부르크조약에 의해 법제화되었고 또 아우구스부르크의 평화로 개별국가의 우월성이 국제사회에 도입되었던 것이다.

아우구스부르크평화 이후부터는 세계의 지배자는 사라져 버렸다. 왜냐하면 이제 더 이상 세계는 하나가 아니었기 때문이다. 이제는 스페인, 영국 프랑스 등 군주국가들이 존재했고 각국의 생활은 자국의 궁극적인 주권자에게 집중되게 되었다. 그러나 통치자가 종교를 결정한다는 아우구스부르크의 헌정 원칙은 실천의 역사적 과정에서 유럽의 기독교세계 전체로 확대되었다. 그리고 이 원칙의 추론적 결과인 또 다른 원칙 즉 타국의 문제에 대한 "불간섭 원칙"이 비록 항상 잘 지켜지지는 않았지만 함께 동반했다.[156] 그러나 아우구스부르크의 헌정질서, 즉 평화는 1608년에 바이에른의 군주 막시밀리안 1세가 도나우뵈르트(Donauwörth)라는 프로테스탄트의 도시를 병합하고 다시 가톨릭으로 교화하자 의구심을 받게 되었다. 그리하여 자신들의 이익을 보호하기 위해 바로 그해 독일의 군주들과 자유시들이 "단결"(Union)이라는 동맹

156 Adam Watson, "European International Society and Its Expansion," in Hedley Bull and Adam Watson, eds., *The Expansion of International Society*(Oxford: Oxford University Press, 1984), p. 15.

을 형성했다. 그러자 다음해 1609년 가톨릭 국가들이 “연맹”(League)이라는 대응동맹을 수립했다. 그런 뒤 10년도 못 가 1618년에 두 진영 간의 긴장은 전쟁으로 폭발했고 그 불길이 30년을 간 타오른 소위 30년전쟁의 시작이었다.

이 종교적 분쟁은 황제와 제국의 제국의회에 대표를 파견하는 군주 및 자유도시와의 토지에 대한 각자의 권리 충돌로 복잡해졌다. 자신의 군사적 성공에 의해 고무되고 자신의 가족인 스페인 왕의 지원을 받은 황제는 자신의 권한을 증폭시키기 위해 이 기회를 이용했다. 자신이 가톨릭교도였기에 그의 노력은 주로 프로테스탄트교의 영지제후를 겨냥했다. 그것은 악명 높은 1629년의 복원칙령(Edict of Restitution)에서 절정에 달했는데 이것은 프로테스탄트 영지들의 광범위한 재가톨릭화를 명령한 것이었다. 그리고 프로테스탄티즘과 유럽의 일반 정치적 균형에 대한 이 위협은 비독일국가들의 개입을 촉발시켰다. 프로테스탄트들을 구원하러 온 첫 번째 인물은 1624년의 덴마크 왕이었다. 그러나 그는 실패하고 1629년에 철수했다. 다음 해 스웨덴의 구스타프 2세 아돌프 왕이 독일에 상륙했다. 그는 프로테스탄트들에게 도움을 주는 것과는 별도로 발트지역에서 지배국가로서의 스웨덴의 지위를 또한 강화하려고 모색했다. 그가 비록 1632년 전투 중에 사망했지만 스웨덴의 병력은 독일에 남았고 전쟁에서 계속 중요한 역할을 수행했다. 그러나 그들도 가톨릭계인 합스부르크왕가를 결정적으로 패배시키지 못했다. 그리고 제3국인 프랑스가 이 전쟁에 끼어들자 결정적 승패는 가능하지조차 않았다. 프랑스는 1635년부터 스스로 병력을 투입하기 전에 스웨덴 측을 이미 크게 재정적으로 지원하고 있었다. 프랑스는 가톨릭 국가였지만 합스부르크왕가, 즉 황제와 스페인 왕을 약화시킬 목적으로 프로테스탄트 편을 들어 개입했었다. 합스부르크왕가의 영토들이 프랑스를 크게 둘러쌓고 있었다. 왜냐하면 합스부르크왕가는 남쪽으로 스페인 본토, 북으로는 네덜란드 그리고 많은 남서쪽 독일 땅을 지배하고 있었기 때문이다. 프랑스는 이런 숨통을 조이는 압박을 깨고 싶어 했다. 그 당시 스페인 왕은 프랑스의 동맹을 맺은 북부 네덜란드의 반란군과 이미 싸우고 있었다. 나중에는 카탈로니아, 포르투갈 및 남부 이탈리아도 역시 스페인 지배에 항거하여 궐기했다.

그 전쟁은 수년간 계속되었지만 양 진영의 어느 쪽에도 항구적으로 유리하게 하지 못한 채 특히 독일에서 재앙 같은 결과만을 낳았다. 황제, 스페인 그리고 다수의 가톨릭 독일 영지제후들이 한 진영을 이루고, 또 스웨덴, 프랑스, 네덜란드 그리고 대부분의 독일 프로테스탄트 영지제후들이 다른 진영을 이루었다. 이들의 계속되는 갈등이 자체의 동력을 발전시킴에 따라 전쟁의 쟁점들이 다소 모호하게 되어 버렸다. 효력 있는 국제적 합의가 부재한 상태가 계속되었다. 그런 합의를 증진시키는 것이 빈번히 지연된 후 1644년 베스트팔렌에 있는 뮌스터(Münster)와 오스나브뤼크(Osnabrück)에 소집된 회의의 힘겨운 과제였다.[157] 그러나 베스트팔렌는 그 후 국제적인 헌정적 협정의 모델을 제공했다.

중요한 의미에서 1648년 유럽 국가들에게 갖는 의미는 작은 국가들의 사회를 위한 새로운 헌법의 탄생지라는 관점에서 1789년 필라델피아가 미국의 식민지국가들에 주는 의미에 비견될 수 있었다.[158] 아우구

157 Andreas Osiander, *The States System of Europe, 1640-1900*(Oxford: Clarendon Press, 1994), p. 17.

스부르크 헌법의 몰락은 신생 국제사회 내의 일종의 내전으로 생각될 수 있는 30년전쟁의 대량학살을 초래했다. 이 전쟁의 최종 단계를 특징짓는 무정부상태에서 보다 강력하고 보다 응집된 국가들의 사회, 즉 근대 국제사회가 발생했는데 이 사회는 새로운 헌법에 의해 재정의된 법적 구조를 갖게 되었다. 이 헌법 혹은 헌정체제는 베스트팔렌평화 혹은 베스트팔렌체제라고 집단적으로 알려진 일단의 조약들이다. 프랑스의 왕권국가가 이 새로운 국제사회의 정상에 있었다. 베스트팔렌체제의 실질적 설계자는 1642년에 죽은 프랑스의 재상 리슐리외(Richelieu)였다. 그는 스페인과 네덜란드에 있는 스페인의 영토 간의 커뮤니케이션을 단절시키고 신성로마제국의 정치에 입장권을 획득한다는 전략적 계획에서 결코 벗어난 적이 없었다. 스페인, 프랑스, 그리고 네덜란드 황제의 대표가 뮌스터에서 교황의 중재로 모였고 이곳에서 30마일 떨어진 오스나브뤼크에서 스웨덴의 지도력하에 프로테스탄트 영지제후들이 중재자 없이 제국의 대표들과 만났다. 이 협상의 결과 제국과 스웨덴 사이에 그리고 제국과 프랑스 사이에 각 조약이 1648년 10월 24일 체결되었다. 그리고 별도의 스페인과 네덜란드 사이에 조약이 1월 30일 먼저 체결되어 있었다.

베스트팔렌 평화체제, 즉 유럽 국가들을 위한 1648년의 헌법은 이 3개의 조약들로 구성되었다. 이 조약에서 2개의 신생국 네덜란드(the United Provinces of the Netherlands)와 스위스연방이 인정되었다. 그러나 무엇보다도 중요한 것은 소위 베스트팔렌체제가 탄생했다는 것이

158 Philip Bobbitt, *The Schield of Achilles*(New York: Alfred A. Knopf, 2002), pp. 502-503.

다. 이 체제는 첫째로 전쟁을 당사국들에 의해서 협상된 영토적 타결을 변경시키는 정당한 수단으로 수용했다. 그리고 둘째로 국가의 국내적 헌정적 원형이 그것만으로는 국제적 제도의 헌정적 내용을 결정하지 않으며 국제적인 헌정적 형식이 국내적인 헌정적 구조를 반드시 결정하지 않는다는 것을 인정했다. 소위 국가를 국내정치와 분리시키는 당구공같이 국가를 인식하기 시작했다. 이 두 원칙 외에도 어떤 국가가 파괴되어서는 안 된다든가, 전략지역을 포기한 국가에 대해 보상의 제공 또 정복영토의 인정 등이 수용되었지만, 중세의 소위 정의전쟁(just war)의 개념은 언급되지 않았다. 아우구스부르크의 헌정적 원칙은 이미 영토적 우월성의 규정으로 이미 포함되었다. 이러한 원칙들로 인해 1648년의 베스트팔렌에서의 타결은 유럽 국가체제의 새로운 헌법으로 인식되었다.[159]

30년전쟁은 결론적으로 국가들과 황제의 지위에 관한 법률상의 정의에 관해 그리고 유럽의 모든 국가들의 상호간 법적 지위에 관한 것이었다. 법에 관한 냉소주의적 관점과 법이란 단지 힘의 위장이라는 팽배한 소위 현실주의적 관점에서 보면 그런 결론을 매우 인정하기가 어려울 것이다. 그러나 17세기 초의 유럽에선 그렇지 않았다. 당시엔 법이 정치와 종교를 연결시키는 교량이었으며 그곳에서 아우구스부르크의 헌정적 법률이 지정학적 갈등의 조건을 정했었다.[160] 보다 상위의 정치

---

159 Robert F. Randle, *Issues in the History of International Relations: the Role of Issues in the Evolution of the State System*(Westport, Conn.: Praeger, 1987), p. 53.

160 Philip Bobbitt, *op. cit.*, p. 508.

적 혹은 종교적 권위가 배제된 법적질서의 개념은 너무도 새롭고 또 그 영향력이 너무도 막강하여 이것과 관련된 이름, 즉 17세기의 법률가 후고 그로티우스(Hugo Grotius)는 불멸의 명성을 얻게 되었다. 그의 《전쟁과 평화의 법》(*De Jure Belli ac Pacis*)은 유럽의 역사에서 극히 중요한 책들 가운데 하나이다. 우리 시대에 그로티우스의 명성은 국제정치학에서 부활했고 소위 "그로티우스 전통"이나 "합리주의적 패러다임", 혹은 소위 영국학파(the English School)의 핵심적 사상가로 간주되고 있다.[161] 소위 현실주의자들은 베스트팔렌체제에서 국제사회의 무정부적 상태, 즉 전쟁상태의 출발을 본다. 그들에게 국가들은 원래가 서로 적이다. 협력에 대한 용의는 그 합의를 위반하는 결과에 대한 두려움이 당사국들을 구속할 때까지만 유지된다. 그러나 이와는 대조적으로 그로티우스는 사회 내 개인들의 삶으로부터 국제사회 속의 국가들의 삶을 추정했다. 사회의 자연적 조건은 잠재적 협력의 조건, 즉 어느 누구도 자족할 수 있는 섬이 아닌 조건이다. 그로티우스에겐 공포가 아니라 열망이 국가들을 자신들의 상호간의 합의에 구속시킨다. 이러한 세계관은 당시 17세기 초뿐만 아니라 어쩌면 바로 우리 시대의 상호의존이나 소위 세계적 통치(global governance)의 세계관과 결코 똑같을 수 없지만 상당히 일치한다고 말할 수 있다. 그런 점에서 본다면 베스트팔렌체제의 헌정적 질서가 어쩌면 우리가 살아갈 21세기 헌정적 질서의 원형적 성격을 갖는다고 해도 과언이 아닐 것이다.

범세계적 절대주권자가 없고 전쟁을 대외정책의 수단으로 인정한

---

161 Hedley Bull, Benedict Kingsbury and Adam Roberts, eds., *Hugo Grotius and International Relations*(Oxford: Clarendon Press), 1990.

베스트팔렌체제 속에서 유럽의 모든 왕권국가들은 자신의 힘이 닿는 데까지 세력 확장을 시도했다. 18세기 초 특히 2개의 전쟁이 유럽의 국제체제를 뒤흔들었다. 하나는 1700-1721년의 대북방전쟁(the Great Northern War)이고 또 하나는 1701-1714년에 걸친 스페인 왕위계승권 전쟁(the War of the Spanish Succession)이었다. 북방전쟁의 초점으로서 스웨덴 왕 카를 12세의 눈부신 존재에도 불구하고 스페인 왕위계승권 전쟁이 더 큰 역사적 중요성을 부여받았다. 북방전쟁은 분명히 중요한 사건이었다. 왜냐하면 그것은 그곳에서 스웨덴의 헤게모니를 무너뜨리고 러시아의 부상을 예고했기 때문이다. 그러나 이 북방분쟁은 마치 유럽이 아닌 다른 대륙에서 발생했던 것처럼 취급되었다.[162] 그러나 스페인 왕위계승권전쟁은 유럽의 역사에서 아주 중요하게 취급되었다. 왜냐하면 지리적으로 보다 중앙에 위치하고 훨씬 더 강력한 프랑스가 관련된 스페인 왕위계승권전쟁은 유럽의 정치조직에 보다 더 근본적인 위협을 제기한 것으로 보였기 때문이다.

이 전쟁 이전부터 프랑스 왕 루이 14세는 베스트팔렌체제에 직접적으로 도전했었다. 그는 유럽의 조정자로 군림하고 싶어 했다. 이 시기에 유럽대륙에서는 프랑스가 최고였다. 프랑스어가 외교의 언어가 되었고, 프랑스의 건축과 문학이 절정에 달했으며, 프랑스의 행동규범과 취향이 전 유럽에 걸쳐 표준으로 받아들여졌다. 요즈음 용어로 표현한다면 프랑스적인 것이 소위 당시의 글로벌 스탠더드가 되었던 것이다. 1667년을 시작으로 17년 동안 루이 14세의 야심이 그의 군사력을 통해

162 Andreas Osiander, *op. cit.*, p. 9.

유럽의 사건들을 지배했다. 1686년 루이 14세의 야심과 능력에 놀란 황제, 네덜란드, 라인강 북쪽지역을 포함하여 서부 독일국가들이 아우구스부르크연맹(the League of Augusburg)을 결성했고 이듬해 사보이(Savoy)가 합류했다. 이에 대응하는 한편 자신의 역사적 목적을 추구하기 위해 루이 14세는 1688년 독일을 침공하여 하이델베르크를 불태우고 라인 지역을 초토화시켰다. 이처럼 루이 14세가 전쟁을 수행하는 중에 네덜란드의 오라녜 공(Prince of Orange) 윌리엄 왕 3세(the William III of Orange)가 영국에 상륙하여 루이 14세의 동맹인 제임스 2세를 갈아치우고 스스로 영국의 왕권을 장악했다. 그리하여 1689년 말에 프랑스는 네덜란드, 영국, 합스부르크왕가가 주도하는 제국, 스페인, 사보이 및 주요 독일국가들을 직면하게 되었다. 잇따른 9년간의 전쟁은 양측을 모두 탈진시켰고 결국 1697년 레이스웨이크(Rijswijk)조약으로 정전을 이루었다. 이 시점에서 루이 14세는 자신이 획득한 것에 만족할 뻔했다. 왜냐하면 그는 자신의 대항 세력에 대해 아주 예리하게 알고 있었다. 그러나 역사의 우연은 그의 야심을 다시 점화시켰다. 1700년 11월 스페인 왕 카를로스 2세의 서거로 촉발된 외교적 위기가 루이 14세로 하여금 스페인 왕위계승권전쟁, 즉 프랑스와 스페인왕국을 부르봉왕가에 통합하기 위한 전쟁으로 끌고 들어갔었던 것이다.

스페인 왕인 합스부르크왕가의 카를로스 2세는 병약했고 후계자를 생산하지 못했다. 그는 예상을 넘어 오래 군림했지만 그는 자주 죽음의 문턱에 다가간 것으로 보였다. 그러는 동안 합스부르크왕가와 부르봉왕가의 가족들은 다 같이 거의 처리하기 어려운 법적 혼잡성으로 인해 그의 상속권을 주장했다. 그러나 스페인 본토와 이탈리아의 상당 부분 및 해외 식민제국인 거대한 스페인 군주국가가 독일의 합스부르크왕가나 혹은 프랑스의 부르봉왕가와 병합하는 것은 유럽의 국제체제의 성격을 근본적으로 변화시키게 될 것이다. 그것은 두려운 일이었다. 왜냐하면 그것은 유럽 내 타국과의 관계에서 균형을 깨뜨리는 지위가 될 것이기 때문이다. 프랑스 왕 루이 14세가 그렇게 될 전망은 다른 유럽 국들에게 특히 불쾌했다. 과거 그의 군사적 성공과 팽창주의를 고려할 때 루이 14세는 범세계적 군주국, 즉 프랑스의 헤게모니를 열망한다는 비난에 직면했다. 그런 범세계적 군주국은 과거 신성로마제국 황제가 30년전쟁 기간 동안 모색했던 바로 그런 유럽 전체의 헤게모니적 지배를 의미했기 때문이다. 그러나 그를 반대하는 자들은 프랑스의 헤게모니를 막으려고 할 뿐만 아니라 만일 그들이 성공한다면 투쟁의 논리에 따라 프랑스를 또 다시 위협이 될 수 없는 지위로 축소시킬 것이며 그 과정에서 그들은 과거에 루이 14세가 획득했던 것까지도 전복시킬 것이다. 그렇게 되면 프랑스 왕에겐 일생의 업적이 걸리게 될 것이다. 루이 14세는 그런 전망에 움츠러들었다. 그래서 그런 결과를 미리 예방하기 위해 적극적이고 집요하며 능숙한 외교적 작전을 벌였다. 그는 네덜란드도 대표할 수 있는 영국 왕 윌리엄 3세와의 협상에 들어갔다.

스페인 군주국은 너무도 방대해서 결국 분할하는 계획이 프랑스, 영국 및 네덜란드 3국에 의해 채택되었다. 이 분할 계획은 프랑스 왕의 장남에게 관대하게 분할분을 제공하는 것을 골자로 하는 것이었다. 그러자 스페인의 카를로스 2세는 그가 생존 시 자신의 재산을 분할 처분하려는 기도를 거부했다. 오랫동안 비밀이 유지되지 못한 3국 계획은 카를로스 2세로 하여금 바이에른 선제후의 외아들에게 자신의 전 영토를 남기는 유언을 작성하게 만들었다. 그리고 이 해결 방안은 프랑스, 영국 및 네덜란드의 3국에 의해 수락되었다. 그러나 3국은 선제후에 압력을 가해 그의 아들이 프랑스 왕의 장남에게 원래의 분할 계획의 몫을 양도하도록 했다. 이런 방식으로 그 계획은 효과적으로 유지될 것이다. 그러나 신성로마제국 황제 레오폴트 1세가 그 계획에 반대했다. 그리하여 새로운 분할 계획이 작성되었다. 1699년 10월 신성 로마 황제는 루이 14세의 노력에도 불구하고 이것도 거부했다. 프랑스, 영국 및 네덜란드는 1700년 5월에 도출된 새로운 조약을 밀고 나갔다. 이번엔 그것을 공개했다. 황제에게 이 조약을 지지할 시간이 주어졌다. 만일 그가 지지한다면 스페인 군주국이 분할된 뒤 그의 어린 아들 카를 대공이 나머지를 받을 것이다. 그러나 만일 황제가 그 조약을 지지하지 않는다면 그땐 스페인 왕으로 대공을 대신할 인물에 합의하기로 되어 있었다. 그러나 황제는 여전히 순응하지 않았다. 그는 루이 14세에게 프랑스와 협상할 준비는 되어 있지만 영국과 네덜란드는 어떤 상속도 주장할 수 있는 권리가 없다는 이유로 양국의 관련에 반대했다.

유럽의 평화에 있어 불행하게도 아무도 스페인 왕을 충분히 고려하지 않았었다. 카를로스 2세는 자신의 군주국이 분할되는 것에 반대하여 제2의 유언장을 만들고 비밀에 부쳤다. 이 유언장에서 그의 상속은 모두 프랑스 왕의 둘째 아들인 앙주 공(Duke of Anjou)이나 아니면 앙주 공의 동생 베리 공(Duke of Berry)에게 전부가 돌아가도록 해 놓았다. 이 유언은 프랑스와 스페인 영토가 한 통치자의 손에서 통합되는 것을 명시적으로 배제했지만 그러나 프랑스 왕에게 스페인 군주국을 방어할 강력한 동기를 부여했다. 카를로스 2세는 유럽에서 가장 강력한 군사력의 프랑스가 자국을 분할로부터 막는 데 황제보다도 더 나은 지위에 있으며 따라서 일단 프랑스 왕에게 충분한 인센티브가 주어지면 프랑스가 그렇게 할 것으로 생각했기 때문에 그런 조치를 취했다.[163]

그러나 거기에는 긍정적인 인센티브뿐만 아니라 부정적인 인센티브도 있었다. 긍정적 인센티브는 스페인의 전 영토를 부르봉왕가의 영향권에 추가하는 것이었다. 부정적 인센티브는 만일 루이 왕이 분할조약을 준수하고 카를로스 2세의 유산을 거부한다면 그땐 유언에 따라 오스트리아는 분할조약의 당사국이 아니기 때문에 전 스페인이 결국 카를 대공에게 돌아갈 것이다. 이것은 오스트리아를 루이 14세가 좋아할 수 없는 보다 강력한 위치에 둘 뿐만 아니라 부르봉왕가는 큰 전쟁 없이는 아무것도 상속할 수 없을 것이다. 그리고 루이 14세는 동맹국을 발견할 것 같지 않았다. 그것은 참으로 절묘한 계획이었다. 그러나 동시에 그것은 계승권전쟁을 예방할 기도를 파괴해 버렸다.[164]

1700년 11월 마침내 스페인 왕 카를로스 2세가 서거하자 루이 14세는 딜레마에 처했다. 분할 조약에 의하면 루이 14세는 스페인 왕이 프랑스계열의 군주에게 유리한 모든 양도를 거부하는 쪽으로 나갔었다. 따라서 만일 그가 상속을 거부하지 못하면 그것은 믿음의 위반일 뿐만 아니라 왕으로의 신성한 약속의 위반이 될 것이다. 그리고 그런 위반의 결과는 필연적 전쟁이었다. 그러나 만일 그가 카를로스 2세의 유언에 따르면 또 다른 일반적 전쟁을 피할 수 없었다. 왜냐하면 프랑스의 힘

163 Andreas Osiander, *op. cit.*, p. 93
164 *Ibid.*

에 크게 놀랐던 주변 군주들이 프랑스 왕으로 하여금 자신의 손자의 이름으로 스페인 왕권에 속하는 유럽과 아메리카의 신세계의 영토에까지 그의 권위가 확장되는 것을 가만히 보고만 있으리라고 기대할 수는 없을 것이기 때문이다. 그것은 오스트리아와의 전쟁을 의미할 것이다. 게다가 유언 대신 조약을 존중하는 것은 스페인과의 전쟁을 의미할 것이다. 그런데 스페인의 죽은 왕이 자신의 영토를 프랑스의 군주에게 남긴 결과로 프랑스에 전쟁을 한다는 것은 이상하지 않은가? 더구나 스페인 왕의 결정은 독일의 지배에 식상한 스페인들의 의지를 반영했었다. 뿐만 아니라, 프랑스는 군사적 방법으로 분할 계획을 집행할 만큼 열성적이지 않는 영국과 네덜란드의 지지에 의존할 수 없을 것이다. 분할 계획의 요점은 계승권전쟁을 예방하기 위한 것이었다.

그러나 그것이 더 이상 그렇지 못하면 그것은 쓸모없었다. 분명히 이래도 저래도 전쟁이 불가피했기 때문에 프랑스 왕이 할 수 있는 올바른 일은 카를로스 2세의 유언을 수락하는 것이었다. 그 결과 앙주 공이 펠리페 5세로서 스페인 왕으로 선포되었고 그의 새 영토에서 열광적 환영을 받았다. 그 사이에 신성로마 황제는 밀라노를 점령하고 영국과 네덜란드를 끌어들이려 도모했다. 여기에서 프랑스의 정책이 도움이 되었다. 국제해운업에 폐쇄될 것이라는 소식이 스페인 항구들과의 영국의 통상을 몰락시켰다. 프랑스 병력이 스페인령 네덜란드, 즉 벨기에를 점령하고 이곳은 사실상 프랑스 땅으로 편입시켰다. 만일 이 조치가 프랑스의 안보적 두려움에 의해 촉발되었다면 프랑스가 얻은 어떤 전략적 이익도 그것이 유럽에서 야기한 팽창주의의 인상에 의해서 상쇄되었다. 더구나 폐위된 전 영국의 왕 제임스 2세가 죽자 루이 14세는 제임스의 아들을 영국의 왕으로 정식 인정했다. 프랑스 왕은 이것이 1697년 레이스웨이크에서 윌리엄 3세의 인정을 무효화하는 행위라는 것을 알지 못했다. 그러나 윌리엄 3세는 이 사건을 영국에서 반프랑스 감정을 부추기기 위해 이용할 수 있었다. 그는 프랑스와 외교관계를 단절했다. 윌리엄 3세는 부르봉왕가의 헤게모니에 대항하는 전쟁이 불가피하다고 느끼고 영국뿐만 아니라 네덜란드의 내키지 않아 하는 초기 여론을 자기편으로 만들었다.

1701년 신성로마 황제 레오폴트 1세, 영국 그리고 네덜란드가 헤이그에서 동맹을 체결했다. 그리고 1702년 봄 헤이그동맹의 당사국들이 프랑스에 선전포고하였다. 프랑스는 7월에 그들에게 전쟁을 선포했다. 독일제국, 즉 신성로마제국의 영지제후들도 동맹을 지지했다. 그리고 가을에 제국도 역시 스스로 전쟁을 선포했다. 초기에는 성공적이지 못했지만 동맹국들은 1704년 블렌하임(Blenheim)전투 후부터 우위를 장악했다.[165] 1706년부터 줄곧 프랑스는 평화를 거듭 간청했다. 1709년 헤이그와 1710년 게르트루이덴베르크(Geertruidenberg)에서 있었던 평화의 타진에서 루이 14세는 평화를 위해 과감한 희생을 감수할 준비가 되었지만 동맹국들은 과대한 요구로 기회를 놓쳤다.

평화의 가능성은 영국에서부터 나왔다. 영국에서 휘그당 정부가 왕

---

165 이 전투의 승리는 영국군의 사령관 말버러 공에 의해 쟁취된 것으로 윈스턴 처칠은 그의 생애에 관한 방대한 연구를 통해 리더십을 연구한 셈이었다. 최근 재출간된 것으로 Winston Churchill, *Marlborough: His life and Times*, 2 vols.(Chicago: University of Chicago Press, 2002). 이 방대한 책에 대한 서평으로는, Morton J. Frisch, "Review: Marlborough: His life and Times," *Interpretation*(2005), pp. 179-193을 참조.

궁에서의 계략으로 전복되고 토리당 정부로 대체되면서 상황이 변했다. 그때 토리당원들은 더 나아가 1710년 의회선거에서 승리하게 되었다. 휘그당원들은 전쟁파였다. 그러나 토리당원들은 여러 가지 이유로 평화를 선호했다. 다음 해인 1711년, 신성로마제국 황제 요제프 1세(Joseph I, 1705년 즉위)가 갑자기 죽자 그의 동생 오스트리아 대공이 그를 이어 카를 6세로 황제가 되었다. 그러나 오스트리아 대공은 이미 카를로스 3세로 스스로를 스페인의 왕으로 선포하였고 그의 명분은 동맹국들에 의해 지지받았다. 황제로서 카를 6세의 선출은 평화에 대한 토리당원들의 주장에 완벽한 정당화를 제공했다. 영국의 신임 볼링브룩(Bolingbroke) 외무장관은 헤이그동맹의 목적이 헤게모니의 방지였다는 입장을 취했다. 만일 카를 6세가 옛 합스부르크 영토를 한 사람의 군주 손에 통일한다면 그것은 루이 14세와 펠리페 5세가 그들의 영토를 동일한 왕조에 통합하는 경우보다도 훨씬 더 위협적인 헤게모니를 수립할 것이었다. 당연히 카를 6세는 전쟁을 계속하고 싶어 했다. 당분간 많은 네덜란드인들도 그랬다. 상업적 이점은 물론이고 자신들의 안전의 관점에서 생각할 때 그들은 프랑스가 아직 충분히 약화되지 않았으며 또한 프랑스의 위협은 완전히 제거되어야 한다고 생각했다. 더 나아가 헤이그 정부는 토리당원들이 프랑스인들에게 평화를 타진하고 결국에는 그들이 헤이그와 게르트루이덴베르크에서 일찍이 유산된 협상에서 행사했던 지도력을 네덜란드인들로부터 빼앗아 갔다는 사실에 분개했다. 그리고 어쩌면 가장 중요한 것으로 네덜란드 정부는 영국이 네덜란드를 대가로 자국을 위해 양보를 얻어내고 있지 않은가 하고 두려워했다. 그리고 그것은 정확하게 사실임이 드러났다. 영국이 평화의 중재자로 행동하면서 부르봉왕가가 그런 봉사에 대해 대가를 지불하게 할 생각이었다. 당분간 비밀리에 그러나 많은 근거 있는 의심 속에서 영국은 지브롤터(Gibralta), 메노르카(Menorca), 캐나다에 있는 프랑스 소유의 노바스코샤(Nova Scotia) 뉴펀들랜드(Newfoundland) 및 캐나다의 허드슨 만(Hudson Bay)을 받아 내고 20년간 스페인 식민지들과의 노예무역 독점권을 확보했다. 이런 상황 속에서 영국에서 나오는 평화의 시도는 어쩔 수 없이 네덜란드와 황제의 적대적 반응에 직면했다. 그 결과 영국 정부는 조작과 위협의 수단을 썼다. 프랑스와 작성한 은밀한 이해가 미래 타결의 본질적인 것들을 내포하고 있었다. 동맹국들과의 협의는 없었다.

마침내 1711년 10월 프랑스의 평화제안서인 런던예비문서(The London Preliminaries)가 나왔다 영국의 앤(Anne) 여왕은 이 문서가 수용할 만한 협상의 토대임을 선언했다. 영국의 각료들은 이 새로운 예비문서들을 토대로 하는 전체회의에 동의하도록 압력을 가했다. 만일 그렇지 않으면 영국이 단독평화를 체결할 것임을 분명히 했다.[166] 그리하여 1712년 동맹 간 불신의 분위기에 싸인 채 위트레흐트에서 회의가 개최되었다. 네덜란드는 당연히 영국 측의 이중 거래를 의심했다. 회의가 개최될 즈음 레오폴트 황제의 서거로 그를 계승한 26세의 신임 카를 6세 황제는 자신의 부친과는 달리 성급하고 자가 도취적 인물로 협상을 무효화시키도록 노력하라는 지시와 함께 대표단을 파견했다. 오랫동안 부르봉왕가의 스페인 왕인 펠리페 5세는 그가 아직 보편적으로 인

166 Adreas Osiander, *op. cit.*, p. 98.

정되지 않았기 때문에 대표단을 파견하지 않았다. 루이 14세가 기꺼이 그를 대변했다. 처음엔 자신의 조부에 대한 깊은 경외심에 차 있던 펠리페도 자기 나름대로의 생각을 개발하기 시작했고 그것이 프랑스 왕은 적지 않게 곤혹스럽게 했다.[167]

영국과 프랑스는 원래 새로운 군사 작전을 방지하기 위한 시간에 맞춰 봄까지 최종 타결을 도출하고 동맹국들의 수락을 얻어내고자 했다. 그러나 그런 계획이 시간표보다 늦고 있었다. 그래서 5월에 볼링브룩은 당시 오몬드(Ommonde) 사령관에게 영국 군대가 군사 작전에 관여하지 말도록, 다른 말로 하면, 동맹군 측에서 철수하도록 명령해야만 했다. 프랑스 사령관은 친절하게도 동맹국 작전계획에 관해서뿐만 아니라 이런 명령에 대해서도 통보받았다. 이런 배반에 대한 동맹국들의 반응은 서술할 필요가 없을 것이다. 군사적으로 프랑스는 아주 절망적인 입장에 있었지만 1712년 7월 24일 드냉(Denain)에서 잔여동맹 병력을 패배시켰다. 사기를 잃은 네덜란드는 전투를 포기했다. 상황이 이렇게 되자 몹시 못마땅해 하던 카를 6세 황제도 결국 평화를 수용할 수밖에 없었다.

위트레흐트의 평화는 모두 11개의 쌍무 조약들로 구성된다. 1713년 4월 11일 프랑스와 각각 영국, 포르투갈, 프로이센 그리고 사보이가 평화조약을 체결했다. 11월 4일 프랑스와 네덜란드 간의 평화가 뒤따랐다. 스페인은 7월 13일 영국과 사보이 간 그리고 6월 26일에 네덜란드와 평화를 이루었다. 카를 6세는 결국 1714년 3월 6일 라슈타트(Rastatt)

167 펠리페 왕은 영국의 평화 제안에 동의하는 대가로 지브롤터와 스페인의 재산인 시칠리아의 반환을 요구하였으나 루이 14세에 의해 묵살되었다.

에서 프랑스와 자신과의 평화조약을 체결했다. 제국과 프랑스 간의 평화는 같은 해 11월 7일 스위스의 바덴에서 체결되었으며 이것은 본질적으로 라슈타트조약의 복사였다. 마지막으로 스페인이 뒤늦게 1715년 2월 6일 위트레흐트에서 포르투갈과 평화를 이룩했다. 위트레흐트에서 많은 것들이 실제로 결정되지는 않았지만 바로 이곳에서 프랑스와 영국의 계획이 유럽의 일반적인 계획으로 전환되었으며 그것을 강요하기 위해 사용된 수단에도 불구하고 그 계획은 현저한 합의의 대상이 되었다. 초기의 분노에도 불구하고 그것은 당시의 국제적 합의 의제에 놀라울 정도로 일치했기 때문에 그것은 신속하게 수락되었다.[168]

위트레흐트평화는 제1차 대전 후 베르사유평화와 크게 대조된다. 왜냐하면 제1차 대전 후 독일에 대한 프랑스의 강경한 태도는 위트레흐트에서 독일 측의 강경한 입장을 상기시키기 때문이다. 베르사유에서 독일의 군국주의적 팽창주의를 문제 삼았던 당시엔 프랑스 왕 루이 14세의 팽창주의 기록을 문제 삼는 강력한 성향이 존재했었다. 그리하여 일방적 결정(Diktat)에 의한 강압적 평화수립이 유혹했다. 프랑스의 팽창주의의 재발을 막기 위해서는 두 가지 결론이 있었다. 하나는 프랑스의 힘을 완전히 깨뜨릴 때까지 전쟁을 계속하는 것이 필요하다는 것이며, 또 하나는 프랑스의 위험스럽고 군국주의적 성격 때문에 평화애호국가들의 집단에서 배제된 채, 말하자면 격리 상태에 두어야 한다는 것이었다. 이런 견해는 특히 신임 황제 카를 6세, 네덜란드 그리고 영국의 야당인 휘그당에 의해서 제안되었다.[169] 카를 6세는 런던예비문서

168 *Ibid.*, p. 99.
169 *Ibid.*, pp. 147ff.

가 교활하게 작성되었고 적으로부터 기대할 수 있는 바로 그런 것이라고 일축했다. 이런 제안의 수용은 합스부르크왕가가 스페인왕국을 잃게 하고 유럽의 자유에 치명적인 프랑스의 힘의 증대를 가져올 것이라 카를 6세는 주장했다. 그러나 만일 스페인의 상속권이 펠리페에게 가지 않으면 그것이 황제 자신에게 감으로써 그 자신의 힘을 크게 증대시킬 것이다. 황제는 자신의 동맹들이 이 점을 간과할 것으로 기대할 수는 없었다. 그러나 그는 동맹들이 프랑스에 대한 깊은 불신감 때문에 펠리페보다는 자신을 선호할 것이라고 계산했던 것으로 보인다. 유럽이 합스부르크보다도 프랑스의 힘의 증대를 더 걱정할 것이라는 황제 측의 믿음은 전쟁 전에도 이미 발견되었다. 1700년까지 합스부르크는 유럽에 부당한 염려를 유발하지 않은 채 오랫동안 오스트리아와 스페인을 모두 이미 지배했었다. 합스부르크왕가의 정책은 언제나 기회주의적이었으며 프랑스의 정책보다는 공개적으로 덜 저돌적이었다. 실제로 루이 14세나 그 이전의 시대에 프랑스의 역사는 유럽체제의 안정에 늘 위협적이지 않았던가? 카를 6세는 프랑스 왕이 애매한 평화초안문서를 내놓고 동맹국들을 서로 분열시켜 자신의 목적을 달성하려는 것이 분명하다고 생각했다. 따라서 그에겐 프랑스와 맞붙는 유일한 방법은 가능한 한 모질게 다루는 것이었다. 당시 황제와 다른 강경론자들이 생각했던 것은 일방적인 강요정책(diktata)에 의한 평화였다. 그들은 만일 협상에 들어가면 동맹의 단결이 곧 깨어질 것을 염려했다. 당시 하노버의 제후를 대표하는 외교사절인 보트머(Bothmer)는 유럽의 자유가 항상 프랑스의 위협하에 놓일 것이라는 견해를 영국의 앤 여왕에게 전했다. 그에게 긴 협상은 프랑스에게 그의 음모와 계략을 동원한 또 다른 기회를 줄 뿐이었다. 따라서 평화를 이룬 후에도 동맹은 여전히 단결할 필요가 있으며 그렇게 함으로써만이 프랑스가 벌일 일로부터 안전할 것이었다.

네덜란드도 비슷하게 전시의 동맹이 평화로 이어져야 한다고 고집하면서 프랑스의 위협을 경고했다. 1713년 군사비를 위해 네덜란드 국가위원회가 작성한 요구서의 서문은 베스트팔렌평화 이후 루이 14세의 계속적인 침략에 대해서 그리고 그와 체결한 여러 가지 평화조약들이 수년을 결코 넘긴 적이 없다는 사실에 대해 장황하게 논했다. 그리고 이미 200년 이상 이웃들의 공포의 대상이 된 프랑스인들의 사나운 본성과 호전적 정신에 주의를 환기시키면서 프랑스인들은 상대로 네덜란드가 수행해야 했던 연속적 세 전쟁의 기억이 너무도 생생하여 단순히 잉크와 종이만으로 인민들의 가슴에 옛 우정과 믿음을 회복하기 어렵다는 것을 지적했다.[170]

우정과 믿음의 회복은 오직 적지 않은 세월이 흐른 뒤에야 달성될 수 있을 것이다.[171] 따라서 프랑스 위험의 재등장에 대비하는 보다 굳건한 안전장치를 갖는 것이 필요하다는 입장을 제시했다. 3가지의 주요 안전장치가 필요했다. 첫째, 네덜란드와 프랑스의 국경 간 거리를 가능한

---

170 *Ibid.*, pp. 149-150.

171 위트레흐트 평화협상에서의 수행한 역할로 인해 볼링브룩 외무장관은 옥스퍼드(Oxford) 수상과 함께 1714년 8월 스튜어트(Stuart) 왕조의 최후의 앤 여왕이 서거한 뒤 하노버(Hanover)왕조가 들어서고 휘그당이 집권하자 탄핵당했다. 앤 여왕의 계승자인 하노버의 제후는 조지(George) 1세로 등극했는데 그는 평화협상 중 친황제, 전쟁파, 그리고 친휘그파였다. 볼링브룩은 프랑스로 망명하여 재판을 피했으나 사면받을 때까지 그곳에서 거의 10년이나 기다려야만 했었다.

한 넓게 해야만 했다. 둘째, 여러 개의 튼튼한 요새를 갖춘 영토로 정의될 양국 간의 "장벽"이 세워져야만 했다. 그리고 셋째로, 네덜란드의 안전이 자국의 무장과 노력만으로 충분할 수 없기 때문에 동맹국 간에 상호보장체제가 수립되어야만 했다. 영국의 토리당은 영국 동맹국들의 그런 요구에 무감각할 수 없었다. 왜냐하면 동맹국들과 휘그당이 함께 영국에서 획책한 선전운동에 의해 그런 요구가 특히 확대되었기 때문이다. 이 선전운동은 토리당 정부에게 무시 못 할 걱정거리였다. 따라서 토리당 정부는 프랑스와의 야합을 모호하게 하고 동맹국들을 안심시킬 수 있는 일을 했다. 위트레흐트회의 개최 수개월 전에 옥스퍼드 수상은 영국과 네덜란드와의 관계 상태에 관한 악의적 루머들을 일축하기 위해서 평화수립 후 양국 간 공격 및 방어 연맹을 제안하면서 그것은 프랑스나 어느 국가에도 대항하는 진정한 균형임과 모두에게 항구적 안전을 입증할 것이라고 주장했다. 이런 그의 제안은 기존의 쌍무적 협약을 확인하고 양국이 적절한 타결을 위해 함께 노력하도록 맺는 영국-네덜란드 간 합의를 낳았다. 뿐만 아니라 그 협약은 군사적 수단을 포함한 모든 수단을 통해서 이 타결을 유지하도록 서약시켰다. 이 합의의 조건하에서 양국은 분쟁이 2개월 내에 혹은 위험이 닥칠 때 보다 짧은 기간 내에 우호적으로 해소되지 않는 경우에 평화의 결과로 획득된 어떤 권리든 그것을 방어하기 위해 어느 동맹국이든 개입하도록 되어 있었다.

더구나 프랑스와 그의 동맹을 제외하고는 모든 평화를 애호하는 기독교 군주들과 국가들에게 이 합의에 가입하도록 초청되었다. 그러나 프랑스의 계획된 배척은 발생하지 않았다. 1711년 12월 그 합의가 체결될 때쯤엔 영국과 프랑스의 "앙탕트"(entente, 동맹)가 더 이상 대단한 비밀이 아니었으며 그 계획은 네덜란드를 위한 단지 하나의 환심 사기에 지나지 않는다는 것이 밝혀졌다. 볼링브룩은 카르타고식 평화가 바람직스럽거나 가능하지도 않다고 간주했다. 그는 강제 집행할 필요가 있는 평화를 원치 않았으며 프랑스가 자유롭게 동의할 그런 평화를 원했다. 실제로 볼링브룩에게 상호 간 절제에 근거하는 평화가 유일하게 가능한 것이었다. 프랑스의 콜베르(Jean-Baptiste Colbert; marquis de Torcy, 토르시 후작) 재상의 복수가 아닌 그와의 합의에 기초한 평화의 기민한 주장과 이에 동조하는 영국 토리당의 염원의 덕택으로 합의 개념들이 협상에서 아주 쉽게 발견되었다. 최종 타결의 어떤 판결도 국제적 합의의제에 반하지 않았다. 그렇지 않다면 비타협적이고 두려움에 차 있는 동맹국들에게 그 계획을 수락하게 할 가능성이 별로 없었을 것이다. 또한 토리당 정부도 자신의 명성을 구하기 위해서 이렇게 하려고 열심이었다.

18세기 유럽의 국제체제를 보존하고 강화하는 데 위트레흐트 타결의 성공은 의심할 여지없이 주로 합의 개념에 의존한 덕택이었다. 그것이 너무도 정당했기에 프랑스왕국을 국제체제에 성공적으로 통합시킨 점에서 그 타결을 항구적임이 입증되었다. 비로 이것이 위트레흐트평화의 가장 중요한 점이며 동시에 지금까지 가장 인정되지 않았던 점이라고 말할 수 있을 것이다.[172] 바로 그러한 이유 때문에 본서에서 비교적 많은 공간을 차지한 위트레흐트회의에서 이루어진 국제 헌정상의

---

172 *Ibid.*, p. 156.

합의의 개념들 혹은 헌법적 원칙들은 다음의 몇 가지로 집약될 수 있을 것이다.

첫째는 베스트팔렌에서와는 달리 권리의 언어가 이익의 언어에 의해서 대치되었다. 소위 국가이성(raison d'état)이 제1차적 관심으로 자리 잡게 되었다. 권리가 국왕들 상호간에 내세우는 어떤 것이었다면 국가이익은 국가들이 공유하고 있는 어떤 것이었다. 베스트팔렌의 국왕들은 왕가국가의 권리를 세우는 데 관심을 두었다. 즉 왕가혈통의 법적 지위, 그리고 특히 자신의 영토 내 주민들의 종교적 자유를 지배하는 것을 포함하여 자신의 신민들에 대한 왕의 절대적 권한이 주된 관심이었다. 그러나 위트레흐트회의에 참가한 영토국가들의 사회는 자국의 영토적 순결이 최우선적 관심이 되었을 뿐만 아니라 동시에 국가 간의 상호관계, 특히 국제사회 자체 내의 힘의 균형을 유지하는 데 주된 관심을 두었다.

둘째, 국가라는 용어의 의미가 변했다. 이제 국가는 베스트팔렌의 경우에서처럼 왕가의 이름이 아니며 후에 국가민족(state-nation)이 등장할 때 그랬던 것처럼 민족의 이름도 아니며 오직 영토를 지칭하는 이름이 되었다. 예를 들어 이제는 부르봉왕가가 아니다. “프랑스”가 국제적 행위자가 된 것이다.

셋째, 베스트팔렌에서 인정된 세력 확장(aggrandizement)이 국경선의 장벽을 안전케 할 목적에 의해 대치되었다. 그리하여 새로운 영토 확장의 권리주장은 방어전 장벽이라는 언어의 복장이 보편적으로 입혀졌다. 이것은 정책들이 영토보존과 확장이라는 제1차적 관점에서 주장되기 시작했음을 의미했다.

넷째, 베스트팔렌의 평화 때보다도 훨씬 더 본격적으로 위트레흐트 평화는 유럽체제가 서로 간 일방적으로 명령할 자격이 없는 국가들, 즉 독립적 행위자들로 본질적으로 구성된다는 사실을 확인했다. 따라서 위트레흐트 평화창조자들에서 자율은 논리적으로 평등을 수반하는 것이며 특히 프랑스가 1640년대에 그리고 그 후에도 쭉 그랬던 것처럼 다른 행위자들에게 평등한 지위를 거부하면서 자율을 주장하는 것은 일관성이 없다는 것이 자명했다. 평등성의 승리는 위트레흐트에서 수직적 질서의 개념이 폐기되었다는 사실에서 분명했다. 신성로마제국의 황제의 지위는 더 이상 문젯거리가 아니었다. "유럽의 자유"라는 개념은 자치의 원칙과 관계되었으며 그것은 각 행위자들을 똑같은 방식으로 대우하는 데 사용되었다. 위트레흐트에서 평등의 원칙은 비록 그것이 공식적으로 선포되지 않았음에도 불구하고 적용되었다. 그리고 그것이 적용되어야 했던 이유는 자치의 원칙이 작용하고 있었기 때문이다.

다섯째, 자신들의 자율성에 관해 유럽체제에서 행위자 측의 공유된 우려의 산물인 곡예사 같은 사고는 스페인 왕위계승권전쟁 직전에도 이미 유행하고 있었다. 루이 14세는 힘의 균형의 개념과 유럽체제 내 자신의 위상을 조화시키려고 애를 썼다. 그가 스페인왕국을 분할하려 했던 것도 힘의 균형 원칙이라고 부를 만한 것을 명백하게 따르려는 생각에 젖어 있었기 때문이다. 그 개념은 어떤 국가가 유럽을 지배하려고 들면 어떤 국가든 대적한다는 단순한 절차적 규칙으로써만 아니라 사전에 국제사회구조 전체를 통제하고 계획하는 방법으로 인식되었다. 헨리 키신저가 영국의 힘의 균형 정책의 창시자라고 평가했던 영국의 왕 윌리엄 3세는 부르봉왕가의 새로 발견된 힘이 유럽의 자유와 조화될 수 있다고 생각하지 않았다. 그가 태어난 네덜란드에서 그는 루이 14세의 야심에 의해 고통받았었다. 따라서 그가 영국의 왕이 되었을 때 그는 루이 14세의 어떤 확장 시도도 막기 위해 동맹을 결성하려 했다.[173]

그러나 힘의 균형이 국제사회의 헌정질서의 원칙으로 수립된 것은 위트레흐트 평화회의에서였다. 그 이전까지 군주국가들은 대체로 힘의 균형의 판을 뒤엎을 야심의 유혹을 다소 넘는 그 어떤 것 정도로 보았다면 위트레흐트의 주역들은 힘의 균형을 국제사회 헌정체제의 근본적 구조로 간주했다. 그리고 그들로 하여금 반대를 극복할 수 있게 해준 것은 바로 힘의 균형의 필연성과 정당성에 관한 합의였다. 이것이 평화의 열쇠였다. 바로 위트레흐트에서 힘의 균형이라는 새로운 개념이 그의 역사적 데뷔를 했던 것이다.[174] 그리고 그것의 새로움(novelty)은 유럽의 국가들이 국내적 헌정질서에서 겪고 있었던 변화에 기인했다. 영토국가가 군주국가를 대치하면서 힘의 균형의 개념이 주권자의 행동을 위한 계기를 제공하는 데서 집단적인 안보의 구조 그 자체를 활성화시키는 대로 옮겨간 것이었다. 그렇기 때문에 힘의 균형의 정당성에 대한 합의가 강력했지만 그 개념에 공식적으로 토대를 둔 체제는 아직도 새로운 것이었다. 그것은 과거에 이미 존재했었던 것이 아니라 위트레흐트평화의 결과로 보였다. 따라서 위트레흐트의 평화는 힘의 균형 원칙의 존재를 단순히 두드러지게 했을 뿐만이 아니라 이 원칙의 발

173 Henry Kissinger, *op. cit.*, p. 70.

174 Philip Bobbitt, *op. cit.*, p. 523.

전에 중요한 단계를 이루었다.

힘의 균형 원칙이 1919년의 파리평화회의 때까지 약 200년간 유럽의 국가체제, 즉 국제체제에서의 군림을 시작한 것은 바로 위트레흐트에서였다. 균형이 바람직하다는 것은 전쟁이 시작되기 전에 이미 인식되고 논의되었다. 그러나 바꾸어 말한다면, 힘의 균형의 원칙과 체제가 보편적으로 수락할 만한 것으로 합의를 이루어 새로운 헌정질서의 원칙으로 공식적으로 국제적 승인을 받은 것은 바로 위트레흐트 평화회의에서 "재처리"된 후였던 것이다.

제5장

전통적 국제헌정질서의 확립

—빈회의

> 빈회의는 중세 이후 세상이 알고 있는 대규모 전쟁간의 가장 긴 간격인 거의 1세기 간 지속된 평화의 시기를 유럽에 가져다주었다.
> —헨리 A. 키신저

프랑스혁명정부와 프랑스혁명의 아들로 자처했던 나폴레옹과의 약 4반세기간의 전쟁을 끝내고 나폴레옹 황제를 엘바 섬으로 추방한 뒤 유럽의 승전국 지도자들이 1814년 9월에 전후의 새로운 국제질서를 수립하기 위해 빈에 모였다. 유럽은 그런 규모의 집회를 본적이 없었다. 유럽대륙의 거의 모든 곳으로부터 왕들과 대공들 그리고 기타 군주들이 반짝이는 화려한 치장을 하고 초가을에 빈에 모였다. 그들은 물론 환호할 이유가 있었다. 나폴레옹을 패배시켜 귀향 보냈고 부르봉왕가가 프랑스의 왕좌에 복고되었다. 세상은 다시 한 번 세습군주제를 위해 안전하게 되었으며 이제는 공식적 평화의 조건들을 구축할 때였다. 빈은 왕족들뿐만 아니라 귀족들과 그들의 비서들, 그들의 숙녀와 값진 제복으로 차려입은 하인들이 거의 약 10만 명에 달하는 대규모 군중으로 북적

거렸다. 오스트리아의 황제 프란츠 1세는 귀빈들이 사용하도록 자신의 마구간에 1,400마리의 말을 준비했다. 밤에는 우아한 공주들이 로코코 무도회장에서 왈츠를 추거나 아니면 극장이나 조용한 카페에서 자신들의 귀족 에스코트들과 행복하게 환담했다. 낮에는 명문가출신의 방문객들이 오스트리아의 궁정을 방문하여 그들을 위해 차려놓은 잔칫상을 즐겼다. 프란츠 1세에게 든 비용은 하루에 5만 플로린(1960년대 가치로 2만 5천 달러)에 달했다.[175] 이 기분 좋은 분위기 속에서 유럽의 강대국들은 승리의 포상과 패배의 짐이 분배되는 외교협상을 다시 수행하게 되어 있었다.

빈회의는 워털루에서 나폴레옹의 최후를 장식하는 동안에도 계속되었다. 당시 협상의 주역들 간에 하나의 강력한 유대감이 있었다면 그것은 유럽의 미래 운명에 대한 공동의 책임감과 만일 유럽의 정치적 조건이 과거 4반세기의 파괴로부터 개선되려면 합의를 이루어야 한다는 필요성에 대한 인식이었다. 빈에 모인 지도자들은 자신들이 대표하는 각국의 운명이 타국의 운명과 얽혀 있으며 그것은 모두가 누구의 어떤 정책도 타국에 영향을 미쳐 강한 대응을 불러일으킬 것이라는 것을 알고 있었다. 프랑스혁명 후 25년간에 걸친 긴 고통의 세월이 그런 생각의 공유를 가능하게 했을 것이다. 그 결과 유럽의 지도자들은 고도의 공동체의식 즉 유럽 전체의 질서의식을 갖고 회의에 임했다. 나폴레옹이 몰락하기 전에 메테르니히는 빈 주재 영국의 애버딘(Aberdeen) 대사에게

175 Henry A. Kissinger, "The Congress of Vienna," in John G. Stoessinger and Alan F. Westin, eds., *Power and order : 6 cases in world politics* (New York: Harcourt, Brace and World, 1964), pp. 1-2.

프랑스를 피레네, 라인, 그리고 알프스에 국한시키는 조건을 제안하는 평화예비교섭에 합류하도록 설득했다. 이것을 알게 된 캐슬레이 외무장관은 혼비백산했다. 그 제안은 어떤 강대국에게도 저지대국가들(지금의 베네룩스)의 영국해협 접근로를 거부하는 오랜 영국의 원칙을 위반했기 때문이다. 그리하여 소름이 끼친 그는 자신의 유명한 훈령(Instructions)을 직접 작성하여 영국내각의 승인을 받았다. 그는 헌정 질서 차원의 평화를 위한 동맹을 결집시키기 위해 몸소 이것을 대륙으로 가져갈 결심이었다.

그 훈령은 전 합스부르크의 네덜란드(벨기에)를 포함하는 홀란드, 스페인, 포르투갈, 그리고 이탈리아의 재수립, 프로이센의 라인까지 서진, 프랑스 국민이 수용할 수 있다면 전쟁 전 국경선으로 복고된 부르봉왕국, 그리고 무엇보다도 국제적 동맹을 강화와 유지 등을 상정하고 있었다.[176] 이 국제동맹은 전쟁과 함께 종식되어서는 안 되고 어떤 조약 당사국의 영토에 대한 것이든 프랑스의 공격에 대한 억제력으로 남아야 하는 것이다. 그래서 캐슬레이는 동맹국이 진격한 프랑스의 동부에 있는 동맹국 군사령부까지 찾아갔다. 그곳에서부터 1814년 2월 초 샤티용 쉬르 센(Chatillon-Sur-Seine) 마을에서 회의가 열렸다. 이 최전선에서 최근 프랑스에 대한 긴장된 분위기 속에서 캐슬레이는 훗날 회의에서 유럽 국가들 사이에 헌정적 협약의 토대로 쓰일 자신의 동맹체제를 위한 계획이 1814년 3월 9일 체결된 쇼몽조약(The Treaty of Chaumont)으로 채택되었다. 이 쇼몽조약은 동맹국들의 행동을 위한

---

176 Philip Bobbitt, *op. cit.*, p. 556.

정확한 조건들을 정했다. 즉 그것은 4대 강대국 각자가 15만 명의 병력을 제공하고 영국이 전쟁 수행을 위해 5백만 파운드의 지원금을 제공하도록 되었다. 또한 각국은 미래에 어떤 프랑스의 공격에 대해서도 원조를 요청하는 당사국에 의해 지휘되는 국제군사력에 각각 6만 명의 병력을 파견하여 서로를 방어하기로 공약했다.

3월 19일 샤티용회의는 폐회하고 동맹국들은 나폴레옹을 후미에 남겨 두고 파리를 직접 행군하는 대범한 결정을 내렸다. 그리하여 1814년 3월 30일 파리가 함락되었다. 그러자 탈레랑(Talleyrand)이 임시정부의 지도력을 떠맡고 4월 10일 상원을 소집하여 시민 및 정치적 권리를 승인했다. 이 보증서들은 장교들과 채권소유자들과 혁명과 그 후유증 기간 동안에 이득을 챙긴 토지소유자들도 보증했다. 정부는 나폴레옹에 대한 충서의 요구를 제거하고 그것을 왕권을 제한하는 헌법초안으로 대치했고 또 망명자들의 재산을 혁명정부가 압류했던 것과 교회에 부여한 제약들을 모두 비준했다. 4월 6일 상원은 부르봉왕국의 후계자를 소환했다. 일주일 후 나폴레옹은 양위했고 엘바 섬으로 이송되었다. 그것에서 나폴레옹에게 조그만 섬 왕국과 2백만 프랑의 연금이 주어졌다. 그리하여 프랑스의 신정치체제와 조약을 위한 길이 정리되었다. 그 결과가 평화조약의 한 모델로 올바르게 간주된 제1차 파리평화조약이었다. 루이 18세가 1814년 승전 국가들에 의해서 프랑스의 왕좌에 앉혀졌을 때 그는 성문헌법에 선서하도록 요구되었다.

전 유럽에 걸쳐 영토국가들의 정체체제가 지각변동 같은 헌정상의 변화를 겪었다. 이제 영토국가는 주된 약탈자였던 프랑스와 주된 방어자였던 영국의 헌정 형태를 모방하여 국가민족으로 탈바꿈했다. 빈회의가 국가들의 사회를 위한 새로운 헌정질서, 즉 헌법을 결정하기 위해 모였을 때 빈회의는 이 새로운 헌정적 형태가 국가의 정당성을 결정하는 본질적 요소가 되어야 한다는 것을 명령했다.[177] 바꾸어 말하면 빈회의가 지난 세기들에서 아우구스부르크, 베스트팔렌 그리고 위트레흐트가 수행했던 헌정적 기능을 19세기를 위해 수행했던 것이다. 빈회의와 관련된 핵심적 개념들, 즉 힘의 균형의 유지, 정당성에 대한 집요한 관심, 여러 민족적 열망에 대한 민감성이나 혹은 무시 및 강대국 간 동맹의 제도화 중 어떤 것도 이런 헌정적 조망 없이는 완전히 이해될 수 없을 것이다. 균형과 정당성 같은 친숙한 과거의 용어들이 빈의 합의서에서 구현된 새로운 헌정적 맥락 속에서 새로운 의미를 가졌다. 오늘날 우리에게 친숙한 민족주의와 집단안보 같은 보다 새로운 개념들도 당시의 국제적 헌법에 의해서 창조된 맥락 속에서는 다르게 이해되었다. 빈에선 과거와는 달리 국제관계가 발전적이고 유기적이며 하나의 근본적이고 헌정적 차원에서조차 변화와 인류의 방향에 복종한다는 것을 모두가 이해했다.

프랑스혁명 못지않게 미국의 혁명은 관습과 자연법이 구속력 있는 법적 규칙들의 유일한 원천이라는 영토국가에겐 소중했던 개념을 깨버렸다. 메테르니히가 시민과 정치적 권리가 존재한다면 그것들이 사물의 자연에 존재하는 것이어야 한다고 불평했을 때 그는 합리주의적 영토국가를 대변했다. 즉 권리란 입법으로 창조되고 보장될 수 있는 것이 아니었다. 그것들이 법이나 헌법에 의해서 확인되느냐의 여부는 자

177 *Ibid.*, p. 540ff.

유를 가져오는 것과는 무관한 본질적으로 기술적인 문제였다. 메테르니히는 그런 권리보장을 하나의 패러독스로 간주했다. "당연시되어야 하는 것들이 임의적 선포의 형식으로 출현할 땐 그 힘을 잃는 것이다. 잘못 입법화가 되는 대상들은 보호하려는 것의 완전한 폐지는 아니라 해도 제한으로 귀결될 뿐이다."[178] 그러나 미국혁명과 프랑스혁명 후 새로운 의식구조는 그렇지 않았다. 인간의 권리란 정치적 의지에 의해서 태어날 수 있었다. 너무도 많은 사람들이 그렇게 되는 것을 이미 목격해 버렸다. 자유란 정치체제의 형식에 따라 확장되거나 축소될 수 있었다. 계급들을 해방시킨 새로운 정치사회가 유럽을 정복했고 세속화시켰으며 상업과 통상의 활기를 돋운 비교적 능력본위의 국가가 전쟁에 승리했었다. 대의제도들이 인민의 의지와의 관계를 내세워 정당성의 토대임을 주장할 수 있었다. 법은 근본적 변화의 선택된 수단이었다.[179] 바로 이점에서 프랑스는 타 국가들에게 신헌법질서 즉 국가민족의 한 모델이었다. 그러나 프랑만이 유일한 모델은 아니었다. 프랑스혁명을 자극했던 미국과 프랑스의 완강한 반대자인 영국도 이 새롭고 역동적인 헌정적 형태의 본보기를 세계에 제시했다. 이 국가들은 인민대중을 국가의 이익에 묶는 방법과 국가를 민족의 창조물과 숭배의 대상으로 제시하는 방법도 모색했다. 그러나 국가민족의 중요성은 또한 그것이 불러일으킨 국가들의 사회 즉 국제사회의 성격에 있었다. 아서 너스범(Arthur Nussbaum)이 지적했던 것처럼, 사회의 혁명적 변화의 결과로써 나폴레옹전쟁 시대에 국제법의 교육에서 인정되는 원칙들에 따

178 Henry Kissinger, *op. cit.*, pp. 84-85.

179 Philip Bobbitt. *op. cit.*, p. 541.

라 서로 싸우는 정부들의 행동을 평가하는 여론의 출현을 탐지할 수 있다.[180] 이 원칙들은 법적 지위를 얻는 헌정대회를 기다렸다. 그리하여 또 다시 전쟁과 헌정적 변화를 전쟁의 당사자가 아니었던 국가들까지 포함하여 국가들의 사회를 위한 헌정대회의 형식을 취한 평화타결이 뒤따랐다. 이 새로운 정신구조 즉 빈회의의 정신구조가 위트레흐트에서 제기된 문제들과는 아주 다른 문제들을 전면으로 끌고 나왔다. 유럽의 국가민족 형태의 강대국들, 즉 영국과 프랑스는 국내적 억압을 다시 시행함으로써가 아니라 국제정치에 안정과 법의 위신을 제공하며 최근까지 국내정치를 분열시키려고 위협했던 국제적 갈등을 개선할 외부적 합의를 제공함으로써 국가민족을 국내적으로 강화해 줄 그런 국제체제를 추구했다. 다른 강대국들은 국가민족이 될 좋은 위치에 있지 않았다.[181] 프랑스식 군사개혁을 채택한 뒤 프로이센은 국가민족을 연마할 수 있었지만 독일 민족의 파편화로 좌절되었다. 합스부르크의 오스트리아는 그런 변화를 결코 성공적으로 할 수 없었던 것 같다. 프로이센과는 달리 오스트리아의 너무도 많은 민족들로 구성되어 있어서 그들이 국가에 제공하는 봉사에서 자신들의 찬미를 찾으라고 설득할 수 없었다. 러시아는 한편으론 국가민족의 이상에 열정적 도취와 또 다른 편으로는 새로운 국가형태가 구현하는 위협적 근대성의 반동적 거부의 사이에서 방황했다.

반나폴레옹 동맹국들은 1814년 5월 30일 평화를 수립했었다. 소위

180 Arthur Nussbaum, *A Concise History of the Law of Nations*(New York: Macmillan, 1947), p. 178.

181 Philip Bobbitt, *op. cit.*, p. 542.

제1차 파리평화조약으로 프랑스는 1792년에 보유했던 약간 넓어진 국경선을 확보했다. 프랑스는 배상금 지불을 요구받지 않았고 또 프랑스가 정복한 국가들로부터 약탈했던 상당한 예술품의 보고를 반환하도록 요구받지도 않았다. 특히 후자의 결정은 상당한 분노를 야기했다. 왜냐하면 그 결정이야말로 프랑스를 응징하지 않는 아주 과시적 표명이었기 때문이다. 그러나 그런 관대한 평화조은 조약 전문에서 프랑스 정부의 변화와 혁명 이전의 왕국의 복귀로 정당화되었다. 그러나 프랑스의 확장과 헤게모니에 의해, 또 그런 프랑스와의 투쟁에서 초래된 유럽국제체제의 혼란은 파리평화조약만으로는 다를 수 없는 것이었다. 유럽체제 내 광활한 영토들에 인정받은 지배자가 없는 상황이었다. 바로 이 때문에 파리평화조약 제32조에 규정된 대로 범유럽집회가 필요했다. 그리하여 약 200여 명의 국가, 도시, 연합회 대표들 및 개인들이 1814년 가을 빈에 모였던 것이다. 오스트리아의 황제가 공식적 주최자였다. 러시아의 차르 알렉산드르 1세, 바이에른, 덴마크, 프로이센 그리고 뷔르템베르크의 왕들도 회의에 참가했었다.

그렇게 거대한 집회가 어떻게 조직되고 또 어떤 결정을 도출할 수 있겠는가? 이 문제는 나폴레옹에 대항하여 정면에 맞서 싸운 강대국들에 의해서가 아니면 해결하기 어려웠다. 결국 실제 회의는 2개의 그룹으로 구성되었다. 오스트리아, 영국, 프랑스, 포르투갈, 프로이센, 러시아, 스페인 및 스웨덴이라는 파리조약의 원래 8개 서명 국가들의 대표들로 구성되는 보다 큰 위원회는 아주 제한된 역할만을 했다. 정책결정을 위한 진정한 권위를 부여받은 특별그룹이 오스트리아, 영국, 프로이센 그리고 러시아의 4개 주요동맹국들의 대표자들로만 처음에 구성되었다. 이 4개국이 주도할 결심이었다. 부르봉왕가의 지배로 복원된 프랑스와 스페인은 4개국이 자신들 사이에서 결정에 도달했을 때에만 참여가 허용되었다. 강대국들의 전권 대표들은 그런 결정을 공식적으로 비준하도록 요청하는 걸 피했다. 따라서 엄격하게 형식적 관점에서 본다면 원래 제의되었던 형식의 회의는 실제로 열린 적이 없다. 그런 결과에 대한 항의는 참가 중에 비교적 미약했다. 그 결과 대부분의 대표자들은 그곳에서 빈둥거렸을 뿐이다 강대국의 대표단들이 비밀리에 작업을 했다.

강대국들이 처리해야 할 가장 심각한 쟁점은 폴란드와 작센 문제였다. 러시아의 차르는 자신이 왕이 되는 재건된 폴란드를 꿈꾸었다. 이것은 프로이센과 러시아가 18세기 말 폴란드를 분할할 때 두 나라가 획득했었던 모든 영토를 회복하지 못할 것이라는 것을 의미했다. 프로이센은 수락했지만 그에 대한 보상으로 작센의 병합을 원했다. 작센의 왕은 다른 왕들보다도 좀더 오래 나폴레옹에 충성함으로써 자신의 영토를 상실했다. 영국의 캐슬레이 외무장관은 처음엔 프로이센을 강화시키고 싶었기에 작센에 대한 프로이센의 입장을 전적으로 지지했다. 그러나 오스트리아의 메테르니히는 마음이 내키지 않아 마지못해 지지했다. 그러나 이들 중 누구도 차르가 품고 있는 동유럽에서 러시아 영향력의 대규모의 확장을 묵인할 준비가 되어 있지는 않았다. 특히 메테르니히는 프로이센이 친러시아 정책을 버리고 러시아의 확장을 막도록 유도하기 위한 경우에 한해서만 작센을 희생시킬 생각이었다. 더구나 작센의 제안된 소멸은 오스트리아와 영국을 포함하여 점점 커 가는 대중들의 소란을 일으켰다. 결국 러시아와 프로이센의 계획은 완전하게 실현되지는 못했다. 폴란드는 차르의 의지에 많이 반하였지만 다시 분할되었다. 오스트리아와 영국과의 관계에서 러시아와 프로이센은 그들 간 전쟁이 터지지 않을까 하고 염려할 정도로 악화되었다.

동맹국 간에 전쟁이 발생할 경우에 핵심적 문제는 프랑스가 어떤 태도를 취할 것인가였다. 처음부터 작센을 옹호했던 프랑스의 탈레랑은 이런 절호의 기회를 놓칠 인물이 아니었다. 그는 영국 및 오스트리아와 비밀 동맹을 체결하고 1815년 1월 초 그 특별위원회에 끼어들게 되었다. 그 결과 최종적 타결은 그 후 수십 년 동안 유럽체제를 관장할 5개 강대국의 이름으로 이루어졌다. 차르가 결국 양보하여 폴란드의 상당 지역을 오스트리아와 프로이센이 다시 소유하게 되었다. 프로이센은 오직 부분적으로만 작센을 흡수하기로 마지못해 동의했다. 게다가 프로이센은 그 밖의 다른 지역들 특히 라인란트에서 상당한 영토를 획득했다. 오스트리아는 새로운 통일 네덜란드왕국의 일부가 된 벨기에를 이미 단념했었다. 그에 대한 보상으로 오스트리아는 달마티아(Dalmatia)와 북부 이탈리아로 확장하여 롬바르디아와 과거 베네치아공화국의 영토를 획득하거나 회복했다. 파르마, 모데나 및 토스카나공국들은 합스부르크왕가 친족 계열에 할당 혹은 재할당되었다. 독일국가들은 복고되어 오스트리아의 의장국하에 하나의 국가연합으로 재조직되었다. 스위스는 새 헌법으로 강화되었고 영세중립국으로 선언되었다. 러시아가 스웨덴에서 핀란드를 얻는 반면에 그에 대한 대가로 스웨덴은 덴마크에서 노르웨이를 획득했다. 나폴리(Napoli)는 정통성 있는 부르봉왕가 지배하에서 시칠리아와 재통합되었고 교황국가들이 재수립되었다. 나폴레옹이 엘바 섬을 탈출하여 전쟁이 재개되었을 때조차도 논의가 계속되었으며 워털루에서 최종 전투가 있기 10일 전에 폐막되었다. 5대 강대국들이 작성한 빈회의의 최종합의 결과로서 총 121개 조항으로 구성된 최종결의서(the Final Act)가 1815년 6월 9일 스페인을 제외한 8개국이 서명했다. 그때서야 빈에 모인 다른 전권대표들이 동의하도록 초대되었다.[182]

나폴레옹이 엘바 섬에서 귀환했을 때 루이 18세는 벨기에로 피신했다가 그 후 2번째로 복귀되었다. 소위 나폴레옹의 백일천하의 촌극은 프랑스와 새로운 평화조약을 필요하게 만들었으며 많은 사람들은 첫 번째 조약보다도 더 응징적이어야 한다고 생각했다. 1815년 여름 프랑스의 외무장관인 탈레랑은 그런 계획에 대항해 열심히 싸웠다. 그는 전쟁이 나폴레옹에 대항한 것이지 프랑스에 대항한 것이 아니었으며 찬탈자 즉 나폴레옹의 위반 행위에 대해서 부르봉왕국이 책임지게 하는 것은 빈회의에서 결정된 원칙들의 위반이라고 주장했다.[183] 그럼에도 불구하고 이번에 프랑스는 1790년의 국경선으로 축소되었다. 프랑스는 700만 프랑의 배상금과 동맹국들에 의한 프랑스 영토 일부의 일시적 점령, 그리고 외국 예술품들의 양도에 동의해야만 했다. 제2의 파리 평화조약이 1815년 11월 20일에 체결되었다. 이 조약은 빈의 최종 결의서를 명시적으로 재확인했다. 동맹국에 의한 프랑스의 점령은 1818년 여름 아헨회의에서 해제되었다. 빈회의의 속편인 이 아헨회의가 탈나폴레옹적 유럽국제체제의 재건을 완성시켰다.

빈회의에 프랑스를 대표했던 탈레랑은 프랑스혁명정부의 외무장관

182 Andreas Orsiander, *op. cit.*, p. 170.

183 *Ibid.*

을, 그 후 나폴레옹의 외무장관이었다. 그는 나폴레옹의 과욕을 자제시키려고 노력했으나 실패하자 독재자 나폴레옹 황제를 전복시키는 데 힘을 썼으며 루이 18세를 옹립한 것도 바로 그였다. 그는 다시 루이 18세의 외무장관으로 1814년 9월 프랑스를 대표하여 빈회의에 파견되었다. 탈레랑의 출발점은 국제안정의 긴급한 필요성이었다. 이로 인해 그는 단호하게 국제체제 지향적 조망을 채택했다. 그는 프랑스의 진정한 이익이 유럽의 전체 이익과 일치한다고 유럽 및 프랑스의 정치가들과 여론을 설득하면서 빈에서 그리고 그 후에도 많은 시간을 보냈다. 탈레랑만이 프랑스와 다른 강대국들 사이에서뿐만 아니라 프랑스와 유럽 약소국들 간 이익공동체를 세웠다. 왜냐하면 그는 승전 강대국들이 프랑스를 그들 중 하나로 대접할 준비가 되어 있다고 생각하지 않았기 때문이다. 그래서 승전 강대국들에 대응하는 약소 행위자들의 대변인처럼 보이는 것이 편리할 것 같았다. 그러나 곧 그는 작센 문제에 관해서 오스트리아의 이익과 독일의 이익이 유럽의 일반적 이익과 일치한다고 메테르니히에 편지를 썼다. 그는 같은 논조로 영국과 프랑스의 이익은 같은 것이며 또 그것이 유럽의 이익과 일치한다고 캐슬레이에게 알렸다. 탈레랑에게 이익의 불일치는 단기적이고 과도기적 현상이었다. 그는 언제나 원칙들을 옹호했다. 프랑스혁명이 유럽체제를 빠뜨린 혼란을 종식시키기 위해서는 체제를 통트는 어떤 합의, 즉 타결이 표현해야 하는 합의를 재수립하는 것이 필요했다. 그에겐 원칙들이 프랑스를 유럽에서 응당 받아야 할 지위로 복귀시킬 것으로 보였다.

1815년 2월 웰링턴(Wellington)에 의해 대치될 때까지 영국을 대표한 캐슬레이 외무장관도 원칙을 신봉하는 인물이었다. 그리고 그에겐 힘의 균형이 그가 믿는다고 확신하는 원칙들 중의 원칙이었다. 캐슬레이는 오직 자기만이 힘의 균형의 관점에서 어떤 유럽이 필요한지를 알고 있다고 느끼는 것 같았다. 1814년 유산된 샤티용평화회담에서 그는 영국이 옛 원칙들로 돌아가기 위해 필요한 희생을 할 준비가 되어 있다고 동맹국들에게 말했었다. 빈에서 수행될 논의를 위해 작성된 문건에서 그는 유럽의 일반체제를 위해 필요한 토대로 인정되는 원칙들에 관해서 말했었다. 그러나 그는 자신이 품고 있는 원칙들을 정의하는 대신에 도덕주의로 후퇴하였다. 그리하여 온건성이란 러시아나 프로이센같이 아직 자리 잡지 못한 야심적 행위자보다는 영국처럼 자리 잡히고 만족스런 강대국에 더 매력적인 훈계라는 사실에 둔감했다.[184] 폴란드에 관한 분쟁에서 캐슬레이는 유럽에 그가 주장하는 평화를 확보할 수 있는 자제심과 온건성 그리고 관대함의 정신을 유럽의 회의에 불어넣도록 차르에게 간곡히 호소했다. 또한 그는 차르에게 정의로운 원칙에 따르도록 광고하면서 여론을 무시하지 말고 무질서한 힘의 쟁탈을 경고했다. 또한 그는 차르에게 정당한 균형을 깨거나 혹은 약소국들의 불필요한 편견을 가져올 부당한 영토 확장을 꾀하지 않을 유럽에 대한 의무를 상기시켰다. 캐슬레이는 전쟁으로 발생한 비용의 영토적 보상의 원칙은 강력히 규탄되어야 한다고 선언했다. 그러나 의무에 대한 도덕주의적 의존이 합의를 대치할 수 없었다. 국제문제에서 자재심이나 온건성 같은 것들이 합의를 만들어 낼 수는 없다. 오히려 그것들은 전제되어야만 한다. 결국 하나의 구체적 개념은 "힘의 균형"이고 나머지는 양국관

---

184 *Ibid.*, p. 176.

계에 아무런 긍정적 효과를 미치지 못하는 수사에 지나지 않는다. 캐슬레이의 도덕적 우위의 상시적 집착은 타국의 지도자들을 짜증나게 했다. 왜냐하면 그것은 동일하게 완고한 탈레랑과는 대조적으로 추상적 미덕보다도 개인적 미덕에 굴복하도록 그들에게 암암리에 요청하는 것이었기 때문이다. 캐슬레이의 도덕주의가 영국의 이익을 육성했던 반면에 그의 도덕적 기준은 임의적이고 모호한 것처럼 보였다. 이와는 달리 탈레랑이 정치 지도자들을 비판할 때 그는 그들의 죄가 아니라 실수를 지적했던 것이다.

러시아의 차르는 캐슬레이가 자신의 정책이 러시아 신민들의 이익에 부합하지 않는다고까지 말했지만 평정을 잃지 않았다. 그의 관대함은 자신이 영국의 선의에 의존하고 있다는 사실을 알고 있는 것이 도움이 됐다. 차르는 나폴레옹의 굴레로부터 유럽의 해방자라는 무한한 칭송을 받았다. 그래서 그는 러시아를 유럽정치의 존경받는 항구적 핵심 행위자로 만들기 위해 그런 칭송을 기초로 추진해 나갈 생각이었다. 만일 그가 누구보다도 영국과 오스트리아와 같은 기존의 주요 행위자들과 전쟁에 말려든다면 러시아는 또 다시 유럽체제의 변방으로 밀려날지도 모르는 일이었다. 더더구나 그런 결과는 나폴레옹에 대항하는 치열한 전쟁에서 얻은 위신을 모두 탕진할 것이다. 바로 이러한 이유에서 차르는 전시의 협력관계를 깨뜨리지 않으려고 했다. 러시아의 지위를 극대화하기 위해 협력관계를 거의 한계점까지 밀어붙일 것이지만 그러나 항구적 손상을 입도록 하지는 않았다. 그동안에는 가능한 한 영국의 비위를 맞추는 것이 좋은 정책이었다. 러시아는 그 많은 규모와 자원에도 불구하고 심한 열등의식을 갖고 있었다. 러시아는 해외와 많은 타국에서 충원된 상당수의 자국의 지도층에 의해 준야만국으로 간주되었다. 차르와 그의 보좌진들이 보기에 러시아가 유럽의 협의과정에서 심각하게 받아들여지기 위해서는 동유럽을 지배하는 것이 필요했다. 러시아의 계획된 서진팽창은 서유럽과의 접촉면을 증대시킬 것이다. 바로 그런 계획으로 러시아가 핀란드를 획득하는 대가로 스웨덴이 노르웨이를 얻었다. 프로이센은 작센과 라인란트를 받을 것이고 또 오스트리아는 이탈리아의 이곳저곳을 얻을 것이다. 그것은 모두가 차르가 폴란드 전체의 왕이 되는 대가였다. 북유럽의 거래는 빈회의가 소집되기 전에 이미 매듭지어졌었다. 동시에 영국과 오스트리아는 터키와 페르시아로의 러시아 확장을 우려했다. 그곳들에 관해 양국이 할 수 있는 일은 거의 없었다. 그러나 양국은 폴란드 문제가 빈회의의 의제에 올라 있기 때문에 그 문제에 관해서 개입할 수 있었다. 그 결과 빈에서 폴란드에 대한 차르의 계획이 캐슬레이와 메테르니히의 강력한 반대에 부딪혔다. 차르의 폴란드 계획에 대한 그런 반대는 그가 폴란드에 특별한 중요성을 부여했기에 더욱더 짜증나게 했다. 폴란드가 그에게 특별했던 것은 폴란드는 러시아와 같은 슬라브 민족의 나라이지만 러시아보다도 더 문명화되고 발전했으며 더 유럽적이었기 때문이다. 그리하여 폴란드가 러시아인들을 유럽적으로 만들 것으로 기대되었다. 유럽적이 되려는 이런 열망으로 인해 러시아는 미래에 유럽정치의 지침이 될 것이라고 설득할 수 있는 것을 자연히 따르게 만들었다. 그러나 그것은 그런 지침들의 후보가 될 아량과 너그러움 같은 것에 대한 많은 신념을 필요로 할 것이다. 그런 담론은 러시아를 억누르고 배제하려는 부정직한 방법으로 보일 수 있을 뿐이다.

그러나 힘의 균형이라는 옛 개념이나 혹은 강대국이라는 새로운 개념은 별개의 문제였다. 유럽체제에서 지도적 역할을 수행하려는 열망은 차르로 하여금 현저히 이념적인 입장을 취하도록 촉발시켰다. 이것은 어느 정도 역효과를 낳았다. 왜냐하면 그것이 다른 지도적 강대국가들의 짜증과 심지어 오락거리를 초래했기 때문이다. 처음에 차르는 정치적 근대성의 옹호자로 자처하고 혁명이전 아이디어들의 어떤 복귀도 매도했다. 그리고 나중에 그는 자신의 동료 협상자들이 그의 정신 상태를 의문시할 정도로까지 기독교의 단호한 전도사적 옹호를 위해 그런 입장을 바꾸었기 때문이다. 차르의 주장은 마치 베스트팔렌 아니 260년 전의 아우구스부르크의 평화 이전으로 돌아가자는 주장처럼 보였을 것이다. 1815년 여름과 가을에 열린 제2차 파리평화를 위한 협상 중에 차르가 제안했던 신성동맹(the Holy alliance)은 유럽의 모든 주권자들이 서명한 조약이 아니라 단순히 의도의 천명이었다. 그것은 이 동맹으로 그들 모두가 그들의 다양한 영토들은 동일한 가족의 분가에 지나지 않는 단일 기독교국가의 구성원으로만 간주할 것이라고 그들에게 서약하게 했었다.

캐슬레이는 신성동맹을 "이 한 조각의 장엄한 신비주의와 난센스"라고 조롱했다. 원래의 문건은 어떤 구 혹은 기존의 질서에로의 복귀나 보전을 요청하지 않고 아직까지 국제적 거래가 차르의 거룩한 열망에 결코 미치지 못했음을 암시하면서 상상력 있는 새로운 출발을 촉구했다. 이것은 빈회의를 다소 부적절하게 암암리에 규탄했기 때문에 메테르니히는 빈의 타결을 차르가 염두에 둔 것의 일부로 보이도록 만들 재작성에 착수했었다. 그 후 메테르니히는 그 계획을 "종교적 옷을 입은 박애주의적 열망"으로 그리고 또 오스트리아의 황제 심지어 친러시아적인 프로이센의 왕마저도 좋아하지 않는 "쓸모없는 계획"으로 취급했다. 그는 신성동맹은 인민들의 권리를 억누르는 제도가 이 나라 전체주의나 혹은 다른 폭군체제를 진작시키는 제도라고 주장했다. 그것은 차르 알렉산드르 1세의 경건한 체하는 느낌의 격발에 지나지 않았다. 실제로 캐슬레이, 메테르니히 그리고 탈레랑은 모두 오스만제국을 유럽체제에 완전히 통합시키고 싶어 했다. 그러나 친오스만 정책은 오스만 영토에 대한 러시아의 권리 주장에 의해서 저지 되었다. 차르는 오스만제국이 빈 타결에 포함되는 조건으로 러시아의 그런 권리의 수락을 요구했다. 이 계획은 결국 무위로 끝났다.

차르에게 유럽의 기독교 공동체의 고양은 그의 무의식적 동기를 만족시켰다.[185] 즉 그는 유럽국제사회의 정회원으로서 스스로가 정신적 지도자임을 자임했다. 진정으로 그의 초기 자유주의는 이제 더 이상 가장 최신의 것이 아니었던 반면에 기독교적 낭만주의가 전 유럽에 걸쳐 유행이 되고 있었다. 분명히 차르는 철학적 유행을 앞지르려는 그의 노력에서 다소 기이하게 보였다. 그러나 그의 동료 협상자들의 조롱과 너털웃음에도 불구하고 그들의 비판이 공개적으로 발설되지는 않았다. 교황을 제외한 모든 기독교 행위자들이 그 "동맹"에 찬동했다. 그리고 비록 그 조약문서가 완전히 무해하고 또 행동을 위한 계획을 내포하지 않았음에도 불구하고 그것은 왕들의 진정한 음모로 그리고 반혁명적 억압의 사악한 문서로 널리 간주되게 되었다. 그들의 사고가 아직 18세

185 *Ibid.*, p. 180ff.

기의 합리주의와 계몽주의의 독트린들에 근거했던 정치 지도자들에게 그 문서가 포함하는 과장된 종교적 술어가 우스꽝스럽게 보였을 것이다. 그러나 어떤 종유의 통일적 이념의 필요성은 그들에 의해 분명히 인정된 셈이었다.

빈에 모인 5개 강대국들 중에서 프로이센이 가장 적극적이고 또 가장 요란스럽게 이기적이었다고 말할 수 있다. 왜냐하면 프로이센이 그의 정책에서 가장 덜 유럽국제체제 지향적이었기 때문이다. 그것은 프로이센이 강대국들 중에서 아주 가장 약한 국가였으며 또 나폴레옹의 손에 의해 격은 처절한 수모가 깊은 상처로 남아 있었다는 사실에 의해서 설명된다. 더구나 나폴레옹은 국경선의 길이가 크기에 어울리지 않고 실제로 방어하기 어려운 아주 기이하고 꼴사납게 내뻗은 지리적 형태로 프로이센을 남겨 놓았었다. 그 결과로 프로이센은 자국의 영토를 확장하여 다른 강대국들과 평등하게 되는 자국의 목적을 부추길 것 같은 원칙들, 예를 들면 정복의 권리만을 내놓았다. 체제에 대한 어떤 성격의 의무는 말할 것도 없고 전체로서의 체제의 중요성은 경시되었다. 당시 프로이센의 전권 대표의 한 사람이었던 빌헬름 폰 훔볼트(Wilhelm von Humbolt)는 유럽이 하나의 헌정적 집단을 이루고 있지 않는다고 말했다. 훔볼트에게 유럽은 단지 헌정적 규범의 대상이 아닌 순전히 이론상의 존재일 뿐이었다. 회의는 단 하나의 협상이 아니며 더구나 하나의 공동목적으로 밀접하게 연계되어 구성된 단일 집단은 더욱 아니었다. 그것은 개별조약들과 유럽의 일반적 이익보다는 그 개별조약들 간 아무런 연계도 없는 많은 조약들을 가져올 일단의 상이한 협상들에 지나지 않았다. 이 문제에 대해 훔볼트가 생각하는 방식은 프로이센이 "유럽"으로부터 보다 체제지향적인 사고방식에 따르고 다른 강대국들과의 더 큰 단결을 보이라는 압력을 느꼈고 또 이것은 자국의 상대적 연약함을 항구화하기 위한 유럽의 압력에 프로이센이 몹시 분개하고 있음을 시사해 준다. 당시 메테르니히의 비서 이면서 한동안 빈회의의 총비서였던 프리드리히 폰 겐츠(Friedlich von Gentz)는 프로이센만이 정의의 어떤 원칙이나 심지어 품위의 원칙에 상관없이 모든 세계를 희생하여 자신의 영토를 확장할 무절제한 목적을 회의에 가져왔다고 분개하여 기록했다. 프로이센 정책의 상습적 옹호론자인 19세기 역사학자 트라이치케(Treitschke)마저도 빈회의에서 프로이센의 외교가 프로이센의 군사적 성취와 같은 수준이 아니었음을 인정했다.[186] 그러나 당시 프로이센의 입장에서 보면 자국에게 요구되는 자제력을 보이는 것은 프로이센의 이익과 체제의 이익을 똑같이 극대화하지 못할 것이다. 오히려 그런 자제는 프로이센의 이익을 체제의 이익에 복종시키게 된다. 그러나 그런 행위는 강대국가들 중 어느 누구도 그럴 필연성에 처해 있거나 행할 준비가 되어 있지 않은 그런 어떤 것이었다.

오스트리아의 메테르니히는 합리적으로 기대할 수 있는 만큼의 큰 정치적 실체의 책임자였다. 참으로 크기와 내부적 이질성을 고려할 때 그것을 묶어 유지하는 것만도 많은 어려움을 가져왔다. 프랑스와 다른 곳에서 혁명의 계기를 제공했었던 대중들의 열망은 전염되거나 아니면 또 다른 강력한 요인 즉 민족주의와 결합하는 성향이 있음을 보여 주었다. 이 결합은 대중을 동원할 수 있는 혁명의 훌륭한 연료임을 입증했

---

186 *Ibid.*, p. 183.

다. 흔히 그렇게 간주되는 것처럼 민족주의란 전혀 새로운 것이 아니었다. 그러나 과거에 민족주의는 어떤 정치적 계획과 전혀 결합되지 않았거나, 아니면 옛 독일 제국의 경우에서처럼 그것은 실제로는 보수주의적 프로그램과 관련되었다. 그러나 이제 그런 시절은 끝났다. 프랑스 혁명 발발 이후 유럽의 특징이 되어 버린 급진적 계획과 민족주의의 애정행각은 그때부터 구질서에 치명적 위협을 제기했다. 이것은 그 어느 국가보다도 오스트리아의 경우에 진실이었다. 왜냐하면 오스트리아는 정당성을 위해 세속적 전통에 의지하는 왕국에 의해서 잡다한 영토들과 민족들이 배타적으로 결합되어 있었기 때문이다. 1789년 이후 유럽에서 이런 구조물은 어려운 처지에 놓였다. 만일 최근의 혼란들 위에 있던 대중적 사고와 그리고 당시에 종종 단순히 혁명으로 사람들이 부른 것이 승리하면 다른 강대국들은 이런 저런 형태로 살아남을지도 모른다. 그러나 합스부르크왕국은 종말을 고할 것이다. 진실로 메테르니히는 성공의 가능성과는 관계없이 그의 마지막 숨결까지 혁명에 대항해 싸울 결심이었다.[187]

새로운 정치적 아이디어들은 시한폭탄일지도 모르지만 적어도 메테르니히는 그것이 가능한 한 천천히 재깍거리도록 확실하게 그렇게 할 것이다. 나폴레옹 시대에 그렇게 치명적으로 폐지되었던 자율적 행위자들의 비파괴 규칙이 메테르니히에게 호소력이 있었음은 분명했다. 그는 정부가 신민들의 민족성과 관습을 정당히 존중하는 것이 필요하다는 데 캐슬레이와 동의했으며 오스트리아 황제의 의도가 이런 원칙

187 *Ibid.*, p. 185.

과 얼마나 많이 일치하는가를 그에게 확실히 했다. 메테르니히의 언명들을 보면 그가 말한 모든 원칙들은 항상 다른 사람들의 것이고 또 메테르니히가 그들과 동의할 때면 그는 다른 사람의 이름으로 그렇게 하는 걸 선호했다는 사실도 주목할 만한 일이다. 그는 스스로 어떤 원칙들을 제시하지 않았다. 혁명의 도전에 직면한 보수주의자들은 자신들의 지위를 방어하기 위해서 추상적 원칙의 힘을 빌렸다. 왜냐하면 추상적 원칙이 바로 혁명이 자신들에게 대항해 사용하는 것이었기 때문이다. 메테르니히는 원칙에 대한 이런 투쟁은 보수주의자들이 이기기 어렵고 아니 심지어 불가능할 뿐만 아니라 거기에 끼어드는 바로 그 행동이 패배나 다름없다는 것을 최소한 직감적으로 이해하고 있었다. 구질서의 장점은 그것의 자연스러움 즉 당연시되는 데 있었다. 따라서 일단 그것이 논의됨으로써 깨져 버리면 그 자연스러움은 회복할 수 없도록 상실되었고 그때 가서는 원칙에 의해서 대치될 수밖에 없었거나 아니면 그것이 실패하면 폭력에 의해 대치될 수밖에 없었다. 메테르니히는 어떤 형태든 추상적 원칙에 양보하는 것은 말할 것도 없고 그것에 관한 논의조차 방지하고 삼감으로써 이런 자연스러움의 부식이 늦추어질 수 있고 그 결과 구질서의 지구력이 증가할 것이라는 전제 위에서 행동했던 것이다.

빈회의의 협상자들이 과거 베스트팔렌이나 위트레흐트회의의 협상자들과 달랐던 것은 빈회의의 협상자들, 즉 평화의 창조자들은 자의식적 방법으로 여론을 탐지했었다는 점이다. 흔히 여론이란 너무 산만하고 초점이 없으며 또 단기적으로는 너무 잘못 알고 있기 때문에 정치가들에게 구체적으로 무엇을 하거나 하지 못하도록 압력을 행사하지 못한다. 그 대신에 여론이란 정책 결정자들이 대중의 눈에 회고적으로 평가될 것이라는 것을 예상하기 때문에 그들에게 영향을 미친다. 빈회의에선 위트레흐트체제의 차분했던 자의식이 불안한 자의식으로 대치되었다. 1789년 혁명 이전의 상황과 다른 것은 앞으로는 질서가 원칙이 아니면 억압에만 의존할 수 있을 뿐이며 다시는 아주 자연스러울 수가 없을 것이라는 점이었다. 이것이 빈에서 아직은 완전히 그런 경우가 아니었지만 그럼에도 불구하고 그런 성향은 피할 수 없었다. 구 유럽이 어떤 폭력적 격변을 겪었던지 간에 구 유럽은 항상 합의의 원천으로서의 관습으로 돌아갈 수 있었다. 그러나 혁명에 의해 이미 심각한 타격을 받은 19세기에 그런 관습은 누가 그 과정을 늦추기 위해 무엇을 하든 계속 부식되어 갔다. 그 결과 나폴레옹 이후의 복고를 축하하는 모든 끝없는 축제들에게도 불구하고 빈의 평화창조자들은 위험스러운 입장에 있었다. 나폴레옹은 갔지만 그러나 혁명은 지하로 숨었을 뿐이었다. 그들은 춤을 추었겠지만 전권대표들이 대변했던 정치질서는 현재의 그리고 궁극적으로 멈출 수 없는 사회적 발전으로 치명적 위협을 받게 될 것이다.

새로운 정치적 풍토 즉 혁명의 위협에 대처하는 데에는 두 가지 가능한 방법이 있었다. 하나는 폭풍에 정면으로 맞서거나 아니면 그것을 타고 가는 것이다. 그러나 어느 경우이든 대중들을 조심스럽게 감시하는 것이 필요했다. 대중들은 혁명을 통해 이미 위력을 보였었다. 따라서 그들을 무시한다는 것은 미친 짓이 되었을 것이다. 나폴레옹 치하의 파리에서 오스트리아의 특명전권공사로 머물던 때 메테르니히는 여론이란 모든 수단 중 가장 강력한 것이라고 썼다. 종교처럼 여론은 행정적 조치들이 아무런 영향력을 미치지 못하는 가장 후미진 구석들까지 파고든다. 여론을 무시하는 것은 도덕적 원칙들을 무시하는 것만큼 위험하다. 후손들은 우리가 침묵을 반대자들의 아우성에 대적하는 유효한 무기로 간주했다는 것을 거의 믿지 않을 것이다. 문자의 시대에 신문이 나폴레옹에게 30만 대군의 가치가 있다. 왜냐하면 30만 대군의 힘이란 그에게서 봉급을 받는 대여섯 명의 시사 논평자들보다도 국내여론을 더 잘 지배하지 못할 것이며 또 내외적으로는 다른 강대국들을 덜 놀라게 하지 않을 것이기 때문이다.[188]

탈레랑도 여론에 대단한 중요성을 부여했었다. 그는 또한 빈에서 선전공세를 벌였다. 그것은 1815년 1월 산스테파노(San Stefano) 성당에서 루이 16세의 처형기념일에 그가 마련한 엄숙한 위령미사에서 절정에 달했다. 그것은 그의 소중한 왕조적 정통성 원칙의 기념비적 축전의식이었다. 그 종교적 행사는 오늘날의 용어로 표현한다면 미디어 사건(a media event)을 위한 구실에 지나지 않았다. 탈레랑은 제도적 기독교에 대한 신념이 별로 없었다. 전에는 세속적 권력이 종교의 권위로부터 지원을 끌어냈다. 이제는 더 이상 그렇게 할 수 없다. 왜냐하면 종교적 무관심이 모든 계급에 침투하고 보편적이 되어 버렸기 때문이다. 그러므로 주권자의 권력은 지지를 위해 여론에 의존할 수밖에 없으며 또 그것을 획득하기 위해서 주권자의 권력은 여론과 하나가 되려고 노력해야만 한다고 탈레랑은 루이 18세 프랑스 왕에게 말했었다.[189] 그리하여 탈레랑은 프랑스 왕에게 프랑스 국민이 요구하는 민주적 권리를 즉

188 *Ibid.*, p. 190에서 재인용.

189 *Ibid.*, p. 191.

시 인정하고 또 낡은 절대군주의 모든 허위 허식을 단념하라고 촉구했다. 그러나 나폴레옹의 귀환의 충격을 겪고 부르봉왕조의 명분이 얼마나 실제로 허약한가를 깨달은 후에 탈레랑은 여론이란 너무 강력한 힘이라서 조작될 수 없으며 따라서 비위를 맞춰 주어야 한다고 믿게 되었다.

러시아의 차르는 처음에 정치적 급진주의와 보란 듯이 불장난으로 자신을 두드러지게 했다. 그는 대중들의 열망과 자신의 단결을 강조했으며 동료 주권자들에 반대하면서까지 그들을 지지했다. 그러나 빈회의에서 차르가 작센에 대한 프로이센의 계획에 열정적 지원을 함으로써 그는 대중들과의 관계에게 심하게 손실을 보았다. 프로이센에 의한 작센의 병합이 작센 주민들의 의지와 정말로 일치한다고 그가 주장했었던 것으로 보임에도 불구하고 그렇게 되었다. 탈레랑은 빈회의가 종식시키려는 혁명적 격동의 부활을 부추기는 것으로 보이는 차르에 대해 아주 비판적이었다. 그래서 작센 문제에 대한 차르의 입장과 그의 진보적 수사가 점증하는 반대에 직면하는 것을 보고 좋아했다. 1814년 10월 탈레랑은 여론이 하루가 다르게 작센 왕의 명분에 우호적이 되고 있다고 지적했다. 그리고 1815년 1월에 그는 자유주의적 생각을 가진 차르가 여기서 진전을 이룬 게 별로 없으며 그가 매일 길을 갈 때 사람들로부터 모욕당하는 것을 막기 위해서 경찰력을 3배나 증강시키는 것이 필요한 것을 알게 되었다고 기술했다. 캐슬레이도 차르에게 그가 여론을 뒤에 업어야 한다면 유럽에서 어떤 정의롭고 안정적 질서를 목격하는 데 절망할 수밖에 없다고 경고했다. 결국에 가서 차르는 자신의 마음을 바꿨다. 개회 때 작센을 프로이센에 넘겨줄 준비가 되어 있었던 캐슬레이도 마음을 바꿨다. 영국의 여론이 그 병합에 반대했다. 영국의 여론은 최소한 작센의 보존만큼이나 폴란드의 독립에 호의적이었다.

그러나 어떤 구조적 원칙도 폴란드의 명분을 위해 이용될 수가 없었다. 힘의 균형의 고려는 폴란드를 분할하는 것에 의해서만 만족될 수 있었던 반면에 왕조적 정통성은 적용될 수 없었다. 폴란드는 원래 선출군주제였었다. 그러다 1791년 그것을 세습제로 만들려는 때늦은 시도는 실패했다. 폴란드의 군주제는 20년 전에 이미 소멸했었으며, 따라서 그것은 프랑스혁명과 나폴레옹에 대항하는 투쟁과 직접적인 관계가 없는 사건이었다. 이런 환경 속에서 폴란드의 재건은 100년 후에 가서야 민족주의원칙의 출현을 기다려야만 했다. 그러나 작센은 달랐다. 여기에선 힘의 균형 원칙과 왕조적 정통성의 원칙이 여론의 강력한 초점이었다. 따라서 그것을 무시한다는 것은 사실상 불가능하게 되었던 것이다. 따라서 국제적 합의의제와 여론의 아우성으로부터 안전한 체, 또 그것들에 대해 철저히 무시한 채 오직 전략적 고려만으로 폴란드와 작센을 분할하는 빈의 정책 결정자들의 대중적 이미지를 버려야 할 것이다.[190] 물론 빈의 협상자들이 때론 여론을 무시한 것도 사실이다. 탈레랑은 제1차 파리평화의 관대함이 프로이센과 러시아의 여론에 얼마나 강력하게 반하는가를 루이 18세에게 지적했다. 그리고 제2차 파리평화조약이 작성되는 와중에 캐슬레이는 프랑스의 더 나아가는 국토분할을 제안하는 데 있어서, 이 정책이 최종적으로 실행되지는 않았지만, 오스트리아와 프로이센은 독일의 여론으로부터 강력한 압력을 받고 있다고 지적했다. 그러나 각각의 경우에 여론은 어떤 합의 원칙에 의해서도 지지받지

190 *Ibid.*, p. 198ff.

못했다는 것을 지적하는 것이 중요하다.

헨리 키신저에 의하면 제2차 파리평화조약마저 관대했던 것은 복수와 프랑스의 미래의 모든 위험재발에 대해 영토적 안전장치를 요구하는 아우성을 캐슬레이가 고집스럽게 저항한 사실에 주로 기인했다.[191] 그렇게 하는 데 있어서 캐슬레이는 독일의 여론과 그에 따른 프로이센 오스트리아 및 약소국들로부터의 압력에 맞섰을 뿐만 아니라 영국의 그리고 실제로 영국내각의 지배적 분위기에 맞섰다. 이것은 1714년 영국의 옥스퍼드 수상과 볼링브룩 외무장관이 그들의 말썽이 된 평화를 집요하게 밀어붙였던 것을 상기시켰다. 그럼에도 불구하고 그것은 국제적 합의의제에 대한 신중한 존중으로 성공적이었음이 입증되었다. 심지어 패전국의 자율과 자존심이 보존되었다. 분노와 응징하려는 성급한 열방이 들끓었지만 그들은 합의 원칙을 위반하지 않았다. 그것은 일시적인 흥분이었다. 그것이 항구적으로 지속하도록 구축된 타결의 형성에 영향을 미치도록 허용하는 것은 위험스러웠을 것이다. 1714년 때처럼 1815년에도 처음 분노는 빠르게 가라앉았으며 타결은 수락되었다. 합의가 요새보다도 안전에 더 잘 기여했다. 당시 프로이센이 프랑스의 응징을 요구하는 데 가장 목청을 높였다. 프로이센의 협상단 대표였던 하르덴베르크(Hardenberg) 재상은 프랑스가 다시 평화를 깨뜨렸다면서 그것은 전년에 프랑스를 관대하게 용서했기 때문이라고, 따라서 그런 관대함을 또 다시 수용하는 일은 용서할 수 없을 것이라고

191 Henry A. Kissinger, *A World Restored: Matternich Castlereagh and the Problem of Peace 1812-1822*(Boston, Mass.: Houghton Miffein Company, 1957), p. 178ff.

기록했다.

메테르니히는 제1차 파리평화 때까지 화해를 열심히 주장했다. 그는 프랑스에 대한 동맹국들의 선의의 표시로 광범위하거나 그 자체로 중요하지 않은 상당한 양보를 비축하고 싶어 할 정도였다. 1814년과 1815년에 하르덴베르크에게 프로이센, 러시아, 그리고 타국들로부터 알자스(Alsace) 지역을 재탈환하라는 압력이 있었지만 메테르니히는 그것에 관해서 듣고 싶어 하지 않았다. 그는 만일 구질서의 부식이 지체되려면 국제적 안정이 무엇보다도 긴요하다는 걸 알고 있었다. 만일 앞으로 전쟁의 씨앗이 이레덴티즘(irredentisme), 즉 영토회복주의가 프랑스에서 발생되도록 허용하면서 뿌려진다면 그때 그것은 분명히 혁명에 새로운 기회를 제공할 것이다. 따라서 메테르니히는 1815년 8월 이번 전쟁이 정복전쟁으로 퇴락해서는 안 된다고 선언했다. 그러나 여론과 자신의 내각으로부터의 압력을 받고 있던 그는 프랑스의 침략이 프랑스혁명이 발명했던 어떤 것이 아니라 왕정프랑스에 의해서도 유럽에 대해 범했던 어떤 것이었다고까지 지적하면서, 그런 침략은 비록 실패한다고 할지라도 프랑스 자체에 불쾌한 결과를 결코 가져오지 않을 것이라는 생각이 프랑스인들 사이에서 분쇄되어야 한다고 주장했다. 따라서 그는 프랑스 국경 요새의 외곽선의 양도나 아니면 적어도 해체를 요구했다. 프랑스로부터 아무런 직접적 위협에 노출되지 않고 또 거기서 추가적 영토를 얻어낼 위치에 있지도 않는 러시아가 프랑스의 어떤 응징도 있어서는 안 된다는 데 단호했다. 러시아 차르의 카포디스트리아스(Kapodistrias) 공사는 프랑스 민족의 세력을 직접 축소하는 것은 프랑스인들에게 그들의 정부가 유럽에 재앙이라고 말하는 셈이 될 것이라고 기록했다. 즉 유럽이 세우는 프랑스의 정부를 존중하라면서 바로 프랑스를 축소시키는 것은 유럽이 스스로 수립한 프랑스 정부를 불신하게 할 것이기 때문에 프랑스 힘의 응징적 축소에 반대한다는 입장이었다.

이런 상황에서 영국이 취하는 입장이 결정적이었다. 워털루전투의 승리에서 막 돌아온 웰링턴은 캐슬레이에게 보낸 중요한 편지에서 만일 프랑스의 영토가 축소된다면 또 다른 전쟁이 사전에 계획된 것이나 마찬가지라고 주장했다. 캐슬레이도 역시 프랑스의 영토적 축소에 관해서 일이 잘 이루어지길 바라는 것과 그렇게 되었을 때 그것을 유지하는 것은 별개의 문제임을 지적했다. 캐슬레이는 1919년 베르사유평화 수립자들이 마음에 간직했었더라면 좋았을 법한 문구에서 다음과 같이 주장했다.

> 만일 프랑스 왕의 권위만 확고하게 수립될 수 있다면 그러면 이것은 우리가 획득할 수 있는 다른 어떤 안전장치들을 넘어서는 가치 있는 것이 될 것이다. 만일 정반대로 우리가 이제 사태를 극단적으로 몰고 가면 우리는 프랑스 왕에게 우리를 거부하는 것 외에 자국민의 눈에 아무런 자원을 남겨 주지 못할 것이다. 그래서 일단 감정적으로 우리에게 대항하려고 들면 프랑스 왕은 곧 스스로 프랑스를 전쟁으로 몰고 가거나 혹은 어쩌면 어떤 보다 더 대담하고 모험적인 경쟁자에게 길을 터주기 위해 버려질 것이다.[192]

---

192 Andreas Osiander, *op. cit.*, p. 202에서 재인용.

"트로피를 수집하는 것은 우리의 일이 아니라 우리가 세계를 평화적 습관으로 되돌릴 수 있는지를 시험하는 것이 우리의 일이다. 나는 이것이 프랑스의 영토적 성격에 영향을 주는 어떤 기도와 양립할 수 있다고 믿지 않는다"고 캐슬레이는 고집스럽게 주장했다.[193] 또한 캐슬레이의 견해에 의하면, 러시아의 팽창이 제기하는 유럽에 대한 위협을 고려할 때 프랑스가 기존의 힘만으로도 유럽체제에 위험하기보다는 오히려 유용한 구성원이 될 수 있다는 것이었다.

결국 프랑스는 제2차 파리평화가 제1차 파리평화보다는 덜 너그럽다고 할지라도 어떠한 심한 보복도 당하지 않았다. 배상금은 요구되었지만 프랑스인들은 그 액수에 관해서 흥정을 허용받았고 결국은 처음 한 번의 제안에서 크게 감소되었다. 프랑스는 약간의 변방 영토와 란다우(Landau) 요새와 약탈한 예술품을 박탈당했지만 그러나 프랑스는 여전히 프랑스혁명 이전과 비교하면 이득이 있었다. 프랑스는 외국 지배자들이 과거에 소유했던 그리고 1790년대 병합했던 고립된 영토들을 보상 없이 보유하게 되었다. 프랑스인들은 분개했지만 제2차 파리평화는 국제적 합의의제의 어떤 부분도 위반하지 않았으며 그것이 심히 굴욕적이지도 않았다. 따라서 리슐리외 수상은 상, 하원 앞에서 그 조약을 내놓고 인상적이고 재치 있는 다음과 같은 연설로 수용과 화해를 촉구할 수 있었다.

> 여러분 오늘을 위해 품고 있는 현명치 못한 생각이나 미래를 위해 무분별하고 위험스런 불만의 씨를 뿌리는 일은 우리에게 당찮습니다.

193 *Ibid.*, p. 203.

모든 민족들과 싸운 프랑스는 비상한 에너지를 전개했었습니다. 모든 국가들이 그런 노력으로 고통받았습니다. 거의 모든 곳에서 프랑스는 승리를 거두는 전투를 수행했었습니다. 그러나 프랑스가 정복했던 곳마다 프랑스는 공포를 낳고 보복을 촉발시켰으며 분노를 자극했었습니다. 오직 시간과 오직 큰 자제와 오직 참을성 있고 한결같은 분별력만이 그것들을 가라앉히는 수단을 제공한다 말할 수밖에 없습니다. 우리는 충분히 추구했습니다. 우리는 군대의 용기와 그들이 쟁취한 피 묻은 트로피로 얻은 숙명적 영광을 충분히 획득했습니다. 우리가 얻을 더 나은 영광이 남아 있습니다. 권력 찬탈자가 여러 민족들에게 가한 고통에도 불구하고 그들이 우리에게 초래하는 고통에 당황하지 맙시다. 그들이 우리를 믿게 하고 우리를 알게 하고 솔직하고 영원하게 우리와 화해하게 합시다.[194]

194 *Ibid.*, pp. 203-204.

제6장

전통적 헌정질서의 특징
—강대국원칙의 제도화

강자는 자기가 원하는 것을 하고 약자는 그것을 인정할 수밖에 없다. 정의란 동등한 힘을 필요로 하는 것이다.
—투키디데스

이제는 국가 간의 조약이 의회 앞에서 정당화되어야 하는 바야흐로 입헌주의 시대에 들어섰다. 이런 시대의 국제사회에서 요구되는 신국제헌법은 빈회의의 최종결의서였으며 그 후 회의에서 비준된 여러 수정안들에 의해서 때맞춰 보완되었다. 그러므로 빈회의는 유럽에서 일종의 헌정대회였고 그것을 탄생시킨 유럽 국가민족들에 의해 그렇게 간주되었다. 입헌주의는 국가민족의 3가지 예민한 민감성에 대한 대응이었다. 그것은 첫째로 정당성을 위해 단지 관습에만 의존할 수 없고 따라서 연구된 계획과 그 제도들의 시행을 통해서 통치할 권리를 획득해야 한다는 자의식이다. 둘째는 정치가들이 승인을 요구하는 이 새로운 질서에 아주 영향력을 미치게 된 여론의 역할이다. 세 번째는 스스로 정당하다고 취해진 명확히 표현된 원칙의 근거에 입각하여 정부정책이 정당화될 수 있어야 한다는 요구이다. 그러한 3가지 중요한 사항들이 국제정세에서 각각 다음과 같은 방법으로 나타났다. 첫째 유럽에서 미래의 전쟁을 막도록 의식적으로 마련된 구체적인 법적 수단에 대한 요구가 있었다. 둘째, 여론이 해외 문제에 관련되었을 때 정치가들이 효과적 행위자로서 외교관들을 대체할 방법이 있어야 했다. 셋째, 모든 국가들의 "보편적 이익"과 관련되고, 또 이전의 국제제도에서 선언되고 또 전통의 위신과 정당성을 향유한 힘의 균형의 계승된, 그런 원칙들이 강대국들의 사이에서 새로운 합의로 성취되어야만 했다. 그래야만 강대국들의 행위가 원칙적으로 보였을 것이다. 그러나 이 원칙들도 실질적이기 위해서는 업데이트되고 또 수정되어만 했다.[195]

첫째로, 미래의 갈등을 다루도록 의도적으로 마련된 수단의 요구에 관해서 말한다면, 그것은 여러 가지 방식으로 등장했다. 우선 위트레흐트체제는 전쟁이 너무도 파괴적이어서 국가 생존을 확실히 하기 위해 억제되어야만 하는 그런 새로운 종류의 전쟁을 전혀 막지 못했다. 일단 국가민족의 에너지가 영토국가들의 정교한 협약에 대항하여 전재되면 분명해지는 치명적 취약성이 있었다. 영토국가들은 서로가 아주 쉽게 영토적 양보로 해결해 버리기 때문에 지속적인 동맹을 유지할 수 없었다. 영토국가체제의 짧고 제한된 전쟁을 수행하는 데 지속적 동맹이 필요하지 않았지만 새로운 전쟁의 시대엔 필요 불가결하게 되었다. 클라우제비츠가 지적했던 것처럼 전쟁은 국민들의 열정적인 전쟁이 되었다.[196] 다음으로 국가국민과 함께 발생한 의식구조는 에티켓에 의존하

195 Philip Bobbitt, *The Shield of Achilles*(New York: Alfred A. Knopf, 2002), p. 543ff.

여 작동되는 것 같은 과거의 국제체제를 수동적으로 수락할 수 없었다. 국가민족은 국가가 민족의 실현을 위한 이상적 수단을 제공한다는 주장 위에 수립되었다. 즉 민족은 오직 국가의 자의식적 창조와 향상을 통해서만 충족될 수 있었다. 그리고 바로 이 시기에 근대 정당들이 생성되었다. 그리하여 각 정당들이 민족에게 국가를 통해서 민족을 성취할 최선의 경쟁적 방법을 제안했다. 또 다음으로 국가민족들은 피치자의 동의의 토대 위에서 통치한다고 주장했다. 따라서 만일 어떤 수단이 유럽의 안보정세를 통치하도록 마련된다면 그것 또한 유럽 인민들의 의지를 반영한다는 근거에 입각하여 옹호되어야만 할 것이다.

이런 법적 수단에 의해서 창설된 다국적 제도, 요즈음 말로, 다자적 제도는 그것의 결정이 궁극적으로 동의에 입각하고 있다고 정당화하기 위해서 국제여론에 "부응해야만" 할 것이다. 즉 그것은 전쟁을 단지 봉쇄하기보다는 "억제해야만" 할 것이다. 그리고 최종적으로 그것은 국가적 대중들에 의해서 실제로 "부응하고" 또 "억제하는" 두 가지를 다 하고 있다고 인식되어야만 한다. 유럽사회가 도달한 해결책은 5개 강대국들로 구성된 일종의 집행위원회였다. 이것은 필요에 따라 국제적 안전을 조정하고 또 정기적 회의를 소집하여 이 집행이사회가 내린 결정을 비준하는 것이다. 이것은 바로 빈회의 전에 세워진 패턴을 평화시에 모방한 것이었다. 즉 제휴동맹국들이 처음 행동방향에 동의하고 그때 가서 그것이 모든 국가들의 일반회의에 비준을 위해 제출되었다. 이런 식으로 하여 다수를 대신해 소수가 결정하는 빈회의의 동의원칙

---

196 Carl von Clausewitz, *On War*, trans. Michael Howard and Peter Paret(Princeton: Princeton University Press, 1976).

의 분명한 모순이 해소되었다. 강대국들을 소수에 의존하는 것만이 평화를 유지하고 또 다수가 보호한다고 주장하면서 평화를 위한 공동의 합의에 의존할 수 있었다.[197] 이런 술책이 동맹국들이 정해진 빈회의 개회일 전까지 최종적 결정을 도출할 수 없었던 수 주 동안 작동했음을 알 수 있다.

캐슬레이가 지연을 설명하는 선언문을 초안했다. 그 속에서 그는 강대국들이 강대국들만이 사실상 내리는 바로 그 결정에 관해서 그들이 국제 여론을 고려하고 있음을 보여 주려고 무진 애를 썼다. 즉 그는 선언문 초안에서 파리조약의 당사자들이 일반적 유럽체제를 위한 필요한 토대로써 인정되는 원칙들과 대부분 일치한다고 판단되는 타결의 계획을 숙고하고 승인을 위해 제출할 의무감을 느낀다고 썼던 것이다. 이런 조정의 원형은 제1차 파리평화조약에서 발견된다. 이것은 제1조에서 조약 당사국들이 평화를 위해 필요한 조화와 이해를 자신들 사이에서 뿐만 아니라 모든 유럽의 국가들 간에 보존하려는 모든 노력을 경주할 것이라고 규정하고 있으며 제16조는 다가오는 회의에서 조약의 조항들의 비준을 규정했다. 이런 방법을 통해 강대국집행이사회는 이런 소신을 서로 간의 거래에서 적용할 뿐만 아니라 국제 여론에 의존하여 이사회의 결정에 대해 광범위하게 동의를 받은 것으로 주장할 수 있었다.

이 강대국집행이사회가 유럽협조체제를 운영했다. 처음에 회원국은 쇼몽조약의 당사국인 4개국에 국한되었지만 정치적 유럽회의들에서 1818년까지 프랑스가 그 집행이사회에 가입되었으며 이것은 반세기

197 *Ibid.*, p. 544.

동안 유럽의 정부를 거의 구성한 것이나 다름없었다.[198] 실제로 당시 유럽의 1억 7천만 명 인구 가운데 3분의 2 이상이 파리조약의 당사국들의 주민이었다. 이제 제한된 목적을 위한 은밀한 전쟁의 시대는 끝났다. 민족적 이상을 위해 싸우는 민족전쟁의 시대가 도래한 것이다. 대규모 군대를 전투에 보낼 수 있는 국가들로 구성함으로써 이 집행이사회가 관리하는 집단안보제도를 만들었다. 그러나 집단안보의 약점은 이익이 동일한 경우가 드물고 따라서 안전이 상처받기 쉬운 것이다. 그러므로 집단안보라는 일반 체제의 회원들은 함께 행동하기보다는 아무 행동도 하지 않고 지켜보는 데 더 쉽게 동의할 것이다.

당시 유럽의 집행위원회의 경우에 정확하게 아무것도 하지 않고 가만히 있으라는, 즉 무위가 촉구되었다. 유럽협조체제의 집행이사회 소속 강대국들은 모두가 각각 새로운 혁명적 격동이 두려워 외교정책에서 위신과 정당성 그리고 집행기구의 참여가 부여하는 중대성을 추구했다. 그러나 막상 그런 격동이 왔을 때 그것은 유럽협조체제에서 이탈하는 국가민족 회원국으로부터가 아니라 오히려 배제되었던 국가들 즉 이탈리아와 독일로부터 왔었다. 유럽의 국제사회를 안전하게 하려던 빈에서의 기도가 궁극적으로는 거대한 민족에게 "국가의 지위"를 부여하지 못한 실패에 의해 무너졌다는 것은 참 아이러닉한 일이다.

그러나 그것은 국가민족들이 전 세계에 걸쳐서 상봉하는 현상이었다. 또한 그것은 어쩌면 이 헌정적 형태에 내재되어 있었을 것이다. 비록 때때로 빈회의가 영토적 타결에서 민족주의 문제를 무시했다고들

---

198 Henry Kissinger, *Diplomacy*(New York: Simon & Schuster, 1994). p. 82.

말하지만 그것은 오직 부분적으로만 맞는 말이다. 오히려 빈회의는 강대국들의 민족적 주민들에 관해서 부단히 경계했었다. 프랑스는 분할하라는 광범위한 감정이 있었음에도 불구하고 분할되지 않았다. 희생되었던 것은 국가 내 주민들의 민족적 정체성이었다. 그리고 바로 이것이 국가민족 그 자체와 그것이 어떻게 민족국가와 다른가에 관해 거의 모든 것을 말해 준다. 국가민족을 국가를 숭배하고 민족이 봉사하게 한다. 그러므로 그런 국가들의 사회는 민족적 정체성 그 자체를 추진하는 것에 대해서가 아니라 국가의 민족적 정체성을 수호하는 데에 관심이 있다. 유럽협조체제는 바로 그런 국가들의 사회를 위한 이상적인 제도였다.[199]

둘째로, 여론의 영향력이 정치에 미친 영향에 관해서 말한다면 분명히 근대 국가민족은 정권이 인민의 동의에 의존했기 때문에 여론에 민감하게 순응했다. 그러나 당시엔 정치 지도자들이 국내 여론에 따라 정책을 결정했다기보다는 여론을 조심스럽게 모니터링했다고 보는 것이 더 정확할 것이다. 당시 그들은 모두가 저널리스트들에 의한 프랑스 전제체제의 대중적 위상의 파괴를 목격했었다. 그들은 나폴레옹의 권력이 그가 조심스럽게 육성한 프랑스인들의 상상력 속에서 차지한 위치에서 본질적으로 나온다는 것을 알고 있었다. 민일 종교적 전통이 그것을 왕조적 과거와 연계시키고 신비감의 위신으로 그것을 물들이는 데 의존하여 구체제(the ancient regime)를 뒷받침했다면 이젠 여론이 권력과 정당성을 위한 대중적 승인에 의존하는 그런 국가를 뒷받침해야만

199 *Ibid.*, p. 546.

한다. 오늘날의 민족국가에서 여론의 역할은 국민의 복지가 국가에 의해 돌봐지는지의 여부를 평가하는 것이다. 빈회의에서 그런 여론의 역할은 별로 없었다. 그러나 아직 민족국가가 아닌 당시의 국가민족에서 여론의 역할은 민족의 봉사자로서가 아니라 신격화로서 국가의 성격과 적합성 및 도덕성을 평가하는 것이었다.[200]

따라서 흔히 주장되는 것만큼 영토의 할당조치도 그 자체로서 중요하지 않았다. 메테르니히에겐 무엇보다도 영토 재분배 회담의 결과는 오스트리아가 얼마나 성공적으로 자신을 내세우느냐의 표시로써 중요했다. 오스트리아는 중심적 국제행위자로서 자신의 역할을 확인하고 싶어 했었다. 독일국가연합에서 체면을 잃은 것은 새로운 유럽연맹에서 오스트리아의 지도력에 치명적이었을 것이기 때문이다. 따라서 그것은 단순히 편의의 문제가 아니었다. 독일과 유럽의 여론이 오스트리아를 어떻게 생각하느냐는 오스트리아에게 대단히 중요했다. 전제적 차르에 관해서조차 거의 동일한 주장을 할 수가 있다. 캐슬레이 같은 의회지도자와 국가민족에서 국내 유권자의 여론간의 관계는 국가민족의 지도자와 다른 동료지도들과의 관계가 창출되는, 따라서 궁극적으로 이 국가와 다른 국가 간의 관계가 창출되는 요소들을 제공했다. 그 관계 역시 위신과 명성 그리고 여론과 일치함으로써 부여되는 지위로 구성된다. 그러므로 국내 여론과 국제 여론은 연결되어 있는 것이다. 각자가 자신의 국내적 선거구에서 여론에 신경 써야만 하는 지도자들로 이루어진 기구인 강대국들의 집행이사회에서 결정적 역할을 수행하기 위

200 Philip Bobbitt. *op. cit.*, p. 548.

해 차르는 유럽 여론의 존경심을 얻고 싶었다. 빈체제는 그것이 여론에 민감하게 될 경우에만 성공적일 수 있었다. 그리고 그 후의 회의들과 강대국이사회가 그것을 보증했다. 그러나 평화창조자들이 직면하고 있는 가장 중요한 도전은 수단적이거나 정치적인 것이 아니었다.

세 번째의 새로운 원칙들에 관한 요구에 관한 것이었다. 이것은 구체제에 의해 관습적 정통성의 상실에 의해 제기된 도전이었다. 왕조의 정통성에 관한 원칙은 빈회의를 지배하는 정치적 개념 중 가장 잘 알려진 것이다. 탈레랑은 이 정통성의 원칙을 유럽에서 안정의 주된 수호자로 간주했다. 그러나 사실 왕조적 정통성은 18세기 말 이전에 유럽의 국제정치에선 별다른 역할을 한 게 없었다.[201] 왕권 심지어 절대적 왕권의 전통적 개념을 독제체제와 구별 짓는 것은 왕권이 엄격하게 계층적 사회질서에 뿌리를 두고 있다는 점이다. 이런 사회질서에서 계급은 주로 출생에 의해서 결정되고 사회적 변동성이 거의 없었다. 사회계층은 각 사회적 계층에 있는 개인들의 수가 꼭대기에 가까이 갈수록 감소하는 피라미드 형태로 되어 있었다. 정치적 권위가 높은 사회적 계급을 가정하는 한 그런 질서는 자연히 소수 혹은 실제로는 한 사람에 귀속되는 최고권위를 향해 나아가는 성향이 있었다. 그러나 왕관을 쓰기 위해서 그것은 세습하는 것이 항상 필요한 것은 아니었다. 그러나 올바른 조상들을 갖고 있고 또 그들이 충분하다는 것을 확실히 하는 것이 필요했다. 실제로 혁명전 유럽에서 선출된 지배자의 수는 일반적으로 알려진 것보다는 훨씬 많다. 독일 황제, 1628년까지 폴란드의 왕, 1660년까

201 Andreas Osiander, *op. cit.*, p. 207.

지 덴마크 그리고 1867년까지 헝가리, 여러 명의 스웨덴 지배자, 독일과 스위스의 교구군주 그리고 물론 교황 자신을 들 수 있다. 이런 선출직 군주에서 왕조적 계속성의 정도는 아주 다양했다.

그런데도 불구하고 근대 초기 유럽에서 왕권이 유력했던 것은 순전히 공화정치체제란 비교적 작은 공동체 그것도 대부분이 고도로 도시화된 곳에서만 발견되었다는 사실에 의해서 암시된다. 공화국에선 한 사람 이상으로 구성되는 최고 정책결정 단위들을 갖는 것이 필요했다. 이 단위들은 효과적으로 작용하기에 충분할 만큼 작은 것과 동시에 공동체의 정치적 엘리트들, 즉 중요한 토지 소유자들을 대표하는 것으로 간주되어야만 했다. 공화정부의 국제정치적 정통성은 국왕으로부터 빌려올 수 없었다. 그러나 대표성은 그 정책결정 단위가 자신들이 대표하는 계급과 긴밀히 접촉해야만 했다. 당시 가설된 통신의 느린 속도를 고려할 때, 통신의 필요한 거리가 짧을 때 그것이 분명히 훨씬 더 쉽게 이루어졌다. 바로 이러한 이유에서 구체제의 공화국들은 보다 큰 왕국들에 비교해 규모가 작았었다. 독일제국 내에나 스위스에는 자치적 경작공동체도 약간 있었지만 이런 현상은 토지가 경작자들에 의해 소유되는 것을 필요로 했다. 시골의 토지소유 계급과는 달리 도시의 토지계급들은 가깝게 거주하여 집단적 정책결정을 쉽게 해 주었다. 뿐만 아니라 시골의 토지계급들은 흔히 자립적이었다. 반면에 도시의 정치 엘리트들은 주로 상인과 수공업들로 구성되었고 그들은 상호 밀접한 관계와 상호 의존성을 공유하고 있어서 집단적 정책결정을 바람직스럽게 만들었다. 그 결과 토지의 소유가 사회의 고위계층에 집중된 영토적 규모가 크고 농업지배적 유럽 대부분의 공동체는 사회학적으로 공화주의를 지지할 것 같지 않았다.

어쨌든 구질서를 무너뜨리고 새로운 대의 민주적 공화제가 프랑스 혁명의 비극적 실험과 나폴레옹에 의한 전복과 정복전쟁의 종결을 공식화하고 질서회복에 나선 빈회의에서 왕조적 정통성이 개념을 내세우면서 어느 정도 성공적으로 그것을 옹호한 것은 탈레랑이었다. 그러나 분명히 그 개념이 이미 분위기를 타고 있지 않았다면 탈레랑이 그렇게 할 수 없었을 것이다. 단지 구질서의 상징일 뿐만 아니라 그것의 안정성의 명분으로 잘못 평가된 왕족주의에서 초점을 발견했던 것은 정치적 휴식을 향한 동경이었다. 탈레랑은 순전히 실용적인 면에서 왕조적 정당성의 개념을 정당화했으며 명시적으로 신비주의와의 어떤 결합도 거부했다.[202] 나폴레옹의 전복을 공작했던 탈레랑은 프랑스의 왕좌에 왕조적 정당성에 따라 적법한 지배자를 부활시키는 작업에 착수했다. 동맹국들이 파리에 입성했을 때 그가 자신의 시골 저택에 머물도록 초청한 차르에게 탈레랑은 자신의 의견을 강력하게 피력했었다.

> 폐하나 동맹 강대국들이나 폐하가 상당한 영향력이 있다고 믿는 저나, 우리들 중 어느 누구도 프랑스에 어떤 특정된 왕을 강요할 수는 없을 것입니다. 프랑스는 폐하의 군대에 의해 정복당했습니다. 그러나 지금도 폐하는 그렇게 할 힘을 갖고 있지는 않습니다. 프랑스에 어떤 왕을 강요한다는 것은 계략과 힘이 요구될 것입니다. 어느 것 한 가지만으로는 충분하지 않을 것입니다. 안정적 상태를 확립하기 위해서, 그리고 그곳에서 항의에 직면 않고 수락될 수 있는 것을 확립하

202 *Ibid.*, p. 212.

기 위해서는 원칙에 맞게 행동해야만 합니다. 하나의 원칙에서 우리는 강합니다. 즉 우리는 아무런 저항에 직면하지는 않을 것입니다. 반대가 있다 해도 어쨌든 곧 사라질 것입니다. 그런 원칙은 오직 하나가 있을 뿐입니다. 루이 18세가 그런 원칙입니다. 그가 바로 프랑스의 정당한 왕입니다.[203]

이런 점에서 가장 설득이 필요한 것은 차르였다. 동맹국들이 승리를 거두기 얼마 전에 캐슬레이는 프랑스의 미래 정부에 관해서 동맹국들의 견해를 타진했었다. 그때 차르는 부르봉 왕실에 대한 동정심을 거의 갖지 않았었다. 비록 차르가 종국에는 탈레랑에 의한 루이 18세의 소환을 수락했음에도 불구하고 그는 여러 경우에서 왕조적 정통성의 원칙에 반대의 목소리를 계속했다. 많은 사람들이 그의 견해에 충격을 받았지만 차르는 적어도 그들의 관심을 끌려는 목적을 달성했던 셈이다. 메테르니히는 프랑스에 수립될 국내 문제에 개입하려 들지 않았지만 부르봉왕조의 복고가 바람직스럽다고 생각했다. 캐슬레이도 이런 태도를 공유했다. 두 사람은 이 점에서 어떤 원칙에도 미리 찬동하고 싶어하지 않았다. 이 단계에서는 놀랍게도 루이 18세가 일단 이미 복고된 뒤에도 동맹국들은 왕조적 정당성의 명분을 공개적으로 공약하지 않았다는 사실이다. 루이 18세가 또 다시 망명길에 오른 나폴레옹의 엘바섬의 탈출과 귀환 이후에야 영국 정부는 1815년 3월 재개된 동맹이 프랑스에 어떤 특수한 정부를 강요할 생각으로 전쟁을 수행하는 것으로

---

203 Andreas Osiander, *op. cit.*, p. 214에서 재인용.

간주되어서는 안 된다는 공식적 입장을 선언했으며 러시아, 프로이센. 그리고 오스트리아가 그 후 영국과 거의 같은 용어로 동일한 선언을 했다. 이에 탈레랑은 이런 자신의 원칙에 대한 신중한 거부에 기겁을 하였다.

그러나 실제로는 캐슬레이가 루이 18세를 재옹립을 돕는 데 노력을 기울였다. 그러나 그는 이일을 눈에 띄지 않게 수행했다. 그는 루이 18세가 어떤 안정의 전망을 갖게 하기에 충분히 현저한 유일한 선택 안을 제공한다고 은밀히 탈레랑과 합의했다. 1815년 상황은 아주 유동적이었다. 따라서 루이 18세에 대한 대안이 없다고 생각하는 탈레랑은 옳았다. 탈레랑이 올바로 예상했던 것처럼 루이18세의 복귀는 처음 1814년에나 혹은 1815년에 다시 복귀할 때도 놀라울 정도로 별다른 반대를 야기하지 않았다. 루이 18세가 대변했던 원칙이 비록 어떤 생각할 만한 대안도 프랑스혁명을 연장하고 또 그에 동반하는 국내외적 불안정을 연상케 할 것이라는 이유에서 실제로 수용되었다. 당시에 대안을 제시할 기분에 젖은 사람은 거의 없었다. 1815년 초 여름까지 왕조적 정당성의 승리는 완결된 것처럼 보였다. 그리하여 루이 18세가 다시 파리로 귀환했다. 그러나 탈레랑이 기대했던 것처럼 왕조적 정통성이 안정의 요소가 될 수는 없었다. 혁명 이전의 질서가 안정적이었다는 것은 왕국 때문이 아니었다. 전제가 잘못 되었다. 오히려 왕국들의 발전을 고무했던 것은 정치적 권위가 출생에 따른 높은 계급을 가정한 안정적이고 위계질서가 잡힌 사회적 질서의 존재 때문이었다. 왕조적 정통성의 원칙을 가진 탈레랑이 정당성의 원천으로써 원칙에 의존하는 것을 피하면서도 행동 통일을 취했던 메테르니히 입장의 타당성을 입증해 주었다.

루이 18세는 하나의 원칙으로 선언될 수 있었다. 그러나 탈레랑이 고집한 민주적 포장지를 갖고도 그는 보다 합리적 주장을 가진 혁명에 대항하여 지는 전투를 수행하는 본질적으로 반동적 원칙이었다.[204] 메테르니히는 왕조적 정당성을 너무 지나치게 계획적인 방식으로 발동하지 않으려고 조심했다. 그는 헨리 키신저가 "의무의 자연스런 유형"(a spontaneous pattern of obligation)이라고 부른 것에[205] 믿음을 두고 싶어 했다. 물론 이것은 합스부르크왕국이 프랑스와는 달리 혁명에 의해서 휩쓸려 나가지 않았었기 때문에 가능했다. 합스부르크왕국에게 고비를 넘기고 새로운 생의 활기를 부여한 것은 그것의 왕조적 정당성 이상으로 유럽체제를 안정시키는 데 성공한 평화창조자들의 유능한 관리였다.[206] 뿐만 아니라 여러 왕조가 어려운 시기에 생존하는 데 실패했었다는 사실과는 무관하지만 유럽체제의 행위자들은 상당한 정도로 옛날과 똑같이 그리고 관습이 허락하는 만큼 유지되었다. 그럼에도 불구하고 탈레랑이 들고 나왔던 것은 그것이 유럽국가체제의 역사에서 그 체제의 회원 자격으로 하나의 추상적 기준을 제공하는 최초의 시도였다는 점에서 중요하다.[207] 과거 기독교의 기준은 회원 자격으로 오직 필요조건이었을 뿐 충분조건은 아니었다. 빈에서 그 개념이 분명한 영향력을 가질 수 있었던 것은 바로 이런 용량에 있었던 것이다.[208]

---

204 *Ibid.*, pp. 222-223.

205 Henry A. Kissinger, *A world Restored: Metternich, Castlereagh and the Problem of Peace 1812-1822*(Boston, Mass.: Houghton Mufflin Company, 1957), p. 200.

206 Andreas Osiander, *op. cit.*, p. 223.

207 *Ibid.*

208 *Ibid.*

정당성의 원칙과는 달리 빈에서 창조된 원칙은 아니었지만 새롭게 재확인된 원칙은 힘의 균형 원칙이었다. 위트레흐트에서처럼 빈에서 힘의 균형이라는 개념은 합의의제의 구성 부분 가운데 높은 자리를 차지했다. 위트레흐트 이래 빈회의까지 1세기 동안 정치가들은 이 개념을 거듭해서 인용했었다. 위트레흐트에서 곡예사적 아이디어가 작은 변동에 영향받기 쉬운 하나의 수학적인 뉴턴식의 안정된 상태를 의미했었던 것처럼 보인다. 왜냐하면 당시에 프랑스 국경선들을 정의하는데 사용된 장벽이라는 개념에 의해서 유용하게 보강된 개념이었기 때문이다. 그러나 빈에서는 그 개념을 수정한 2개의 새로운 아이디어가 있었다. 하나는 힘의 균형이란 유럽의 협조체제에 의해서 유지되고 조정되어야만 하는 역동적이고 발전적인 상황이었다. 위트레흐트에선 작은 영토적 조정은 제한전쟁에 맡겨 버렸었다. 또 하나는 힘의 균형의 유지가 집단적 안보 못지않게 집단적 정당성의 문제였다는 점이다.[209] 어쨌든 유럽의 힘의 균형을 재건립하는 것은 전시동맹과 빈회의 모두의 선언된 목적이었다. 예를 들어 대 프랑스 동맹국 정책의 성명으로 메테르니히가 작성했던 1813년 12월 1일의 프랑크푸르트선언은 동맹국들이 현명한 군사력의 분포를 통해 즉 정의로운 균형을 통해 지금부터는 지난 20년간 유럽을 괴롭힌 셀 수 없는 참화로부터 자국의 국민들을 보존할 평화 상태를 원한다고 밝혔다. 반나폴레옹동맹을 갱신한 1814년 3월 1일 쇼몽조약의 전문도 유럽의 곤경을 종식시키고 강대국들의 정의로운 균형을 재건립함으로써 미래의 평화를 보장할 건전한

209 Philip Bobbitt, *op. cit.*, pp. 550-551.

의도로 전쟁이 착수되었음을 다시 한 번 천명했다. 제1차 파리평화도 역시 전문에서 강대국 간 군사력의 정의로운 분포 위에 굳건한 평화를 세우려는 모든 당사국들의 열망을 표명했다. 강대국들은 모두가 원칙을 공약했다. 메테르니히의 비서 겐츠는 강대국 간 정의로운 균형의 보존이 변함없이 오스트리아 정부의 근본적 원칙이고 나침판이며 북극성이라고 선언했으며 메테르니히는 이 주장을 뒷받침했다. 프로이센의 하르덴베르크는 프로이센의 재건에 필요 불가결하지 않은 모든 사항들에 양보함으로써 상이한 유럽 국가들 간의 평화와 좋은 조화를 위해 균형의 굳건한 수립에 자신이 가장 명백히 집착하고 있다고 주장했다. 러시아의 대표단은 유럽을 탄압의 굴레에서 해방시키고 정의와 굳건하게 수립된 균형에 입각한 정치체제를 재수립하는 위대한 목적을 달성하기 위해 차르가 스스로 "행동규칙"을 지키고 있다고 주장하면서 균형의 법률을 러시아가 위반하지 않을 것임을 분명히 하려 했다. 늘 그랬듯이 탈레랑이 유럽의 균형에 대해 가장 발전된 개념을 갖고 있었다. 힘의 균형에 관한 어떤 이론가에도 가장 어려운 문제는 물론 크기와 자원 등에서 행위자들의 진정한 평등을 실제로 수립하기가 불가능하다는 점이다. 이점을 설명하면서 빈회의를 대비한 프랑스의 협상 지침서에 탈레랑은 다음과 같이 기술하고 있다.

> 모든 국가 간 힘의 절대적 평등은 영원히 불가능하다는 사실은 차치하고라도 정치적 균형의 전제 조건이 결코 아니며 또 정치적 균형에 오히려 해로울 수도 있을 것이다. 이 균형이란 각 정치적 실체의 침략의 힘과 저항의 힘 사이의 관계에 있다. 만일 유럽이 가장 약소한 국

> 가의 최소한의 저항력이 가장 큰 국가의 최대공격력과 균등한 그런 관계에 의해서 연계된 국가들로 이루어진다면 그러면 진정한 균형이 존재할 것이다. 그러나 유럽의 상황은 그렇지 않으며 그렇게 될 수도 없다. 하나의 강대국에 속하는 거대한 영토들의 부근에는 흔히 유사하지 않은 성격의 많거나 적은 수의 국가들 사이에서 분할된 비슷하거나 보다 작은 규모의 영토들이 있다. 이 국가들 간에 연방식 연계를 수립하는 것은 때때로 불가능하다. 또 그런 연계가 존재하는 국가들에게 그들이 오직 한 몸일 때 가질 수 있을 것과 동일한 목적의 통일과 행동을 위한 능력을 부여하는 것은 언제나 불가능하다. 그러므로 그들은 오직 불완전한 요소로써 어쩔 수 없이 스스로 일부를 구성하고 있는 것에 영향을 끼치는 천 가지의 수정에 민감한 일반적 균형의 수립에 기여할 것이다. 그런 상황만이 아주 인공적이고 또 위험스런 균형을 허락할 것이며, 그런 상황은 몇 강대국들이 그것을 보존하려는 자제와 정의의 정신에 의해 계속 사로잡혀 있을 동안에 한해서만 지속할 수 있을 것이다.[210]

달리 표현해서, 여기서 균형의 개념이 하위체제의 개념을 도입하여 정제되고 있다. 두 가지 방식으로 정제되고 있는데 하나는 행위자들의 지리적이거나 인종적 연합에 의해서이고 또 하나는 그들의 상대적 힘에 의해서이다. 예를 들어, 이탈리아, 독일은 각자가 동일한 지리적 지역과 인종적 집단에 속하는 행위자들에 의해 정제되는 하위체제를 구성하는 반면에 가장 큰 상대적 힘을 가진 5개의 행위자들은 감독 기능

210 Andreas Orsiander, *op. cit.*, pp. 225-226에서 재인용.

이 부여된 소위 강대국 하위체제를 형성했다. 프랑스의 협상 지침서에서 유럽의 균형은 빈회의 진행의 주된 그리고 최종적 목적이었던 것이다. 그리고 힘의 균형 원칙이 영토 재분배를 위한 주된 기준이 되도록 되어 있었다.

캐슬레이는 유럽에서 정의로운 균형을 수립하는 것을 자신의 제1차적 관심의 대상으로 삼고 사소한 이익의 주장은 이 목적에 종속시키는 것이 자신의 의무라고 생각했다. 그리고 그는 이런 균형자적 조망으로 유럽의 재조직을 상정했다.[211] 그리하여 서유럽에선 프랑스를 둘러싸고 있는 국가들이 프랑스를 봉쇄하도록 강화되었다. 벨기에와 네덜란드를 통합한 것과 프로이센이 라인란트를 확고하게 장악하게 한 것이 그런 것이다. 이점에서 캐슬레이는 다른 동맹국들과 하나였다. 동유럽에서 그는 러시아에 대한 하나의 평형추로써 프로이센의 세력 확장을 강력히 옹호했지만 프로이센은 차르가 추구하는 세력 확장에 반대하고 싶어 하지 않아 낙담했다. 반면에 탈레랑은 프로이센의 강화가 독일에서 너무 많은 무게를 차지하기 때문에 아주 위협하다고 강력하게 주장했었다.

그러나 구체적인 정책결정의 지침으로서 힘의 균형이라는 개념이 사실상 적절하지 못하다는 것이 곧 분명해졌다. 그렇다면 힘의 균형 원칙이 강대국 간 합의를 위한 수단이었을까? 아니면 오히려 방해였을까? 탈레랑에게는 합의가 유럽의 안정을 위해 행위자들 간의 물리적 힘의 실질적 분포보다도 더 중요했다. 캐슬레이처럼 그는 힘의 균형 개

211 Edward Vose Gulick, *Europe's Classical Balance of Power*(New York: W. W. Norton & Company, 1955), p. 204ff.

념을 합의 그 자체의 원천으로 이해하지 않았다. 그 대신에 그 역시 그것을 파괴적 팽창주의에 대항하는 순전히 기계적 안전장치로 간주하려 했다. 빈에 모인 정치가들은 힘의 균형에 너무 사로잡혀 그것을 재수립할 필요성을 합의를 위한 필요성 위에 놓게 할 경향이 있었다. 그리하여 폴란드 문제에 대해 전쟁의 재개까지도 심각하게 고려했던 것이다. 그러나 탈레랑은 명시적으로 합의의 필요성을 절대적인 것으로 보이는 원칙들 위에 두었다. 그는 완벽한 정치적 제도와 완벽한 힘의 균형의 아이디어마저도 지속적 평화의 수립에 종속되어야 한다고 지적했다. 차르에게 힘의 균형 개념은 그의 폴란드 계획에서 후퇴할 때 필요한 체면을 세워 주는 토대를 제공해 주었다. 어떤 원칙에도 기획적 준용을 가장 하지 않았던 메테르니히는 합의를 위한 필요성에 가장 민감했다. 영토의 인구의 분배의 면에서 빈회의 타결은 적어도 주요 행위자들 간 대략적 균등이라는 이론적 목표에 크게 못 미쳤다. 예를 들어 1815년 합스부르크 영토의 절반도 안 되는 인구 1천만 명의 가장 작은 강대국인 프로이센이 2천5백만 명의 합스부르크의 오스트리아에 맞서게 했다. 더구나 프로이센은 독일의 동쪽에서 서쪽에 위치한 두개의 분리된 조각으로 구성되었다. 이런 기이함은 유럽의 전쟁의 경우에 프로이센은 방어가 여전히 불가능했다. 따라서 러시아 같은 주요 행위자 가운데 적어도 하나에 의해 지원받는 피보호국으로서가 아니고서는 큰 전쟁을 견디어 낼 수 있다고 희망할 수 없었다. 그렇지 않으면 유일한 대안으로 독일의 통제하에 굳건히 남아 있어야만 했다. 바로 이 후자의 논리로 후에 비스마르크가 1860년대에 하노버와 헤세의 일부를 병합하여 프로이센의 두 절반을 연결시켰던 것이다. 비록 힘의 균형 원칙이 나폴레옹 후 유럽의 질서형성에 강력한 영향력을 행사했지만 그럼에도 불구하고 이 원칙은 이제는 더 이상 충분하지 않았다. 실제로 그런 역할을 수행해 주고 힘의 균형 원칙을 보완해 줄 그런 어떤 개념의 필요성이 분명하게 드러난다. 즉 새로운 지배적 원칙(master principle)이 필요한 것이다.[212]

정당성의 원칙과 힘의 균형 원칙이 복구된 유럽체제의 안정을 위한 충분한 안정정치를 제공하지 못한다면 또 다른 합의 개념을 의미하는 새로운 원칙을 발견하는 것이 필요했다. 실제로는 관련이 없는 것으로 드러났지만, 베스트팔렌과 위트레흐트에서 집단안보계획이 새롭게 복고된 체제를 방어하기 위해 강구되었다. 빈에서도 어떤 형태의 보장에 대한 필요성이 있었다. 누가 복구 작업을 보존해야 했던가? 그 대답은 명백해 보였다. 그것은 혁명을 패배시킨 강대국들이었다. 체제의 유지를 위해서 또한 그들은 서로가 믿을 수 없는 바로 그 이유 때문에 협력해야만 했다. 그 결과 소위 강대국원칙(the great-power principle)이 탄생했다. 그리고 이 원칙이 체제를 안정화시키는 데 필요한 빠뜨린 개념을 제공했다. 그것은 행위자들의 지위와 관습과 무관한 그들 상호 관계에 관한 한 진전으로 새로운 개념이었다. 그것은 영토의 분배라는 보다 물리적 의미에서의 구조와 관련된 힘의 균형 원칙보다도 더 추상적인 개념이었다. 그와 동시에 그것은 모든 행위자들이 최근에 특히 증가된 힘의 불균등에도 불구하고 자율적이라고 가정되는 평등이라는 고통스런 문제를 다루었다. 강대국원칙은 행위자들의 자율성의 원칙을 존중

212 Andreas Orsiander, *op. cit.*, pp. 232-234.

하는 반면에 행위자들의 “두 계급”을 도입하여 그에 수반하는 평등의 원칙을 수정했다. 실제로 회의의 진행과 또 그 후 체제의 운영에 확고한 통제력을 유지하는 강대국들에 대한 대안은 없었다.

강대국들의 특권적 역할의 등장이 상당한 불만을 야기했다는 사실에도 불구하고 어떤 의미에서 강대국들은 그들에게 주어진 기대감에 의해서 위임받았다. 그들은 또 최근의 전쟁 기간 동안에 얻은 군사적 위신에 의해서도 도움받았다. 그럼에도 불구하고 그들의 특별한 지위의 묵시적 정당화는 강대국들이 서로 간에 대해서뿐만 아니라 다른 행위자들에게도 책임을 져야 한다는 것을 자신들이 이해하고 또 그렇게 스스로 행동하는 것이 요구되었다. 강대국들에 의해 느끼는 자신들의 행동을 설명해야 할 필요성은 회의의 공식적 개회의 연기를 정당화하는 캐슬레이가 작성한 초안 선언에서 분명했다. 공식적 회의개회 문제는 강대국들만으로 결정할 수 있는 사안이었다. 그러나 여기서 캐슬레이는 현 회의를 개최한 파리조약의 당사자들은 유럽의 일반체제를 위해 필요한 토대로 인정되는 원칙들을 준수하여 그들이 최선이라고 판단하는 타결의 계획을 회의에 의한 고려와 승인을 위해 제출할 의무가 있다고 생각했다. 동시에 회의의 개최는 공동의 이상을 만족시킬 수 있을 제안을 회의가 알고 또 승인하도록 제출하는 것이 가능할 때까지 연기된다고 말했다. 공표된 선언은 회의의 공식적 개최가 회의를 연기하는 것이 모든 참석자들의 공동 이익일 것이라는 파리조약 당사국들의 신념 때문에 휴회한다고 다소 좀 더 간결하게 말했다.

“동시대인들의 정당한 기대”라는 용어도 1815년 2월의 회의를 위한 초안 마지막 선언에서 사용되었다. 베스트팔렌과 위트레흐트회의에서,

보다 큰 행위자들은 보다 작은 행위자들보다 회의진행에서 물론 더 큰 몫을 차지했다. 그러나 그들은 사실상 자신들이 지배적 하위체제인 뚜렷한 소집단을 구성한다고는 깨닫지 못했었다. 18세기 후반까지만 해도 심지어 최대의 행위자들도 체제 전체를 군사적으로 지배하거나 혹은 단순히 붕괴시킬 그런 위치에 있지 않았었다. 그러나 신강대국들은 체제를 지배하거나 엄청난 피해를 야기할 충분한 잠재적 군사력을 가진 행위자들의 소집단을 이루었다. 나폴레옹이 바로 이것을 보여 주었던 것이다. 이런 변화의 원천은 유럽에서 일어나고 있는 사회적 변천에서 즉 대중들의 점증하는 중요성에 있었다. 예를 들어 프랑스에 의한 징집제도의 도입은 성공적 전투를 위해 필요한 군대의 규모를 몇 배로 증가시켰다. 바로 이것이 보다 많은 인구의 국가들의 잠재력과 적은 인구의 국가들의 그것과의 격차를 심화시켰다. 혁명 이전의 시기에는 네덜란드나 베네치아공화국들처럼 비교적 작지만 부유한 공동체들이 군사적인 면에서 아주 막강했다. 왜냐하면 당시의 군대의 규모란 그들의 인구의 수보다도 얼마나 많은 용병들을 살 수 있느냐에 더 의존했기 때문이다. 그러나 민족주의적 대중주의의 부상이 이런 상황을 완전히 바꿔 놓았다. 체제를 안정하게 유지할 책임이 가장 인구가 많은 국가들에게 떨어졌다. 왜냐하면 그들은 상호간에 뿐만 아니라 보다 작은 국가들에게도 가장 큰 피해를 입힐 수 있다는 단순한 이유 때문이었다.

빈회의 당시 실제로 승전 4개 강대국들은 프랑스와 스페인에게 실질적 발언권을 갖는 일종의 준 강대국의 지위를 부여하려 했다. 그러나 탈레랑이 외교적 기술을 구사하고 행운도 따랐지만 무엇보다도 프랑스가 스페인보다도 훨씬 더 많은 자원을 동원할 수 있다는 사실에 도움

받아 스페인을 따돌리는 데 성공했다. 제1차 파리평화조약은 오스트리아 영국, 러시아, 프로이센, 프랑스, 스페인, 포르투갈 및 스웨덴의 8개 주요 국가들이 서명했다. 그러나 비밀조약에선 프랑스가 내놓을 영토들의 처리와 진실하고 지속적인 유럽의 균형의 체제를 도출하기 위한 그들 간의 관계가 동맹국들 사이에서 이루어진 노선에 따라 빈회의에서 결정될 것이라고 규정되어 있었다. 동맹국들은 프랑스를 포함시키지 않았다. 그러나 프랑스는 강대국들로부터 논리적으로 배제될 수 없었다. 만일 그랬더라면 동맹국들은 체제를 안정되게 유지할 수 없었을 것이다. 왜냐하면, 불만에 찬 행위자들의 파벌집단을 주도하는 프랑스가 강대국들의 감시 역할의 정당성과 그들이 애써 이룬 타결을 모두 문제 삼았을 것이기 때문이다. 프랑스의 강대국 지위의 완전한 인정을 1815년 1월에 이루어졌는데 그때 차르의 비타협적 태도가 프랑스를 포함하는 오스트리아와 영국으로 하여금 러시아와 프로이센에 대항하는 비밀 동맹을 체결하도록 했었다. 오스트리아와 영국이 프랑스를 끌어들인 것 자체가 유럽체제의 적절한 안정에 프랑스가 긴요하다는 것을 명백히 보여 주는 것이다.

나폴레옹의 일시적 귀환으로 쇼몽의 옛 4국동맹이 갱신되었을 때 상황은 더욱 복잡해졌다. 갱신된 4개국 동맹은 1815년 제2차 파리평화조약이 체결된 이유에도 효력을 갖게 되었다. 그러나 평화타결을 구성하는 데 프랑스의 완전한 참여를 계획적으로 배제시킨 것과는 달리 이것은 강대국원칙에 위반되지 않았다. 강대국들 중 3개국이 다른 2개국에 대항하여 결합했을 때 이것은 그 2개 강대국들이 향유하는 지위로부터 벗어나는 것으로 분명히 간주되지 않았다. 유사하게 4개국동맹의 갱신은 프랑스의 지위를 영구적으로 손상시키지 않았다. 1818년 아헨 회의에서 프랑스는 동맹체제에 명시적으로 합류했다. 프랑스와 함께 새로운 5대 강대국 동맹체제가 체결되었음에도 불구하고 프랑스에 대항하는 원래의 4개국동맹이 실제로 해체되지 않았다는 사실은 공개되지 않은 채 은밀하게 프랑스 정부에 통신되었다. 그러나 이 이상야릇한 구조는 실제적 현실성이 거의 없는 것으로 판명되었다. 왜냐하면 4국이든 5국이든 이 동맹체제는 1648년 과 1711년에 집단안보계획이 수립했던 것이 그랬듯이 1815년의 타결을 옹호하기 위해 실제로 출동되지는 않았었기 때문이다. 그것의 중요성은 오히려 모든 행위자들 사이에서가 아니라 중요행위자들 사이의 이 동맹체제가 또 다시 새로운 강대국 개념을 선명히 부각시켰다는 사실에 있다. 이 새로운 국제체제는 본질적으로 프랑스를 포함하는 모든 강대국들의 후원하에서 재공식화 그대로 남게 되었다.

강대국원칙은 합의 도출을 위한 내재적 능력으로 작동했다. 바꾸어 말하면 강대국원칙은 흥미롭게도 강대국 동아리 회원국들 사이에서 합의를 발생시키는 내재적 역량을 보여 주었다. 이것이 강대국원칙이 그렇게 성공적임이 판명된 하나의 기능적 이유이다.[213] 강대국원칙에서 흘러나오는 중요한 규칙이 있는데 그것은 조정의 규칙이라 하겠다. 강대국원칙의 이름으로 행사되는 공동의 헤게모니는 이것을 공유하는 행위자들 사이에 최소한의 조정이 보존되는 경우에만 작용될 것이다. 동시에 몫이 크면 클수록 그 조정의 정도가 더 크게 요구된다. 환언해서

213 *Ibid.*, p. 239.

특권적 지위의 행위자들이 더 많은 책임을 지게 되면 그 만큼 그들은 자신들 사이의 동의에 더 많이 의존했다. 따라서 국제체제를 재 건립하는 과제에 직면한 강대국들은 자신들의 합의가 절대적으로 긴요하다는 것을 발견했다. 후에 가서 체제가 확고하게 수립되었을 때 그들의 조정은 점차로 느슨해질 것이다. 따라서 그들 간의 엄격하게 제한적인 갈등의 여유도 있게 되었다. 크림전쟁이나 오스트리아와 이탈리아, 오스트리아와 프랑스, 그리고 프랑스와 프로이센의 충돌이 그런 예가 될 것이다. 그러나 점점 느슨해지다 보면 종국에는 강대국 조정의 토대는 체제가 1914년에 붕괴되는 시점까지 부식되었다. 그러나 중요한 사실은 그것이 아무리 힘들다고 해도 오직 5개 행위자들만의 하위체제 혹은 특별체제 내에서의 조정이 보다 많은 행위자들을 가진 보다 큰 체제에서 합의를 유지하는 것보다는 훨씬 쉬웠다는 것이다. 관련된 소수의 행위자들의 경우에 조종은 그들 간 어떤 광범위한 합의가 부재하는 경우조차도 그런 조정이 체제의 잠재적으로 재앙적 붕괴를 피하는 데 지상명령이라고 간주되는 한 조정이 가능했다는 것을 강조하려는 것이다.

유럽체제가 어떤 새로운 도전을 다루기전에 다시 한 번 정착하여 굳어지게 하는 강대국들의 정책은 올바른 것이었다. 왜냐하면 그것을 다시 타도하려고 드는 자는 누구든 그 체제가 구현한 합의에 의해 창조된 타성의 순간(the moment of inertia)을 극복해야만 할 것이기 때문이다.[214] 폴란드 문제에 대해 캐슬레이가 영국의 전쟁할 용의를 표시함으로써 억제정책을 성공적으로 실행했다는 헨리 키신저의 주장과는 달리

214 *Ibid.*, p. 243.

215 차르의 최고 목적은 러시아가 유럽체제에서 주도적 행위자로 수락되는 것이었다.[216] 폴란드는 그런 목적을 위한 수단에 불과했다. 그것이 목적이었다면 차르는 그것 때문에 전쟁을 불사했을 것이다. 그러나 설사 러시아가 전쟁에 이겼다 해도 폴란드가 상징했던 보다 큰 야심은 좌절되었을 것이다. 폴란드에 대한 전쟁의 승리는 러시아의 자원을 증대시켜 주었을 것이지만 그러나 그 후 오랫동안 유럽체제에서 러시아의 위신과 영향력을 파괴했을 것이다. 그러나 프로이센도 다른 강대국들의 압력에 굴복했다. 하르덴베르크 재상은 러시아와 영국의 강력한 반대에 직면하여 워털루전투 후 프랑스의 영토적 축소 요구를 포기했다. 그는 프로이센의 왕이 그 무엇보다도 4왕실 간의 행복한 통일을 보전하기 위해서 자신의 의견을 버릴 것이라고 말했다. 이점에서 프로이센과 공감했던 오스트리아도 그와 동일한 태도를 취했다.

자신들 간의 마찰에도 불구하고 강대국들은 궁극적으로 통일 되어 있었기 때문에 또 그들의 지도적 역할이 다른 행위자들에 의해 대체로 정당한 것으로 인정되었기 때문에 그들은 체제를 아주 성공적으로 재건했다. 그들이 모든 새 국경선을 그었다. 그들은 프로이센의 작센 소유를 보장했다. 그들은 스위스를 영세중립으로 선언했고 또 모든 유럽 정치의 진정한 이익이 되는 이 중립성과 스위스의 영토적 순결을 보장했다. 네덜란드 왕과의 조약에서 4개의 승전국들은 네덜란드 내 신민들의 정치적 평등권과 특히 종교적 자유를 조건으로 벨기에 소유를 확인했다. 약소국 사르데냐-피에몬테의 왕국은 강대국들의 요청에 얼마

215 Henry A. Kissinger, *op. cit.*, p. 165.

216 Andreas Osiander, *op. cit.*, p. 244.

간 자신의 영토를 스위스에 양도했다. 그러면서 강대국의 원칙을 체면치레용으로 사용했다. 그러나 그 나라의 왕은 불평할 이유가 거의 없었다. 왜냐하면 바로 같은 강대국들부터 멋진 보상, 즉 과시적으로 전 제노바공화국을 받았기 때문이다. 보다 더 현저한 것은 제노바 임시정부 자체도 강대국들에게 경의를 표했다. 제노바인들의 권리가 무시될 수 있지만 소멸될 수는 없다고 주장하면서도 이 모든 것이 오스트리아의 수도에서 조약당사국들에게 대한 깊고 또 불가침의 존경심과 결코 어긋나지 않는다고 지적했다.[217] 그리고 제노바인들은 이미 정부가 미련 없이 양위한다고 선언했고 또 사람들이 조용할 것이라고 예측까지 했다. 강대국들의 관계도 물론 기복이 있었다. 그러나 국제체제는 다음 1세기 동안 전례 없는 정도의 안정을 향유했다. 그리하여 19세기 말에 와선 강대국들이 최선을 알고 슬기롭게 행동할 것이라는 일반적 가정을 보증했다. 그리하여 전쟁이 임박하다는 소리를 들으면 이렇게 대꾸할 수 있었다. "천만에, 강대국들이 개입할 거야."[218]

217 *Ibid.*, p. 247.
218 *Ibid.*

제7장

전통적 국제헌정질서에 대한 민족국가의 도전

—혁명과 민족주의 감정의 출현

비스마르크의 목적은 성공적 혁명의 사회적 결과를 피하기 위해서 혁명 없이 독일 통일을 달성하는 것이었다.
—제프리 배러클러프(Geoffrey Barraclough)

국가민족은 민족적 모든 자원을 동원하고 이용했다. 민족은 국가민족이 국가의 세력 확장의 엔진을 가동시키는 자원을 제공했다. 이런 사실은 17세기에 식민지화로 시작하여 19세기 중반까지 제국주의로 전환되고 난 뒤엔 민족국가의 정기와 민족주의 실체의 헌정주의적 인정의 요구로 인해 궁극적으로 허사가 되어 버린 제국의 역사에서보다 더 분명한 것은 없다. 19세기 종반까지 대부분 유럽 국가들의 제국은 자리를 잡았다. 인도의 거대한 대륙의 절반이 이미 가장 중요한 제국의 가장 중요한 재산이 되었다. 그러나 아이러니컬하게도 유럽에서 이탈리아와 독일 통일국가의 수립으로 유럽에서 민족국가가 출현했던 바로 그때에 해외 제국주의가 심화되었다. 마이클 도일(Michael Doyle)이 기술한 것처럼 이것은 보통 조약이나 정복으로 주권의 권리가 지배제국으로 완전히 이양되는 것과 관련된 시기였다.[219] 전환점은 유럽의 정치인들이 민족자결의 개념을 국내정치적 목적으로 정치개혁 프로그램을 뒷받침할 핵심요소로 포착했던 1840년 말에 발생했다. 이 개념은 반빈체제적이었으며 그 체제의 정당성에 의구심을 덮어씌웠다. 제한된 목적을 위해 제한된 군사적 수단을 사용하는 전략적 자제의 빈체제 프로그램에 대한 도전들이 그 체제를 망신시켰다. 크림전쟁, 이탈리아 통일전쟁, 그리고 무엇보다도 독일의 통일은 빈 협조체제에 대한 가속적 도전이었으며 이것은 인민 주권을 위한 운동에서 나왔다. 그리하여 유럽의 국가민족은 급속히 후퇴했다.

국가가 지도상에서 고정된 인접지역들을 차지했던 것은 오늘날 우리에게 아주 당연하지만 그것이 항상 공통된 인식은 아니었다. 국가별로 세계의 지리적 분할이 민족을 단위로 한 인류의 분할과 맞아 떨어져야 하는 것도 분명해 보일지 모른다. 그러나 빈에 모였던 당시의 외교관들은 그런 것을 이해하지도 또 믿지도 않았었다. 그들은 치즈처럼 세계를 마음대로 잘랐었다.[220] 당시엔 인종적 경계선과 정치적인 것이 일치하면 오히려 갈등을 실제로 자초한다고 주장되기도 했었다. 그러나 1848년 혁명 이후에 정부란 민족적 인민들의 삶을 개선하기 위해 존재하는 것이라는 공통된 믿음이 매우 다른 사회들 속에 펴져 나갔다. 복지민족주의로의 전환이 산업화 시대의 착취 행위로부터 대중들의 관심

---

219 Michael W. Doyle, *Empires*(New York: Cornell Univcersity Press, 1986), p. 232.

220 H. G. Wells, *The Outline of History*(London: Jeorgy newnes, 1910), p. 618.

을 돌리려는 지배 엘리트들 측의 의식적 전략이라는 주장도 있었다. 그러나 민족주의는 그 자체가 역시 혁명가들의 동기 요소였다. 어쨌든 여러 가지 매우 상이한 환경 속에 처한 정치인들이 효과적으로 이용한 카드였다는 사실은 왜 민족주의가 그렇게 효과적이고 또 변혁적이었는지를 말해 주진 않는다. 1848년 폴란드인, 덴마크인, 독일인, 이탈리아인, 마자르인, 체코인, 슬로바키아인, 세르비아인, 크로아티아인 그리고 루마니아인들이 자치정부 수립 권리를 주장하면서 무장봉기했다. 2월에 프랑스에서 혁명이 발생했다. 그리고 강대국들 중 하나가 빈체제에 대항하는 인민민족주의의 명분을 갑자기 채택하는 것처럼 보였다. 3월에 프랑스 외무장관이 신생 프랑스공화국은 1815년의 평화조약을 인정하지 않으며 침략자에 대항하여 억압받는 민족의 권리를 무력으로 방어할 것이라고 선언했다. 이 약속이 곧바로 성취되지는 않았지만 유럽에서 민족국가와 인민의 자결을 향한 감정을 이용할 수 있는 새로운 지도자가 출현했다.

나폴레옹 3세, 프랑스, 나폴레옹 황제의 조카인 루이 나폴레옹 보나파르트가 바로 그 사람이었다. 그는 1848년 보통선거에 의해 공화정의 대통령으로 선출되었다. 헌법에 의해 재임이 금지된 그는 1851년 12월 쿠데타를 감행했다. 그리고 새 헌법에 국민투표를 실시하였다. 750만 명이 찬성하고 65만 명이 반대, 그리고 150만 명이 기권했다. 헌법적 권한이 국민에 호소함으로써 정당화되었다. 개헌을 비준하기 위해 나폴레옹 1세도 국민투표를 사용했지만 이 둘 사이에는 차이가 있었다. 나폴레옹 1세가 국민투표를 사용할 땐 혁명국가 내에서 자기의 역할을 정당화하려고 했었다. 그러나 타 국가에 대해서 자신의 역할을 정당화하고자 했을 땐 교황이 주는 황제의 관을 썼다. 반면에 루이 나폴레옹이 국민투표를 사용할 때 그는 처음엔 신헌법을 정당화하기 위해 그리고 1852년엔 황제의 직위를 상속하게 하기 위해서 사용했다. 환언하면 나폴레옹 3세는 국민투표를 이용하여 자신의 역할뿐만 아니라 국가 그 자체의 새로운 역할을 정당화했던 것이다.

나폴레옹 3세의 일반투표는 개헌을 비준했을 뿐만 아니라 입법선거의 토대였다. 국가의 헌법적 지위를 결정하는 국민투표의 사용은 바로 민족국가의 표상이다. 인민 주권과 민족주의가 아닌 다른 어떤 토대 위에서 인민의 단순한 투표 행위가 타국과의 관계를 정당화시킬 수 있겠는가? 인민의 투표가 특정된 정책이나 지배자를 정당화시킨다고 가정한다면 그것은 곧 국가 내에서 그 국가의 인민들이 국가의 정치적 방향에 발언권을 갖는다는 것을 의미한다. 그러나 인민의 투표 행위가 국제사회에서 어떤 국가를 정당화시킨다고 말하는 것은 전혀 별개의 문제이다. 이런 결론은 자치정부의 역할뿐만 아니라 그것의 권리에 달려 있다. 나폴레옹 3세는 프랑스의 야심에 족쇄를 채우기 위해 수립된 빈체제를 돌파하고자 했다. 그리고 그는 민족자결의 원칙에 활기를 돋우고자 했다. 따라서 그는 빈체제에 맞설 수 있는 장소를 조심스럽게 선택했다.[221]

벨기에도, 라이란트도, 이탈리아 국가들도 아니었다. 이 국가들에 대한 침략은 좌절된 민족주의의 근거에서 정당화될 수 있을 것이다. 그러나 그들에 대한 공격은 자신에게 대항하여 유럽의 빈 협조체제를 단결

---

221 Philip Bobbitt, *op. cit.*, p. 180.

시켰을 것이다. 그래서 그는 오스만제국에 적대행위를 취했다. 오스만제국은 국적의 원칙을 시험하는 실험실로 안전하게 사용될 수 있을 것이며 그 후 이 전례를 유럽의 다른 지역에 적용할 수 있을 것이다.[222] 오스만제국 내 1천만 명의 그리스정교들은 러시아 황제의 보호하에 있었지만 오스만제국 내, 주로 레바논에 로마가톨릭 교도들도 있었다. 레바논에서 프랑스 선교사들의 노력은 1840년대 신도 수를 꾸준히 증가시키고 있었다. 나폴레옹 3세는 이 문제를 포착하고 오스만 총독에게 성지들의 열쇠를 그리스정교 대주교로부터 회부하여 가톨릭 성직자에게 주도록 요구했을 뿐만 아니라 예루살렘에 로마가톨릭 대주교 관구가 설립되도록 요구했다. 오스만 당국이 이런 최후통첩에 따르자 러시아가 발칸 그리스정교도인들을 위한 보장을 고집하고 나섰다. 당시 러시아는 발칸 그리스정교도들의 민족주의를 지원하고 있었다. 7월 러시아의 차르가 다뉴브 강변의 공국들인 몰다비아와 왈라치아에 병력을 진입시키자 마침내 터키와 러시아 간 전쟁이 발발했다.

1853년 11월 오스만 터키 함대가 흑해의 남쪽 해안의 앞바다에서 격침되었다. 나폴레옹 3세는 이 기회를 포착하여 러시아가 오스만제국을 다르다넬스에서 몰아내고 지중해를 러시아 함대에게 열어 주는 것을 막자고 영국에 동맹을 제안했다. 영국은 오스만제국의 순결을 유지하겠다고 약속했다. 영국에선 반러시아 여론이 들끓었다. 비록 당시 애버딘(Aberdeen) 내각은 가만히 있으려 했음에도 불구하고 가장 막강한 각료인 파머스턴(Palmerston) 경이 이 문제로 사임하고 자기주장을 대

222 Robert Gildea, *Barricades and Borders, Europe 1800-1914*(Oxford University Press, 1987), p. 178.

중에게 호소했다. 전쟁을 찬성하는 대중적 지지를 업고 그는 관료직에 복직했다. 프랑스와 동맹이 체결되고 1854년 1월 영 · 프 연합함대가 흑해로 발진하였다. 파머스턴의 전략적 목적은 해협 문제로 러시아를 단순히 반대하는 데 국한되지 않았다. 그는 러시아 제국의 분할을 모색했다. 그의 구상 속에서 핀란드는 스웨덴에 반환되고 발트해 지역은 프로이센으로 귀속시키고 폴란드는 상당한 크기의 왕국이 될 것이다. 오스트리아는 이탈리아의 영토를 포기하고 그 대신 다뉴브 강 유역의 공국들 그리고 가능하면 베사라비아까지도 얻게 될 것이다. 그리고 오스만제국은 크림반도와 조지아를 회복할 것이다.[223] 파머스턴의 그런 계획은 폴란드와 루마니아의 그리고 이탈리아의 민족주의에 불을 붙이고 싶은 나폴레옹 3세의 욕망에 딱 맞는 것이지만 그것은 러시아의 완전한 군사적 패배를 필요로 했다.

그러나 프랑스가 그렇게 할 수는 없었다. 러시아를 완전히 잃은 것은 프랑스가 프로이센에 대항하여 필요로 할지 모를 중요한 보호를 희생시킬 것이기 때문이다. 빈체제를 파괴하는 위험을 프랑스 정책 결정자들이 깨닫기 시작했다. 1855년 9월 세바스토폴(Sevastopol)이 영국과 프랑스에 의해 함락되었다. 지난 2월 수상이 된 파머스턴은 공격을 밀어붙이고 싶었지만 그는 프랑스와 러시아 간의 단독평화가 두려웠다. 그래서 그는 마침내 내각과 빅토리아 여왕의 견해를 받아들여 평화조약을 맺었다. 그러나 평화조약의 조건은 가혹했다. 러시아는 다뉴브공국들에 대한 보호권과 베사라비아의 약 3분의 1을 상실했다. 이 지역들

223 *Ibid.*, p. 179.

이 루마니아 국가가 되고 루마니아의 국가 수립은 다른 국가들에서 민족주의적 감정의 심화를 현저하게 증가시켰다. 그리고 평화 시에 어떤 군함도 해협을 통과할 수 없다는 규정이 전 흑해에 확대되었다. 러시아의 패전은 국가민족으로의 헌정적 전환을 완성했다. 왜냐하면 농노들이 군 복부에 대한 보상으로 해방이 주어졌기 때문에 오랜 기간 동안 복무시켜야 했다. 그렇지 않으면 토지에 묶인 농노의 수가 급락했을 것이다. 그래서 농노의 신병 차출은 약 70만 명에 그쳤다. 예비 병력도 없었다. 그런 조치로는 단기간의 일반 징집과 예비역 복무를 필요로 하는 현대전의 요구 조건들을 충족시키지 못했다. 그러나 적절한 제도는 한 세대의 모든 농노들을 군대에 보내게 된 것이다. 따라서 현대 징집과 예비복무는 농노의 해방을 의미했다. 그리하여 1861년 러시아의 농노가 해방되었다. 1874년 일반 군 복무가 뒤따랐다. 6년의 현역복무와 9년간의 예비역은 총 135만 명의 병력을 창출했다. 전국의 모든 에너지가 국가에 대한 봉사에 맞춰져 여러 가지 다른 노력들이 경주되었다. 그리하여 러시아도 국가민족의 단계에 들어섰다. 민족국가가 되기 위해서 러시아는 1916년 또 하나의 군사적 재앙을 필요로 할 것이다.[224]

나폴레옹 3세는 크림전쟁을 성공적으로 종결짓자 단순한 이기주의자로부터 유럽에서 가장 저명한 인물이 되었다. 언제나 자신의 국민 대중들을 염두에 둔 그는 이제 이탈리아로 관심을 돌렸다. 이탈리아도 프랑스의 전략적 목적이 그곳의 민족주의적 감정의 지지와 결합될 수 있는 곳이었다. 1859년 나폴레옹 3세가 피에몬테의 수상 카보우르(Cavour)

224 Philip Bobbitt, *op. cit.*, p. 182.

와 비밀 합의를 맺은 뒤 프랑스는 이탈리아에 개입했다. 그 비밀 합의는 피에몬테왕국이 롬바르디아, 베네치아 및 로마그나를 포함하는 북부 이탈리아왕국으로 확장하고 그 대신 프랑스는 니스(Nice)와 사보이를 받는다는 것이었다. 토스카나, 파르마, 모데나, 움브리아 및 마르체스로 구성되는 중부 이탈리아왕국은 나폴레옹의 사촌인 나폴레옹 공작에게 주어질 것이다. 오스만제국에 대한 프랑스의 요구에서처럼 프랑스의 음모는 오스트리아 제국이라는 또 다른 취약한 다민족 국가민족을 골라냈다. 대부분의 전투가 프랑스와 오스트리아 군대 사이에서 이루어진 전투가 4월에 발발했다. 마겐타와 솔페리노의 전투는 피에몬테나 이탈리아 자원병들의 승리가 아니라 프랑스의 승리였다. 종전 결정도 역시 프랑스가 내렸고 1859년 7월 11일 나폴레옹 3세와 프란츠 요제프(Franz Joseph) 오스트리아 황제 간에 동의서가 체결되었다. 이 휴전협정은 프랑스의 야심을 위해 이탈리아의 민족주의를 분명히 희생시켰다. 롬바르디아가 피에몬테에게 주어졌지만 베네치아는 오스트리아인들에게 그대로 남겨졌다.

프랑스는 카보우르와 맺은 합의서에 관해서는 아무 말이 없었다. 이 타결은 사전에 협의의 대상이 되지 못한 이탈리아인들 사이에서 불덩이 같은 분노를 일으켰다. 카보우르는 수상직에서 사임했다. 토스카나, 파르마, 모데나공국들과 교황령에 의해 소집된 집회들이 이루어졌고 피에몬테왕국에 의한 병합을 요청했다. 나폴레옹 3세는 처음엔 망설였으나 중부 이탈리아 문제를 타결하기 위한 유럽회의를 소집하는 쪽으로 한발 물러섰다. 이런 접근 방법은 유럽의 집단적 안보체제를 강화했었겠지만 그러나 그는 12월에 방향을 바꿨다. 파머스턴 수상과 존 러셀

(John Russell) 외무장관이 자결원칙을 지지하는 영국에 의존하면서 나폴레옹 3세는 프랑스와 피에몬테 간의 합의서를 갱신했다. 한 달도 안 돼 카보우르는 수상직에 복귀했다. 피에몬테는 공국들과 교황령을 병합하고 1860년 3월 일반 보통 선거권에 입각해 실시될 국민투표를 즉각 조직했다. 비토리오 에마누엘레(Vittorio Emanuele) 왕은 칙령으로 새 영토들을 차지했다. 이탈리아의 단원제 의회선거가 피에몬테, 사르데냐, 롬바르디아공국들과 교황령에서 실시되었다. 이 입법부의 첫 번째 과제는 프랑스의 니스와 사보이의 병합뿐만 아니라 피에몬테에 의한 병합을 비준하는 것이었다. 프랑스에 의한 니스와 사보이의 병합도 비슷하게 그 두 곳에서 국민투표에 의해서 승인되었다.

그러나 프랑스의 병합은 이탈리아의 의병지도자인 니스 출신의 가리발디(Garibaldi)와 여타의 이탈리아 혁명가들을 분노케 했고 가리발디는 4월 시칠리아에서 반란을 일으켰다. 토지개혁의 약속으로 충원된 불만스런 농민들이 급속히 가담한 반란의 성공은 카보우르 수상으로 하여금 이 새로 해방된 지역에서 병합을 위한 국민투표를 준비하도록 관리들을 파견했다. 그러나 가리발디는 이 관리들을 쫓아 버리거나 회피했다. 가리발디가 나폴리로 진격하자 카보우르는 예방적 쿠데타를 계획했으나 이것이 실패하자 9월에 가리발디가 나폴리에 입성했다. 가리발디의 의병들에게 고개 드는 통일 운동의 지도력을 상실할까 두려워한 피에몬테 정부는 9월 중순 교황령으로 병력을 파견하여 카스텔피다르도(Castelfidardo)에서 가톨릭 군대를 패배시켰다. 남쪽에서 프랑스 병력이 가리발디에 대항하여 유리하게 돌아가기 시작할 때 가리발디는 피에몬테 정부에 원조를 요청했다. 이것은 카보우르로 하여금 1860년

10월 2일 의회에 혁명이 종식되었음을 발표할 수 있게 해 주었다. 10월 21일 시칠리아와 나폴리는 일반 투표권에 의한 국민투표 후 병합되었다. 그러나 이탈리아 통일은 아직 완전하지 않았다.

프랑스 군대가 로마에 여전히 남아 있고 나폴레옹 3세는 보수주의자들의 압력으로 그곳에 병력을 계속 주둔시켰다. 이 병력은 1870년 스당(Sedan)전투에서 독일이 승리한 후에야 마침내 철수되었다. 그럼에도 불구하고 이탈리아로부터 오스트리아를 축출하는 프랑스의 결실이 없었더라면 이탈리아의 통일은 이때 발생하지 않았었을 것이다. 아이러니컬하게도 나폴레옹 3세가 이때 오스트리아를 약화시킴으로써 그것이 결국 장기적으로 프랑스를 위협할 수 있게 되어 버린 사태의 발전, 즉 독일을 통일하려는 프로이센의 야심에 대한 가장 강력한 억제력을 제거해 버린 셈이었다. 더구나 프랑스는 영국의 소극적이었지만 열성적인 협력으로 빈체제에 심각한 타격을 가해 버렸다. 이 국가들은 강대국의 군사력을 파괴하기 위해 민족주의적 반란에 의존함으로써 과거 일반전쟁에 대한 캐슬레이의 불길한 예언을 무시했다. 그렇게 하는 데 있어서 이 "국가민족들" 그리고 이들의 국제사회가 "민족국가"에 길을 열어 주기 시작했다. 이 국가들의 지도층이 폭동으로부터 자신의 국가를 보존하는 방법을 인민 주권과 민족적 열망의 이념 속에서 발견한 것으로 믿었다는 상당한 증거가 있다. 1870년 이후 민족국가의 건설자들 중 가장 위대한 비스마르크가 모든 사람들에게 어떤 일이 일어났었는지를 명백히 해 주었다.

지도층은 민족주의를 국가 쪽으로 포섭할 수 있었다. 그리고 혁명과 민족주의가 더 이상 동의어가 될 수 없자, 모두가 놀랍게도, 자유주의적 혁명을 촉발시키지 않는 파도 같은 민족주의적 감정의 파도 위에서 전쟁할 수 있었다. 그러나 민족주의라는 호랑이는 풍부한 먹이가 필요했다. 이제 더 이상 지방과 인민이 왕조적 정치의 졸처럼 아무렇게나 취급될 수 없었다. 이제 그들은 민족의 자녀였다. 그리하여 전쟁이 전 인민의 힘을 발산하면서 더욱 효과적이 되었고 그만큼 평화는 더욱 어렵게 되었다.[225] 그러나 1860년 이탈리아전쟁이 종결되었을 때는 이것이 모든 관찰자에게 분명하지 않았다. 이탈리아전쟁의 종결 후 11년 동안에 3차례의 주요 전쟁이 있었다. 그리고 그 결과 새로운 민족국가가 형성되고 새로운 국제사회가 결국 탄생하게 되었다. 독일의 새 민족국가의 건설은 프로이센이 오스트리아를 배제한 채 독일 연방의 다른 회원국들을 정복하고 병합할 수 있었을 때 발생했다. 키신저를 비롯한 여러 사람들이 빈체제가 그때까지 일반전쟁이 발발하지 않았기 때문에 1914년까지 계속되었다고들 흔히 말하지만 독일을 통일하는 전쟁들은 사실상 빈체제를 파괴했고 그것과 함께 국가민족의 정당성에 대한 합의제도도 파괴되었다.

독일 통일은 우선, 첫째로, 프로이센을 영토국가로부터 국가민족으로 전환시킨 프로이센의 군 개혁에 의해서 가능하게 되었다. 둘째 이 국가민족이 독일인들을 통일하려는 민족운동의 정치적 및 외교적 지도국가가 되어 그것의 헌정적 토대와 전략적 목적을 민족적 국가의 그것들로 전환시켰다. 이런 노력은 오토 폰 비스마르크(Otto von Bismarck)와 헬무트 폰 몰트케(Helmuth von Moltke)에 의해 주도되었다. 프로이센

225 Michael Doyld, *Empires*(New York: Cornell University Press, 1986), p. 239.

의 지도자들은 프랑스대혁명 후 나폴레옹 1세와 국가민족에 의한 전쟁 성격의 변화를 충분히 인식했다. 또한 그들은 새로운 전쟁 방식과 전쟁의 준비가 프로이센의 사회에 심대한 사회적 및 정치적 영향을 미칠 것이라는 것도 잘 인식했다. 과거 프레데리크 대왕의 군대는 강철 같은 훈련에 의해 지배되고 귀족 출신만의 장교들에 의해 지휘되는 사회로부터 고립된 직업군인들의 군대였다. 이런 군대를 국가민족의 군대로 전환시키기 위해 프로이센은 과거 어느 곳보다도 더 급진적 형태의 일반 징집제도를 단행했다. 다른 국가에선 빈곤층이 징집되었지만 프로이센에선 모든 인민들이 실제로 복무하도록 만들었다. 이 조치는 엄청난 인력을 제공했다. 그것은 진정한 시민들의 무장군대가 되었다. 그리하여 프로이센의 샤른호르스트(Scharnhorst)와 그나이제나우(Gneisenau)와 그들의 후계자 몰트케가 추진한 군사 전략적 및 전술적 혁신을 가능하게 해 주었다. 무엇보다도 그것은 상비군과는 별도로 지원자로 구성하는 시민군의 분권적 유지를 원하는 자유주의적 국회의원들과 프로이센의 범독일적 이미지를 창조하기 위해 새로운 상비군을 사용하고자 하는 프로이센의 왕정주의적 군부 집단 사이에 헌정적 갈등을 일으켰다. 1860년 프로이센의 왕 빌헬름 1세와 폰 론(Albrecht von Roon) 전쟁장관은 프로이센군의 철저한 재조직을 의회에 제안했다. 이 계획은 시민군을 예비 병력으로 전환하는 반면 군 복무 기간을 2년에서 3년으로 늘려 상비군의 증대를 상정했다. 5월 프로이센의회는 정부가 그런 재조직 계획을 철회하고 그 예산을 기존의 군부대들을 강화하는 데만 지출해야 한다는 전제하에 추가적 군사채권을 의결하기로 동의했다. 그러나 새로운 부대들은 이미 조직되어 있었다. 그러나 더 이상의 군사채권이 거부되었다. 의회가 해산되고 1816년 12월 새 선거가 실시되었다. 그러나 이 선거와 1862년 5월 또 한 번의 선거는 오히려 군사개혁에 대한 의회의 반대를 강화시키는 결과만 가져왔다. 그리하여 1862년 9월 오토 폰 비스마르크가 이 교착상태를 돌파하도록 왕의 부름을 받았던 것이다.

비스마르크는 반대를 진압하기 위해 헌정상의 규칙을 위반할 것으로 가정되었다. 비스마르크가 유럽의 지배적 헌정질서를 직접 공격하는 그의 유명한 말을 한 것이 바로 이때였다.

> 빈 조약에 의해 정해진 프로이센의 국경은 건전한 민족적 삶에 이바지하지 못한다. 오늘날 큰 문제들이 결정되는 것은 연설이나 다수의 의결의 수단에 의해서가 아니라—이것은 1848년과 1849년의 큰 실수였는데—철과 피에 의해서이다.[226]

다음 해 1월에 그는 "다시 만일 의회가 동의하길 거부한다면 갈등이 따를 것이고 그러면 갈등은 권력의 문제가 될 것이다. 자신의 손에 권력을 쥐고 있는 자는 국가의 생명이란 잠시도 가만히 멈추어 서 있을 수 없다는 이유로 전진한다"[227]고 협박조로 말했다. 1863년 10월 새 선거가 의회의 반대파를 더 강화시키자 비스마르크는 의회의 승인 없이 그냥 통치해 버렸다. 이 비의회주의적 통치 기간에 군부는 군 개혁을

---

226 Lothar Gall, *Bismarck: The White Revolutionary, 1871-1898*, vol. 1, trans. J. A. Underwood(London: Unwin Hyman, 1986), p. 204

227 Helmut Bohme, *The Foundation of the German Empire*(Oxford University Press, 1971), pp. 113-114.

수립하고 결국 혁신적 전략을 집행하게 되었다. 3년 후 1866년 쾨니히그레츠(Königgrätz)전투가 수행될 때까지도 헌정상의 갈등은 계속되었다. 그러나 의회의 반대는 비스마르크의 정책과 몰트케의 승리가 독일 민족통일의 염원을 달성했을 때 결국 무너져 버렸다. 그리하여 몰트케의 성공적 군사전략은 유럽의 국가들 속에서 통일된 독일의 출현과 프로이센 군부의 권위주의적 구조의 유지를 통해 독일 내 자유주의적이고 민주적인 반대파에 대한 프로이센 왕좌의 승리라는 2가지 문제를 결정해 버렸다.[228]

비스마르크는 프로이센을 독일인들의 숭배의 대상으로 내세우기 시작했다. 따라서 프로이센의 특수이익의 발전보다도 더 독일적인 것은 없었다. 그러나 이것이 특히 오스트리아인들을 포함하여 독일 연방의회의 다른 구성원들에는 결코 분명하지가 않았다. 따라서 오스트리아인들을 통일의 사명으로부터 어떻게든 따돌리고 다른 의구심을 갖는 독일국가들 사이에서 프로이센의 지도력에 대한 반대를 침묵시킬 만큼 그렇게 성공적으로 통일의 사명을 수행해내는 것이 비스마르크의 과업이었다. 1862년 비스마르크가 수상이 되었다. 그 후 11월에 덴마크의 왕 프레데리크 7세가 서거하자 덴마크왕가의 혈통이 끊겼다. 슐레스비히(Schleswig)와 홀스타인 및 라우엔부르크 지방들은 하노버가 왕조적 이유로 영국왕국에 소속되었던 것과 거의 똑같은 방법으로 덴마크왕국에 소속되었었다. 프레데리크 7세는 슐레스비히-홀슈타인의 대공(Duke)이었고 또 홀슈타인과 라우엔부르크의 대공으로서도 독일국가

228 Hajo Holborn, “The Prusso-German School: Moltke and the Rise of the General Staff,” in Peter Paret, ed., *op. cit.*, p. 286.

연합에서 대표권을 행사해 왔었다. 하노버처럼 홀슈타인과 라우엔부르크도 언어와 지리상 독일이었다. 독일과 덴마크의 두 민족주의운동이 그 공국들에서 지지 획득을 위해 경쟁했으며 이 공국들의 독립은 강대국들이 당사국인 1852년 런던조약에 의해 보장되었다. 1863년 덴마크의회가 홀슈타인과 라우엔부르크에겐 특별한 권리를 부여하는 반면에 슐레스비히의 대부분 주민들이 덴마크인이라는 민족주의적 근거 위에서 경솔하게 슐레스비히를 병합했다. 이에 대응하여 그 공국의 소수 독일인들을 위해 독일국가연합의 이름을 내세우면서 프로이센과 오스트리아 병력이 1864년 1월에 슐레스비히와 그리고 3월에 유틀란트로 진입했다. 이 진입에 대한 영국과 프랑스의 반대는 그러나 라인(Rhine) 지역으로 프랑스 진격을 고무시키지 않을까 하는 영국의 두려움으로 좌절되었다. 8월에 자신의 군사력이 압도당한 덴마크의 새로운 왕이 슐레스비히에 관한 자신의 권리를 포기했다.

슐레스비히 문제로 오스트리아와 성공적 군사동맹을 끌어왔던 비스마르크는 이 성공을 처음엔 독일국가연합에서 그리고 나선 오스트리아 자체를 깨는 망치로 이용해 나갔다. 겉보기에 근사한 오스트리아와 프로이센의 화해는 합스부르크왕가 및 독일연합 전 지역에 걸친 경쟁적 시장에 대한 프랑스의 두려움을 이용하여 프랑스와 1862년 체결한 프-프 간 자유무역조약을 갱신한 유리한 지위에 올려놓았다. 이제 비스마르크는 오스트리아를 배제하고 전 연방을 포함하도록 그 조약의 확대를 제안했다. 결국 남부의 친오스트리아 국가들마저 합류했다. 왜냐하면 북부 독일에 의해 통제되는 시장과 배출구 없이는 그들이 생존할 수 없었기 때문이다. 그 다음에 비스마르크는 오-프의 군사적 성공을 이용하여 오스트리아와 기타 독일국가들 사이에 쐐기를 박았다. 오스트리아와 국가연합 내 남부 독일국가들은 홀슈타인과 함께 슐레스비히를 국가연합 내에 포함시키길 기대했다. 비스마르크가 이것을 거부했다. 그 대신에 그는 오스트리아와 이 공국들을 분할하여 오스트리아가 홀슈타인을 그리고 프로이센이 슐레스비히를 각각 잠정적으로 관리하는 합의를 위한 협상해 나섰다. 그렇게 하는 속에서 그는 인종적으로 고립된 뚜렷한 지방들을 모아 놓은 모순을 어쩔 수 없이 모른 체하는 다민족 합스부르크 국가의 개혁되지 못한 헌정적 구조를 건드리고 있었다. 이 합의서인 바트가슈타인조약(the Treaty of Bad Gastein)은 프로이센과 덴마크 사이에 위치한 멀고도 반항적인 국가를 관리하기에 불가능한 지위로 오스트리아를 몰아넣을 뿐만 아니라 독일국가연합 내에서 오스트리아를 추락시켰다. 비스마르크는 두 공국을 프로이센으로의 병합을 요구하는 프로이센 여론을 진작시켰을 뿐만 아니라 이 난국을 악화시키는 비밀조치들을 취했다. 자신의 위치에서 후퇴하고자 오스트리아는 공국의 독립을 위한 지원을 재천명하고 그 결정을 국가연합에 맡길 것을 제안했다. 비스마르크는 이 제안이 공국들에 대한 프로이센의 권리 주장의 거부를 초래할 것임을 알고 있었다. 왜냐하면 국가연합은 공국들을 통합하여 새로운 국가 수립을 의결할 것이기 때문이다. 따라서 프로이센은 이 제안조치를 조약 위반이요 전쟁의 명분이라고 비난했다.

비스마르크는 즉시 오스트리아를 공격하고 이탈리아 민족국가에 베네치아를 추가한다는 내용으로 이탈리아와의 조약을 체결했다. 그는 또한 헝가리 민족주의자들과도 대화를 시작했다. 그러고 나서 그는 독일 자유주의자들에게 일반선거에 의해 선출되는 국가의회를 제안하여 그들의 지원을 얻고자 노력하면서 국가 연합 내에서 오스트리아를 고립시키려고 시도했다. 오스트리아가 프로이센의 제안들을 거부하도록 국가연합에 요청하자 프로이센은 독일국가연합은 더 이상 존재하지 않는다고 발표로 대응하고, 또 독일국가들에게 새로운 국가연합, 즉 오스트리아를 배제한 북부 독일국가연합에 가입하도록 촉구했다. 프로이센의 왕 빌헬름 1세는 오스트리아와의 전쟁을 피하고 싶어 했다. 그 결과 프로이센인들은 동원체제 돌입이 늦었다. 그러나 오스트리아인들이 모라비아(Moravia)에서 동원을 위해 오직 한 개의 철도노선만을 이용할 수 있었지만 몰트케는 프로이센의 병력을 프로이센의 전국으로부터 전선으로 수송하는 데 5개의 철도노선을 이용했다. 그리하여 1866년 6월 5일 프로이센 군대가 반경 275마일에 걸쳐 배치되었다. 몰트케는 일단 그들을 중심을 향해 보다 가까이 접근시키기 시작했지만 작은 지역으로 총 집중 명령을 하지 않고 끈질기게 버텨냈다. 6월 22일 가서야 프로이센의 전위부대 장교들이 오스트리아에게 프로이센의 선전포고문을 전달했다. 오스트리아군은 3열 종대로 모라비아에서 이동하여 6월 26일 그들의 목적지에 도달했다. 그들의 사령관은 베네데크(Benedek) 장군으로 그는 구시대의 인물이었다. 두려움 없고 둔감한 그는 밀집편대에 작전상 내선의 이점에 의지했다. 그러나 그는 맞은편 2개의 균등하게 강력한 프로이센 군대 중 어느 쪽에 대한 공격도 지연시킴으로써 그런 전략의 이점을 살리지 못했다. 더구나 베네데크의 너무 이른 집중이 그의 기동력을 억제했다. 일단 기회가 지나가 버리자 오스트리아인들은 쾨니히그레츠에서 엘베 강의 뒤로 후퇴하는 것마저 너무 늦어 버렸다. 그리하여 베네데크는 배수진을 친 채 전투에 들어갈 수밖에 없었다.

몰트케는 최종 클라이맥스를 지연시키면서 7월 2일 밤까지 자신의 군단들을 서로 간 하루거리만큼 떨어뜨려 유지했다. 그리고 마침내 그날 밤 그는 두 프로이센 군단의 협공뿐만 아니라 후면 공격 작전을 명했다. 즉 포위 작전이었다. 이것이 완전히 실현되지는 않았지만 쾨니히그레츠에서 오스트리아군은 병력의 4분의 1을 잃었을 뿐만 아니라 패전했다. 베네데크가 프로이센 한 군단을 향해 진격하다가 돌아서 다른 군단으로 진격할 충분한 공간을 확보하지 못한 채, 그 대신 후면 공격을 즉각적으로 받지는 않은 채 한 군단을 공격할 수가 없을 만큼 포위되었기 때문에 내선의 이점도 상실되었다. 7월 27일 평화예비조약이 체결되었다. 독일국가연합의 해산과 독일 문제에서 오스트리아의 제거라는 전쟁의 주된 목적이 너무 우회적이고 너무 마키아벨리식으로 달성되었기에 역사학자들은 비스마르크가 실제로 펼친 그대로 그런 외교 작전을 정말로 의도했었는지의 여부를 계속 토론하고 있다.[229]

비스마르크는 빈의 협조체제를 새로운 창조, 즉 민족국가로 붕괴시키려고 했다. 그렇게 하는 속에서 그는 자신이 프로이센에서 수행 중인 헌정적인 투쟁을 제도화하고 있었으며, 또한 그는 민족국가의 대중적 지원과 도덕적 열정에 아주 적합한 그런 전략적 대결방식을 사용하고 있었다. 빈체제에 대한 치명적 위험은 민족국가가 수행하는 전쟁의 성격에 있었다. 처음부터 그것은 18세기식의 제한된 전쟁이 아니었다.

229 Lothar Gall, *op. cit.*, p. 240.

그것은 적의 군사력을 가능한 한 완전히 섬멸하려는 무제한의 총력전(total war)이었다.[230] 미국에서 내전으로 그리고 유럽에서 독일 통일로 민족국가의 출현에 총력전의 전략적 방식이 동반했다는 것은 우연이 아니었다. 만일 민족이 국가를 지배한다면 그리고 민족의 복지가 국가의 존재이유가 된다면 민족의 적은 분쇄되어야만 한다. 그것은 국가를 파괴하는 길이었다. 나폴레옹과 국가민족에게 국가기관을 섬멸로 위협하여 국가를 파괴하는 것이 필요했었다면, 민족국가에겐 민족이 전선에 투입할 수 있는 거대한 인적 및 물적 자원을 신속하게 포위 작전을 통해 혹은 필요하다면 천천히 경제적 자원의 소모를 통해 섬멸하는 것이 필요했다.[231] 1866년 7월 3일 몰트케 장군의 전략은 쾨니히그레츠 북서쪽 자도바(Sadova)에서 오스트리아인들에게 압도적 승리를 거두었고 그해 7월 27일의 평화를 가져왔다. 프로이센의 평화 조건은 온건했고 최종적이었다. 그것은 민족 국가의 수립과 당시 빌헬름 1세의 관점에서 보면 의아스러웠지만 민족국가의 창설 목적의 관점에서 보면 그것은 완전히 이해할 만한 것이었다. 오스트리아는 어떤 영토도 양도하지 않았다. 패전국에게 요구되는 관례적 전쟁배상금마저도 아주 온당한 것이었으며 그것의 상당 부분도 프로이센의 채무를 탕감하는 것으로 되어 있었다. 주된 변화는 정치적이었다. 하노버 헤세, 나사우(Nassau) 및 프랑크푸르트 자유시가 모두 분쟁 대상이었던 슐레스비히

230 *Ibid.*, p. 300.

231 포위 작전은 프로이센의 몰트케 장군의 방법이고 지구전은 남북전쟁 당시 미국의 셔먼(Sherman) 장군의 방법이었다. 핵무기의 등장은 이런 총력전을 어렵게 만들었다.

와 홀슈타인이 그런 것처럼 독립을 잃고 프로이센의 각 지방으로 전락했다. 이제 비스마르크는 독일의 남부 국가들의 문제로 관심을 돌렸다. 1866년 프라하평화조약은 프로이센을 마인(Main) 강의 북부지역에 국한시켰다. 마인 강 건너편의 국가들을 병합하려는 그의 전략은 당시에 아주 간접적이고 가망성이 별로 없어 보였다. 그럼에도 불구하고 그것이 기막힌 정치적 행운의 덕택으로 성공하게 되었다. 왜냐하면 비스마르크는 오스트리아와 프랑스가 함께 자신에게 대항할 것이기 때문에 이 국가들을 위협하지 않았지만 그러나 무엇보다도 스페인 왕위계승문제에 대한 갈등의 덕택으로 그들을 자신의 지배하에 끌어들일 수 있었기 때문이다. 그에겐 모든 수단을 동원하여 남부 국가들에서 독일 민족감정을 구축하고 그리고 나서 이 민족감정을 몰트케 장군의 군단들과 통합시키게 해 줄 국제적 기회를 기다리는 것이 필요했을 뿐이다.

비스마르크는 먼저 남부 독일국가들과 일단의 비밀 군사동맹을 체결했다. 그리고 그는 남 · 북부를 독일을 포함하는 전 통합지역에 일반선거권의 토대 위에서 선출된 의회가 통치하는 공동관세 통합제안을 발표했다. 그러고 나서 그는 나폴레옹 3세가 네덜란드 왕으로부터 룩셈부르크 구입에 동의한 비밀 거래를 비밀리에 언론에 폭로했다. 이 소식이 터지자 애국적 감정의 파도가 1867년 6월 남부 국가들을 새로운 의회로 끌고 들어갔다. 그 의회에서도 비스마르크는 프로이센의회에서 그가 봉착했던 것과 동일한 정치적 반대에 직면하기 시작했다. 국가민족에서보다는 민족국가에서 여론이 훨씬 더 영향력을 미쳤다. 그러나 비스마르크는 새로운 의회의 에너지를 이용하려면 그것의 적대감과 심지어 반대까지도 무릅써야만 했다. 새 의회에 대한 선거에서 비스마르크 동맹세력들이 프로이센의 선거에서처럼 분쇄되었다. 그러나 비스마르크는 때를 기다렸다.

1868년 스페인의 이사벨(Isabel) 여왕이 혁명으로 타도되었다. 성공한 혁명가들은 이제 새로운 국왕을 찾았다. 그들은 왕관을 호엔촐레른 가문 즉 프로이센왕가의 가톨릭계인 레오폴트(Leopold) 공작에게 제안했다. 이 자체는 프로이센 통치 가문을 위한 비스마르크의 야심에 불을 지피지는 않았다. 나폴레옹 1세는 자기 친척들이 가까운 곳의 모든 왕좌를 차지하길 원했을지 모르지만 비스마르크는 다른 것을 쫓고 있었다. 그래서 그는 오히려 만일 호엔촐레른 후보자가 그 제안을 거절한다면 스페인들이 자신의 장기적 계획을 반대하는 주요 남부 독일국가인 바이에른의 비텔스바흐(Wittelsbach)왕조에 제안하지 않을까 하고 두려워했었다. 그래서 그는 1870년 3월 9일 난감해 하는 빌헬름 1세에게 만일 그렇게 되면 스페인의 지배 가문이 독일 내 반민족적 요인들과 접촉을 유지할 것이며 또 그들에게 지리적으로 멀지만 안전한 집결지를 제공할 것이라고 말했다.[232] 그러나 이 말이 자신의 수상에 의해 종종 헛물켜는 빌헬름을 설득하지 못했다. 빌헬름 왕은 3월 중순 프로이센 왕궁회의에서 레오폴트 공작의 호엔촐레른 가문의 후보 자격에 유일한 반대표를 던졌다. 왕의 반대로 충분했다. 4월 20일 레오폴트와 그의 부친은 스페인 정부에게 공식적으로 거부 의사를 통보했다.

그러나 6월까지는 비스마르크가 이것은 순전히 왕가의 문제라는 구실을 항상 유지하면서 이 사태를 뒤집을 수 있었다. 6월 9일 레오폴트

232 Georges Bonnin, *Bismarck and the Hohenzollern Candidate for the Spanish Throne*(London: Chatto & Windus, 1957), pp. 70-71.

의 수락과 이틀 뒤 프로이센 왕의 동의가 있었다. 이제 덫이 놓여졌다. 비스마르크가 의존했던 것은 나폴레옹 3세의 무절제한 반응이었다. 만일 그의 무절제한 반응이 촉발될 수 있다면 그러면 독일의 민족감정이 갑작스럽게 작동할 것이다. 독일민족은 자신의 보호국인 프로이센을 통해 굴욕감을 느낄 것이고 또 적절한 대응 조치를 요구할 것이다. 그러면 그것이 프로이센과 프로이센의 지배에 관련된 모든 오해와 유보들이 적어도 일시적이나마 뒤로 밀려나는 결과를 가져올 것이다. 그때 사람들은 중부 유럽의 장래구도에 미칠 상응하는 방향과 기존 정당들과 정치세력들의 거대한 다수를 절충하는 그런 민족적 통일전선을 보게 될 것으로 기대할 수 있을 것이다.[233] 호엔촐레른왕가의 수락에 대한 스페인 정부의 발표 이틀 후인 7월 4일 파리주재 프로이센의 대사는 프랑스의 수상으로부터는 물론이고 외무장관으로부터 신랄하게 표현된 위협을 듣게 되었다. 대사는 바트엠스(Bad Ems)에 있는 프로이센 왕에게 그것들을 직접 보고하기로 동의했다. 빌헬름 왕은 휴일을 보내기 위해 그곳에 갔었다. 이틀 후 프랑스 외무장관은 의회에서 프랑스인들은 인접 국민의 권리에 대한 존중이 유럽의 현 힘의 균형을 그들에게 불리하도록 외국이 교란하는 것을 인정하게 할 수 있다고는 믿지 않는다고 천명을 했다. 그러면서 프랑스 정부는 독일국민의 슬기에 기대지만 그러나 사태가 달라지면 프랑스인들은 주저함이나 위약함이 없이 그들의 의무를 수행하는 법을 그들이 알게 될 것이라고 덧붙였다.[234]

바로 이 시점에서 프랑스의 베네데티(Benedetti) 대사가 바트엠스로

233 Lothar Gall, *op. cit.*, p. 355.

234 *Ibid.*, p. 356.

달려갔다. 7월 9일 그는 프로이센 왕에게 자국의 공식항의서를 전달했다. 비스마르크에 의해 미리 준비된 대로 왕은 프로이센의 왕으로서가 아니라 호엔촐레른왕가의 수장으로서 자신이 동의했을 뿐이며 결정은 레오폴트 집안에서 내린 것이었다고 답변했다. 그럼에도 불구하고 화해적인 왕은 곧바로 레오폴트의 부친에게 그의 아들이 철회하도록 제의하는 편지를 썼다. 그리고 7월 12일 레오폴트는 자신이 더 이상 스페인 왕좌의 후보자가 아니라고 발표하기에 이르렀다. 그것들이 어떻게 보였었든 간에 지금까지 사태는 비스마르크가 원하는 방향으로 흘러갔다. 그는 전쟁에 대한 빌헬름 왕의 진정한 혐오감과 그의 타협하려는 용의성에 기대할 수 있었다. 이제는 프랑스 정치 쪽의 최근 사태발전뿐만 아니라 나폴레옹 3세와 그의 극복할 수 없는 허영심에 대한 비스마르크의 판단이 결실을 거두게 되었다. 파리 주재 프로이센의 대사를 통해 프랑스 정부는 프로이센 왕의 철회의 공식승인뿐만 아니라 지난번 후보를 승인하는 데 있어서 프랑스 국민의 이익과 명예를 손상시킬 의도가 전혀 없었으며 나아가서 미래에도 그런 후보에 결코 동의하지 않겠다는 구속력 있는 공약에 해당하는 선언을 프로이센 왕 측에 요구했다. 이런 요구들을 독일 일반 대중에게 폭로하고 프랑스가 왕의 명백한 평화애와 타협 용의를 이용하여 그에게 굴욕감을 주고 그와 함께 프로이센과 프로이센에 군사적으로 의존하는 독일 민족에게 창피를 주려 한다고 과시함으로써 비스마르크가 자신의 덫을 작동시키는 것이 가능해졌다. 따라서 왕이 비스마르크를 통해 프랑스인들에게 자신의 답변을 보냈을 때 비스마르크는 그 "엠스 전문"(Ems Dispatch)을 오직 2문장으로 줄여서 그것을 7월 13일 저녁 늦게 프로이센의 모든 외교공관에 배포하고 즉각 공개토록 했다. 이 시점에서 비스마르크의 행위에 관한 전설, 즉 그가 전문을 조작했다는 전설이 발생했다. "수정된" 전문의 내용은 다음과 같다 :

> 국왕폐하께서는 프랑스 대사를 다시 응접하기를 거부하셨다. 그리고 근무 중인 부관을 통해 후자에게 폐하께선 대사에게 더 이상 할 말이 없다고 통보했다.[235]

원문은 부관에 관해서만 언급했고 더 이상 할 말이 없다는 부분은 현 정보 상태를 명시적으로 지칭했었다. 이것이 덫의 마지막 미끼였다. 나폴레옹 3세의 손에서 충분히 무분별했을 프랑스의 반응은 이제 프랑스 여론의 문제였다. 비스마르크는 프로이센이 새롭게 획득한 민족적 단결을 전선으로 몰고 갈 수 있을 만큼 그렇게 격렬하게 반응하는 프랑스에 기대할 수 있었다. 1870년 7월 14일 프랑스인들은 동원체제에 들어갔고 7월 19일 전쟁을 선포했다. 이 선포로 남부 독일국가들과 체결한 동맹조약들의 공식 법적 요구 조건들이 불필요하게 충족되었다. 왜냐하면 엠스의 전문이 공개된 이후 줄곧 독일의 민족적 여론은 열정적으로 프로이센 왕을 지지했기 때문이다. 다른 교묘한 책략도 있었다. 비스마르크는 "1866년"의 연도를 노출하지 않고서 베네데티가 작성한 프랑스의 벨기에 획득에 관해서 말한 조약의 육필 초안을 영국의 《더 타임스》(*The Times*)에 누설했다. 그리고 이것은 벨기에에 대한 프랑스의 위협을 우려하여 개입하지 않으려는 영국의 결정을 의심할 여지없

235 *Ibid.*, p. 359.

이 강화시켰다. 그러나 강대국들에 의한 당시 상황의 일반적 이해가 제3국에 의한 개입을 주로 억제시켰다. 즉 1866년 때처럼 그들은 실제로 무엇이 일어나고 있는지를 완전히 오해했었다. 당시 각국의 지도층들은 이것이 국제적 긴장을 조정하는 전쟁, 즉 제한전쟁에 의해 해소될 당사국들 간의 영토적 갈등이라고 확신하고 있었던 것이다. 그들은 빈 체제의 규칙 속에서 너무 오랫동안 살아왔었기 때문에 그들은 바로 그것들이 계속 시행되고 있다고 믿었던 것처럼 보인다.[236]

1870년 7월 15일 밤 독일의 동원 명령이 떨어졌다. 동원체제가 완결되자 프로이센군은 1백만 명이 넘는 무장병력을 갖게 되었다. 이에 대항하는 프랑스군은 기껏해야 35만 명에 지나지 않았다. 18일 만에 6개의 프로이센 철도 노선과 남부 독일인들을 위한 추가적인 3개의 철도 노선이 10개 군단 42만 6천 명의 병력을 전선으로 수송했다. 8월 18일까지 프랑스의 두 주력 군단이 케츠 요새에서 후퇴했고 메츠 요새는 긴 포위 공격을 당한 뒤 항복했다. 이 요새를 구출하려고 시도하는 다른 프랑스 군대는 중간에 차단당해 스당(Sedan)에 있는 벨기에 전선으로 쫓겨 결국 그곳에서 포위당했다. 그 군대는 9월 1일 항복하여 나폴레옹 3세와 10만 4천 명의 병력이 전쟁포로가 되었다. 독일인들은 9월 18일 파리를 포위했지만 수도로 가는 하나의 작은 회랑만 장악했었다.

프랑스인들은 여전히 중요한 자원들을 갖고 있었다. 4개의 새로운 군이 프랑스의 각 지방에서 조직되었다. 바다를 지배하고 그리하여 해외로부터 새로운 공급을 들여올 수 있는 프랑스 편에 시간이 유리할 수

236 Philip Bobbitt, *op. cit.*, p. 200 .

밖에 없다고 걱정한 비스마르크는 몰트케에게 파리의 즉각적 포격을 요구했다. 그러나 몰트케는 효과적인 공격을 위한 충분한 포가 부족하다는 근거에서 머뭇거렸고 비성공적 포격은 저항을 강화시킬 뿐이라고 주장했다. 그러나 왕이 비스마르크 편에 섰다. 그리하여 더 많은 중포들이 도착함에 따라 몰트케는 1817년 1월 5일 파리에 맹렬한 포격을 가하기 시작했다. 1월 23일 정전협상이 시작했고 28일 파리는 항복했다. 1월 베르사유 궁전에서 빌헬름 1세는 독일의 황제로 선포되었고 남부 국가들은 그 전 달에 이미 통일된 독일국가를 창설하는 조약을 체결하였었다. 비스마르크는 제국의 수상이 되었다. 9월에 그는 알자스로렌(Alsace-Lorraine)의 양도를 요구함으로써 유럽을 흥분시켰다. 이 요구가 독일 민족주의적 감정을 이용하려는 시도의 결과였는지 아니면 우수한 성공적인 군사적 전투의 당연한 영토 확장인지는 여전히 논란의 대상이 되고 있다. 어쩌면 어느 쪽도 아닐 가능성이 높다. 프랑스가 독일로부터 빼앗은 이 옛 땅을 부활시키는 것은 하나의 분명한 종류의 국가 즉 민족이 거기에 속한다고 느끼는 국가를 창설하는 하나의 방식이었다. 모두가 이것을 깨닫지 못한 것은 아니었다. 당시 영국의 디즈레일리(Benjamin Disraeli)는 상당한 선견지명을 가지고 이 전쟁이 독일혁명, 즉 지난 세기의 프랑스혁명보다도 더 큰 정치적 사건을 대변한다고 생각했다. 그는 외교문제의 관리에 대한 단 하나의 원칙도 이제는 더 이상 존재하지 않으며 그들은 새로운 세계를 맞이했다고 언급했었다.[237] 민족통일은 민족주의의 결과물인 동시에 어떤 경우엔 민족주의의

237 John A. S. Grenville, *Europe Reshaped 1848-1878*(Brighton, Sussex: Harvester Press, 1976), p. 358.

의 치료제였다. 독일인들의 정치적 및 문화적 열망을 구현하고자 했던 독일 민족주의는 덴마크인과 폴란드인의 민족주의를 질식시키는 수단으로 이용되었다. 이탈리아의 민족주의는 나폴리에서 초기의 민족 반란과 베네치아인들의 민족열망을 진압했다. 이탈리아와 독일에서 하나의 국가민족이 타 국가민족들을 정복하고 자신과 함께 그들을 변질시켰다고 말하는 것이 정확할 것이다. 그것은 마치 독립적이고 인종적으로 연계된 국가들의 집결로부터 새로운 국가가 수립되었다고 말하는 것과 비슷할 것이다.

1871년 독일 민족통일 이후 새로운 국제사회가 점차로 출현했다. 그 분위기는 쉽게 불붙는 민족주의와 인종적 저돌성으로 쌓여 있었다. 이것은 대중의 무상 의무교육과 엄청나게 증가된 문자해독 능력의 확산 이전에는 불가능했던 그런 규모로 언론에 의해 자극받은 대중적 분위기를 반영했다. 3개의 새로운 아이디어들이 대중들의 마음속에서 관심을 얻고 추종자를 확보하려고 경쟁했다. 다윈주의(Darwinism), 마르크스주의(Marxism), 그리고 의회주의(Parliamentarianism)가 바로 그것 들이었다. 다윈주의는 경쟁주의와 민족생존우선주의의 사회적 신념으로 쉽게 전락했다. 마르크스주의는 산업화 시대의 자본주의적 관계에 대해 적대감으로 충만했다. 의회주의는 민족 및 국제사회에서 법의 지배를 진작시켰다. 그리하여 그것은 당시 법적 합의에 대한 토대가 신속하게 부식되기는 했지만 법에 대한 신념의 시대, 계급관계의 불안의 시대, 그리고 국가들 내의 인종우선주의(ethnomania)의 시대였다. 1914년까지 그 주요 특징을 유지했던 1870년의 유럽은 1815년의 유럽과 아주 다른 유럽이었다. 그것은 1815년의 정치가들이 그렇게 될까 두려워했던 바로 그런 유럽이었다.[238] 새로운 시대정신에 대해 귀족 출신의 국가민족의 지도자였던 비스마르크도 다음과 같이 말했었다.

> 일단 정부가 승인되면 프랑스나 사르데냐에서 누가 통치하느냐는 나에게 관심이 없다. 그것은 사실의 문제이지 옳고 그름의 문제가 아니다. 나에게 프랑스가 나폴레옹에 의해서 통치되든 아니면 성자 루이에 의해서 통치되든 프랑스는 프랑스일 뿐이다. 당신은 사실과 옳음에 서로 분리될 수 없고 정당히 구상된 프로이센의 정책이 유용성의 관점에서 본다손 치더라도 외교문제에 순결이 필요하다고 답변할 것임을 나는 알고 있다. 나는 유용성의 이점에 관해서 당신과 논의할 준비가 되어 있다. 그러나 만일 당신이 옮음과 혁명사이의 모순을 가정한다면 즉 기독교와 이교도, 신과 악마를 가정한다면 나는 더 이상 주장할 수 없고 단지 나는 당신과 의견이 다르다. 나로선 당신이 스스로 판결할 것이 아닌 것을 판단한다고 말할 수 있겠다.[239]

비스마르크의 이런 언명은 진정한 민족국가의 목소리이다. 정치체제란 오고 갈 수 있을 것이다. 그러나 민족은 계속된다. 국제법도 이런 새로운 사회에 자신을 준봉시켰다. 즉, 민족에 대한 지배가 확립될 수 있는 한, 정부가 어떻게 수립되었는가는 관계가 없었다. 자신들의 국가를 갖는 민족의 권리인 자결이 정부의 정통성과는 별도로 국제법에서

238 Michael W. Doyle, *Empires*(Ithaca, N. Y.: Cornell University Press, 1986), pp. 242-243.

239 Henry A. Kissinger, "Reflections of Bismarck," Dankwart A. Rustow, ed., *Philosophers and Kings: Studies in Leadership*(George Brazillar, 1970), p. 918.

인정되는 유일한 원칙이 되었다. 민족국가는 그것이 의존하는 그런 정치사회에 내재적인 어떤 전략적 위험들을 무릅쓰는 것이 그 당시엔 분명했다. 그것들 가운데 주된 것은 인접한 민족적 요소들로 이루어지는 국가 창설이 이웃국가들에게 위협을 제기할 수 있다는 사실이다. 그리하여 비스마르크는 어떤 형태로든 폴란드왕국의 부활은 우리를 공격하기로 결정한 모든 적에게 동맹국을 수립해 주는 것이나 마찬가지라고 주장했다. 따라서 프로이센은 폴란드인들이 모든 희망을 잃고 죽을 때까지 그들을 박살내야 한다. 나는 그들의 처지를 깊이 동정하지만 그러나 만일 우리가 생존하고자 한다면 우리에게 그들을 쓸어 내는 것 외에 다른 선택이 없다고 결론지었다.[240] 인민의 열정에 의존하고 또 당시에 그것에 불을 붙이는 그런 민족국가들과 있을 미래의 전쟁들은 7년 아니 어쩌면 30년간 계속할 것이라고 몰트케도 불길하고 음습한 경고를 했었다.[241] 일반 국민을 무장시키고 결정적 전투의 기회를 이용하기 위한 거대한 장병들의 수적 요구에 대한 프로이센식 위험의 해결은 전 사회를 군사화하는 것이었다.

---

240 Lothar Gall, *op. cit.*, p. 59. 비스마르크의 이 말은 투키디데스의 펠로폰네소스 전쟁사에서 아테네인들이 밀로스인들에 했던 것보다도 어쩌면 더 가혹한 말이라 하겠다. 그들 간의 대화를 필자가 소개한 것을 보기 위해서는 강성학, 《시베리아 횡단 열차와 사무라이–러일전쟁의 외교와 군사전략》(서울: 고려대학교출판부, 1999), pp. 620-625 참고. 20세기 초 대한제국에 대한 당시 일본 지도자들도 이와 유사한 생각에 젖어 있었을 것이다. 근대 군사력 건설과 헌정질서에서 프로이센을 모방한 일본은 그래서 종종 아시아의 프로이센으로 지칭되지 않았던가.

241 Gunther Rothenberg, "Moltke, Schliefen, and the Doctrine of Strategic Envelopment," in Peter Paret, ed., *Makers of Modern Strategy from Machiavelli to the Nuclear Age*(Princeton: Princeton University Press, 1986), p. 310.

1873년의 경기 불황 이후 독일국가는 국민의 복지를 극대화하기 위해서 철도를 국유화하고 의무적 사회보장제도를 도입했으며 경제의 국가개입을 증가시켰다. 19세기 내내 영국은 대량 징집군을 채택하지 않았다. 산업화하면서 군사화한 것은 프로이센이었다. 철도 전신 그리고 산업화가 가능하게 해 준 공구들의 표준화는 군사적 배치의 속도와 기동력에 있어서 어지러울 정도의 증대를 가져왔다. 철도와 함께 전신의 사용은 장군들이 흩어져 있는 병력을 신속히 집중시키고 또 그들의 작전을 거대한 전장에서 조정할 수 있게 해 주었다. 무엇보다도 전쟁을 위해 전 사회가 동원될 수 있게 되었다. 그리고 이것은 바로 민족국가의 공헌이었다.

근대 유럽에서 사회안전계획을 포함하여 최초 국가복지제도의 챔피언이 비스마르크였다는 사실은 국가를 이제 국민복지의 제공자로 인식하는 데 결정적으로 중요하다. 국가민족 간의 전쟁들이 인민들의 전쟁이 된 국가의 전쟁들이었다면 이제 민족국가 간의 전쟁은 높은 인민들의 지지를 받고 또 인민들의 이상을 위해 싸운다는 명분을 내세우는 민족 간 전쟁이 되었다. 따라서 민족국가의 정당성은 민족의 근대적 삶을 유지하는 성공여부에 의존하게 되었다. 이제 심각한 경기불황은 훨씬 더 격심한 재정적 위기마저도 과거 정체들을 뒤흔드는 일이 거의 없었던 방법으로 민족국가의 정당성을 손상시킬 것이다.[242] 이제 프로이센은 당시의 전략적 및 헌정적 혁신을 성공적으로 통합시킨 최초의 유럽국가가 되었다. 민족국가라는 국가의 새로운 형태는 전 사회를 지도하

242 Philip Bobbitt, *op. cit.*, p. 204.

고 관리하게 된다. 왜냐하면 사회 모든 분야의 총체적 노력 없이는 근대 전쟁이 성공적으로 수행될 수 없기 때문이다. 국가의 권한뿐만 아니라 국가의 책임도 사실상 시민생활의 전 분야로 확대되었다. 이제 새롭게 동원된 대중들이 동기에 불타고 군사적으로 효과적이려면 국가는 방위뿐만 아니라 복지와 교육도 제공해야만 했다. 만일 국가가 그렇지 못하면 전쟁 후에 그 사실을 알게 될 것이다. 제1차 세계대전에서 그랬다.

제1차 세계대전은 자신들의 국민을 동원하지 못하고 또 동기부여에 실패한 것으로 판명된 왕조적 정치체제들을 붕괴시켰다. 그러나 보편적으로 수락될 수 있는 대안적 정통성의 기준이 출현할 때까지 어떤 평화도 가능하지 않았다. 서양의 자유민주주의, 나치독일의 호전적 인종주의 그리고 소련의 권위주의적 사회주의 사이의 3각 투쟁이 모두 끝날 때까지 세계 헌정적 투쟁은 계속될 것이다. 제한된 정치적 목적을 위해 전쟁을 수행했던 빈체제는 역사적 종말을 맞았다. 앞으로의 전쟁은 헌정적 정통성을 위한 무제한의 전쟁, 즉 총력전이 될 것이다.

제8장

평화의 神 윌슨의 평화사상

> 책을 읽어서 현명하기는 쉽다. 그러나 정세의 와중에서 현명하기는 무한히 어렵다. 서재에서 차분하고 고요하게 앉아서 국사의 실제 영역의 무한히 다양하고 어려운 문제들의 와중에 있는 사람에게 트집 잡는 사람은 자기의 판단을 내뱉기 전에 수정하고 또 그를 규탄하기 전에 어려움을 깨닫기 위해 아주 조심해야 한다. 죽고 떠나 버린 사람들의 전기들 속에서 우리는 얼마나 자주 그들이 살았을 때 우리가 그들을 규탄했던 것에 관한 충분한 설명, 즉 명예로운 설명을 보았던가? 그리고 우리는 바쁜 공무수행의 와중에 있는 어떤 사람들의 곁에 서면 그들에 대해 관대한 비판자가 되고 반면에 그들의 사적 삶에서 그들을 보지 않은 사람들이 가혹한 비판자가 되는 것일까? 그들을 알지 못하는 사람들은 그들의 천성을 모르고 또 그들의 동기를 이해하지 못하기 때문이다.
> —우드로 윌슨

태초에 말씀이 있었다. 그리고 종말에도 말씀이 있었다. 아름다운 말, 희망을 부풀게 하는 말, 민족을 감동시키고 또 세계를 매혹시키는 말이 있었다. 놀랄 만한 순간에 군대보다도 더 강력한 말이 있었다. 가장 처참한 희생을 영광스런 투쟁으로 보이게 만드는 말이 있었고 또 5대양에 떨치고 수십 년에 걸쳐 메아리치는 말이 있었다. 우드로 윌슨 대통령은 그런 말의 사나이였다. 그의 행동이 중요하지 않았다는 뜻은 아니다. 그러나 윌슨 대통령은 미국을 사회적 책임의 새로운 수준으로 이끌었으며, 무서운 전쟁에서 국가를 승리로 이끌었다. 그러나 그의 유산은 그의 말이었다. 비록 그의 발걸음이 여정의 끝에서 비틀거렸지만 그의 말은 계속 살아서 후세들로 하여금 그가 결코 달성할 수 없었던 것을 성취하도록 진작시켰다.[243]

프랭클린 루스벨트 대통령이 말했듯이 미국의 위대한 대통령들은 모두가 국가의 삶에 어떤 개념들이 명확해져야만 할 때 사상적 지도자들이었다. 그리하여 워싱턴 대통령은 연방단결 개념을 확신시켰고, 제퍼슨과 잭슨 대통령은 민주주의 개념을 실현시켰다. 링컨 대통령은 단결과 자유를 실현했으며 클리블랜드(Grover Cleveland) 대통령은 정직의 개념을 펼쳤다. 시어도어 루스벨트 대통령과 윌슨 대통령은 대통령직을 하나의 설교단으로 활용한 자신의 시대에 자기방식대로 도덕적 지도자들이었다.[244] 정치 지도자들이 성공하기 위해서는 도달하려는 목표를 갖고 있어야 할 뿐만 아니라 추구하는 목표가 달성할 가치가 있다는 것을 의회와 국민들에게 확신시켜야만 한다. 그런 점에서 민주주의의 정치란 궁극적으로 교육적 과정, 즉 설득과 동의를 얻기 위한 모험이다. 그리고 그 모험의 핵심적 도구는 말이다. 윌슨은 학자-정치가로서 대표적인 "말의 지도자"였다. 그의 말은 "영구적 세계평화수립"이라는 메시지를 담고 있었다. 고대 그리스인들의 표현방식을 차용한다면, 윌슨은 "평화의 신"이었다. 그는 평화로운 세계를 위한 희망과 염원에서, 즉 역사에서 살아남아 숨쉬는 20세기의 예언자이며 축이 되는 인

---

243 H. W. Brands, *Woodrow Wilson*(New York: Times Books, Henry Holt, 2003), p. 1.

244 *Ibid.*, p. xv에서 재인용.

물이었다.[245]

1919년 12월 4일 윌슨 대통령을 실은 전 독일의 여객선 조지 워싱턴(George Washington) 호가 파리를 향해 뉴욕 항에서 출항하기 위해 맨해튼을 지나갈 때 고층건물에서 수만 명의 환송객들이 손수건을 흔들고 색종이를 뿌렸다. 배가 자유의 여신상을 지나치자 거대한 비행선이 흔들거렸으며 비행대가 공중제비를 했다. 그 너머에는 11척의 전함이 대통령이 승선한 배를 목적지까지 호위할 준비를 했다. 유럽에서의 환영은 훨씬 더 열광적이었다. 9일 후 조지 워싱턴 호가 프랑스의 브르타뉴(Bretagne) 해안에 모습을 보이자 브레스트(Brest) 시의 전 주민들이 함성과 "인간 권리의 챔피언 만세"와 "국제회의 창시자에게 영광을"이라는 슬로건을 내건 현수막들은 오직 서막에 불과했다. 프랑스의 역사상 파리에서 윌슨 대통령을 기다리는 그런 규모의 군중 모임은 없었다. 약 200만 명의 파리 시민들이 미국의 대통령을 환영하기 위해 거리로 쏟아져 나왔다. 퍼레이드의 일정에 따라 건물 창가의 좌석은 300프랑에 팔렸으며 청소년과 어린아이들은 "정의의 화신 윌슨"을 한번 보기 위해 가로수에 올라갔다. 윌슨 대통령과 프랑스의 레이몽 푸앵카레(Raymond Poincaré) 대통령을 실은 첫 번째 마차와 함께 8마리의 말이 끄는 마차들이 길을 따라 지나갈 때 3만 6천 명의 프랑스 군인들이 질서유지를 위해 군중들을 막아섰다. 먼 곳에서 환영의 포 소리가 울렸고 제비꽃 꽃다발들이 윌슨 대통령의 부인이 탄 마차에 비 오듯 쏟아져 거의 마차가 묻혀 버릴 정도였다. 함성은 귀를 먹게 했으며 심지어 두려

245 Arthur S. Link, *Woodrow Wilson: Revolution, War and Peace*(Wheeling, Illinois: Harlan Davidson, 1979), p. 128.

울 정도였다.

포크(Fock) 장군, 클레망소 수상, 로이드 조지(Lloyd George) 영국 수상, 장군들, 귀환하는 장병들이 지나갔다. 윌슨은 함성 속에서 자신을 초인(superhuman)이라고 부르는 소리를 들었다.[246] 그런 장면은 윌슨이 그 다음 주에 런던, 칼리슬과 맨체스터를 방문했을 때도 그대로 되풀이되었다. 1월 초 고대의 전통에 따라 금빛 모래가 뿌려지고 "평화의 신을 환영합니다"라는 현수막이 걸린 로마에 들어선 후 줄리우스 카이사르도 그보다 더 장엄한 승리감을 결코 맛보지 못했다고들 했다.[247] 밀라노에선 그의 열렬한 환영이 히스테리에 가까웠으며 윌슨 자신도 감격해 눈물을 글썽였다. 거대한 군중이 거리를 가득 채웠고 "인류의 구원자"와 "대서양을 건너온 모세"라고 윌슨을 환호하는 전단들이 그가 탄 자동차에 홍수처럼 쇄도했다. 라스칼라에선 사람들이 그의 서명(autograph)을 극성스럽게 요구했고 윌슨의 주치의 그레이슨(Grayson)은 서명받은 사람들 중 많은 사람들이 그의 서명에 입 맞추고 그것을 가슴에 갖다 대는 것을 목격했다. 이탈리아 전역에 걸쳐 그곳 가정들이 그의 서명 옆에 신성한 촛불을 밝혔다.[248]

그러나 유럽인들이 윌슨을 그렇게 특별하게 기리는 것이 연합국 수상들에겐 악몽이었다. 그런 미증유의 시위들은 단순한 장관을 초월했다. 실제로 그것들은 대중의 정치적 의견의 분명한 표현이었다. 사실

---

246 Gene Smith, *When the Cheering Stopped: The Last Years of Woodrow Wilson* (New York, 1964), p. 39 .

247 Thomas J. Knock, *To End All Wars: Woodrow Wilson and the Quest for a New World Order*(New York: Oxford University Press, 1992), p. 195.

248 *Ibid*.

상 "인민"들은 윌슨의 신임을 과시했다. 그들은 윌슨에게 평화회의가 소집되기 전에 국제연맹을 위해 계속 호의적인 분위기를 띄워 나갈 수 있는 예상치 못한 기회들을 가져다주었다. 윌슨은 영국에서 시작하여 군국주의와 제국주의 그리고 힘의 균형이라는 개념을 강력하게 규탄해 갔다. 윌슨은 그가 말을 건넨 모든 장병들이 구질서를 타파하고 새로운 질서를 수립하기 위해 싸운 것으로 실제로 믿고 있다고 말했다. 그는 구질서의 중심에 힘의 균형이 있으며 이 균형은 검으로 즉 경쟁적 이익의 불안한 균형으로 결정된 것이었다고 설명했다. 전쟁이 시작했을 때 국가들의 연맹은 인간들이 생각할 수는 있지만 결코 얻을 수 없는 어떤 것으로 간주되었지만, 이제는 세계의 주도적 마음들이 그것을 얻을 결심에 차 있다고 말했다. 그런 갑작스럽고 강력한 "목적의 통일"이 전에 이 세상에서 목격된 적은 결코 없었다는 것이다.[249]

그러나 그의 그런 메시아 같은 사고와 발언이 유럽의 지도자들에겐 결코 반가울 리 없었다. 프랑스의 클레망소(Clemenceau) 수상이 한번은 윌슨에게 말하는 것은 예수그리스도에게 말하는 것 같다고 빈정거렸으며, 영국의 조지 수상은 때론 윌슨이 예수와 나폴레옹 사이에 앉아 있는 것처럼 느꼈다고 언급한 바 있었다.[250] 학자-정치가로서, 플라톤 식으로 말한다면 일종의 철인왕으로서, 윌슨은 시대적 사명감에 젖어 있었다. 그는 어떻게 그런 비전과 사명의식을 갖게 된 것일까? 윌슨이 링컨 대통령의 진정한 이해를 위해 촉구했던 것처럼, 윌슨의 진정한 이해를 위해서는 그가 대통령이 되기 전의 삶에 관한 면밀한 조사가 필요

249 *Ibid.*, p. 196.
250 *Ibid.*, p. 199.

할 것이다. 링컨에게처럼 윌슨의 대통령 직무 기간은 그의 특성을 형성하는 기간이 아니라 시험하는 기간이었을 것이기 때문이다. 윌슨이 57살에 미국의 제28대 미국 대통령이 되었을 때 그의 성품과 국사에 관한 그의 판단 중 많은 것들은 이미 형성되어 있었다.[251] 그는 이미 지난 35년 동안 국사에 관해 정력적으로 그리고 심도 있게 생각했었다. 국사에 관련된 사실들과 원칙들에 대한 오랜 생각은 변치 않는 판단의 구축을 가져왔다. 가르치고 저술하고 또 행정을 수행하는 적극적 삶이 인격과 개성의 어떤 변함없는 속성을 그의 내면에 심었다. 그의 폭넓은 연구와 정치적 사실들과 철학의 정통함은 비상했다. 그리하여 그가 대통령직을 맞았을 때 그의 행동방향은 어느 정도 이미 선택되었고 자리 잡혀 있었다. 요컨대 그는 국정을 다룰 준비된 대통령이었다. 그러나 그가 자신의 그런 사고의 궤도를 따라 갈 수 있을지, 간다면 얼마나 멀리 갈 수 있을지의 여부는 그가 직면할 기회와 장애에 달려 있을 것이다.

윌슨은 미국 남부의 엄격한 장로교회 집안에서 태어났다. 그는 가정과 종교와 남북전쟁 시기의 "남부"의 환경적 영향을 크게 받았으며 어린 시절 남북전쟁 전투지역 가까이에 살면서 전쟁으로 인한 파괴와 인간의 희생을 알게 되었다. 전쟁과 전쟁 후 재건의 경험은 후에 남북을 동시에 잘 이해한 《분열과 재통일》이라는 자신의 저서[252]에서 제시된 생각들의 토대가 되었다. 여기서 그는 남북전쟁이 남부의 정신을 정복하지는 못했지만 국민의 정부와 의식을 보다 진정으로 용접하는 데 성

251 Harley Notter, *The Origins of the Foreign Policy of Wondrow Wilson*(Baltimore: The Johns Hopkins Press, 1937), p. 3.

252 Woodrow Wilson, *Division and Reunion, 1829-1889*(New York, 1893).

공했다는 견해를 제시했었다.[253] 유혈과 전쟁에 대한 윌슨의 혐오가 감수성이 예민했던 소년 시절의 체험에 뿌리를 두고 있다는 것을 부인하기 어려울 것이다. 그러나 그는 후에 그 시대를 생각할 때 공평하려고 노력했다.[254] 또한 그의 굳은 신앙심은 세상이 정당한 신에 의해 통치되고 있다고 믿었다. 그는 불의에 대한 투쟁과 인간열정에 대한 투쟁이 신에 대한 책임의 핵심이라고 생각했고 또 사랑의 이끄는 힘이 최고의 힘이며 가장 숭고하다고 생각했다. 모든 인간은 자신의 행동에 대해 신에게 책임을 지는 것이며 그는 또한 진실한 인생관은 인간의 경험에서 부분적으로 반영되는 정신적이고 도덕적인 것이라 믿었다. 그에겐 인간 자신의 양심이 사람들의 의견보다도 더 높은 재판소이며 눈앞의 현재가 아니라 미래가 중요했다. 정의로운 법은 성경을 통해 알려졌으며 그래서 시간이 흐르면서 인류의 삶을 틀림없이 지배할 것으로 그는 믿었다.[255] 나아가서 윌슨의 종교적 교육과 가정생활엔 가치와 영원함을 숭고하는 것이 강조되었다. 물질적 성취는 지성적이고 정신적인 성취보다 못한 것으로 간주되었다. 정신적인 것들이 본질적인 것이었다.[256] 어쩌면 윌슨의 인생관에서 물질적인 것은 그 자체가 목적이 아니라 어떤 목적을 위한 단지 수단에 불과하다고 믿었던 것보다 기본적으로 더 중요한 개념은 없었을 것이다.[257]

---

253 William E. Dodd, *Woodrow Wilson and His Works*(New York, 1932), p. 12.

254 Harley Notter, *op. cit.*, pp. 5-6.

255 Ray Stannard Baker, *Woodrow Wilson, Life and Lettors*, vol. 1(New York, 1927-1939), pp. 40-41

256 *Ibid.*, p. 46.

257 Harley Notter, *op. cit.*, p. 10.

윌슨은 대학생 시절 미국 정치와 연계하여 영국의 정치사상에 관한 독서에 심취한 지 2년 만인 1879년 〈미국에서 내각정부〉라는 기사를 썼다. 헨리 루시(Henry W. Lucy), 글래드스턴(Gladstone), 배젓(Walter Bagehot), 브라이트(Bright), 그리고 버크(Edmund Burke)의 글들을 접하고 위대한 영국 정치가들에 관한 에세이들을 작성하고 싶은 그의 욕구를 자극했다. 그는 존 리처드 그린(John Richard Green)의 《영국인들의 역사》를 읽고 영국적 마음이 미국의 마음이며 미국인들은 영국의 혈통이라고 믿게 되었다.[258] 영국인들의 원칙들과 관습, 경험과 문학, 그리고 영국의 제도들이 그의 저술에서 빈번히 호의적인 언급의 대상이었다. 그린에 대한 그의 높은 인정은 그가 단 많은 주석에서 입증되었다.

윌슨은 16-17세기의 역사와 관련해서 그린이 많이 사용했던 "협약"(covenant)이나 "거룩한 연맹과 협약"이라는 용어에 큰 매력을 느꼈다.[259] 지도력에 관한 윌슨의 실질적 이해에 관한 어느 정도의 개념이 1880년 비스마르크에 대한 그의 글에서 등장했다. 거기에서 그는 지도력에서 도덕을 분리시키지는 않았다. 그러나 그는 모든 복잡한 통치술에서 최고의 도덕적 기준들을 종종 정치가들이 준수하지 못하는 어려움을 현실적으로 인정했다.[260] 그는 영국의 정치가 피트(Pitt) 연구에서 훌륭한 원칙들이란 특히 짧은 시기에 완전하게 성취되는 일이 별로 없다는 것을 발견했다. 항구적 업적이란 느리고 또 어떤 의미에서 진보와

258 Ray Stannard Baker, *op. cit.*, p. 125.
259 Harley Notter, *op. cit.*, pp. 15-16.
260 *Ibid.*, pp. 16-17.

실수의 회피는 여론과 보조를 맞추는 데 있다는 것을 깨닫게 되었다. 그는 또한 대중들의 심판은 원칙과 도덕에 토대를 둘 것이라고 생각했었던 것 같다. 피트가 국가의 명예와 안전으로 가는 유일한 길을 자신의 조국에 강요하려 했을 때 그의 지고한 영향력마저도 무기력하게 되었다고 말하면서 윌슨은 여론의 힘을 계속 논했었다.

윌슨의 대학 시절과 졸업 직후 그에게 가장 영향력이 컸던 독서는 월터 배젓과 에드먼드 버크의 저서들이었던 것처럼 보였다. 그것들로부터의 인용문들이 그의 대화에서조차 빈번하게 등장했기 때문이다. 윌슨은 자신을 이 두 사상가의 신봉자로 간주했다.[261] 그렇지만 배젓의 사상이 당장은 더 중요했다. 1884년 윌슨은 배젓이 자신의 미국 정부에 관한 모든 연구를 고무했었다고 썼다. 배젓의 에세이들이 윌슨의 《의회정부》[262]라는 저서의 모델을 제공했다. 배젓은 윌슨에게 한 정부의 이해는 특성과 환경 및 동기를 노출하는 모든 것에서 추구되어야 한다는 아이디어를 주었다. 젊은 시절 배젓은 1851-1852년에 우연히 프랑스에 있었는데 그때 프랑스는 루이 나폴레옹의 쿠데타에 의해서 술렁이고 있었다. 윌슨은 프랑스인들의 기질이 그 가변성과 지나친 민감성으로 인해 비록 치명적이기까지는 않더라도 자치정부의 성공에 아주 심각한 장애가 된다는 것을 배젓으로부터 배웠다.

그러나 윌슨은 알렉시스 드 토크빌(Alexis de Tocqueville)이 이미 민주주의에 대한 자기 동포들의 능력에 동일한 의구심을 표했었다는 것

261 *Ibid.*, p. 18.

262 Woodrow Wilson, *Congressional Government: A Study in American Politics* (Boston: Houghton, Mifflin, 1885).

을 알고 있었다. 토크빌은 자기 동포들의 성격과 연역적 사고의 습관 그리고 일반화시키는 성향과 그들을 가장 빈번히 감동시키는 것이 원칙보다는 흥분이라는 사실에 근거를 두었다. 에드먼드 버크의 저술들이 그런 방향으로 윌슨을 확인시켜 주었다. 그가 여러 가지로 습득한 정치에 있어서 경박하거나 폭력적 방법보다는 질서와 꾸준한 성장을 선호했다. 추상적 원칙들로부터의 연역에 입각하기보다는 사리에 맞는 원칙과 경험에 입각한 행동을 선호했다. 그리고 배젓, 토크빌 그리고 버크의 견해에 의해서 영향받은 결과로 윌슨은 프랑스 철학의 추상적이고 혁명적인 양상에 크게 영향받은 정부에 대한 강력한 불신감을 갖게 되었다. 그에겐 반혁명적 감정이 아주 강했다.[263]

윌슨은 정부 각료들이 외국과의 조약을 의회에 사전에 설명해야만 하고 또 조약에 대한 적절한 설명을 공개적으로 할 수 없다면 그런 조약은 체결되어서는 안 된다는 것을 거의 의심할 여지없이 배젓으로부터 읽었다. 배젓은 솔직히 말하는 것이 현실에 대한 건전한 분위기를 조성하고 의심으로부터 벗어나게 하여 조약이 흔히 내포하는 모호성을 방지할 것이라고 주장했다. 따라서 계약의 조건들뿐만 아니라 이유와 의도들이 공개되어야만 한다는 것이다. 배젓과 함께 윌슨은 은밀한 상호 간에 해가 없는 공개조약을 희망했다. 또한 아마도 배젓이 원천적 자료로써 윌슨의 사고방식에 일반적으로 기여한 것은 가장 고도로 발전된 정부 형태에서 하나의 본질적 방식으로의 토론에 대한 윌슨의 믿음이었다.[264] 윌슨은 공개적 협의가 힘의 본질이라고 생각하게 되었다.

263 *Ibid.*, p. 20과 주 89.
264 *Ibid.*, p. 22.

윌슨이 배젓을 분석과 비판 없이 그의 모든 아이디어들을 수용한 것은 아니었다. 그는 배젓에게서 민주주의에 대한 굳은 신념의 결핍을 발견하고 그것을 비판했다. 또한 그는 배젓이 행동을 지시하는 원칙들을 명료하게 설명하지 못했음도 발견했다. 윌슨은 영국의 배젓으로부터 "책임감"과 같이 미국의 조건에 유용할 수 있거나 민족성이 미치는 한계와 같은 정부철학을 다루는 아이디어들만을 취했다. 따라서 이 영국 사상가의 영향은 부분적인 것에 지나지 않았으며 윌슨 자신의 생각에 의해서뿐만 아니라 근대 국제문제들의 변화하는 양상에 의해서 수정되었다.

윌슨은 정치사가 보여 주듯, 위대한 위기의 시대가 인간에 의한 역사창조의 시대라고 믿었다. 그는 위기의 시대가 지도력을 촉진시킨다는 식으로 역사를 해석했다. 또 전체 국가의 원칙들과 이익에 입각한 행동을 결정하는 지도력의 최고형태의 발전을 촉구했다. 1879년 대학을 졸업하자 법률 직업이 정치적 고위직으로 가는 길이라고 생각하고 법을 공부하기 시작했다. 그것은 한때 확실한 길이었다. 미국의회는 변호사들로 가득했다. 그러나 법률 공부는 윌슨에게 맥 빠지는 것이었다. 영국의 헌정사와 정치에 관한 저작들이 그의 취향에 더 잘 맞았다. 그래서 그는 시간이 허락하는 한 전적으로 그것들을 읽었다. 사상을 주도하거나 철학을 창안하고 정책을 세웠던 그런 위대한 사람들을 연구하면서 그는 진실로 위대한 인간이란 어떤 주목할 만한 명분과 동일시되었음을 발견했었다. 그런 사람들의 경력은 자기 시대의 역사와 아주 긴밀하게 관련되어 서로 분리될 수 없었다. 즉 위대한 인간은 어떤 분명한 방향으로 항상 노선을 정해야만 한다.

윌슨은 위대성의 분석에 관해 분명히 많이 생각했었다. 그에게 위대한 지도자로 인식된 영국의 존 브라이트(John Bright)는 계몽된 보수주의를 대변했다. 실제로 "지혜란 언제나 보수적이다". 그는 이 말이 정치가란 깨달음을 낳고 또 언제나 발생하는 문제들에 경험을 적용하도록 고안된 개혁을 주장해야 한다는 의미로 받아들였다. 더 나아가 브라이트는 관용이란 칭송할 지적 자질이지만 정치에선 별 가치가 없는데, 왜냐하면 정치란 명분의 전쟁이며, 원칙들의 창 시합이기 때문이다. 의심하는 자는 무력하다는 가설들의 건전성을 보여 주었다. 윌슨은 자신의 명분과의 절대적 일체성이 성공적 지도력의 첫 번째이며 커다란 조건이라고 생각했다. 그리고 바로 그것이 정치가의 계획을 선명하고 결정적인 것으로 만들고 그의 목적을 주저하지 않게 하여 그를 국가의 지도자와 역사의 창조자로 만든다고 윌슨은 믿었다.

윌슨은 16살이 된 이후 글래드스턴을 위대한 정치가로 칭송했다. 그에게 글래드스턴은 영국의 여론을 원칙의 보다 높은 단계로 그리고 보다 더 자유롭고 보다 더 합리적인 정책수단으로 발전시킨 인물이었다. 글래드스턴은 시적 감수성을 갖고 있었다. 그리고 그것이 글래드스턴으로 하여금 광범위한 동정심을 얻게 했다고 윌슨은 자신이 쓴 글래드스턴에 관한 글에서 언급했다. 그리고 바로 그런 특성이 그로 하여금 영국의 자유주의적 경향의 화신이 될 수 있게 했다는 것이다.[265] 그러나 글래드스턴의 노선이 일관된 것은 아니었다. 실제로 글래드스턴은 성인이 되어 자신의 견해를 완전히 바꾸었다. 그러나 그것은 진실로 정상적인 일이었다고 윌슨은 판단했다. 왜냐하면 젊은이의 시험받지 않

265 *Ibid.*, p. 29ff.

은 견해란 경험을 통해 성장하면서 종종 바뀌어야만 했기 때문이다. 정치가의 생애에서 새로운 조건들이 원래의 믿음을 정부정책으로 부적합하게 만들 때 어느 정도의 변화는 필요한 것으로 인정되어야만 한다. 글래드스턴은 의견의 "절대적 불변"의 기준에 의하면 비일관적이었다. 그러나 의견의 불변성이란 일반적으로 공정한 시험이 아니었다. 의견이란 한때 건전했었을 수 있지만 더 이상 그렇지 못할 수 있다. 아니 그것이 결코 건전하지 못했었을 수도 있다. 그리고 그런 사실은 나중에야 판명된다. 어느 경우든 변화는 바람직스러운 것이다. 그런 문제에선 옳음과 진실이 적당한 기준이라고 윌슨은 판단했다. 그는 과학의 세계에서 못지않게 통치의 세계에서도 발전과 변화야말로 진실로 일관성을 기록했다고 생각했다.

1882년 윌슨은 애틀랜타에서 법률회사를 세웠지만 1883년 1월에 전망이 밝지 않아 낙담했다. 더구나 그는 정치에 관해 공부하기를 원했다. 그래서 27살에 그는 변호사 사업을 포기하고 존스홉킨스대학에서 장학금을 받았다. 그의 야심은 정치사상의 세계에 활기를 불어넣고 계몽적인 인물이 되는 것이었다. 그의 대학원 공부에서 자신의 영국과 미국 정부에 관한 지식의 보충으로 프랑스와 독일의 정부를 조사하려 했지만 그의 첫 번째 과목은 국제관계사였다. 그는 미국 헌정의 연구를 계속했고 애덤 스미스와 존 스튜어트 밀, 그리고 미국 경제학자들의 작품에서 경제철학을 공부하기도 했다. 그러나 정치학이 그의 주된 관심이었다. 윌슨의 에너지는 바로 이 분야에서의 생산적 학문에 주로 집중되었다. 존스홉킨스대학에 있을 때 그의 첫 저술은 "위원회 아니면 내각정부?"라는 제하의 논문이었다.

그는 곧 "의회정부—미국정치연구"라는 제목으로 책임정부에 대한 자신의 견해를 더 길게 표현할 준비를 시작했다. 그것은 미국 외교관계의 역사에 관한 그의 생각을 보여 주는 것이었다. 대통령의 영향력을 막강하게 만든 것은 초기 대통령들의 성격이었을 뿐만 아니라 그들은 예외적 기회를 가졌다고 윌슨은 믿었다. 그러나 조약의 비준과정에서 대통령에 대한 상원의 권고적 관계로부터 개탄할 사태가 발생하였다. 상원이 그 기능을 대통령과의 경쟁으로 간주하게 된 것이다. 그러나 더욱 나쁜 것은 상원이 수차례나 미국외교관계의 역사에서 아주 심각한 결과의 흉조인 무책임성으로 행동했었다는 것이다. 그의 저서는 "책임"에 대한 윌슨의 옛 신념과 현재를 위한 교훈을 제공하고 또 현재의 경험을 이해하려는 역사 연구에 대한 자신의 동기를 과시하였다.

1885년 초 다른 관심이 윌슨의 주목을 끌기 시작했다. 그는 박사학위를 포기하기로 결심했다. 왜냐하면 자격시험을 위해 요구되는 독서로 자신이 선택한 독서를 포기하는 것이 요구되었기 때문이다. 1886년 4월에 윌슨은 〈헌법하의 책임정부〉라는 논문을 끝냈다. 여기에서 미국인들은 여론과 법에 따르는 시민행동에서 분명히 표현되는 건전한 "법률의식"을 갖고 있기 때문에 법을 준수하고 스스로 자제한다는 믿음을 표현했다. 그는 미국 외교 관계로부터 예시를 제시하고 또 그것들을 영국 외교 문제의 예들과 부정적으로 대조하면서 행정부의 상원에 대한 의존성을 또 다시 입증했다. 미국의 역사에서 외교 관계가 중요한 시기에는 대통령이 전면에 나서지만, 오직 예외적인 환경 속에서만 대통령이 정책의 진정한 창안자와 업무의 지도자로서 강력해질 수 있었다는 점을 윌슨은 또 다시 지적하였다.

그는 연방정부에서 진정한 "책임"을 촉구하였다. 그는 브린모어(Bryn Mawr)에서 가르치는 것이 만족스럽지 않았다. 1886년 4월에 정부를 더 잘 연구할 수 있는 국무성에서 일자리를 찾는 데 실패했지만 처음으로 의회를 방문했다. 그리고 집필하기 시작한 《국가》(*The State*)라는 저서에서 윌슨은 오늘날 우리는 오직 정부가 말하고 행하는 것, 그리고 정부 당국자들의 연설과 행동을 통해서만 정부를 알 수 있지만 우리는 수면 밑을 볼 수가 있고 그리하여 그들의 성격에 대해 보다 많이 발견할 수 있다는 믿음을 표현했다. 정부의 모든 외형적 표명의 철저한 지식을 수단으로 윌슨은 그것의 본질적 성격에 침투하고 싶어 했다. 《국가》는 보다 넓은 정치철학의 보다 넓은 분야에서 하나의 서술적 교과서가 될 것으로 기대되었다.

다음 해에 윌슨은 "정치연구"라는 에세이를 발표했다. 정부란 평범한 사람들의 선을 위해 있는 것이며 따라서 정부의 문제는 그런 견해로부터 설명되어야 한다. 그러기 위해서 우리는 헌법과 법들의 뒤로 돌아가서 법의 운영에 의해서 자유가 어떻게 영향을 받는가를 알기 위해 정부의 업무수행을 조사해야 한다. 우리는 그런 평범한 사람들이 자유를 향유하고 있는지를 알아보아야 한다. 진실은 언제나 논리만 아는 사람들에 의해서보다는 삶을 아는 사람에 의해서 더 잘 간파된다. 그리고 윌슨은 정부의 사실들과 정신에 관한 진실한 지식을 얻는 이러한 방법은 협상의 호의적 진전을 돕기 위해서 외교에서도 적용될 뿐만 아니라 필요하다고 썼다. 이런 언급들은 윌슨이 대통령으로서 외교에서 비공식적 방법이 우수한 결과를 가져오며, 또 외국 정부를 이해하기 위해서는 타국 정부의 겉모습의 뒤로 돌아가야 한다고 생각하는 성향을 예시했다.[266] 가능하면 자기에게 개인적으로 직접 보고하는 대리인을 사용함으로써 그는 공식적 접촉이 허용하는 것보다도 더 잘 타국 정부를 이해할 수 있을 것이다. 그런 대리인의 사용은 자신의 개인적 조사에 대한 하나의 자연스런 대체가 될 것이다.

"행정부의 연구"라는 보완적 논문이 곧 뒤따랐다. 여기에서 윌슨은 유럽의 정치적 삶의 변화에 관한 분석을 통해 이 정부들이 조금씩 조금씩 신민들의 높아 가는 목소리에 반응하면서 시민 복지를 더 존중해간다고 결론지었다. 그러나 그런 계몽주의적 정신에도 불구하고 그들은 여전히 전제적이었다. 프리드리히 대왕과 프리드리히 빌헬름 3세에 의해 대중에 봉사하도록 프로이센에 건설된 칭송할 만한 체제는 독일인들의 제도화의 효율성과 동시에 독일인들의 공공정신의 위약성과 유순함을 보여 주었다. 미국과 영국은 정신적으로 자유롭기 위해서 효율성에서 어느 정도의 상실을 감수하고자 했다. 국가들의 국내구조에 내재적인 특성이 자연히 진보를 느리게 했지만 그러나 근대 민주주의는 효율적 정부에서 진전을 허용할 발전단계에 도달했다. 물론 실질적 개혁은 여론이 존재하는 곳에선 어디에서나 느리고 타협으로 가득할 것이다. 그러나 정부의 역사적 발전은 자치정부에 대한 인민들의 꾸준한 부상을 가르쳤다. 윌슨은 그런 수준의 성장단계에 있는 정부를 이상화하지 않았다. 그는 근대 헌정제도 속에서 여론을 찾기 위해서는 대중이 분발하게 해야 한다고 믿었다. 지도자나 개혁가는 우선 대중이 기꺼이 귀를 기울이고 올바른 의견을 갖게 해야 한다. 진실하고 명백한 것으로

266 *Ibid.*, pp. 41-42.

충분하지 않는다. 그것은 상식화되어야만 수용될 것이다. 그럼 그때 가서는 국가가 진실에 입각해 행동할 것인가라는 의문이 제기될 것이다. 윌슨은 상당한 의구심을 가졌다. 왜냐하면 인류의 대부분은 엄격히 비철학적이기 때문이다.[267] 그럼에도 불구하고 그는 통치자란 피치자의 단지 봉사자에 지나지 않는다는 것이 모든 사람들에게 당연히 명백히 되어야 한다고 생각했다. 그러나 민주주의가 몇 나라에선 오래되었지만 근대의 개념과 조건을 토대로 한 민주주의는 여전히 성취되지 못했다.

윌슨은 이 산업화와 통상의 시대의 욕구들이 빠르게 축적되고 있다고 경고했다. 따라서 보다 효율성이 개발되어야만 한다. 그리고 공직자들은 국민들을 위해 더 잘 봉사하도록 격려되어야 한다. 미국인들은 연방자치정부와 함께 각주의 자치정부를 짜 맞추는 커다란 문제에 종사하고 있다. 이 과업을 성공적으로 수행한다는 것은 미국이 세계를 이끌어 갈 것임을 의미할 것이다. "힘의 집중화 대신에 직권의 허용된 분할과 함께 광범위한 통일이 있어야만 한다. 이것이 공동의 목적추구를 위한 정부들이 명예의 평등과 명예로운 복종으로 결합되는 미국식 정부로 가는 경향이다."[268] 이렇게 1887년 6월에 윌슨이 표명한 이 중요한 견해는 아메리카 대륙 국가들의 연맹을 모델로 삼지만 힘이 보다 덜 중앙집중화된 세계의 국가들의 연맹에 관한 윌슨의 비전이 처음으로 천명된 것이었다.[269] 그것은 주권이라는 용어와 관련된 힘의 어떤 제한

267 *Ibid.*, p. 42.

268 *Ibid.*, p. 43에서 재인용.

269 *Ibid.*

을 상정했다. "명예의 평등"으로 그는 오직 큰 국가들만 염두에 두었다. 약소국가들은 우선 연합해야 한다. 그러면 세계연맹이 뒤따를 것이다. 이 개념은 정치적 피라미드의 개념이었다. 윌슨은 아주 일반적 원칙들 이상을 언급하지 않았지만 그의 말은 뚜렷하게 법적이고 자발적인 힘의 분배에 토대를 둔 조직된 국제적 삶을 예측하는 그런 것이었다. 그리고 그것은 연방민주주의 성공적 수행을 통한 미국의 지배적 영향력을 전망해 주었다.[270]

웨슬리언대학(Wesleyan University)으로 직장을 옮긴 윌슨은 근대 경제학의 아버지 애덤 스미스에 관한 에세이를 집필하였다. 윌슨은 스미스의 《국부론》이 인간의 여러 가지 애타적 동기들을 서술한 그의 《도덕적 감성론》에 의해 보완되고 있음을 알아차렸다. 윌슨은 경제적 이익추구의 진력에서조차 인간들이란 사랑, 자비심, 동정심 그리고 자선에 의해 인간들이 때때로 움직인다는 자신의 인상을 제시했지만 그러나 그는 이기심이 의문의 여지없이 유력한 힘이라는 것을 인정했다.[271] 1889년 봄에 와서 윌슨은 1886년에 집필하기 시작했던 《국가》를 완성했다. 여기서 그는 독일 황제가 근대 지배자들 중 가장 강력하다고 생각했다. 그러나 그가 무책임하게 외교문제를 장악하고 있고 막강한 군사력을 보유하고 있으면서 무제한적 권한을 행사하고 있다고 생각했다.[272] 윌슨은 이 책에서 몇 개의 흥미로운 일반적 감상을 제시했다. 역사의 진보란 비약에 의해서보다는 적응에 의해 이루어졌다. 혁명이란

---

270 *Ibid.*, p. 44.

271 *Ibid.*

272 *Ibid.*, p. 46.

언제나 반동이 뒤따랐다. 왜냐하면 제도들이란 새로운 이론이 아니라 새로운 환경에 대응하여 바뀌었기 때문이다. 1889년 자치정부를 향한 역사적 운동이 진행되고 있다는 자신의 철학적 관점에서 윌슨은 당시 러시아의 절대군주정부가 터키의 경우처럼 현재의 유럽에서 비정상적인 것으로 간주했다. 긴 역사의 척도를 정치의 발전에 적용할 때 진보의 노선은 일직선으로 나가고 있음을 알 수 있다고 선언했다. 즉, 머지않아 민주주의가 세상에서 보편적으로 지배할 것으로 보인다는 것이었다. 그는 국가들도 성인으로 성장하고 있고 인민들은 자치할 만큼 충분히 나이가 들어간다고 썼다. 군사적 전제주의는 이제 어쩔 수 없이 단명한 것으로 보였다. 이것은 정부가 과거보다 무력에 덜 의존한다는 것을 의미하지는 않았다. 왜냐하면 그는 모든 정부란 최종적 분석에서 "조직된 무력"이라고 썼기 때문이다.[273]

그러나 민주주의에서 강압적 무력은 마지막 수단이라는 점을 강조했다. 1889년 윌슨에게 세상은 크게 변했다. 정부의 도덕과 양심이 변했다는 것이었다. 정부의 목표는 이제 개인들을 국가목적을 위해 이용하는 대신에 개인들을 돕도록 되었다. 즉, 국가민족이 민족국가가 된 것이다. 윌슨은 인류에서 공통의 법적 양심을 발견했기 때문에 정부에서 "양심"을 발견할 수 있었다. 정부의 도덕이 향상되고 있다는, 즉 정부의 양심이 예민해지고 있고 또 민주주의가 보편적으로 지배할 것이라는 신념은 미래의 대통령에게 아주 중요한 관점이었다. 그런 신념이 "민주주의가 안전한 세계"를 만들겠다는 그의 생각의 배경을 노출시켰

273 이런 정부 즉 국가에 대한 윌슨의 인식은 널리 인용되는 막스 베버의 국가에 대한 정의의 제시보다 한 세대나 앞선 것이었다.

다. 역사적 경험에 의하여 혁명이 아니라 적응에 의해서만 진보가 진실로 이루어질 수 있다는 그의 믿음은 예를 들어 라틴아메리카에 관련하여 중대한 것이었다. 동일한 저서에서 그는 부분적으로는 도덕으로 또 부분적으로는 적극적 합의로 이루어진다고 간주하는 국제법의 논의에 두 쪽을 할애했다. 국제법은 강력한 제재력이 없다. 그래서 그것은 올바른 행동과 정의 및 인간들의 양심 등으로써 제정되지 않았지만 보편적으로 얻은 고려사항들의 원칙들에 의존한다. 한 가지 측면에서 그것은 국가들이 서로 거래하는 데 있어서 그들을 통제해야만 하는 규정집이었다. 그러나 다른 측면에서 그것은 실제로 조약에서 인정되고 또 전례에 따라 수락되는 규칙들의 단순히 일반화된 천명에 지나지 않았다. 윌슨은 모든 국제법의 윤리적 성격에 관한 이런 강조를 넘어서는 자신의 견해를 제시하지 않았다. 그러나 윌슨이 국제법을 어느 정도 철저히 공부했었다는 사실은 그로티우스(Grotius), 바텔(Vattel) 및 국제법에 관한 다른 작가들을 자신이 읽었다는 증거는 그의 예리한 언급에서 나타났었다.[274]

제임스 브라이스(James Bryce)의 《미국연방》이라는 책을 평하는 기회에 윌슨은 우연히 경제적 영향을 분석했다. 그의 논의는 미국정치에서 수단과 방법 뒤에 놓여 있는 국가발전의 원동력과 물질적 환경의 중요성을 지적했다. 미국제도의 역사는 그것들이 어떻게 미국에서 영국인종의 전진에 수반하는 물질적, 경제적 및 사회적 조건들에 의해 지배되었는가를 보여 주었다. 그때까지 미국의 정치발전뿐만 아니라 미국

274 *Ibid.*, p. 48.

인들의 지성적 발전을 지배한 것은 정치적 원칙들이 아니라 그런 조건들이었다. 그러나 패러독시컬하게도 윌슨은 미국의 민주주의, 미국의 정치적 아이디어들 그리고 미국의 민족성이 미국의 제도들이 그랬던 것처럼 형성되었다는 자명한 결론을 진실로 수락하지 않았다. 그는 그것들이 제도들과는 분리되었었다고 주장했다. 미국의 정치는 미국인들의 성격의 표현이며, 그 성격은 비록 미국의 특이한 법적 지위와 전례 없는 물질적 환경에 의해서 수정되었다고 할지라도 영국인종의 역사에서 항구적인 세력들이 작용한 결과였다는 것이다. 그는 미국인들이 사실상 새로운 조건에서 옛 삶을 살고 있으며, 미국이 더 늙고 북적되게 됨에 따라서 그리고 미국의 자원이 감소되어 감에 따라서 그 구별이 급속하게 상실되고 있다고 믿었다.[275] 요컨대 윌슨은 물질적 요인들의 힘을 인정했지만 그 힘은 영향력에서 제한적이었던 것으로 간주했다. 그에겐 미국인들의 성격이 바로 미국 정치의 설명이었다. 미국의 법과 제도 혹은 실제정치가 물질적 요인들에 의해서 제아무리 많이 영향을 받았다 해도 미국의 민주주의는 단순히 정부의 형태 혹은 어떤 독트린체계라기보다는 발전단계이기 때문에 그것은 오직 성숙과 함께 왔다는 것이다.

윌슨에게 민주주의는 자제하는 행위이며 또 그것의 유일한 토대는 성격이었다. 제도들과 성격은 의식적 노력과 자손에게 전해지는 적성을 통해서 발전하는 게 틀림없었다. 영국인들만이 습관을 통해서 인민의 제도를 접근했다는 것이다. 그러므로 민주주의가 스위스와 미국에

275 *Ibid.*

겐 하나의 강장제였던 반면에 그것이 프랑스와 스페인에겐 오직 흥분제나 천천히 죽이는 독약이었을 뿐이며, 남미의 국가들에겐 하나의 징발된 발광제에 지나지 않았다는 것이다. 그들은 민주주의를 배양하는 대신에 그것을 채택했었다. 윌슨은 미국이 자유롭기 때문에 민주주의를 갖고 있는 것이지, 미국이 민주주의를 갖고 있기 때문에 자유로운 것은 아니라고 썼다.[276]

후에 윌슨이 자신의 외교정책을 발표했을 때 남미국가들과 필리핀에 관한 그의 정책들은 방금 각심하게 표현된 사상 때문이었다. 즉 습관과 느린 경험이 효율적인 민주주의로 가는 길을 세웠다. 혁명과 저개발된 성격은 그곳 인민들의 품행과 성격에 성숙함을 가져다줄 것으로 가장 잘 전망되는 모든 수단은 동원하여 처치되어야 할 장애물들이었다. 1890년 윌슨은 뉴저지대학에서 공법교수직을 제안받았다. 그리고 이제는 그의 성숙한 학문생활도 본격적으로 시작되어다. 그는 스스로 성숙하고 있는 것이 아니라 성숙함의 뚜렷한 감정을 갖고 있으며 이제는 더 이상 자신을 내세우고 또 자기의견을 주창하는 데 주저할 필요를 느끼지 않는다고 썼다.[277] 다음 해에 존 버지스(John W. Burgess)의 《정치학과 비교헌법》의 서평이 프린스턴에서 교수가 된 후 그의 첫 출판물이었다. 여기서 그는 민주적 구조란 언제나 느리게 탄생한다는 자신의 주장을 되풀이했다. 그런데 여기서 그는 버지스처럼 그것이 개인에게 있건 아니면 집단에게 있건 간에 주권자와 정치권한의 원천으로서 인식되는 국가와 주권자에 의해 그 권한이 부여된 정부를 구별했다. 주

276 *Ibid.*, p. 49.
277 *Ibid.*, p. 52.

권이 정부에 활력과 형태를 부여한다는 것이었다. 주권은 정부보다도 보다 높고 보다 더 지속적인 것이었다. 국가가 헌법을 만들고 정부는 그것에 효력을 부여했다. 이것은 윌슨이 국민을 대변하는 조직으로서 정부와 최고 의지를 가진 국민 사이를 최초로 명백하게 구분한 경우였다. 이 구분을 적용하는 것이 어렵다는 것을 인정하면서도 윌슨은 그것이 타당하고 또 본질적이라고 간주했다.[278]

1891년 여름 강의에서 해방된 자유시간이 윌슨에게 명상할 기회를 허용했다. 그 결과 윌슨은 《저자 자신》이라는 자전적 에세이를 냈다. 어떤 특성이 저술에서 저자에게 명성과 불멸을 가져다주는지를 알고 싶어 했다. 어떤 독창적인 개성과 논조와 관점 그리고 그것들을 말할 때 작가가 하나의 힘으로 인정될 수 있는 방식으로 말하는 것이 중요하다고 윌슨은 썼다. 과거에 그는 인간들의 목적들을 설득하려고 했었다. 이제 그는 그렇게 하는 것이 삶과 문필의 위대한 승리에 속한다고 설명했다. 자립과 자아발전이 독특한 저술의 선행 조건들이었다. 스스로 보는 능력은 군중들과 함께함으로써가 아니라 어떤 초연함과 자아봉쇄에 의해서 얻어질 수 있는 것이다. 건설적 상상력에는 오직 격리된 상태에서만 가능한 어떤 불멸의 묘기가 있다. 아이디어들의 제1차적 원천은 인간 자신의 정신이라고 윌슨은 믿었다.[279] 만일 이 문제에서 굴복한다면 개성이 패배할 것이다. 윌슨의 관점은 자신의 아버지로부터 마음이 다른 사람들의 아이디어들로 가득 차 있어서는 안 된다고 일찍이 배웠던 것과 일치했다.

278 *Ibid.*, p. 53.
279 *Ibid.*, p. 54.

1892년 봄 그가 가르친 국제법 강의에서 윌슨은 국제법이란 사회적 도덕이 그런 것처럼 모두가 의견에 달려 있다. 즉 그것의 본질은 제재가 아니라 의견이요 묵시적 동의이며 습관이라고 가르쳤다. 그것의 토대가 인간본성의 어떤 법칙들에 대한 공동의 인식과 인정이라고 생각하는 데 있어서 그는 요한 블룬칠리(Johan Bluntschli)를 따랐다.[280] 윌슨의 중요한 그 다음 저서는 앞에서 언급한 적이 있는《분열과 재통일》로 1893년 3월에 출판되었다. 미국의 남북전쟁에 관한 이 연구는 초연함과 학문의 정신을 보여 주었다.[281] 미국적 사고에 대한이 저서의 공헌은 남북전쟁이 국가적 개념에 대한 확산된 생명력과 진정한 힘을 부여한 이후까지 미국은 진정한 하나의 국가가 아니었다는 판단에 있었다. 국가적 개념에 대한 윌슨의 이해는 뚜렷한 정신적 환경을 갖고 있었다. 그는 미국이 물질적 힘과 목적보다는 더 위대한 것이라고 강력하게 믿는 경향이 있었다. 그에게 미국의 진정한 위대성은 단순한 크기나 부가 아닌 대륙의 정복에서 나오는 정신과 이상주의에 있었다. 경제적 강박충동이 비록 근본적이기는 하지만 보다 높은 차원의 목적을 위한 수단에 불과했다. 바로 이런 해석이 "고귀한 미국의 운명"이라는 그의 개념에 확고한 실속을 부여했다.

윌슨은 정치가들의 전기에 너무 몰두하여 마치 칸트의 정언명령이 제약하는 조건과 무관하게 작용하는 것처럼 정치가가 절대적으로 자유

---

280 요한 블룬칠리(1808-1881)에 관한 간결한 정리를 위해서는, Philip Bobbitt, *The Schied of Achilles; War, Peace and the Course of History*(New York; Alfred A. Knopf, 2002), pp. 567-569 참조.

281 Harley Notter, *op. cit.*, p. 54.

로운 선택을 할 수 있는 것으로 가정했다. 그는 "비스마르크 공작"이라는 글의 첫 출판에서 거의 그렇게 인정했었다. 1893년 8월 존 모스(John T. Morse)가 쓴 《에이브러햄 링컨》이라는 책의 서평에서 모스가 링컨 대통령의 격렬한 시기까지 그를 형성했던 미국적 요소들을 보다 통찰력 있게 제시하지 않았다고 절제된 말로 유감을 표했다. 왜냐하면 역사란 통치술의 기초가 되는 것이고 또 링컨의 위대한 권력의 행사를 제공한 사건들 속에 그런 미국적 요소들의 역사가 있기 때문이었다. 그는 강박적인 역사적 결정론의 존재를 인정하면서도 완전히 그렇지는 않다고 생각했다. 나머지는 위대한 원칙의 관점에서 이루어지는 선택에 달려 있다는 것이다. 바로 그런 원칙들은 인류의 사회적 경험으로부터 형성되는 것이 사실이지만 그러나 그것들은 옛 진실뿐만 아니라 인간의 염원을 대변했다.

다음에 윌슨은 《정치적 주권》이라는 에세이를 발표했다. 여기서 그는 유권자의 지배를 첫째로 주권기구인 최고의 입법기관과 둘째로 주권의 대리자인 행정부로부터 구별했다. 그에게 주권은 원천적이고 명령하는 통치권한이었다.[282] 윌슨에겐 정치의 역사이기도 한 자유의 역사에서 어떤 자유들은 차단되어 주권의 행사에 제약을 가했다. 그것은 관습의 제약, 인정된 권리와 전례들이었다. 그런 역사의 과정에서 인민들은 국가의 최고 권력에 대한 자신들의 관계를 의식하게 되었으며 또 불굴의 실천이나 엄숙한 성문규약에서 끊임없이 자신들의 복종의 조건을 정함으로써 그런 관계들의 항구성과 확실성을 부여하려고 노력했

282 이런 윌슨의 주권에 대한 인식은 피상적으로나마 카를 슈미트의 것과 비슷했던 것으로 보인다. 다만 윌슨이 슈미트보다는 적어도 한 세대는 앞섰었다.

다. 따라서 최종적 발전에서 인민의 의지가 법률의 초석을 이루었다. 실제로 주권자는 언제나 인민의 의지에 어느 정도 의존했다. 물론 인민 자신들이 헌법을 만들지는 않았지만 그들은 동의했다. 어느 경우에나 헌법은 공동체의 규약으로써 인민들이 주권적 권한을 행사하는 사람들을 생각하는 기준을 제공했다. 실제로 인민들은 견제와 권한을 세우는 그들의 주권자들과 덜 형식적인 협약을 체결할 수도 있었다. 그러나 궁극적으로 인민들이 통치자들의 행동을 조건 짓는다. 그들이 최종적 통제자이지만 그러나 그들이 주권자는 아니다. 권한은 정부에 속하는 것이다. 미국 같은 연방제공화국에서 주권기관은 의회였다. 인민과 그들의 정부 사이에 관한 윌슨의 구별이 완전히 확인되었다.[283]

1894년 초에 윌슨은 다음 역사서인《위대한 미국인들의 캘린더》의 집필에 착수했다. 그는 미국의 정신을 색슨족의 자유정신 이상의 것으로 생각하면서 한때 물질적이고 이상적이었던 황무지를 굴복시키는 과업의 특수한 영향을 언급했다. 미국인들은 진보적이었다. 링컨이 그런 유형의 최선의 본보기였다. 윌슨이 보기엔 뉴프런티어가 공식적으로 끝나 버린 지금 미국은 새로운 조건에 적합한 지도자들, 즉 자유의 타당성을 확신하고 미국제도들의 보다 심오한 원칙들에 집착하지만 절제된 본능을 가진 그런 새로운 지도자들이 필요했다.

1896년 5월 처음으로 영국을 방문한 뒤 윌슨은 아일랜드 출신의 영국 정치가 에드먼드 버크에 관심을 집중했다. 윌슨은 영국에 머물 때 자신의 마음속에 독특한 자리를 차지하고 있는 버크의 묘소를 방문했

283 *Ibid.*, p. 59.

었다. 버크의 저작들은 윌슨의 대학 시절 이래 그에게 가장 매력적이고 또 그를 지도하는 영향력에 속했다. 윌슨은 버크가 미국인들에게 미국에 관한 그의 명연설에서 국사에 관한 올바른 행동철학을 제공했다고 믿었다. 1896년 당시 "영국 자유의 해설자"에 관해 글을 쓰면서 윌슨은 버크의 신념의 타당성에 관해 언급했었다. 윌슨은 자유정부에 관한 버크의 정의를 수용하고 또 사용했다.

> 만일 누가 나에게 자유정부가 무엇이냐고 묻는다면 어떤 실천적 목적을 위해 그것은 인민도 그렇게 생각하는 것, 즉 내가 아니라 바로 그들이 이런 문제에 대해 자연스럽고 합법적이며 또 유능한 판사라고 대답하겠다.[284]

윌슨은 바로 이것이 문제의 핵심이 될 것이라고 결정하였다. 윌슨의 언급에 의하면 미국의 독립선언서는 바로 그런 뜻으로 말했을 뿐만 아니라 명시적으로 자신들의 삶을 어떻게 할 것인가를 스스로 결정하도록 각 세대들에게 맡기고 또 인간들이란 언제나 스스로 결정할 권리, 즉 자신들이 그 속에서 살아갈 정부를 결정할 권리가 있음을 주장한 것이었다. 요컨대 정치적 자유란 언제든지 자신들의 필요성과 이익에 맞추어 정부를 조정할 피치자들의 권리였다. 윌슨은 어떤 종류의 정부가 그들에게 적합한지는 인물들의 일반적 성격과 상황이 결정해야 한다고 버크를 또 다시 인용했으며 또 그런 생각이 얼마나 정치적인가 하고 칭

284 원래 Woodrow Wilson, *The Interpreter of English Liberty*(Mere Literature), p. 105에서 인용된 것으로 Harley Netter, *op. cit.*, p. 68에서 재인용.

송했다. 본격적 설명을 하기 위해서는 1907년까지 기다려야 했다.

윌슨은 자결권에 관해서 1987년에 그리고 또 1901년에 그것은 미국 역사에서 확인된 원칙이라는 자신의 믿음을 토로했다. 실제로 그는 1902년 필리핀인들과 쿠바인들을 지칭하면서 자유와 자치정부의 실질적이고 진정한 미국적 개념을 위해 전투가 정당하게 수행되고 또 혁명이 정당하게 발생했다고 말했었다. 윌슨은 인민들이 자유나 바람직한 정책을 구성하는 것으로 생각하는 것을 수락할 것이지만 그러나 그는 질서와 자제의 습관이 그들의 경험에서 우선 깊이 자리 잡아야만 한다고 제언했다. 윌슨이 필리핀과 쿠바에 관한 정책에 자신의 생각을 적용해 나갈 때 그런 기본적 전제 위에서 자결이 진정한 것임을 의미하는 것이 분명했다. 만일 성숙과 정치적 능력을 향한 진전이 설득으로 효과를 볼 수 없다면 무력이 사용되어야만 할지도 모를 일이다. 영국인들과 미국인들은 국왕의 무력에 복종함으로써 자치정부를 배웠다. 그러나 미국인들은 어떤 이기적 목적을 위해서 무력을 사용하지 않을 것이다.

버크는 민주주의를 지지하지 않았었다. 그는 비록 그것이 바람직스럽게 될지는 몰라도 민주주의를 깊이 불신했었다. 그러나 정부란 법에 의존하는 만큼 완전히 인간들에게 달려 있다고 생각하는 점에서 윌슨은 버크를 따랐다. 법의 실천이나 집행은 전적으로 인간들에게 달려 있기 때문이다. 따라서 정부를 의인화하고 관리들이 개인적으로 책임이 있다고 보기 때문에 윌슨이 1908년부터 법인 법률 뒤에서 책임면제를 향유하거나 추구하는 기업인들의 사실상의 책임에 대중적 관심을 끌었던 것은 아주 당연했다. 윌슨의 정부론에는 통치자 개인들이 개인적인 방식으로 책임을 지게 하는 아주 강력한 성향이 있었다. 그런 태도는 정부란 확실한 법과 개인적 책임에 항상 토대를 두어야 한다는 독트린과 잘 어울렸다. 이것은 그의 지도력에 관한 이론을 뒷받침했으며 또 정부에 대한 그의 도덕적 조망과 구별될 수 없었다. 그런 문제를 윌슨은 버크와 함께 도덕문제로 간주했으며 법률도 사회의 도덕적 이해의 일부로 간주했다. 이것은 모든 문제를 개인으로 축소시켰다. 왜냐하면 최종적 분석에서 도덕문제에 관한 모든 선택과 결정은 바로 개인의 책임이며 자기 영혼의 순결을 걸고 이루어져야만 한다는 것이 윌슨의 재천명된 신념이었기 때문이다.[285] 도덕과 개인의 책임에 관해 이런 견해를 가진 사람과, 특히 대통령으로서 그의 일반적 사상은 물론 자기의 국내정책을 지배하는 이런 생각의 요소들을 외교정책으로 끌고 가는 성향이 있는 사람의 경우라면 정부란 기본적으로 인간들이며 따라서 정부의 문제가 근본적으로 도덕적이라는 신념으로 인해 그의 외교정책이 현저하게 개인적일 것이라는 점을 상당히 설명해 줄 것이다.

그러나 정부에서 도덕에 대한 윌슨의 강조는 그 중요성에서 훨씬 더 엄격했다. 버크와 함께 윌슨은 도덕을 법률보다 상위의 기준으로 간주했다. 버크는 도덕을 주로 종교적 관점에서 출발하여 어쩌면 보다 철학적으로 생각했었다. 그러나 도덕적 기준의 우월한 권위에 대한 윌슨의 신념은 도덕 그 자체에 관한 그의 개념만큼이나 여러 경우에서 분명했다. 즉 개인적 야심에 따른 올바른 행동, 정의, 진실, 공동복지의 존중 같은 경우에서 그랬었다. 그것은 신자유에 대한 그의 이상과 비전과 미국의 성취를 위한 사실상 북극성, 즉 가시적 지도원리였다.[286] 1911년

285 *Ibid.*, p. 71.

286 *Ibid.*, pp. 72-73.

에 윌슨은 그런 개념들에 대한 종교적 토대를 가장 충실히 말했다. 인간과 국가들은 바로 그런 기준에 의해서 점점 더 심판받게 되었다는 것이다. 실제로 그는 미국이 성경의 계시에서 유래하는 정의의 요소들에게 그런 헌신을 모범적으로 보이기 위해 미국이 탄생했다고 깊게 믿었다. 윌슨은 확실한 도덕적 행위의 기준들이 우월하고 또 정부나 법의 범위 밖에 있으며 따라서 법이란 도덕적 판단에 복종해야 하고 또 덜 완벽한 것으로 믿었음이 분명했다.

이미 지적한 것처럼 윌슨은 개인이 도덕의 문제에서 유일한 책임의 단위라고 생각했다. 의도와 행위의 본질적 순결인 정당함이란 우리 모두가 타인들에 의해 심판받는 기준일 뿐만 아니라 우리가 자신들을 심판하는 기준인 것이다. 그는 개혁이란 법을 통해서가 아니라 양심을 통해서 올 것 이라고 생각했다. 사실상 그런 도덕적 심판은 언젠가는 사회질서의 성격을 결정하는 데 최고 권력이 될 것이다. 냉소적으로 부도덕적이거나 이기적이고 세속적 의미에서 실질적으로 되려는 성향은 도덕적으로 되려는 성향을 정복하지 않을 것이다. 진실로 여기에 보다 높은 법, 즉 모든 계층의 모든 인간들에게 부여된 도덕적 의무가 있으며 이것은 일종의 사회적 성격의 법이었다. 윌슨의 이런 충만한 개념은 버크의 것과 동일한 토대와 목적을 갖고 있었다. 그러나 버크가 윌슨의 개념형성에 영향을 끼쳤던 반면에 윌슨의 논의에 만연한 종교적 철학이 또 하나의 중요한 원천이었음도 분명했다. 버크의 사상에 고귀한 영적 특징이 있었지만 그러나 그것이 윌슨의 수준에 접근하지 않았던 반면에 지배적 표현은 종교적이고 또 순전히 도덕적인 것으로 엄격히 합리적인 철학 이상의 신념을 암시했다.

두 사상가의 유사성은 사회적 기준으로서 도덕을 범위에 두고 또 사회과정을 광범위한 도덕적 조망으로 보려는 어떤 영향을 암시했다. 두 사상가는 본질적으로 조화를 이루었다. 그들은 사실에 대해서는 전혀 다르지 않았지만 토대와 설명에선 다소 달랐다. 마찬가지로 윌슨과 버크는 무엇이 국가를 이루는가, 그리고 무엇이 국가를 위대하게 만드는가에 관해서는 근본적으로 일치했다. 그것은 물질적 발전이 보다 더 중요한 일련의 정신적인 요인들보다는 못하다는 윌슨의 흔들림 없는 신념이었다. 특히 윌슨은 미국이 그것을 과시한다고 생각했다. 윌슨에게 국가들의 역사는 제도 같은 어떤 물질적인 것이 아니라 마음과 상상력과 같은 정신적인 것이었다.

윌슨의 국가의 의인화보다도 훨씬 더 주목을 끄는 것은 도덕적이고 정신적인 특성에 대한 강조였다. 미국은 부유하기 때문이 아니라 미국의 사상과 이상 즉 성경에 씌어진 심판 기준들의 수락 때문에 더 강력했다. 비록 모든 국가들이 삶의 경제적 토대를 이루는 부를 창출해야만 하지만 미국은 부를 창조하기 위해서가 아니라 비전을 실현하기 위해서, 즉 이상을 실현하기 위해서 수립되었다. 실제로 윌슨은 만일 미국이 자신의 물질적 발전을 정신적 발전 앞에 두려워한다면 미국은 더 이상 미국이 아니며 따라서 원래의 약속을 철회하기 위해서 그 이름을 철회해야 할 것이라고 덧붙였다. 역사의 가장 심오한 사실은 정신적인 경험이고 마음의 비전이며 생명의 맥박인 정신의 염원이었다. 이것은 실질적 문제들을 무시하려는 것이 아니었다. 윌슨은 단지 이상과 희망을 보다 높은 가치로 간주했던 것이다. 버크의 국가개념도 윌슨의 것과 기본적으로 같았다. 각자는 버크의 용어를 빌린다면 국가를 하나의 도덕적 본질로 간주했다. 이처럼 비록 두 사람이 국가라는 것을 근본적으로 도덕적이고 정신적인 존재 상태라는 동일한 견해에 접근했지만 그들은 물질적 이익 특히, 재산에 대해 부여하는 존경심에서 서로 달랐다. 재산권에 대한 버크의 존중은 그의 철학에서 윌슨의 경우에서보다는 더 높은 위치를 차지했다.[287] 아마도 윌슨은 국가를 도덕적 그리고 아이디어와 정신적 및 도덕적 특징의 구현으로 보는 원래의 충동을 버크로부터 받았을 것이지만 그 이상의 영향은 추적하기 어렵다. 그러나 윌슨은 역사에 관한 독서에서 특히 존 리처드 그린의 《영국인들의 역사》[288]에서 국가를 도덕과 정신적 요소들의 복합체로 간주하는 또 다른 자극을 발견했던 것이다.[289]

윌슨은 국가들의 우호적 관계에 관해서도 버크가 서술한 바로 그 요인들을 토대로 자신이 분석한 유럽 국가들에 대한 호감과 반감을 드러냈다. 버크는 인간들이란 닮음, 일치성, 그리고 동정심에 의해 결합한다고 일반화했다. 국가들도 그랬다. 버크에 의하면 법률, 관습, 양식 및 삶의 습관에 있어서의 부합성만큼 국가 간의 우호의 강력한 끈은 아무것도 없었다. 그러나 분명히 더욱 중요한 것은 미국이 의무감을 갖고 있는 미개발 인민들에 대한 윌슨의 정책을 형성하는 자유와 정부관계에 관한 버크의 사상이었다. 버크가 미국인들이 자유에 헌신적일 뿐만 아니라 영국식 개념에 따르고 영국식 원칙들에 입각한 자유에 헌신적이라고 지적했었는데 윌슨도 그렇게 믿었다. 미국이나 영국은 모두가

---

287 *Ibid.*, p. 76.

288 John Richard Green, *History of the English People*, vol.4(New York, 1878).

289 Harley Notter, *op. cit.*, p. 77.

프랑스의 정치철학에 영향 받은 국가들과는 대조적으로 자유에 대한 추상적 개념을 갖고 있지 않았다.[290] 버크는 정부란 실질적인 것으로 보았고 또한 인간의 욕구 가운데엔 자유와 권리뿐만 아니라 자신의 열정에 대한 충분한 자제력도 있다고 믿었다. 모든 것은 시대와 환경과 함께 다양하기 때문에 어떤 권리도 추상적 규칙으로 타결될 수 있는 것은 없었다. 그러나 영국에서 자유는 정부의 직접적 목적이었고 또 진실로 국가 그 자체의 중대한 우물이요 에너지였다고 버크는 생각했다.

자유란 정부와 결합되어야 한다고 버크는 1790년에 말했다. 즉, 자유란 공적인 힘, 도덕과 종교, 단결과 재산, 평화와 질서, 시민적 및 사회적 양식과 결합되어야 한다는 것이다. 윌슨이 인용했고 또 미국과 영국의 경험으로부터 설명적 사실과 주장을 끌어내면서 필리핀인들의 즉각적 자치정부 요구에 대한 그의 조심스럽게 적용했던 정책은 바로 버크의 이런 분석이었다.[291] 그것은 자결과 자치정부가 통제와 질서 있는 참여의 습관에 뿌리를 두어야만 한다는 그의 생각에 동반하는 아이디어였다. 윌슨은 정부에 관한 구체적인 전제에 기초한 철학을 세우고 있었음이 분명했다. 그는 정부의 문제란 도덕적 문제라는 버크의 견해를 수용했다. 그리고 이것은 논리의 규칙과 항상 맞는 것이 아니라는 것도 그는 알고 있었다. 따라서 정부의 문제들이란 논리에서가 아니라 경험에서 도출된 원칙들에 입각하여 결정되어야 하는 실질적인 문제들이었다. 두 사람이 이렇게 합의하고 있었기 때문에 윌슨은 프랑스혁명은 사악한 것이었고 또 그것의 철학은 근본적으로 악마였고 부패시키는 것

290 *Ibid.*, p. 78.
291 *Ibid.*, p. 79.

이었다고 생각하는 데 있어서 쉽게 버크를 따랐던 것이다. 월슨은 그것이 그릇된 것이었을 뿐만 아니라 사회적으로 값비싼 방법이었다고 생각했다. 프랑스혁명은 영국의 역사에서 자유의 성장이 보여 준 모든 원칙에 반했다. 프랑스혁명은 추상적 권리들의 설교로 정부를 뒤집었다. 그것은 지지자들을 속였던 것이다.

자유란 실제로 어느 경우에도 국가의 목적은 아니라고 월슨은 썼다. 프랑스인들의 견해와는 대조적으로, 목표는 모든 계급의 이익들의 조정에서 올바른 공평이라고 버크가 생각했었던 것처럼 생각했다.[292] 월슨에게 정부란 계약의 문제가 아니라 습관의 제도 그것도 수 세대를 통해 아주 느리게 세워지는 제도였다. 혁명은 그릇된 방법이다. 그것은 영국의 역사가 지속적인 테제인데 비해 하나의 유치한 독트린이었다. 버크처럼 월슨에게도 모든 미덕처럼 좋은 정부란 행위의 실제적 습관이지 헌법적 구조의 문제가 아니었다. 영국의 메시지는 새로 건축하는 것보다는 개선하는 것이 더 낫다는 것이었다. 월슨이 보기에 영국은 자국의 문제에 대한 도덕적 판단, 성격 및 목적을 유포시킨 버크를 통해서 말했던 것이다. 버크처럼 월슨은 프랑스의 철학은 정부와 자유 간의 조절을 깨뜨렸다고 믿었다. 따라서 그는 규율이 자치정부의 실질적 전제조건이라고 확신했다. 프랑스 정치철학에 대한 월슨의 불신은 의심할 여지는 없으며, 또 그 불신이 버크에 대한 연구의 부산물이었다는 것도 의심의 여지가 없었다.

292 *Ibid.*, p. 80.

> 오직 철학자들과 철학적 역사가들만이 프랑스혁명에 대한 버크의 뜨거운 반감에 대해 버크를 책망한다. 인간들이 자기 시대와 이웃의 분위기를 호흡하는 차원보다 훨씬 높은 허공에서 학문하는 마음이 생각하는 것은 아주 당연하다. 그러나 정치가들은 현실정세에서 철수할 수 없는 것이다.[293]

윌슨은 버크가 옳았다고 판단했다. 버크는 사태를 건실하게 보았고 전체를 보았다는 것이다. 앞서 언급된 배젓, 그린, 토크빌과 브라이스 같은 다른 원천들도 기여했지만 버크가 꾸준한 도덕적 및 정치적 습관만이 자치정부, 민주주의 그리고 진보를 위한 건전한 초석이 될 수 있다는 윌슨의 믿음을 심화시켰다. 이런 신념들의 힘은 특히 라틴아메리카의 국가들과 필리핀인들에 대한 윌슨의 생각과 정책의 발전에서 곧 식별할 수 있게 되었다. 무력의 사용에 관해서도 윌슨은 무력의 타당성에 일반적으로 반대하는 버크의 주장을 수용했었던 것 같다. 왜냐하면 버크의 "탁월하게 실질적인 사고체계"의 설명으로 그런 주장들을 승인하듯이 버크를 인용했었기 때문이다.

버크는 1775년 영국이 그들의 애착과 선의를 염원했던 아메리카의 식민지 사람들에 관해서 말할 때 무력의 효력이란 일시적일 뿐이고 불확실하며 또 무력의 사용으로 목표를 손상시킨다는 근거에서 무력의 효력을 부인했었다.[294] 권한과 권위란 때때로 친절과 자제로 얻어지며, 또 만일 화해적이고 이성적인 조치들이 실패한다면 무력이 최후의 방

293 *Ibid.*, p. 82에서 재인용.
294 *Ibid.*, p. 83.

책으로 남을 것이다. 유일하게 비견될 윌슨의 논의는 필리핀에서 아퀴날도(Aquinaldo)가 주도했던 반란을 진압시킨 것에 관련된 것이었는데 그 점에서 그는 미국적 원칙들에 따라 질서와 자유 및 자치정부를 수립하기 위해 무력의 사용을 분명히 정당화했다. 그러나 미개발되거나 아주 미숙한 사람들에게 대항하여 무력에 호소하는 것을 정당화하는 것은 윌슨에게 만족스런 일반적 토대를 제공하지 않았다. 그는 단지 그런 사람들에겐 도덕적이고 정치적인 선한 목적이 아주 노골적인 수단의 사용을 통해서만 성취될 수 있을 것으로 보았다. 지도자들이 보다 더 계명되었고 또 이웃이라는 위치가 정책에서 제약하는 요인인 멕시코 인민들에겐 완전하게 그렇지는 않았다고 할지라도 카리브 해의 사람들에 관련해선 동일한 유추가 적용되었을 것이다.

버크는 고결한 도덕과 실질적 근거에서 편의적일 조치들에 관해 논의할 때 무력에 관해 우연히 말했었다. 윌슨은 그런 편법을 "근본적인 영국의 독트린"으로 간주했다. 그는 버크를 위대한 영국의 편법복음의 전도사로 간주했다.[295] 그러나 이 두 사람이 가졌던 편법의 개념은 가치와 정치적 목적의 달성과 관련된 방법이나 태도뿐만 아니라 정의의 이상과도 관련되었다. 그리하여 윌슨은 1909년 자기가 정치생활에서 편법독트린의 떳떳한 사도라고 인정했다. 그것은 방향이나 원칙과는 관련이 없으며 방법이나 조건 그리고 속도와 관련된다고 그는 조심스럽게 지적했다. 이런 편법의 정당화와 정의로움은 버크로부터 유래된 것으로 보였다. 버크는 또 다른 방법으로 윌슨의 사상에 기여했거나 영

295 *Ibid*.

향을 주었다. 버크는 윌슨의 가장 마음에 쏙 들고 또 윌슨의 어린 시절 가정교육에서 주입된 공적 의무(public duty)의 개념을 제시했다. 윌슨은 공적의무를 좌우명으로 수락했을 뿐만 아니라 버크가 표현했었던 정신과 의미에 완전히 일치하게 그것에 관해서 말하고 또 썼다. 버크는 "공적의무란 옳은 것이 알려져야만 할 뿐만 아니라 널리 지배적이 되어야 한다. 악한 것은 적발될 뿐만 아니라 패퇴시키는 것을 요구하고 또 필요로 한다"고 주장했었다.[296] 버크는 공적의무의 대상으로 "옳은 것"을 말했지만, 윌슨은 "옳은 것"과 "진실"을 함께 사용했으며 그것들이 실제로 동일하지는 않아도 분리될 수 없는 것으로 간주하는 성향을 보였다. 진실이 도덕적 속성을 가진 것으로 간주하는 성향 바로 그 자체가 윌슨 자신의 공적의무감을 아주 분명하게 해 주었다. 이것이 미국 외교정책 분야로 옮겨지면 미국의 국제적 의무가 진실과 현명한 원칙들과 관련된 도덕적 책임이 되었다. 윌슨이 그런 개념을 갖고 있었다는 증거는 아주 확실했다. 국제법의 성격에 관한 그의 견해마저도 윤리와 진실 그리고 의무의 이런 함축을 내포하고 있었다.[297]

버크가 사용한 용어들 중에는 근대에 윌슨의 이름과 연계된 것들이 있다. 버크는 "인류애"(humanity)나 "인류의 목소리" 그리고 "협약"(co-venent)이라는 용어들을 많이 언급했었다. 윌슨은 대통령이 되기 이전에 이런 용어들의 사용에 이미 익숙해져 있었지만 대통령으로 선출된 후에는 그런 용어들을 현저하게 자주 사용하지는 않았다. 역사의 발전 과정에 관한 윌슨의 조망도 버크의 말에서 무언가를 얻었다. 버크는 인

296 *Ibid.*, p. 84에서 재인용.

297 *Ibid.*, p. 85.

류의 위대한 이익들이 기나긴 세대들의 계승을 통해서 관련되는 곳에서는 그 계승 자체가 그들에게 영향을 끼치게 될 충언들 속에 포함되어야만 한다"고 말했었다.[298] 버크의 저술은 솔직한 태도와 완전한 의견의 노출로 특징되었다. 윌슨은 바로 그 점에서 버크를 칭송했다. 버크는 국사에서 고결함과 힘의 감동적 본보기를 윌슨에게 제공했다. 윌슨이 매우 존경하는 모든 정치가들은 성격과 행위에서 "열려 있는" 특징을 소유했다. 그는 피트의 솔직함, 브라이트의 직설적임과 열려 있는 면, 글래드스턴의 투명한 허심탄회함과 철저한 선의의 신념, 클리블랜드의 솔직한 성격과 허심탄회함, 그리고 존 헤이(John Hay)의 솔직한 고백을 칭송했다.[299] 1901년 윌슨에게 공적업무의 공개적 수행은 민주주의의 소중한 특징가운데 하나였다. 그리고 미국이 그동안 훈련된 외교적 및 영사업무 직원 없이도 미국이 일을 처리해 온 사실에 대한 윌슨의 설명은 정치와 통상에서 민주국가의 외교 관계처럼 그렇게 단순하고 복잡하지 않은 업무의 경우에 훈련이 항상 불필요하다고 미국인들이 생각했다는 것이다. 그해 윌슨은 국제문제나 멀리 있는 속방의 관리에서 미국의 지도력은 획일적이고, 공개적이며, 책임성 있고, 또 총체적이어야 한다고 선언했다. 1912년에 윌슨은 솔직함이 우리들 생의 법칙이 되었다고 말했다. 그리고 또 완전히 공개적인 태도만큼 건전한 태도는 없다고 말했었다. 이런 아이디어들에 대한 윌슨의 의식적 옹호는 연대기적으로 보면 그가 대학 시절의 초기에 버크를 읽은 데에서 기원했었을 것이다. 윌슨은 자신의 첫 공개 에세이인 비스마르크에 관한

298 *Ibid.*, p. 87에서 재인용.

299 *Ibid.*, pp. 89-90.

것에서 그 정치가의 성격은 계략이 반드시 초래하는 오점으로부터 자유로울 수 없다고 생각했다.

버크의 저술이 윌슨에 상당한 영향을 미친 것은 분명하다. 반드시 민주주의에 관한 것은 아니라고 해도 훈련과 규율과 습관이 경험에 의해 굳건히 뿌리 내릴 때 비로소 인간들이 자치정부를 위한 능력을 갖는다는 데 대한 윌슨의 신념은 버크에 의해서 크게 영향받았다. 공적의무에 대한 그의 개념도 버크의 견해에 의해 형성되고 그 적용에서 확대되었다. 윌슨이 "인류"나 "인류애" 같은 상징적 이념의 관점에서 생각하는 데서 그는 보다 더 습관화되었을 가능성이 있었다. 윌슨은 버크로부터 국가의 도덕적 개념을 취했을 것이다. 또한 정부란 주로 구조보다는 행위 즉 법보다는 인간들의 일이라는 생각을 버크로부터 받았으며 또한 그로부터 정부와 자유 그리고 정부의 근본적 본질에 대한 특별히 실질적인 견해를 얻었음이 분명하다. 이것으로부터 윌슨은 버크와 함께 프랑스식 철학의 추상적 논리를 깊이 불신하게 되었고 또 방법으로써 혁명을 싫어하게 되었다. 따라서 윌슨에 대한 배젓의 영향이 이런 식으로 보완되었다. 배젓과 버크는 윌슨의 충언과 공개성에 대한 그의 태도를 형성시키는 데 모두 도움이 되었다. 하나의 교육적 경험으로서 버크 작품의 독서가 윌슨에겐 자신을 성숙시키고 영감을 주는 자극이었다. 윌슨은 일반적 조망과 판단 그리고 그가 자신을 위해 수용한 역사적 경험에서 도출된 원칙들에 대해 존중하는 마음을 버크에서 발견했었다.[300]

300 *Ibid.*, p. 92.

1897년 7월 〈국가의 발전과정〉이라는 논문의 발표를 통해 대중주의(populism)에 관한 견해를 제시했다. 대중주의는 국가가 여전히 파벌로 분열되어 있다는 것을 상기시켰다. 파벌주의는 미국 역사에서 언제나 강력한 요소였다. 그에겐 경제적 및 사회적 발전에서 발생하는 이익분열의 악화가 인상적이었다. 미국의 국가생활에는 의견이나 정책의 어떤 공통의 기준도 없었다. 그는 서부개척 시대의 종말이 목전에 다다른 이상 미국은 자신의 역사를 재음미할 때라고 그는 예언했다. 왜냐하면 과거란 되풀이하지 않는 반면에 그것이 근본적 의미에서 미래를 만들어 갈 것이기 때문이다. 그는 단순히 팽창에 의한 성장인 구식의 성장은 끝이 났다고 추측했다. 그는 이제 아주 고도의 지도력이 미국인들에게 침착성과 성숙의 냉정한 선택을 가르치기 위해 요청될 것이라고 생각했다. 이런 생각들이 스페인과의 전쟁이 미국인들에게 미칠 영향을 상정하는 배경이었다. 그는 외교정책을 미국의 전체 국가정책의 일부로 보았다. 이것은 외교정책을 그 자체의 전례와 규칙을 가진 독특한 분야로서가 아니라 미국의 모든 국가정세에 공통적인 목적들과 그에 따른 욕망을 추구하는 전체의 일부로 다루는 경향을 의미했다.[301]

1898년 초 윌슨은 프린스턴대학에서 "인간들의 지도자들"로서 문필가와 행동가를 대조하는 중요한 강의를 했다 :

> 글 쓰는 사람들은 균형을 사랑하는 반면에 행동가는 실행할 수 있는 행동의 선을 치고 나아가서 균형을 소홀히 해야 한다. 바로 그렇기 때문에 학식 있는 사람들에게 종종 민주주의가 불쾌하다. 의미의 미묘

301 *Ibid.*, p. 95.

한 차이와 근사한 제약들은 문제에 영향을 미칠 수 없다. 대중들의 행동을 유도하는 주장들은 항상 폭넓고 분명해야만 한다. 구체적 개념의 매우 총체적 골자만이 대중의 마음에 어떤 인상을 줄 수 있다. 그들은 자신들의 개념들을 아주 절대적으로 피력해야만 한다. 대중 속의 인간들이란 개인들로서의 인간들과 다르다. 대중연설에 적합한 총체적 어조와 방식은 개별적 인간들을 다룰 때 적합한 어조와 방식과는 판이하다. 인간들의 위대한 지도자들은 인간들의 대중과 근본적 동정심을 가져야만 했다. 여기서의 동정심이란 지성이라기보다는 감성의 통찰력을 의미하는 동정심이다. 바로 그것을 가지고 있기에 그리고 그것에 엄격히 맞추어 행동하기에 그들은 복종 받을 것이다. 즉 사람들은 그들이 정의롭다는 것을 알 것이기 때문에 복종할 것이다. 개별 인간들을 언제나 소외시킬 방식으로 그들은 다수를 지배한다. 그리고 그것이 인간들 지도자라고 불리는 그들의 논란의 여지가 없는 권리이다. 302

지도력의 역동성은 설득하는 데 있기 때문에 자연히 대단한 인내력이 사용되어야 한다. 결국 지도자가 아주 신속하게 나아가는 것을 기대할 수 없을 것이다. 그는 다음 세대가 아닌 자신의 세대를 지도해 나가야 한다. 예를 들어 버크는 내일, 아니, 영원한 지혜를 배포했다. 그러나 그의 시대에 그를 따르는 것은 불가능했다. 우리의 느린 세상은 오직 우리 시대의 최고의 마음과 아이디어들을 따라가면서 시간을 보낸다. 오늘날에 와서야 세상이 버크의 가르침이 세상을 자유주의화시키

302 *Ibid.*, pp. 97-98. 강조하기 위해서 인용문으로 재편집한 것임.

는 그런 정책의 심장부에 있는 그를 따라갔다. 윌슨은 방식에 관해서 할 말이 더 많았다. 그는 타협이 정치의 진정한 전도자라는 명제를 전체적으로 부인할 수 없는 자신을 발견했다. 미시시피 강의 증기선을 조종할 때 별을 보고 그리고 일직선으로 조종하는 것이 불가능한 것만큼이나 정치에서도 별이나 똑바른 선으로 조종해 나가는 것은 불가능하다. 그러나 그렇다면 어떻게 타협을 정의할 것인가? 생물학자들은 모든 성장은 타협으로 이루어진다고 말하곤 한다. 타협도 또한 사회의 그리고 정치의 법이다. 만일 타협이 진보적이기만 하다면 타협은 부정직할 필요가 없다. 그 해답은 성장이다! 그리고 그것은 필요한 것이다![303]

도덕적 법률의 불가변적 원칙들을 통해서만 국가의 항구적 위대성과 행복을 달성할 수 있기 때문에 그런 원칙들이 지도자를 지도해야 한다고 윌슨은 선언했다. 그러나 윌슨이 생각하는 원칙들은 무엇이었나? 글 쓰는 사람들의 마음은 우연에 의해 제약받지 않는 완벽한 이상을 상상한다. 그러나 그들의 마음은 원칙들에 의해서가 아니라 개념들에 의해서 좌우된다. 그러나 정치가들이 생각하는 원칙들이란 주어진 환경의 미로에서 탈출하는 데 도움이 되는 실과 같은 것이다. 그러나 문필가의 마음은 원칙들이 불변적인 것이라고 생각한다. 전체를 생각하는 습관에 젖어 상상하는 마음을 정치영역에 던져 넣어 보라 그러면 그것은 변화하는 모래 위에 서 있는 것처럼 보일 것이다.[304] 분명히 윌슨에겐 실제적 사실들이 원칙들의 표현을 제한하고 수정했다. 수도원에서 생활하는 사람들에게 일관되지 못하게 보일지도 모를 일이 정치현실에

303 *Ibid*.

304 *Ibid*., p. 99에서 재인용.

선 적용하는 원칙과 근본적으로 일치될 수가 있는 것이다. 그 구별은 근본적이고 또 본질적이다. 그러나 정치가가 타협의 갑옷을 항상 입어야 하는 것은 아니라고 윌슨은 덧붙였다. 소위 대의명분의 커다란 영향력이 발생하면 인간들은 원칙들을 앞장서 주장했고 또 양보 없이 승리가 쟁취되었다. 어떤 대의명분은 당대에 출현하는 것이 아니다. 그것이 커다란 운동으로 출현했을 때 그것은 이미 거의 보편적으로 수용된 것이었다. 바로 그 시대정신이란 그런 자각 뒤에 던져진 것이었다. 정치가에게 지도력이란 해석 능력이라고 윌슨은 확신했다. 지도자는 공통의 사고를 읽어야만 한다. 그는 정치의 진보에서 다음 조치를 위한 국가의 준비를 아주 신중하게 시험하고 계산해야만 한다는 것이다. 근대 정치의 원칙은 인민들의 주권이었다. 19세기가 그것을 흔들리지 않게 수립했다. 그래서 정부의 행위에선 여론이 실려야만 한다는 것이다.

1899년 아일랜드를 방문하여 버크와 관련된 장소들을 둘러보고 귀국한 뒤 윌슨은 "교육에 있어서 거짓 애국심 대 진정한 애국심"이라는 주제의 연설을 했다. 이때 그는 자치정부가 본질적으로 민주적인 것은 아니라는 의견을 개진했다. 영국은 13세기부터 자치정부를 가지고 있었지만 1832년까지 영국은 전국적으로 불완전한 민주적 대표성마저 갖지 못했다. 그리고 1888년까지도 국왕이 지방의 판사들을 임명했다. 자치정부란 정부의 결정에 본질적으로 관리가 아닌 사람들이 참여하는 것을 의미했다. 그러나 민주주의는 자치정부를 위한 가장 건전한 토대였다. 그 구별은 투표에 의해서 그리고 관직을 맡는 것에 의해서 인민들의 참여 정도와 또 인민의 통제에 대한 책임정도의 문제였다. 그러나 민주주의가 있든 없든 간에 자치정부는 사실상 소수자들에게 활동의 부담을 지웠다. 윌슨은 이렇게 민주주의에 대한 자신의 그림을 설명하면서 각 유능한 구성원들에 대한 의무에 관해서 버크를 상기하는 말로 표현했다. 버크는 "당신 의견들이 널리 지배적이 되도록 노력할 때까지 당신은 당신의 의무를 수행했다고 볼 수 없다"고 말했었다.[305]

그동안 미국은 스페인과의 전쟁을 치렀지만 그것에 관해서 윌슨은 침묵을 지켰다. 1898년 12월 10일 파리에서 평화조약이 체결된 지 1년 후에야 윌슨은 그 조약의 조건에 관해서 언급했다. 그는 당시에 미국이 필리핀을 취하지 않길 바랐다면서 이제 그것을 어떻게 할 것인가의 문제만 남았으며 물론 성급한 젊은이들이 서부의 프런티어로 가듯 그곳으로 갈수 있고 또 미국의 제도들도 갖고 갈수 있을 것이라고 말했다. 그러나 만일 미국인들이 자신들의 제도적 방안들을 보낸다면 그것들은 과거 인디언들에게 포획당한 신사복의 꼴이 될 것이라고 윌슨은 경고했다.[306]

1900년 초 윌슨은 《미국인들의 역사》라는 저서 집필의 준비를 시작했다. 국제법이란 그것을 집행할 힘이 없다. 미래의 문제는 강대국들의 결합의 문제였다. 오직 언어의 공동체만이 사상과 견해의 절대적 통일의 정밀한 공동체를 가져올 수 있다. 그리고 바로 이 정밀성에서 국적과 인류 간의 주된 차이들을 발견할 수 있다. 그 정밀성이란 개별민족들에게 독특한 사상과 이상들이고 인류에게 공통적인 사상과 이상들이다. 공동의 의식을 함양하고 민족 간 정신적 공동체감을 향상시키는 모든 것이 인류의 원칙들과 감성을 발전시킨다. 인류는 기독교와 미국

305 *Ibid.*, pp. 102-103에서 재인용.

306 *Ibid.*, p. 103.

및 프랑스혁명의 자유주의적 정치에 의해서, 또 국제법의 확장과 자유화에 의해서, 그리고 통상과 식민화 그리고 주민들의 교류에 의해서 발전되었다. 그리고 윌슨은 인간의 보편적 형제애의 보다 진전된 개념을 다루는 인류애보다도 민족이라는 것이 어떻게 선행했는지를 지적했다. 미국은 인류의 개념이 작용하기 위해 하나의 거대한 국제적 힘을 보유해야만 한다. 윌슨은 전 세계에 가장 유익할 결합을 이루어야만 한다고 결론지었다. 그는 또한 평등이 자유의 기본적인 원칙의 표현이라고 선언했다. 그가 스페인과의 전쟁에 직접적 관심을 돌렸을 때 윌슨은 그것이 제기하는 문제들을 염려했다. 미국이 국제정치와 머나먼 속방의 행정 속으로 뛰어든 결과 대통령에게 맡겨진 건설적 지도력을 위한 증가된 권한과 기회를 윌슨은 가장 중요한 것으로 선발했다. 윌슨의 관심이 주로 외교 문제들이 미국 정부에서 조종과 기회 그리고 책임에 미칠 영향의 결과에 고정되었음에도 불구하고 외교문제의 영향이 그 이후에 반드시 미국인들의 공적 삶에서 권한과 견해를 근본적으로 바꿀 것이라 생각했었다는 점이 아주 중요했다.

그해가 다 가기 전인 12월 22일 윌슨은 뉴욕에서 "퓨리턴들"에 관해 연설했다. 여기서 그는 최근의 전쟁이 미국 외교정책에 끼친 영향에 관한 견해를 제시했다. 윌슨 외교정책의 기원에 관한 이해를 위해서 이때 그의 언명은 대단히 중요했다. 왜냐하면 그것은 그가 갖고 있는 일반적 이상과 미국의 고립이라는 기본적 정책을 새로운 조건에서 더 이상 적용할 수 없는 것으로 폐기하려는 압박감과 직접적으로 관련되었기 때문이다.[307] 그의 일반적 이상은 도덕적이고 또 팽창에 호의적이다. 그는 가슴속의 규율이 미국 힘의 팽창에 앞설 것이며 또 미국이 선행을 위한 양심과 원칙들을 해외에 전파할 것이며 그리고 어떤 의무감과 어느 정도의 신념과 또 미국인들이 스스로 만든 법에 대한 어느 정도의 숭배가 잊혀지지 않기를 기원했다. 그는 확실히 더 이상의 미국의 영토적 팽창을 예상하지 않았다. 그가 기대했던 팽창은 주로 힘에 있었다. 미국외교정책의 근본적 변화의 필연성에 관한 그의 생각은 기민했다. 모든 인간이 자신의 생각을 단호히 말해야만 하듯이 국가도 동일한 대담성을 가져야 한다는 것이었다. 워싱턴 대통령의 〈고별사〉(Farewell Address)는 미국인들이 충분히 성장하여 타국들과의 경쟁을 견딜 수 있을 때까지, 즉 바깥세상으로 나갈 만큼 충분이 클 때까지 자제하라는 뜻이었을 거라고 윌슨은 해석했다.[308] 고립정책은 스페인과의 전쟁 이후 조건에 맞지 않다는 점을 분명히 했다. 워싱턴 대통령의 권고는 세계국가로서 미국의 성장을 반대하려던 것이 결코 아니었다는 것이다. 미국이 세계의 무대에 나설 준비가 될 때까지 기다려야 한다고 워싱턴 대통령은 단지 경고했을 뿐이라는 것이다.[309] 이미 이때 윌슨은 미국의 외교정책이 미국의 새로운 세계적 지위와 힘에 맞도록 조정하는 근본적 변화를 겪고 있다고 솔직하게 믿었다. 그는 미국이 이제부터는 워싱턴 대통령의 고별사에 의해서 지도되어서는 안 된다고 주장했던 것이다.[310]

---

307 *Ibid.*, p. 106.

308 *Ibid.*, p. 107.

309 *Ibid.*

310 윌슨은 그 후 대통령으로서 유럽에서 치열하게 전쟁이 계속되던 1916년 5월 27일 "평화를 집행하기 위한 연맹"의 1주년 기념연설에서 이점을 더욱 분명히 했다. Walter A. McDougall, *Promised Land, Crusader State: The American Encounter*

1901년 〈민주주의와 효율성〉이라는 논문에서 윌슨은 세상에 민주주의에 대한 반동이 존재한다는 사실을 명백히 인정했다. 세상에는 민주주의의 안정과 정의, 너그러움과 순수함에 대해 의심이 있었다. 민주제도는 프랑스에서 기인했고 남아메리카에선 운영에서 재앙적이고 혁명적이었다. 그리하여 민주주의가 미국에서 대체적으로 성공했지만 수세적이었다. 민주주의에 대한 윌슨의 신념은 명백했다. 그것은 원칙들에 대한 믿음만큼이나 그의 삶의 일부였다. 실제로 그 두 가지는 결합되었다. 즉 윌슨에게 민주주의란 정부의 형태라기보다는 일단의 원칙들이었다. 미국인들에게 민주주의는 토크빌이 예측했었던 것처럼 인민과 나라의 특수한 사회적 경제적 및 정치적인 조건들에 대한 미국인들의 적합성, 헌법제정자들의 총명함, 인민들의 깨우침, 어느 정도 문명의 단일성, 고립이 부여한 안정성, 미국인들 사이의 건전한 종교적 사고습관 그리고 분명한 정의감 덕택에 안정성이 보유되었던 것이다. 이처럼 윌슨은 제도와 마음가짐을 형성하는 영향으로서 경제적 요인들에 관해서는 별로 아니 전혀 생각하지 않았던 것으로 보였다. 그는 민주주의의 성공적 수립과 민주적 행위의 선행조건들을 나열할 때 민주주의를 위해 경제적 토대를 인정하는 어떤 흔적도 보여 주지 않았다.[311]

미국은 정부의 정신과 관련된 많은 교훈을 세상에 가르쳤으며 또 미국인들이 승화시킨 정의의 원칙들이 통용되게 했다고 주장하면서 윌슨은 이런 원칙들 가운데에 공동의 문제에 공동의 동의 원칙, 인간의 성격과 의무의 이상에 대한 강조, 그리고 박애정신을 들었다. 미국인들은

with the World Since 1776(Boston: Houghton Mifflin, 1997), p. 122.

311 Harley Notter, *op. cit.*, p. 108.

하나의 중심적 목표로 "최고 의견의 창조와 규칙"을 갖고 있다. 그러나 최근에 와서 민주주의가 정부 행동의 효율성과 순수성의 결합에서 가장 크게 실패했다고 주장했다. 민주주의는 세계가 지금까지 시도한 가장 건전하고 생명력 있는 정부제도이지만 효율성의 문제는 다른 어떤 정체에서와 마찬가지라는 것이다. 이제 미국의 새로운 해외 의무가 훈련을 필요로 할 것이다. 미국의 관심이 국내 문제에서 완성에 도달하기 전에 세계적 과제로 돌려진다면 치명적일 것이라고 두려워하는 사람들이 있지만, 윌슨은 그런 두려움을 공유하지 않았다. 그는 새로운 투쟁과 성취의 길 그리고 새로운 의무가 통일된 의지와 확실하게 된 목적의 교훈을 제공할 것이고 또 미국인들의 이상과 성격이 보존된다면 국내외에서 동시에 근본적으로 올바른 행동원칙을 밝혀 줄 것이라고 생각했다. 어쨌든 윌슨은 미국이 세계적 강대국으로 등장하는 것은 막을 수 없었을 것이라고 단호하게 말했다. 그리고 이런 기분으로 그는 세계 문제에서 미국의 미래 위치와 의무에 대한 자신의 신념들을 진술했다, 윌슨은 미국의 안녕이 이제는 세계적 영향력과 분리될 수 있는 것이 아니라고 분명하게 확신하였다. 1900년 20세기에 들어서자 윌슨의 〈미국 역사의 중요성〉이라는 논문에서 미국이 청년기와 준비의 시절에서 벗어났다고 주장하면서 이제 미국은 평화의 재조자로서 그리고 지도자로서 세계문제에서 자신의 위치를 확보했다고 썼다. 미국의 역사는 미국인들의 이상과 목적인 자유가 정신적인 힘에 의해서 창조되었다는 것을 보여 주었다고 그는 믿었다. 20세기 미국의 역사적 드라마에서 과거가 앞으로 무엇이 발생할 것인가에 대한 열쇠가 될 것이라고 윌슨은 은밀하게 기록했다.[312]

1902년 자신의 모교인 프린스턴대학의 총장이 된 윌슨은 다음 해에 영국과 스코틀랜드 그리고 프랑스와 이탈리아를 여행하고 돌아온 뒤 근대적 마음의 동기와 정책을 꿰뚫은 해석의 걸작이라 스스로 생각한 "학문의 영도력"에 대한 철학적 강의를 했다. 여기서 그는 인간이란 정신이고 또 무엇을 하느냐에 의해서가 아니라 생각하고 희망하는 것으로 산다고 주장하면서 국가들도 마찬가지로 말했다. 그에겐 진실로 지도력이란 본질적으로 국가의 의견과 목적의 지도였다. 그 후 그는 1910년 뉴저지 주의 주지사가 되고 또 1913년 제28대 미국의 대통령으로 취임할 때까지 법률적 전례가 지배적인 미국 사회에서 기나긴 인류의 역사에서 시험된 일반적 원칙들을 법률적 전례보다 더 존중하게 되었다. 그는 법적 마음보다는 정치가의 마음에 더 존경심을 갖는 것처럼 보였다. 그의 사상은 문자 그대로 보수적이지만 그러나 폭넓은 자유주의적 조망을 갖고 있었다.

1910년 그가 주지사로 정계에 입문했을 때 윌슨은 이미 저자로서 그리고 교육자로서 이미 탁월한 명성을 갖고 있었다. 당시까지 미국의 역사에서 어느 누구도 미국의 문제와 정부, 역사 그리고 성격에 관해서 저술하면서 자신의 사상을 그렇게 상세하게 제시한 채 정치적 삶을 시작한 적이 없었다. 과거에 그 어떤 미국의 학식 있는 정치가도 자신의 이상과 아이디어들을 정치적 성취로 변형시킬 기회를 부여받은 적이 없었다. 그는 미국역사상 전무후무한 학자-정치가였으며 플라톤식으로 말한다면 철인왕이었다. 바로 이러한 이유에서 윌슨이 자신의 연구

312 *Ibid.*, pp. 115-116.

와 교육적 경험에서 세운 이상들을 실천했는지 그리고 그가 어느 정도까지 환경과 사건들에 적응했는지에 관한 의문들이 아주 궁금하지 않을 수 없다. 오늘날 대부분의 역사가들은 그의 성취보다는 그의 한계 즉 지성의 한계를 하나의 비극으로 기록하고 있지만 윌슨의 사상과 꿈은 약 1세기 후인 오늘날 21세기 초에 와서 유령처럼 출몰하여 세계 지도자들에게 끊임없이 전쟁의 위험성과 비극성에 관해서 경고하고 있다.[313] 우드로 윌슨의 역사적 시련은 허버트 후버의 말처럼 상상의 무대 위에서가 아니라 국가들의 실제 삶 속에 발생한 진정으로 하나의 그리스 비극이었다.[314]

그러나 윌슨 자신은 그 생의 마지막 순간까지 자신의 입장에 대한 궁극적인 결과와 옳음에 관해 확신하고 있었다. 윌슨은 이렇게 말했다 : "나는 궁극적으로 실패할 명분에서 승리하기보다는 궁극적으로 승리할 명분에서 차라리 실패하겠다."[315] 그의 최후의 한마디로 윌슨을 특징짓는다면 그는 학자-정치가였지만 그의 정신은 본질적으로 정치가라기보다는 영원한 학자였다고 해야 할 것이다. 1913년 3월 4일 윌슨이 대통령 취임연설에서 그날은 승리의 날이 아니라 헌신의 날이라고 선언하면서 소위 "윌슨의 시대"가 출범했다. 이제 근대적 미국은 윌슨

313 Robert S. McNamara and James G. Blight, *Wilson's Ghost: Reducing the Risk of Conflict, Killing, and Catastrophe in the 21st Century*(New York: Public Affairs, 2001), p. 3.

314 Herbert Hoover, *The Ordial of Woodrow Wilson*(Washington, D.C.: Woodrow Wilson Center Press, 1992), pp. 300, 303(초판, 1958).

315 Arthur S. Link, *Woodrow Wilson: Revolution, War and Peace*(Wheeling, Illinois: Harlan Davidon, Inc., 1979), p. 127에서 재인용.

대통령의 지도력에 의해서 동요되고 교육되고 또 시험받게 되었다. 윌슨은 미국에게 기준과 정책에서 세계적 지도력을 부여하고, 미국의 외교를 인류의 최고 수준으로 승화시키고 미국이 인류의 발전을 위해 행동하게 하고, 그리고 미국의 이상들을 전진시킬 외교정책의 근본적 개혁을 추진할 의도를 가지고 대통령직을 시작했다.

그러나 당시에 미국 국민들은 미국적 삶에 대한 그의 의상을 따를 준비가 진실로 되어 있었을까? 미국은 외교관계에서 물질적 및 국가적 이익들을 미국인들이 소중하게 생각하는 도덕적 및 정치적 원칙들에 복종시킬 준비가 되어 있었을까? 미국은 스페인과의 전쟁 이후 국제정치에 책임 있는 참여로 고립정책을 대치하기 위해 미국의 세계적 지위의 현실을 마주할 용의가 있었던가? 미국은 진실로 자국의 안녕과 평화의 안전을 확보하려는 다른 강대국들의 안녕을 통합할 용의가 있었던가? 갈등과 종합에 관한 이런 근본적 의문들에 윌슨이 성취할 성공의 정도가 달려 있었다. 역사는 미국이 그런 준비가 되어 있지 않았음을 입증해 주었다. 아직 세계도 전혀 준비되어 있지 않았었다. 그래서 윌슨은 너무 시대를 앞선 비운의 선각자가 되고 말았다. 윌슨의 꿈이 실현되지 않은 것을 우리는 얼마나 후회하는가? 왜냐하면 그것은 안전하고 행복하고 번영하는 세계와 현재의 끔찍한 전망 사이의 차이를 만들었을 것이라는 것은 의심의 여지가 없기 때문이라고 윈스턴 처칠은 아쉬워했다. 처칠의 그런 판단이 제2차 세계대전 중 그로 하여금 국제연맹을 계승하는 유엔의 창설에 앞장서게 했을 것이다.

제9장

베르사유 신국제헌정질서의 수립

국제연맹과 윌슨의 이름은 분리될 수 없게 되었다. 그리고 그의 정적들은 지금까지 인간의 아들에게 세워 준 가장 고결한 기념비를 그에 대한 추억 속에 구축하는 것을 도왔다.
—에드워드 M. 하우스

당시까지 인류의 최대 비극인 제1차 세계대전의 발발은 국제사회의 전통적 질서에 대한 근본적 개혁 작업을 촉발시켰다. 국제연맹이 바로 그 산물이었다. 국제연맹은 베르사유조약의 효력이 발생한 날짜인 1920년 1월 10일부터 연맹이 해체된 날짜인 1946년 4월 18일까지 공식적으로 존재했었다. 오랫동안 국제연맹은 유엔의 실험실로서 그리고 국제기구의 개념에 제도적 구조를 부여하고 20세기 국제주의를 조직하는 필요한 단계로 간주되었다.[316] 1946년 4월 18일 국제연맹의 마지막 총

316 국제연맹은 일반적으로 1945년 이후 시기의 연구, 특히 유엔 연구의 서문 정도로 학자들에 의해 취급되어 왔다. 그래도 예외도 있었다. S. Michalak, "The League of Nations and the United Nations in World Politics: a Plea for comparative research on universal international organizations," *International Studies Quarterly*, vol. 15(1971), pp. 387-438, and "The United Nations and the League," in Leon Gordenker, ed., *The United Nations in International Politics* (Princeton University Press, 1971); Michael Smith, "The League of Nations and

회가 자신의 모든 재산과 잔존 기능을 새로 창설된 유엔 기구에 넘겨주었을 때 국제연맹은 공식적으로 소멸했다. 국제연맹의 출범 때처럼 장례식에도 참가했던 영국의 세실(Cecil) 경은 "연맹은 죽었다. 유엔 만세"라는 말로 역사적 변천을 기록했다.

궁극적으로 연맹은 제2차 세계대전의 내습에 굴복했지만 연맹의 생애와 시대는 평화를 조직하는 모델링을 위한 소중한 경험과 학습의 기회를 제공했다. 짧았던 사반세기 동안 연맹의 역사는 국제문제에서 중대한 순간을 기록했던 인간적, 정치적, 법적 및 도덕적 노력의 실험을 여전히 구현하고 있다. 따라서 우리 시대의 인민들과 그들의 운명을 지도하는 사람들에게 다 같이 길잡이로서뿐만 아니라 동시에 경고로서 인류의 집단적 기억 속에 살아 있게 해야 한다. 진부한 말이지만 과거를 존중하지 않는 사람들은 미래를 가질 수 없기 때문이다. 바꾸어 말하면 국제연맹을 존경할 때 우리는 유엔의 미래를 기대할 수 있을 것이다. 국제연맹은 각 시민들 사이에 존재하고 준수되는 것과 동일한 행위와 잘못에 대한 책임의 기준이 국가들 간에도 준수될 새로운 시대의 시작을 기약했으나 국가들 간의 도덕적 법률적 가치를 도덕주의나 법률주의만으로 달성할 수 없다는 것을 입증하는 데 오랜 시간을 필요로 하지 않았다. 그것은 한 세대만으로 충분했다. 왜냐하면 국제연맹은 그 자체 속에 파멸의 씨앗을 잉태하고 있었기 때문이다. 그런 의미에서 국제연맹의 짧은 비극적 생애는 국가들의 실제적 삶 속의 일종의 "그리스 비극"이었다고 하겠다.

International Politics," *British Journal of International Studies*, vol. 2(1976), pp. 311-323.

국가 간 전쟁상태를 극복하기 위한 근대 철학적 개혁 제안은 근대 세계의 출현과 함께 시작되었다. 왜냐하면 앞서 논의한 것처럼 17세기부터는 힘의 균형 원칙이 유럽 공법의 기본원칙으로 자리 잡았다. 그러나 불행하게도 균형은 불안정했다. 왜냐하면 균형이 동맹들을 깨고 전쟁의 수행을 통해서만 유지될 수 있었기 때문이었다. 바로 이러한 이유 때문에 여러 사상가들이 군주들 간의 협조를 수립하려는 근대 "평화계획"들을 제시했다. 우선 1623년에 프랑스인이었던 에머릭 드 크루세(Emeric de Cruce)는 교황이 주도하는 세계의회가 있어야 한다고 제안했었다. 거기에는 터키, 중국 그리고 일본을 포함하는 모든 군주들이 대표되어야 했다. 이미 "하나의 세계", 즉 세계는 하나라는 견해가 자리 잡았다. 다른 사상가들은 유럽지역에 자신의 계획을 국한시켰다. 예를 들어 1693년 윌리엄 펜(William Penn)과 1713년 생 피에르 수도원장이 그들이다. 그들의 주된 관심은 평화를 수립하는 것이었다. 일단 전쟁이 제거되면 무역이 발전하고 번영이 찾아올 것이라고 그들은 생각했기 때문이다. 그들의 전임자들처럼 그도 다수결로 결정하고 그런 결정의 효력을 위해 집단 방위군을 갖춘 군주들의 대표자들로 구성되는 상설의회를 주창했다. 그러나 그런 계획들은 중세 단테의 세계정부론처럼 실제상황에 전혀 영향을 미치지 못했다.[317]

317 단테(1265-1321)는 중세에 만연했던 정의로운 전쟁의 독트린에 대해 가장 기독교적 대안으로 세계정부 수립을 주창하였다. 그는 로마 제국 같은 범세계적 제국 없이는 분열뿐이며 인류의 지식을 집결시키기 위해서도 세계정부가 필요하며, 세계적 상호교섭은 세계평화의 조건하에서만 가능할 것이라고 주장했었다. 그러나 어떤 군주도 그런 사상가들의 계획을 채택하거나 유럽의회를 수립하자고 다른 군주들에게 제의하지 않았다. 18세기 국제관계는 여전히 군주들의 주권과

18세기 계몽주의 시대 루소의 관심을 끌었던 생 피에르의 영구평화계획은 당시까지 가장 구체적인 세계 연방국가 수립안으로 4가지의 필요조건과 연방의 5개 조항으로 구성되었다. 4가지 필요조건으로는 첫째, 모든 주요 군주국가들이 회원이 되고, 둘째, 입법기구를 두며, 셋째, 연방법에 복종하도록 강제할 행정적 권한을 갖고, 넷째, 회원국의 탈퇴 금지를 들었다. 연방의 5개 조항으로는 첫째, 회원국들의 항구적이고 돌이킬 수 없는 동맹체결, 둘째, 의회 회의제를 두고 투표제도로 결정하고 의장은 윤번제로 하고 재정 지원을 한다. 셋째, 연방 가입 시 정부 형태나 재산에 대해 보장한다. 넷째, 어떤 국가가 연방에서 금지되고 모든 회원 국가들이 그 금지된 국가에 대해 공동조치를 취할 조건을 명시한다. 다섯째, 파견할 대표에게 연방과 회원국들을 위한 법안을 통과시킬 권한을 부여한다. 이러한 연방제도의 조항 중에서 특히 네 번째 조항에서 집단안전보장제도의 취지가 발견된다. 이때 힘의 균형은 전쟁상태를 반영할 뿐만 아니라 연방제도를 위해 필요한 정치적 조건을 제공하는 것으로 인식되었다.

국가 간 전쟁상태를 훨씬 심각하게 보았던 루소는 연방이란 여전히 하나의 꿈이라고 생각했다. 그에게 그것은 연방이 이상적이어서가 아니라 인간들이 제정신이 아니기 때문이며 미친 자들의 세계 속에서 제정신을 갖는 것은 그 자체가 일종의 광기이기 때문이다. 루소에게 세계 연방제도란 채택되기엔 너무도 좋은 것이었다. 그에게 호전적이고 사

강대국들 간의 힘의 균형의 유지 위에 근거했다. 갈등은 수없이 많았고 더구나 평화계획을 제시한 사람들은 다른 사상가들에 의해서 유토피언 혹은 이상주의자로 간주되었다.

악한 군주들이 제거될 때까지 평화적 국제관계는 수립될 수 없었다. 생피에르의 평화계획에 대한 루소의 비판에도 불구하고 칸트는 여전히 항구적 세계평화에 대한 꿈을 포기하지 않았다. 미합중국의 탄생과정은 그에게 하나의 모델을 제시해 주었다.[318] 1778년 영국에 대항하여 수립된 미국의 국가연합이 그것이었다. 미국의 국가연합은 1787년 연방국가로 탈바꿈했지만 칸트는 1795년에 유럽국가연합을 창설할 것을 제안했다. 그러나 그는 단일 연방국가, 즉 세계정부의 수립을 주장하지는 않았다. 루소의 비판을 기억하고 있었던 것이다.

보다 구체적으로, 칸트의 국가연합체를 추구하는 영구평화론은 6개의 예비조항과 3개의 확정조항 그리고 2개의 추가적 비밀조항으로 구성되었다. 예비조항 6개는 첫째, 미래의 전쟁을 위해 비밀리에 군수물자를 보유하지 말 것. 둘째, 유산, 교환, 구매 혹은 선물로 어떤 독립국가도 타국에 의해 획득될 수 없다. 셋째, 상비군의 점진적 폐지. 넷째, 전쟁을 위한 차관의 금지. 다섯째, 타국 내 헌정과 정부에 무력간섭의 배제. 그리고 여섯째, 전쟁을 수행하는 국가도 미래의 평화를 불가능하게 할 전쟁 행위의 금지(예—암살과 포로의 이용 금지, 항복조약 위반 금지, 반역조장의 금지 등)였다.

다음의 3개 확정조항은 법의 통치를 실현하기 위한 것들이다. 첫째, 시민 권리에 입각한 자결권으로 각국의 헌정은 공화정이어야 한다. 둘째, 국제적 권리에 입각한 것으로 국가 간의 법은 자유국가들의 연합을 결성하고 이것에 근거한다. 셋째, 코즈모폴리턴 권리에 근거하여 세계

318 *Ibid.*, p. 30.

법원을 보편적 환대의 조건에 국한한다(즉 외국인을 평화적이고 적대적 의도가 없는 한 적으로 간주하지 않는다). 칸트는 이런 상호 평화적 관계의 조건이 평화적 연합 내에 자리 잡을 것으로 내다보았다.

그러나 칸트는 연합을 구성하는 국가들은 연합 밖에서 침략 국가들에 대항하는 공동(집단적) 방위를 수행해야 한다는 것을 의미했다. 칸트는 영구평화의 방안을 제시할 때 단테가 제시한 것과 같은 세계정부를 거부하였다. 언어와 다양성과 지리적 조건을 고려할 때 하나로의 통일은 자연스럽지 못하고 세계정부는 자칫 전제정부가 되어 무정부상태를 초래할 것으로 판단했다. 칸트는 생 피에르의 군주국을 공화정으로 수정하여 루소의 비판을 감안하여 연방을 연합으로 수정했다. 그럼에도 불구하고 칸트는 영구평화를 그런 국가들의 연합으로 충분한 것으로 생각하지 않았고 오히려 거기에 추가하는 2개의 비밀조항에 영구평화의 가능성을 기대했다. 추가 비밀 첫째 조항에서 칸트는 오히려 섭리(Providence)가 평화를 가져오고 말 것이라고 믿었다. 즉 그는 역사성에 영구평화를 기대했던 것이다.[319] 즉 그는 루소보다는 통상을 평화의 길로 본 홉스와 몽테스키외 그리고 앞서 지적한 크루세를 결합하여 통상의 발전과 그에 따른 국제 간 상호의존성의 성장에 미래의 평화를 기대했던 것이다. 즉 칸트는 전쟁과는 공존할 수 없는 상업정신이 머지않아 모든 국가들을 장악할 것으로 내다보았다. 그렇다면 섭리는 역사의 과정자체 즉 자연(Nature)이 영구평화를 보장하는 셈이 되는 것이다.

319 칸트는 코즈모폴리턴 세계를 내다보았지만 "역사철학"을 제시하지는 못했다. 따라서 그의 섭리, 즉 역사성은 막연하다. 그러나 칸트 이후 헤겔과 최근 후쿠야마의 저술은 칸트의 역사성을 짐작케 한다고 할 수 있을 것이다.

이런 확실성은 그런 미래를 예측하는 데 이론상 충분하지 못하다. 그러나 실천적 목적을 위해서 그런 확실성은 충분하며, 그런 미래를 향해 노력할 것을 인간들의 의무로 만들었으며 그것이 칸트의 저술 목적이었을 것이다.

그러나 칸트는 거기서 멈추지 않고 두 번째 비밀조항을 추가했다. 그는 여기서 공공평화 가능성의 조건에 관한 철학자들의 금언들이 전쟁할 준비가 된 국가들에 의해 고려되어야 할 것이라고 규정했다. 즉 철학자들의 의견이 청취되어야 한다는 것이다. 법률가이거나 행정가인 정치 지도자들에겐 기존 법률이 개선될 필요가 있는지의 여부를 조사하는 것이 아니라 기존 법률을 적용하는 것이 그들의 직업이다. 따라서 기존 법률을 적용하기 전에 철학자들의 의견을 청취해야 한다는 것이다. 칸트에 의하면 군주들이 철학적 명상을 하거나 철학자가 군주가 되는 곳을 기대할 수가 없으며 또한 바람직스럽지도 않다는 것이다. 왜냐하면 권력의 소유는 자유로운 이성적 판단을 필연적으로 부패시키기 때문이다. 군주나 자치정부들은 철학자들로 하여금 공개적으로 말하게 해야 한다. 왜냐하면 이것은 정치가들의 일을 명확히 하기 위해서 필요 불가결하기 때문이다. 철학자들은 원래 갱이나 클럽에 참여할 수가 없기 때문에 그들이 선전을 수행하고 있다고 의심받을 필요가 없다는 것이다.

국정에서 철학자들의 자문적 역할에 관한 칸트의 이 비밀조항은 천년 전 플라톤의 철인왕의 제안이 그랬던 것처럼 수용될 가능성은 거의 없었다. 철학자들은 오늘날의 지식인들처럼 철학자들의 영향력을 과대평가하는 버릇이 있다. 그러나 그들이 어느 정도의 영향은 미치는 경우에도 그것은 훗날 후세들에게 그것도 대부분의 경우에는 그 철학자들의 사후였다. 칸트의 영구평화론도 사실상 오랫동안 잊혀졌었다. 19세기는 칸트의 코즈모폴리터니즘이 아니라 프랑스혁명이 잉태하고 나폴레옹전쟁이 출산한 민족주의, 즉 피히테식의 민족주의가 시대정신이었다. 국제정치의 현실은 철학자들의 평화 방안이나 소망과는 무관하게 아니 비웃기라도 하듯 비극적 전쟁은 계속되었다. 1815년, 프랑스혁명과 나폴레옹에 의해서 파괴된 유럽의 국제질서를 수립하는 빈회의의 주제는 왕권의 정통성과 국가 간 힘의 균형의 원칙을 부활시키는 것이었다. 이때에도 이상주의적 시도가 전혀 없었던 것은 아니었다. 러시아의 차르 알렉산드르 1세의 제안과 추진으로 러시아, 프로이센 그리고 오스트리아제국 간의 소위 신성동맹조약(the Treaty of Holy Alliance)이 체결되었다. 그것은 기독교정신의 원칙에 따라 공적 행위를 규제할 것이라고 선언했다. 그러나 이 동맹은 실제로 작동하지 못했다. 1818년 엑스라샤펠(Aix-la-Chapelle)회의에서 알렉산드르 1세가 국내 혁명을 포함하여 유럽의 안정에 대한 어떤 위협도 함께 협력하여 진압할 국가들 간의 연맹결성을 기대했었다. 신기하게도 차르의 제안은 105년 후의 베르사유조약체제를 내다보는 것이었다.[320]

생 피에르가 1713년 평화계획을 제시한 곳이 위트레흐트에서였으며 침략으로부터 영토적 순결과 독립을 존중하는 것을 유지한다는 국제연맹규약이 선언된 곳은 1919년 베르사유에서였다. 1818년 아이러니컬하게도 차르의 계획은 영국을 경악케 했었는데 그것은 마치 1919년 국

320 Gerald J. Mangone, *A History of International Organization*(New York: McGraw-Hill, 1954), p. 41

제연맹의 탄생이 많은 미국인들을 경악케 했던 것과 비슷했다. 그것들은 다 같이 무조건적 현상유지와 고착을 지원해야 했고 그 결과 변화와 적응을 배제하는 것이었기 때문에 거부되었다. 19세기는 거의 1세기 동안 사상가들이 제안했던 평화계획의 실천 없이 오직 힘의 균형 체제가 유지된 시기였다.[321] 그러나 제1차 세계대전의 대규모의 처참한 비극으로 20세기에 와서야 오랫동안 까마득하게 잊혔던 칸트의 혼이 123년 만에 미국의 우드로 윌슨 대통령의 주도로 전통적 국제질서에 대한 대개혁 작업, 즉 세계평화를 위한 신국제헌정질서 구축의 기본정신으로 부활되었다.[322]

1914년 유럽에서 제1차 세계대전이 발발하자 윌슨 대통령은 당시

321 평화를 직접적으로 달성하려는 것과는 다소간에 다른 국제기구들의 확산은 우리 시대의 특징이다. 특히 19세기 이후 국제기구들의 괄목할 만한 성장은 국제기구들의 출생지이며 여전히 중심지인 유럽을 상징하는 두 개의 주요사건의 결과이다. 이 두 사건이란 산업혁명과 프랑스대혁명이었다. 이와 관련된 논의는 A. J. R. Groom, "the Advent of International Institutions," Paul Taylor and A. J. R. Grooms, *International Organization: A Conceptual Approach*(London: Francis Pineer, 1978), 제1장 참조.

322 저자는 칸트가 윌슨에 철학적으로 직접 영향을 준 흔적을 찾을 수 없었다. 그러나 국제연맹과 유엔의 연구자들은 칸트의 평화계획과 윌슨의 세계평화를 실현하기 위한 국제연맹 설계의 유사성으로 인해 일반적으로 윌슨이 칸트의 영향을 크게 받은 것으로 간주해 왔다. 그러나 미국의 초기 연합국가와 최종적 연방국가의 수립과정이 칸트에 영감을 주었던 것처럼 미국의 역사를 연구하고 또 집필까지 했던 윌슨의 국제연맹의 구상에 지적 영감을 주었던 것은 미국의 건국 역사였다고 생각된다. 이런 주장의 근거는 윌슨에 관한 전기적 성격을 띤 그에 관한 서적들에서 공통적으로 발견된다. 하나의 대표적 관련저서로 Harley Notter, *The Origins of the Foreign Policy of Woodrow Wilson*(Baltimore: The Johns Hopkins Press, 1937)을 참조. 평화를 위한 국가들의 연합을 조직하는 구상은 미국에서 오래된 것이었다. William Ladd, *An Essay on a Compress of Nations*(1840)을 예로 들 수 있겠다.

자신의 분신처럼 잔주했던 에드워드 맨덜 하우스(Edward Mandel House)[323]를 유럽의 교전국에 파견하여 중재를 통한 평화수복을 모색했다. 당시 미국의 제안은 독일이 벨기에서 철수하고 복구비를 지불하는 반면에 프랑스는 1870년 독일에게 빼앗긴 로렌(Lorraine)을 점령하고 더 이상의 침략이 없도록 보장하는 것이었다. 그러나 그런 제안을 토대로 한 미국의 중재 노력이 실패하고 중립국인 미국의 선박들이 계속해서 독일 잠수함에 의해 격침당하자 참전이 불가피하다고 생각하기 시작했다. 당시 유럽 교전국들은 미국의 중재에 의한 공정한 평화를 3국협상 측이나 동맹 측 어느 쪽도 원치 않았고 또 그 시점에서 미국 측의 국제회의 제안을 수락해야만 할 필요성을 인정하지 않았었다. 그들은 자국민의 고통과 장병들의 죽음을 치른 상황에서 미국의 그런 단순한 전쟁 목적을 수용할 분위기가 전혀 아니었다.

윌슨 미국 대통령의 참전 목적은 처음부터 미래의 전쟁을 방지할 국제적 법질서제도를 수립하는 것이었다. 미국이 참전을 고려할 때 전쟁 목적이 문제였다. 윌슨 대통령은 약 150만 명의 장병을 유럽전쟁에 파병할 적절한 명분이 필요했다. 미국의 중립적 지위가 침해당했다거나 미국 선박들의 침몰에 대한 정당한 보복을 위해 수많은 미국 장병들의 죽음을 무릅쓰게 하는 결정은 결코 비례적(proportional)이지도 합리적일 수도 없었다. 따라서 1917년 미국은 민주주의와 민족자결에 기초한 정당한 민족국가들 간의 평화제도를 수립하기 위해서라는 명분으로 전

323 윌슨 대통령과 하우스와의 관계에 관한 상세한 기술을 위해서는 Godfrey Hodgson, *Woodrow Wilson's Right Hand: The Life of Colonel Edward M. Howe House?*(New Haven: Yale University Press, 2006) 참조.

쟁에 돌입했다. 이 제도 속에서 모든 국가들은 법적으로 평등할 것이다. 왜냐하면 윌슨과 하우스는 그 제도가 민주주의에 대항하는 미래의 전쟁을 방지해 줄 것으로 믿었기 때문이다. 이 제도는 국가(state)와 민족(nation) 간의 관계에 대한 미국적 개념을 반영할 것이다. 그렇기 때문에 그 제도를 보호하기 위해서 필요하다면 미국의 개입을 요구할 수 있을 것이다. 국제연맹이 바로 그런 미국적 아이디어에 제도적 구조를 제공할 것이기 때문에 국제연맹의 수립이 미국의 주된 전쟁 목적이 되어 버렸다.

독일의 승리에 기초하는 세계질서는 궁극적으로 미국의 민주주의를 위해 안전한 것이 되지 못할 것이다. 그러나 붕괴된 유럽의 국가체제를 단지 회복시키는 연합국 측의 승리도 마찬가지일 것이다. 윌슨은 연합국 측의 동기에 대한 불신을 결코 극복하지 못했다. 그는 연합국들이 민주주의와 자치정부 권리에 대해 진정한 관심을 갖고 있지 않다고 믿고 있었다.[324] 독일은 물론 당시 연합국들도 국가의 권위가 직접 국민들로부터 발생하는 것이 아니라 전임자들로부터 유래한다고 간주하는 유럽적 주권 개념을 공유하고 있었다. 영국과 프랑스 같은 민주주의 국가들조차 주권을 선거와 다른 것으로 간주했다. 즉 주권은 국가의 속성이었다. 유럽 국가들은 제한된 주권이 아니었다. 그것은 절대적인 것이었다. 국민들이 자신의 주권을 전부 국가에 위임했기 때문에 민족은 자신들을 지배하는 그 권력으로부터 주권을 회수하여 새로운 국가의 수립을 별로 요구할 수 없었다.

---

324 Patrick Devlin, *Too Proud to Fight: Woodrow Wilson's Neutrality*(Oxford: Oxford University Press, 1974), p. 686.

그러나 바로 이것이야말로 미국이 제1차 대전에 참전한 이유였다. 즉 민주적 개혁이 국가와 민족 간의 적당한 관계를 수립하는 데 그것의 역할을 허용해야 한다는 것이었다. 윌슨 대통령은 미국을 참전으로 이끌 때 다음과 같이 말했었다.

> 그러나 정의란 평화보다도 더 소중한 것이다. 그래서 우리가 가슴 깊이 간직해 온 것을 위해 우리는 싸울 것입니다. 즉 민주주의를 위해서, 권위에 복종하는 사람들이 자신의 정부에서 발언할 권리를 위해서, 약소국가들의 권리와 자유를 위해서, 모든 민족들에게 평화와 안전을 가져오고 전 세계가 마침내 자유롭게 되는 자유민들의 협력에 의한 권리의 보편적 영역(dominion)을 위해서—미국이 탄생시킨 원칙과 행복 그리고 미국이 소중히 하는 평화를 위해 자신의 피를 흘리고 힘을 쓸 그날이 왔습니다.[325]

헌정질서의 학자 출신인 윌슨 대통령은 미국에게 탄생과 행복을 준 원칙들이란 미국 독립선언서의 원칙들이었다. 즉 그것은 제한적 국가주권의 천명이었다. 그가 추구했던 것은 법의 세계를 요구했다. 왜냐하면 그의 비전은 보편적이었고 그것은 정당성(민주주의)과 정당화(제한주권)의 어떤 토대를 강제할 법적제도 위에 서 있었기 때문이다. 그러나 이런 조건들도 필요했지만 충분하진 못했다. 만일 국가들이 사회 내에서 개인 간의 관계와 동일한 법 치하의 관계에 있다면 국가들도 개

325 Arthur S. Link, ed., *Papers of Woodrow Wilson*, vol. 41(Princeton: Princeton University Press, 1966-1992), pp. 526-527에서 재인용.

인들처럼 전쟁을 일으킨 동일한 욕구에 의해서 여전히 활력을 가질 것이다. 따라서 국가제도는 그 구성에 있어서 정신적 변화(spiritual change)를 초래하는 것이 필요했다.[326] 그것은 마치 그가 공직생활에 기독교 정신을 불어넣으려고 시도하는 것과 거의 다름없었다.[327] 국민의 의지를 실제로 반영하고 그들의 관심과 기여에 걸 맞는 요구를 하는 진정한 민주적 제도는 그런 인류의 정신적 변화를 낳을 것이라고 윌슨은 하우스와 함께 믿었던 것 같다.

그러나 하우스는 분명히 그런 변화 없이 이런 제도들이 국가의 이기적 이익, 즉 때론 전쟁으로 유도하는 이익을 억제할 수 있으리라고 믿지 않았다. 하우스는 자신이 선호하는 민족국가의 형태가 정신적으로 새로워진 인간과 새로운 사회를 창출할 것이라고 믿었다. 그러나 하우스에게 그것은 법의 제정과 적용을 통해서 발생하는 것이 아니라 법 밖의 사적 세계에서 발생할 것이다. 즉 하우스의 신인간은 공적 삶의 땅에서 성장한다. 바로 이 점이 하우스의 비전을 미국적 공과 사의 구분과 국가주권에 대한 제한을 민족국가의 의회주의 이상과 결합시키는 아주 독특하게 미국적인 것으로 만들어 주는 것이었다. 그리고 바로 이것이 윌슨과 하우스의 국제연맹이 자결, 민주주의의 동맹, 결국 미국적 민주주의 동맹이 되어야 하는 이유였다. 그리고 바로 이런 목적이 미국을 세계대전으로 끌고 들어갔던 것이다.

거듭되는 독일 잠수함에 의한 미국 선박의 침몰로 결국 윌슨 대통령

---

326 Philip Bobbitt, *The Shield of Achilles: War, Peace, and the Course of History* (New York: Alfred A. Knopf, 2002), p. 396.

327 Patrick Devlin, *op. cit.*, p. 679.

은 1917년 4월 2일 의회에서 독일과 미국 간에 전쟁상태를 선포했다. 하우스의 제안으로 윌슨은 8월에 평화타결을 준비할 "조사단"(Inquiry)의 설립을 승인했다. 미국은 공격받았기 때문이 아니라 평화타결에서 구체적인 국제적, 정치적 목적들을 추구하기 위해 참전했던 것이다. 미국의 전쟁 목적들은 1917년 1월 초에 하우스와 윌슨에 의해 사적으로 처음 구상된 그 유명한 14개 조항(Fourteen Points)으로 집약되었으며 두 사람은 그해 내내 신세계질서의 이 국제주의적 모델을 구현할 타결 제안을 다듬는 작업을 했다. 1918년 1월8일 윌슨 대통령이 행한 대의회 연설에서 그것들이 처음 공개적으로 제시되었다.

1. 공개적으로 이루어진 평화의 공개협약
2. 항해의 절대적 자유
3. 가능한 무역장벽의 철폐
4. 국내 안전과 일치하는 가장 낮은 지점까지 군비 수준의 축소
5. 모든 식민지의 주장을 자유롭고 열린 마음으로 그리고 절대적으로 공정하게 조정
6. 러시아 영토로부터의 철수와 러시아 정치 자결의 존중
7. 전 세계가 동의할 벨기에로부터의 철수와 복고
8. 모든 프랑스 영토가 해방되고 또 침략당한 부분의 복고
9. 이탈리아의 국경의 재조정은 분명히 인정될 만한 민족경계선에 따라 이루어져야 함
10. 민족 간 그들의 지위가 보호되고 보장되길 염원하는 오스트리아-헝가리 국민들은 자치발전에 대한 가장 자유로운 기회가 부여되어야 함

11. 발칸국가들로부터 철수와 복고
12. 유럽에서 제외된 오스만제국은 다르다넬스의 자유통과와 자결을 허용할 것
13. 독립적 폴란드인들의 국가가 수립되어야 하고 논란의 여지없이 폴란드 주민들이 거주하는 영토를 포함해야 함
14. 국가들의 일반적 결사구성[328]

이제 윌슨과 하우스는 유럽의 전쟁 국가들이 미국의 중재를 수락하도록 설득하는 노력을 더 이상 할 필요가 없게 되었다. 그들은 미국의 전쟁 개입을 이용하여 연합국들의 전쟁 목적을 방지하고 그들의 동의를 동맹의 대가로 요구하는 반면에, 독일에겐 영국과 프랑스가 줄 수 있는 것보다도 더욱 매력적인 타결방안을 제안하면 되는 것이었다. 과거에 하우스는 연합국 측이 미국의 전쟁 목적을 뒷받침할 경우 미국이 원조를 제공하는 반면에 독일에겐 미국의 개입으로 위협하면서 중재를 받아들이도록 하는 것이었다. 이 전략은 성공하지 못했다. 어느 쪽도 단지 미국 개입의 가능성을 위해 자국의 야심을 포기하려 하지 않았다. 이제 미국의 참전으로 하우스는 그런 전략을 더 강력하게 구사할 수 있게 되었다. 즉 미국은 수동적 중재 목적을 미국의 군대로 강요할 전쟁 목적으로 대치했다. 하우스는 미국이 적을 두들기기보다는 민주주의를 위해 안전한 세계를 만들기 위해 싸우고 있다고 기록했다. 14개 조항은 전통적 국가 간 질서와 크게 다른 의회주의 민족국가 간의 세계질서를

328 연설문의 원문은 The United Nations, *The League of Nations 1920-1946*(New York and Geneva, 1996), 부록 2에서 볼 수 있다.

제안했다. 윌슨과 하우스의 비전은 범세계적 헌법이었다.

국제연맹규약의 초안은 헌법(constitution)이라는 용어를 사용했었다.[329] 이 헌법은 미국인들이 자국의 연방 차원에서 습관화된 법 제정과 법 집행의 과정을 초국가적 차원에서 단순히 복제한 것이었다. 따라서 모든 국가들을 지위와 관계없이 그리고 모든 민족들을 그들의 힘과 관계없이 평등하게 통치하는 법률적 규칙의 기구가 있을 것이며, 이 규칙들을 분쟁에 적용하는 보편적 사법제도가 있고 또 필요하다면 폭력을 포함하는 제재를 통해 이 규칙들을 집행하는 또 다른 국가 간 제도가 있게 될 것이다. 윌슨이 조심스럽게 말했듯이 국가들도 개별 시민들처럼 동일한 과정을 밟도록 되어 있었다. 그러므로 이 세계헌법을 위한 이 독특하게 미국적인 헌정질서를 이해하지 않는 한 평화회의에서 미국과 그 연합국들 간의 심각한 차이를 알기 어려울 뿐만 아니라 그 평화회의에서 나온 조약의 비준이 미국의 상원에서 직면한 어려움을 이해할 수 없을 것이다. 14개 조항은 미국 연방헌법에서 유래하는 다음의 6개 정책으로 집약될 수 있을 것이다.[330]

첫째, 공개적으로 이루어진 공개된 조약. 이 요건은 제한정부와 불가양도의 인민 주권의 미국의 헌법의 틀에 법적으로 묶여 있지 않는 한 돈키호테같이 기이한 것으로 보일 것이다. 미국에선 조약 체결이 주권자의 동의를 요구하기 때문에 국민들에게 비밀인 어떤 조약도 법적 구속력을 갖지 못하게 되어 있다.

둘째, 항해의 절대적 자유. 전시에도 중립국들은 정당한 봉쇄를 적

329 Philip Bobbitt, *op. cit.*, p. 400
330 *Ibid*.

용하는 국제법의 관습적 규칙을 초월해서 교전국들과의 통상이 제약될 수 없다는 것과 공해상에서 폭력에 대항해 중립국 민간인들을 보호하는 규칙이다.

셋째, 국가 간 경제적 장벽의 제거로 이것은 미국연방헌법의 제4조에서 발견되는 미국 내 관세의 폐지와 맥을 같이 한다.

넷째, 국내 안전과 일치하는 가장 낮은 수준까지 무장을 축소하는 것은 불가양도의 국가주권이라는 유럽식 아이디어와 전혀 일치하지 않는 주권에 대한 미국식 제약이다.

다섯째, 식민지 주장의 공정한 조정 즉 권리 주장에 평등한 관련국 인민들의 이익에 대한 중요도가 그 인민들을 통제하는 국가에 의해 천명되어야 한다. 이것은 정당한 국가 간 그들의 혜택을 위해 국가가 수립되는 인민들의 자결에 근거를 둔다는 나머지 9개 항목의 선언을 꿰뚫은 아이디어의 적용으로 미국연방헌법 수정법안 제10조 및 제14조와 궤를 같이한다.

여섯째, 제14항은 크고 작은 국가들에게 동일하게 정치적 독립과 영토적 순결의 상호보장을 부여하기 위한 구체적 협약하에 구성되는 국가들 간 보편적 연합의 수립, 즉 구조상 미국헌법의 연방 및 부서구조들을 그대로 옮겨놓은 국제연맹의 창설이다.

이런 요건들은 독일에겐 물론이고 연합국들에게도 동일하게 위협적이지 않은 것은 하나도 없었다. 만일 공개된 협약이 연합국정부들의 목표라면 그들이 전후 전리품 분할을 위해 서로 간에 맺은 비밀 합의서들은 어떻게 되겠는가? 최소한 한 국가 즉 이탈리아는 실제로 그런 약속을 근거로 참전했었다. 영국은 독일을 굶주리게 하기 위해서 중립적 선박의 자유통행을 규정하는 국제법의 널리 인정된 규칙들을 위반했었으며 또 일단 정전 합의가 마침내 독일 잠수함전을 잠재우자 실제로 상당히 성공을 거두어 동유럽 전역에 널리 기근 현상이 발생했다. 무역장벽과 국가적 보호는 바로 자신들의 "제국"을 정의하는 정책들인데 어떻게 제국 이익우선 제도를 붕괴시키지 않고 그것들이 불법적인 것이라고 선언할 수 있겠는가? 자결권은 인도인들, 알제리아인들, 그리고 인도차이나인들에게뿐만 아니라 아일랜드인들에게도 적용될 것으로 상정되었다. 그리고 두말할 것도 없이 회원 국가들의 목적들을 그렇게 반대할 수 있게 만든 것은 단지 그것들의 놀라운 범위의 문제뿐만 아니라 그것은 근본적으로 주권에 관한 유럽적 아이디어와 일치하지 않는 국가와 그 국민과의 관계를 상정하고 있었다.

윌슨 대통령의 14개 조항을 담은 연설에 관해 들은 프랑스의 클레망소 수상은 "14개 조항이 따분하다. 딱 열개면 좋았을 걸" 하고 반응했었다.[331] 로이드 조지 영국 수상은 선거운동 중이었는데 그때 그는 독일인들로 하여금 전쟁의 모든 비용을 지불케 하겠다고 약속했다. 그런데 어떻게 그가 전후 타결을 승전국과 패전국을 똑같이 공평하게 취급하는 원칙의 천명을 수락할 수 있었겠는가? 독일의 반응도 적대적이었다. "우리의 군사적 상황은 지금보다도 더 좋은 때가 없었다"고 헤르틀링(Hertling) 독일 수상은 선언했으며 의회로 하여금 14개 조항을 거부하도록 이끌었다.[332] 그럼에도 불구하고 한 달 후 윌슨 대통령은 다음과

331 *Ibid.*, p. 402.

332 W. M. Knight Patterson, *Germany from Defeat to Conquest*(London: Allen & Unwin, 1945), p. 137.

같이 또 다시 선언했다.

> 병합은 보상도 응징적 피해도 없을 것이다. 자결은 단순히 말로 그치지 않을 것이다—이 전쟁에 관련된 모든 영토적 타결은 관련 주민들의 이익이 되고 그들의 혜택을 위해 이루어져야지 경쟁국들 서로 간 주장의 어떤 단순한 조절이나 타협의 일부로 이루어져서는 안 된다.[333]

그리고 그 문제는 바로 거기에 1918년 초 몇 달 동안 그대로 놓여 있었다.[334] 1918년 3월까지 독일 군대는 영국과 프랑스의 병력보다도 거의 30개 사단의 우위를 갖고 있었다. 만일 독일의 공격이 성공한다면 연합군 전선은 산산조각이 날것이며 또한 독일이 영국 해협으로 갑작스럽게 이동하면 영국군이 포위되거나 프랑스 수도로의 진격으로 파리가 위험에 처할 것이다. 독일 최고사령부는 이 거대한 도박을 위해 국가의 전 자원을 총동원했다. 그러나 만일 이 공세가 실패하면, 4월 전선에 투입된 미국의 병력은 30만 명에서 증강되고 있는 중이어서 공격이 시작하는 7월에는 120만 명에 달할 것이며 바로 그때쯤이면 독일의 자원은 고갈될 것이다. 6월 초까지 독일군은 파리의 37마일 지점까지 진격했으며 연합군 측에 막대한 사상자를 냈다. 그러나 자신들의 손실도 그만큼 엄청났다. 7월 1일까지 독일은 약 97만 3천 명의 병사를 잃

---

333 1918년 2월 11일 의회합동회의에서 행한 윌슨 대통령의 연설 중에서. *Ibid.*, p. 402 재인용.

334 Paul M. Kennedy, *Rise and Fall of the Great Powers*(London: Univin Hyman, 1988), p. 272.

었으며 1백만 명 이상이 환자로 등록되었다. 7월 18일 연합군 측은 공세를 취했으며 8월 8일에 가서야 아미앵(Amiens)에서 연합군 측의 공세가 성공을 거두었다. 9월에 들어서 마치 갑작스런 일인 것처럼 독일동맹이 붕괴했다. 오스트리아-헝가리가 단독 평화를 요구했던 것이다. 독일 최고사령부는 정부로 하여금 정전하도록 압박하기 시작했다. 10월 3일 독일의 폰 바덴(von Baden) 신임 수상이 윌슨 대통령에게 14개 조항을 토대로 한 즉각적인 협상을 요청했다. 모든 3국동맹 즉 독일동맹 국가들에서는 혁명과 경제적 혼란을 야기하면서 내부적으로 폭발하고 있었다. 윌슨 대통령은 독일 측 요청에 대한 답변에서 14개 조항에서 제시된 모든 조건을 명백하게 수락할 것을 요구했다. 하우스는 윌슨 대통령을 설득하여 독일 측에서 갈등의 재개를 불가능하게 할 군사적 자제의 요구를 추가하게 했으며 독일 정부는 논의를 시작하는 목적이 그런 조건의 적용에 관한 실질적 세부사항에 동의하기 위한 것 일뿐이라는 부언과 함께 10월 12일 윌슨 대통령의 요구를 수락했다.

윌슨은 이제 연합국 측에 미국 측 정전안의 수락을 요구했는데 그들이 별로 호의적이지 않다는 것을 발견하였다. 10월 29일 하우스가 연합국 측과 만났다. 연합국 측은 부당하다고 할 수는 없지만 독일의 침략으로 가해진 연합국 측의 민간 주민들의 모든 피해와 재산 손실에 대해 독일이 보상해야 한다고 고집했다. 더구나 영국 정부는 항해의 자유요건에 대한 유보를 발표했다. 11월 4일 미국은 독일에게 복구비와 항해의 자유를 유보한 채 미국과 연합국들이 14개 조항의 기초 위에서 평화를 수립하려 한다고 독일 측에 통보하였다. 그리하여 11월 11일 정전에 합의가 이루어졌다.

베르사유협상에서 미국인들은 4가지 문제에 대해 유럽연합국들과 입장이 서로 다르다는 것을 발견했다.

첫째, 유럽 영토의 조정 문제(프랑스는 독일의 분할을 원했고 유럽 연합국들은 영토적 보상을 모색했다)
둘째, 독일의 식민지 문제(영국이 그것들을 원했다)
셋째, 복구비 문제
넷째, 국제연맹을 평화조약 자체의 일부로 만드는 문제

협상은 중요한 3단계를 통해 수행되었다. 첫 번째 단계 : 1919년 2월 14일 윌슨 대통령이 대표자들의 본회의에서 국제연맹의 헌법(규약)을 낭독하고 제안된 국제연맹을 이 회의가 채택함으로써 절정을 이루었다. 그러고 나서 윌슨 대통령은 의기양양하게 미국으로 귀국했고 3월 중순 자신이 돌아올 때까지 하우스가 자신을 대신하도록 요청했다. 두 번째 단계 : 윌슨의 부재 중 프랑스와 영국은 전후 독일의 군사력, 국경선 및 복구에 관하여 연합국들의 조건을 구현하는 예비적 평화조약 초안을 제안했다. 이 조약에 신속하게 합의하고 나서 어려운 국제연맹의 회원국과 운영에 관한 정확한 형태의 문제가 여유 있게 다루어질 수 있을 것으로 생각되었다.

하우스는 유럽의 정치적 상황들이 긴 타결의 지연상황을 허용하지 않을 것이라는 사실을 예리하게 감지했다. 윌슨 대통령이 떠난 지 5일 만에 클레망소 수상에 대한 암살 기도가 발생했고 프랑스의 군대 내의 반란 조짐에 대한 보도도 있었다. 유럽의 모든 곳에서 정치적 혼란에 관한 새로운 뉴스들이 들어왔다. 바이에른이 공산주의자들의 쿠데타로 장악되었고 헝가리도 곧 뒤따를 것이다. 폴란드는 러시아에 선전포고했고 러시아에선 백색군과 적색군 간의 내란을 겪고 있었다. 평화조약을 기다리는 가운데 전 유럽에 걸쳐 민간 주민들에겐 기근의 그림자가 드리워졌다. 또한 독일이 적대행위를 재개할 수 있는 어떤 가능성도 막아야 한다는 연합국 군사당국으로부터 끊임없는 압력과 동시에 최종적 조약에 대한 어떤 보장이 없이는 완전한 무장해제와 모든 진지를 포기하지 않으려는 독일군의 저항이 있었다.

더욱이 하우스는 자신의 협상 상대들의 정치적 입장에 민감했다. 즉 그는 로이드 조지 수상 자신이 그렇게 기대하게 만들기도 했지만 독일이 충족시킬 수 있는 것보다도 훨씬 더 큰 배상금을 요구하는 다수의 의회를 직면하고 있다는 것을 잘 알고 있었다. 또한 비토리오 오를란도(Vittorio Orlando) 이탈리아 수상이 자국을 위해 아드리아 해에서 영토적 획득 없이는 정치적으로 살아남을 수 없다는 것도 알고 있었다. 무엇보다도, 하우스는 독일이 50년 만에 3번째로 라인란트로부터 침공하지 않을 것이라고 프랑스에서 널리 인식되는 경우에만 클레망소 수상이 조약의 비준을 보장할 수 있으리라는 것을 알고 있었다. 따라서 조약이 14개 조항의 토대를 둘 수 없으리라는 것이 분명했다. 유럽의 수상들은 만일 자신들이 양보하면 그것은 자신들 정부의 전복을 의미한다는 것을 분명히 했다. 하우스는 11월 미국 선거에서 민주당의 패배는 미국 대표단을 제약할 것임을 인정하고 또 영국의 총선과 프랑스의회에서 클레망소가 추진하는 신임투표도 면밀하게 주시했다. 만일 자유주의의 상징이 된 미국의 윌슨 대통령이 자유주의자들과 노동계급 사이에서 자신의 영향력을 구사한다면 연합국의 어떤 정부들을 전복시킬지도 모르는 일이었다. 반면에 유럽에서 더 큰 혼란은 미국 본국에서 윌슨의 입지를 거의 강화시키지 못할 것이고 또 신세계질서가 실제로 작동하는 데 필요한 안정을 보장하지도 못할 것이다. 실제로 연합국 정부들의 전복은 의회주의적 이상을 공유하지 않는 그런 민족국가를 가져오게 될 것이다.

윌슨은 아무런 대안이 없었기 때문에 오직 국제연맹에 자신의 희망을 걸 수밖에 없었다. 그러나 회의는 14개 조항에 근거한 조약을 채택하지 못할 것이다. 그에 따른 조약에 대한 수정과 그렇게 수정된 연맹에 의한 적용이 윌슨의 목적들을 궁극적으로 성취할지도 모를 일이다. 만일 윌슨이 조약을 체결하지 못한 채 회의장을 떠난다면 독일은 결코 보다 더 온건하게 취급받을 것 같지 않았지만 그래도 회의장을 떠난다는 위협만이 윌슨이 사용할 수 있는 유일한 카드였다. 그러나 만일 윌슨이 떠나면 그는 보다 인간적인 조약과 연맹의 어느 것도 얻지 못할 것이다.

윌슨 대통령의 복귀와 함께 3단계 협상이 재개되었을 때 그의 첫 번째 반응을 그동안 여러 가지를 양보해 버린 하우스에 분통을 터뜨리는 것이었다. 윌슨은 자기가 파리를 떠나기 전 본회의에서 찬성투표를 받았을 때 연맹의 지위를 완전히 확보했었다고 믿었었다. 따라서 지금 그는 나머지 14개 조항에 대한 협상을 위해 돌아왔다고 생각했었다. 그러나 실제로는 연맹 문제를 최우선적으로 다룸으로써 그는 다른 문제들에 관한 작업을 늦추었고 그리하여 신속하게 해소해야 할 더 큰 압력에 처하게 되었다. 그러나 윌슨은 하우스가 이미 깨달았던 사실을 곧 보기 시작함에 따라 두 사람은 다시 협력하였는데 그것은 새로운 민족국가에선 국내 정치가 최우선이라서 정치 지도자들이 임의대로 할 수 있는 것이 제한될 수밖에 없다는 사실이었다. 윌슨은 지도자들을 제치고 대중들에게 직접 호소할 수도 있지만 그러나 그것이 그에게 국제연맹을 가져다주지는 않을 것이다. 그렇지 않으면 연맹의 절차를 통해서 보다 통제된 방법으로 여론을 이용할 수도 있을 것이다. 이런 절차들은 세월이 흐름에 따라 국가들의 행위가 단지 타 국가들에 의해서뿐만 아니라 관련 국가들의 대중들에 의해서 측정될 일단의 국제적 기준과 실천을 구축하게 될 것이다.[335]

어쨌든 실제 쟁점은 연맹이 포함된 조약이냐 연맹이 배제된 조약이냐의 단순한 선택이 아니라 훨씬 더 복잡했다. 유럽 국가들은 연맹을 원했을 뿐만 아니라 그들은 항구적 제도화된 강대국들의 회의가 그 구성원들의 안전보장과 함께 결속되고 침략에 대항하는 보장으로 미국을 끌어들이는 그런 국제연맹을 요구했던 것이다. 윌슨과 하우스, 즉 미국은 그러나 시간이 가면서 제국주의적 국가들을 민족국가의 형태로 이동시키고 사회주의적 및 군국주의적 민족국가들을 의회주의 형태로 변모시켜서 궁극적으로는 국가 그 자체를 절대주권의 위치에서 미국적 제한주권의 형태로 진행시키는 그런 국제연맹을 원했다. 일단 주권적 권리가 민족에 즉 인민들에게 귀속되면 국가는 여론의 힘에 의해 그런

335 실제로 이것이 1975년 헬싱키협정(The Helsinki Accords)의 궁극적 기능이었다. A. H. Robertson, *Human Rights in the World: An Introduction to the Study of the International Protection of Human Rights*(New York: St. Martins, 1982), pp. 118-125.

방향으로 전개될 수밖에 없을 것으로 기대되었다. 윌슨은 국제연맹을 그런 진화과정에서 무엇보다도 하나의 거대한 힘에 의존했는데 그것은 바로 세계 여론의 도덕적 힘이었다.[336]

그러나 윌슨과 하우스의 당면 과제는 피침 시 미국의 개입을 약속하는 것이 유럽의 정부들에게는 그 조약을 더 매력 있게 만들겠지만 그러나 그만큼 미국 상원에는 덜 매력적으로 만드는 딜레마에 처할 수밖에 없었다. 결국 미국 측은 합의를 얻기 위해 필요한 여러 가지 타협을 할 수밖에 없었다. 그리하여 이탈리아를 전쟁으로 끌어들이기 위해서 연합국 측이 비밀조약을 통해 이탈리아에 약속했음에도 불구하고 이탈리아는 피우메(Fiume)의 획득을 거부당했다. 오를란도 수상은 분노에 차서 회의장을 떠났고 본국에서 정치적으로 곧바로 패배당했다. 알자스로렌은 프랑스에 반환되었고 자를란트(Saarland)는 비록 병합되지는 않았지만 프랑스의 통제하에 들어갔다. 최종적으로 독일을 1871년에 프랑스에서 빼앗았던 알자스로렌을 빼면 4퍼센트도 안 되는 영토만을 잃었다. 폴란드, 체코슬로바키아, 유고슬라비아 및 발트 국가들이 수립되었다.

케인스(Keynes)의 경고에도 불구하고 완전히 비현실적인 배상금 청구서가 제시되었지만 최종적 독일의 지불은 50억 파운드를 넘지 않았다. 그것도 주로 연합국들에 의해 재정 지원을 받았다. 따라서 실제로 베르사유체제의 성립 이후에 발생한 정치적 및 인간적 재앙은 그 조약의 실질적인 경제적 영향과는 별로 관계가 없었다.[337] 전후 평화수립과

336 Henry Kissinger, *Diplomacy*(New York: Simon & Schuster, 1994), p. 235.
337 Philip Bobbitt, *op. cit.*, p. 409.

정 속에서 윌슨 대통령과 하우스는 국가주권의 뿌리 깊은 구조를 개혁하려고 시도했었다. 그러나 아이러니컬하게도 그들의 계획을 망가뜨린 것은 바로 그 미국의 제한주권제도였다. 왜냐하면 베르사유합의의 비준을 막고 그리하여 미국의 국제연맹 참여를 좌절시킨 것은 그 조약에 동의하기를 거부한 미국의 상원이었기 때문이다.

> 여러분의 조국이 여러분을 위해 할 수 있는 것이 무엇인지를 묻지 말고 여러분들 이 조국을 위해 할 수 있는 일이 무엇인지를 물어 주십시오.

이것은 1961년 미국의 케네디 대통령의 유명한 취임연설 중에 나오는 말이다. 이 구절에서 그는 우레와 같은 청중의 박수를 받았다. 그러나 이 말은 국민이 국가를 위해 봉사해야 하는 절대국가의 지도자 입에서 나왔음직한 말이다. 그래서 니체는 국가를 냉혹한 괴물 중에서 가장 냉혹한 이름이라고 말했었다 그러나 민족국가 특히 의회민주주의 국가의 지도자에겐 국민을 위해 자신이 무엇을 해야 하는지를 묻고 그것을 위해 봉사하도록 요구되는 것이다. 그렇기 때문에 민족국가는 사회적 안전과 무료대중교육 보통선거권과 소득 재분배적 세금제도를 채택한다. 다시 말해서 민족국가는 국민의 복지를 향상시키는 속에서 정통성을 확보하는 것이다. 그리고 그 민족국가의 이데올로기는 민족 즉 국민의 복지를 어떻게 향상시키려고 하는지를 설명해 준다.

1919년 베르사유에서 강대국들은 자유민주주의에 의해 정통성을 부여받는 그런 민족국가 사회를 재생산하려고 시도했다. 그러나 그런 시도는 성공할 수 없었다. 왜냐하면 자유민주주의보다도 더 잘 국민을 위해 봉사할 수 있다고 등장하는 이데올로기들이 있었다. 공산주의와 파시즘이 바로 그것들이었다. 따라서 정당한 헌정질서에 대한 합의가 이루어지지 못했으며 이념들 간의 상호공격 속에서 민족국가는 자신을 정당화시키는 사회를 형성할 수 없었다. 이들 간의 경쟁은 결국 제2차 대전과 냉전의 긴 투쟁을 겪고 1990년 파리조약으로 자유민주주의의 승리가 확인될 때까지 계속되었다. 따라서 20세기 초 베르사유에서 시도된 국제적 헌정질서는 시기상조였다. 따라서 소위 베르사유체제의 붕괴는 상당한 정도로 이미 운명적인 것으로, 어쩌면 궁극적으로 피할 수 없었을 것이다.

1919년 파리의 평화를 수립하는 베르사유조약과 기타 여러 조약들은 전쟁을 수행한 강대국들이 반대 없이 동의한 타결을 이루지 못했다. 평화회의의 미결상태에서 수천 명이 굶어 죽게 만든 봉쇄 같은 적대적 군사조치가 독일에서 여전히 수행되는 동안 베르사유조약의 조건들이 독일에 강요되었다. 한 국가의 헌법은 전쟁으로 강요될 수 있다. 그러나 국가들 간의 사회 즉 국제사회의 헌법은 합의를 필요로 한다. 왜냐하면 그것은 전쟁이 일단 끝난 후 패배한 국가가 규칙들을 준수하느냐의 여부에 달려 있기 때문이다. 더구나 미국은 평화회의에서 나온 조약의 비준을 거부했고 또 소련은 완전히 배제되었다. 그렇게 여러 강대국들이 빠지거나 소외되었을 때 어떤 헌정에 관한 동의도 출현할 수 없다.

약 1세기 전의 빈회의에서처럼 파리에서도 모든 주요한 결정은 강대 승전국들에 의해서 내려졌다. 그러나 그때와의 중대한 차이가 있었다.

국가의 성격이 변한 것이다. 이제 그들은 민족국가들이 되고 있었다. 그리하여 점점 많은 정부들이 빈체제가 토대를 두었던 상호 간의 유대를 자신들의 국내적 정통성을 높이기 위해 포기했다.[338] 이런 사태의 발전으로 상이한 형태의 국가가 내세우는 상이한 정당성의 토대가 등장하게 되었다. 민족국가는 민족과 새로운 흥정을 모색했다. 즉 막강한 민족적 에너지의 분출에 대한 대가로 국가는 단순한 영토 확장과 영광을 넘어서 더 많은 것을 약속함으로써, 즉 시민들의 물질적 안녕의 실질적 향상을 약속함으로써 자신을 민족에 결박시켰다. 한 국가의 모든 시민들의 운명이 동시에 향상될 수는 별로 없기 때문에 그리고 대부분 정부의 결정이란 얻는 자들뿐만 아니라 잃는 자들도 만들어 내기 때문에 국가의 그런 과업은 국가 내에서 분열적 압력을 가져올 수밖에 없는 것이다. 의회 민주주의하에서 이것은 불만 세력이 각각의 결정과 함께 축적되기 때문에 정부의 쉼 없는 교체를 위미한다. 그러나 파시스트 국가들에서 그것은 국내 정책을 다수의 시민들과 소수의 희생양으로 분할하고 또 시민들을 이롭게 하기 위해 솔직하게 착취할 수 있는 외국을 찾으려는 노력을 진작시켰다. 사회주의 국가에서 그것은 시민들의 일부를 또 다른 일부의 희생으로 향상시켜 가면서 끊임없는 계급 간 투쟁의 계획을 요구했다. 그러나 이런 이데올로기적 형태들 중 어느 것도 국제사회 전체나 혹은 빈의 국가 중심적 유산과 일체화함으로써 위신이나 감정에서 이득을 보지 못했다. 오히려 민족국가의 지도자들은 선

---

338 Andreas Osiander, *The States System of Europe, 1640-1990: Peacemaking and the Conditions of International Stability*(Oxford: Oxford University Press, 1994), p. 251.

택의 여지가 없기 때문에 국제사회와는 거리를 두려고 했다. 그리하여 전쟁 그 자체가 국제사회의 책임이 되었다.

윌슨은 파리에서 빈의 냄새가 나서는 안 된다고 고집했다. 민족국가가 초국가적 실존(presence)을 관용하는 한 그것은 단지 정부들이 아니라 모든 인민들의 것이었다. 윌슨은 인류의 위대한 목소리가 존재한다고 믿었다. 그들은 인류의 명령을 따르고 있다고 말했었다.[339] 인민들의 역할에 대한 그런 견해는 물론 헌법과 양립할 수 없는 건 아니다. 실제로 그것은 미국을 위시하여 대부분의 민족국가 헌법의 토대이다. 그리고 미국의 헌법이 베르사유조약과 국제연맹의 구조와 이념의 토대를 제공했다는 것도 사실이다. 그러나 이런 규약들이 국제사회의 헌법으로 채택될 수 있기 전에 무엇보다도 대중의 명령이 과연 어떻게 밝혀져야 하는지를 결정하는 민족국가의 이념적 휘장에 대한 합의가 필요했다. 미국은 민족국가의 그런 성격을 결정하기 위한 무서운 내전을 치름으로써 그 문제에 대해 다행스럽게도 일찌감치 국내적 합의를 달성했다. 그러나 이 합의는 20세기의 다른 강대국들이 공유하지 않는 그런 것이었다.

외교사에서 파리평화의의 주된 실수는 패전한 독일을 너무 가혹하게 다룬 것으로 보통 간주된다. 연합국들은 프랑스가 나폴레옹 정권을 대치했고 따라서 이제 다시 국제사회의 정당한 일원이라는 근거에서 새 프랑스 정부를 포용했던 빈회의의 실례를 거부했다. 베르사유에 모인 승전국들은 1918년 11월 11일 미 · 독 간의 각서 교환에서 마련된

339 모든 민족국가의 지도자들이 인류의 힘을 그렇게 건설적으로 보지는 않았다. 비스마르크는 파도를 탈 수는 있어도 그것을 운전할 수는 없다고 말했었다.

대로 독일 대표단이 회의에 참석해야 한다는 하우스의 제안을 거절했다. 또 그들은 전쟁 재개의 위협과 독일에서 기근을 발생시킨 연합국 측의 봉쇄를 독일인들이 어쩔 수 없이 수락할 수밖에 없는 조건하에서 조약안을 그들에게 제시하기 전까지 독일 대표들과의 구두 논의마저도 허용하지 않았다. 이런 상황은 주로 전쟁 종결의 아주 색다른 방식 때문이었다. 중요한 면에서 그것은 다른 연합국들의 전쟁 목적과 일치하지 않는 윌슨의 유명한 14개 조항의 문서에 근거를 두고 독일은 정전에 동의했었다. 실제로 연합국들조차도 서로가 주요 문제들에서 서로 달랐다. 그리하여 그들은 파리평화회의 소집 전에 포괄적 조건을 독일에게 제시할 수 없었다. 따라서 회의 자체가 논쟁적인 연합국들 사이에서 독일에 제시할 조건들을 도출해 내는 대화의 포럼이 되어 버렸다. 그런데 그 조건들은 추후 양보의 가능성을 고려하여 과장되었지만 바로 그 과장으로 팽배해진 대중의 기대 때문에 실제로는 별로 양보할 수 없었던 것들이 되고 말았었다. 독일인들은 회의에 참가하도록 초청되지도 않았다. 왜냐하면 이 파리회의가 일단 독일인들과 협상하고 나면 모든 당사국들의 회의에 붙이는 예비조건들을 작성하는 모임인지 아니면 최종적 타결에 합의하는 모임인지에 대한 연합국 측의 결정이 없었기 때문이다. 그러다 보니 결국 "예비회담"은 연합국 자신들 간에 너무 위험스러워서 독일인들이 그 조건들을 논의하도록 허용되지 않았던 것인데 자국의 국내적 대중들이 인내력을 상실할까 두려워한 연합국들이 몰아붙이는 통에 그 예비회담이 최종적 타결로 변질되어 버렸던 것이다. 바꾸어 말하면 연합국 측 대표들은 자신들 간의 합의가 이루어지기 전에 독일인들이 참여하면 빈회의에서 당시 패전국 프랑스 대표 탈레랑처럼 자신들을 오히려 분열시키는 행동을 할지 모르기 때문에 그럴 가능성을 사전에 막으면서 자국의 국내적 요구에 부응했었던 것이라고 설명할 수 있을 것이다.

그러나 독일인들에게는 그런 상황은 황당할 수밖에 없었다. 따라서 그들이 직면하게 된 조약에 대한 반응은 쓰라린 낙담이었다. "평화조건에 관한 독일 대표단의 의견"에서 황제의 제국을 의회공화정으로 대치한 독일 정부는 독일의 신헌정제도가 연합국 측에 의해 전혀 고려되지 않은 당혹감을 표시했다. 더구나 독일에 제시된 평화문서 속에는 윌슨의 원칙들을 인정한 흔적을 찾아볼 수 없다고 적시했다. 이에 대해 연합국 측은 이번 전쟁을 인류에 대한 범죄가 아닌 다른 것으로 취급하는 데 자신들이 동의한다면 세계의 자유를 구원하기 위해 자신의 모든 것을 바친 사람들에게 불성실하게 될 것으로 믿는다면서 전쟁의 결과로 누군가가 고통을 받아야 한다면 그것은 바로 독일일 수밖에 없다고 냉혹하게 답변했다. 실제로 조약의 제231조는 독일이 전쟁에 책임이 있다는 "전쟁의 죄"(war-guilt) 조항을 포함하고 있었다. 이것은 과거 평화회의의 전통을 깨는 참으로 유례가 없는 것이었다.

베스트팔렌, 위트레흐트, 그리고 빈회의는 모두가 승전국과 패전국의 구별을 일부러 생략하고 오히려 사면(amnesty) 조항을 포함했었다.[340] 그러나 베르사유조약은 그 대신에 독일 황제의 범인 인도(extradition)와 심판을 규정하였다. 물론 연합국 측의 고발을 완전히 옳았다. 그러나

340 Andreas Osiander, *The States System of Europe, 1640-1900: Peacemaking and the Conditions of international Stability*(Oxford: Oxford University Press, 1994), p. 299.

전쟁을 강행한 정권과 이제 독일을 통치하는 바이마르공화정과를 구별하지 못한 것은 명백하고 또 불필요한 실수로 보인다.[341] 윌슨 대통령 스스로도 이미 1917년에 패전국에 승전국의 조건들을 강요하는 것은 용납 못할 희생과 강압 속에서 굴욕적으로 받아들이기 때문에 분노를 남길 것이며 평화의 조건이 유사(quicksand)에 의존할 쓰라린 기억을 심을 것이라고 말했었다. 일찍이 1세기 전 빈회의에서 캐슬레이는 응징적 배상금은 적국의 후계 정권의 평판을 자국민들 사이에서 떨어뜨리거나 아니면 그 정권으로 하여금 새로운 침략으로 나아가게 할 것이라는 경고를 했었지만 파리에 모인 유럽의 정치가들은 이미 그의 경고를 깡그리 잊은 듯했다. 승전국들은 자기들이 국제사회를 위한 헌법을 짜는 것이라는 사실을 잊고 마치 지불받을 청구서를 작성하는 것처럼 행동했던 것이다.

오직 윌슨 대통령만이 그 회의의 작업이 본질상 헌정에 관한 것이라고 보았으나 그것의 토대가 되어야 할 정치적 합의를 소홀히 한 채 그런 헌법을 위한 절차적 규정을 제공하는 데 만족했다. 이 합의에서 독일을 제거하고 또 처음부터 러시아를 배제해 버렸기 때문에 과거 빈이나 베스트팔렌 혹은 위트레흐트나 아우구스부르크에서 나왔던 것과 같은 그런 합의의 헌정 계획은 애초부터 실패할 운명에 처해 있었다고 해도 과언이 아닐 것이다. 관대한 평화 조건으로 바이마르공화정을 떠받쳐 주고 국제적 헌법의 작성에 참가시키려고 노력하지 않은 것은 분명한 실수였다. 그러나 독일은 국제연맹을 창설할 때 연맹에 가입하는 것

341 Philip Bobbitt, *The Shield of Archilles: War, Peace, and the Course of History*(New York: Alfred A. Knopf, 2002), p. 575.

조차도 허락되지 않았다. 러시아의 적대적인 볼셰비키 정권과 독일의 인기 끄는 초기의 파시스트운동을 고려할 때 1919년에 타결된 것은 너무 적었다. 오히려 연합국 지도자들은 언제라도 러시아와도 전쟁의 가능성을 염두에 두면서도 독일인들에 대한 전략적 이점을 모색할 것이냐 아니면 막강한 군사적 지위의 독일을 그대로 둘 수밖에 없는 화해적 평화를 수용할 것이냐의 사이에서 날카롭게 분열되어 있었던 것이다.

이런 혼란스런 상황이 바로 독일과 화해를 이루지 못하고 독일의 전략적 힘도 무너뜨리지 못한 채 합의한 평화의 묘한 정신분열증을 설명해 준다. 또한 그 상황은 어떤 민족에게는 자결권을 인정한 반면에 다른 민족은 장기의 졸처럼 가혹하게 처리하는 기묘한 결합도 설명해 준다. 폴란드와 체코 민족은 각자가 민족국가의 자격이 있다는 근거에서 폴란드와 체코슬로바키아 2개국이 창설되었지만 이 두 신생국들은 그들 못지않은 자격을 갖춘 상당한 수의 인종적 독일인들은 포함 시켰다. 정말로 이 두 새로운 국가들은 땅을 빼앗긴 국가들, 즉 독일과 러시아의 적이 되게 만드는 일종의 기부금으로 의도적으로 창설되었음이 너무도 분명했다.[342] 그것이 승전 국가들의 목표였다. 즉 미래의 전쟁을 대비해 새로운 동맹국들을 창설하고 또 미래의 전쟁에서 맞닥뜨릴지 모르는 상대국들을 약화시키는 것이었다. 그리하여 독일과 오스트리아는 서로 간의 통합뿐만 아니라, 수데텐란트(Sudetenland)와 알자스로렌과의 통합이 방지되었다. 왜냐하면 중유럽의 모든 민족들 중에서 독일인들이야말로 민족자결의 토대 위에서 단일국가를 가장 선명하

342 *Ibid.*, p. 576.

게 주장할 수 있었음에도 불구하고 그들이 통일하는 것을 금지했기 때문이다.

독일인들이 영국의 전쟁 빚을 갚고 어쩌면 그 이상을 지불할 것이라고 자국의 유권자들에게 선거 유세 중 약속했던 것에 근거하여 로이드 조지 수상이 부추겼고 또 절망스러울 정도로 순진하고 비효율적인 윌슨 대통령에 의해 다소간 변화가 있었지만 조르주 클레망소 프랑스 수상은 평화합의안에 원한에 찬 복수주의를 주입했었다고 책망받는 사악한 인물이다. 그러나 어쨌든 이것은 세계 지도자들에 대한 케인스의 유명한 인물 묘사였으며 그것이 역사가들과 정치인들에 의해 일반적으로 차용되었다. 그리하여 순진하고 우둔한 미국 대통령이 보다 세련된 연합국 지도자들에 의해서 단지 속아 넘어갔다는 것이 통상적인 설명이지만 그러나 그것은 잘못된 설명이었다.[343] 또한 독일에 부과된 배상금의 짐은 완전히 청산될 수가 없을 것이며 평화합의안은 일반적으로 응징적인 것이었다는 케인스의 분석에는 물론 취할 점이 있었다. 어쩌면 케인스가 예측했던 대로 제2차 대전이 도래했을 때 그는 자신의 분석이 옳았음을 입증받았다고 느꼈을 것이다.

그러나 필립 보빗(Philip Bobbitt)은 그것이 무엇이든 당시의 지식인들과 언론인들 사이에서 널리 유포되어 있던 것처럼 독일이 부당하게 처리되었다는 태도는 오히려 나치스가 정권을 잡은 후 몇 년에 걸쳐 연합국들의 무기력한 유화정책 및 독일이 베르사유조약의 조항들을 경멸적으로 위반했을 때 그 조항들을 집행해야 할 연합국가들의 집행거부

343 Philip Bobbitt, *op. cit.*, p. 404.

와 많은 관련성이 있다고 주장한다.[344] 보다 상세히 말하면 바이마르공화정의 정치인들은 이미 합의한 것을 준수하거나 아니면 조약상의 요구 내용의 축소를 위해 협상할 수 있었다. 이 경우 그들은 독일국민에 대한 억압자들과 반역자들에게 엎드려 탄원하는 꼴이 될 것이다. 그들은 이것도 저것도 아니면 반항할 수 있었다. 그러나 만일 그들이 반항하면 그들은 독일에서 의회주의적 통치에 정당성을 부여해 주는 연결, 즉 타 의회주의국가들과의 연계를 희생시켰어야 했다. 어쨌든 만일 독일 국민들이 국제사회에 반항하기를 원한다면 바이마르의 정치인들이 그런 혁명을 이끌어 줄 것으로 기대하지는 않을 것이다.

그렇다면 보다 관대한 요구가 평화를 지속시켰을 것이라고 암시하는 케인스는 옳았으며 클레망소 수상은 그렇게도 분명히 잘못했었는가? 이 물음에 대해 필립 보빗은 케인스가 윌슨을 조롱했음에도 불구하고 과감한 배상금 채무의 축소가 독일 대중으로 하여금 자국의 패배를 달게 받았을 것이라고 상상할 만큼 불순하게 순진해 보이는 것은 오히려 케인스라고 주장했다.[345] 그에 의하면 독일국가와 영국을 마치 서로 교환할 수 있는 것처럼 취급하고, 또 독일과 유럽 대륙에서 아주 심각하게 진행 중인 이념적 투쟁을 무시한 것은 클레망소가 아니라 케인스였다. 따라서 보다 관대한 타결과 독일로부터 영토 획득을 거부하고 민족적 단결을 막지 않았다면 그것은 그 후 보다 더 강력한 제3제국을 만들어 주었을 뿐이라고 주장할 수 있을 것이다. 따라서 보빗은 독일의 전쟁 부활은 클레망소의 주장처럼 항구적 독일정신과의 관련성보다는

344 *Ibid.*, pp. 576-577.
345 *Ibid.*, p. 577.

오히려 정통성 문제로 심각하게 경합한 독일민족국가의 미 타결된 헌법과 더 많은 관련성을 갖는다고 보고 있다.[346]

환언하면, 독일의 정치를 몰고 간 것은 단지 복수심뿐만이 아니라 민족국가를 지배하기 위한 3개의 비등한 이념적 후보들에 기인하는 투쟁이었다. 그 경쟁이 끝날 때까지 독일은 국제사회의 새로운 헌법을 위한 유능한 동반자가 될 수 없었을 것이다. 이러한 분석적 결론은 보빗의 주장처럼 패전국의 영토 분할을 감수하거나 특별히 전쟁 지향적 정신을 나타내지 않은 이탈리아의 경우에서 분명하게 발견될 수 있다. 이탈리아는 분명히 승전 연합국 가운데 하나였다. 이탈리아의 오를란도 수상은 평화회의 때 4국위원회에 포함되었다. 1919년 1월 이탈리아를 방문했을 때 윌슨 대통령은 전략적인 브레너 파스(Bremmer Pass)에 대한 이탈리아의 권리 주장을 지원했었다. 이것은 인종적으로 많은 독일 주민들에게 이탈리아 지배의 확장을 의미했으며, 이탈리아의 국경선 재조정은 확실하게 인정될 수 있는 민족성에 따라 이루어져야 한다는 14개 조항의 제9항에 직접적으로 모순되었다. 나중에 평화회의가 소집되고 이탈리아가 유고슬라비아를 희생시키면서 보다 많은 영토적 양보를 얻으려고 밀어붙였을 때 윌슨은 뒷걸음질 치다 마침내 이탈리아의 권리 주장을 효과적으로 견제했다. 그 결과 오를란도 수상은 상처받아 조약체결을 거부하면서 영토 확장을 끊임없이 요구했다. 그 후 이탈리아 파시스트들이 이것을 이용할 수 있었다. 그런 권리 주장이 로마에서 이탈리아의 의회정부를 괴롭히는 열정적이고 효과적인 수단이 되게 만든

---

346 *Ibid*.

것은 오를란도 수상의 국내외 지위의 약화와 이탈리아 파시스트들의 세력이었다. 이처럼 신민족국가가 확실한 정당성의 토대를 갖고 있지 않는 한 평화회의는 그 이상의 정치투쟁을 위한 기회를 제공할 수밖에 없었다.[347] 그것은 국내적 정치투쟁을 종식시킬 수 없었다. 그러나 그런 투쟁을 종식시키지 않고서는 그 회의가 스스로 합의에 입각한 헌법을 창출할 수 없었다. 그 헌법의 내용이 무엇이든 그것을 제가할 만큼 충분히 정당성 있는 정권이 없었던 것이다. 당시 필요했던 것은 적대적 파시스트나 공산주의 국가의 손으로 전락할지도 모르는 전략적 자산을 지키고 동시에 민족의 전략적 이익을 팔아먹었다고 정적들에게 규탄받을 연약한 의회주의 정권들을 받쳐 줄 방법이었다.

윌슨 대통령과 하우스는 정치적 분쟁의 법률적 조정제도에 국가들이 참여하게 하면 될 줄로 생각했다. 즉 그들은 법률적 과정이 전략적 위기의 뇌관을 제거하면서 참여 국가들의 정부를 자국 국내 대중들로 정당화 해 주게 될 것이라고 기대했었다. 그러나 그 전망은 의심스러웠다. 왜냐하면 법적 제도에 대한 의존은 정권의 기본적 정당성이 경합하는 개념인 세계의 국가들에겐 결코 당연한 가정일 수 없는 그런 법 개념과 법의 힘에 의존하고 있었기 때문이다. 그런 환경 속에서 법의 작동에 의해 마련되는 정치적 해결은 정당성을 강화시키지 않고 오히려 노리개로 만든다. 그리하여 법이 가장 강렬한 정치적 분쟁에 말려들어서는 정치적 행동을 위한 단지 외관으로 전락하게 된다.

베르사유에서 최종적으로 등장한 타결은 과거의 빈회의 같은 세기

347 *Ibid.*, p. 578.

적 회의들과 같은 규모를 갖추었지만 과거처럼 헌정질서적 타결의 전환적 완료를 이룩하지 못했다. 러시아, 독일, 오스트리아, 헝가리, 터키 그리고 전쟁 전에 이미 포르투갈과 중국에서 절대주권국가는 이미 버려졌다. 노르웨이는 평화회의의 덕을 보지 않고도 스웨덴에서 분리했고 아일랜드도 4년 뒤 영국으로부터 떨어져 나갈 것이다. 더구나 절대주권국가로부터 민족국가로 이행하는 데서 발생한 전쟁들은 베르사유 평화 이후에도 계속되었다. 1920년 그리스와 터키가 전쟁을 시작했고 1923년까지 끌었다. 러시아의 내전은 1922년까지 계속되면서 영국, 미국, 일본 및 프랑스가 러시아의 이곳저곳에서 개입했다. 영국이 코카사스를 횡단하는 중앙아시아에서, 프랑스는 흑해의 북쪽 해안에서 그리고 미국, 일본 및 영국이 시베리아에서, 또 영국, 미국 및 프랑스가 무르만스코-아취에인젤 지역에서 개입했다. 러시아와 폴란드 간의 전쟁이 1920년 발발하여 다음 해까지 계속했으며 그 와중에서 발생한 폴란드와 리투아니아 간의 전쟁은 1923년까지 계속되었다. 당연히 베르사유조약에 대한 환멸이 광범위하게 퍼졌다. 실망은 깊었지만 그 모든 책임을 윌슨의 14조항이 약속했던 장엄한 평화를 실천하지 못한 실패에 간단히 돌릴 수는 없다. 오히려 그것은 또 다른 전쟁이 곧 들이닥칠 것이라는 신념을 반영했다고 해야 할 것이다.

베르사유에서 충실히 재창출되고 국제연맹 속에서 제도화되도록 모색된 회의모델(the Congress Model)은 1919년 회의와 함께 세계화되었다. 국제사회는 유럽의 테두리를 넘어 확장했고 또 전쟁과 제도 창설의 이 특이한 유형 또한 널리 퍼졌다. 빠진 것이 있었다면 그것은 국제사회를 위한 일반적 하나의 헌법을 가능하게 해 줄 각 강대국가 내의 헌정주의적 토대였다.[348] 그리고 이런 현상은 승전 국가들이 일반적 평화조약을 시도조차 하지 않았던 제2차 세계대전 이후에도 계속될 것이다.

348 *Ibid.*, p. 579.

제10장
국제연맹의 공헌과 윌슨 대통령의 비극적 교훈

모든 존경심을 갖고 쓸 때, 최후의 대결전의 시기에 세계역사에 영향력을 갖는 미국의 행동은 거의 모든 다른 요소들을 배제한 채 이 사람〔윌슨〕의 마음과 정신의 작용에 달려 있었으며, 또한 그가 국가들의 운명에서 그 어떤 사람보다도 비교할 수 없을 정도로 보다 직접적이고 개인적인 역할을 수행했다고 말하는 것은 과장이 아닌 것으로 보인다.
—윈스턴 처칠

세월의 흐름은 국제관계분야에서 우리가 과거에 가졌던 것보다도 더 큰 조망으로 윌슨과 그의 공헌을 볼 수 있게 해준다. 우리는 모두 외교문제에서 순결을 잃었다. 우리는 더 이상 기적이나 천년왕국을 기대하지 않는다. 한때 윌슨의 실패처럼 보였던 것이 이제는 모두가 다 실패처럼 보이지 않는다. 더구나 여러 비극적 전쟁을 겪은 우리에게 윌슨의 품위와 순결은 그를 점점 더 좋게 보이게 만든다. 외교정책의 영역에서 윌슨의 성취는 우리가 과거에 생각했었던 것보다도 더 크게 보이고 또 그가 일시적 실패에서조차도 많은 것을 성취했다는 것을 알기 시작하고 있다. 진실로 시간의 흐름이 그의 성취를 우리 시대의 유산으로 구

체화해 주었다는 것을 알게 된 것이다.[349]

윌슨은 백악관에서 머문 자기의 임기 동안에 19세기 초 이래 미국의 어떤 대통령보다도 더 중차대한 외교문제들을 직면했었다. 그런 윌슨의 업적 중에서 우선 무엇보다도 자치정부와 보다 풍요로운 삶을 향해 투쟁하는 국가들에게 이해 관계없이 도움을 주는 오랜 미국의 전통을 강력하게 재확인했다는 것이다. 냉소주의자들은 어떤 강대국도 특히 작고 힘없는 다른 국가들을 다룰 때 애타적일 수 있다고 대꾸할 것이다. 물론 어느 정도 그들의 말은 맞다. 그러나 한 개인이 타인들에 대해 사랑과 이해관계 없이 행동하기가 어렵다면 국가들이 그렇게 하는 것은 훨씬 더 어려운 것이다. 그러나 큰 국가가 어느 정도의 애타심을 갖고 또 성공적으로 작은 국가들을 돕는 것이 가능하다는 것을 그가 입증했었다는 것은 윌슨의 업적이었다. 뿐만 아니라 모든 인민들은 자결과 자치정부에 대한 권리를 갖고 있으며 자신들의 능력 범위 내에서 그리고 타인에게 해를 끼치지 않는 한 그것을 책임 있게 행사할 권리를 갖는다는 전통을 윌슨이 세계의 지도자로서 변호했다는 점이다. 윌슨은 이런 전통을 위한 싸움에서 주목할 만한 즉각적이고 또 장기적인 성공을 거두었다. 전시나 그 후 윌슨의 언급은 소수 인민들의 예속에 토대를 둔 고대 제국들의 파괴를 도왔다. 위임통치제도를 수립하는 데 있어서 그의 성공은 구식의 제국주의와 식민주의에 종식시키는 걸 도왔다.

349 Arthur S. Link, *Woodrow Wilson: Revolution, War, and Peace*(Wheeling, Illinois: Harlan Davidson, 1979), p. 18. 저자가 본 장에서 거의 전적으로 의존하는 역사학자 아서 링크는 위의 인용서의 출판에 앞서 35년간 윌슨을 연구해 왔으며 1945-65년에 5권에 달하는 *Wilson*을 저술했으며, 1966년부터 1979년까지 36권에 달하는 *The Papers of Woodrow Wilson*을 편집했다.

또한 그는 전쟁 종결 후 새로운 폴란드 국가의 생명력에 본질적으로 보인 폴란드의 회랑(the Polish Corridor)을 제외하곤 독일의 분할을 막았다. 그는 독일에게 진실로 카르타고식 평화의 강요를 막았다. 그리고 그는 미래의 침략을 방지하는 데 필요한 모든 수단을 갖춘 국제연맹을 창설했다. 제2차 세계대전은 그것을 막을 수단이 없어서가 아니라 영국과 프랑스 그리고 미국의 지도자들과 국민들이 쉽게 막을 수 있었을 때 기죽어 있었고 또 일본 제국과 무솔리니 그리고 히틀러를 저지시킬 모험을 하려 들지 않았기 때문에 발생했던 것이다.

윌슨의 또 다른 업적은 국제분쟁의 평화적 해결의 원칙을 강화하고 가능한 한 전쟁을 피하는 것이다. 그는 세계대전의 참가를 피하기 위해 오랫동안 열심히 싸웠다. 그는 미국의 중립국 권리가 터무니없이 침해당했음에도 인내했으며 그리하여 정적으로부터 비겁한 겁쟁이요 두려움에 차 있다는 조롱을 받았지만 그는 싸우기엔 자존심이 허락하지 않는다고 응수했다. 그런 환경 속에서 2년 반 동안이나 미국의 중립을 유지했다는 것은 결코 초라한 업적이 아니다. 그러나 그는 전쟁의 종식을 앞당기고 세계의 평화와 질서의 재건축을 위해 주도권을 잡을 기회를 갖기 위해 1917년 참전을 결정했었다.

윌슨의 업적 중 마지막으로 지적할 것은 그가 제1차 세계대전 때까지 유럽과 일종의 "플라토닉한 정치적 관계를 향유했던" 미국인들로 하여금 국제협력을 통한 평화의 추구에 그들의 자원과 힘을 투입하여 인류에 가장 잘 봉사할 수 있다는 전통의 강력한 초석을 놓은 것이었다.[350] 국제연맹의 미국의 가입과 지도력을 위해 싸움으로써 윌슨은 그런 전통을 수립하기 위해 미국의 역사상 그 누구보다도 더 많은 일을 했었다. 그가 일시적으로 실패했다는 사실은 긴 역사의 흐름 속에서 본다면 크게 중요하지 않다. 윌슨의 비전을 옹호하는 오늘의 유엔이 그동안의 실패와 불확실한 미래에도 불구하고 여전히 평화를 위한 최선의 희망이라고 한다면 윌슨의 유산은 역사적으로 위대하고 소중한 것이라 하겠다.[351]

당시 윌슨의 비전은 자유주의 이념을 대변한 것으로 당시 일종의 시대정신이었다. 1914년 8월 제1차 대전이 터지자마자 유럽과 미국에선 평화와 미래의 전쟁을 방지할 수 있는 방법에 관한 논의가 시작되었다. 이 국제적 자유주의자들은 공동의 유대-기독교적 가치와 인도주의적 전통에 의존하였으며 자신들의 국적에 관계없이 분쟁의 평화적 타결과 세계질서의 재건을 위해 사실상 거의 동일한 계획들을 제안했었다.[352] 우선 첫째로, 모든 자유주의자들은 얽어매는 동맹, 비밀외교 및 힘의 균형을 유지하려는 시도에 종식을 요구했다. 그들은 이것이 즉 구식 외교가 1914년에 전쟁을 불가피하게 만들었다고 확신했다. 그 대신에 그들은 공개외교, 민주적 통제, 그리고 강대국 간의 협조체제를 원했다.

---

350 Benjamin D. Rhodes, *United States Foreign Policy in the Interwar Period 1918-1941*(Westport, Connecticut: Praeger, 2001), p. 13.

351 미국의 국가안보의 개념에 대해서 윌슨의 부정적 유산을 최근에 주장한 것으로는 Ross A. Kennedy, "Woodrow Wilson, World War 1, and an American Conception of National Security," *Diplomatic History*, vol. 25, no. 1(Winter 2001), pp. 1-31 참조.

352 이것에 관한 간결한 정리를 위해서는 Michael Joseph Smith, *Realist Thought from Weber to Kissinger*(Baton Rouge, Louisiana: Louisiana State University Press, 1986), 제3장 "The Idealist Provocateurs"을 참조; Jeanne Morefield, *Covenants without Swords: Idealist Liberalism and The Spirit of Empire*(Princeton: Princeton University Press, 2005).

둘째로, 모든 국제적 자유주의자들은 대규모 군대와 해군의 존재가 전쟁의 주원인이라고 확신했다. 따라서 그들은 각국에게 국내질서의 유지를 위해 필요한 군사력만 남기는 그런 과감한 군비축소를 요구했다. 미국 여성평화당(The Women's Peace Party of the United States) 같은 평화단체들은 무기 제조의 국유화를 요구했고 벨기에 국제평화사무소(The International Peace Bureau of Belgium)는 무기의 엄격한 국제 통제를 원했다. 셋째로, 대부분의 자유주의자들은 평화를 보존하고 침략을 방지할 만큼 충분히 강력한 전후 국제기구의 창설을 상정했다. "독일 남부사회 민주주의자들"은 모든 유럽 국가들의 연방 결성과 침략에 대항하는 범세계동맹을 제안했다. 1915년 미국에서 결성된 "평화강제연맹"(The League to Enforce Peace)은 회원국들이 침략자에 대항해 자신들의 경제적 및 군사적 자원들을 사용하게 하는 연맹을 제안했다. 같은 1915년에 영국에서 창설된 "국제연맹협회"(The League of Nations Association)도 역시 그런 기구의 창설을 위해 일했다.

그런 자유주의적 국제주의의 시대정신을 대변했던 윌슨도 파리평화회의에서 자신의 평화계획을 모두 실현하지는 못했다. 그렇다고 윌슨이 파리회의에서 완전히 실패했던 것은 결코 아니었다. 파리회의 결과에 대해 실패와 성공의 평가문제는 사람들이 윌슨을 기억하고 또 미래의 침략과 전쟁을 예방하려는 세계의 첫 주요 시도를 기억하는 한 끊임없이 계속해서 제기될 것이다. 그 평가는 평가하는 시점의 환경과 지배적 분위기에 달려 있을 뿐만 아니라 동시에 역사와 인간적 노력의 잠재성과 한계에 대해 취하는 철학적 입장에 달려 있다. 즉, 그것은 우리가 윌슨의 작품을 소위 절대적인 도덕적 기준에 따라 판단할 것인가의 여부에, 아니면 그가 직면했던 장애들과 그를 신음하게 했던 압력, 당시 가능했던 것과 불가능했던 것, 그리고 만일 그가 회의에 참석하지 않았다면 어떤 일이 일어났었을까를 상기하면서 그가 수행했던 것을 보느냐의 여부에 따라 아주 큰 차이가 날 것이다.

실제로 베르사유조약은 윌슨이 1916년에서부터 3년 동안 거듭해서 선언했었던 기준으로 측정하면 자유주의적 평화계획을 완전하게 이행하지 못했다. 그것은 윌슨이 자신의 "승리 없는 평화" 연설과 "14개 조항 연설"에서 암묵적으로 약속했던 평등한 자들 사이의 평화가 아니었다. 오히려 그것은 독일인에겐 그때나 그 후에나 승리자들이 패자에게 강요한 하나의 명령(diktat)이었다. 그것은 독일이 경제적으로 충족시키기 어려울 뿐만 아니라 잠재적으로 미래에 국제적 갈등의 원천이 될 배상금 부담의 짐을 독일에게 지웠다.[353] 그것은 적의 식민지와 영토의 분할을 요구하는 승전국들을 만족시켰다. 또한 여러 중요한 경우에 자결의 원칙도 위반했다. 따라서 윌슨이 그가 요구한 타결을 얻어내지 못했다는 것을 입증하기 위해서 많은 주장을 필요로 하지 않는다. 그러나 그가 부분적으로 실패했다고 해서 윌슨을 규탄하는 것은 지나친 일이 될 것이다. 윌슨의 실패사항 목록을 작성하는 것만으로 별로 의미가 없다. 그가 왜 그런 정도로 실패했는지를 이해할 때에만 우리는 그것들의 의미를 알 수 있을 것이기 때문이다.

---

353 존 메이너드 케인스(John Maynard Keynes)가 1910년에 출간한 그의 영향력 있는 《평화의 경제적 결과》(*The Economic Consquences of Peace*)는 영국과 미국에서 전후세대의 학자들에게 배상금 규정의 완전한 경제적 어리석음을 확실하게 입증했다.

파리평화회의에서 윌슨이 완전하게 성공하지 못했던 것은 그가 자유주의적 평화계획을 위해 전심전력으로 싸우지 않았었기 때문이 아니었다. 윌슨이 그때처럼 보다 더 집요하게 싸우거나 혹은 보다 더 웅변적으로 호소한 적은 없었다. 또한 윌슨이 무능했고 식견이 부족했으며 자기보다 더 기민하고 학식 있는 사람들에 의해 속아서 실패했던 것도 아니었다. 실제로 파리회의의 논의 기록을 보면, 당시에 모인 정치가들 중에서 윌슨이 가장 식견이 높았고 또 대체로 가장 현명한 사람이었다.[354]

윌슨이 실패했던 것은 그가 처한 불리한 조건들과 장애물들이 실패를 불가피하게 만들었기 때문이었다. 우선, 무엇보다도, 평화회의가 개최될 때 그는 자신의 전략적으로 유리한 장점들을 거의 상실해 버렸다. 연합국들의 야심에 대항하여 균형잡이로 그가 의존했었던 독일의 군사력이 이때 와선 완전히 사라져 버렸다. 윌슨은 영국과 프랑스에 대해 사용할 아무런 수단이 없었다. 왜냐하면 양 국가들이 이젠 더 이상 생존을 위해 미국의 병력과 자원에 의존하고 있지 않았기 때문이다. 그에게 남아 있는 유일한 수단은 회의장에서 철수하는 것인데 그랬더라면 평화회의의 결과는 프랑스인들이 강요하는 카르타고식 평화가 되었을 것이다. 왜냐하면 영국 혼자서 독일을 파괴하려는 프랑스인들에 의한 계획의 실행을 막을 수 없었을 것이기 때문이다. 실제로 미국이 불참한 1921년의 배상금 위원회는 독일이 지불할 능력을 훨씬 초과하고 또 그렇게까지 지불할 용의도 없는 총 330억 달러라는 천문학적 액수의 배

354 Arthur S. Link, *op. cit.*, p. 101.

상금을 독일에게 안겼다.[355] 이런 환경 속에서 타협은 단순히 바람직스러운 정도가 아니었다. 윌슨의 관점에서 보면, 그것은 훨씬 더 나쁜 대안을 저지하기 위해서는 항거하기 어려운 필연이었다.

뿐만 아니라, 윌슨의 어려운 처지를 더욱 배가시키게끔, 1918년 11월 선거에서 공화당의 의회 장악으로 이미 심각하게 약화된 미국 국민의 이름으로 말할 윌슨의 권리 주장이 평화회의 기간 동안에도 헨리 캐벗 로지(Henry Cabot Lodge) 상원의원 같은 공화당 지도자들에 의해서 부인되었다. 게다가 윌슨이 의지했던 코널 하우스(Colonel House)가 회의기간 동안 자유주의적 평화의 이상들을 끈기 있게 지원하지 못했다. 하우스는 프랑스의 클레망소 수상에 사로잡혔을 뿐만 아니라 그는 화해를 이루려는 데 너무 열성을 보인 나머지 여러 번의 중대한 경우에 양보하여 윌슨을 곤란에 처하게 만들고 결과적으로 윌슨에게 심각한 타격을 입혔다. 또한 파리에서 윌슨의 협상 대상자들의 성격은 견고한 장애물이었다. 클레망소(프랑스), 로이드 조지(영국), 오를란도(이탈리아)와 일본의 대표들은 모두가 경험이 다소 부족한 미국인들이 제공하는 모든 이점을 재빠르게 장악하는 아주 강경하고 지략이 풍부한 협상가요 외교게임의 달인들이었다. 그런 막강한 반대를 극복하기 위해서 윌슨이 발휘할 수 있는 것이라곤 회의로부터 철수의 위협, 올바른 타결을 위한 미국 지원의 약속과 국제연맹의 지도력 약속, 그리고 자신은 자신의 조국에서뿐만 아니라 전 세계에 걸쳐 자유주의적 집단들을 대변한다는 사실뿐이었다. 분명히 이것들이 상당한 힘이 되었지만 그러

355 Benjamin D. Rhodes, *United States Foreign Policy in the Interwar Period 1918-1941*(Westport, Connecticut: Praeger, 2001), pp. 24-25.

나 그것들은 윌슨으로 하여금 자신의 타결책을 가능할 수 있게 해 줄 만큼 충분하지는 않았다. 마지막으로 "공개적으로 도출된 공개협약"에 대한 윌슨의 염원은 유럽지도자들의 단호한 거절에 의해 좌절되었다. 그러나 윌슨 자신은 언론과의 연락책을 통해 매일 협상진행을 전했다. 따라서 1919년 파리회의에선 아무런 비밀조약이 없었다. 뿐만 아니라 "공개적으로 도출된 공개 협약"이라는 윌슨의 용어가 여전히 오해되고 있었다. 윌슨은 외교에서 은밀한 커뮤니케이션을 배제하려는 뜻이 아니었다. 그가 진실로 의미했던 것은 더 이상의 비밀조약이 있어서는 안 된다는 것이었다.[356]

이런 모든 불리한 조건과 장애에도 불구하고 윌슨은 자기가 요구했던 14개 조항 중 위반한 것보다는 준수된 것이 더 많았으며 그의 자유주의적 이상들을 상당히 옹호하는 타결을 쟁취했었다. 벨기에가 복고되었고, 알자스로렌이 프랑스에 복귀되었으며 바다로의 관문을 갖춘 독립적 폴란드가 수립되었다. 중부 유럽과 발칸지역 민족들의 자결 요구가 충족되었고 또 독일의 군사력이 적어도 한동안 분쇄되었다. 무엇보다도 중요한 것으로 파리회의의 타결은 국제연맹을 통해 스스로 수정할 수 있는 장치를 제공했고 또 시간의 흐름과 국제연맹에서 미국의 지도력이 세계의 상처를 치유하는 데 돕고 또 공포 없는 미래를 건설할 것이라는 희망을 제시했다. 결과적으로 미국인들이 자신들에게 부여된 역할을 거부했음에도 불구하고 윌슨의 기대 중 많은 것들이 이행되었다. 독일의 배상금 문제는 1920년대와 30년대 초에 윌슨이 제안했었

356 *Ibid.*, p. 102의 주.

던 방법과 크게 다르지 않은 방법으로 최종적으로 해결되었다. 독일은 1926년 국제연맹에 가입이 수락되어 국제연맹은 단순한 승전 국가들의 연맹에서 탈피했다. 상당한 해군군비 축소와 제안이 1921년과 1930년 달성되었다. 심지어 중대한 그러나 지금까지 다루기 어려운 지상의 군비 축소의 목적과 독일의 군사적 평등권의 인정도 1930년대 초 국제적 행동에 의해 심각하게 모색되었다. 요컨대 많은 불완전성에도 불구하고 파리회의의 타결은 상대적으로 말해서 비교적 이성적으로 잘 작동하는 신국제질서를 창조했었다.

따라서 파리회의의 타결, 즉 베르사유체제가 무솔리니나 일본의 군국주의자들과 히틀러의 권력 장악과 그에 따른 제2차 세계대전을 불가피하게 만들었다는 영원한 신화는 중단할 때이다.[357] 무솔리니와 일본의 군국주의자들 그리고 히틀러의 권력 장악은 주로 대공황의 결과였다. 1929년의 특히 대공황은 일본과 중부 유럽을 엉망으로 만들었으며 국제경제를 황폐시켰다. 그 결과로 인해 대공황은 모든 국가들로 하여금 이기적 정책을 채택하고 국제협력을 피하도록 만들었었다. 뿐만 아니라 제2차 세계대전은 공황의 와중에서 1931년 미국과 영국이 일본의 만주침략을 중지시키지 못한 실패와 1935-1938년 히틀러를 다루는 데 있어서 영국과 프랑스의 기죽은 정책에 의해서도 초래되었다. 게다가 소련에 대한 영국의 두려움과 히틀러가 소련에 대해 견제세력으로 사용될지도 모른다는 환상에 의해서 야기되었다. 따라서 제2차 대전 발발의 모든 책임을 파리회의의 결과에 돌리는 것은 억지를 부리는 주장

---

357 *Ibid.*, p. 103.

이라고 할 수 있다.

어쨌든, 윌슨에게 파리평화회의는 실패보다는 그의 영웅적 노력과 인상적인 성취의 시간이었다. 약자를 항복하도록 만들고 말았었을 곤란을 무릅쓰고 윌슨은 카르타고식 평화를 막을 수 있었다. 그리고 동시에 그는 자기가 한때 강요하고 싶어 했던 그런 타결책의 점진적 달성을 위한 장치를 창조했다. 그러므로 파리의 타결은 필연적으로 "상실한 평화"가 아니었다. 아니 오히려 정반대로 그것은 오직 승전국들이 그것을 토대로 계속 건설해 갈 의지를 유지했더라면 생명력 있고 안전한 세계질서가 될 수도 있었을 초석을 놓았던 것이다. 뿐만 아니라, 온갖 어려움 속에서 윌슨에 의해 창설된 국제연맹은 제1차 세계대전이 남긴 혼란한 상태를 청소하는 조치의 중심부였다. 그러나 그것은 강대국 간의 주요 분쟁을 타결시키도록 요청받지 않았다. 1920년대 말에 독일과 프랑스를 화해시키는 데 도왔지만 1930년대까지 국제연맹은 당시의 세계 경제적 위기들을 다루거나 아니면 강력한 파시스트 침략자들의 도전에 맞설 만큼 필요한 지지를 받지 못했다. 국제연맹은 별로 관심을 끌지는 못했지만 적지 않은 업적도 가지고 있다.

첫째, 국제연맹의 권능에 적십자의 난센사무국(The Nansen Office)은 주로 러시아에 비참한 상황에 처해 있던 26개국 국적의 약 50만 명에 이르는 포로들 중 42만 7천 명 이상을 귀환시켰다. 그들은 최저생계수단마저 없었다. 그때 국제연맹은 난민고등판문관(High Commissioner for Refugees)의 직함을 난센에게 부여했다. 그리하여 그의 사무국은 수백만 명의 러시아인, 미국인 및 그리스인들의 재정착을 돕고 기근을 완화시켰다.[358] 둘째, 국제연맹의 보건기구가 전염병위원회를 설치하여

1920년 러시아와 폴란드로부터 유럽 전역으로 콜레라, 발진티푸스 및 장티푸스의 확산을 막았다. 셋째, 국제연맹사무국의 보건과는 지도적인 과학전문가들의 지원을 동원하여 중동과 극동 및 전 세계에 걸쳐 전염병을 퇴치하는 데 탁월한 업적을 내었다. 이것은 그 후에 세계보건기구(WHO)로 전환되었다. 넷째, 국제연맹의 재정위원회가 패전국 오스트리아의 차관과 재건을 위한 계획을 수립하고 1925년까지 오스트리아의 경제를 회복시켰다. 1923년과 다음 해엔 또 다른 연맹의 위원회가 헝가리의 재정을 부흥시키는 데 도왔다.

뿐만 아니라 국제연맹이사회는 여러 곳의 어려운 국경분쟁을 타결시켰다. 우선 첫째로 벨기에와 독일 간의 분쟁지역인 오이펜(Eupen)과 말메디(Malmédy)를 벨기에가 보유할 수 있게 했다. 둘째, 1921년 연맹 판문관들은 알란드 열도(Aland Islands)를 스웨덴계 주민들의 안전보장과 함께 핀란드에 부여했다. 셋째, 1921년 연맹이사회는 슐레지엔에서 국민투표를 실시하여 그 지역에서 독일과 폴란드 간의 국경선을 정했다. 그리고 연맹이사회는 공동위원회를 설립하여 향후 15년 동안 국경선의 관계를 관리하고 애로사항들을 해결했다. 넷째, 1921년 영국의 지원을 받은 이사회가 유고슬라비아, 이탈리아 및 그리스에 의해서 알바니아가 분할되는 것을 막는 데 도왔다. 다섯째, 국제연맹은 1935년까지 자르(Saar) 지역을 성공적으로 관리했고 주민투표를 실시하여 독일에 복귀시켰다. 여섯째, 국제연맹은 이탈리아의 외교관이 살해되고, 이탈리아에 의한 그리스의 코르푸(Corfu) 섬의 점령으로 야기된 그리

358 The United Nations, *The League of Nations 1920-1946*(New York and Geneva, 1996), pp. 151-152.

스와 이탈리아 간의 대규모 분쟁을 타결하는 데 도왔다. 이사회는 무솔리니와 맞서기를 주저했으나 결국 무솔리니의 초기 연맹의 도전을 극복하였다.[359] 일곱째, 이사회는 베르사유조약에서 리투아니아로 넘겨준 어려운 메멜(Memel) 문제를 그곳에 살고 있는 독일인들의 권리를 보호함으로써 해결했다. 국제연맹의 감독은 1939년 히틀러가 메멜을 장악할 때까지 계속되었다. 여덟째, 1925년 독일과 프랑스간의 정상적 국제관계를 수립한 로카르노조약(the Locarno Pacts)이 국제연맹을 최종적 권능으로 연계되었다. 이때 합의의 보장이 강대국들에 의해 존중되었더라면 1930년대의 독일 침략이 봉쇄될 수 있었을 것이다. 아홉째, 1920년대 국제연맹이사회는 다른 국경분쟁들도 역시 해결했는데 그것들은 독일과 폴란드 간, 리투아니아와 폴란드 간, 핀란드와 러시아 간, 불가리아와 그리스 간, 불가리아와 유고슬라비아 간, 헝가리와 루마니아 간, 헝가리와 유고슬라비아 간, 폴란드와 체코슬로바키아 간, 그리고 터키와 이라크 간의 국경분쟁들이었다. 이들 분쟁들 중에서 불가리아와 그리스 간 그리고 폴란드와 리투아니아 간에는 적대적 무력행위가 발생했었다. 국제연맹이사회는 압력을 가하고 중재를 제공함으로써 그것들을 중지시켰다. 이런 분쟁들의 해결과정에서 국제연맹은 해결을 강요하는 경찰이나 판사처럼 행동하지 않았다. 국제연맹은 하나의 포럼과 조사기구로서, 그리고 조정자나 중재자로서 행동하면서 열

359 이 사건이 우리 시대에 주는 교훈적 사건으로 분석한 것으로는, Donald Kagan and Frederick W. Kagan, *While America Sleeps: Self-Delusion, Military Weakness, and the Threat to Peace Today*(New York: St. Martin's Press, 2000), pp. 98-117이 있다.

정을 냉각시키고 해결책을 권고하였다. 비록 당사국들 중 어느 쪽도 그 해결책들을 달가워하지는 않았지만 그래도 그것들이 양쪽이 수락할 수 있었던 해결책이었다.[360]

그러나 국제연맹은 1920년 터키에 의한 아르메니아인들의 탄압에 대해서는 수사적 지원 이상을 하지 못했다. 또한 국제연맹은 1922년 독일의 배상금 지불의 이행을 요구하면서 루르(Ruhr) 지방을 프랑스군대가 점령했을 때 프랑스에 반대하지 못했다. 그로 인한 독일 경제의 와해가 나치당의 부상을 위한 발판을 놓아 주었다. 그러나 동시에 그것은 1930년대 대공황 때까지 일시적 독일 경제의 부활을 허용한 국제연맹 밖에서의 배상금 타결을 가져오게 했다. 평화를 위한 보편적 정치기구로서 국제연맹은 보다 권위 있는 역할을 수행해 주길 희망했던 사람들을 실망시켰다.[361] 그러나 1920년대 말까지 국제연맹의 위신은 높았고, 제네바는 유럽의 지도를 다시 그려야 한다는 과격한 독일 정당들의 요구를 제외한 국제문제들의 해결을 위한 외교적 행동의 중심부였다. 수상들과 국가 원수들이 주요 국제문제들을 논의하는 연맹의 모임에 정기적으로 참석했었다. 그럼에도 불구하고 국제연맹의 집단안전보장

---

360 이런 국제연맹의 업적에 관해서는, Amos Yoder, *The Evolution of the United Nations System*, 3rd ed.(Washington, D.C.: Taylor & Francis, 1997), pp. 7-15; Cary B. Ostrower, *The League of Nations: From 1919 to 1929*(New York: Avery Publishing Groups, 1996), pp. 59-82; United Nations, *The League of Nations 1920-1946*(New York and Geneva, 1996), pp. 133-152; Joseph P. Lorenz, *Peace, Power and the United Nations*(Boulder: Westview Press, 1999), pp. 18-20.

361 F. P. Walters, *A History of the Lague of Nations*(London: Oxford University Press, 1952); F. S. Norhedge, *The League of Nations: Its Life and Times 1920-1946*(Leicester: Leicester University Press, 1986).

제도를 통한 국제평화 유지의 기대는 1930년대의 중대한 시험에서 실패했다. 어쩌면 최초의 범세계적 안보기구에 의해 집단안보의 개념이 힘의 균형 이론에 익숙한 당시의 정치가들에겐 너무나 급진적이었을 것이다.[362]

윌슨의 국제연맹을 자신의 조국 미국이 거부했던 것은 당시 윌슨 대통령 자신과 그의 제1의 정적인 공화당의 헨리 캐벗 로지 상원의원 간에 벌어진 의회에서의 대결과 사적인 논쟁의 영향을 무시할 수 없다.

---

362 George Gill, *The League of Nations: From 1929-1946*(New York: Avery Publishing Group, 1996), p. 109. 당시 미국이 국제연맹에 대해 동정적 태도를 위하면서도 집단안보정책으로 발전시키기는커녕 대 국제연맹정책을 사실상 갖고 있지 않았다는 역사적 분석을 위해서는, Gary B. Ostrower, *Collective Insecurity: The United States and the League of Nations during the Early Thirties*(Cranbury, New Jersey: Associated University Press, 1979)를 참조. 잘 알려진 독일 히틀러의 도전과는 달리 비교적 상세히 알려지지 않은 당시 이탈리아의 제국주의 정책에 관해서는, H. James Burgwyn, *Italian Foreign Policy in the Interwar Period 1918-1940*(Westport, Connecticut: Praeger, 1997); James Barros, *The Corf Incident of 1923: Mussolini and the League of Nations*(Princeton, N.J.; Princeton University Press, 1965); Alan Cassels, *Mussolini's Early Diplomacy*(Princeton, N.J.: Princeton University Press, 1970s); Dennis Mack Smith, *Mussolini's Roman Empire*. 국제연맹과 일본과의 관계에 관한 상세한 분석을 위해서는, Ian Nish의 *Japan's Struggle with Internationalism: Japan, China and The League of Nations, 1931-3*(London: Kegan Paul International, 1993)과 *Japanese Foreign Policy in the Interwar Period*(Westport, Connecticut: Praeger, 2002)를 참조. 1937년 7월 일본군이 중국의 상해로 공격해 들어갈 때 국제연맹은 잠자코 있었다. 1939년 유럽이 전쟁에 돌입했다. 1940년 나치스가 스위스를 점령할까 두려워한 국제연맹사무국은 대서양 건너 미국으로 피신해서 뉴저지의 프린스턴에서 조용히 거주했다. Frank P. Walters, *A History of the League of Nations*, vol. 2(New York: Oxford University Press, 1952), pp. 801-810. 제2차 대전 기간 동안 국제연맹이 미국의 보호하에 말년을 보냈다는 것은 참으로 쓸쓸한 아이러니가 아닐 수 없다. Gary B. Ostrower, *The United Nations and the United States 1945-1995* (New York: Twayne Publishers, 1998).

그러나 보다 더 중요한 것은 국제문제에서 미국이 수행해야 할 역할에 관해서 궁극적으로는 미국민과 상원이 분열되어 합의를 이루지 못하고 있었다는 사실일 것이다. 윌슨 대통령이 파리회의에 참석하고 있는 동안 그가 상원에서 심각한 반대에 직면하게 될 것이라는 명확한 조짐들이 이미 있었다. 이 가운데 가장 불길한 것은 1919년 3월 4일 로지 의원이 상원에 회부한 소위 청원결의안이었다. 그것은 파리조약을 좌절시키고도 남을 37명의 상원들이 서명했으며 국제연맹의 규약이 파리회의에서 현재 제안된 형식으로는 수락될 수 없다고 선언했다. 동시에 상원에서 전통적 고립주의자들이 이미 규약을 격렬한 언어로 공격을 시작하고 있었다. 윌슨은 친구들의 권유를 받아들여 연맹회원국이 적절한 사전 통보 후 탈퇴할 수 있는 권리를 수용하고, 국제연맹의 관할권에서 국내 문제를 제외시켰으며, 회원국들의 식민지 위임통치의 수락 거부를 인정하고 또 무엇보다도 중요한 것으로는 먼로독트린에 공식 승인을 부여하는 것을 내용으로 하는 규약의 변경을 수용했다.

윌슨은 파리회담이 끝나자 지쳐 버렸고 또 상원의 비판자들과 타협할 용의가 없다는 수차례의 표시를 보였다. 윌슨은 파리회의에서 수용한 타협 때문에 큰 죄의식의 부담을 느꼈으며 이런 죄의식이 더 이상의 타협을 하지 않으려는 그의 결심을 강화시키고 있었다.[363] 귀국여행 와중에서 심기가 다소 일전된 윌슨은 7월 8일 자신감 있는 기분으로 워싱턴으로 돌아왔고 또 7월 10일 자신감에 차 베르사유조약을 비준을 위해 상원에 상정시켰다. 그는 상원의원들에게 국제연맹은 인류의 최선

363 Arthur S. Link, *op. cit.*, p. 106.

의 희망이라면서, "감히 거부하여 세계의 심장을 찢어 놓겠는가?"라고 외쳤다. 그는 조약이 그대로 비준될 것이라는 것을 의심하지 않았다. 그러나 실제의 상황은 윌슨이 대토론의 개시 때 상상했던 것처럼 그렇게 간단하지 않았고 또 안심할 수 있는 것도 아니었다. 우선, 여러 가지로 그 조약에 대한 공공연하고 또 난폭한 규탄의 목소리가 이미 있었다. 신세계질서에 대한 윌슨의 비전에 희열을 느꼈던 이상주의자들은 그 조약이 새천년의 질서를 수립하지 못했기 때문에 규탄했다. 독일계 미국인들은 그 조약이 떠나온 조국에 대한 뻔뻔스런 배신행위라고 믿었다. 이탈리아계 미국인들은 이탈리아의 요구에 대한 윌슨의 반대에 분노했다. 가장 중요한 것으로, 미국인들은 그때 아일랜드에서 벌어지고 있는 내전에 의해 흥분된 수백만의 아일랜드계 미국인들은 윌슨이 파리에서 아일랜드의 독립을 확보해 주길 거절했기 때문에 그리고 그 조약이 증오하는 영국인들에게 이익을 주었다는 생각 때문에 궐기했다. 강력한 허스트(Hearst) 계열의 신문들은 그 모든 외국계 시민들의 항의들을 몰아가고 또 자극했다. 한물간 고립주의자들은 미국의 국제연맹 회원국 신분이 유럽의 모든 경쟁과 전쟁에 결박당하는 것을 의미할 것이라고 주장했다. 그들은 상원에서 자신들의 입장을 대변할 강력한 상원의원들을 갖고 있었다. 이들은 가장 큰 소리로 가장 부지런하게 상원의 토의에 참가했다. 그러나 그들은 적어도 1920년 전까지만 해도 사상과 정치적 의견의 지도자들 중 소수였고 따라서 소수를 대변했다. 따라서 조약에 대한 토의는 국제적 공약에 대한 완전한 철수와 전폭적 헌신 사이의 투쟁이 아니었다. 그것은 잠재적으로 강력한 집단안보체제의 옹호론자들과 보다 제한된 공약을 찬성하는 집단 간의 경쟁이었다.[364] 그것은 윌슨과 상원 그리고 미국인들이 궁극적으로 행해야 할 이 두개의 대안들 중 선택의 문제였지 완전한 고립과 완전한 국제주의 간의 선택 문제가 아니었던 것이다.

조약의 영토적 및 기타의 규정에 대한 견해의 차이는 국제연맹규약과 그것의 침략과 전쟁을 방지하는 규정들에 의해서 야기된 차이에 비하면 그렇게 중요한 것이 아니었다. 그 규정들은 분명하고 또 대부분이 명백했다. 규약 제10조가 전 세계에 걸쳐 모든 회원국들의 정치적 독립과 영토적 순결을 보장했다. 관련된 제11조에서 17조까지는 국제분쟁의 조정 장치를 규정했고 또 어떤 한 국가에 대한 전쟁 행위가 사실상 모든 다른 회원국에 대한 전쟁 행위로 규정되어 자동적으로 경제적 제재와 군사적 조치들이 뒤따르게 되어 있었다. 당시에 미국인들에겐 그런 세계적 제도가 성공할지 그리고 성공적으로 작동한다고 해도 그것을 지원할지의 여부가 1919-1920년 대토의의 2가지 주된 장점이었다. 베르사유조약에 대한 결정적 반대는 그 두 가지 의문에 대해 모두 부정적 답을 했었던 집단에서 나왔다. 대부분이 공화당 의원들이었고 몇 사람의 민주당 의원들도 있었다. 그들은 고립주의자들이 아니라 제한적 국제주의자들이었다. 그들은 미국이 세계의 평화를 보존하는 데 여러 가지 정도로 적극적 역할을 수행해야 한다고 믿었다. 그러나 그들은 국제연맹의 규약이 창조한 그런 성격의 집단안보에 유보 없이 미국을 헌신케 할 조약에 대한 승인을 반대했었다. 미국인들은 자신들의 이익이 분쟁에 관련되어 있지 않는 한 연맹규약의 포괄적 공약을 지지할 준비

364 *Ibid.*, p. 108.

가 되어 있지 않았다. 따라서 한정되지 않은 연맹의 회원국 신분은 미국의 이익과 미국의 헌법제도에 중대한 위험을 제기할 것이다. 범세계적 집단안보제도는 강대국가들이 주권적 제한을 수락하지 않아 오직 안전의 환상적 희망만 제공할 것이며 또 현상유지를 항구화하겠다는 규약의 근본적 약속과 보장은 변화라는 삶의 법칙을 거부하는 것이다.

그러나 무엇보다도, 규약이 수립하려는 그런 안보제도의 참여는 외교 분야에서 미국 안전의 종말을 고할 것이라는 것이다. 왜냐하면 그것은 전쟁과 평화의 문제에 대한 결정권을 미국의 대통령과 의회로부터 미국이 통제할 수 없는 국제기관으로 이관하는 것을 의미하기 때문이다. 그들은 미국의 참여 정도를 결정하는 결정권이 미국에, 특히 의회에 요구되어야만 하며 미래의 어느 곳에서든 집단안보를 시행할 어떤 구속력 있는 약속도 그들은 하지 않을 것이라고 고집했다. 이것이 또한 조약투쟁의 의회단계 중 상원에서 공화당의 전략을 마련하고 시행하는 인물인 로지 의원의 최종적이고 공개적인 입장이었다.[365] 로지 의원은 개인적으로 연맹의 성공가능성에 대해 별로 희망을 갖지 않았으며 윌슨 대통령을 깊이 멸시했고, 또 윌슨의 국제적 이상들에 대해 거의 냉소적으로 경멸했다. 그러나 그는 열성적 민족주의자였다. 그는 고립주의자가 아니었고 강력한 힘의 균형을 믿는 사람이었다. 그는 미래의 평화를 위해서는 영국, 프랑스, 미국의 3국동맹 결성을 최선의 보장으로 생각했다. 그러나 상원외교관계 상임위원장과 공화당의 지도자로서 자신의 강력한 감정을 억제하고 대부분의 공화당원들이 수용할 공동의

---

365 *Ibid.*, p. 111.

토대를 찾는 것이 그의 의무였다. 그 공동의 토대란 조약을 통과시키되 그러나 제한된 국제주의자들의 목적을 성취할 수정과 유보사항에 그 조약이 종속되게 하는 것이었다.

온건한 국제주의자들을 만족시키기 위해서 마련된 수정안과 유보안이 1919년 9월 10일 외교관계 상임위원회가 상원에 제출한 보고서에 구현되었다. 상원은 수정조항들은 조약의 재협상을 필요로 한다는 근거에서 거부했지만 모두 14개 유보조항을 거의 다 채택했다. 대부분의 조항들은 중요하지 않지만 윌슨이 상정했던 그런 집단안보를 사실상 거부하는 하나의 조항이 있었다. 그것은 유보 제2조항으로 의회가 법안이나 합동결의를 통해 구체적으로 그런 의무를 지지하지 않는 한 미국은 타국의 영토적 순결이나 정치적 독립을 보존할 어떤 의무도 지지 않는다고 선언하는 것이었다. 뿐만 아니라 유보조항의 전문은 4개 주요동맹 강대국들 중 적어도 3개국이 공식적 각서의 교환으로 유보조항들을 수락하지 않는 한 그 조약에 대한 미국의 비준은 효력을 갖지 않는다고 규정했다. 이것은 상원이 베르사유조약을 정식 투표에 부칠 때까지 윌슨의 반대자들이 취한 계획이었다.

따라서 로지 의원 자신이 조약의 폐기를 열망하는 화해할 수 없는 사람이었는지 아니면 단순히 강력한 유보주의자였는지의 여부는 중요하지만 여기에선 관계가 없다. 참으로 중요한 사실은 그가 대부분의 공화당의원들을 결집시키고 또 그와 동시에 잠정적 집단안보제도의 지지를 거부하는 제한적 국제주의를 확인하는 계획에 그들을 끌어들이는 데 성공했었다는 것이다. 윌슨도 다가오는 상원의 투표대결을 준비하는 데 열심이었다. 7월 말에 그는 11명의 공화당 상원의원들과 일련의 회의를 열고 8월 19일에는 백악관에서 3시간 동안 외교관계 상임위원들을 설득했다. 그러나 윌슨은 결국 상원이 그 조약의 비준에 투표할 때 필요한 지지를 획득하는 데 아무런 진전을 이루지 못했던 것이다.

이에 대한 대응책으로 윌슨은 자신의 대통령직에서 가장 숙명적인 결정 가운데 하나를 하게 되었다. 윌슨 자신의 말처럼, 그것은 국민들에게 직접 호소하여 고립주의자들과 유보조항 없는 비준의 반대자들에 의해서 독이 들어간 여론의 우물을 해독하는 것이다. 그는 파리회담에서 겪은 고역으로 인해 신체적으로 약화되어 있었다. 그의 주치의가 긴 강연회 여행은 그의 생명을 위험하게 할지도 모른다고 경고했다. 그럼에도 불구하고 윌슨은 과거에 언제나 그를 지탱시켜 주었던 권위의 원천인 국민들을 집결시킬 노력을 하겠다고 고집했다. 그리하여 1919년 9월 3일 그는 워싱턴을 떠나 미국의 심장부인 오하이오, 인디아나, 미주리, 아이오와, 네브라스카, 미네소타 등 고립주의적 감정이 가장 강한 지역을 향했다. 그곳에서 그는 북서지역을 거쳐 태평양해안의 주요 도시들에서 강연회를 벌였다. 그의 최종 강연회는 네바다, 유타, 와이오밍 그리고 콜로라도로 이어졌는데 이곳 콜로라도에서 9월 25일과 26일 윌슨의 부분적 건강 악화로 끝이 났다. 그는 22일 동안 총 8천 마일을 여행했으며 32차례의 본격적인 강연과 8개의 약식 강연을 수행했다. 그것은 윌슨의 공직생활 중에서 가장 대규모의 단독강연 노력이었을 뿐만 아니라 미국의 역사상 가장 현저한 수사학적 성취 가운데 하나였다.

그가 방문했던 어느 곳에서나 윌슨은 정당인으로서가 아니라 정당싸움이나 이득을 초월하는 지도자로서 기분 좋게 호소했다. 그는 무엇보다도 국민들이 베르사유조약에 관한 진실을 알게 되어 그 조약의 적들에 의해 저질러진 오해에서 벗어날 것이라고 설명했다. 따라서 거의 모든 연설에서 윌슨은 그 조약의 주요 구성내용과 작성자들의 목적을 명시적으로 서술하고 옹호했다. 독일에 관련된 조항들의 가혹함은 문명에 반한 독일의 범죄는 엄한 처벌을 요구한다는 근거에서 옹호했다. 그는 중국의 산동지역 타협의 비판자들에 일본의 통제권 규정을 좋아하지는 않았다고 우선 솔직하게 인정하고 나서 중국이 궁극적으로 그 지역을 회복할 희망을 제공하는 유일하게 가능한 타결을 얻어냈었다고 선언함으로써 대답했다. 비슷한 자세로 그는 다른 비판들을 해명하려고 애를 썼다. 그리고 그는 그 조약에 불완전한 점들이 있다는 것을 부인하지는 않지만 그것들은 건설적 성취에 의해서 상쇄된다고 선언함으로써 결론을 맺었다.[366]

윌슨의 최대 목적은 물론 영토, 식민지 및 배상금과 관련된 그 조약의 논쟁거리가 된 규정들을 설명하는 것이 아니라 국제연맹의 비방자들에 대항하여 연맹을 옹호하고, 연맹규약의 집단안보제도를 설명하고 또 역사가 미국 국민들에게 지금 그것을 요구한다고 말하면서 세계적 지도력을 그들에게 요청했던 것이다. 국제연맹은 오랜 미국인들의 평화의 꿈을 실현하는 것이고, 그것은 먼로독트린의 원칙을 전 세계적 차원에 적용하려는 시도이고, 그런 기구의 제안은 최근에 공화당원들로부터도 나왔었으며 그래서 그는 늘 미국인들의 아이디어와 제안들을 법령의 형식으로 단지 옮겼을 뿐이라고 말문을 열고, 따라서 그것들은

366 *Ibid.*, p. 114.

그 조약에서 구현 되어야만 한다고 주장했다. 그러고 나서 윌슨은 규약의 규정들을 서술하고 그것들이 전쟁을 수행하는 대신에 평화를 유지하기 위한 제도를 제공하는 것이라는 것을 입증하려고 노력했다.

윌슨은 제10조가 연맹규약의 핵심이며 신세계 질서의 초석이라고 강조하길 좋아했다. 인디애나폴리스에서 그는 "제10조가 세계의 양심을 대변한다"고까지 말했다.[367] 제10조의 무조건 긍정이 미국을 영원히 전쟁에 관련시킬 것이라는 비판에 대한 대답으로 윌슨은 연맹이 제1차적으로 평화의 도구라고 응수했다. 제10조를 실행하는 규정들이 연맹 회원국들에 의해서 준수되고 집행된다면 미래의 전쟁은 사실상 불가능할 것이다. 제1차적으로 전쟁으로 휘말릴 분쟁당사국들은 그들의 논쟁을 조정이나 국제재판소 혹은 연맹의 이사회에 제출하게 되어 있었다. 만일 어떤 국가가 이런 약속들을 위반하고 전쟁에 돌입한다면 연맹의 다른 모든 회원국들이 자동적으로 그 침략국에 대해 재정적, 통상적 및 사적인 완전 봉쇄를 실행할 것이다. 따라서 그 후엔 더 이상의 싸움이 없을 것이라고 윌슨은 자신 있게 말했다.

물론 윌슨도 인정했듯이 이 모든 주의에도 불구하고 전쟁이 발생할 것이라는 것을 상상할 수 있다. 그러나 제정신인 누구도 규약이 전쟁을 확실히 중지시킨다고 주장하고 나서지는 않을 것이다. 침략자가 규약의 규정들을 비웃고 또 경제적 조치들이 침략을 중지시키는 데 충분하지 않다면 그땐 아마도 전쟁이 발생할 것이다. 만일 그것이 큰 전쟁이라면 어쨌든 미국도 중립국으로 남을 수 없을 것이다. 만일 그것이 서

---

367 *Ibid.*, p. 115.

반구로부터 멀리 떨어진 소규모의 분쟁이라면 미국은 직접적으로 관여하지 않을 것이다. 고립주의자들은 연맹의 가입이 미국의 주권을 훼손하고 불쾌한 의무의 수행을 요구할 것이라고 비난하고 있었다. 이에 대해 윌슨은 그 주장이 물론 일면 사실이라고 인정하면서도 이 세상에서 공정한 결심을 할 수 있는 유일한 길은 하고 싶지 않은 어떤 것에 동의하는 것이라고 말했다. 미국의 고립은 미국인들이 세계의 정치에 끼어들기로 선택했기 때문이 아니라 미국인들의 순수한 정신과 미국 국력의 성장으로 미국인들이 인류 역사에서 결정짓는 요소가 되었고 일단 그 후엔 원하든 원하지 않든 고립상태로 머물 수 없어 끝난 것이기 때문에 미국인들이 직면하고 있는 유일한 문제는 그들이 다른 강대국들과 동반자로서 아니면 그들에 대항하여 심화하고 통제적일 수 있는 자신들의 영향력을 이 세상에서 행사할 것인지의 여부라는 것이었다.[368] 윌슨은 홀로서기란 세계에 도전하는 것을 의미하고 세계에 도전하는 것은 거대한 상비군과 해군을 유지하는 것을 의미하고, 또 그런 군국주의와 해군제일주의는 국내에서 민주주의의 종말을 의미한다고 경고했다.

뿐만 아니라, 미국이 참여와 지도력이 없다면 국제연맹은 진정한 강대국 간의 협조체제 대신에 단지 또 다른 무장한 동맹체제로 전락할 것이라는 추가적 사실도 있었다. 그러므로 미국의 참여와 지도력이 없다면 국제연맹은 실패할 것이다. 국제연맹이 없다면 효과적인 집단안보제도의 희망이 있을 수 없다. 집단안보제도가 없다면 전쟁이 다시 발생

368 *Ibid.*, p. 117.

할 것이다. 그러므로 미국의 참여가 미국의 가장 중대하고 기초적인 이익인 평화에 긴요했다. 윌슨이 순회강연 중 이것이 점점 그의 연설의 주된 주제가 되었다. 누가 연맹의 적 그리고 미래 세계평화의 적인가? 그들은 무조건적 고립주의자들이고 유보조항을 달아서 인류의 헌장을 파괴하려는 자들이라고 윌슨은 선언했다.[369]

그는 먼로독트린과 회원국의 탈퇴권 그리고 회원 국가들의 국내문제에 대한 국제연맹의 관할권의 여부 문제에 관련된 규약의 구체적 비판에 대해서도 조목조목 대답했다. 그는 연맹규약의 초안에 관한 미국인들의 의구심을 충족시키기 위해 어떻게 규약의 수정을 얻어냈는가에 대해서도 말했다. 이런 수정안들은 규약에 이미 구현되었으며 명시적 언어로 씌어졌다고 말했다. 그리고 이런 문제들에 대한 미국인들의 이해를 단지 명확히 하는 유보사항에는 반대하지 않을 것이다. 그러나 규약의 의미를 어떤 방식으로든 변경시키는 유보조항들이 보다 더 심각했다. 왜냐하면 그것들은 조약의 재협상을 요구할 것이기 때문이다. 규약의 순결에 가장 위협적인 것은 제10조의 유보문제였다. 이 유보조항은 집단안보의 토대를 파괴할 것이라고 윌슨은 경고했다. 왜냐하면 그것이 미국인들이 자신들의 목적에 부합할 때에만 자신들의 의무를 수행할 것이라고 전 세계에 공지하는 것이었기 때문이다. 그것은 연맹의 다른 회원국들이 수행하는 동일한 책무의 어떤 것도 수행하지 않겠다는 절대적 거부라고 윌슨은 절규했다.

미국이 당사자가 아닌 모든 분쟁에서 미국은 이사회의 전쟁 결정에

---

369 *Ibid.*, p. 118.

실질적 거부권을 갖게 될 것이다. 왜냐하면 연맹은 분쟁의 당사국을 배제하곤 회원국들의 만장일치에 의해서만 전쟁을 결정할 수 있기 때문이다. 따라서 미국이 스스로 침략의 죄를 범하지 않는 한 자신의 의지에 반해 전쟁으로 말려들어 갈 가능성은 절대로 없다고 윌슨은 설명했다. 이런 것들은 법률의 기술적 문제들이다. 따라서 윌슨은 국제연맹의 미국 가입을 위해 그것들에 자신의 주장을 의존하지 않을 것이라고 부언했다. 쟁점은 전쟁을 결정할 권한을 누가 갖느냐가 아니라 미국인들이 연맹에 진정 들어갈 준비가 되어 있느냐, 집단안보제도를 유보 없이 지원할 결심이 서 있느냐, 그리고 평화를 보존하는 데 필요한 희생을 할 용의가 있느냐는 것이었다. 윌슨은 미국인들은 더 이상 전쟁이 없을 문명의 수준에 따라 고양되었다. 인간이란 평화와 우정과 평온 속에서 자치로워야만 한다. 그것이 미국인들이 원하는 지도력이다. 이제 세계가 그것을 미국인들에게 제안했는데 그것을 거부한다는 것은 생각할 수 없는 일이라고 윌슨은 집약했다.[370]

1919년 9월 25일 콜로라도 주의 푸에블로에서 연설한 뒤 윌슨은 너무도 뚜렷한 탈진증세를 보여 그의 주치의는 그의 나머지 강연계획을 취소했고 대통령을 실은 기차는 워싱턴으로 급히 달렸다. 10월 2일 윌슨은 심각한 심장발작을 일으켰고 자신의 얼굴과 몸의 왼쪽이 마비되었다. 10월 말까지 그는 위험상태에서 벗어났고 그의 정신은 비교적 맑았다. 그러나 그는 육체적으로 쇠약해졌다. 그의 질병은 그의 감정 상태를 부숴 놓았고 그의 모든 보다 불행한 개인적 속성을 악화시켰다.

370 *Ibid.*, pp. 120-121.

그 사이에 상원은 베르사유조약에 대한 긴 토론의 마무리에 가까이 갔다. 로지 의원은 자신의 수정된 14개 유보조항을 외교관계 상임위원회를 대표하여 1919년 11월 6일 상원에 제출했다. 상원의 민주당지도자인 네브래스카 주 출신의 길버트 히치콕(Gilbert M. Hitchcock) 의원이 5개 항목 중 4개에 대해 윌슨이 유세 여행 출발 전에 승인했었던 유보조항으로 대응했다. 그러므로 이제 상원이 직면하고 있는 문제는 규약을 지지하는 미국의 의무를 손상하지 않는 유보사항으로 조약을 승인할 것인가, 아니면 모든 강제적 의무의 거부를 허용하고 오직 제한적 국제제도를 위한 미국의 지원을 약속하는 유보사항을 가진 조약을 승인할 것인가로 분명해졌다.[371] 로지는 히치콕의 유보안을 패배시키고 나서 자신의 유보안을 채택하는 승리를 거두었다. 이제 윌슨 대통령은 로지 유보조항을 수락할 것인가 아니면 조약의 완전한 패배를 무릅쓸 것인가를 선택해야만 하게 되었다. 11월 18일 윌슨은 제10조에 대한 로지 유보안은 조약의 무효화를 의미하기 때문에 그것을 수락할 수 없음을 서면으로 밝혔다. 그러므로 11월 19일 상원이 투표에 들어갔을 때 대부분의 민주당들은 찬성 35표 반대 55표로 로지 유보안의 승인을 부결시키는 데 합류했다. 그리고 민주당 지도자들은 조약의 조건 없는 승인을 상정했다. 윌슨이 자신의 모든 희망을 걸었던 이 전략은 실패했다. 왜냐하면 강력한 공화당 다수가 찬성 38표 반대 53표로 그 안을 부결시켰기 때문이다.

그러나 11월 19일의 투표가 투쟁의 끝이 아니었다. 왜냐하면 그 후

371 *Ibid.*, p. 121.

수개월 동안 미국에서 압도적 다수의 여론 지도자들이 그 투표를 최종적 심판으로 수락하길 거부했기 때문이다. 어떤 믿을 만한 지표가 없어 여론의 분열을 전체적으로 측정하기는 불가능하다. 그러나 생각 있는 사람들의 압도적 다수가 상원의 동의를 얻기 위해 필요하다면 어떤 유보조항, 심지어 로지의 유보조항이라도 있는 비준을 선호했다.[372] 그 결과 1919년 말과 1920년 초 기간에 양 정당 지도자들에게 타협하라는 굉장한 압력이 있었다. 태프트 전직 대통령을 포함하여 연맹을 위해 초당적 운동을 벌인 저명한 공화당원들, 수많은 신문 편집자들, 다양한 학문적, 종교적 및 노동기구들 그리고 윌슨 대통령에 감히 반대했던 민주당 지도자들은 로지 의원과 윌슨 대통령에게 공통의 입장을 도출하도록 애걸했다. 미국의 조약 거부의 가능성에 놀란 영국 정부의 대변인들도 미국의 제한적 연맹 참여가 불참보다는 낫다고 공개적으로 선언했다. 이런 압력 속에서 양 진영의 온건한 지도자들이 12월 말과 1월 초 합의를 위한 어떤 토대를 마련하기 위한 작업에 착수했다. 로지 의원까지도 약해져서 제10조에 대해 수락할 만한 유보를 만들어 내려는 초당적 회의에 참가하기 시작했다. 그러나 매사추세츠 출신 로지 의원과 그의 친구들은 자신들의 유보조항의 본질을 양보하지 않을 것이고 또 최종적 선택을 해야만 할 사람은 윌슨 대통령이었다.

1월까지 윌슨은 상원에서 민주당의 개인적 지도력을 취할 만큼 충분한 체력을 회복했다. 그는 거대한 국민의 다수가 자신을 지지하고 있고 또 그들이 자기를 반대하는 어떤 상원이나 정당도 분쇄할 것이라고 절

372 *Ibid.*, p. 124.

대적으로 확신했다. 비현실의 세계에 살고 있었기에 그는 2개의 책략을 마련했다.[373] 하나는 조약을 전적으로 반대했던 로지 유보안을 지지한 38주의 57명의 상원의원들은 사임하게 하여 특별선거에서 재선에 출마하도록 하는 것이었다. 만일 그들이 재선된다면 윌슨은 야당 지도자를 국무장관에게 임명하고 윌슨 자신과 그의 부통령이 사임하여 공화당 지도자가 대통령이 되는 것이다. 그러나 이 계획은 주정부의 선거법 위반으로 실행 가능성이 없는 것으로 입증되었다. 그러자 윌슨은 더 혁신적인 또 하나의 전략으로 관심을 돌렸는데 그것은 조약을 다가오는 대통령선거운동의 중심적 쟁점으로 삼는 것이었다. 더구나 그 자신이 민주당의 지명자가 될 것이고, 그가 다시 한 번 국민들에게 다가가서 연맹을 위한 압도적 위임을 쟁취하는 것이었다. 그는 민주당의 정강정책과 자신의 수락연설까지 작성했다. 그는 1920년 1월 8일 이 계획을 워싱턴에서 당시에 대통령선거운동을 앞두고 민주당원들의 주된 모임인 잭슨 기념일 만찬에 보내는 서한으로 작동시켰다. 그는 이 서한에서 아낌없는 승인을 위한 자신의 주된 주장을 되풀이하고 또 국민의 압도적 다수가 조약의 비준을 열망한다고 선언했다.

그러나 이 잭슨 기념일 서한은 어떤 형식으로는 조약의 비준에 재앙을 뿌렸다. 윌슨은 진실로 당파적 문제가 아니었던 것을 정당의 충성과 정치의 인질로 변질시키는 최대의 실수를 범하고 말았다.[374] 우선 첫째로, 지금부터는 대부분의 공화당 상원의원들을 공화당원으로서, 그리고 대부분의 민주당의원들은 민주당원으로서 투표할 수밖에 없게 될

373 *Ibid.*, p. 125.
374 *Ibid.*

것이다. 왜냐하면 비록 그들이 국가의 이익을 정당의 이익 위에 두고 유보조항이 있는 비준안을 찬성하기를 원한다고 할지라도 정당의 입장에 따라 투표할 수밖에 없을 것이기 때문이다. 둘째로, 국민들의 지혜에 대한 흔들리지 않는 믿음에도 불구하고 미국의 헌정과 정치제도의 전문가인 윌슨은 대통령 선거를 단일 쟁점에 대한 국민투표로 전환시킬 방법이 없다는 것을 알았어야 했다. 셋째로, 그리고 아이러니컬하게도 윌슨의 잭슨 기념일 서한은 그때까지 그의 가장 강력한 지지 세력이었던 종교 지도자들, 교육계 지도자들, 평론가들, 편집자들 및 정치적으로 적극적인 전문 직업인들인 엘리트 여론 형성자들의 다양한 분야에서 윌슨의 지도력을 파괴했다.[375] 그들의 여론이 급격히 그리고 갑자기 달라졌다. 그들의 입장에서 보면 윌슨은 까다롭고 병든 사람이며 이제는 오히려 비준에 대한 주된 장애물이었다. 이런 여론의 지도자들은 완전한 절망과 혼동 속에 있었다. 그들 가운데 대부분은 간단히 투쟁을 포기해 버렸다. 그리고 그 효과는 대통령선거운동 기간에 민주당의 행운에 파괴적일 것이다. 그러나 윌슨은 자기가 그들의 대통령 후보로서 민주당원들을 승리로 이끌 것이라는 희망을 버리지 않았다.

그 사이에 1920년 3월 19일 상원이 조약에 대한 두 번째 그리고 최종적 투표를 실시할 때 의회의 투쟁단계는 피할 수 없는 결론으로 나아갔다. 의회의 승인을 얻을 수 있는 유일한 희망은 충분한 수의 민주당의원들이 윌슨에 도전하여 로지 유보안에 대한 3분의 2의 다수를 확보할 우연성에 달려 있었다. 21명의 민주당 의원들은 백악관의 지시보다는

375 *Ibid.*, p. 126.

자신의 양심을 따랐지만 그러나 그 조약을 통과시킬 만큼 충분한 수의 의원들이 이탈하지 않았다. 로지 유보조항을 달고 있는 그 조약은 7표 차이로 부결되고 말았다. 그러나 윌슨은 자기나 아니면 다른 친연맹 민주당원이 1920년에 국민의 압도적 지지를 받을 것으로 확신했다. 그러나 결과는 도덕에 기초한 외교정책이 도덕주의만으로는 결코 성공할 수 없음이 입증되었다. 어쨌든, 공화당의 워런 하딩(Warren G. Harding)이 대통령에 당선되었을 때 윌슨의 친구들은 그가 절망으로 황폐화될까 몹시 두려워했다. 그러나 정반대로 윌슨은 선거 다음날 평온하고 확신에 차 있었다. 그는 "공화당원들이 자살했다"고 자신의 개인 비서에게 말했다.[376]

윌슨은 조약비준투쟁에 걸려 있는 하나의 큰 원칙에서 근본적으로 옳았다. 국가나 개인이 할 수 있는 가장 비 도덕적인 일은 힘이 있을 때 그것을 책임감 있게 행사하는 것을 거부하는 것이다. 미국은 1920년에 세계에서 가장 큰 경제력과 잠재적으로 가장 큰 군사력을 행사했지만 그러나 적어도 한동안 미국은 힘에 수반하는 책임을 걷어차 버렸다. 무엇보다도, 윌슨은 장기적으로 볼 때 근본적으로 옳았다. 퇴임 후 1923년 종전기념일의 연설에서 그는 미국인들이 자유와 명예의 도덕적 의무에 의해 그 치명적 실수를 필연적으로 만회할 수밖에 없을 것이며, 또한 모든 진정한 미국인들이 세계의 문제에서 미국의 당연한 역할로 간주하기를 열망하는 용기 있고 자존심을 갖게 될 것이며, 그리고 유용한 역할을 다시 한 번 맡게 될 것이라고 말했다.[377] 허버트 후버가 말했

376 *Ibid.*, p. 127.
377 *Ibid.*

던 것처럼, 윌슨의 시련은 하나의 상상의 무대에서가 아니라 국가들의 삶 속에서 일어난 하나의 그리스 비극이었다.[378] 그리고 많은 비극들이 그러하듯이 더욱 끔찍한 제2차 세계대전의 도래와 함께 미국 국민들과 타국의 인민들은 아주 무서운 대가를 지불하면서 1919년과 1920년에 윌슨이 가르쳤던 교훈을 윌슨의 비극에서 얻었다. 윌슨은 자신의 외교정책 실패에도 불구하고 국제관계에서 소위 "이상주의"라는 강력한 유산을 남겼다. 소위 "윌슨주의"가 꼭 윌슨에 의해서 발명되었던 것은 아니었지만, 그의 이름과 가장 밀접하게 관련되어 있다. [379]그리고 누구보다도 제32대 프랭클린 루스벨트 대통령은 제2차 세계대전의 종결과 유엔 창설 과정에서 원래 윌슨주의자이면서도 그의 비극적 운명을 되풀이하지 않으려고 늘 경계를 늦추지 않았다. 그런 점에서 미국의 프랭클린 루스벨트 대통령에게 윌슨의 비극은 가장 크고 중요한 교육적 영향을 미쳤다고 해도 과언이 아닐 것이다.

---

378 Herbert Hoover, *The Ordeal of Woodrow Wilson*(Washington, D.C.: Woodrow Wilson Center Press, 1958), pp. 300, 303.

379 1930년대 전체주의체제의 등장은 물론 제2차 세계대전의 발발에 이르기까지 윌슨에게 책임을 묻는 것으로는 Jin Powell, *Wilson's War*(New york: Crown Forum, 2005) 참조.

제11장

샌프란시스코회의와 돌아온 윌슨
—유엔헌정질서의 수립

이 헌장으로 여러분들은 한 세대 전의 위대한 정치가 우드로 윌슨의 이상에 현실을 부여했다.—세계적인 법의 지배를 수립하는 이 최상의 기회를 움켜쥐는 데 실패하지 맙시다.
—해리 트루먼 대통령, 유엔 창설회의의 최종 본회의에서 행한 연설에서

우리는 유엔에서 우리가 언제나 갖게 될 유일한 세계포럼을 갖고 있다. 당신이 유엔을 폐지해 봐라. 그러면 우리는 제2의 유엔을 창설해야만 할 것이다. 프랑스의 위대한 작가인 볼테르가 언젠가 말했었다. "만일 우리에게 신이 없다면, 우리는 신을 창조해야만 한다." 똑같이 맞는 말이다.
—카를로스 로물로(Carlos Romulo)

존재하는 악과 그것을 퇴치하는 수단에 관해서 이성적 합의에 도달하기란 이상적 선과 그것의 실현방법에 관해서 이성적 합의에 도달하기보다는 더 쉽다.
—칼 포퍼

미국의 제32대 프랭클린 루스벨트(Frankelin Roosevelt) 대통령과 그의 코델 헐(Cordell Hull) 국무장관은 국제연맹이 결국 제2차 세계대전이 되어 버린 침략적 전술들을 효과적으로 다루지 못해 불명예스럽게 되었음에도 불구하고 연맹에 대한 윌슨식의 개념을 여전히 믿었다.[380] 특

380 Jean E. Jrasbim, "Founding the United Nations: A Revolutionary Process," in

히 윌슨 대통령의 해군차관보로서 루스벨트의 경험이 그의 삶에 있어서 세계에 대한 전략적 비전을 세우는 데 도움이 되었다.[381] 진주만 피습 이후 제2차 세계대전에 참전을 결정한 루스벨트 대통령의 마음속엔 우드로 윌슨의 망령이 출몰했다.[382] 그러나 루스벨트 대통령이 유엔 창설의 기원은 아니었으며 자신의 입장을 일관성 있게 유지했던 것도 아니었다. 오히려 그는 처음부터 윌슨의 비극적 운명을 되풀이하지 않으려고 유엔 창설에 매우 신중하고 조심스러운 태도를 보였다.

1939년 9월 히틀러가 폴란드를 침공한 직후 미국의 국제연맹협회장인 제임스 숏웰(James T. Shotwell)은 새로운 "평화기구연구위원회"[383]를 창립하기 위해 자신의 직책을 사임했다.[384] 이 위원회의 회원들은 모두가 헌신적인 국제주의자들로서 자신의 조직을 과거 1918년 종전에 따른 미국식 평화의 접근법을 형성했던 집단인 "우드로 윌슨 조사단"의 비공식판으로 진주만 기습 사건이 있기 전 2년 동안 이 위원회의 노력은 특히 윌리엄 앨런 화이트(William Allen White)의 중립국법 개정위원회[385] 같은 미국의 유럽 연합국들을 지원하는 조직들에 의해 압도되어

Jean E. Krasno, ed., *The United Nations: Confronting the Challenge of a Global Society*(Boulder: Lynne Rienner, 2004), p. 23.

381 Stephen C. Schlesinger, *Act of Creation: The Founding of the United Nations* (Boulder: Westview Press, 2003), p. 29.

382 Townsend Hoopes and Douglas Brinkly, *FDR and the Creation of the U.N.* (New Haven: Yale University Press, 1997), 제1장.

383 The Commission to Study the Organization of Peace.

384 Clark M. Eichelberger, *Organizing for Peace; A Personal History of the Founding of the United Nations*(New York: Harper & Row, 1977), pp. 111-118.

385 The Committee to Revise the Neutrality Laws.

일반 대중에 눈에는 띄지 않았다. 이 두 조직의 지도층은 중복되었을 뿐만 아니라 그들은 심지어 사무실도 함께 썼다. 실제로 1939년 11월 4일 중립국 법안의 무기금수 규정들을 폐기하도록 대통령과 의회를 설득하는 데 있어서 화이트의 위원회가 성공하자 쇼트웰은 자신의 그 위원회의 첫 회합을 준비하고 다음날 개최했다. 다음 2개월 동안 숏웰의 위원회는 조용히 일했으며 1940년 초에 가서야 그 존재가 일반대중에게 알려졌다.[386]

평화기구연구위원회의 초기 노력이 개혁되고 재활된 국제연맹에 미국을 가입시키는 것이었다면 진주만 피침 이후에 그 위원회는 완전히 새로운 기구의 필요성을 점점 수용했다. 이 위원회 중심적인 일은 새로운 집단안보기구의 작동을 설계하는 것뿐만 아니라 미국의 참가를 확보하는 것이었다. 그리고 미국의 참가 목표를 위해서는 전쟁이 크게 기여했다. 1937년에 미국 대중의 26퍼센트만이 연맹의 가입을 찬성했다. 그러나 진주만 피침 7개월 전인 1941년 5월엔 여론조사 대상의 반이 연맹의 가입을 찬성했다. 반면에 87퍼센트가 어떤 형태든 전후 기구에 미국의 참가를 지지했다.[387] 1940년 히틀러의 프랑스 공격 후 두려운 전쟁의 악화에 대한 대중의 반응과 워싱턴 정책 결정자들 측의 국제기구에 대한 보다 많은 동정적 태도가 숏웰과 그 위원회의 많은 지도급

386 Gary B. Ostrower, *The United Nations and the United States*(New York: Twayne Publishers, 1998), p. 5.

387 William A. Scott and Stephen B. Withy, *The United States and the United Nations: The Public View, 1945-1955*(New York: Manhattan Publishing Company, 1958), pp. 9-15; Robert A. Divine, *Second Chance: The Triumph of Internationalism in America during World War II*(New York: Atheneum, 1971), p. 36.

인사들의 노력에 큰 도움이 되었다. 그 결과 고립주의와 미국의 중립이 불명예스럽게 되었다. 제2차 세계대전 초기 몇 년 동안 그 숏웰의 위원회만 활동했던 것은 아니었다. 1942년까지 36개의 비정부 집단들이 전후정책을 수립하는 데 국무부에 돕겠다고 제안하고 나섰다.[388]

진주만 피습 이전에 루스벨트 행정부에게 전후 계획에 관해서 통일된 입장이라곤 없었다. 1941년 8월 뉴펀들랜드 섬 연안에 정박 중인 영국의 전함 "웨일즈의 왕자"(Prince of Wales) 호에서 루스벨트 대통령 자신이 윈스턴 처칠 영국 수상과 회담할 때 루스벨트 대통령은 전후 안보기구의 개념을 거부했었다. 처칠과 루스벨트의 해리 홉킨스(Harry Hopkins) 보좌관과 섬너 웰스(Sumner Welles) 국무부차관에 의해 제출되어 결국 "대서양헌장의 원칙들이 된 예비 초안들이 효과적 전후 국제기구를 위한 명백한 지지를 촉구했을 때 루스벨트는 오히려 반대했다. 비록 그가 종국에는 광범위하고 항구적인 일반적 안보제도에 연계된 군축조항을 수락함으로써 타협했지만 그는 국제연맹이나 그 후계기구를 승인하지 않았다.[389] 당시 루스벨트는 본국의 고립주의적 감정을 크게 두려워했고 또 그가 비록 1932년 대통령 선거 유세 때까지도 개인적으로 옹호했었던 연맹에 전쟁 발발 후 환멸을 느꼈다.[390] 오히려 미국의 관리들이 진지한 전후 계획을 시작했던 것은 백악관에서가 아니라 국무부와 상원에서였다.

그러나 그것은 진주만 피침 전에는 정책적 우선순위가 높지 않았다.

---

388 Gary B. Ostrower, *op. cit.*, p. 6.

389 *Ibid*.

390 Townsend Hoopes and Douglas Brinkly, *op. cit.*, pp. 38-39.

그럼에도 불구하고 코델 헐 국무장관의 특별보좌역인 레오 파스볼스키(Leo Pasvolsky) 같은 관리들은 연방교회위원회의 지원하에 창설된 정의롭고 지속적인 평화의 토대를 연구하기 위한 존 포스터 덜레스(John Foster Dulles)의 위원회[391]에 대한 성직자들의 지지에 의해서 고무되었다. 또한 국무부는 당시 클래런스 스트레이트(Clarence Streit)의 세계연방주의론의 인기를 무시하지 않았는데 그는 《지금 통일하자》(*Union Now*)라는 책에서[392] 세계연방주의의 윤곽을 제시하고 또 1941년까지 연방통일(Federal Union, Inc.)이라고 부르는 하나의 법인으로 제도화했었다. 국무부는 헐 국무장관이 대외관계문제 자문위원회(The Advisory Committee on Problems of Foreign Relations)의 수립을 승인한 1940년 초부터 전후 계획에 착수했었다. 그러나 1941년 2월 파스볼스키가 특별연구단(the Division of Special Research)이라는 덤덤한 새로운 이름의 부서의 장이 된 후에야 진정한 계획이 시작되었다. 그는 헐 국무장관이 병들어 중요한 해였던 1941년의 대부분을 국무장관 서리로 일했던 섬너 웰스 차관의 도움을 받았다.

파스볼스키와 웰스는 국제기구를 통한 국제질서 수립의 헌신에 타협할 줄 몰랐다. 그들은 국무부의 입장을 수립하기 위해서 언론인들과 사회과학자들 중 인상적이고 유능한 인사들을 하나의 집단으로 모았다. 유엔을 위한 계획은 결국 이들의 모든 활동에서부터 진화할 것이다. 그럼에도 불구하고 여전히 국제적 책임에 관한 미국의 재고를 가져

391 The Commission to Study the Basis of a just and Durable Peace.

392 Clarence K. Streit, *Union Now: The Proposal for an Inter-Democratic Federal Union*(New York: Harper & Brothers, 1940).

오는 1941년의 가장 중대한 사태발전은 파스볼스키와 웰스가 일하는 옛 국무부의 건물로부터 5천 마일이나 떨어진 곳에서 발생했다. 12월 7일 일본 해군이 진주만을 기습 공격하여 미국을 전쟁으로 밀어 넣었다. 그리고 고립주의가 세계적 문제들로부터 미국을 어떻게든 격리시킬 수 있을 것이라는 널리 확산된 믿음이 2천4백 명에 달하는 미국의 수병들과 항공병들의 생명과 함께 사라졌다.

2주 후에 윈스턴 처칠은 루스벨트 대통령과의 회담을 위해 런던을 떠났다. 두 지도자들은 양국의 동맹조건들을 작성했다. 그리고 12월 26일 미국의 상하원 합동연설에서 만일 제1차 대전 후 영 · 미 양국이 함께 했더라면, 만일 그들이 안전을 위해 공동의 조치를 위했었더라면, 이런 저주의 재발이 그들에게 떨어지지 않았었을 거라고 미국인들을 상기시켰다.[393] 그리고 1942년 새해 첫날 처칠과 루스벨트는 24개국(종국에는 34개국)에서 온 각국 대표들과 함께 연합국들의 선언(The Declaration of the United Nations)에 서명했다. 그들은 히틀러의 나치즘을 패배시킬 때까지 싸움을 멈추지 않을 것을 서약하면서 연합국들(United Nations), 즉 유엔(UN)이라는 용어를 미국 대중들에게 선보였다. 명칭 바꾸기를 완고하게 거절했던 국제연맹협회조차 "연합국들"이 군사적 승리를 쟁취하고 또 재건의 시기에 세계를 주도하며 그래서 보편적 국제사회의 핵심이 되어 줄 것을 촉구했다.[394] "연합국들"은 점점 하나의 단순한 이름 이상이 되었다. 그것은 연맹보다도 더 보편적이고 또 더 안전의 마련을 염두에 둔 세계기구의 개념을 대변하게 되었다.

393 Clark M. Eichelberger, *op. cit.*, p. 190.

394 Robert A. Divine, *op. cit.*, pp. 55-56.

그러나 루스벨트 대통령은 당연히 군사문제에 전염했고 연합국들을 결속시키기 위한 전략을 창출해야만 했다. 따라서 그는 전후의 평화를 수립하는 데 별다른 관심을 주지 않았다. 그러나 1943년 늦은 겨울에 끝난 스탈린그라드의 전투 후에 동맹국들은 자신들이 대히틀러전에서 승리할 것이라는 결론에 도달했다. 그때까지 전후 계획은 제2차적 일이었으며 평화기구연구위원회 같은 비정부 집단과 비교적 두드러지지 않는 의회의 분과상임위원회들과 국무성에만 국한되었었다. 1943년 1월 자신의 시정 연설에서조차 루스벨트 대통령은 국제연맹이 비현실적 꿈을 가지고 있다고 책망하고 어떤 후계기구든 좋은 의도뿐만 아니라 침략국가들을 무장해제하도록 강요할 수 있는 힘을 가져야 한다고 제안했었다.[395]

1943년 초 미국 하원에서 고립주의자들이 새로운 국제기구 창설에 대해 공격했고 국제주의자들의 반격이 있었다. 행정부가 행동의 자유를 유지하기 위해 그 충돌을 막으려 했을 때 헤럴드 버튼(Herold Burton) 상원을 위시하여 여러 상원의원들이 경찰력과 사회 및 경제적 책임 그리고 분쟁해결의 권위를 가진 전후 기구를 수립하도록 연합국들에게 요청하는 결의안을 상정시켰다. B2H2로 알려진 그 결의안이 평화수립에 대한 최초의 심각한 의회의 토론을 일으켰다. 말썽을 피하고자 절실히 원했던 루스벨트 대통령은 마침내 B2H2의 일반적 원칙들을 승인하게 되었다. 행정부는 본격적인 토론을 어떻게든 막으려고 했던 반면에 국제연맹에 대한 상원의 1919년 결정을 뒤집기로 결심한 많은

---

395 Gary B. Ostrower, *op. cit.*, p.9.

상 · 하원 의원들은 그 문제를 계속 밀어붙였다. 더욱이 이 의원들은 시칠리아로부터 스탈린그라드에 이르는 동맹국들의 군사적 승리로 전후 계획의 주제가 그 어느 때보다도 더 긴급하다는 증가하는 대중들의 인식에 의해서 영향받았다. 1943년 여름에 이르자 전국적으로 국제주의적 집단들의 급속한 수적 증가는 심지어 고립주의자들에게까지도 이문제가 사라지지 않을 것임을 신호했다. 그리고 1943년 7월 국제연맹협회가 유엔협회(the Unitd Nations Association)로의 명칭변경은 그 변화를 광고했다.

예상할 수 있듯이, B2H2 결의안의 통과는 유엔협회의 제1순위의 업무가 되었다. 그러나 상원이나 행정부는 B2H2 결의안에 대한 진정한 의욕을 보이지 않았다. 그리고 톰 코널리(Tom Connally) 상원의원이 주재하는 외교분과 상임위원회도 의사일정의 변경을 거부했다. 그러자 다른 사람들이 여기에 끼어들었다. 국가주권을 아주 시대착오적이라고 생각하는 하원의 아칸소 출신의 제이 윌리엄 풀브라이트(J. William Fulbright) 초선 의원이 국제기구에 대한 공약 쪽으로 행정부를 밀어붙이기 위해서 일련의 결의안을 제출했다. 그 결의안들은 B2H2보다 덜 상세한 것으로 그것들 가운데 가장 중요한 것은 미래의 침략을 방지하고 또 미래의 평화를 유지하기 위해 적당한 권한을 가진 적절한 국제기구에 대한 요청뿐이었다. 이 막연한 결의항에 아무런 진전이 없자 하원의 외교문제 상임위원회의 풀브라이트 동료 의원들은 군사적 행동의 망령을 일으키지 않고 그리하여 고립주의자들의 반격을 초래하지 않기 위해 "침략을 예방하기 위해"라는 문구를 제거하여 그 결의안을 훨씬 더 희석시켰다.[396] 그러나 행정부가 별로 열성을 보이지 않자 풀브라이트 의원은 어느 불특정 날짜에 통과를 위해 노력한다는 백악관과의 약속을 이끌어 냈다. 행정부는 이 문제에 대해 용기나 지도력을 보여 주지 못했을 뿐만 아니라 그렇다고 그 결의안을 폐기시키려고 들지도 않았다.

공화당원들이 1919년에 그랬었던 것처럼 국제협력을 위한 행정부의 지원을 공격할 것이라는 대통령의 두려움은 1943년 9월 초 공화당 전후 권고위원회가 매키낵선언(Mackinac Declaration)을 채택한 뒤 사라지기 시작했다. 이 선언은 공화당 내 절충안으로 군사적 침략을 예방하고 항구적 평화를 확보하기 위한 국제기구를 촉진하도록 공화당으로 하여금 공약하게 만들었다. 그것은 고립주의적 감각을 만족시키기 위한 몇 가지의 근사한 인상을 포함했지만 그 선언이 대체로 정당간의 정파의식의 망령을 종식시켰다. 그리하여 1943년 9월부터 1945년 샌프란시스코회담 때까지 논쟁은 미국이 전후 기구에 참여해야 하는지의 여부가 아니라 그 기구의 형태가 무엇이어야 하느냐에 관한 것이 될 것이다.[397]

어떤 전후 기구에 대한 루스벨트 대통령의 헌신은 한 번의 결정이라기보다는 하나의 과정이었다. 그는 자신의 입장을 충분히 정리하지 않았다. 이미 퀘벡(Quebec)회담에서 루스벨트는 헐 국무장관으로 하여금 상설 국제기구를 창설할 때까지 평화를 유지하는 책임을 미국, 영국, 소련 및 중국에 두는 "4강 선언"(four power declaration)을 작성하도

396 Eugene Brown, *J. William Fulbright: Advice and Dissent*(Iowa City: University of Iowa Press, 1985), p. 17.

397 Gary B. Ostrower, *op. cit.*, p. 10.

록 지시했다. 그리하여 루스벨트는 동맹외교에서 부수적 역할에만 머물게 했던 헐 국무장관에게 전후 기구의 창설에 주된 권한을 부여했다. 헐의 이러한 새 역할은 1943년 10월 모스크바회의에서 가장 명백하게 드러났다. 영국의 앤서니 이든(Anthony Eden) 외무장관의 도움을 받으면서 상당히 어려운 흥정을 한 뒤 헐은 소련인들로 하여금 퀘벡에서 작성되었던 4강 선언의 일반적 조항들을 수락하도록 설득했다. 중국을 포함해서 강대국들의 대표자들이 처음으로 국제평화와 안전의 유지를 위해 모든 평화애호 국가들로 구성되는 하나의 일반적 국제기구를 가장 빨리 실행할 수 있는 날에 수립한다고 스스로 공약했던 것이다.[398]

모스크바에서 헐 장관의 외교적 승리는 확실히 미국 상원에 영향을 미쳤다. B2H2 결의안이 여전히 계류 중이고 또 전후 기구를 지지하는 코널리 상원의원의 대체 결의안이 보다 열성적 국제주의자들을 만족시키지 못한 상원에서 양측은 모스크바 선언문을 코널리 결의안에 첨부하기로 합의했다. 그것은 루스벨트 대통령의 승인을 끌어낼 뿐만 아니라 모스크바의 후광을 즐기는 국제주의자들과 온건파들을 단결시키는 간단하면서도 탁월한 타협안이었다. 그리하여 코널리 결의안이 압도적으로 통과되었다. 1919년에 연맹에 반대 투표를 했었던 3위원을 포함하여 5명의 고립주의자들만이 반대표를 던졌다. 이제 코널리 결의안의 통과로 상원은 1920년식의 고립주의로 후퇴하려고 하지 않을 것이며 아니 후퇴할 수도 없었다. 그러나 하원에서 통과된 풀브라이트 결의안이나 상원의 코넬리 결의안 모두의 모호성은 어떤 방식으론 루스

398 *Ibid.*, p.12.

벨트 대통령 자신의 막연한 사고를 반영했다. 대통령은 실제로 두 결의안이 모두 아주 불명확했기 때문에 모두 지지했었던 것이다.

1943년 11월 27일부터 12월 1일까지 테헤란에서 처칠과 다시 그리고 스탈린과는 처음으로 만났을 때 루스벨트는 마침내 스탈린에게 국제기구에 관해서 말했다. 루스벨트는 침략 국가를 반대하기 위해서 제안된 새 기구가 아니라 그가 퀘벡에서 처칠에게 처음으로 제창했던 4강 경찰에 의존할 것이라고 말했지만, 그럼에도 불구하고 분명히 루스벨트는 새 기구의 집행위원회의 결정들이 4강 경찰들을 구속하지 않을 것이라고 스탈린에게 말했다.[399] 최근 모스크바에서 가진 외무장관들의 회합과는 대조적으로 테헤란에서 세 지도자들은 그들의 공동 성명서를 작성할 때 국제기구의 주제를 거의 무시했다. 그들은 오직 전후 세계는 크고 작은 모든 국가들의 적극적 협력을 목격할 것이라고만 말했다. 루스벨트 대통령은 4개 경찰국 개념을 통해 진주만 사건 이후 2년도 채 안 되어 "영향권"을 중심으로 하는 아주 비윌슨적인 계획을 부활시킴으로써 전후 세계를 접근하려고 했던 증거를 분명히 제공했었다.[400] 루스벨트는 적어도 주요 강대국들의 경우엔 국가주권의 개념을 건드리지 않으려고 했다. 그는 세계여론이나 국제법 그리고 새로운 도덕이 세계평화의 열쇠로서 강대국들의 군사적 및 경제적 자원을 대치할 수 있다는 윌슨식의 신념을 결코 공유하지 않았던 월터 리프먼(Walter Lippmann)과 니콜라스 스파이크먼(Nicholas Spykman) 같은 현

399 Townsend Hoopes and Douglas Brinkly, *op. cit.*, p. 109.

400 Adam Ulam, *The Rivals: America and Russia Since World War II*(New York: Viking Press, 1971), pp. 36-37.

실주의자들에게 어울리는 접근 방법을 추구했었다.[401] 그럼에도 불구하고 게리 오스트로워(Gary Ostrower)는 루스벨트 대통령은 이 주제에 대한 자신의 접근법을 체계적으로 정리하지 않았다는 점을 재삼 강조했다.[402] 군사문제에 몰두한 루스벨트의 전후 기구에 대한 애매한 접근 방법은 당시 의회와 대중의 접근방법과도 비슷했다. 1944년에 와서야 국무성의 작은 집단을 벗어나는 미국 관리들이 그 기구의 형태에 대해 심각하게 생각하기 시작했던 것이다.

1943년 파스볼스키 지휘하에 작동하기 시작했던 국무부의 비공식 의제그룹(Informal Agenda Group)이 유엔을 설계하는 미국 노력의 진정한 중심부였다. 이 그룹은 과거의 저명한 국제연맹의 사람들을 포함했다. 그들은 루스벨트 대통령이 대통령 선거가 있는 해에 집단안보기구를 위해 자신의 정치적 장래를 모험하지 않을 것이라는 것을 충분히 이해하는 실질적인 사람들이었다. 그들은 국무부가 대중이나 의회가 거부할 것 같은 큰 계획을 절대로 다시는 제안해선 안 된다는 것을 1919년으로부터 배웠었다. 이 그룹은 조용히 일하면서 연말까지 새 기구를 위한 첫 번째 구체안을 산출했다. 헐은 그것을 대통령에게 보냈고 또 대통령은 한 달 뒤 그것을 승인했다. 연맹에 대한 회의론에도 불구하고 이 비공식 의제그룹은 분명히 연맹의 후예인 기구를 설계했다.

제네바에 본부를 둔 과거의 기구처럼 제안된 유엔은 국제연맹의 총

---

401 Walter Lippmann, *U.S. Foreign Policy: Shield of the Republic*(Boston: Little Brown, 1943); Nicholas Spykman, *America's Strategy in World Politics*(New York: Harcourt, Brace, 1942).

402 Gary B. Ostrower, *op. cit.*, p. 13.

회에 해당하는 심의를 위한 총회와 연맹의 이사회를 상기시키는 집행 이사회라는 두 주요 기관을 갖게 될 것이다. 집행이사회는 항구적 의석을 갖는 4개 강대국들을 내포할 것이다. 그것의 책임은 평화를 유지하는 것이 될 것이다. 다른 면에서도 그 계획은 연맹과 흡사했다. 왜냐하면 새 기구는 기술적 및 사회적 기관들뿐만 아니라 세계재판소도 통합할 것이기 때문이다. 그러나 특히 제안된 구조가 총회의 권한을 축소시키고 강대국들의 권한을 향상시키는 방식으로 연맹과의 차이를 부각시켜 루스벨트 대통령에 그것의 매력을 설명하는 데 도움이 되었다.[403] 1944년 초엔 백악관이나 국무부가 모두 그 계획에 관해서 공개적으로 말하지 않았다. 비공식 정치의제그룹으로 개명한 그 비공식 의제그룹은 작업을 계속하여 3월에 보다 상세한 계획을 만든 다음 그것을 헐 장관과 다른 관리들에게 검토를 요청했다. 그때부터 신문의 칼럼니스트들과 의회의 비판자들이 정보에 대한 요구를 높여 갔다.

너무 적은 정보보다는 너무 많은 정보의 공개에 대해 항상 염려하는 헐 국무장관은 의제그룹의 작업을 논의함으로써 의회에 호소하기로 결심했다. 코널리 의원의 외교관계 분과상임위원회에 나아가 헐은 상원의 새로운 8인 위원회의 구성을 제안했고 코널리 의원 자신이 그것의 의장을 맡았다. 그 위원회는 다음 2년 반 동안 가장 중요한 구성원이 될 밴던버그(Arthur H. Vandenberg) 상원의원을 포함시켰다. 그는 진주만 피침 전에는 노골적인 고립주의자였지만 일본의 공격 후 자신의 견해를 완화했다. 의제그룹의 작업에 대한 그의 일반적 동의는 전후 계획의

403 Robert A. Divine, *op. cit.*, pp. 184-185.

주제에 대한 행정부와 입법부의 통일된 전선을 구축하려는 헐의 운동에 중대한 요소가 될 것이다. 밴던버그와 다른 상원의원들로 하여금 의제그룹의 작업에 그렇게 수용적 태도를 갖게 만든 것은 루스벨트 대통령에겐 아주 마음에 드는 바로 그런 것이었다. 비공식 정치의제그룹이 작성한 3월의 새 계획은 의제그룹의 1943년 12월 원래 기구 계획에다 세부사항을 추가한 계획 초안은 어떤 급진적 제안이나 "하나의 세계" 같은 비전을 내포하지 않았다. 4개의 각 강대국들은 항구적 의결권과 항구적 거부권을 갖게 될 것이고 또 오직 이사회만이 평화를 유지하기 위해서 회원국들에게 병력 공급을 요구할 수 있을 것이다. 국무부 관리들은 미국이 아메리카 서반구의 중요한 문제들에 관해서는 라틴아메리카 국가들과 협의할 것이며 또 어떤 미국의 병력도 상원의 승인 없이는 "신연맹"에 의한 행동에 미국 병력이 투입되지 않을 것이라고 상원의원들에게 보증했다. 헐과의 처음 회합을 가진 후 회의적이던 밴던버그는 그 계획이 민족주의자의 입장에서 볼 때 보수적(conservative)이라고 칭송했다.[404] 그것은 미국이 의회의 승인 없이 전쟁에 말려들어 가는 것을 허용하지 않을 것이라고 지적하면서 밴던버그 의원은 그것이 하나의 세계국가라는 무모한 국제주의자들의 꿈이 결코 아니라고 보았다.[405] 선거가 있는 해의 압력에도 불구하고 헐은 그렇게 진전을 이루었다.

그러나 헐은 8인 위원회가 의제그룹의 계획안을 공적으로 승인하도록 설득할 수는 없었다. 물론 그들 가운데 누구도 그 계획안을 비난하지 않았다. 이것은 아주 중요했다. 왜냐하면 1944년 6월까지 민주당과

404 Gary B. Ostrower, *op. cit.*, p. 16.

405 Townsend Hoopes and Douglas Brinkly, *op. cit.*, p. 125.

공화당은 다 같이 각자의 전당대회 준비를 갖추어 가고 있었기 때문이다. 그리하여 루스벨트 대통령이 일종의 예방적 정치공세를 날렸다. 6월 15일 그는 자신의 공보비서에게 일부러 아주 드러나지 않는 방식으로 국부성의 전후 기구 계획의 포괄적 특징을 공개하도록 명령했다. 공화당원들은 더 이상 토론의 조건들을 정의하려고 할 수 없었다. 그리고 비록 공화당원들이 헐의 계획을 승인하지 않고 거부한다고 할지라도 민주당원들은 루스벨트의 4선을 위해 열정적으로 그를 지명했고, 또 모스크바선언에서 끌어온 언어로 전후 기구에 대한 그의 접근 방식을 승인했다.

어느 정당도 자기당의 국제주의자들에 대해 명백한 지지를 제공하고 있지 않았던 것이 사실이지만 그러나 어느 당도 과거 헨리 케벗 로지의 망령을 일으킬 만한 어떤 짓도 하지 않았다.[406] 1944년 여름까지 루스벨트 행정부는 전후 계획에 대한 정당 간의 투쟁이 거의 없을 것임을 자신 있게 예상할 수 있었다. 루스벨트 대통령은 자연히 공화당 측의 공격으로부터 자신을 방어하길 원했으며 유엔의 탄생을 가져올 가장 심각한 시기 중의 한때 그 문제를 성공적으로 탈정치화했다. 1944년 늦여름에 미국, 영국, 소련 및 중국의 대표단들은 전후 계획의 본질적 요소들을 함께 구성하기 위해서 워싱턴 D.C.에 있는 덤바턴오크스(Dumbarton Oaks)에서 만났다. 집단안보가 하나의 정치적 쟁점으로 다시 등장했을 때 그것이 루스벨트 대통령에 상처를 주기엔 너무 늦어 버렸다.[407]

---

406 *Ibid.*, p. 17.

407 Robert A. Divine, *op. cit.*, pp. 216-220.

덤바턴오크스회의는 미국의 다른 강대국들과의 협력의 한계를 정했다. 워싱턴 내외의 미국 국제주의자들은 때때로 마치 미국의 견해만이 중요한 것처럼 전후 기구의 문제에 접근했다. 덤바턴오크스회의의 진정한 준비 작업은 유엔을 위한 파스볼스키의 초안이 1943년 12월 29일 루스벨트 대통령의 책상에 도달하자마자 시작했었다. 국무성 관리들은 5주 후에 영국과 소련 측에 공동 논의할 때가 되었음을 알리고 또 그들에게 상호회합을 위한 양국이 각자의 초안을 준비하도록 요청했다. 영국 외무부는 1942년 말에 와서야 그런 작업계획에 착수했었다. 소련인들은 1944년 1월 미국이 그들의 계획서를 보자고 요청한 뒤까지 서류작성을 연기시켰다. 그리하여 덤바턴오크스회의가 개최되고 나서야 모스크바는 "국제안전기구에 관한 비망록"을 마침내 배포했다. 국제기구에 대한 소련의 접근 방법은 마치 제1차 대전 후 프랑스인들처럼 독일에 대한 두려움에 의해 깊이 영향받았었다. 수천의 소련 마을과 수백만의 자국 시민의 파괴를 견뎌 낸 소련은 새로운 전후 안보기구를 주로 미래의 독일 침략을 방지하기 위한 수단으로 간주했다. 스탈린은 루스벨트에게 세계보편적 기구보다는 하나의 유럽사회 같은 것을 선호한다고 이미 말했었고 또 4개 경찰국에 대한 루스벨트의 계획을 더 매력적으로 생각했다. 왜냐하면 그 계획은 질서를 유지할 능력이 있을 것으로 생각되는 강대국들만의 역할을 강조했기 때문이다. 스탈린은 국제법이나 도덕이 아니라 안전을 더 소중하게 간주했다. 미국인들이 엄격히 유럽만의 안보동맹에는 참가하지 않을 것이라는 것은 뒤늦게 알게 된 다음에야 스탈린은 보편적 세계기구를 지지했다.[408]

영국도 소련처럼 유럽의 안전의 관점에서 평화에 접근했지만, 연맹의 후계기구를 단순한 안보기구 이상의 것으로 보았다. 앤서니 이든 외무장관 휘하의 외무부는 진정으로 협력적 조정으로 미국뿐만 아니라 소련과 중국을 포함하는 보편적 기구를 찬성했다. 처칠 수상도 처음엔 소련의 영향력을 상쇄시킬 미국을 포함하는 유럽이사회를 선호했었다. 그러나 결국 1943년 퀘벡에서 처음으로 분명해진 보다 보편적 세계기구에 대한 미국의 지지를 알게 된 처칠은 지역적 해결책에 대한 자기 자신의 지지를 완화시켰다. 등장하는 영국과 소련 간의 경쟁과 함께 미국의 원조에 대한 영국의 필요성이 처칠 수상으로 하여금 어떤 기구든 범세계적이어야 한다는 헐 미국 국무장관의 고집을 수용하도록 했던 것이다. 그러나 처칠의 그런 전환이 쉽게 이루어진 건 아니었다. 덤바턴오크스회의 1개월 전까지도 그는 지역적 이사회에 대한 제안으로 영국 외무부와 미국의 국무부를 당황하게 했었다. 두 접근법들을 결합하려는 외무부의 노력은 결코 만족스럽지 않았다. 그리하여 결국 영국은 회의가 실제로 시작될 때까지 소련보다도 덜 분명한 입장을 수립했다.[409]

회의 소집의 수 주 전에 루스벨트와 스탈린 그리고 처칠은 한 가지 최종적 문제를 다루었다. 그것은 중국의 지위에 관한 것이었다. 스탈린은 테헤란회의에 중국의 남경 정부가 참석하는 것을 단호히 거절했다. 그는 중국이 강대국이 아니며 중국이 강대국이 되는 걸 도울 생각이 없다고 잘라 말했다. 더구나 소련은 아직도 여전히 일본과 형식적인 평화관계에 있기 때문에 중국이 덤바턴오크스 모임의 일부가 되어서는

---

408 Gary B. Ostrower, *op. cit.*, p. 18.
409 *Ibid.*, p. 19.

안 된다고 스탈린은 고집했다. 처칠도 중국을 결코 강대국으로 간주하지 않았다. 중국은 그런 지위의 자격이 없을 뿐만 아니라, 중국을 강대국으로 대접하는 것은 극동에서 영국의 불구가 된 이익에 손상을 줄 것이라고 처칠은 믿었다. 오직 루스벨트 대통령만이 강대국으로서의 중국의 지위를 고집했고, 따라서 오직 그만이 중국을 덤바턴오크스에 데려 오길 원했다 보다 중요한 문제에 미국의 협력을 모색하는 영국은 이 문제에서 루스벨트에게 양보했다. 그러나 중국과 함께 만나는 것에 대한 소련의 반대는 보다 더 심각하고 단호했다. 그 결과 루스벨트 대통령은 자기 방식대로 나갔지만 그러나 덤바턴오크스회의를 중국이 불참하는 덤바턴 I과 소련이 불참하는 덤바턴 II라는 두 단계로 조직함으로써 그 문제를 기묘하게 처리했었다.[410]

1944년 8월 21일 덤바턴오크스회의가 개최되었다. 그리고 그것은 참으로 아이러니컬하게도 1920년 국제연맹을 거부했었던 미국에 의해 주도되었다. 영국과 소련 측의 계획안들은 "국제기구에 관한 잠정적 제안"이라는 이름의 비망록으로 7월 18일에 다른 동맹국들에게 제출되었던 국부성의 계획안과는 그 구체성이나 영향 면에서 비교가 되지 않았다. 비공식 의제그룹의 초안을 다듬은 미국의 제안만이 기구의 골격을 포함하고 있었다. 그 결과 미국의 계획안이 회의를 위한 "기본안"이 되어 의제의 중요 조항들을 제공하고 또 후에 유엔헌장의 토대를 이루었다.[411] 미국은 스테티니어스(Stettinius) 국무부차관이, 영국은 캐도건

410 *Ibid*.

411 Evan Luard, *A History of the United Nations: The Years of Western Domination, 1945-1955*, vol. 1(New York: St. Martin's Press, 1982), p. 25.

(Cadogan) 외무부 상임차관이, 그리고 소련은 35세의 안드레이 그로미코(Andrei Gromyko) 주미대사가 이끄는 각국의 대표단들이 덤바턴오크스에 모였다. 이들은 미국의 파스볼스키와 던(Dunn), 영국의 제브(Jebb), 그리고 소련의 아카디 소볼레프(Arkady Sobolev)라는 4명의 실무자들과 함께 모든 핵심적 결정을 하고 또 점검하는 공동조절위원회(Joint Steering Committee)를 구성했다. 그들은 일련의 분과위원회를 임명하고 회의의 분석적 심장이 되는 표현그룹(the Formulation Group)과 후에 유엔헌장이 될 것에 대해 틀을 잡을 법률가들이 지배적인 작성위원회(Drafting Committee)의 설립을 승인했다. 그들은 또한 비밀리에 일하기로 결정했는데 이 결정은 미국 고립주의자들의 필연적인 의구심을 자아냈다. 비밀유지는 필요한 것으로 입증되었다.

8월 21일부터 10월 7일까지의 회합에서 설계자들은 강대국의 거부권, 약소국의 권한, 보편적 회원제도, 유엔 경찰력 및 재판소의 필수적 권한을 포함하여 많은 분열적 문제들을 다루었다. 그들 간의 빈번한 이견은 종종 새 기구의 본질적 목적에 관한 서로 다른 개념에 기인했다. 그것은 주로 그들의 안전을 보호하기 위해 존재할 것인가? 평화를 보존하기 위해서인가? 전쟁을 덜 가능하게 할 경제적 및 사회적 조건을 창조하기 위해서인가? 국제적 법의 지배를 보장하기 위해서인가? 이런 근본적인 문제들과 씨름하는 동안 덤바턴오크스에 모인 미 · 영 · 소의 설계자들은 기구의 구조에 관해서는 신속히 합의에 도달했다. 미국의 "잠정적 제안들"에 있는 골격대로 그것은 행정사무국, 대규모 총회, 강대국들을 포함하는 보다 작은 이사회, 및 세계재판소를 포함했다. 이리하여 새 기구의 조직상의 구조는 강대국들만이 강요하는 평화의 개념

을 묻어 버리고 옛 국제연맹을 반영하게 되었다.[412]

초반에 총회의 보편적 회원제도에 동의함으로써 세 강대국들은 약소국들과의 대결을 피했다. 제네바에서 20년 동안 국제적 인정의 과실을 즐겼던 약소국가들은 이미 1942년 1월 연합국들의 선언에 서명했거나 아니면 관계해 왔기에 자국들의 발언권을 크게 싸우지 않고 포기할 리가 없었을 것이다. 아무도 그런 싸움을 하려 들지 않았다. 그러므로 덤바턴오크스에서 총회와 관련된 논의는 총회가 어떻게 보편적일 것인가, 소규모의 의사회와 대조하여 어떤 권한을 총회가 갖게 될 것인가, 그리고 어떤 총회가 조치를 취할 때 어떤 어느 정도의 다수결이 필요할 것인가와 같은 보완적 문제들에 집중했다. 새 기구의 형태적 윤곽을 잡아갈 때 다시 미국인들이 논쟁의 조항들을 정했다. 비록 루스벨트 대통령의 4개 경찰관 계획이 총회에 아무런 공간을 남기지 않았음에도 불구하고 이제 미국인들은 모든 평화애호국가들의 주권평등에 입각한 총회를 제안했다.

파시스트 국가들의 배제엔 아무런 저항이 없었다. 훨씬 더 곤란했던 것은 소련의 16개 공화국 모두가 유엔에 가입되어야 한다는 그로미코의 요구였다. 스탈린은 의심할 여지없이 이것이 영국과 그 영국령의 동반자들 그리고 미국과 그의 남미 피보호 국가들과 일종의 평형성을 소련에게 보장하는 방식이라고 보았을 것이다. 그러나 스테티니어스는 격렬히 반대했다. 루스벨트로 그런 문제가 일어나리라고 기대하지 않았었다. 어느 쪽도 양보하려 들지 않았기 때문에 스테티니어스와 그로

412 *Ibid.*, p. 20.

미코는 그 문제에 대한 더 이상의 논의를 연기하는 데만 동의할 수 있었다. 총회의 권한 문제도 아주 쉽게 타결되었다. 자국의 권한을 극대화하면서 유엔을 연맹의 집단안보의 마비로부터 보호하려는 세 강대국들은 모두가 총회를 토론만을 위한 포럼으로 보았다. 그들은 평화를 강제할 권한은 강대국들을 포함한 후에 안전보장이사회라고 불릴, 보다 작은 집행위원회에 두는 데 동의했다. 따라서 총회는 경제와 사회적 문제들에 대해서뿐만 아니라 전쟁을 방지하는 주제에 대해 오직 "권고할" 권고만을 할 수 있는 권한이 부여 될 것이다.

기타 사소한 몇 가지 문제에 대해서 미국은 영국과 소련의 공동투표에 밀렸다. 총회에서 특히 예산 문제에 대해서 가중 투표제도를 포함시키자는 미국의 제안은 한 발짝도 나가지 못했다. 또한 미국인들은 총회에서 강대국 거부권의 개념으로부터도 후퇴했다. 미국인들은 또 사무총장을 선발하는 주된 책임을 집행위원회가 아닌 총회에 주려는 시도에서도 실패했다. 약소국들의 권한에 대해 걱정스러운 3개 강대국의 모든 대표단들은 "중요한" 총회의 투표는 3분의 2의 다수결 그리고 다른 문제들은 단순 다수결을 필요로 한다는 데 동의했다. 당시 설계자들이 총회의 권한을 제한했던 정확하게 바로 그 이유 때문에 그들은 타협할 수 있었던 것이다.

그러나 집행위원회 문제에선 그렇지 못했다. 그 위원회가 제네바의 연맹처럼 소수 회원국들을 내포해야 하고 강대국들은 항구적 의결권을 갖는다는 데 신속히 동의했다. 침략을 방지하고 분쟁을 평화적으로 해결하는 유엔의 권한은 그 위원회에 둘 것이다. 국제연맹이 강제조치를 권고할 권리만을 보유했던 곳에서 유엔의 이 위원회는 그것을 명령할

권한을 갖게 될 것이다. 이것이 가능하기 위해서는 3개국 대표단들 모두가 강대국 간 협력의 중요성을 당연시했지만 그러나 그들은 그 이상에 대해서는 합의하지 못했다. 예를 들어, 첫째로, 그들은 위원회에 프랑스를 포함시킬 것인가에 대해 의견을 달리했다. 미국은 프랑스 드골 정부의 초청에 반대했지만 영국과 소련은 찬성했다. 둘째, 브라질이 1926년 상임이사국 자리를 거부당하자 연맹을 떠나 버렸던 사실을 기억하여 새 위원회에 브라질의 자리 요구를 지지하도록 루스벨트가 헐과 스테티니어스에게 명령했지만 영국과 소련은 반대했다. 셋째는 특히 군사력에 관련된 위원회의 권한에 관해 3국은 의견이 달랐다. 소련은 분쟁해결을 위해 위원회의 강제적 권한을 요구한 반면에 영국과 미국은 평화적 분쟁해결을 "요구"하기보다는 "권고"해야 한다는 입장을 취했다.

그러나 그때까지도 중요한 분쟁은 위원회의 투표와 거부권의 문제에서 맴돌았다. 4개 경찰국의 아이디어가 등장한 이래 줄곧 3개국 외무부서는 모두 강대국의 상설 거부권의 필요성을 수락했다. 그들은 결국 강대국의 특권을 원했던 것이다. 그러나 그들은 자국들이 당사자가 되는 분쟁에 관련된 유엔조치에 거부권을 행사하는 것에 관해서, 혹은 그런 조치의 심의까지 거부하는 도덕성의 문제에 대해서 의견을 달리했다. 어쩌면 모든 자본주의 국가들은 잠재적인 적이라고 가정하는 이데올로기를 반영하는 소련인들은 무제한적인 거부권을 고집했다. 영국은 자신이 관련된 조치에 대해 거부권을 금지하는 옛 연맹의 정책을 찬성했던 반면에 미국은 두 마음을 갖고 있었다. 파스볼스키가 주도하는 대부분의 미국 관리들은 적어도 평화를 위협하는 분쟁에 관한 강대국들도 약소국들에게 적용되는 규칙들을 자신들에게도 적용해야 한다는 단순 정의를 믿었다. 이런 관리들은 이상주의자들이었다. 그러나 헐 국무장관이 코널리와 밴던버그 상원의원에게 이미 했던 약속을 지지하는 다른 관리들은 상원이 미국에게 엄격한 거부권을 부여하지 않는 유엔조약은 결코 비준하지 않을 것이라고 주장했다. 대부분 루스벨트의 지지를 받은 이상주의자들이 미국의 대표단에서는 지배적이었다. 그들은 소련인들과의 타협을 거절했다. 그로미코도 똑같은 정도로 비타협적이었다. 9월 중순까지 덤바턴오크스회의는 거의 좌초에 가까이 갔다. 유엔을 구하기 위해서 미국인들은 1945년까지 더 이상의 논의를 연기했다.

덤바턴오크스에서는 여러 개의 중요한 문제들이 그대로 남겨졌다. 그것들은 거부권, 위원회의 규모, 식민지 식탁 문제, 소련의 대표권 문제, 세계재판소의 설립 및 유엔의 군사적 권한 등에 관한 것들이었다. 이것들 중 몇 가지는 샌프란시스코에서 실제로 회의가 열릴 것을 보장할 만큼 진전을 이루었다.

첫째로, 소위 3거두(the Big Three)라고도 불렸던 3국의 지도자들은 소련의 어려운 대표권 문제를 해결했다. 소련의 16석 대신에[413] 루스벨

413 스탈린은 얄타회담에서 소련은 리투아니아, 우크라이나 및 벨로루시가 추가적으로 유엔 창설회원국이 되어야 한다고 제안했다. 미국은 절대적으로 반대했다. 그것들은 소련을 구성하는 일부이지 주권국가가 아니었기 때문이다. 그런데 이 문제가 아이러니컬하게도 순전히 "외교적 실수"에 의해서 해소되었다고 당시 기록을 담당했던 앨저 히스(Alger Hiss)는 그의 생전에 한 인터뷰에서 증언했다. 결국 소련은 우크라이나와 벨로루시의 대표단과 함께 샌프란시스코회의에 참석하여 투표하는 회원국으로 수용되게 되었다. 앨저 히스의 외교적 실수에 관한 증언과 당시의 상황에 관해서는 Jean E. Krasno, "Founding the United Nations: An

트와 처칠은 자국 대표단들 가운데 상당한 불만에도 불구하고 3석에 동의했다. 스탈린과 처칠은 그것이 루스벨트에게 정치적으로 필요하다면 미국도 추가 의석을 가질 수 있다고 동의했다. 그러나 미국은 그러지 않았다.

둘째로, 보다 중요한 문제인 거부권 문제로 얄타에서 타협에 더 가까이 갔다. 얄타에서 스탈린은 소련의 3석을 미국이 마지못해 수용해 준 대가로 미국 측의 파스볼스키가 덤바턴오크스에서 제안했던 안을 수락했다. 그것은 강대국이 자신이 관련된 안전과 강제의 문제에 대해 거부권을 적용할 수 있지만 자국이 당사자인 분쟁의 평화적 해결과 관련된 절차에는 거부권을 행사할 수 없다는 것이었다. 9월에는 소련이 이것을 일언지하에 거절했었다.

셋째, 얄타회담은 프랑스에 항구적 거부권을 가진 위원회 자리를 인정하고 또 과거 독일과 일본의 식민지들을 위한 신탁통치를 수립하는데 원칙적인 합의를 보았다. 옛 국제연맹의 위임통치제도와의 어떤 연계도 거부했었던 미국인들은 그럼에도 불구하고 신탁통치의 개념을 포용했으며, 루스벨트가 영국의 식민지들을 신탁하는 것을 고집하지 않을 것이 분명해진 뒤 안심한 영국도 그것을 역시 수락했다. 그들은 샌프란시스코에서 구체적인 작업을 수행할 것이다.[414] 많은 중요한 문제들이 여전히 해소되지 않았지만 적어도 그들은 샌프란시스코회의가 전

Evolutionary Process," in Jean E. Krasno, ed., *The United Nations: Confronting the Challenges of a Global Society*(Boulder: Lynne Rienner, 2004), p. 26을 참조.

414 유엔문제가 중심적 무대를 장악했던 덤바턴오크스회의 때와는 달리 얄타회의에서 만난 지도자들은 다른 문제들을 더 마음에 두고 있었다. 따라서 그들은 유엔에 관한 자신들의 합의의 후속 논의를 하지 않았다.

쟁이 끝나기 이전에라도 곧 시작해야 한다는 데 모두가 동의했다.[415] 루스벨트 대통령은 1945년 3월을 고집했지만 샌프란시스코회의는 4월까지 열리지 못했고 그것이 열렸을 때 루스벨트가 없었다. 그는 1945년 4월 12일에 서거했다.

그 사이에 새 국무장관이 스테티니어스는 멕시코시티 밖 차풀테펙(Chapultepec)에서 1945년 2월과 3월에 개최된 "평화와 전쟁 문제에 관한 아메리카회의"[416]에 참가했다. 유엔 창설회원국 51개국들 중 21개국을 차지할 라틴아메리카 국가들은 여러 가지의 관심사항을 갖고 있었다. 그들은 보다 강력한 총회, 회원자격의 보편성 및 안전보장이사회에 라틴아메리카의 대표권 보증 등을 요구했다. 그러나 이들에겐 무엇보다도 지역기구들의 역할이 중요했다. 이 국가들은 후에 샌프란시스코회의에서 채택되어 유엔헌장의 일부가 된 지역기구의 역할을 밀어붙일 준비가 되어 있었다. 이 회의에선 아르헨티나의 창설회원국 지위 획득의 지원과 탈식민화 같은 문제들을 위한 지지가 있었다.[417] 그러나 먼로독트린에 대한 미국 의회의 지지에 이미 조심스러워 한 국무부는 이 문제에서 어떤 최종적 행동도 피하려고 노력했다. 미국무부는 유엔에서 스탈린의 고립되는 두려움을 틀림없이 심화시킬 라틴아메리카 진영의 창설을 막으려고 했던 것이다. 그때까지 제안된 전후 국제기구의 형태가 여러 차례 변했지만 워싱턴의 접근 방법은 이제 4월로 정해진 샌프란시스코회의에서 다시 등장할 유형인 이상주의와 현실주의 간의 기

415 Gary B. Ostrower, *op. cit.*, p. 24.

416 The Inter-American Conference on the Problems of Peace and War.

417 Jean E. Krasno, *op. cit.*, pp. 30-31.

묘한 혼합을 반영했다. 왜냐하면 미국의 정책결정자들이 자신들의 전후의 야심을 진전시키기 위해 새 유엔을 구축하는 것과 영국인들과 소련인들이 그들의 야심을 진전시키지 못하도록 막기 위해 그것을 이용하는 것 사이에서 망설였기 때문이다.[418] 라틴아메리카 인접국들의 미국에 대한 일반적 지지로 소련의 회의주의는 어쩔 수 없이 강화되었다. 그리고 소련의 그런 회의적 태도는 미국무부에겐 샌프란시스코를 아주 어려운 무대로 만들 것이다. 그것은 해리 트루먼(Harry S. Truman) 새 미국 대통령의 솜씨에 달려 있게 될 것이다.

새 대통령으로서 트루먼의 첫 공식 성명은 샌프란시스코회의가 계획대로 진행될 거라는 것이었다.[419] 덤바턴오크스에서 보여 준 에드워드 스테티니어스 국부장관의 가시적 역할로 트루먼 대통령은 다가오는 샌프란시스코회의에서 그의 참여를 축소시키기가 어려웠다. 실제로 국제안전기구를 위한 스테티니어스의 열정은 샌프란시스코회의에 앞서 국제주의자들이 지원한 홍보운동의 완전한 지지를 받게 만들었다. 마치 장군들이 지난 마지막 전쟁을 치를 전략을 수립하듯 국제주의자들도 1945년 봄에 지난 마지막 전쟁을 방지하기 위해 계획을 수립하고 있었다. 그들은 국제연맹에 미국을 참여시키려는 윌슨의 노력을 침몰시켰었다고 믿어지는 고립주의자들의 부활이 다시 돌아올까 봐 두려워했다. 고립주의자들과 국제주의자들 속에서의 분열을 두려워했던 친

418 Robert C. Hilderbrand, *Dumbarton Oaks: The Origins of the United Nations and the Search for Postwar Security*(Chapel Hill: University of North Carolina Press, 1990), p. 249.

419 Gary B. Ostrower, *op. cit.*, p. 26.

유엔 연합 세력들은 4월 25일 샌프란시스코회의의 개회행사 이후뿐만 아니라 6월 26일 헌장 서명행사 이후에도 친유엔 운동을 계속했었다. 뜨거운 홍보활동과 함께 워싱턴의 관리들은 다른 방식으로 샌프란시스코회의를 준비했다. 트루먼 대통령은 미국인 삶의 많은 서로 다른 영역을 대표하는 대규모 대표단보다는 소규모 공식 대표단을 그 회의에 파견한다는 루스벨트 전임 대통령의 결정을 승인했다. 특히 이익집단들을 달래기 위해서 42명으로 구성되는 자문단이 미국의 공식 대표들과 함께 참석할 것이다. 그리고 스테티니어스가 공식 대표단을 이끌 것이다. 뿐만 아니라 파리평화회의에 대표단원들을 임명할 때 상원의 공화당원들을 무시하는 윌슨의 위험한 1919년의 결정을 상기하여 루스벨트는 이미 아서 밴던버그 공화당 상원의원이 톰 코널리 민주당 상원 원내 지도자와 함께 참석하도록 그들을 이미 임명했었다. 대표단 가운데에서 스테티니어스 국무장관과 밴던버그 상원위원이 핵심적 인물들이었다. 샌프란시스코에서 스테티니어스는 자신의 외교적 상대편들 사이의 조화를 잘 유지시켰는데 그것은 진정으로 대단한 업적이었다. 과거에 고립주의자였던 밴던버그 상원의원도 후에 공화당원들이 최종합의안을 수용하게 하는 데 있어서 결정적으로 중요한 역할을 하게 될 것이다. 보다 덜 가시적 공식 대표단원들도 중요한 지원역할을 수행했는데 특히 밴던버그의 핵심 보좌관인 존 포스터 덜레스, 회의에서 유일하게 가장 식견 있는 미국인인 파스볼스키 그리고 라틴아메리카 문제에 대한 그의 지원이 가장 어려운 협상들 중 몇 개를 해소하는 데 도움을 준 넬슨 록펠러(Nelson Rockfeller)를 꼽을 수 있을 것이다.[420] 회의가 비밀을 요하는 미묘한 협상에 휩쓸리게 되었기 때문에 42명의 자문단원들은 기대만큼 영향력을 갖지는 못했지만 그들이 잠자코 있지만은 않았다. 정보가 풍부하고 잘 조직되고 고집 있는 그들은 덤바턴오크스에서 해결되지 못하고 남겨진 많은 결정에 중요한 기여를 했다. 그것들 가운데에는 유엔의 인권에 관한 역할을 강조한 것과 또 별개의 경제사회이사회(Economic and Social Council)의 설치를 포함했다

인권과 같은 추상적 문제에 강대국들이 관심을 기울여야 한다고 고집하는 자문단원들은 자신들의 입장을 웅변적으로 말하는 밴던버그 상원의원과 유엔헌장에 범세계적 "권리장전"이 포함되길 원하는 사람들과 동감인 트루먼 대통령까지 포함하여 힘 있는 사람들 사이에서 상당한 동조자들을 갖고 있었다.[421] 그러나 인권 문제는 샌프란시스코회의의 실제작업에서 하나의 지엽적인 문제에 지나지 않았다.[422] 가장 중요한 것은 이 회의가 거의 범세계적인 보편적 기구를 창출했다는 점이었다. 국제연맹의 계승자로서 유엔은 덤바턴오크스에서 윤곽이 잡힌 계획을 놀라울 정도로 일관되게 고수했다. 유엔은 국제연맹보다 제국주의와 사회적 평등의 문제를 더 많이 강조했다. 그리고 평화를 강제하는 여러 가지 수단이 더 조심스럽게 헌장에 기술되었다. 연맹처럼 유엔도 대단한 기대를 야기했다. 유엔의 거룩한 목적들이 이 기구에 대한 미국의 지원을 사실상 확실하게 만들었다.

그러나 샌프란시스코회의가 국제주의를 재활성화하도록 마련되었

420 Gary B. Ostrower, *op. cit.*, p. 29.

421 Harry S. Truman, *Memoirs: The Year of Decisions*, vol. 1(Garden City, New York: Doubleday, 1955), p. 279.

422 *Ibid*.

음에도 불구하고 이 회의는 패러독시컬하게도, 국제주의로부터 미국의 후퇴를 교묘하게 반영했다. 유엔헌장을 작성하는 연합국 관리들은 외교적 진공상태에서 그 일을 하지는 않았을 것이다. 독일과 일본의 임박한 패전이 미 · 소 간 아직 정의되지 않은 경쟁의 토대를 마련했다. 유럽에서 "승리의 날"(V-E day) 직후 트루먼 행정부는 1941년의 무기대여법(Lend-Lease act)에 따른 소련에 대한 군사원조를 중단하고 소련에 농업차관을 승인하지 않았다. 스테티니어스 장관이 샌프란시스코회의가 폐회할 때까지 폴란드와 기타 동유럽 문제들을 중요시하지 않으려고 노력했음에도 불구하고 그 문제들이 계속해서 그를 괴롭혔다. 그는 부분적으로만 성공적이었다. 요컨대 미 · 소 간 경쟁이 전후의 외교형태에 크게 영향을 미쳤고 또 미국 정책 결정자들 사이에서 1919년 윌슨주의자들이 갖고 있었던 것과는 아주 다른 일단의 가정들을 수립했다. 과거의 국제주의자들은 주된 무기가 경제적 혹은 군사적 힘의 사용이 아니라 인류의 도덕적 감성을 동원하려고 했던 집단안보기구를 창설했었다. 그러나 국제연맹의 실패는 1945년까지 정책 결정자들로 하여금 덜 낙관적으로 만들었다. 지금의 정책 결정자들은 윌슨식의 국제주의에 대한 자신들의 헌신을 수정함과 동시에 그들은 보다 전통적인 국가 이익을 보호할 방법을 설계했다. 비록 민족주의 쪽으로의 이런 전환이 전 냉전 시기 동안 모든 것에 우선하는 미국의 테마가 되었지만 1947년까지 그것은 아직 지배적인 것이 되지 않았다. 그때까지만 해도 미국 정책은 민족주의와 국제주의 사이에서 줄다리기를 하고 있었다. 그리고 이것이 샌프란시스코회의에서보다는 더 분명했던 곳은 없었다.[423]

샌프란시스코회의에서 미 · 소 간의 불화가 종종 상당한 합의의 영역을 덮어 버렸던 반면에 몇 가지의 유명해진 논쟁에선 실제로 이견이 별로 없었다. 예를 들어 아주 잘 알려진 소련의 의석수에 대한 논쟁은 실질적이기보다는 더 상징적이었다. 앞서 언급했던 것처럼, 얄타에서 루스벨트 대통령은 스탈린에게 우크라이나와 벨로루시의 추가적 2석을 약속했었다. 그러나 3월 초 스테티니어스가 루스벨트의 정치적 실수를 깨닫고 미국 관리들이 그것을 취소하기 위해 동분서주했지만 그땐 너무 늦었었다. 소련이 양보하려 들지 않았다. 그리하여 트루먼과 스테티니어스는 2개의 추가 의석을 수락하는 것보다도 스탈린에 대한 루스벨트의 약속을 깨뜨리는 것이 더 해로울 것이라고 결론지었다. 새 트루먼 행정부는 미국이 추가 의석을 요구하지 않을 것이라고 발표함으로써 비판자들을 달래려고 했다. 또한 트루먼 행정부도 비록 우크라이나와 벨로루시가 유엔에서 회원 자격을 갖겠지만 그들이 샌프란시스코회의에 초청받지 않을 것이라고 천명했다. 그럼에도 불구하고 미국의 대표단들은 세 소련대표단들이 출연할 총회가 아니라 안전보장이사회의 회원국 지위가 결정적으로 중요하다고 이해했다. 미국 관리들이 소련의 추가 의석이 미국을 심각하게 불편하게 할 것이라고 두려워했음을 암시하는 문건은 공적인 것이든 사적인 것이든 단 한건도 없다.[424]

미국인들이 소련의 대표권 문제로 모스크바와 씨름할 때 그들은 동시에 전쟁 중에 파시스트들에게 호의적 중립을 제공했던 유일한 서반

423 이 점에 관해서는, Thomas M. Campell, *Masquerade Peace: America's U.N. Policy, 1944-1945*(Tallahassee: Florida State University Press, 1973) 참조.

424 Gary B. Ostrower, *op. cit.*, p. 30.

구 국가인 아르헨티나의 의석 부여를 요구하는 화난 라틴아메리카의 대표단들을 직면했었다. 실제로 라틴아메리카인들은 만일 소련이 아르헨티나의 회원자격을 거부하면 우크라이나와 벨로루시의 회원 자격을 막겠다고 위협했다. 또한 소련인들이 전쟁 중 런던에 망명했던 폴란드 정부가 아니라 루블린(Lublin)에 기지를 둔 자기들의 피보호 공산주의 정부의 가입을 요구했을 때 문제가 더욱 복잡해졌다. 소련의 이런 요구는 영국 정부와 폴란드계 미국인들의 반대를 초래했다. 스테티니어스와 그의 동료들은 모스크바가 아르헨티나를 수용하는 대가로 2개의 소련 공화국들의 추가 의석을 지지하는 것으로 하는 거래를 중재했다. 이 타협으로 폴란드 문제는 일시적으로 외교적 찬바람을 맞았다.

또한 회의의 의장직에 대한 미 · 소 간의 논쟁도 주 의제를 더 오래 연기시켰다. 뱌체슬라프 몰로도프(Vyacheslav Molotov) 소련 외무장관은 미·소·영·불의 4개 강대국들 중 모두가 각자의 의장을 내세워서 각자가 회의에서 동등한 지위를 갖게 하자고 고집했다. 미국인들은 전통적으로 회의 개최국이 회의의 지도력을 제공한다고 주장하면서 난처해했다. 앤서니 이든 영국 외무장관의 지혜로운 제안으로 그 문제는 해결되었는데 그것은 스테티니어스의 전반적 의장 직무하에서 그들이 윤번제로 의장직을 수행케 하는 것이었다.

이런 실질적 문제들 가운데 가장 애를 태운 것은 안보리의 거부권에 관한 것이었다. 샌프란시스코회의 전에 어떤 최종적 투표방식도 등장하지 않았지만 덤바턴오크스에서 나온 제안들은 작지만 강력한 안전보장이사회를 내다보았었다. 얄타회담에서 집행조치에 대해서는 거부권을 허용하지만 절차 문제에선 그러지 않기로 합의했지만 그러나 절차

문제의 의미가 전혀 분명하지 않았다. 분쟁지역에 병력을 보내는 것은 분명히 실질적 문제이지만 그러나 어떤 국가가 헌장을 위반했다고 선언하거나 혹은 그런 국가에 취할 조치를 논의하는 것은 어떻게 되는 것인가? 아니 그보다 먼저 어떤 문제가 실질적인 것인가 아니면 절차적인가를 구별하는 데 대한 투표에서의 거부권 행사 문제는 어떤가? 이 거부권 문제는 소련과 기타 강대국들의 분열에 그치지 않았다. 그것은 강대국들과 약소국들 간에도 분열시켰다.

1945년 5월 이 거부권 문제가 여전히 해소되지 않고 있을 때 프랑스 정부가 식민지에 대한 영향력을 재구축하기 위해서 시리아와 레바논의 민족주의자들에 대한 군사적 공격을 단행함으로써 동맹국들을 당황하게 만들었다. 이제 미국과 영국은 다 같이 절대적 거부권이 새 기구를 마비시킬 가능성에 직면했다. 다행히 프랑스는 절대적 거부권을 요구하는 소련 측에 가담하지 않았다. 그럼에도 불구하고 이 문제는 회의를 곤경에 빠뜨렸었다. 밴던버그 의원이 이끄는 공화당원들이 소련이 타협하지 않는 한 박차고 나가겠다고 위협하는 지경에까지 이르렀다. 그러자 마침내 소련이 타협했다. 트루먼 대통령은 제한된 권한을 가진 그로미코와 협상을 계속하기보다 병환의 해리 홉킨스로 하여금 모스크바에서 스탈린에 직접 접근하도록 승인했다. 스탈린이 안보리에선 거부권 없이 어떤 문제에 관해서도 논의를 허용하는 데 동의함으로써 미국의 요구를 수락했다.[425] 그러나 미국이 대단히 중요하다고 간주하는 문제에 양보함으로써 스탈린은 자신의 몫을 챙기게 될 것이다. 즉 미국은

425 *Ibid.*, p. 32.

분쟁의 강제적 조정 같은 "평화적" 강제조치에 대해 강대국의 거부권을 반대하는 약소국들의 편에 서기를 거절했던 것이다. 소련과 공개적으로 갈라지는 것을 막으려는 염원에서 스테티니어스는 약소국들 입장의 정당성을 거절해야 했다. 이런 사실에 비추어 볼 때 당시 미국 정부는 미 · 소 간의 협력 전략을 여전히 추구했다고 할 수 있다.

따라서 냉전이 1945년 이전에 시작했었다고 주장하는 역사가들은 샌프란시스코에서 두 정부 간에 협력을 위한 염원을 무시하거나 그 중요성을 깎아 내렸다고 하겠다. 1945년 여름에 냉전은 미약한 찬바람에 지나지 않았다.[426] 미 · 소가 거부권 문제로 다툼을 벌이는 동안 샌프란시스코에서 대표단원들은 지역주의 문제에 대해서도 투쟁을 벌였다. 전쟁 중 미국 정부 내에 지역주의에 대한 논란이 없진 않았지만 유엔헌장과 관련된 지역주의의 주제는 샌프란시스코에서 소련이 동유럽 이웃 국가들과 맺은 조약들이 안보리의 권한 밖의 일이라고 고집한 뒤 등장했다. 그러나 소련이 지역문제를 제기하자 그것의 주도적 주창자들은 미국인이나 소련인들이 아니라 라틴아메리카인들이었다. 최근에 차풀테펙결의서(the Act of Chapultepec)로써 지역 안보제도를 창설했던 라틴아메리카인들은 스테티니어스에게 서반구의 지역주의란 먼로독트린을 의미한다고 상기시키면서 그에게 협력을 호소했다. 미국 대표단의 어느 누구도 1919년 미국의 민족주의자들에게 너무도 중요해서 먼로독트린을 보호하는 조항이 없이는 우드로 윌슨이 국제연맹규약에 서명하기를 거절했었다는 사실을 잊지 않고 있었다.

426 *Ibid.*, pp. 32-33.

그러나 1945년에 스테티니어스는 먼로독트린을 유엔의 권능의 예외로 두는 규정이 동유럽에서 소련의 영향력을 증대시킬 문을 열어 주게 되지 않을까 염려했다. 영국인들은 지역적 조정이 유엔의 이상을 무너뜨릴 수 있을 것이라고 염려하면서도 그럼에도 불구하고 유럽과 중동에서 자신들의 영향력을 보호하길 기대했다. 이 문제에 대해 미국 대표단도 갈렸지만 미국인들은 지역적 조정을 인정하면서도 안보리의 승인 없이는 국가들이나 지역기구들에 의한 무력행동을 금지했던 덤바턴오크스의 형식의 그 부분을 수정하여 딜레마를 해소했다. 그들이 먼로독트린이나 최근의 차풀테펙결의서의 어느 것도 포기할 수 없다는 사실을 이해한 미국인들은 영국인들에 의해 수정되어 헌장의 제51조가 된 타협책을 마련했다. 제51조는 안보리가 조치를 취할 그때까지는 회원국가에게 전통적 자위권을 허용할 것이다. 비록 라틴아메리카인들은 새 조항이 차풀테펙결의서를 언급하지 않는다고 불평했음에도 불구하고 그들은 대단한 승리를 거두었다. 결국 제51조는 유엔 자체의 군사적 강제장치가 사용될 가능성을 줄여 버렸다. 샌프란시스코에서 대표단들이 전통적 안보조정의 정당성을 일단 인정하자 유엔은 덜 "혁명적"이 되고 또 덤바턴오크스 이후에 생각되었던 것보다도 훨씬 약화되었다.[427]

샌프란시스코회의는 총회로 하여금 경제적 정의와 인권에 관련된 문제들을 다루도록 허용하는 것 이상을 했다. 경제사회이사회를 총회의 중요한 일익으로 창설함으로써 그 회의는 이런 활동의 제도적 토대

---

427 Evan Luard, *op. cit.*, vol. 1, p. 54.

를 구축했다. 경제사회이사회의 뿌리는 연맹규약의 제23조로 거슬러 올라갈 수 있다. 그래서 덤바턴오크스에서 미국인들은 다른 대표단들과 함께 이 이사회를 유엔에 포함시켰다. 그러나 샌프란시스코회의의 대표단들은 약소국들의 압력에 부응하여 한 걸음 더 나아갔다. 그들은 경제사회이사회를 그 유엔의 주요기관(principal organ)으로 만들었다. 그리하여 이 이사회에 옛 국제연맹의 경제 및 사회 기관들에게 결코 인정되지 않았던 중요성을 부여했던 것이다. 경제사회이사회의 설립을 뒷받침하는 이론은 간단했다. 그것은 평화와 안전이 경제 및 사회적 정의의 토대에 의존한다는 것을 인정했던 것이다. 1945년에 정치적 안정과 경제발전 간의 연계를 충분히 알고서 미국인들은 경제사회이사회를 떠받치는 가정들을 편안히 포용했다. 그러나 그들은 자신들의 권능을 손상시키려고 하지 않았다. 미국이나 소련은 경제사회이사회의 회원국의 중요한 팽창을 지지하지 않을 것이고 또 후에 소위 제3세계라고 불릴 곳으로부터 나오는 국가들을 위해 경제사회이사회를 지원하지도 않았다.

미국의 경제 및 사회적 활동에 대한 이런 애매한 태도는 총회의 인권활동에 대한 견해와 방향을 같이하고 있었다. 샌프란시스코에서 미국 자문단원들의 요구에 부응하면서 트루먼 행정부는 인권존중을 증진시킬 유엔의 권한을 지지했을 뿐만 아니라 경제사회이사회의 권능하에 별도의 인권위원회(Commission on Human Rights)를 설립했다.[428] 그러나 미국인들은 그 이상 나아가길 거부했다. 1919년 연맹규약에 대한

428 유엔헌장 제62조와 제68조.

논쟁은 국제기관들에게 국내적인 문제들을 다루도록 허용하는 데 대한 미국인들의 염려를 두드러지게 했었다. 소련의 지지와 함께 미국인들은 회의 대표단원들에게 본질적으로 국내적인 문제들을 포함하기 위해 순전히 국내적인 문제들의 유엔 개입에 대한 덤바턴오크스의 금지를 확장하도록 설득했다. 요컨대 일반적 총회를 지원했던 것처럼 인권을 위한 미국의 지지에도 한계가 있었던 것이다.[429]

덤바턴오크스 제안서는 새로운 신탁통치이사회를 설립하여 옛 연맹의 위임통치제도를 연장하려 했지만 덤바턴오크스회의의 대표단들은 그 이사회의 권한을 정의하지 않은 채 샌프란시스코회의 때까지 그 주제를 불분명하게 남겨 두었었다. 세부 사항이 등장하면서 옛 제국 들은 1919년 그들이 위임통치제도를 창설할 때 그랬었던 것처럼 자신들의 식민지들을 보호하려 할 것이 분명해졌다. 덤바턴오크스와 샌프란시스코회의 사이에 신탁통치 개념을 둘러싼 논쟁은 미국인들이 관련된 2가지 종류의 이견을 낳았다. 하나는 워싱턴에서 관리들을 분열시켰다. 루스벨트의 정치 보좌관들은 모든 속방 영토들과 식민지들을 신탁 제도하에 두기를 찬성하는 반면에 미 국방부는 미국에 잠재적으로 전략적 가치가 있는 태평양의 전 일본 지배하의 섬들을 제외시키려고 들었다. 또 하나의 논쟁은 미국 관리들과 프랑스와 영국 같은 식민제국들에서 온 그들의 동료들 간의 분열이었다. 처칠 수상과 프랑스의 드골 장군의 주도하에 유럽인들은 자신들의 식민지들에 대한 유엔의 영향력을 극소화하려 했고 이에 미국인들은 항의했다. 단지 전략적이고 정치적

429 Gary B. Ostrower, *op. cit.*, p. 35.

일 뿐만 아니라 동시에 경제적이고 심리적이기도 한 신탁통치에 대한 전 논쟁이 치열하게 되었다. 트루먼 행정부 내 이견을 해소하기 위해서 미국인들은 2가지 형태의 신탁통치를 제안했다. 하나는 전략적 지역에 대해서는 신탁통치이사회의 권능을 본질적으로 제거하고, 또 하나는 보다 전통적 영토들을 옛 국제연맹의 위임 통치하에 있었던 것처럼 취급하는 것이었다.[430] 샌프란시스코회의는 신랄한 논쟁 뒤 이 조절안을 수락했지만 미국의 승리는 대가를 지불했다. 즉 다른 식민제국들이 미국인들로 하여금 신탁통치이사회의 권능을 축소하도록 만들었다.

그리하여 신탁영토들을 위한 독립의 근본적 목적이 이런 미국의 절충안이 채택된 이후에 유엔헌장 초안에서 사라져 버렸다. 미국의 대표단도 다른 많은 문제들 에서처럼 이 문제에서도 갈렸다. 한편에선 독립의 목표로부터의 후퇴가 식민지 인민들 사이에서 미국의 지도력을 심각하게 손상시킬 것이고 또 독립의 거부는 다음 세계대전의 씨앗을 심을 것이라고 주장했던 반면에, 다른 한편에선 독립을 진작시키는 것은 전개되는 소련과의 경쟁에서 미국에 대한 영국과 프랑스의 지지를 손상시킬 것이라고 주장했다. 어쩔 수없는 타협의 순간이 마침내 도래했을 때 미국인들은 독립의 이상을 희석시키고 제76조에서 각 신탁 영토의 특수한 조건에 적합한 자치정부나 혹은 독립을 향한 진보적 발전을 진작시킨다는 유연한 개념을 채택하는 데 동의했던 것이다.[431]

430 *Ibid.*, p. 37.

431 Leland M. Goodrich and Edward Hambo, *Charter of the United Nations: Commentary and Documents*(Boston: World Peace Foundation, 1946), pp. 233-236.

종종 세계재판소라고 불리는 신국제사법재판소(International Court of Justice)의 권능이 덤바턴오크스회의에서 미해결로 남겨진 중요한 마지막 문제였다. 이것도 또한 이상을 실제적 고려에 복종시키는 미국인들의 성향을 반영했다. 비록 국무성이 "국내적"이라고 간주되지 않는 문제들에 대해서 재판소에 강제적 관할권을 부여하기로 동의했었지만 의회의 대표단원들이 반대하고 나섰다. 그들은 새 재판소에 강제적 관할권을 인정하는 것은 1930년대 미국 상원으로 하여금 옛 세계재판소에 미국의 가입을 거절하도록 촉발시켰던 것과 비슷한 논쟁을 부활시킬 것임을 두려워했다. 상원을 잘 이해했던 밴던버그와 코널리 상원의원은 강제적 관할권 조항을 포함시키는 것은 상원의 유보를 초래할 것이라고 염려했다. 그리고 일단 상원이 하나의 유보조항을 채택하고 나면 유엔에 적대적인 상원의원들이 유엔헌장에 맹공을 퍼부을 것이라고 경고했다. 요컨대 그들에게 강제적 관할권은 1919년의 미끄러운 내리막길로 접어드는 것으로 보았던 것이다.[432]

미국인들은 샌프란시스코회의에서 회원가입 과정, 유엔으로부터 철수할 국가의 권리, 사무총장의 선출에 적용되는 거부권, 세계재판소의 심판을 집행할 안보리의 권능과 같은 문제들을 포함하여 많은 다른 문제들의 해결에 기여했다. 미국인들은 이런 문제들을 다른 문제들에서처럼 취했던 것과 같은 방식으로 접근했다. 즉 그들은 총회나 전문화된 이사회나 세계재판소에서나 약소국들에게 별로 권한을 내어 주지 않는 덤바턴오크스의 형식을 보호했다. 그렇게 하는 데 있어서 미국은 종종

432 *Ibid.*, p. 38.

소련 편에 섰다. 거부권으로 무장한 미국인들은 자국의 진정한 권한을 결코 포기하지 않았다. 그 점에서 물론 소련도 그리고 다른 안보리의 상임이사국들도 마찬가지였다. 어쩌면 이것이야말로 유엔이 1945년의 거대한 기대에 결코 미치지 못할 이유일 것이다.

어쨌든 1945년 6월 26일 샌프란시스코회의에서 유엔헌장은 50개 회원국들에 의해서 서명되었다. 결코 참석 못한[433] 폴란드는 그럼에도 불구하고 그 다음 달에 창설회원국으로 서명하는 것이 허용되었다. 그래서 총 창설회원국은 51개국이 되었다. 1945년 7월 28일 미국의 상원은 유엔헌장을 89 대 2의 찬성투표로 승인했다. 상원의 동의를 얻은 트루먼 대통령이 헌장을 위한 비준서에 서명했다. 1919년 때와는 아주 판이하게 1945년에는 전 과정을 통해 상원에 의한 초당적 참여가 아주 성공적인 전략이었음을 입증했다. 1945년 10월 24일까지 원래 51개 가맹국들 중에서 다수를 이루는 27개국이 헌장에 서명하고 비준했다. 그리하여 10월 24일이 지금도 유엔의 탄생일로 계속 기념된다. 바로 그날 공식적으로 유엔의 헌정질서가 선포되었던 것이다. 유엔 시대의 막이 오른 것이다. 그러나 곧 이란, 그리스, 터키 등지에서 벌어지는 소련과의 경쟁은 유엔 창설의 "주체"였던 미국으로 하여금, 아이러니컬하게

433 소련인들은 런던 망명정부의 폴란드인들이 루블린파의 상대방을 만나기 위해 모스크바에 도착했을 때 그들을 체포해 버렸다. 이것은 그들이 서로 만나서 샌프란시스코로 갈 공동대표단을 선발하겠다는 소련의 합의의 명백한 위반이었다. 회의가 끝나 갈 때 폴란드의 임시정부에 대한 합의가 최종적으로 이루어졌다. 그러나 샌프란시스코에 도착할 시간은 없었다. Ruth B. Russell, *A History of the United Nations Charter: The Role of the United States, 1940-1945*(Washington, D.C.: Brookings Institution, 1958), p. 929; Jean E. Krasno, *op. cit.*, p. 45, note 53에서 재인용.

도, 유엔을 2차적인 역할로 좌천시키는 반면에 훗날에 유엔 주도의 탈식민화 과정에서 독립국가가 된 유엔 창설의 객체였던 소위 제3세계라고 불릴 많은 신흥 독립 국가들이 유엔을 세계정치의 제1차적 무대로 격상시킬 것이다.

제12장

유엔과 미국

—교황과 황제처럼?

우리가 승리할 땐 환호해 주십시오. 우리가 실패할 때 정정해 주십시오. 그러나 무엇보다도 회원국들의 무관심이나 부주의나 재정적 결핍의 결과로 이 필요 불가결하고 대치될 수 없는 제도가 쇠퇴하거나 시들거나 소멸하게 하지는 마십시오.
—코피 아난(Kofi Annan), 제7대 유엔 사무총장

유엔의 목적은 우리들을 천국으로 인도하는 것이 아니라 우리들을 지옥으로부터 구하는 것이다.
— 다그 함마르셸드(Dag Hammarskjöld), 제2대 유엔 사무총장

자연은 인간의 상상력보다도 더 풍부하다. 인류역사상 최대의 비극으로 약 3천5백만 명의 생명을 앗아간 제2차 세계대전 후 세계평화와 안전을 위해 1945년 6월 유엔의 헌장이 채택된 지 미처 한 달도 안 된 7월 최초의 원자탄의 실험이 성공했다. 그리하여 유엔의 시대는 곧 핵 시대가 되어 버렸다. 1949년 7월 소련마저 핵무기를 보유하게 되었을 때 세계는 완전히 새로운 안보적 환경을 맞게 되었다. 핵 시대의 도래는 집단안전보장제도를 통해 세계 평화와 안전을 꿈꾸던 유엔에겐 마치 네메시스의 저주와 같았다. 핵 대결의 전략적 혁명은 집단안전보장체제

를 사실상 거의 마비시켜 버렸기 때문이다. 그리하여 국제사회는 유엔에 기반을 두는 안보체제보다는 경합적 초강대국들과 그들의 동맹체제에 의한 핵억제체제에 의존하게 되었다. 모든 국가들이 핵의 공격에 잠재적으로 노출되었다는 현실은 많은 국가들로 하여금 초강대국들 중 하나와 동맹을 추구할 욕망을 강화시켰으며 국가들은 모든 다른 국가들에게 무차별적으로 안전을 보장해 주는 데 몹시 신경 쓰게 만들었다. 그리하여 유엔의 집단안전보장제도는 초강대국가들을 중심으로 하는 집단방어체제에 의해서 거의 대치되어 버렸다. 따라서 유엔은 자신의 헌장에 따라 행동할 수 없는, 즉 스스로의 약속을 지킬 수 없는 처지로 전락하고 말았다.

그럼에도 불구하고 유엔 창설자들의 염원이 핵무기의 등장으로 인한 전략적 혁명으로 완전히 증발해 버린 것은 아니었다. 유엔은 지금도 살아서 숨 쉬고 있다. 그리고 유엔은 국제평화와 안전을 위해 결코 무시할 수 없는 역할을 수행해 왔다. 냉전이 종식되기 이전인 1988년 유엔 평화유지군의 노벨평화상의 수상은 국제평화와 안전을 위해 노력한 유엔의 긴요한 역할에 대한 인류의 공인과 보답이었다. 뿐만 아니라 유엔은 인류역사상 유일한 일반적 목적의 범세계적 국제기구이다. 유엔은 국제연맹의 잿더미 위에서 당시의 시대정신을 타고 국가 및 인민들 간의 평등의 개념을 공식적으로 수용함으로써 기존 국가들의 절대다수가 자발적인 회원국이 되었다. 1945년 창설 당시 51개국이었던 회원국의 수는 계속되는 탈식민지화의 물결과 대규모의 연방국가들의 붕괴로 계속 증가해 왔다. 그리하여 1961년엔 100개국, 1984년 말까지는 159개국이었던 회원국이 1991-1992년 사이에 소련과 유고슬라비아의 붕괴로 1995년 1월까지 185개국이 되었다. 현재 회원국 수는 192개국이다. 창설 반세기만에 유엔 회원국들의 수가 거의 4배 가까이 늘어난 것이다. 이러한 현상은 유엔이 주권국가(sovereign state) 개념의 세계적 승리를 관장했음을 의미했다. 유엔 회원국이라는 지위는 세계적인 법적 주권의 인정서가 되어 버린 것이다. 그리하여 1965-1966년에 인도네시아가 잠정적으로 유엔에서 철수했던 경우를 제외하고서 유엔을 자발적으로 떠난 국가는 없다. 그만큼 오늘날의 국가들은 유엔을 자국의 이익을 위해 필요한 외교적 광장으로 간주하고 있음을 의미한다.

그러나 범세계적 회원의 확대가 일반적 집단안보제도의 성공을 위한 충분조건이 되지는 못했다. 긴 냉전의 시기 동안에 유엔헌장 제27조(3항)에서 공식적으로 인정한 5대 상임이사국들의 소위 거부권(veto)과 핵무기의 특수한 전략적 성격, 그리고 소위 제3세계 국가들의 기존 경제질서에 대한 도전적 투표와 성난 목소리는 유엔을 분열적 대결과 구속력 없는 말잔치의 무대로 전락시켜 버렸다. 그러다 소위 "고르바초프의 혁명"과 냉전의 종식은 유엔에 새로운 생명력을 불어넣었으며 1991년 초 걸프전은 유엔을 헌장으로 복귀시키는 것처럼 보였다. 그러나 유엔은 이 때 유엔 창설자들이 예상하지 않았던 새로운 국제평화와 안전에의 위협에 직면하기 시작하였다. 그것은 냉전의 종식과 함께 이곳저곳에서 발생하고 소위 주권국가들의 붕괴가 미치는 국제평화와 안전에의 위협이었다. 따라서 유엔은 그런 "국내적 문제"에 개입하지 않을 수 없게 되었으며 그 결과 엄청난 재정적 및 인적 부담이 크게 증가하게 되었다. 그러나 유엔을 주도적으로 창설하고 유엔에서 가장 큰 영향력을 행사해 온 미국은 유엔의 그러한 역할 증대에 반대하고 있으며 인적 지원에 주저하고 재정적 분담금에 인색함으로써 유엔은 새로운 시대를 맞고 있다고 하겠다.

국제적 삶의 전제조건인 국제평화와 안전을 위해 제2차 세계대전의 종결과정에서 잉태하여 1945년 10월 24일 인류의 국제정치적 및 국제도덕적 봉화로 탄생한 이래 지난 반세기 동안 유엔은 자신의 존립 목적에 기여하고자 실로 시시포스 같은 노력을 펼쳐 왔다. 그러나 국제평화와 안전은 신기루처럼 다가갈수록 멀어져만 갔다. 그것은 유엔이 국제정치에 대한 소위 이상주의적 사고의 산물에 지나지 않았기 때문이었을까? 유엔 창설의 정신적 아버지가 18세기 계몽주의 시대 이마누엘 칸트임에는 분명하였지만 국제연맹의 창설자들처럼 유엔의 창설자들이 단순한 이상주의자는 결코 아니었다. 프랭클린 루스벨트, 윈스턴 처칠 그리고 이오시프 스탈린이 국제정치 속에서 국가 이익과 힘의 현상에 무지했다고 감히 주장할 사람은 없을 것이기 때문이다. 그들이 1945년 2월 얄타에서 유엔 창설에 관한 최종적 합의에 도달했을 때 그들은 당시에 그리고 지금도 역사적으로 가장 뛰어난 정치적 감각과 힘의 세련된 달인들이었다. 그들이 전쟁의 참화로부터 자국민과 인류를 구원하기 위해 유엔의 집단안전보장제도를 계획했을 때만 해도 그것은 소위 현실 정치의 산물이었다. 즉 유엔은 소위 이상주의자들의 환상적 피조물이 아니라 현실적 정치가들의 필요에 따라 창조된 정치적 지혜의 산물이었다. 그러한 사실은 유엔의 실제적 잉태 과정에서 아주 분명하게 노출되었다.

1941년 8월 참전 이전에 이미 윈스턴 처칠과 함께 소위 대서양헌장에서 보다 광범위하고 항구적인 일반평화체제의 필요성에 합의한 바 있는 루스벨트 대통령은 1942년 5월 백악관에서 소련의 몰로토프 외무장관과의 만찬 후 대담에서 전후 미국, 러시아, 영국, 그리고 가능하면 중국이 세계를 정찰하고 군축을 시행해야 할 것으로 생각한다고 말하면서 4개 경찰관 국가들의 인구는 10억이 넘고 따라서 전 세계의 법과 질서를 유지할 수 있을 것이라고 말했다. "약소국가들은 강력한 침략자들에 대항하여 자신을 방어할 능력이 없기 때문에 전후에 비무장 상태로 남아서 자국민에게 무거운 경제적 짐을 덜어 주어야 할 것이다. 만일 약소국 가운데 누가 무장에 대한 금지를 위반하려고 한다면 경찰관 국가들이 위반 국가를 격리시키겠다고 위협할 수 있으며 만일 아무런 효과가 없다면 그 국가 일부를 폭격하겠다고 위협할 수 있을 것이다."[434] 이에 몰로토프 외무장관은 그것이 루스벨트 대통령의 최종적이고 숙고한 판단인가를 물었을 때 루스벨트 대통령은 그렇다고 시인하고 스탈린에게 자신의 생각을 전달하도록 요청했다. 이틀 후 또 다른 백악관 회의에서 몰로토프 소련 외무장관은 스탈린이 4대 강국이 세계의 치안을 유지해야 한다는 루스벨트의 제안을 수락했다고 루스벨트 대통령에게 알려 주었다. "이 생각은 소련 정부의 완전한 승인을 얻었으며 소련 정부는 완전하게 그것을 지지할 것"[435]이라고 말했다. 유엔은 사실상 이렇게 탄생했던 것이다.

그러나 1945년 2월 얄타회담에서 루스벨트의 약소국들 무장해제에 대한 생각은 포기되었다. 당시 윈스턴 처칠은 "독수리들은 작은 새들

434 Ruth Russell, *A History of the United Nations Charter*(Washington, D.C.: The Brookings Institution, 1958), p. 97.

435 *Ibid*.

이 노래하도록 내버려두어야 한다"고 말하면서도 그러나 "독수리들은 작은 새들이 무슨 노래를 부르는가에 대해 신경 쓸 필요는 없다"고 덧붙였다.[436] 그리하여 약소국가들은 권고의 권한을 갖는 총회에서 목소리를 내고 투표할 수 있게 되었다. 그러나 루스벨트의 4대 경찰이 후에 프랑스가 끼어 5대 강대국가들이 국제평화와 안전의 책임을 맡게 되었다. 즉 안전보장이사회가 모든 회원 국가들에게 구속력을 갖는 결정을 내리고, 경제 제재나 봉쇄를 명령하고 국제평화와 안전을 유지하거나 회복하는 데 필요하다고 생각되는 육해공군에 의한 조치를 취할 권한을 부여받았다.[437] 그리하여 전시의 동맹기관들이 평화를 위한 기구의 조직체로 이식되었던 것이다. 당시엔 루스벨트의 프로젝트는 평화를 보장하는 유일한 현실적인 방법이라고 보편적으로 수락되었다. 적어도 당시엔 5대 경찰에 의해 지배되는 세계가 한 사람의 미치광이에 의해서 지배되는 세계보다도 훨씬 나아 보였기 때문이다. 당시엔 5대 경찰들이 결정을 집행할 능력에 대해 아무도 의심할 수 없었다. 전쟁 노력은 국가자원에 대한 통제력을 정부에 집중시켰었다. 전쟁 종결 시 연합국 동맹체제의 군대들은 세계의 지배자들이었다. 알타에서 소위 세 거두는 세계의 지도를 다시 그렸으며 그들의 그런 오만은 압도적인 힘에 의해 뒷받침되었었다. 어떤 의미에서 유엔은 국제사회에 새로운 서열(pecking order)을 제도화한 것이라고 할 수 있다.

유엔은 처음부터 강대국들 간의 분쟁과 갈등을 해결하려는 목적이

---

436 Marx Jakobson, *The United Nations in the 1990s: A Second Chance?*(The Twentieth Century Fund, 1993), p. 21에서 재인용.

437 유엔헌장 42조.

나 의도를 갖고 있지 않았으며, 그들 간의 협력관계의 지속을 전제하고 있었다. 또한 유엔은 민족해방전쟁이나 내란이 아니라 오직 히틀러나 무솔리니가 보여 준 전형적인 침략전쟁을 상정하고 있었다.[438] 따라서 유엔헌장은 전후 국제질서의 구조와 작용에 2개의 원칙을 구현했다. 하나는 "강대국가들의 지배"이고 또 다른 하나는 "주권평등의 원칙"에 초점을 둔 국가제일주의 원칙이었다.[439] 우선 강대국 지배의 원칙은 유엔 안보리의 상임이사국에 주어진 거부권에 의해서 대변되었다. 거부권은 상임이사국이 유엔에 의해 강제되는 것으로부터 보호하고, 5개 상임이사국들이 원하지 않는 한 유엔의 안보 권한이 행사될 수 없게 하였다. 그리고 이 강대국 지배의 원칙은 보다 희석된 형태이긴 하지만 예상되는 국제경제질서에까지 확대되었다. 전후 국제경제질서의 두 축으로 예상되었던 국제통화기금(IMF)이나 세계은행(the World Bank)은 마치 안보리처럼 강대국들이 지배할 것이라는 기대 위에 놓여 있었다. 이 기구들에서 결정권은 경제력에 따라 비중이 다르게 주어졌다. 경제, 사회 혹은 문화에 관련된 기구들도 주도적 강대국들에 통제기관의 회원자격을 보장하는 헌장상의 규칙과 그런 효과를 갖게 하는 투표권의 가중치에서 나타났다.

438 유엔헌장은 침략에 대한 명백한 정의를 포함하고 있지 못했으며, 1974년에 와서야 침략행위에 대한 정의가 총회에 의해서 채택되었다. 이것의 내용에 관해서는, Harold K. Jacobson, *Networks of Interdependence: International Organizations and the Global Political System*, 2nd ed.(New York: Alfred A. Knopf, 1984), p. 154.

439 Lawrence S. Finkelstein, "The United Nations at 100?: Alternative Scenarios," in Han Sung-Joo, ed., *The United Nations: The Next Fifty Years*(Seoul: Ilmin International Relations Institute, 1996), p. 11.

다음으로 "주권평등의 원칙"은 헌장의 제2조 1항에 명시되어 있다. 이것은 베스트팔렌체제의 본질적 규칙[440]을 확인하고 국가가 전후 국제체제의 주요 행위자임을 확실히 한 것이다. 이런 국제체제의 제1차적 규칙은 국가란 외부의 간섭으로부터 면제되어야 한다는 것이었다. 그리하여 주권 원칙은 헌장의 제2조 7항에서 "불간섭의 원칙"으로 요새화되었다. 즉 유엔헌장은 모든 국가의 본질적으로 국내적 관할권 내에 속하는 문제에 유엔이 개입하는 것을 인정하지 않았다.

그러나 유엔 창설자들이 구현하려고 했던 이 두개의 원칙은 제2차 대전 후 전개되는 국제정치의 현실에 의해서 유엔헌장의 잉크가 다 마르기도 전에 곧 도전받게 되었다. 즉 유엔도 그것이 의존하고 있는 국제정치적 환경변화의 영향에서 결코 벗어날 수 없다는 국제정치사의 보편적 진리를 깨닫는 "마키아벨리적 순간"을 맞게 된 것이다. 제2차 대전의 종전 직후부터 유럽에서 시작된 강대국들 간의 불신과 갈등은 유엔헌장 제7장에 입각한 집단안보체제의 성공적 실천을 위해 제47조에 규정된 유엔의 군사참모위원회(Military Staff Committee)를 설립하려는 1946-1947년에 걸친 안전보장이사회의 노력이 완전히 실패하게 되었다. 그것은 당시 점증하는 냉전의 긴장과 미·소 협상가들의 경직된 자세에 기인했을 뿐만 아니라 유엔 군사력의 가장 강력한 지원국이었던 미국인들마저도 유엔 군사력의 사명에 대한 명확한 비전을 갖고 있

440 Mark M. Zacher, "The Decaying Pillars of the Westphalian Temple: Implications for International Order and Governance," in James N. Rosenau and Ernest-Otto Czempiel, eds., *Governance Without Government: Order and Change in World Politics*(Cambridge: Cambridge University Press, 1992), p. 59.

지 못했으며 미국을 포함한 모든 국가들이 자국의 군사력에 대한 일방적인 통제권에 대해 어떠한 제약도 강력히 저항함으로써 성공할 수 없었다.[441] 게다가 1949년 7월 소련이 미국에 이어 두 번째로 핵보유국이 되었을 때 집단안전보장제도의 실천은 사실상 돌아올 수 없는 루비콘 강을 건너 버렸다. 핵전쟁을 감수하면서까지 헌장의 규정을 준수할 국가는 없을 것이기 때문이다. 따라서 세계는 유엔 창설자들이 상정했던 합의에 입각한 강대국가들의 공동지배가 아니라 강대국가들의 분열에 따른 양극적 대립의 냉전체제로 접어들어 버렸다.

그리하여 1950년 6월 25일 북한이 남한에 대해 노골적인 군사적 침략을 감행했을 때 유엔 안보리는 헌장의 제7장에 따른 군사력 사용에 관한 첫 시험대에 올랐었다. 당시 유엔은 제43조에 입각하여 회원국들과의 합의된 군사력을 확보하고 있지 못했으며 제47조에 규정된 군사참모위원회도 설립되어 있지 않았다. 당시 소련이 중국의 대표권 문제로 안보리에 불참하고 있었음에도 불구하고 바로 이러한 이유로 인해서 1950년 6월 27일 유엔 안보리는 결의안 83호를 통해 회원 국가들에게 남한을 방어하도록 하는 조치를 "결정"하지 못하고 자발적으로 남한을 돕고 필요한 조치를 취하도록 "권고"했던 것이다.[442] 그러나 8월에

441 Jonathan Soffer, "All for One or All for All: The UN Military Staff Committee and the Contradictions within American Internationalism," *Diplomatic History*, vol. 21, no. 1(Winter 1997), p. 45.

442 Lawrence S. Finkelstein, "The United States and the United Nations: Proper Prudence or a New Failure of Nerve?" in Sung-Hack Kang, ed., *The United Nations and Keeping Peace in North East Asia*(Seoul: Korea University, The Institute for Peace Studies, 1995), p. 91. 이 결의안 전문은, Se-Jin Kim, ed., *Korean Unification: Source Materials with an Introduction*(Seoul: Research Center

소련이 안보리에 복귀하자 예상되는 소련의 거부권 행사는 안보리가 더 이상 아무것도 할 수 없게 만들어 버렸다. 따라서 미국은 소련의 거부권을 피해 가기 위해 2달 후 총회에 "평화를 위한 단결 결의안"을 상정했다. 이것은 국제평화와 안전의 유지에 관하여 총회에 새로운 역할을 부여하는 것이었다. 즉 평화가 깨어지거나 침략 행위가 발생했을 경우에 안보리에서 거부권이 행사될 경우 총회가 24시간 내에 소집되어 군사력의 사용을 포함하는 집단적 조치를 권고할 수 있게 하는 것이었다. 당시 소련 정부는 이 새로운 절차가 헌장의 기본적 원칙을 위반하는 것이라고 규탄했지만 이 총회 결의안 377호는 11월 3일 39 대 5의 투표 결과로 채택되었다. 그리고 이 평화를 위한 단결 결의안에 입각하여 유엔총회는 새로운 권능을 부여받은 셈이다. 그리고 바로 이것이 오늘날 광범위한 평화유지활동의 초석이 되었다. 그리고 이 결의안이 한때 안보리에서 소련이 아니라 미국의 가장 가까운 동맹국들인 영국과 프랑스의 거부권을 우회하는 데 사용되게 된 것은 참으로 역사의 아이러니가 아닐 수 없었다. 이것은 1956년 10-11월에 수에즈 위기가 발생했을 때였다. 당시 유엔은 소위 제3세계 국가들의 식민지 유지 문제로 인한 분쟁과 갈등에 휘말리게 되었다. 이스라엘의 탱크들이 시나이 반도에서 진격하고 영국과 프랑스가 수에즈 운하 지대로 병력 투입을 준비하고 있을 때 이집트로부터의 병력을 철수하고 모든 회원국들로 하여금 무력 사용이나 위협을 자제하도록 촉구하는 미국의 결의안을 토의하기 위해 안보리는 10월 29일 소집되었다. 당시 소련은 이 미국 측

for Peace and Unification, 1976), pp. 127-128에서 확인할 수 있음.

의 결의안에 찬성했지만 영국과 프랑스가 거부권을 행사했다. 그리하여 이틀 후 안보리는 "평화를 위한 단결" 결의안에 입각하여 비상 총회를 소집하도록 결정하였을 때 과거 헌장의 위반이라고 강력히 반대했던 소련이 이 조치를 지지했던 것이다. 이 수에즈 위기는 유엔에 중요한 항구적 영향을 미쳤다. 즉, 이 위기의 해소 과정에서 오늘의 평화유지군이 탄생했으며 유엔 사무총장의 역할 증대를 가져왔다.

수에즈에서 유엔군 사용의 아이디어는 당시 캐나다의 레스터 피어슨(Lester Pearson) 외무장관에 의해 처음 공개적으로 시작되었지만 1956년 11월 초 연속되는 긴장 속에서 유엔을 휘감은 창조적 혼동 속에서 탄생했다고 보는 것이 보다 더 정확할 것이다.[443] 당시 피어슨 장관의 해결책은 영국과 프랑스가 수에즈 운하를 이집트에 직접 넘겨주는 대신에 유엔군에 넘겨주도록 함으로써 양국의 국가적 위신을 구원하는 데 도움이 되도록 계획된 것이었다. 당시 다그 함마르셸드 사무총장은 피어슨의 아이디어에 즉각적으로 수용적이지는 않았지만 미국이 즉각 수용하고 서둘렀다. 당시 헨리 캐벗 로지 미국 대표는 국무부로부터 사무총장에게 48시간 내에 유엔긴급군(UNEF)을 위한 계획을 상정하도록 요청하는 결의안의 초안을 접수했다. 그는 자신이 아니라 다른 사람이 그것을 총회에 제안하게 하라는 훈령을 받았다. 그는 미국 대표부 건물에서 유엔 건물로 걸어 나가면서 레스터 피어슨이나 폴 앙리 스파크(Paul Henri Spaak) 벨기에 외무장관 중 먼저 만나는 사람에게 부탁하겠다고 결심했으며 우연히도 피어슨을 먼저 만났다. 그리하여 피어

443 Max Jacobson, *op. cit.*, p. 28.

슨이 그 결의안을 발의하게 되었고 그 결과 피어슨은 평화유지의 아버지로서 노벨평화상을 수상하게 되었다.[444]

함마르셸드 사무총장과 그의 사무국이 요청받은 대로 48시간 내에 만들어 낸 계획은 그 후 유엔 평화유지활동의 모델이 된 원칙과 절차를 수립한 국제외교의 하나의 진정한 혁신이었다. 유엔 평화유지군은 사무총장의 지휘와 통제하에 두었으며 당시 중립 국가들과 이집트 정부가 수용하는 다른 국가들의 군부대로 구성되었다. 5개 상임이사국은 배제되었으며 유엔긴급군은 자위의 경우를 제외하고선 무력 사용이 금지되었다. 그 기능은 군사적이 아니라 상징적인 것이었다. 그리하여 이때 채택된 평화유지활동은 "공정성"과 함께 "당사국의 동의"와 "무력의 불사용"이라는 3개의 원칙이 수립된 것이다. 소련은 유엔긴급군의 설치에 그것이 헌장을 위반한다고 반대했다. 그러나 소련이 진실로 반대했던 것은 유엔긴급군이 소련의 거부권이 닿을 수 없는 곳에서 작전을 수행한다는 사실이었다. 그 결과 소련은 유엔긴급군을 창설하는 총회의 결의안에 투표하지 않았으며 그 작전을 뒷받침하는 재정적 기금에 자발적 기여도 하지 않게 되었다. 소련인들은 마치 이슬람 근본주의자들이 코란을 읽는 식으로 유엔의 헌장을 읽었다. 분명히 유엔헌장은 평화유지활동을 직접 언급하고 있지 않다. 그런 의미에선 소련은 평화유지활동은 불법이라고 주장했다. 헌장은 안보리만이 군사력의 사용을 결정할 수 있고 군사참모위원회가 유엔 군사 작전을 지휘하도록 규정하고 있다. 따라서 유엔 평화유지군이 사무총장의 지휘를 받는 것은

444 *Ibid.*, p. 29.

잘못이라고 소련인들처럼 주장할 수도 있다. 그러나 유엔은 평화유지활동을 국제평화와 안전을 위해 필요하다고 생각되는 모든 평화적 수단을 동원할 것이라는 제6장 제33조의 규정과 양립할 수 있을 것이다.[445] 바로 이러한 의미에서 다그 함마르셸드 당시 유엔 사무총장은 평화유지활동을 헌장의 새로운 6과 1/2장이라고 불렀던 것이다.[446]

유엔은 창설 50주년이 되는 1995년까지 총 35개의 평화유지활동을 수행해 왔다.[447] 회고해 볼 때 1988년 유엔 평화유지군에 평화상을 수여한 노벨위원회의 결정은 참으로 예언적이었다.[448] 왜냐하면 유엔이 창설된 지 43년 동안 13개의 평화유지활동이 있었던 반면에 그 후 1995년까지 7년 동안에 22개의 평화유지활동의 착수라는 실로 비약적 확대를 가져왔기 때문이다. 이런 수적 증가는 냉전의 종식과 그 이후 발생

445 Adam Roberts, *op. cit.*, p. 327.

446 헌장 내용과 평화유지활동에 관한 필자의 보다 자세한 논의를 위해서는, 강성학, 《카멜레온과 시지프스—변천하는 국제질서와 한국의 안보》(서울: 나남, 1995), pp. 154-160을 참조.

447 United Nations, *Information Notes: United Nations Peace-Keeping*(New York, 1994). 이것은 34개를 기록하고 있으나 여기에 1994년에 시작된 유엔 타지키스탄 정전감시(UN Mission of Observers in Tajikistan, UNMOT)를 포함한 것이다. 여기에는 1956년 유엔 평화유지군이 창설되기 전인 1948년부터 지금까지 계속되는 중동의 유엔종전감독기구(UNTSO)와 1949년부터 지금까지 존속되고 있는 인도와 파키스탄 간 유엔군사감시단(UNMOGIP)이 포함되어 있는데 이것은 이스라엘 국가 수립과 인도 파키스탄의 분리 독립과 관련된 것으로 당시엔 기존 주권국가 간의 분쟁과는 다르게 이해되었으나 이것은 평화유지활동에 보통 포함되고 있다.

448 Michael Barnett, "The New United Nations Politics of Peace: From Juridical Sovereignty to Empirical Sovereignty," *Global Governance*, vol. 1, no. 1(Winter 1995), p. 79.

하기 시작한 새로운 형태의 국제평화와 안전에 대한 위협 때문이었다. 냉전의 종식과 걸프전은 유엔이 마침내 헌장으로 복귀하여 약 반세기 전 유엔 창설자들의 꿈을 실현시켜 주는 것처럼 보였다.[449] 1990년 8월 2일 이라크가 쿠웨이트를 전격 침략하자 침략 11시간 후 소집된 유엔 안보리는 유엔헌장 제7장에 입각하여 이라크가 즉각적이고 무조건 모든 군대를 철수할 것을 요구하는 안보리 결의안 660호를 채택하였다. 그러나 이라크가 오히려 전 쿠웨이트를 강제 점령하고 기정사실화하려 하자 마침내 11월 29일 안보리 결의안 660호를 실현하기 위한 안보리 결의안 678호에 입각하여 1991년 1월 16일부터 2월 28일까지 미국이 주도하는 28개 동맹국의 군사 작전을 통해 이라크 군을 축출하고 쿠웨이트를 해방시켰다. 이라크의 침략을 격퇴하는 데 180여 개 국가들 중 28개국의 군사적 참여는 결코 엄밀하게 헌장 제7장에 따른 집단안전보장제도의 실현이었다고 할 수는 없겠지만, 미국 주도하의 동맹국들은 분명히 유엔의 회원국가들로 하여금 "모든 필요한 수단을 사용"하라는 유엔 안보리의 명백한 승인하에 이루어진 것으로 적어도 집단안보 노력의 모색이었다고 할 수 있을 것이다.[450]

449 유엔이 새로운 활력을 찾게 되는 상세한 배경에 관해서는, 강성학, 〈국제기구 연구경향과 유엔체제〉, 《국제정치논총》, 제30집 2호(1990), pp. 63-67을 참조.

450 걸프전과 유엔과의 관계에 관한 유엔의 상세한 보고를 위해서는, The United Nations, *The United Nations and the Iraq-Kuwait Conflict, 1990-1996*(New York: the United Nations Department of Public Information, 1996), pp. 14-24를 참조하고, 냉전 종식 이후 집단안보의 성공 가능성에 관한 일반적 논의를 위해서는, George W. Downs, ed., *Collective Security beyond the Cold War*(Ann Arbor: The University of Michigan Press, 1994); Thomas G. Weiss, *Collective Security in a Changing World*(Boulder: Lynne Rienner Publishers, 1993)을 참조.

그러나 걸프전의 종전은 유엔에게 새로운 문제를 제기하게 되었다. 그것은 북이라크의 쿠르드족(Kurds)에 관한 것이었다. 쿠르드족에 대한 사담 후세인의 탄압과 살육은 엄청난 수의 피난민들을 야기시켰으며 그들의 보호를 위한 거의 절대적 필요성과 위급성이 제기되었다. 따라서 안보리는 1991년 4월 5일 결의안 688호를 통해 쿠르드족 거주 지역을 포함하여 이라크 민간인의 탄압을 중단하고 국제 인도주의적 기구들의 즉각적 개입을 허용하도록 이라크에 요구하였다.[451] 이 결의안은 유엔헌장 제7장에 입각하여 채택된 것이 아니었다. 따라서 미국이나 동맹국들의 무력 사용을 직접 승인한 것은 아니었지만 4월 7일부터 미국 주도하의 평안제공작전(Operation Provide Comforts)이 이루어졌는데 이것은 주민 학살에 대한 전통적 국제법적 관점에서뿐만 아니라 승전국가들이 패전국가들의 영토에서 취하는 종전 후 행동이라는 특별한 맥락 속에서 이해되어야만 할 것이다.[452] 그러나 인도주의에 입각했던 이 유엔 안보리 결의안 688호는 유엔 창설 이후 보편적으로 준수되어 왔던 중요한 원칙 중의 하나인 주권평등에 입각한 소위 "내정 불간섭의 원칙"을 깨뜨림으로써 평화유지활동의 새로운 시대 혹은 "제2세대"[453]의 출발점이 되었다.

---

451 *Ibid.*, pp. 40-41.

452 Adam Roberts and Benedict Kingsbury, "Introduction: The UN's Role in International Society Since 1945," in Adam Roberts and Benedict Kingsbury, eds., *United Nations, Divided World: The UN's Roles in International Relations*, 2nd ed.(Oxford: Clarendon Press, 1993), pp. 35-36.

453 John Mackinlay and Jarat Chopra, "Second Generationa Multinational Operations," *The Washington Quarterly*, vol. 15, no. 3(Summer 1992), pp. 113-131.

이때까지 유엔에서 주권의 원칙은 앞서 지적했던 것처럼 제2조 7항의 내정 불간섭의 원칙으로 헌장 속에서 신성시되었으며 보편적으로 준수되어 왔다고 할 수 있다. 그러나 유엔 역사를 보다 구체적으로 자세히 조사해 보면 이 원칙도 유엔 창설 직후부터 꾸준히 도전받아 왔음을 알 수 있다. 유엔헌장은 국제적 관심의 적절한 주제가 되는 "식민주의" 문제를 국제화시켰다. 1945년 식민주의는 하나의 뜨거운 이슈였다.[454] 전쟁 전에 당시 5억이 넘는 사람들이 비자치적 영토에서 살았다.[455] 따라서 식민강대국가들의 "불간섭" 원칙의 옹호는 국제적 관심사에 부여되는 정통성은 물론이고 신생 회원국가들의 점증하는 아우성에 굴복하게 되었다. 즉 불간섭의 원칙은 반식민주의라는 시대적 당위에 밀려 나갈 수밖에 없었다. 그리하여 1960년에 유엔총회는 식민주의를 효과적으로 부당한 것으로 만드는 정치적 과정에 착수한 "식민지 국가들과 인민들의 독립 승인에 관한 선언"(the Declaration of the Granting of Independence to Colonial Countries and Peoples)을 채택하여 식민지 문제에 관한 유엔 내의 균형을 뒤엎고[456] 다음 해인 1961년엔 식민지 독립에 관한 특별위원회(the Special Committee on Colonial Independence)를 신설하여 아직 잔존하는 속방 영토에 관련하여 식민강대국들을 추

454 Lawrence S. Finkelstein, "The United Nations: Then and Now," *International Organization*, vol. 19, no. 3(Summer 1965), p. 375.

455 Emil J. Sady, *The United Nations and Dependent Peoples*(Washington, D.C.: Brookings Institution, 1956), p. 3.

456 Rupert Emerson, "Colonialism, Political Development, and the UN," in Norman J. Padelford and Leland M. Goodrich, eds., *The United Nations in Balance: Accomplishments and Prospects*(New York: Praeger, 1965), pp. 131-133.

궁하고 괴롭히게 되었다.[457] 결국 이 위원회의 24개국 중 3개 식민강대국들은 모두 특별위원회에서 철수하고 말았다. 그러나 제2차 대전 후 범세계적 탈식민화는 유엔의 가장 자랑스러운 업적 중의 하나임엔 틀림없다.[458]

주권의 원칙은 반식민주의에 의해서만 도전 받았던 것은 아니다. 그것은 인권 존중 원칙에 의해서도 끊임없이 도전받았다. 유엔헌장 자체가 인권 존중의 원칙을 포함하고 있었다. 헌장은 전문에서 기본적 인권과 평등권에 대한 믿음을 재확인하고 제1조 3항에선 인권의 존중을 증진하고 고양시킴에 있어서 국제협력을 달성하기 위해 인권을 유엔의 주된 목적의 하나로 선언하고 있다. 그리고 이 인권은 1948년 "유엔의 인권 선언"의 채택으로 재확인되었다. 헌장은 유엔이 인권을 증진하고 고무한다고만 선언함으로써 실제로 유엔이 할 수 있는 것 이상을 약속하지는 않았다.[459] 뿐만 아니라 제2조 7항의 내정 불간섭 원칙으로 국가들은 주권을 보호하려는 데 제1차적 관심을 두었다. 따라서 유엔은 인권 존중의 원칙을 기대만큼 성공적으로 실천하지 못했었다. 냉전 시

457 *Ibid.*, p. 129.

458 당시 24개국 중 비자치 영토를 관리할 책임을 맡고 있는 국가는 호주, 영국 그리고 미국뿐이었다. 당시 아시아 아프리카 제국들은 공산 진영 및 라틴 제국들과 제휴하여 식민국가들을 고립시키고 어떤 조건이나 유보 없이 모든 권한을 그런 영토의 인민들에게 이양하기 위한 즉각적인 조치가 취해져야 한다는 원칙을 수립하는 데 성공했다. Lawrence S. Finkelstein, "The United Nations: Then and Now," *op. cit.*, p. 387.

459 Katarina Tomasevski, "Human Rights: Fundamental Freedoms for All," in Erskine Childers, ed., *Challenges to the United Nations: Building a Safer World* (New York: St. Martine's Press), 1995, p. 84.

기에 미국을 중심으로 한 서방세계가 소련 및 동구 제국의 인권 탄압을 돋보이도록 유엔을 활용했던 반면에 수많은 신생회원국들이 인종주의와 인종차별(apartheid) 문제를 제기하면서도 자신들의 국가주권은 인권문제의 침투에 신성불가침하다고 믿고 있었기 때문이다.

그러나 냉전의 종식은 민주주의와 인권 원칙의 현저한 부상을 가져왔다. 특히 앞서 논의한 유엔 안보리 결의안 688호는 인권의 증진과 보호를 위해 타국의 국내적 관할권에 개입할 수 있는 새로운 시대의 시작을 알렸다. "인도주의적 개입"은 루비콘 강을 건너 버린 것이다.[460] 뿐만 아니라 커뮤니케이션 혁명의 결과 매스미디어가 여론에 미치는 영향은 거의 절대적인 것이 되어 버렸다.[461] 그 결과 인도주의적 개입을 포함하는 유엔의 평화유지활동은 이제 가장 필요하고 효과적인 국제평화와 안전의 유지 방법으로 인식되기 시작하였다. 그리하여 1992년 1월 31일 최초의 안보리 국가들의 정상회담은 당시 부트로스 부트로스 갈리(Boutros Boutros-Ghali) 사무총장에게 예방외교 및 평화창조와 유지를 위한 유엔 능력의 강화방안의 보고서를 요청하였고 부트로스 갈리 사무총장은 동년 6월 17일 "평화를 위한 의제"(An Agenda for Peace)를 작성하여 배포하게 되었다.[462] 평화유지활동에 대한 기대의 실천의

460 강성학, 앞의 책, 제3장, 〈현대 국제기구 이론과 포스트 냉전 시대의 유엔—루비콘 강을 건너서〉를 참조.

461 이것은 소위 "CNN 요인"이라고도 불린다. 이런 현상의 일반적 논의를 위해서는, Edward Newman, "Realpolitik and the CNN Factor of Humanitarian Intervention," in Dimitris Bourantonis and Jarrod Wiener, eds., *The United Nations in the New World Order: The World Organization at Fifty*(London: Macmillan, 1995), pp. 190-211을 참조.

462 이것과 1995년 1월 3일 배포된 사무총장의 보충 보고서(Supplement to An

지가 이때처럼 충만했던 때는 아마 없었을 것이다. 그리고 유엔은 곧 시험대에 올랐다. 1992년 말 소말리아가 아주 심각한 상황에 빠져들었기 때문이다.

소말리아 문제는 통상적인 내전의 상황을 벗어났다. 1991년 1월 당시 시야드 바레(Siyad Barre) 대통령은 수도 모가디슈가 반군들에 점령당할 위험에 처하자 소말리아를 탈출해 버렸다. 그러나 어떤 집단이나 개인도 그의 자리를 대치할 만큼 강력하지 못했다. 그 결과 소말리아는 무정부 상태로 전락했다. 파당 간의 내전이 계속되는 동안에 소말리아의 대규모 주민들을 위협하는 광범위한 기근이 발생했다. 따라서 유엔은 1992년 초 소말리아의 유엔작전(UNOSOM I)을 수립했다. 당시 소말리아의 파당들도 수도에서 종전에 합의하고 인도주의적 원조의 배포를 허락하기로 합의했다. 그러나 1992년 가을까지 유엔의 특별비상계획은 상황을 안정시키고 구호품의 수송에 효율적이지 못했다. 유엔의 작전은 실패하고 상황은 더욱 악화되었다.[463] 무정부상태 속에서 내전상태가 재개되고 광범위한 기근, 구호품의 제공과 배분을 막는 조건들, 그리고 평화유지군의 현지파견의 어려움 등이 지배했다. 동년 12월 3일 유엔 안보리는 결의안 794호를 통해 사무총장, 미국 및 협력 국가들이 소말리아에서 인도주의적 구호 작전을 가능케 할 환경을 가능한 한 조속히 확보하기 위해 모든 필요한 조치들을 취하도록 승인했다. 미

Agenda for Peace)는, Boutros Boutros-Ghali, *An Agenda for Peace*, 2nd ed. (New York: United Nations, 1995)에 실려 있음.

463 Paul F. Diehl, *International Peacekeeping*(Baltimore: The Johns Hopkin's University Press, 1994), pp. 185-186.

국 주도의 무장병력인 통합특수부대(UNITAF)가 개입하여 1992년 12월 9일부터 1993년 5월 4일까지 작전을 수행하고 유엔 평화유지군에 부분적으로 흡수되어 제2의 소말리아 유엔작전(UNOSOM II)을 이루었다. 그러나 모가디슈의 상황은 계속 악화되었다. 그러다가 6월에 유엔 평화유지군이 사건들에 개입되어 심한 사상자가 났다. 10월 3일에는 유엔의 지휘나 통제하에 들어 있지 않았던 미국의 특수대원들이 집중공격을 받고 18명이 사망하였다. 이렇게 되자 곧 미국의 여론의 철수 압력을 느낀 클린턴 대통령은 1994년 3월 말까지 미군들이 철수할 것임을 발표해 버렸다. 그러자 제2의 소말리아 유엔작전에 참가한 나머지 대원들도 자신의 안전을 걱정하게 되었으며 마침내 그들도 미국의 보호하에 1995년 3월에 철수해 버렸다. 결국 유엔의 집단적 조치는 실패하고 만 셈이다.

소말리아의 인도주의적 개입은 전통적 혹은 제1세대의 평화유지활동과는 달리 국가의 주권 자체가 붕괴된 곳에서 오늘날 유엔이 할 수 있는 것의 한계를 분명하게 드러낸 전형적인 본보기가 되었다. 마이클 바넷(Michael Barnett)[464]의 표현을 빌려 말한다면, 경험적 주권(empirical sovereignty) 없이 단지 법적 주권(juridical sovereignty)만이 존재하는 국가에서 유엔의 평화유지활동의 성공은 기대하기 어렵다는 것이 판명된 셈이다. 그러나 이런 인도주의적 개입은 이라크와 소말리아에 국한되지 않았다. 유엔 평화유지활동은 아이티(Haiti)와 르완다(Rwanda)에도 적용되었다. 아리스티드(Aristide) 대통령의 민주정부를 전복한 쿠

464 Michael Barnett, *op. cit.*, pp. 79-97.

데타가 1991년 9월에 발생하여 야기된 하이티의 위기는 1993년 9월 23일 안보리의 결의안 867호에 의거하여 유엔 하이티임무(UNMIH)가 수립되었지만 군사정권의 비협력적 태도로 결국 군사정권을 축출하고 안전하고 안정적인 환경을 수립하고 유지하기 위해 필요한 모든 수단의 사용을 승인하는 안보리 결의안 940호가 1994년 7월 31일에 채택되었다.[465] 이 결의안은 참으로 주목할 만한 것이었다. 왜냐하면 그것은 기존의 정권을 전복시킬 행동을 분명하게 요구했기 때문이다. 그것은 19세기 초 신성동맹체제가 이탈리아 지역과 스페인에서의 혁명을 "정통성의 회복"이라는 이름으로 특정 국가의 군사력을 파견하여 진압하도록 했던 것처럼 냉전 종식 후 민주주의가 유일한 정통성의 원칙으로 부상하면서 유엔도 민주주의와 인도주의의 이름으로 성공한 쿠데타를 무효화시키기는 개입을 결정했던 것이다. 결국 안보리 결의안 940호에 입각하여 1994년 9월 미국은 하이티에 개입하였으며 하이티의 민주회복에 성공하였다.

1994년 4-5월에 절정에 달했던 르완다에서의 전쟁과 인종학살이 발생했을 때 유엔은 효율적인 평화유지활동을 수행하지 못했다. 1994년 6월 22일에야 유엔 안보리는 결의안 929호에서 프랑스의 지휘와 통제하에 일시적 작전을 수립하는 프랑스와 다른 국가들의 제안을 수락하였다. 안보리는 헌장 제7장에 입각하여 인도주의적 목적을 달성하기 위해 필요한 모든 수단의 사용을 프랑스에게 승인하였다. 보스니아-헤르체고비나의 경우에도 유엔 안보리는 1993년 6월 4일 결의안 836호를

465 Adam Roberts, *op. cit.*, p. 327.

채택하여 유엔의 평화유지활동을 지원하기 위해 회원 국가들이 독자적으로나 지역기구를 통해 공군력을 사용할 수 있도록 승인하였다. 그러자 이미 파견된 유엔 평화유지군과 북대서양조약기구와의 작전에 관한 합의의 도출이 매우 어렵게 되었으며 이 경우는 평화유지와 평화의 강요라는 두개의 다른 조치들을 결합한다는 것이 얼마나 어려운 것인가를 보여 주는 계기가 되었다. 게다가 특정된 군사조치를 승인하는 집단적 시도와 관련된 유엔의 본질적 한계에 직면하게 되었다. 더구나 일부 특정된 국가들만의 군사력 사용의 승인은 헌장상의 규정과 동일한 것도 아니다. 오히려 그것은 동맹국가들의 행동과 유사하다 하겠다. 그것은 모든 회원 국가들이 특정된 결의안의 실천에 동일하게 관련되어 있다고 느끼지 않는 현실을 그대로 반영하는 것이다. 뿐만 아니라 군사적 조치란 정보수집과 작전 사이의 아주 긴밀한 관계뿐만 아니라 결정과정의 원활한 수행, 그리고 위험스럽고 복잡한 임무 수행을 공동으로 해 나가는 상당한 경험을 필요로 한다. 이러한 조건들은 유엔사령부하에서보다는 특정된 국가나 동맹체제하에서 보다 더 용이하게 성취될 수 있는 것이다.

그럼에도 불구하고 이러한 평화유지활동들과 그에 따른 조치들은 오직 유엔과의 관련 속에서만 가능하고 또 수행되었다. 그리고 앙골라, 캄보디아, 모잠비크 같은 곳에서 선거를 감시하고 실시하는 등 냉전 종식과 함께 갑작스런 평화유지활동의 수적 증가와 활동 자체의 어려움은 1990년대 유엔의 행정체제에 상당한 과적(overload) 현상을 가져오게 되었고 유엔은 심각한 재정적 위기에 직면하게 되었다. 1990년대 재정적 위기의 심각성에 관해 딕 손버그(Dick Thornburg)의 표현을 빌린다면 유엔은 재정적으로 번지점프(financial bungee jump)를 한 셈이 되었다.[466] 유엔은 개입이 신중히 선별적이지 않으면 국제사회의 쓰레기 하치장으로 전락해 버릴 위험에 처하게 되었다. 따라서 유엔은 보다 효과적인 유엔의 평화유지활동은 물론이고 유엔 그 자체의 지속적인 생명력을 위해 강력한 개혁의 요구에 직면해 왔다. 1995년 유엔 창설 50주년까지 달성하려던 유엔의 노력은 별다른 효과를 가져 오지 못했으며 부트로스 갈리 사무총장과 미국과의 갈등만 심화시켜 놓았다. 1997년 1월 1일 새로 출범한 코피 아난 사무총장은 취임 18일 만에 캐나다의 모리스 스트롱(Maurice Strong)을 유엔개혁 실무조정자(Executive Coordinator of UN Reform)로 임명하고 그에게 모든 회원국에게 수용될 수 있는 포괄적인 개혁 패키지를 마련할 협의 과정을 조절하도록 요청하였으며[467] 코피 아난 사무총장은 1997년 3월 17일 "1천여 개 직책 폐지, 대폭적인 기구 통폐합"을 골자로 하는 유엔개혁 의지를 발표하였고,[468] 7월 14일 구체적 개혁 계획을 제51차 유엔총회에 제출하였다.[469]그러나 모두 185개국에 달하는 모든 회원국들에게 수용될 수 있는 개혁 자체도 어려울 뿐만 아니라 유엔의 가장 강력하고 관대한 후원 국가인 미국과의 조절이 성공하지 못할 경우 유엔은 국제안전과 평화의 문제에

466 Thomas G. Weiss, David P. Forsythe, and Roger A. Coate, *The United Nations and Changing World Politics*(Boulder: Westview Press, 1994), p. 75에서 재인용.

467 *International Documents Review*, vol. 8, no. 1(20 January, 1997), p. 1.

468 《조선일보》, 1997년 3월 19일, p. 7.

469 Report of the Secretary General, "Renewing the United Nations: A Program for Reform, General Assembly," A/5/950(July 14, 1997).

대해서 적실성을 상실해 버릴지도 모르는 갈림길에 접어들었다고 할 수 있을 것이다. 따라서 미국의 대유엔정책과 유엔에서 미국의 역할이야말로 유엔의 장래와 관련하여 가장 중요하고 거의 결정적인 바로미터가 될 것이다.

미국과 유엔의 관계는 환호에서 절망으로, 대결에서 협력으로의 스윙에 의해서 특징되었다. 1945년 프랭클린 미국 대통령의 신념, 즉 미국의 고립주의란 진주만 피습에서 분명하게 드러난 것처럼 패배와 굴욕만을 가져올 것이며 국제연맹과 같은 실수를 되풀이해서는 안 된다는 신념에 의해서 착수되고 그의 후임자 트루먼 대통령의 강력한 추진으로 미국 측 대표들이 헌장의 초안 작성에 참여하면서 유엔이 창설되었다. 유엔의 헌장과 조직은 국제연맹과 그것의 규약의 유산을 개선시키도록 계획되었다. 따라서 많은 면에서 유엔의 씨앗은 국제연맹에서 이미 뿌려졌던 것이다. 그럼에도 불구하고 유엔헌장은 국제연맹규약의 클론(clone)은 아니었다.[470] 그것은 전후 세계의 질서에 대한 하나의 청사진이었다. 당시 미국 내에선 이 새로운 국제기구가 민주주의 원칙들의 적용을 통해서 전쟁을 예방하고 국제협력을 확보할 수 있는 하나의 독자적 행위자로 발전할 기구라는 강력한 신념이 있었다. 유엔은 국가들이 개별국가이익을 추구했던 하나의 포럼을 넘어서 국제적 공동체의 이익을 보호하는 하나의 일종의 의회나 문제해결기구로 간주

---

470 Lawrence S. Finkelstein, "The United States and the United Nations: Proper Prudence or a New Failure of Nerve?" in Sung-Hack Kang, ed., *The United Nations and Keeping Peace in Northeast Asia*(Seoul: Korea University, The Institute for Peace Studies, 1995), p. 76.

되었다.

그러한 미국 내의 유엔에 대한 높은 기대는 미국 내 정치에서 작용하는 몇 가지 요소들에 의해서 진작되었다. 우선 과거 국제연맹규약을 비준하지 못했던 실패의 유산이 있었으며,[471] 따라서 루스벨트와 트루먼 행정부의 유엔헌장에 대한 충분한 지지를 확보하기 위한 노력이 있었다. 그러한 노력은 미국 내에서 일종의 유엔 과잉판매(the overselling of the UN) 현상을 낳음으로써 유엔이 성취할 수 있는 것에 대한 무의식적 과장을 포함했다. 뿐만 아니라 국제정치현상마저도 미국의 정치적 경험과 관련된 관점에서 개념과 아이디어들을 해석하는, 미국의 정치적 문화의 프리즘(prism)을 통해 해석하는 미국인들의 성향도 작용했다. 즉 미국인들은 헌장을 헌법처럼, 총회는 의회 그리고 국제사법재판소는 미국의 대법원처럼 생각했다.[472] 회원국들에 의해 헌장이 합의된 샌프란시스코회의의 성공은 많은 미국인들에게 국제사회에서 이익 공동체의 확인과 그런 이익추구 기구의 출범으로 간주되었다. 그리하여 미국은 전통적 고립주의를 버리고 국제주의의 길을 선택했으며, 이때 미국의 지도자들은 소위 자칭 현실주의자들의 주장처럼[473] 결코 순진했

471 Thomas M. Franck, *Nation Against Nation: What happened to the U.N. Dream and What the U.S. Can Do About It*(Oxford: Oxford University Press, 1985), pp. 10-12.

472 유엔헌장의 서문이 "우리 유엔 사람들은"(We, the people of the United Nations)이라고 시작하는데 그것은 "우리 미국 사람들은"(We, the people of the United States)으로 시작하는 미국의 헌법 서문과 유사하다.

473 한스 모겐소는 대표적 예가 될 것이다. Hans J. Morgenthau, *Politics Among Nations: The Struggle for Power and Peace*, 5th ed.(New York: Alfred A. Knopf, 1973), pp. 33-36.

던 것이 아니었다. 물론 미국이 유엔 창설의 희망과 원칙들을 진지하게 표방했으며 그것은 자유주의적 이상주의의 고리를 갖고 있었던 것은 사실이었지만 유엔의 창설과 미국의 참여를 주도했던 미국의 최고 지도자들 가운데에도 평화로운 세계를 건설하는 데 있어서 힘의 역할과 관리의 필요성에 대한 건전한 존중이 있었다.[474] 즉 그들은 과거 우드로 윌슨처럼 고전적 힘의 균형 정치를 배격했지만 힘 그 자체를 배격하지는 않았던 것이다. 그들이 무엇보다도 모색했던 것은 제2차 대전의 승전 강대국가들이 전쟁 중 형성된 협력을 전후 시대에도 계속 유지하고 촉진할 제도적 틀이었다. 따라서 새로운 기구에 주어진 이름이 전쟁 중의 동맹에 붙였던 것과 동일했던 것은 결코 우연이 아니었다. 전시 중에도 협력이 조화로운 것은 아니었지만 종전이 다가오면서 소련과의 협력가능성에 대한 의구심은 점증했다. 그럼에도 불구하고 강대국들이 협력을 위하여 제도적 유인을 제공할 유엔이라는 틀을 창설하는 것이 미국의 제1차적 목적이었다. 즉 당시 미국의 최고지도자들의 마음속에서 유엔의 우선적 목적은 강대국 지도력을 위한 장치를 마련함으로써 국제평화와 안전의 유지에 공헌하는 것이었다.[475] 즉 루스벨트와 홉킨스에게 유엔은 소련을 국가들의 가족 속으로 끌어들여 소련의 협력을 계속 진작시키는 수단이었다. 소련에 대한 이런 태도는 일시적 결론에 근거한 것이 아니었다.[476] 특히 루스벨트에게 유엔의 존재 이유는

474 Lawrence Finkelstein, *op. cit.*, p. 77.

475 Lawrence D. Weiler and Anne Patricia Simons, *The United States and the United Nations: The Search for International Peace and Security*(New York: Manhattan Publishing Company, 1967), pp. 39-40.

476 *Ibid.*, p. 40.

아니라 해도 주된 목적은 미소관계의 발전을 촉진시키는 것이었으며 거부권은 이런 입장의 상징적 표현이었다. 그리하여 당시 루스벨트, 처칠, 그리고 스탈린은 유엔이 강대국들의 만장일치 없이는 행동할 수 없을 뿐만 아니라 만장일치가 없이 유엔은 행동하려고 노력해서도 안 된다고 생각했었다.[477] 유엔에 대한 미국의 국가적 공약은 유엔 안보리가 요구할 때 미 군사력이 유엔에 봉사할 수 있게 하는 헌장 43조에서 요구되는 특별합의를 대통령이 협상하도록 승인했던 미 의회의 조치에 의해서 입증되었다. 그 승인은 1945년 유엔참여법(the United Nations Participation Act)에서 입법화되었으며 이 법률하에서 미국 대통령은 승인을 위해 그러한 합의를 의회에 제출하도록 규정되었다. 일단 그런 합의가 의회에 의해서 승인되면 유엔을 위해 지정된 군사력은 그 후 의회의 간섭 없이 대통령에 의해서 투입될 수 있다고 그 법은 아주 구체적으로 규정하였다. 이것은 미 의회가 미국 헌법의 전쟁권 규정(War Powers Act)하의 자신의 권리를 알면서 위임했던 것으로 이것은 그만큼 공약과 목적의 진지함을 대변하고 있다. 즉 초기에 미국은 국제평화와 질서의 모색을 위한 외교정책의 주요수단으로 유엔에 대한 지지는 아주 결의에 차 있었다.[478] 미국이 기대했던 미 · 소 간의 협력 증진은 1946년 원자력에 대한 바루크 계획(the Baruch Plan)의 좌절과 이란 문제에 대한 갈등으로 미 · 소의 협력증진의 한계를 노정시켰다.[479] 그러

477 *Ibid*.

478 Lawrence Finkelstein, *op. cit.*, p. 81.

479 바루크 계획에 관해서는, Lawrence D. Weiler and Anne Potricia Simons, *op. cit.*, pp. 438ff를 참조; 유엔과 이란 문제에 관해서는, John C. Campell, *The United States in World Affairs, 1945-1947*(New York: Published for Council on Foreign

나 이때만 해도 미국은 자신이 소련과 냉전상태에 있다는 것을 의식하지 못했다. 미국은 여전히 낙관적 기대를 포기하지 않았으며, 1947년 3월 트루먼 독트린의 선언과 봉쇄정책은 세계가 둘로 분열되었음을 미국이 인정한 것이 되었다. 미국인들의 유엔에 대한 높은 기대는 냉전의 심화와 함께 환상이었음이 드러나게 되었던 것이다. 유엔은 미국인들이 기대했던 국제평화와 약속받은 땅이 아니라 알고 보니 그것은 일종의 실낙원이었다.

냉전의 심화와 함께 국제적 갈등과 분쟁이 유엔 안보리에서 해소될 수 없게 되자 미국은 유엔의 밖에서 미국의 국제적 이익을 옹호할 수밖에 없었다. 그리하여 미국은 1947년 9월의 미주 국가 간 상호 방어 조약인 리오조약(Rio Pact)을 체결하고 1948년 3월 영국, 프랑스 및 베네룩스 3국의 방어조약인 브뤼셀조약(Brussels Treaty)을 인정하고, 1949년에는 리오조약을 모델로 한 북대서양조약을 체결하여 유엔의 집단안보체제(collective security system)가 아니라 지역적 집단방어체제(collective defense system)를 구축하였다. 지역방어체제가 유엔헌장의 목적과 원칙 그리고 규정에 따라서 유엔의 목적에 봉사하기 위한 조치라는 상당한 대 유엔 립서비스(lip-service)가 있었지만, 그러나 그 결과 유엔은 미국 외교정책에서 가장자리로 사실상 밀려나게 되었다. 그러나 1950년 6월 25일 북한의 전면적인 남한 침략은 유엔을 다시 미국외교정책의 중심부로 복귀시켰다. 당시 미국 외교정책의 기록과 추세를 고려할 때 북한의 침략이 있자마자 미국이 거의 즉각적으로 유엔 안보리의 소

Relations by Harper and Brothers, 1947), pp. 102-110을 참조.

집을 요구한 것은 놀라운 일이다. 당시 트루먼 대통령과 그의 보좌관들은 유엔의 승인이 제공할 정당성과 정치적 지원을 얻는 것이 낫다고 생각했었다. 당시 미국은 유엔의 지원 없이도 남한을 방어하기 위해 미국의 군사력을 사용할 준비가 되어 있었다. 비록 한국이 미국의 전략적 중요성이나 국가이익의 관점에서 사활적이진 못했지만 특히 유엔에 의해서 수립된 국가에 대한 침략 행위는 그냥 둘 수 없으며 유엔이 보존되려면 대응이 불가피하다고 생각되었다. 뿐만 아니라 당시 북한의 침략은 모스크바의 사주에 의한 것이라는 견해가 지배적이었기에 대소봉쇄정책은 북한의 침략을 결코 허용할 수 없었다. 그것은 트루먼 대통령이 회고했듯이, 과거 유화정책의 실수를 되풀이하는 것으로 인식되었다.[480] 당시 안보리는 소련의 출석 거부로 헌장 제7장에 따라 행동할 것을 결의하였지만,[481] 당시 헌장 제43조에 관한 합의가 이루어지지 못한 상태였기에 안보리는 유엔의 이름하에 법적으로 전투에 내보낼 군사력을 갖고 있지 못했다. 따라서 안보리는 자발적 참가 국가들에 의해 남한을 방어할 행동을 명령하지 못하고 권고했던 것이다.[482] 그리하여 명목상 유엔 사령부가 조직되었지만 실제로 침략을 응징하는 군사 작

---

480 Harry S. Truman, *Years of Trial and Hope*, *Memoirs*, vol. 2(New York: Doubleday, 1956), pp. 332-333.

481 Sung-Hack Kang, "South Korea's Policy Toward the United Nations: How the Icon was Buried and What New Challenge Lies before South Korea in the World Organization," in Sung-Hack Kang, ed., *The United Nations and Keeping Peace in Northeast Asia*(Seoul: The Institute for Peace Studies, Korea University, 1995), pp. 9-10; 강성학, 《이아고와 카산드라—항공력 시대의 미국과 한국》(서울: 오름, 1997), pp. 382-383.

482 Lawrence Finkelstein, *op. cit.*, p. 91.

전은 미국에 의해서 거의 독자적으로 수행되었다. 이러한 미국의 조치에 대해 소련은 유엔을 탈퇴하기는커녕 안보리에 복귀하여 더 이상의 안보리 조치를 불가능하게 만들었다. 따라서 동년 가을에 미국은 북한의 침략 문제를 총회로 이관하여 "평화를 위한 단결 결의안"을 총회에서 채택케 하고 전쟁을 수행했다. 그 결과 북한 침략의 격퇴와 남한 정부의 수호는 유엔의 역사적 역할을 수행한 셈이었으며, 유엔은 미국 외교정책의 적절한 수단으로 활용되었다. 그러나 이처럼 미국이 유엔을 성공적으로 활용할 수 있었던 것은 당시 유엔의 제한된 회원국 수와 함께 서반구에서 미국의 헤게모니가 안보리에서 소련의 거부권을 피할 수만 있다면 많은 문제들에 대해 합의를 도출할 수 있었던 유엔 내 미국의 지배적 위치 덕택이었다. 따라서 이런 조치들이 어떤 보편적으로 간주되는 세계 질서의 비전에서 비롯되었다는 미국인들의 환상은 탈식민화 과정과 많은 신생국가들의 유엔 가입으로 인해서 깨어지게 되었다.

유엔 창설 당시 51개 회원국의 수는 창설 20주년인 1965년에 114개국으로 증가했다. 따라서 유엔 내의 균형이 급격히 변했다. 창설 회원국들의 다수가 유럽과 미주 국가들이었던 반면에 이때 다수의 회원국가들은 아시아, 아프리카 국가들이었다.[483] 그것은 냉전에 의해서 가속화된 탈식민화의 결과였다. 냉전은 탈식민주의에 반대함으로써 동서 균형에서 올지 모르는 정치적 손실을 피하려는 동기를 미국과 식민제국들에게 부여했다. 특히 1956년 수에즈 운하 위기 시에 미국은 동맹

483 Lawrence Finkelstein, "The United Nations: Then and Now," in *International Organization*, vol. 19, no. 3(Summer 1965), p. 380.

국인 영국과 프랑스의 정착에 반대했다. 당시 아이젠하워 대통령은 "우리는 소련이 중동에서 무력 사용에 반대하는 투쟁에서 주도권을 장악하려 세계의 신생 독립국가들의 신임을 얻도록 허용할 수는 없다"[484]고 말했듯이 미국은 식민주의에 반대하고 탈식민화에 적극적이었다. 그러나 아이러니컬하게도 미국의 그러한 정책은 유엔에서 미국의 위치를 오히려 악화시키는 결과를 가져왔다.

신생독립 회원국가들, 소위 비동맹국가들은 유엔 창설자들 특히 미국인들의 세계질서의 비전과는 다른 세계질서관을 유엔에서 투영시키기 시작했으며 총회에서 소련 진영의 고립을 종식시키고 미국의 영향력에 반하는 일종의 횡포적 다수(tyrannical majority)를 형성함으로써 유엔에 정체상태를 야기했다. 유엔에서 미국의 지위가 1950년대 후반과 60년대 초에 악화되기 시작하자 미국은 유엔에 대해 무관심한 태도를 보이기 시작했다. 미국은 즉각적인 반응으로 미국 정책과 정치에서 유엔을 가볍게 취급하게 되었다. 동서관계나 군비통제 및 군축과 같은 미국 외교정책의 주요 분야가 유엔으로부터 멀어졌다. 월남전의 해결과 유엔의 역할을 개입시키려는 당시 우 탄트(U Thant) 사무총장을 존슨 행정부는 면박했다.[485] 유엔의 의제는 다수의 제3세계의 관심을 반영했다. 소련에 의해서 지원받고 부추겨진 다수의 목적들과 수단은 미국 정책 결정자들이 수용하기 어려웠다. 유엔 예산도 필연적으로 그러

---

484 Seymour Maxwell Finger, *Your Man at the UN*(New York: New York University Press, 1980), p. 93.

485 Brian Urguhart, *A Life in Peace and War*(New York: W. W. Norton, 1987), p. 190.

한 사태의 발전을 반영했다. 즉, 점증하는 제3세계 국가들에 의해서 자극된 예산의 증가율은 통제할 수 없는 것으로 미국에선 인식되었다. 그 점에도 불구하고 미국은 1971년까지 유엔 예산의 31.52퍼센트를 계속해서 지불하고 있었다. 당시 미국은 월남전으로 미국의 이미지가 좋지 않을 때 제3세계가 주도하는 유엔과의 직접적 마찰을 원치 않았다. 그러나 세계사의 흐름은 유엔과의 대결을 거의 불가피하게 만들고 있었다.

1971년 유엔은 미국의 반대에도 불구하고 중화인민공화국을 중국의 대표로 대치하는 결정을 내림으로써 미국 의회가 조치를 취하기 시작했다. 즉 1972년 미 의회는 당시 유엔 예산의 31.52퍼센트에 달했던 미국의 지원을 1973년 말까지 25퍼센트로 삭감하도록 규정하는 결의안을 채택했다.[486] 만일 제27차 유엔총회가 미국의 압력에 의해 25퍼센트의 상한선을 수용하지 않았더라면 미국은 다음해 일방적으로 분담금을 삭감함으로써 유엔헌장을 위반하는 결과를 가져왔을 것이다.[487] 유엔의 조치로 미국의 헌장위반은 면했지만 당시 많은 미 의원들은 유엔이 적어도 낭비적이고 비효율적인 기구로 그리고 최악으로선 미국의 국가이익에 유해한 기구로서 인식하게 되었다.[488]

그러나 1974년 4월 유엔총회는 미국과 서방국가들의 반대에도 불구

486 Robert F. Meagher, "United States Financing of the United Nations," in Toby Trister Gati, ed., *The US, the UN, and the Management of Global Change*(New York: New York University Press, 1983), pp. 106-107.

487 John G. Stoessinger, *The United Nations and the Superpowers*, 4th ed.(New York: Random House, 1977), pp. 142-144.

488 *Ibid.*, p. 143.

하고 신국제경제질서(New International Economic Order)와 그것을 시행할 행동계획에 관한 결의안을 통과시켰다. 뿐만 아니라 같은 해 유엔 총회는 국가들의 경제적 권리와 의무에 관한 헌장(the Charter of Economic Rights and Duties of States)을 채택했다.[489] 따라서 포드 행정부의 미국은 유엔에서 대결적 입장을 취하기 시작하였다. 동년 12월 존 스칼리(John Scali) 주 유엔 미 대사는 총회에서 행한 연설에서 소위 "다수의 횡포"(tyranny of majority)를 규탄하면서 시행될 수 없는 일방적이고 비현실적 결의안들의 채택을 비판했다. 그의 연설은 미국 내에서 큰 반향을 일으켰다. 1975년 그의 후임자인 대니얼 모이니한(Daniel Patrick Moynihan) 대사는 총회에서 독설적 대결의 수준을 격상시켰다.[490] 왜냐하면 당시 유엔총회가 미국 내에서 가장 강력한 반유엔 감정을 유발시키는 결정을 했기 때문이다. 즉 1975년 10월 유엔총회는 팔레스타인해방기구(PLO)에 대한 동정을 표시하는 제스처로 시오니즘을 인종주의 및 인종차별과 동일시하는 결의안을 통과시켰다. 그것은 미국의 의회, 언론 및 일반여론의 광범위한 분노의 폭발을 야기했다.[491] 당시 총회는 사전에 그 결의안을 거부할 것을 촉구하는 미 의회의 공식결의

---

489 C. Clyde Ferguson, Jr., "The Politics of the New International Economic Order," in David A. Kay, ed., *The Changing United Nations: Options for the United States*(New York: The Academy of Political Science, 1977), p. 1.

490 Lawrence S. Finkelstein, "The United States and the United Nations: Proper Prudence or a New Failure of Nerve?" in Sung-Hack Kang, ed., *The United Nations and Keeping Peace in Northeast Asia*(Seoul: Korea University, The Institute for Peace Studies, 1995), p. 103.

491 Gordon A. Craig and Alexander L. George, *Force and Statecraft: Diplomatic Problems of Our Time*, 3rd ed.(Oxford: Oxford University Press), 1995, p. 98.

를 무시해 버렸다. 따라서 미 의회는 미국의 대유엔 관계를 전면 재검토할 것을 요구하고 총회의 투표결과를 규탄하는 결의안을 만장일치로 채택했다. 미 의원들 중에는 미국이 유엔으로부터 철수할 것을 제안하는 사람도 나타나게 되었다.[492] 따라서 모이니한 대사에게 유엔은 반미, 반개발, 재분배의 사회주의에 젖어 있는 "위험스러운 곳"이었다.[493] 모이니한 대사의 그러한 부정적 유엔 인식은 미국 내에서 유엔 지지자들 사이에서까지도 동조를 얻기 시작하였다.[494] 카터 대통령은 모이니한 대사의 대결적 방식과는 크게 대조적인 대유엔 화해적 입장을 채택하고 앤드루 영(Andrew Young) 목사를 주유엔 대사로 임명하여 제3세계 지도자들과의 우호적 관계를 모색했다. 그러나 제3세계와 가교를 놓으려는 영대사의 노력은 비동맹국가들의 입장의 상응하는 완화를 가져오지 못하고 서방 세계에 유해한 입장에 오히려 서서히 정당성을 부여하는 것으로 인식되었다.

그리하여 1980년에 와서 미국의 분위기는 변했다. 그리고 레이건 대통령은 그런 변화된 분위기를 스스로 대변하고 반영했다. 적어도 1945년 이래 가장 일방주의적이고 민족주의적이며 이념적인 레이건 정부는[495] 유엔 같은 국제기구를 별로 필요로 하지 않았다.[496] 비등한 미국

492 Robert F. Meagher, *op. cit.*, p. 108.

493 Daniel Patrick Moynihan, *A Dangerous Place*(New York: Berkley Books, 1980).

494 Rosemary Righter, *Utopia Lost: The United Nations and World Order*(New York: The Twentieth Century Fund Press, 1995), p. 222.

495 David P. Forsythe, *The Politics of International Law*(Boulder: Lynne Rienner, 1990), p. 122.

496 Robert W. Cregg, *About Face?*(Boulder: Lynne Rienner, 1993), p. 68.

의 대유엔 적대감은 새로운 주유엔 미국대사의 임명에서 분명히 드러났다. 신임 진 커크패트릭(Jeane Kirkpatrick) 대사는 카터 행정부 시대를 예방적 굴복(pre-emptive capitulation)의 시기라고 불렀었다.[497] 커크패드릭이 레이건 정부의 주유엔 대사를 임명되면서 미국의 유엔정책을 카터 행정부 이전의 대결적 입장으로 복귀했다.

커크패트릭 대사가 유엔에 전하는 메시지와 그것을 전달하는 스타일은 미국의 새로운 분위기에 잘 어울렸다.[498] 커크패트릭 대사는 유엔을 "매우 인간적 제도"라고[499] 명명하면서 서방세계의 가치를 적극 옹호했다. 또한 그녀는 유엔 회원국들이 아무런 모험도 없이 미국에 반대할 수 없음을 통렬히 비난했으며, 미국의 국제관계는 타국들과의 쌍무적 관계와의 통합을 주창했다.[500] 많은 경우에 그것은 유엔에서 미국을 괴롭히는 국가들에겐 미국의 원조를 철회하겠다는 위협이었다.[501] 또한 커크패트릭 대사는 미국이 승인하지 않는 유엔의 프로그램에 대해서 재정적 지원을 거부했다.[502] 1984년에 이미 유네스코를 탈퇴한 미국

---

497 *Ibid.*, p. 223.

498 Seymour Maxwell Finger, "The Reagan-Kirkpatrick Policies and the United Nations," in *Foreign Affairs*, vol. 62, no. 3(Winter 1983/84), pp. 436-457.

499 United States Information Agency, "This Very Human Institution: Commentaries and Addresses on the United Nations and US Foreign Policy," by Ambassador Jeane J. Kirkpatrick, 1984.

500 Jeane J. Kirkpatrick, *Legitimacy and Force: Political and Moral Dimensions*(New Brunswick: Transaction Books, 1988), pp. 292-293, 318.

501 Lawrence S. Finkelstein, *op. cit.*, p. 105.

502 Allen Gerson, *The Kirkpatrick Mission: Diplomacy Without Apology–America at the United Nations 1981-1985*(New York: The Free Press, 1991), p. 179ff. 유엔헌장 제19조에 의하면 2년간의 분담금 연체액이 그 이전 연속 2년간의 분담금액을

이[503] 유엔을 구체적으로 위협하기 시작한 것은 1985년 8월이었다. 이때 미국 의회가 1985년 외교관계법에 대한 낸시 카세바움(Nancy Kassebaum) 수정법안을 채택했기 때문이다. 이 카세바움 수정법안(the Kassebaum Amendment)은[504] 재정 문제를 낳은 문제들에 관해서 가중투표절차(weighted voting procedure)를 유엔과 유엔 산하 전문기구들이 채택하지 않는 한 예산의 20퍼센트 이상을 미국이 부담하지 못하도록 규정하는 것이었다.[505] 비록 이 카세바움법안은 그 후 의회와 백악관에서 예산삭감 조치들에 의해서 사실상 무의미하게 되었지만 이 법안은 점증하는 탈유엔 과정의 상징이 되었으며 1986년 유엔을 거의 위기상황으로 몰고 갔었다.

초과할 때 그 회원국은 총회에서 투표권을 상실하도록 규정하고 있다. 이런 상황은 미국이 1964년 10월 제19차 총회에서 소련과 프랑스를 포함하는 12개 국가들에게 중동(UNEF)과 콩고(ONUC)에 대한 평화유지활동의 분담금 지불을 강요하려고 시도할 때 발생했었다. 그러나 당시 미국은 불확실한 투표 결과와 상임이사국인 소련과 프랑스가 유엔에서 철수할지도 모른다는 계산 등으로 익년 8월에 그런 시도를 포기했다. 그러나 당시 미국의 아서 골드버그(Arthur Goldberg) 대사는 타국들이 행사한 연체의 동일한 권리를 만일 강력하고 그럴 수밖에 없으며 피할 수 없는 이유가 있는 경우에 자국을 위해 그 권리를 미국도 유보하겠다고 선언했다. 이 소위 "골드버그 원칙"(the Principle of Goldberg)은 레이건 행정부에 의해 사실상 유용하게 활용된 셈이다. 이 문제에 관한 상세한 논의를 위해서는, Lawrence S. Finkelstein, *op. cit.*, pp. 99-103을 참조.

503 이 과정에 관해서는, Stanley Meisler, *United Nations: The First Fifty Years* (New York: The Atlantic monthly Press, 1995), pp. 222-238; Lawrence S. Finkelstein, "The Struggle to Control UNESCO," in David P. Forsythe, ed., *The United Nations in World Politics*(New York: Macmillan, 1989), pp. 144-163을 참조.

504 이것은 "the Kassebaum-Solomon 수정법안"으로 불리기도 한다. Rosemary Righter, *op. cit.*, p. 231.

505 Rosemary Righter, *op. cit.*, p. 231.

카세바움법안은 상원에서 압도적으로 가결되었다(17 대 13). 그런 결과를 가져오기 위해 입안자들은 의회 내 3개 집단의 연합을 이용했다. 첫째는 고립주의자들이었다. 그들은 대부분의 국제기구들에 의구심을 갖고 있으며 미국의 유엔 탈퇴와 미국 땅으로부터 유엔 본부의 이전까지도 요란하게 주장하지만 아주 강력한 집단은 못되었다. 둘째는 미국 외교정책의 도구로 이용할 수 있는 한 유엔을 유용한 기구로 간주하는 사람들이 있었다. 어쩌면 이런 의원들이 모든 집단들 중에서 가장 빠르게 확대되고 가장 영향력 있는 집단이었다. 이것은 헤리티지 재단의 입장과 동일시될 수 있으며 유엔 활동에 대해 미국의 권위를 재주장하려고 하는 사람들이었다.[506] 세 번째 집단은 유엔을 전반적으로 지원하면서도 유엔의 신임을 향상시키기 위해 유엔 내에서 진정한 개혁을 촉구하는 진지한 유엔개혁주의자들이었다. 그 법안의 제안자인 낸시 카세바움 상원의원도 이 집단에 속한다고 분류될 수 있을 것이다.[507] 따라서 당시에 미국 외교정책의 국제주의가 전반적으로 황혼을 맞은 것은 사실이지만[508] 카세바움법안의 제안자들은 자신들보다도 더 유엔의 적대적인 의원들을 포함시키는 연합에 의존했다고 할지라도 유엔의 정책에 영향을 미치는 수단으로서 그 법안에 대한 그들의 의도가 파괴

506 강성학, 《이아고와 카산드라—항공력 시대의 미국과 한국》(서울: 오름, 1997), p. 365. 특히 각주 43번을 참조. 이 부분은 원래 《국제정치논총》, 제30집, 2호 (1990)에 처음 게재됨.

507 Arthur Kilgore, "Cut Down in the Crossfire?," *International Relations*, vol. 8, no. 6(November 1986), p. 595.

508 Thoman L. Hughes, "The Twilight of Internationalism," *Foreign Policy*, no. 61(Winter 1985-86), pp. 25-48.

적이지는 않았다고 할 수 있을 것이다. 그들의 목적은 유엔의 개혁이었으며, 그것을 위해 카세바움법안은 1986-1987년 유엔에 대한 미국의 완전한 의무를 충족시키는 데 필요한 분담금을 국무부 승인 법령 내에 귀속시켜야 하며 그리하여 미국의 최소지원금은 분담금의 20퍼센트가 될 것이며 20퍼센트를 초과하는 액수의 승인은 그 분담금이 제공되는 유엔회계년도에 의도된 개혁이 이루어질 때에 추가적 분담금이 지불되도록 규정되었다.[509] 그러나 미국의 요구는 충족되기 어려운 것이었다. 왜냐하면 유엔의 예산 문제에 대한 가중투표제의 채택은 유엔헌장의 개정을 필요로 하는 것이었다. 그리고 유엔에서 가중투표제는 긍정적 반응을 얻을 것 같지 않았다. 따라서 카세바움법안의 제안자들은 1985년 가을에 예산문제에 대한 가중투표제의 채택이 없이도 미국의 기금이 일시적 압류상태에서 벗어나는 것을 허용할 전략을 모색하기 시작하였다. 미국의 유엔미션에 대한 하원의 대표단은 만일 유엔이 그것들을 채택하면 총 분담금을 미국이 지불케 하는 카세바움법안의 수정을 정당화시킬 수 있는 일련의 개혁안(a package of reforms)을 유엔에 제출케 하였다. 미국이 원하는 개혁들 속에는 유엔 직원들의 봉급 동결과 유엔체제 내에 어떤 예산 심의 절차를 마련하는 것들이 포함되어 있었다. 미국의 요구사항들 중에서 봉급의 동결과 같은 것은 총회에서 가을에 충족되었지만, 미국의 대표단이나 의회의 눈에 그 개혁안들은 카세바움법안의 재고를 정당화할 만큼 충분히 광범위한 개혁이 이루어지지 못했다. 그리하여 카세바움법안을 둘러싼 불확실성이 계속되는 와중

509 Rosemary Righter, *op. cit.*, pp. 231-233.

에서 동년 12월 미국의회는 그램 루드만 균형예산법(Gramm-Rudman Balanced Budget Act)을 통과시켰다. 이 법안의 의도는 미국 정부의 적자재정을 줄이고 예산을 1991년까지 균형 잡는 것이었다. 그리하여 이 법안의 실질적 효과는 향후 5년간 정부예산 지출의 점진적 삭감을 부과하는 것이었다. 미국 행정부와 의회는 매년 예산 축소의 구체적 목표 달성에 책임지게 되었다. 그 결과 미국 행정부는 유엔에 대한 현재의 지원액 중 3천4백만 달러를 철회함으로써 그램 루드만 법의 요구에 부응했다. 1987년 예산안을 준비하면서 백악관은 유엔 및 산하기구에 지불할 예산을 크게 삭감했으며 그 1억 4천만 달러에 달하는 삭감액 속에는 카세바움법에 의해 "압류상태"에 있을 7천9백만 달러가 포함되었다.[510] 즉 유엔의 개혁에 따라 지불할 "압류금"을 아예 없애 버린 것이다. 뿐만 아니라 그 삭감된 예산안이 의회의 승인을 받는 과정에서 하원 지출위원회는 국제기구들을 위한 할당액 중 4천7백만 달러를 추가로 삭감해 버렸다. 상원의 예산 최대 총액의 결정으로 국제기구들에 주어질 1987년의 할당액이 2억 2천5백만 달러로 다시 감소되자 이 액수를 44개의 국제기구에 배분할 수밖에 없게 되었다. 이 액수는 미국이 예산의 25퍼센트의 지불 의무를 충족시키기 위해 단지 유엔에만 지불해야 할 거의 2억 달러를 고려할 때 턱없이 적은 것이다. 전체적 예산 삭감들의 누진적 효과는 유엔에 대한 미국의 지원을 7퍼센트로 낮추는 결과를 가져올 수 있는 것이었다. 유엔에 대한 지원의 이런 잠재적 삭감 규모는 유엔에 호감을 갖지 않은 레이건 정부조차도 놀라게 만들었

510 Arthur Kilgore, *op. cit.*, p. 600.

다. 따라서 의회가 카세바움법안을 통해 유엔 문제에 영향을 미치려고 하자 백악관은 기금의 선별적 지불 보류의 전략을 조용히 승인했다.

1986년 여름 동안 의회에서 거듭된 예산삭감은 미국의 정책적 선택을 위험스러울 만큼 침해했다. 그리고 당시 2개의 사태 발전이 미국의 정책 결정자들에게 이런 사실을 강조해 주었다. 첫째는 18인 그룹의 보고서(the Report of the Group of Eighteen) 제출은 유엔개혁의 과정이 이미 시작했음을 지적함으로써 만일 유엔 지원금의 파괴적 삭감이 완화되지 않는다면 미국은 유엔 사무국과 악의를 가지고 협상한다는 비난을 받기 쉬웠다. 둘째 당시 데케야르 사무총장이 미국의 지불보류에 의해서 무력화된 유엔을 주도해야 한다면 자신은 사무총장의 재선에 나서지 않겠다고 미국에 통보하였다.[511] 당시 미국은 미국의 걱정에 민감한 데케야르가 재임하기를 원했다. 따라서 레이건 행정부는 원래 외교적 압력의 수단으로 의도된 유엔 분담금의 삭감이 오히려 유엔에서 미국의 위신과 영향력을 사실상 손상시키는 지점에 도달하는 아이러니컬한 상황에 처하게 되었다. 그리하여 1986년 여름 국무부 내에서 유엔 문제의 담당이 국제기구담당 차관보에서 국무장관실로 격상되었다. 이것은 다가오는 유엔의 재정적 위기에 의해 야기된 문제들의 보다 높은 우선순위가 주어졌음을 의미하는 첫 지표였다. 동년 9월 그리고 제41차 총회의 개막 때까지 백악관과 국무부는 유엔을 위한 의회의 기금삭감 중 상당액을 환원시키는 노력을 경주했다.

그러나 1987년 말까지 미국의 연체는 2억 5천3백만 달러로, 이것은

511 *Ibid.*, p. 601.

카세바움법안 채택 후 2년에 걸친 2억 달러보다도 많은 것이었다. 이러한 미국의 연체는 유엔 재정을 붕괴 직전으로 몰고 갔다. 1988년 미국의 대유엔 정책은 변함없이 부정적이었다. 이것은 참으로 아이러니컬한 상황이 아닐 수 없었다. 왜냐하면 1985년 3월에 집권한 미하일 고르바초프하의 소련은 유엔을 과거엔 상상도 할 수 없을 정도로 변화시켰기 때문이다.[512] 그리하여 소련은 서방 개념의 평화유지를 지원하고 미국이 그것을 적극적으로 반대하게 된 셈이었다. 그러나 그 당시 백악관이나 백악관 참모들은 유엔을 반대하는 강경파들이었기 때문이다. 당시 존 화이트헤드(John C. Whitehead) 국무차관은 레이건 대통령에게 직접 진언했으나 쉽게 마음을 바꾸지 않자 그는 레이건 여사에게 미국이 유엔에 기금을 내지 않아 심각한 재정문제를 겪고 있으며 레이건 대통령은 유엔을 죽인 미국 대통령으로 기록될지 모른다고 말했다. 레이건 여사는 레이건 대통령이 역사적으로 그렇게 기억될지 모른다는 말에 깜짝 놀랐었다고 증언했다.[513] 1988년 9월 13일 레이건 대통령은 과거에 배정된 4천4백만 달러를 지불하게 하는 결정을 발표했을 뿐만 아니라 1990년 회계연도에는 모든 기금을 요청하고 누적된 연체를 지불할 방법을 모색하기 위해 독립적 연구 집단을 창설할 것임을 시사했다.[514] 레이건 대통령은 1988년 유엔총회 연설에서 유엔에서 시작한 국가 간 평화의 꿈을 지지함으로써, 고르바초프의 소련이 그랬던 것처럼 미국이 마침내 유엔으로 돌아왔음을 선언했다. 미국과 소련이 다 함께

512 강성학, 《이아고와 카산드라—항공력 시대의 미국과 한국》, pp. 358-363.

513 〈유엔과 미국〉, 《채널 25》, 1996년 10월 27일.

514 Robert W. Gregg, *op. cit.*, p. 78.

유엔을 통한 세계평화의 유지를 희망함에 따라 유엔은 적어도 동서간의 조화의 시대를 예고했다. 그리하여 동년 12월 유엔총회는 1946년 이후 처음으로 유엔예산안을 합의를 통해 채택했으며, 유엔은 마침내 제2차 세계대전에서 승리한 강대국들이 서로 협력해서 세계평화를 지킨다는 유엔의 원래 이상을 실현할 수 있게 될 것으로 기대되었다. 그리고 그것을 시험하는 사건이 곧 중동에서 발생하게 되었다.

1990년 8월 2일 이라크가 쿠웨이트를 전면 침공했을 때 세계의 강대국들이 특히 미국이 이 위기를 해소하기 위해 맨 먼저 유엔에 의지할 것으로는 기대되지 않았다. 그러나 미국 주도하의 유엔 안보리는 침공 다음 날 이라크의 철수를 요구했다. 이라크에 대한 유엔의 신속한 규탄과 경제제재의 실행은 유엔이 생명력을 되찾아 유엔 창설자들이 의도했던 대로 기능하는 증거처럼 보였다. 미국의 부시 대통령은 과거 유엔대사로 일한 경험이 있었다. 따라서 그는 유엔의 문제와 기회를 잘 알고 있었다. 부시 대통령은 냉전체제가 종식됨에 따라 미국이 다시 유엔을 주도할 기회가 왔다고 느꼈다. 그리하여 미국과 부시 대통령은 유엔의 역사에서 하나의 전환점을 훌륭하게 연출해 내었다.[515] 갈등의 초기단계에서 유엔은 이 위기를 해소하려는 외교적 노력의 주요 핵심점으로 기능했다. 그러나 11월 29일 안보리가 쿠웨이트로부터 이라크를 제거하기 위한 "모든 필요한 수단"의 사용을 국가들에게 허락하는 결의안 678호를 채택하자 외교는 사실상 포기되고 전쟁이 불가피하게 되었다. 유엔은 무대의 중심에서 밀려나고 모든 관심은 워싱턴의 정치가들과

---

515 Clovis Maksoud, "The Arab World's Quandary," *World Policy Journal*, vol. 8, no. 3(Summer 1991), p. 551.

사우디아라비아에 파견된 미국의 한 장군에게 집중되었다. 걸프전쟁은 명목상 유엔전쟁이었다. 걸프전은 미국의 지휘하에 주로 미국의 군사력을 이용해 치러졌다고 해도 과언이 아니었다.[516] 유엔이 다시 역할을 수행하게 된 것은 전쟁이 끝난 후였다. 즉 이라크와 쿠웨이트의 국경에 대한 평화유지, 난민들의 재이주 및 황폐된 국가의 재건을 돕는 일을 수행하게 되었다. 유엔은 결국 늘 그랬던 것처럼 전통적인 반작용적(reactive) 업무를 수행했다. 유엔은 그 자신의 "승리"를 외치지 못했던 것이다.

걸프전에서의 성공은 (침략의 격퇴라는 관점에서) 미국의 독특한 군사력에 의존했다. 그러나 미국의 그런 역할은 앞으로 줄어들 것이다. 실제로 걸프 위기가 1년 후에 발생했었더라면 대응은 아마도 크게 달랐을 것이다.[517] 뿐만 아니라 이라크의 쿠웨이트 전면침공은 유엔헌장의 위반이었을 뿐만 아니라 아랍제국연맹(the League of Arab States) 헌장의 위반이었다.[518] 따라서 쿠웨이트에 대한 그런 명백하고 노골적인 침략에 두 국제기구가 대응하는 것이 거의 불가피했었다. 왜냐하면 쿠웨이트에 대한 이라크 측의 불만이 어떤 것이었든, 또 그 불만이 아무리 정당한 것이었다고 할지라도 그것이 쿠웨이트의 전면적 무력침략과

---

516 걸프전과 유엔에 관한 상세한 논의를 위해서는, The United Nations, *The United Nations and the Iraq-Kwait Conflict, 1990-1996*(The United Nations, 1996)을 참조.

517 Paul Taylor, *International Organization in the Modern World*(London: Pinter Publishers, 1993), p. 246. 이와 헨리 키신저의 주장에 대해서는, 강성학, 《카멜레온과 시지프스—변천하는 국제질서와 한국의 안보》(서울: 나남, 1995), p. 195를 참조.

518 Clovis Maksoud, *op. cit.*, p. 552.

병합을 정당화시킬 수는 결코 없는 것이었기 때문이다. 이라크의 사담 후세인은 1950년 북한 김일성과 동일한 실수를 범한 것이다. 따라서 걸프전은 일종의 자기 부정 예측(self-denying prophecy)의 역할을 수행함으로써, 앞으로의 침략 행위는 후세인과는 달리 덜 노골적인 방식을 취하게 될 것이며 그러한 변화된 방식은 유엔 내에서 적절한 대응에 대한 합의의 도출이 어려워질 것이다. 그러면 그만큼 유엔의 적극적 역할은 줄어들게 될 것이다.

뿐만 아니라 걸프위기의 전 과정은 유엔이 제도적으로 그런 위기와 후유증을 처리할 준비가 되어 있지 않다는 것을 노정시켰다. 유엔은 우선 침략을 저지하고 꺾을 준비가 잘 되어 있지 못했으며 침략이 발생한 뒤 역전시킬 준비도 제대로 갖추지 못했다. 유엔의 군사력은 군사참모위원회(the Military Staff Committee)를 통해 안보리의 지침하에 사용하도록 규정하고 있는 유엔헌장은 후세인을 분쇄하기 위한 재량권(free hand)을 원하는 미국에 의해서 무시되었다. 미국의 강한 압력과 민첩한 "당근과 채찍" 외교하에서 안보리 이사국들은 독자적 정보와 실행계획이 없이 미국 주도하의 군사행동을 승인했지만 분명한 안보리 명령을 위임하지 않았다. 군사력 사용에 대한 사실상의 백지위임을 선언한 뒤 안보리와 유엔 사무총장은 측면으로 물러서서 미국이 안보리에 책임지는 것 없이 자유롭게 행동하는 것을 바라볼 수밖에 없었다. 그 결과 미국은 이라크에 대해 "거의 묵시록적"[519] 파괴를 감행할 수 있었다.

걸프전은, 일반적으로 말해서, 예방외교를 수행하지 못한 유엔의 실

519 Paul Lewis, "The UN Survey Calls Iraq's War Damage Near-Apocalyptic," *New York Times*(March 22, 1991), p. A1.

패를 대변했다. 그런 위기들을 미래에 회피하려면 유엔 안보리는 예상되는 갈등해소에 개입하지 않는 습관, 즉 냉전의 시대에 수립된 습관을 깨야만 한다. 걸프의 갈등에서처럼 안보리는 문제가 위기의 국면에 도달할 때까지 행동하지 않는 경향이 있었다. 그러나 위기에 도달하면 평화수립은 종종 대단히 어렵게 된다. 냉전의 종식과 함께 상임이사국들이 보다 잘 함께 일할 수 있으며 헌장이 씌어진 이후 전쟁 비용이 극적으로 상승했고 국가의 무력 사용이 점점 문제시되는 사실을 고려할 때 안보리는 갈등이 폭력화하기 전에 갈등을 해소하는 데 보다 적극적인 역할을 수행할 수 있고 또 그래야만 하게 되었다. 이러한 시대적 요청은 앞서 이미 논의했던 것처럼 1992년 1월 31일 역사상 최초로 유엔 안보리의 정상회담에서 당시 부트로스 갈리 사무총장에게 헌장의 틀과 규정 내에서 예방외교, 평화창조 및 평화유지를 위한 유엔의 능력을 강화하고 보다 효율성 있게 할 방법에 대한 분석과 권고를 준비하도록 요청했으며, 그 요청에 부응하여 1992년 6월 17일 부트로스 갈리 총장은 "평화를 위한 의제"를 제출하였다. 여기에 부트로스 갈리 사무총장은 회원국들에 의해 별도로 지정된 군대에 의해 구성되는 상비군과 군사참모위원회를 창설하기 위해 헌장의 오랫동안 사문화되다시피 했던 규정들을 활성화할 것을 제안했다. 이 상비군은 전통적 평화유지보다는 더 야심적인 사명을 위해 계획될 것이며 급박하거나 실제적인 노골적 침략에 대응하는 것을 포함하는 평화실행의 사명을 위한 것이다.[520] 그는 한 걸음 더 나아가 국내적 위기를 겪고 있는 국가 내에서도 고통을

520 *Agenda for Peace*, paragraph 44.

완화하고 폭력을 제한하며 통제하기 위해서 정부가 요청하고 모든 당사자들이 동의할 때 "예방적 배치"(preventive deployment)의 가능성까지도 내다보면서 인도주의적 원조를 강조했다.[521] 이것은 사실상 "팍스 유엔"(Pax UN)을 모색하는 것이다.

클린턴 정부는 유엔의 새로운 적극적 활동에 호의적이었다. 그것은 미국의 부담을 완화시키고 국내 경제에 레이저 빔처럼 집중할 수 있게 할 것으로 생각되었기 때문이다. 따라서 매들린 올브라이트(Madeleine Albright) 유엔 대사는 그런 다변적 조치가 자아몰입(self-absorption)과 지나친 활동(hyper-activity)의 양극단 사이에서 제3의 대안을 제시한다고 설명했다.[522] 즉 그것은 미국이 고립주의와 세계 경찰 노릇 사이에서 제3의 길로서 클린턴 대통령은 "유엔 평화유지가 이 시대의 많은 갈등들을 해소할 전망을 보여 주고 있다"고 선언했다.[523] 그러나 소말리아의 사태는 클린턴 대통령의 생각과 기대에 부응하지 못했다. 그가 미국의 부담을 줄이기 위해 유엔에 도움을 청했지만 유엔은 그 자체가 미국에 의존하고 있었던 것이다.[524] 유엔은 회원국들이 부여하는 것 이상으로 자체의 힘을 갖고 있지 못하기 때문에 다른 회원국들은 자연히 가장 강력한 회원국들이 주도하기를 기대할 것이다. 이런 경우 그 회원

---

521 *Agenda for Peace*, paragraph 29.

522 Madeline K. Albright, "Address to the Council on Foreign Relations"(June 11, 1993).

523 President Bill Clinton, "Address to the General Assembly of the United Nations"(September 27, 1993).

524 Joshua Muravchik, *The Imperative of American Leadership*(Washington, D.C.: The AEI Press, 1996), p. 72.

국가는 달갑지 않은 사명까지도 주도해야 하는 압력을 느끼게 될 것이다. 따라서 권능을 가진 유엔이란 미국의 부담을 완화시켜주기는커녕 오히려 미국의 부담을 증가시킬 가능성이 더 크게 된 것이다. 이러한 위험성을 인식한 클린턴 정부는 원래 유엔에 부여했던 큰 역할로부터 후퇴하기 시작하였다.

그리하여 1994년 5월 대통령 결정지시 25(PDD-25)는 유엔의 한계를 강조하였다. 냉전 종식 이후 특히 걸프전 이후 갈등은 국제적이기보다는 더 많이 국내적인 것들이다. 어떤 갈등은 미국의 국가이익에 도전하는 것이지만 또 어떤 것들은 그렇지 않다. 미국 군사력의 제1차적 목적은 전쟁을 수행하고 승리하기 위한 것이지 평화유지활동은 아니다. 따라서 지역적 혹은 국내적 갈등이 미국의 핵심적 국가이익을 건드리지 않는 한 미국은 집단적 해결책을 모색할 것이다. 따라서 대통령 결정지시 25는 바로 미국 참여의 기준들을 선정한 것이다. 그것들은 첫째, 미국가이익의 증진, 둘째, 인적 재정적 가용성, 셋째, 평화유지활동을 위한 미국 참여의 필요성, 넷째, 의회의 지지, 다섯째, 미국 참여의 명백한 종식, 여섯째, 수락할 만한 사령과 통제 등이다.[525] 즉, 평화유지는 어떤 경우에 미국의 국가안보 이익을 증진시키는 유용한 수단이 될 수 있지만 평화유지에 미국과 유엔의 참여는 선별적이어야 하고 또 보다 더 효율적이어야 한다고 강조하면서 유엔의 평화 활동의 수나 그러한

525 Lawrence S. Finkelstein, "The United States and the United Nations: Proper Prudence of New Failure of Nerve?" in Sung-Hack Kang, ed., *The United Nations and Keeping Peace in Northeast Asia*(Seoul: Korea University, The Institute of Peace Studies, 1995), p. 110.

활동에 미국의 참여 확대를 모색하는 것은 미국의 정책이 아님을 분명히 했다.

이처럼 미국의 직접적 참여의 기준뿐만 아니라 참여하지 않는 경우에도 유엔 평화유지활동에 대한 미국의 승인 기준들을 설정했다. 그것들은 첫째, 광범위한 폭력이나 난동에 따른 구호 원조의 긴급 필요성을 포함하여 국제안전에 대한 위협, 둘째, 민주주의의 갑작스런 중단이나 총체적 인권위 위반, 셋째, 명백한 목표, 넷째, 무력이 배치되기 전 당사자들의 동의, 다섯째, 충분한 재정적 및 병력의 가용성, 여섯째, 임무에 적합한 위임, 일곱째, 현실적인 퇴거 전략 등이다.[526] 그에 따라 클린턴 정부는 부룬디, 그루지아 및 앙골라에서 평화유지활동을 위한 제안을 차단했다.[527] 그리하여 미국의 정책목표는 유엔 활동의 확장이 아니라 그것들을 축소시키는 것이 되어 버렸다. 대통령 결정지시 25는 미국이 "유엔 상비군"을 지원하지 않으며 유엔 작전을 위한 특별 미군의 지정도 하지 않을 것임을 분명히 했다.

이렇게 되자 1995년 초에는 부트로스 갈리 사무총장마저도 자신이 제안한 "평화를 위한 의제"의 고결한 목표들로부터 어쩔 수 없이 후퇴하기 시작하였다. 즉 1995년 1월 3일 "평화를 위한 의제의 추가"라는 유엔 창설 50주년에 부친 자신의 입장 문서(position paper)에서 "예상 못한, 혹은 오직 부분적으로만 예상된 어려움이 발생하고 회원국들이 '어려운 결정'(hard decisions)을 해야 할 필요가 있는 어떤 영역이 있음"

526 Lawrence Finkelstein, *op. cit.*, p. 110.

527 Elaine Sciolino, "New US Peacekeeping Policy De-emphasizes Role of the UN," *New York Times*(May 6, 1994).

을 인정하고[528] 유엔의 필요성에 비해 병력과 장비의 가용성이 분명하게 감소했음을 지적하였다.[529]

소말리아, 보스니아 혹은 르완다에서의 경험은 고립적 경우가 아니다. 그것들은 유엔이 세계평화의 보루가 될 것이라는 유엔 창설자들의 희망과 냉전 종식 후 "헌장에로의 복귀"나 팍스 유엔의 기대를 비웃는 유엔의 본질적 허약성을 가리키는 것이다. 유엔의 그런 본질적 허약함은 헌장의 잘못에 있는 것이 아니라 그것은 곧 회원국의 잘못에 있는 것이다.[530] 그러나 그것은 기본적으로 모든 국제기구의 일반적 한계를 대변하는 것이기도 하다. 걸프전에서의 성공도 이미 지적한 것처럼 유엔의 승리라기보다는 강대국가들의 성공이었다. 비록 무력에 의한 응징이 유엔을 통해서 정당화되었지만, 그것은 엄격히 말해서 헌장 제7장의 절차에 토대를 두지 않았으며 전쟁은 유엔의 밖에서 수행되었다. 그것은 강대국들의 임시변통(improvization)에 크게 의존했었으며 호의적 환경에서 안보리 상임이사국들 입장의 우연적 일치(chance coincidence)에 의존했었다. 이러한 사실을 미래를 위해 축적할 수 있고 또 침략을 노리는 어떤 국가도 똑같이 강력하고 단호한 응징을 받을 것이라는 것을 확실하게 해 주는 경험의 유산이 별로 없다는 것을 의미한다. 물론 한 번 발생한 것은 또 발생할 수 있다. 그리고 그러한 생각은 미래의 범행자의 마음속에 "자기 부정적 예측"으로 작용하기도 할 것이

528 Supplement to *An Agenda for Peace*, paragraph 6.

529 *Ibid.*, paragraph 43.

530 Anthony Parsons, "The United Nations in the Post-Cold War Era," *International Relations*, vol. 2, no. 3, p. 189.

다. 그러나 강대국, 특히 미국의 결의의 약화가 유엔의 제도적 조정만으로 상쇄될 수는 없을 것이다. 황제의 힘에 뒷받침되지 않는 교황의 지위는 국제관계에서 공허할 수밖에 없을 것이기 때문이다.

인간들은 늘 고통받아 왔다. 그래서 사람들은 다른 사람들의 고통에 반응했다. 유엔헌장은 인종, 성, 언어 혹은 종교의 구별 없이 모든 사람들에게 인권과 근본적 자유의 존중을 증진하고 고무함에 있어서 국제협력을 달성할 것을 최초로 선언했다.[531] 이때까지 국제사회엔 인권에 대한 국제적인 기준이 없었다. 비록 헌장을 통해 모든 회원국들이 인권과 근본적 자유의 완전한 실현을 위해 법적으로 노력하도록 규정함으로써 인류의 고결한 목적은 모든 정부의 의무가 되었다. 그러나 그러한 목적의 실현은 결코 쉽지 않았다. 정부의 역할은 야누스와도 같은 것이었다. 왜냐하면 정부의 역할은 인권의 보호자임과 동시에 위반자라는 두 개의 역설적 역할 사이의 본질적 갈등을 안고 있기 때문이다. 뿐만 아니라 국내관할권의 존중을 규정하고 있는 헌장 제2조 7항은 회원국 의무의 면책과 알리바이가 되었다. 그리하여 냉전의 종식 때까지 유엔을 통한 인권의 향상은 결코 기대에 미치지 못했다. 왜냐하면 인권의 문제는 곧 정부를 비판의 목표로 삼을 수밖에 없고 그것은 오히려 국제적 갈등을 증폭시킬 것이기 때문이다.

냉전의 종식은 국제평화와 안전에 범세계적인 긍정적 효과를 가져다주었다. 그러나 취약한 정체의 국가들에선 냉전의 주역에 의해 주어지는 지원이 중단되자 정부 자체가 붕괴하는 경우가 발생했으며 그 결

531 유엔헌장 제1조 3항.

과 엄청난 재앙의 희생자들이 발생하게 되었다. 인도주의적 원조와 개입의 문제가 유엔의 우선적 과제로 부각한 것이다. 이미 앞서 논의했던 것처럼 인도주의적 개입 문제의 촉발은 1991년 4월 쿠르드 난민의 위기였다.[532] 사담 후세인의 무자비한 군대의 공격을 피하기 위해 터키와 이란의 국경선으로 150만 명 이상의 난민들의 피신은 새로운 국제 인도주의적 대응을 필요로 했다. 그리하여 유엔 안보리는 결의안 688호를 채택하고, 이에 입각하여 미국, 영국, 프랑스 및 네덜란드가 이들 난민들을 보호하고 구호하기 위한 조치를 취했다. 그것은 이라크의 주권을 침해하는 것이었다. 따라서 이 안보리 결의안 688호는 국내관할권을 넘어서는 새로운 인도주의적 개입 시대의 서막이었다.[533] 이제 세계는 인도주의적 목적을 위해 국제적 개입의 권리를 주장하게 되었고[534]

532 인도주의적 개입의 개념 자체는 역사적으로 17세기의 Groutius까지 거슬러 올라갈 수 있다. Tonny Brems Knudsen, "Humanitarian Intervention Revisited: Post-Cold War Responses to Classical Problems," *International Peacekeeping*, vol. 3, no. 4(Winter 1996), pp. 146-165.

533 인권과 인도주의적 문제에 관한 과거 50년간 유엔 역할의 역사와 평가에 대해서는, David P. Forsythe, "The UN and Human Right at Fifty: An Incremental Resolution," *Global Governance*, vol. 1, no. 3(Sep-Dec 1995), pp. 247-318, 유엔 인권위원회의 구체적 활동에 관해서는, Howard Tolley, Jr., *The UN Commission on Human Rights*(Boulder: Westview Press, 1987), 그리고 G. Weiss, David P. Forythe and Foger A. Coate, *The United Nations and Changing World Politics*(Boulder: Westview Press, 1994), Part Two 및 Katarina Tomasevski, "Human Right–Fundamental Freedoms for All," and Angela Penrose, "UN Humanitarian Machinary–The Need for Good and Just Practice," in Erkine Childers, ed., *Challenges to the United Nations: Building a Safter World* (New York: St. Martin's Press, 1995), chap. 4 & 5 참조.

534 Guenter Lewy, "The Case for Humanitarian Intervention," *ORBIS*, vol. 37, no. 4(Fall 1993), pp. 621-631.

북이라크에서의 전례는 국제사회로 하여금 주권이 국제적 행위의 다른 모든 원칙들에 우선한다는 과거의 인습적 지혜와 완전히 반하는 교리를 개발하기 시작하게 했다.[535] 그리하여 유엔은 캄보디아, 엘살바도르, 앙골라, 모잠비크, 하이티 및 기타 분쟁지역에 평화유지군을 파견하였으며, 이러한 적극적인 활동 속에서 당시 미국의 올브라이트 유엔 대사는 안보리를 "국제 긴급구조대"(international 911 number)라고 묘사하기까지 했었다. 그러나 유엔의 인도주의적 개입은 1993년 10월 소말리아에서 새로운 전환점을 맞게 되었다. 원래 쿠르드 난민 보호를 위한 유엔의 조치나 소말리아의 개입은 미국의 국내적 여론의 압력을 받고 있던 미국 정부의 적극적 희망과 노력에 의해서 이루어졌었다. 그것은 소위 CNN 요인에 의해 크게 영향받았었다. 그러나 소말리아에서 미군 18명이 피살되고 모가디슈 거리에 죽은 미군 병사들의 시체가 질질 끌려가는 장면을 텔레비전 화면을 통해 목격한 미국 국민들은 크게 충격받고 분노했다. 그 충격과 분노는 클린턴 대통령으로 하여금 모든 미군들을 소말리아에서 철수하도록 만들어 버렸다. 당시 클린턴 대통령은 그 책임을 유엔에 돌렸으나 그것은 사실상 인도주의적 외교정책, 즉 인간의 동정심에 입각한 미국 외교정책의 분명한 한계를 보여 주는 것이었다.

동정심은 인류만큼이나 오래된 것이다. 우리 시대의 새로운 점이 있다면 그것은 아무리 먼 곳에서 발생하는 다른 인간들의 고통을 우리가 곧바로 목격하는 것이다. 정보혁명의 덕택으로 방송 카메라에 잡히지 않는 인간들의 고통은 사실상 거의 없으며 생중계를 통해서나 아니면

535 Thomas G. Weiss, "Triage Humanitarian Interventions in a New Era," *World Policy Journal*, vol. 11, no. 1(Spring 1994), pp. 59-68.

일단 카메라에 찍히면 어느 곳에서든 즉각적으로 되풀이해서 보여 줄 수 있게 되었다. 우리의 안방을 벗어나지 않고서도 우리는 전 세계의 슬픔을 채널을 돌리는 우리의 손가락을 통해 목격할 수 있게 된 것이다. 따라서 지구의 어느 곳에서든 권리의 위반이 지구의 모든 곳에서 느낄 수 있기를 희망했었던 이마누엘 칸트의 기대가 실현된 것이다. 사람들은 이것은 "CNN 요인"이라고 부르고 있다.[536] 정보혁명 시대의 CNN 요인을 강조하는 사람들은 고통의 이미지가 즉각적이고 신속하게 확산됨으로써 민주정부들은 언제나 인도주의적 개입을 요구하는 자국 국민들의 압력을 받게 될 것이라고 주장한다. 이것은 참으로 아름다운 희망이다. 그러나 그것이 과연 그럴까?

텔레비전을 통해 모든 것이 방영된다고 해도 우리는 언제든지 채널을 바꾸거나 아예 꺼 버릴 수 있다. 뿐만 아니라 텔레비전 시청자들은 전형적 뉴스 프로그램의 리듬을 경험하고 있다. 즉 심각한 문제들의 방영 뒤엔 시시한 것들, 스포츠나 일기, 생활정보와 모든 오락용 소식을 함께 접한다. 따라서 뉴스 첫머리에 고통스런 뉴스가 우리를 엄습한다고 해도 우리의 마음은 편안한 삶을 갈구하는 소비사회의 생활양식의 일상적 관심 속으로 푹 빠져들고 만다. 방송국의 제작자들은 시청자들이 위안받고자 한다는 것을 잊지 않는 성향이 있다. 따라서 클리포드 오윈이 간파한 것처럼 아주 적당한 양의 고통은 오히려 위안을 가져다

536 탈냉전 이후 CNN 효과의 성격에 관해서는, David Rieff, "The Humanitarian Trap," *World Policy Journal*, vol. 12, no. 4(Winter 1995/96), pp. 1-2를 참조. 텔레비전의 영향을 국가 간의 새로운 문제의 등장으로 다룬 것으로는, George Queater, *The International Politics of Television*(Lexington, Massachusetts: Lexington Book, 1990) 참조.

준다.[537] 뿐만 아니라 먼 지역 사람들의 불행과 고통이 우리의 관심을 진실로 끌기 위해서는 연속극, 쇼 프로그램,영화 등과 경쟁해야 한다. 따라서 텔레비전은 분명히 먼 곳의 고통을 보다 생생하게 보여 주지만 그것이 반드시 보다 현실적으로 만들지는 못한다. 먼 타국의 고통스런 소식은 가상의 세계에서 일어나는 것처럼 느껴지고 우리의 현실감은 빈약하며 그 결과 책임감이나 효과적 결의를 낳지 못한다. 즉 CNN 요인은 항구적 지원자들을 만들어 낼 수 없는 것이다.

텔레비전이 지구촌을 우리의 안방으로 가져다주었다고들 한다. 그러나 사실상 텔레비전은 우리를 자신의 거실로 몰아넣고 그곳에 머물게 하고 있다. 따라서 동정심에 관해서 논할 때 우리는 고통에 대한 "인도주의적"(humanitarian)인 것과 "공동체적"(communal)인 것을 구별해야 한다. 그리고 이 구별은 동정심에 기초한 정치에 관한 최초의 위대한 근대 주창자였던 루소의 명상을 상기시킨다.[538] 루소는 범세계적 혹은 사해 동포주의적 박애정신에 믿음을 두지 않았었다. 그것은 루소에게 당시의 지성인들, 소위 철학자들의 자세였다.

> 자기들이 달성하려고 계획하지 않는 의무를 자신들의 책 속에서 열심히 노력하는 사해동포주의자들을 믿지 말라. 철학자는 자신의 이웃을

---

537 Clifford Orwin, "Distant Compassion," *The National Interest*, no. 43(Spring 1996), p. 43.

538 *Ibid.*, pp. 44-47; Clifford Orwin, "Rousseau and the Discovery of Political Compassion," Pierre Hassner, "Rousseau and the Theory and Practice of International Relations," in Clifford Orwin and Nathan Tarcov, eds., *The Legacy of Rousseau*(Chicago: The University of Chicago Press, 1997), pp. 296-320, 200-119 참조.

사랑해야 할 의무에서 벗어나기 위해 타타르인들을 사랑한다.[539]

우리가 오늘날 "인도주의"라고 부르는 것에 관한 루소의 비평은 먼 곳 사람들의 고통에 대한 유감이나 무관심에 기인한 것이 아니라 동정심의 심리적 토대에 대한 분석에 의존하고 있다. 루소에 의하면 우리의 연민을 느끼는 능력이란 특정된 고통과 고통 받는 사람들과 우리들을 동일시하거나 관련시키는 우리의 능력에 크게 의존한다. 따라서 고통받는 사람들과 고통이 우리에게 낯선 경우에 우리는 그들을 쉽게 무시해 버린다. 즉 동정심이란 일반적으로 말해서 목격하는 자와 희생자가 공통점을 가장 많이 갖고 있어서 가깝게 느낄 경우에 가장 효과적이다. 가까운 사람의 고통은 동정심을 일으키지만 먼 사람들의 고통은 무감각에 그것을 완화시키기 위한 행동의 실패에 대한 알리바이를 제공한다.

뿐만 아니라 세계 도처에서 목격되는 수많은 고통의 거듭된 목격은 아이러니컬하게도 고통에 대해 우리들을 점점 무감각하게 만들 것이다. 루소가 언급했던 것처럼,[540] 신부들과 의사들은 죽음과 고통을 목격함으로써 무심하게 되는 것이다. 언제나 가까운 곳에서 비참한 사람들의 삶에 무심해진 대도시의 주민들처럼 소위 지구촌의 우리들은 매일같이 자신의 시계에 들어오는 먼 곳의 고통으로부터 등을 돌릴 것이다.[541]

539 J. J. Rousseau, *Emile: Or, On Education*, trans. Allan Bloom(New York: Basic Books, 1979), p. 39.

540 *Ibid.*, p. 231.

오늘날 텔레비전 시청자들의 "지구촌" 시대를 말하는 사람들은 그 표현이 잘못된 것은 아닌지 재고해야 할 필요가 있다. 전통적 마을 사람들(villagers)의 관계는 항구적이고 깊고 또 편협했다. 반면에 오늘날 탈근대적 지구촌 사람들의 관계는 덧없고 일시적이고 환상적이다. 우리는 그러한 현상을 국제공항에서 직접 생생하게 체험할 수 있다.[542] 냉전의 종식으로 이데올로기적 공감대가 무너졌으며, 종교적 박애주의는 수세대에 걸쳐 계속 추락했다. 인도주의적 개입의 새로운 유엔 역사의 문을 연 미국인들은 소위 제3세계 국가들에서 고통받는 어느 특정된 집단과도 굳건한 유대감이나 일체감의 토대를 갖고 있지 못하다. 따라서 CNN 요인의 효과는 실제적이지만 그러나 그것의 효율성은 시간의 시험을 견디어 낼 것인지는 확실하지 않다.[543] 동정심이란 언제나 변덕스럽고 또 아주 불안정한 것이다. 따라서 보편적 인권을 확인할 의무가 아무리 일반적인 것이라고 할지라도 이방인들을 위해 그러한 권리를 확립하기 위해 자국 시민의 생명을 위태롭게 모험할 정부의 의무는 언제나 논란의 대상이 될 것이며 그런 위험의 꾸준한 감수를 기대하기는 어려울 것이다. 따라서 냉전 종식 후 유엔이 인도주의적 개입이라는 루비콘 강을 건너간 것은 부인할 수 없는 사실이지만 박애와 동정적 동기는 미국 외교정책의 믿을 만한 지표는 되지 못할 것이다. 기껏해야

541 Clifford Orwin, *op. cit.*, p. 49.

542 오늘날의 세계를 공항에 비유한 논의로서 Walter Russell Mead, "Trains, Planes, and Automobiles: The End of the Postmodern Moment," *World Policy Journal*, vol. 12, no. 4(Winter 1995/96), pp. 13-32 참조.

543 Claude Moisy, "Myths of the Global Information Village," *Foreign Policy*, no. 107(Summer 1997), pp. 78-87.

미국은 아주 선별적으로 인도주의적 개입을 주도하거나 지원할 것이다. 왜냐하면 교황은 황제에게 도덕적 교시를 내릴 수 있어도 그의 행동을 통제하지는 못할 것이기 때문이다.

유엔제도는 국가의 주권과 세계질서를 조화시키려 한다. 유엔의 지도원칙은 집단안전보장제도이다. 그리고 이것은 어떤 1개 국가나 또는 여러 국가들이 대적할 것을 꿈도 꾸지 못할 그런 압도적인 힘의 창조를 요구한다. 이런 정의(definition)는 우리가 힘의 균형의 원칙과 매우 유사한 것 같다고 지적한다면 유엔의 열성분자들은 국제연맹의 전임자들처럼 감정이 상할 것이다. 왜냐하면 그들은 과거나 기존의 국제절서의 개량주의자가 아니라 자신들을 완전히 새로운 혁명적 창조자로 간주해 왔기 때문이다.[544] 그러나 침략에 대한 압도적인 힘의 필요성에 대한 개념은 별로 다를 것이 없다. 옛 힘의 균형 체제에서 침략에 대응하는 행동이 임의적이고 경험적 결정을 필요로 했다. 따라서 그것은 경우에 따라 달랐다. 만일 침략국가가 우방국이든가 아니면 함부로 도전할 수 없을 만큼 강력하거나 또는 피침국보다 더 비난할 경우가 아니라면 침략국가에 저항하지 않기로 결정할 것이다. 그리고 그 경우에 그 국가의 행동을 "침략"이라고 정의하는 것을 아마도 피할 것이다. 이러한 임의

544 국제연맹과 유엔의 정신적 아버지로 간주되는 칸트에 관한 이러한 특징에 관한 논의를 위해서는 Martin Wight, "Anatomy of International Thought," *Review of International Studies*, vol. 13, no. 3(July 1987), pp. 221-227; Hedley Bull, "Martin Wight and Theory of International Relations," *Britisch Journal of International Studies*, vol. 2, no. 2(July 1976), pp. 101-116과 Tony Thorndike, "The Revolutionary Approach: The Marxist Perspective," in Trevor Taylor, ed., *Aproaches and Theory in International Relations*(London: Longman, 1978), pp. 54-99를 참조.

적 접근방법과는 대조적으로 유엔에 의한 침략의 저항은 자동적이고 객관적이며 보편적이고 예측 가능하도록 계획되었다. 따라서 그것은 항구적으로 억제적 효과를 갖도록 기대되었다. 국제평화와 안전의 문제는 임시방편적이고 경험적 조치들에 의해서 취급되어서는 안 되고 결정적으로 해결되어야만 하는 것이다. 그리하여 유엔의 열성적 지지자들의 눈에 유엔은 수단임과 동시에 목적이었다. 그것은 도덕과 효율성에 있어서 전통적 외교를 능가한다고 주장하는 하나의 빛나는 비전이었다.

그러나 지난 반세기에 걸친 유엔의 역사는 "정치란 가능한 것의 기술"이라는 진부하지만 부인할 수 없는 명제를 재확인시켜 주었다. 미국은 유엔의 야심찬 창설자였으며, 유엔 창설 후 미국의 대유엔 입장은 부침을 거듭했지만 변함없는 유엔의 원동력이었다. 유엔의 미래에 관해서도 미국의 정책과 역할은 가장 중요한, 아니 결정적인 영향을 미치게 될 것이다. 아주 실질적 의미에서 유엔 내에서 국제적 중요 문제에 대한 미국의 기권표마저도 사실상의 반대가 될 것이다. 따라서 미국은 의도적 무관심이나 공개적인 적대로 유엔에 치명적인 장기적 폐해를 줄 유일한 국가라고 해도 과언이 아니다.[545] 분명히 세계는 유엔 창설 이후 크게 변했으며 냉전 종식 이후 유엔은 새로운 세계에 진입했다. 그러나 국제적 지도력의 문제에 관한 한 근본적으로 달라진 것은 별로 없다. 특히 냉전의 양극체제가 붕괴된 후 세계는 사실상 단극체제적 성

545 John L. Washburn, "United Nations Relations with the United States: The UN Must Look Out for Itself," *Global Governance*, vol. 2, no. 1(January-April 1996), p. 83.

격을 당분간 유지할 것이다. 그 속에서 미국은 일종의 세계정부와 같은 기능을 수행할 것이다. 미국의 그러한 역할은 세계의 "철인왕"이나 "세계 리바이어던"으로서가 아니라 그것은 마치 중세의 황제처럼 기능할 것이다. 따라서 유엔이 어떤 구체적인 문제나 영역에 있어서 미국 없이도 기능하는 것이 가능할지 모른다. 그러나 미국의 정치적 · 전략적 · 경제적 및 제도적 힘을 고려할 때 유엔이 미국의 지원 없이 성공적으로 기능하고 더 나아가 생명력을 유지하기란 거의 불가능할 것이다. 왜냐하면 유엔은 "인류"의 이름으로 마치 중세의 교황처럼 무엇이 옳고 그른가를 규정할 수는 있겠지만 스스로 국제평화와 안전을 실현할 수 있는 독자적 힘을 확립하고 있지는 못하기 때문이다.

반면에 미국도 무관심과 대결의 시기를 뒤로 하고 그리고 걸프전과 그 이후 여러 평화유지활동의 참여에서 유엔이 부여하는 정당성을 중요하게 활용했다. 그것은 황제도 교황의 동의를 필요로 한다는 것을 의미한다. 국제사회에서도 "정당성"이라는 도덕적 힘을 결코 전적으로 무시할 수 없으며 민주주의 국가가 국제적으로 행동(개입)하기 위해서 정당성은 전제조건이 된다고 해도 과언이 아니다. 후쿠야마의 주장처럼 앞으로의 세계가 역사 그 자체의 힘에 의해서 자유민주주의의 세계로 갈 수밖에 없다면 유엔으로부터 "정당성"의 획득은 거의 모든 국가들이 국제적 행동에 앞서, 아니면 기정사실 이후에라도 추구해야 하는 정치적 목표 중의 하나가 될 것이다. 뿐만 아니라 유엔은 걸프전 이후 소위 "인도주의적 개입"이라는 루비콘 강을 건넜다. 유엔은 침략의 격퇴는 물론이고 이제 유엔은 무정부상태의 국가에도 개입할 수 있고 심지어 국내정권마저도 타도하는 전례를 남기면서 유엔 개입의 한계가 없어져 버렸다. 그리고 그것은 분명히 미국의 대유엔정책의 결과였다. 미국은 유엔 내에서 주도권을 재확립한 것이다. 그렇다고 미국이 세계의 경찰처럼 모든 세계 문제에 개입하고 해결해 주지는 못할 것이다. 미국이 아무리 유일한 세계 초강대국일망정 미국도 제약을 받지 않을 수 없다. 미국의 제약은 무엇보다도 미국 내에서 강력하게 작용할 것이다. 우선 미국 의회는 분담금과 연체금의 지불을 유엔의 개혁과 연결시키고 있다. 뿐만 아니라 미국은 국내적인 이유, 즉 국내 여론과 정치에 필요한 문제들에 대해서만 관심을 보임으로써 유엔을 제약하고 있다. 이러한 미국의 변덕스런 지원은 유엔을 제2의 국제연맹으로 전락시킬 위험성을 잉태하고 있다.[546]

미국의 유엔활동 확대에 대한 원칙적인 반대와 개혁의 강력한 요구는 유엔을 보다 선별적 문제에 보다 효과적으로 대처하게 하는 데 기여할 수도 있다. 그러나 유엔의 개혁은 결코 용이한 문제가 아니다. 개혁은 종종 혁명보다도 더 어렵다. 따라서 현재 192개 회원국들이 "20세기의 유엔"을 "21세기의 유엔"으로 가까운 시일 내에 개혁시킬 수 있을 것으로 기대하기는 결코 쉽지 않다. 대부분의 회원 국가들은 유엔의 진정한 참여자가 되기를 원하지, 단지 구경꾼에 머물려고 하지 않는다. 즉, 유엔은 미국에 의해서 결코 쉽게 길들여지지 않을 것이다. 만일 유엔이 미국의 일방적 통제하에 놓이게 되면 유엔의 정통성은 그만큼 약화될 것이다. 스티븐 크래스너(Stephen Krasner)의 주장처럼 헤게모니 국가

---

546 Stanley Meisler, "From Great Hope to Scapegoat," *The Washington Monthly* (July/August 1996), pp. 30-34; Stanley Meisler, *United Nations: The First Fifty Years*(New York: The Atlantic Monthly Press, 1995), p. 332.

가 자신의 선호와 가치를 정당화시킬 목적을 달성하려 한다면 국제기구에 "자치력"을 부여해야만 한다. 그렇지 않으면 그 국제기구는 헤게모니의 단순한 시녀로 간주될 것이기 때문이다.[547] 따라서 유엔의 장래는 미국이 유엔 상임이사국 팀의 한 회원으로 활동할 것인가, 아니면 유엔의 소유자로서 행동할 것인가에 크게 좌우될 것이다. 유엔이 최소한 교황처럼 기능할 수 있고 미국이 그것을 인정하는 황제처럼 행동할 때에만 유엔은 생명력을 유지할 수 있을 것이다. 그러나 설사 유엔이 항상 미국에 귀를 기울이지 않는다고 할지라도 유엔의 창설자였던 미국이 유엔의 학살자가 되지는 않을 것이다. 왜냐하면 유엔이 죽는 그 순간 인류는 또 다른 유엔을 필요로 할 것이기 때문이다.

547 Stephen D. Krasner, *Structural Conflict: The Third World Against Global Liberalism*(Berkeley: University of California Press, 1985), p. 10.

제13장

파리헌장의 탄생

—칸트 평화계획의 구현?

파리헌장은 새로운 마그나 카르타이다.
—마거릿 대처 영국 총리

베르사유체제는 자유민주주의의 이념적 헌정질서를 확실히 보장하려 했지만 파시스트 독일과 공산주의 소련이라는 2개의 주요한 국가들에 의해서 수락되지 않았다. 베르사유체제가 선택한 의회 민주주의적 민족국가에 대한 파시즘과 공산주의의 대안들이 독일과 러시아 인민들에 의해서 불신받을 때까지 국제적 헌정질서를 위한 투쟁은 계속될 수밖에 없었다. 군국주의적인 우월성을 내세운 독일의 나치즘은 다인종적 미국과 슬라브 소련을 포함하는 동맹체제에 의해서 제2차 대전 과정에서 철저히 근절되었다. 모든 문명인들이 경험한 나치즘의 혐오와 공포는 민족들이 국가를 형성하는 데 있어서 고려할 가능한 선택의 목록에서 파시즘을 효과적으로 재거해 버렸다.

그러나 공산주의의 불신은 수백만 명의 죄 없는 사람들의 살인행위의 폭로에도 불구하고 나치즘과는 다른 방법으로 다가왔다. 냉전체제가 종식되고 러시아와 재통일된 독일이 의회주의 민족국가를 채택했다. 어떻게 그렇게 되었을까? 그동안 2가지 설명 양식이 경쟁했다. 하나는 미국의 레이건 행정부의 방위정책과 외교로 심화된 내부의 경제적 압력이 소련으로 하여금 양극적 경쟁에서 굴복하게 만들었다는 것이다.[548] 또 하나는 소련의 미하일 고르바초프의 국내 개혁 추진이 냉전을 종식시키고 종국에는 파리의 평화조약을 가져왔다는 것이다.[549] 이 두 개 설명 양식은 그것들이 국내적 사건들과 국제적 사전들 간의 상호연계성을 인정하는 정도만큼 두 설명 양식 모두가 나름대로 만족스런 설명을 제시한다고 할 수 있을 것이다. 만일 소련 정체가 전략적으로 미국과 경쟁하기 위해서 시장경제 방법을 채택할 수밖에 없었다면 이 개혁들은 비록 통제경제를 단지 수정하려는 것이었다고 할지라도 통제 이데올로기의 해체를 가져왔다고 할 수 있다. 또한 글라스노스트와 페레스트로이카가 경찰국가의 장악력을 완화시켰다면 동유럽과 소련 연방공화국들 내에서 분리주의자들을 탄압하기가 더 어렵게 되었다. 물론 이 두 설명 양식은 상호 보완적이라고 할 수 있을 것이며 더 나아가 상호 강화시켜 준다고까지 볼 수 있을 것이다.

---

548 Kenneth A. Oye, "Explaining the End of Cold War: Morphological Behavioral Adaptations to the Nuclear Peace?" in Richard Ned Lebow and Thomas Risse-Kappen, eds., *International Relations and the End of the Cold War*(New York: Columbia University Press, 1995); Robert Gates, *From the Shadows: The Ultimate Insiders Story of Five Presidents and How They Won the Cold War* (New York: Simon & Schuster, 1996).

549 Michael W. Doyle, *Ways of War and Peace*(New York: Norton, 1997), 특히 마지막 장; Thomas Risse-Kappen, "Did 'Peace through Strength' End the Cold War? Lessons from INF," *International Security*, vol. 16(1991), p. 162.

그러나 첫 번째 설명 양식은 국제관계가 무력의 전략적 요구와 능력의 상대적 비교에 의해서만 움직이는 것으로 취급한다. 이런 관점에서 본다면, 양극체제는 글라스노스트와 페레스트로이카에 의한 헌정적 변화 이후에도 계속되었을 것이다. 왜냐하면 그것들이 두 초강대국 간 무력의 상관관계에 뚜렷하게 영향을 끼치지 않았기 때문이다.[550] 그러나 만일 미 · 소 간의 상대적 능력이 1985년에 고르바초프의 집권에서 1989년까지 4년 동안 크게 변하지 않았던 반면에 국제관계는 1989년 한 해 동안에 근본적으로 변질되었다. 두 번째 설명 양식은 헌정적 발전을 국제평화의 결과가 아니라 원인으로 간주한다. 이런 관점에서 본다면 고르바초프가 과거의 동유럽 국가들과 소련연방공화국들을 사로잡았던 전체주의체제를 해체하려 했기 때문에 그의 국내 개혁이 공산주의체제의 몰락을 가져온 것이다, 그러나 고르바초프가 의회주의에 헌신하고 또 공산주의에 대한 의회주의의 승리를 실현시키려는 결심을 갖고 집권했다고 보기는 어렵다. 또한 그가 국내 개혁을 달성하기 위해서 국제적으로 소련의 위상을 추락을 허용하려 했다거나 혹은 바르샤바조약기구로부터의 이탈을 무력 사용의 방법을 포함하여 제지할 자신의 능력에 중압감을 증가시킴이 없이 공산주의체제를 실추시킬 수 있다고 생각할 만큼 그가 어리석었다고 믿기 어렵다.[551] 또한 이 설명 양식은 소련 개혁자들이 국제적 양보와 연계된 정치적 자유화나 전략적 후퇴를 수반하지 않는 국내적 헌정 개혁의 어떤 다른 가능한 계획을 왜 시작하지 않았는지를 말해 주지 않는다.

550 Philip Bobbitt, *op. cit.*, p. 610ff.

551 *Ibid.*, p. 611.

냉전 아니 자유민주적 의회주의와 소련 공산주의와의 투쟁은 고르바초프 서기장이 보다 성공적으로 국제적 경쟁을 치르기 위해서 서방의 전략들을 모방하려고 시도했을 때, 그리고 이 모방이 의도하진 않았지만 그가 통제할 수 없는 헌정적 변화를 가져왔을 때 종식되었다. 그리고 이 변화는 이제 그가 과거의 국제적 강압전략으로 후퇴하는 것을 막았고 또 자신의 정책이 위태롭게 했었던 소련의 지정학적 지위를 구할 유일한 방법으로 의회민주적 국가들의 공동체에 합류할 열성적 노력에 그는 어쩔 수 없이 빠져 들었다.[552] 서방세계의 정치적 문제는 소련의 변화 와중에서 독일이 중립의 유혹에 빠지지 않도록, 즉 독일을 너무 소외시켜 그 변화과정이 끝났을 때 나 홀로식으로 나가지 않도록 하는 것이었다. 이것은 미국이 고르바초프 대통령을 설득하여 그때까지 소련 정책과는 정반대로 미국이 유럽에 남도록 그가 촉구하도록 하게 할 뿐만 아니라 미국의 동맹국들이 보다 더 강하고 통일된 독일을 수용하도록 만드는 일이 필요했다.[553]

이런 설명에서 주연급 인물이 고르바초프라면 제임스 베이커 미 국무장관과 그의 상대 예두아르트 셰바르드나제(Eduard Shevardnadze)라는 두 사람과 정당에 소속된 인물들이지 직업적 외교관은 아니었던 비스마르크와 캐슬레이처럼 조지 부시 미국 대통령도 동등하게 중요한 인물들이었다. 그리하여 고르바초프 지도하에 소련은 자신들의 성공적 경쟁자들을 모방하는 국가들의 역사적 유형을 뒤따라갔다. 이것은 소련과 동유럽에서 공산당이 경험한 정당성의 상실을 초래했다. 중국

552 *Ibid.*, p. 612.

553 *Ibid.*

에는 공산주의의 역사가 정신적 및 육체적 궁핍의 역사로 간주되게 되었다. 공산주의 국가는 자국 인민들의 복지를 개선시킬 사명인 민족국가의 정당화의 토대로부터 떨어져 나가게 되었던 것이다. 고르바초프가 공산주의나 소련 국가의 해체를 착수하진 않았다. 오히려 헌신적 공산주의자로서 그런 헌신을 빈번히 재확인했다. 그는 발생하는 모든 문제들의 해답을 사회주의의 밖에서가 아니라 사회주의 안에서 찾고 있다고 선언했다. 그러나 1985년 서기장으로 선출되어 집권한 4년 동안 그가 서방세계를 모방한 결과는 그를 점점 절망적인 상황으로 몰고 가 결국 1989년에 와선 의회주의 민족국가들의 국제사회 속으로 편입하는 것만이 자신의 역할과 소련의 단결을 보존하는 유일한 길이 되어 버렸다. 그는 여기서마저 실패했다. 그러나 이런 사태발전은 친시장 및 친민주주의 정책으로 국제적 화해를 결합하는 놀라운 결정들을 가져온 전술들의 절정으로 보는 것이 중요하다.

소련이 군사적으로 1985년보다도 1989년에 더 약했고 미국이 1985년 때보다 1989년에 더 강했던 것은 아니었다. 그러나 고르바초프와 그의 주변 인물들에겐 국제정치에서의 게임이 그가 소련 공산당 서기장으로의 선출과 유럽에서 소련 힘의 몰락 사이의 그 4년 동안에 근본적으로 변했던 것이다. 1985년 고르바초프 집권 이전에 소련외교정책의 제1차적 목표가 서방세계를 상대로 사회주의의 위상을 강화하는 것이었다면 1989년에 와서 서방세계의 경제적 및 정치적 체제를 구성하는 제도들의 모임에 소련의 참여를 확보하는 새로운 목적이 제1차적 목적의 자리를 차지했다.[554] 그리고 이 전략적 목적의 변화는 국제적인 것과 국내적인 것, 즉 전략적인 것과 헌정적인 변화의 사이의 상호작용

의 결과로서 일어났던 것이다.[555]

1980년 고르바초프가 브레주네프 집권하의 정치국의 일원이 되었을 때 그는 다른 정치국원들보다도 한 세대가 젊었다. 그의 동료들은 소위 "좌익 혁명분자들"에 대한 공격과 국제사회주의를 소련의 향상에 종속시킨 소위 "일국 사회주의론"의 채택을 포함하여 스탈린 시대의 혁명을 체험하고 또 그것에 의해 형성된 인물들이었다. 이들과는 대조적으로 고르바초프와 그의 동료들은 자신들을 흐루쇼프가 스탈린을 공격했고 또 소련 정치를 자유화하려 했었던 회의 즉 제20차 공산당전당대회의 "자식들"이라고 묘사했다. 고르바초프는 경화된 것으로 널리 인식된 국가에 새로운 에너지와 혁신을 가져오고 싶어 했다. 그러나 심각한 경제적 어려움에 빠져 있거나 혹은 미국과의 초강대국 간 대결에서 버틸 수 없는 것은 국가가 아니었다. 당시 소위 "별들의 전쟁"이란 별명으로 더 많이 알려진 전략방위계획(SDI)의 추진을 통한 미국 레이건 정부의 도전에 대한 고르바초프의 대응은 미국이 소련의 지위에 강요한 어떤 특수한 어려움보다는 그 자신의 다이너미즘과 혁신에 대한 열망이었다. 1988년 이전의 소련 지도자들이 직면했던 전략적 혹은 경제적 조건에서 별 차이가 없었다. 1970년대 초에 5퍼센트의 성장률을 보였던 경제가 1984년에 가서 2.5퍼센트의 성장률로 낮아졌지만 이 감소는 특별히 소련에서만 그랬던 것이 아니었다. 1960년대 내내 평균 4퍼센트의 성장률을 유지했던 미국도 1970년대와 80년대에 약 2.7퍼센트로 낮

---

554 Coit Blaker, *Hostage to Revolution: Gorbachev and Soviet Security Policy, 1985-1991*(New York: Council on Foreign Relations, Press, 1993), p. 188.

555 Philip Bobbitt, *op. cit.*, p. 613.

아졌었다. 개인 소득에서 미국에 뒤처진 서유럽 대부분의 국가들 역시 1980년대에 미국보다도 더 느린 성장을 경험했다. 1979-1982년에 곡물 생산의 절대 성장률이 감소했지만 1981-86년에 곡물 생산이 급속히 개선되고 1983년 초에 산업 성장도 만회했다. 소련 통치의 핵심적 정당화가 생산수단의 공적 소유와 공공 목적을 향한 통일된 생산 지시 그리고 사회주의 경제가 자본주의보다도 더 효율적이고 그리하여 국가로 하여금 민족의 복지를 더 잘 제공할 수 있다는 마르크스주의적 명제에 의해서 제공된다면 그러면 70년대 말과 80년대 초의 성장률 하락은 상당한 우려를 자아내지 않을 수 없었다. 그러나 고르바초프가 소련 경제를 보다 전략적으로 경쟁적으로 만들기 위해 소련 경제를 정지하려 했을 때 그의 노력은 엉뚱하게도 소련 국가를 점점 절망적 조치들이 그를 더욱 함정에 빠뜨린 위기로 내몰았다. 이러한 현상은 부분적으로는 서방식 방식을 한 조각씩 채택했던 것이 역효과를 낳았고 또 다른 부분적으로 서양식 방법들을 옹호한 것이 서방의 위신을 높여 주는 경향이 있었기 때문이었다. 그러나 주된 이유는 고르바초프 자신이 추진하는 개혁에 대한 지지를 얻기 위해서 소련식 방법들을 불신하게 만들었기 때문이었다. 그의 경제개혁의 계획이 실패했을 때 그는 국가기구를 너무 약화시켜서 회복하기 어렵게 되었다. 그러자 그에겐 그가 아주 성공적으로 수행했던 불신운동의 잔재만 남게 되었다. 그러나 고르바초프의 개혁은 소련의 서방국들과의 화해적 친선회복계획으로 시작한 것이 아니라 그들과 경쟁하려는 가슴 뛰는 야심으로 시작했었다.[556]

---

556 *Ibid.*, p. 617.

어쨌든 1986년에 고르바초프는 서방세계에서 화해적인 국제적 지도자로 환영받았다. 국제무대에서 그는 2가지 행동으로 미국과 독일 및 그 밖의 다른 곳에서 자유주의자들의 광범위한 지지를 획득했다.[557] 하나는 1986년 10월 레이캬비크(Reykjavik)에서 모든 핵무기들을 폐기하자는 놀라운 제안이었고 또 하나는 1987년 12월 워싱턴에서 중거리 핵미사일(INF) 조약의 서명이었다. 어느 것도 고르바초프가 이런 제안들로 미국에 대해 결정적인 전략적 이점을 획득하려는 소련의 목적을 포기했었다고 보기는 어렵다. 오히려 이 두 가지 조치는 미국의 확대된 억제력의 활력을 공격하는 것이었다. 그러나 고르바초프의 제안들이 과거 소련의 사유를 초월하는 증거로 간주된 2가지 이유가 있었다. 첫째, 많은 서방의 관측자들 자신이 미국의 확장억제 포기, 즉 미국의 핵무기에 의한 유럽의 보호 포기의 지지자들이었다. 소련의 시장지향적 개혁들이 서방세계에서 경제적 효율성과 관련되었고 그리하여 정치적 자유화를 가져올 것으로 보였기 때문에 환영받았던 것과 꼭 마찬가지로 핵무기의 극적인 삭감도 발전적인 정치적 진화로 예지하는 합리성의 증거로 환영받았다. 둘째, 그 후 사건들이 실제로 고르바초프로 하여금 중대한 양보들을 하게 했다. 그것들 가운데 가장 중요한 것은 중 및 동유럽에서 공산 정권들을 뒷받침하는 개입을 하지 않기로 한 그의 결정이었다. 그러나 그의 이 결정이 적어도 처음에는 다원주의적 중유럽에 대한 그의 비전은 아니었다. 오히려 그의 결정은 대담한 혁신을 도모하는 그의 전략적 비전에 의한 것이었다. 즉 그는 바르샤바조약기

557 *Ibid.*, p. 621ff.

구를 북대서양조약기구와 같은 것으로 개조하여 회원국의 국내 정치적 난타적 사태발전으로부터 보호하고, 또 회원국을 습격했던 1968년의 체코 침공 개입의 오점을 제거하며, 그가 동료애를 갖고 있지 않은 늙은 지도자들을 밀어내고 자신의 개혁을 위한 박력과 열성을 공유하는 젊은 지도자들로 대치하는 수단으로 바르샤바동맹을 이용하고자 했었다. 그러나 고르바초프의 찬양자들은 그것이 그의 다원주의적 중유럽에 대한 비전의 산물이라고 주장한다.[558]

1980년대에 걸쳐 동유럽에선 여러 가지 정치적 및 인권 운동가들이 진실을 말하고, 자의식적 조작 없이 기억을 말하고 또 비정치적 과제를 수행하기 위해 협력하는 공간을 단지 창조하는 것만으로도 그들의 운동은 1950년대와 60년대의 대중적 반항을 진압한 이후 동유럽에 대한 공산주의의 장악의 기초가 되었던 인민들의 소극적 피동성을 위태롭게 했다. 그러나 바르샤바조약 군대가 체코슬로바키아를 침공하여 신속하게 진압했던 1968년보다도 1989년 당시 소련의 군사력이 적었던 것은 아니었다. 변해 버린 것은 동유럽에서 정치 및 인권운동들이 사회주의적 제약 속에서 시민제도들을 발전시키기 위해 헬싱키최종결의서 선언을 이용했었다.

폴란드, 헝가리, 체코슬로바키아에서 국가제도를 우회하여 민주적 방식과 이상들이 지배적인 사적 결사행동의 공간을 창조함으로써 시장국가를 예상하게 하는 운동들이 발생했다. 이것은 대범한 지성적 도약이었다. 왜냐하면 그것은 물질이 인간의 의식을 결정한다는 마르크스

558 *Ibid.*, p. 622.

식의 생각을 뒤집었기 때문이다. 이제 진정한 힘은 소련의 군사적 지배가 아니라 페레스트로이카와 글라스노스트의 결과 소련 자체에서 달라진 분위기뿐만 아니라 조직된 시민사회의 성장이었다. 그것들 중 가장 강력한 제도적 수단은 폴란드의 노동자 연합체인 소위 연대자유노조(Solidarity)에서 발견되었다. 종국에 가서 이 단체는 폴란드 노동자들의 90퍼센트를 차지했다. 그리하여 그것은 생산관리와 무역 분쟁의 타결 그리고 임금협상의 책임을 맡았으며 그리하여 공산주의제도들을 우회했고 비공식적으로 그것들의 기능들을 장악함으로써 공산주의제도들을 쓸모없게 만들어 버렸다. 1981년 폴란드 국경선을 넘을 자세인 러시아의 군대를 선제하기 위해서 폴란드의 야루젤스키(Jaruzelski) 장군이 국가의 통제를 장악할 수밖에 없게 되었을 때, 그것은 폴란드의 공산주의 국가가 자신의 제1차적 기반인 산업노동자들을 대중으로 정당화하지 못했다는 것을 묵시적으로 인정한 셈이었다. 야루젤스키에 의한 진압과 뒤따른 계엄령의 실시는 4년 후에 집권한 신고르바초프 정권의 지도층에 의해서 치밀하게 연구되었다.

셰바르드나제 외무장관은 계엄령의 실시가 비공산주의적 반대를 잠재우기보다는 오히려 촉진시켰다고 결론지었다. 그리하여 고르바초프 정권은 무력을 선택하는 대신에 준개혁적 전략을 선택했다. 즉 소련의 새 지도자들은 1968년에 선언된 브레주네프독트린을 포기하고 다른 바르샤바조약기구 회원국가들의 전통적인 공산주의 지도층으로부터 스스로 거리를 두려고 했던 반면에 새로운, 보다 인간적 사회주의의 입장을 취했다. 그것은 분명히 단순한 계산착오가 아니었다. 고르바초프는 소련 지도자가 자유화계획의 도래를 신호할 때마다 중유럽국가들에서 대중적 폭동이 발생했었다는 것을 잘 알고 있었다. 더구나 고르바초프는 이런 폭동으로 헝가리와 폴란드에서 잠시 동안 권력을 장악한 정권들이 바르샤바조약으로부터 철수할 의도를 발표했었다는 것도 역시 잘 알고 있었다. 그러나 그는 소련에서 자신의 정책을 위한 지지를 모으기 위해서 동유럽에서 지배하는 공산주의 지도자들을 불신하게 하고 싶어 했다. 만일 그가 군대에게 노동자들에게 발포하라고 명령을 내릴 수밖에 없는 경우에도 불신 위기는 소련과 동유럽 모든 곳에서 훨씬 더 악화될 것이다.

고르바초프는 자기가 대단한 존경심을 갖고 있지 않은 지난 세대의 지도층과 한 덩어리가 되는 것을 회피해야만 했으며 또한 동시에 이 운동들이 권력을 장악하면 바르샤바조약의 군사적 동맹체제로부터 이탈할지 모르는 대중적 운동을 좌절시켜야만 했다. 고르바초프의 자유화가 수반하는 필연적인 국내적 혼란이 발생한 상황에서 어느 쪽으로든 한 번의 실족은 바르샤바조약기구를 파괴할 위험이 있을 것이다. 그러나 만일 그가 북대서양기구가 성공적으로 하고 있는 것처럼 바르샤바조약기구의 회원국 신분과 국내 정치를 분리시킬 수 있다면 그는 또한 유럽의 소련 위성국가들을 상대해서 난처한 입장에 말려들지 않고 바르샤바동맹에서 자기 역할의 위신과 힘을 자신의 위상을 높이기 위해 사용할 수도 있을 것이다. 만일 공산주의 정부들이 수동적인 정치적 및 사회적 복종의 대가로 그들이 지배하는 주민들의 복지를 향상시키는 것은 고사하고 더 이상 유지마저 할 수 없다면 그럼에도 불구하고 이 지도자들이 다루어야만 했던 경제 문제의 책임을 소련 국가와 덜 단단히 연계된 사람들에게 맡기는 것이 가능했었을 것이다.

고르바초프는 바르샤바조약체제를 공산당의 취약성과 분리시키고 더 나아가 같은 마음의 지도자들이 그 국가들에서 정권을 잡을 때 자신의 통제력을 강화시킬 방법을 발견했다고 생각했다. 이런 생각을 시험할 기회가 폴란드에서 첫 번째로 주어졌다. 1988년 새로운 일견의 파업들이 폴란드 정권으로 하여금 연대자유노조와 협상할 수밖에 없게 만들었다. 이 협상에서 2개의 결과가 나왔는데 하나는 결사의 자유를 수용하는 것이고 또 다른 하나는 1989년 6월에 부분적으로 자유선거를 실시한다는 합의였다. 그리고 그 선거에서 연대자유노조 소속의 후보자들이 경쟁할 수 있었던 거의 모든 의석을 차지하여 야루젤스키의 공산주의 정부 수립을 막았다. 그러자 그는 연대자유노조에게 연립정부의 파트너로서 정부에 참여하도록 요청했다. 폴란드 공산당 지도자인 라코프스키(Rakowski)가 여기에 난색을 보이자, 1989년 8월 22일 고르바초프는 그에게 전화를 걸어 수락하도록 지시했다. 그 대가로 연대자유노조는 바르샤바조약체제에 잔류하고 국가안보기관에 대한 공산주의자들의 통제를 보존시키기로 약속했다. 야루젤스키는 대통령과 군부의 수장이 될 것이다. 그러면 국방부가 공산주의자들의 수중에 남아있을 것이다. 이제 고르바초프는 과거 공산정권으로부터 빚의 축적으로 촉발된 경제 위기가 연대자유노조에 의해 처리되어야만 할 것이라고 계산했다. 바르샤바조약체제는 오히려 과거보다 더 강화되었고 또 회원 국가들로 확산되는 것으로 보이는 경제적 혼란에서 살아남을 것으로 전망되었다.

그러나 이런 인식은 2가지 면에서 결함이 있었다.[559] 첫째, 폴란드인들과 중유럽의 다른 사람들에게 고르바초프의 정책들은 강압의 효율성에 대한 소련의 의구심을 반영했다. 이것은 비공산주의적 반대를 더 대담하게 만드는 경향이 있었다. 둘째, 중유럽의 사건들이 어쩔 수 없이 소련 그 자체에서 반향을 불러 일으켰다. 소련 시민들에게 중유럽에서 일어나고 있는 것은 그들을 동요시켰고 또 공산주의적 대안이 형제적 동맹들로 생각했던 국민들에 의해서 거부되는 것으로 보였다.

고르바초프의 계획을 시험하는 두 번째의 기회는 동독에서 왔다. 수천 명의 동독인들이 서방으로 이주하려는 노력으로 동정적 바르샤바조약 국가들의 대사관들로 몰려들기 시작했을 때 고르바초프는 오스트리아와의 국경을 열어 주겠다는 헝가리 정권의 제안을 승인하여 동독인들이 탈출하도록 허락했다. 그 결과 동독으로부터 대규모 탈출을 촉발시켰으며 또한 그곳에서 호네커(Honecker) 정권을 전복시킨 정치적 위기가 시작되었다. 헝가리 정부에게 미리 묵시적 동의를 보낸 다음에 고르바초프는 동독에 주둔하고 있는 소련 군대에게 동독이 휩싸일 싸움에 개입하지 않도록 확실히 하라는 명령을 자신의 군 참모에게 내렸다.[560] 8월에 약 900명에 달하는 독일인들이 탈출하도록 내버려 둔 뒤 9월에 헝가리는 자국 국경을 열었다. 10월 고르바초프는 동베를린에서 호네커를 만나 그에게 "개혁"을 채택하라고 촉구했다. 12일후 호네커는 권좌에서 제거되었고 에곤 크렌츠(Egon Krenz)에 의해서 대치되었다. 11월 9일 동독 정부는 베를린 장벽을 개방했다. 크렌츠는 그가 자유, 민주, 비밀선거를 계획하고 있다고 발표했다. 그리고 그 선거가 그

559 *Ibid.*, p. 624ff.

560 Michael R. Beschloss and Strobe Talbott, *At the Highest Levels: The Inside Story of the End of the Cold War*(Boston: Little, Brown, 1993).

를 권좌에서 제거했다. 11월 17일 자연스런 대규모 항의 시위가 체코슬라바키아의 수도 프라하에서 발생했다. 일주일도 못 가서 공산당지도자들은 사임했고 새 정부가 수립되었다. 이때부터 헌정적 모방의 과정이 고르바초프에게 불리하게 작용하기 시작했다. 1989년 가을, 체코슬로바키아와 헝가리가 자신들의 헌법에서 공산당의 주도적 역할을 제거했다. 이것은 페레스트로이카에 의해서 상상했던 것과는 아주 거리가 먼 일이었다. 고르바초프의 원래 희망은 "미니-고르바초프들"이 집권하는 것이었다. 그가 동유럽에서 공산주의 개혁자들의 정당성의 수준을 과대평가했음이 분명해졌다. 이제 시민사회의 발전과 함께 페레스트로이카를 표방했던 수정주의적 공산주의자들부터 보다 큰 양보를 요구할 수 있는 정당한 지도자들이 등장했다.[561] 체코슬로바키아는 독립적 외교정책을 주장하는 결정을 내리고 체코 땅에서 소련 군대의 철수를 요구했다.

1990년 2월 고르바초프는 2개의 숙명적 결정을 했다. 그가 독일의 통일 계획에 동의했고 또 본질적으로 소련 국가를 지도하는 수단으로서의 공산당을 버렸던 것이다. 그달에 그는 공산당의 권력 독점을 포기하고 다당제를 허용하는 중앙위원회의 결정을 공작했다. 이 조치는 3월에 소련 헌법의 제6조가 폐지되어 야당들을 정당화했을 때, 또 7월에 제28차 전당대회에서 공산당이 정치국으로부터 고르바초프를 제외한 모든 정부관리들을 제거함으로써 정부의 감시를 포기하는 투표를 했을

561 Rey Koslowski and Friedrich Kratochwil, "Understanding Change in International Politics: The Soviet Empire's Demise and the International System," *International Organizations*, vol. 48(Spring 1994), p. 215.

때 완결되었다.

그러나 체코, 독일, 그리고 폴란드의 혁명들은 소련공화국들에서 반란을 촉진시켰다. 1990년 소련 정부의 징집소환에 대한 널리 확산된 불복종이 전국을 휩쓸었다. 공화국들은 모스크바로부터 자신들의 분리를 선언함으로써 자신들의 정당성을 높이려고 했으며 또 자국민의 대중들에게 민족주의운동을 탄압하는 데 군대는 사용되지 않을 것이라고 안심시켰다. 당시 러시아 공화국의 대통령이던 보리스 옐친(Boris Yeltsin)은 러시아 병사들에게 발트 국가들이 소련연방으로부터 자신들의 독립을 내세울 때 발생한 리투아니아의 폭동에서 무력을 사용하지 말도록 지시했다. 고르바초프는 이제 더 이상 보다 강력하고 경쟁적인 소련을 세우려고 하지 않았다. 이제는 소련이라는 국가를 단순히 보존시키는 것이 문제였다. 그는 이것이 서방에 합류함으로써만 성취될 수 있을 것 이라고 결정했다. 이 동반자 관계의 수단은 그에게 2개의 이점을 제공할 것이다. 그것은 우선 무너지는 공산당보다는 바람직스런 서방과 동맹을 맺을 것이므로 그의 개인적인 정치적 위신을 높여 줄 것이고, 또 그것은 그에게 소련 국가가 파산으로 빠져드는 것을 중지시킬 재정적 지원에 대한 접근을 제공할 것이다. 그리고 바로 이 협력이 냉전을 종식시켰다. 처음에는 파시즘이 그리고 이젠 공산주의가 불신당했던 것이다. 파시즘은 먼저 전략적으로 그리고 뒤에 헌정적이라는 순서였다면 공산주의 경우엔 먼저 헌정적으로 그리고 나서 전략적인 순서로 불신당했다. 헌정적 혁신을 통해 보다 전략적으로 역동적인 소련을 창조하려는 고르바초프의 시도가 실제로는 전략적 좌절을 만들어 버렸다. 그리고 전략적 좌절 후 정당성이 소련이라는 국가를 버렸던 것이다.[562] 20세기의 초강대국 중의 하나였던 소련은 그렇게 사라져 버렸다.

소련 제국의 붕괴와 냉전의 종식 그리고 파리평화로 가는 숨 가쁜 역사창조의 과정에서 로널드 레이건 대통령이 미국의 주된 인물이지만 그의 후임 조지 부시 대통령과 제임스 베이커 국무장관이야말로 1990년대 미묘하고 위험스런 문제들에 직면하여 그것들은 원숙한 솜씨로 처리했던 인물들이다. 만일 그들이 소련의 취약점들을 이용하려고 너무 심하게 몰아붙였더라면 미국은 오히려 승리의 기회를 쉽게 상실했었을 것이다. 그들은 절제와 온건함의 덕목을 실천하여 참으로 보기 드문 성숙된 지도력을 보여 주었다. 1989년 말 고르바초프가 노선을 바꾸고 서방과의 협력관계를 저돌적으로 추구하자 베이커는 소련의 상대방 셰바르드나제와 진지한 협력관계를 발전시켰다. 1990년 2월부터 그들은 파리헌장에 서명할 때까지 거의 매달 회동했다.

그 많은 숨 가쁜 회동에서 헤쳐 나아가야 할 문제들이 많았지만 2가지 특수한 목표가 다른 모든 것들을 압도했다. 하나는 소련을 공산주의국가에서 의회주의국가로 전환시키는 길을 따라 소련이 계속 나아가야만 한다는 것이고, 또 하나는 통일된 독일을 동맹체제 속으로 편입시키는 일을 달성해야만 했었다.[563] 이 두 개의 목표는 크게 서로 얽혀 있었으며 외교의 복잡성과 어려움을 증대시켰다. 따라서 만일 어느 한 가지 목표가 실패하면 다른 하나도 함께 잠수시킬 것이었다. 예를 들어 1990년 7월 제28차 공산당대회에서 반고르바초프 분자들이 정부에 대항하

562 Philip Bobbitt, *op. cit.*, p. 626.

563 *Ibid.*, p. 629ff.

는 반대 세력을 규합하기 위해 독일 통일의 망령에 기대를 걸었다. 나토의 본질적인 방어적 자세와 덜 연계되어 핵무기를 획득할 것 같은 경우처럼 당시 서독이 보다 더 위협적으로 보였더라면 그 결과는 반고르바초프 세력의 지도자가 된 예고르 리가체프(Yegor Ligachev)에게 당연히 더 많은 지지표가 몰렸을 것이다. 바르샤바조약에서 가장 중대한 국가인 동독을 떼어 내서 서독에 간단히 넘겨주는 일종의 무료 정복의 전망은 고르바초프의 정권유지를 위협하기에 충분한 두려움이었음에는 틀림없었다.

그러나 1989년 12월 몰타(Malta) 정상회담이 열렸던 같은 달 런던에서 개최된 나토 정상회담이 냉전의 마지막 잔재들을 제거하기로 공개적으로 동의했기 때문에 미국은 스스로 지원을 아끼지 않는 동정적인 파트너임을 입증했었다. 고르바초프는 미국인들이 조성한 환경이 더 많은 합의를 가능하게 할 재보장을 제공할 것이라고 말함으로써 자신의 정책을 방어할 수 있었다. 그렇지 않고 만일 모스크바에서 보다 대결적인 체제가 고르바초프를 대치했었더라면 독일 재통일의 목표는 간단히 사라져 버렸을 것이다. 아니면 그것이 과거에 소련이 종종 서독을 유혹했던 중립화를 향한 움직임을 포함해서 어쩌면 다른 방법으로 추구되었을 것이다. 그리하여 부시와 베이커는 소련과 독일 간의 역사적 관계가 정반대, 즉 한쪽 사회의 강화가 다른 쪽을 경계하게 하는 것을 암시할 때 항상 소련관계라는 하나의 차원으로만 밀고 나가서 그곳에서 긍정적인 발전을 얻으면 그것을 이용하여 독일이라는 다른 차원의 결과를 성취했으며 역으로도 성취할 수 있었다.

부시와 베이커가 고르바초프로 하여금 의회주의 국가사회 속으로의 흡수로 가는 길을 계속하도록 취할 수 있었던 가장 중요한 조치들은 점점 속이 비어 가는 소련이라는 조개를 보호하는 것과 관계가 있었다. 소련 국가가 존재하는 한 그리고 고르바초프가 그 국가의 독재자로 남아서 대부분의 정치국원들이 반대하는 결정들을, 심지어는 정부에서 공산당의 주도적 역할을 제거하는 결정의 경우에서도 밀어붙이는 한, 소련은 점점 의회주의적이 될 것이다. 이제 고르바초프에게는 서방의 경제적 및 정치적인 다변적 제도들의 포용이 아닌 어떤 다른 바람직한 종착지도 거의 가질 수 없는 노선을 따라 질주하고 있었다. 오직 쿠데타만이 이런 여정을 저지할 것이다. 그러나 만일 국가가 완전히 몰락한다면 고르바초프는 국가의 생존을 위해 그가 서방으로 돌아섰던 이유를 상실할 것이다. 그런 혼란 속에서 어떤 지도자들이 고르바초프를 계승하고 또 그들의 정책이 무엇이 될지가 1989년에는 불분명했다.

그러나 소련은 여전히 세계에서 핵무기의 가장 큰 병기고를 소유하고 있었다. 따라서 부시와 베이커가 모든 기회를 이용하여 차단시키고 또 그의 곤란한 처지를 이용하는 것처럼 보이지 않도록 하는 것이 절대적으로 필요했다.[564] 그것은 참으로 대단한 절제력 구사를 요구했다. 소련과의 그렇게 오랜 투쟁의 세월을 보낸 뒤 이탈하는 공화국들에게 은밀히 무기들을 공급하고 동유럽의 여러 수도로 비행하여 극적인 선언들을 하고, 소련 정체에 압력을 증대시키기 위해 이자 지불 일정을 앞당기는 등등의 행동을 통해 소련 체제를 뒤흔들고 싶은 충동이 있었을 것이다. 그러나 서방세계의 관점에서 보면 여러 가지 방법으로 소련

---

564 *Ibid.*, p. 630.

은 독일 통일의 문제가 그랬던 것보다도 더 다루기 쉬운 문제들을 제시했다.

보다 매력적 전임자들인 브란트(Brandt)와 슈미트와 비교하여 종종 상상력이 부족하고 단조롭다는 조롱까지 받았던 서독의 콜(Kohl) 수상이 자신의 모든 동맹세력들은 말할 것도 없고 모든 사람을 놀랍게 한 에너지를 가지고 통일 문제를 장악했다. 원래 독일을 분할한 4개국 합의서(the Four Power Agreement)는 동 · 서독 어느 쪽에도 주권자적 지위를 부여하지 않았다. 통일은 그 합의서의 서명국들 즉 프랑스, 영국, 미국 및 소련의 협상과 합의의 결과로서만 올 수 있게 되어 있었다. 이를 각국은 독일 통일의 결과에 상당한 이해관계를 갖고 있었다. 영국, 프랑스 그리고 소련은 유럽의 심장부에서 독일의 민족주의라는 공유된 감정만으로 통일된 새로 부상하는 단일 독일국가를 보고 싶어 할 리가 없었다. 각 국은 4강 중의 하나로서 어떤 형태이든 통일의 과정을 관리함으로써 자국을 보호하기 위해 자신의 역할을 사용하려 했다. 그러나 이런 조정은 통일의 건축가로서 콜에게 주도적 역할을 거부할 것이고 또 필연적으로 나토의 독일 회원국 신분 문제와 독일 땅에 미군 병력을 계속 주둔시키는 문제로 소련을 미국과 영국을 경합시키게 만들 것이다.

그러나 오직 콜 수상만이 새로운 독일을 나토에 잔류시킬 수 있었다. 동·서독의 사회민주주의자들은 통일된 독일이 어떤 군사동맹에 속해서는 안 된다고 바로 합의했었다. 미국은 통일이 콜 수상의 시간표에 따라 그의 주도하에 진행해야 된다고 자신의 동맹국들에게 확신시키면서 동시에 콜이 굉장한 압력에 직면한다고 해도 동맹체제 문제에 대해 타협하지 않을 것으로 믿는 길을 찾아야만 할 것이다. 동맹체제 문제에 타협하게 하는 압력은 두 곳에서 올 것이다. 하나는 고르바초프가 통일에 대한 소련의 동의의 대가로 나토의 회원국 신분을 포기를 요구할지 모르며 또 하나는 상당 부분의 유권자들이 최근에 적어도 표면적으로는 공산주의자들이었던 범독일 선거를 콜이 곧 직면하는 데서 올 것이다. 베이커와 그의 팀은 이 두 문제들을 아주 효율적으로 다루어서 파리에서 이룬 그것들의 궁극적인 해결은 그 중요성의 면에서 제1차 대전에 하우스가 미국을 참전시킨 일 그리고 제2차 대전 후 딘 애치슨(Dean Acheson)에 의한 나토와 마셜플랜의 창설에 버금간다고 주장할 수 있을 것이다.[565]

물론 이 모든 것은 각각의 경우에 미국 대통령에 달려 있었다. 조지 부시 대통령은 고르바초프를 재물로 삼아 자신을 과시하지 않는 개인적인 겸손함과 소련이 스스로의 내적 동력에 따라 국제적으로 변하게 두는 인내력을 갖고 있었다.[566] 부시는 동맹국 지도자들과 좋은 관계를 육성했고 또 그들에게 신임을 받았었다. 미국은 소련 진영 내에 점증하는 혼란을 이용하는 대신에 소련에게 여러 개의 다자 기구에로의 접근을 마련해 주고, 경제개혁을 위한 재정적 지원과 기술적 원조를 제공했으며, 무엇보다도 소련 국가를 지탱해 나가려는 분명히 전망 없는 고르바초프의 세력을 지원했다. 이제 고르바초프의 전략은 공화국들이 경제적 원조가 그들의 생명선인 국가를 포기하려 들지 않을 것을 바라면서 소련연방에 대한 재정적 지원을 확보하는 것이었다. 미국은 중 및

565 *Ibid.*, p. 631.
566 *Ibid.*

동유럽 국가들에 관해서 일부러 신중했다. 동독에서 폭동이 발생하자 부시 정부는 베이커 국무장관을 파견하여 공산주의 수상을 만나 동독에 경제 원조를 제공하는 대응을 했다. 독재자 차우셰스쿠(Ceauşescu)에 항거하는 폭동이 발생한 후에 루마니아에서 폭력사태가 발생하자 베이커는 루마니아가 최근까지 모스크바로부터의 독립노선을 취했기에 서방에서 특권적 지위를 누렸지만 소련의 개입을 반대하지 않을 것이라고 발표했다. 1990년 5월 리투아니아의 독립선언에 대한 대응으로서 베이커 국무장관은 미국이 발트 국가들의 소련합병이 비합법적이라고 오랫동안 주장했었음에도 불구하고 신정부의 인정을 거부했다. 반고르바초프 쿠데타 6주 전까지도 부시 대통령은 모스크바를 방문하여 전략무기축소(START) 합의안에 서명했으며 그 후 키예프를 방문하여 우크라이나인들에게 독립의 위험성을 경고했었다.

이런 시기에 베이커와 그의 팀은 독일 통일을 이룰 2가지의 중요한 특징을 갖는 하나의 계획을 마련했다. 첫째, 4강 합의서가 2+4 협상 틀을 창조하는 데 사용될 것이다. 그리하여 두 독일이 서로 협상하게 하고 나서 그 결과를 프랑스, 영국, 미국, 및 소련의 4강대국들에게 제시할 것이다. 둘째, 나토에 속하는 독일을 위한 소련의 동의가 모색될 것이다. 이 두 가지 생각은 아주 논쟁적이었다. 그리고 이 두 아이디어에 대해 동맹국들 내에서 그리고 모스크바에서 강력한 반대가 있었다. 그러나 베이커는 콜의 지위와 고르바초프의 지위를 강화함으로써 미국의 목적을 달성할 최선의 기회를 맞을 것이라는 사실을 깨닫고 그 두 가지를 연계시켰다. 미국의 목적은 독일 민주주의를 서방세계에 정박시키고 소련을 의회주의국가들의 사회로 끌어들이는 것이었다. 처음에 영국, 프랑스 그리고 소련 외무장관들은 2+4계획을 거절하고 그 대신에 4+0이라고 부를 수 있을 안을 원했다. 이것은 통일 계획에 대해 4강 대국들이 자기들 사이에서 합의하고 나서 그것을 동·서독에 제시하는 것을 의미했다. 이것은 내려지는 결정의 순서가 그 결과에 영향을 끼친다는 생각인 종종 "경로 의존"(path dependence)이라고 부르는 하나의 극복할 수 없는 문제를 제기했었을 것이다.[567] 만일 4강의 처음 합의가 필요하다면 소련은 나토에 속하지 않는 독일을 고집할 입장에 있을 것이다. 그러나 만일 두 독일 스스로가 나토의 회원국 신분을 허용하는 통일계획에 합의를 이룰 수 있다면 그러면 콜 수상은 고르바초프와 직접 협상할 수 있을 것이고 또 어쩌면 소련의 동의에 대한 대가를 발견할 수 있을 것이다.

더구나 4+0은 베르사유에서 일어났었던 일, 즉 독일 지도층을 포함하는 합의를 먼저 이루지 않은 채 헌정질서를 강요했던 일의 되풀이하는 것이 될 것이다.[568] 1989년 12월 미테랑 프랑스 대통령과 영국의 대처 수상이 사적으로 회동하여 독일 통일에 관한 그들의 불안감을 함께 했다. 일찍이 대처 수상은 독일 통일이란 결국 독일국가들의 민감성 이상의 문제라고 강조했었다. 그녀는 다른 유럽 국가들의 감정과 이익이 고려되어야만 한다고 힘주어 말했다. 통일된 독일이 통합 유럽연합(the European Union)을 실패로 끝나게 할 것인가의 여부에 관한 논쟁이 파리에서 시작되었다. 그러나 베이커는 4+0이 수락할 수 없는 지연을 의미하고 독일 통일이 기정사실화되어 버릴 위험이 있다고 영국을 설득

567 *Ibid.*, p. 632.
568 *Ibid.*, p. 633.

할 수 있었다. 영국 없이 프랑스가 유일한 반대국가로서 독일인들의 민감성을 소외시킬 수는 없었다. 결국 3월에 프랑스 외무장관은 프랑스가 순전히 4강들의 합의를 고집하지 않을 것임을 발표했다. 그리하여 1990년 1월 13일 오타와에서 4강의 대표들이 2+4계획에 동의했다. 이 계획은 콜 수상과의 미국 관계를 결속시켰고 , 콜 정부로 하여금 통일 독일이 나토에 잔류해야만 한다고 독일인들을 설득할 수 있게 하였다.

이제 베이커는 대서양동맹에 잔류하는 독일에 대해 고르바초프의 승인을 얻으려 했다. 이것이 성취될 수 있다면 나토에 잔류하는 슬기로움에 관한 어떤 잔존하는 독일인들의 의구심도 조용해질 것이다. 동시에 베이커는 소련의 동의를 분할된 유럽의 중심부의 전선을 가로질러 배치된 병력 수준과 무장을 과감하게 삭감하는 유럽재래식무기(the Conventional Forces in Europe, CFE)조약의 승인과 연계시키려 했다. 소련 군사력의 거대한 규모가 극적으로 감소될 것이고 국제 감시체제가 투명성을 확실히 하기 위해 설치될 것이며 이것은 전략적 기습과 동원의 의도하지 않은 연속 반응 그리고 선제공격까지도 피할 수 있도록 추구되는 신뢰구축 조치가 될 것이다. 오직 핵무기만이 멈출 수 있을 집중된 탱크의 공격에 관한 나토의 두려움이 완화되고 있었다. 만일 2+4계획과 유럽의 재래식무기감축(CFE)안에 대한 소련 측 동의를 얻어낼 수 있다면 3부로 구성된 파리헌장의 2부가 자리를 잡게 될 것이다.

이제 콜 수상이 코카서스에서 고르바초프와 급히 마련된 회합을 위해 떠났다. 1989년에 서쪽으로 가 버린 34만 4천 명에 덧붙여 약 3천 명의 동독인들이 매일같이 이주하고 있었다. 콜은 동독과의 금융통합이 완전한 동독의 몰락과 수백만 명에 달하는 남녀들의 홍수를 피할 유일한 방법이라고 주장했다. 고르바초프는 통일독일이 중립국이 되거나 아니면 적어도 어떤 외국 군대도 주둔해서는 안 될 것이라고 계속 주장했다. 콜이 방문하고 있는 그 시간에 정치국에서 고르바초프의 가장 가까운 정치적 동맹인 야코블레프(Yakovlev)는 나토가 서독을 떠날 때에만 소련 군대가 동독을 떠날 것이라고 천명했다.

그러나 소련의 통제를 벗어나는 3개의 사건들이 결합하여 소련의 입장을 변화시키는 시너지 효과를 가져왔다.[569] 첫째, 6월 캠프 데이비드 정상회담에서 고르바초프는 유럽에 미군의 주둔이 안정을 위한 요소라는 자신의 견해를 강조했다. 고르바초프가 탈미 비핵 독일이라는 소련의 목적이 소련의 이익에 오히려 잠재적 재앙이 된다고 설득되어야만 했다. 즉 독일이 핵무기를 보유하지 않는 한 미국인들이 확장억제와의 연계를 제공하기 위해서 유럽에 주둔해야만 할 것이며, 만일 미국인들이 떠나면 독일이 스스로 핵무기를 획득할 가능성이 있을 것이다. 둘째, 7월 6일 런던의 나토이사국회의에서 미국인들은 소련이 이제 더 이상 적으로 간주되지 않아야 하며 또 나토가 주로 군사적 동맹으로부터 주로 정치적 기구로 전환되어야 할 것이라고 제안했다. 미국인들은 콜과 고르바초프의 회동 겨우 일주일 전에 이 제안을 띄우고 대답을 초조하게 기다렸다.[570] 셋째, 콜이 모스크바로 떠나기 하루 전날 서독인들은 1억 3천만 달러 가치의 식량 원조를 러시아인들에게 보내고

569 *Ibid.*, p. 634.

570 Philip Zelikow and Condoleezza Rice, *Germany Unified and Europe Transformed: A Study in Statecraft*(Cambridge, Mass.: Harvard University Press, 1995).

있음을 발표했다.

이러한 3가지 사건들을 배경으로 하여 7월 15일 고르바초프와 콜이 독일 병력을 축소, 전환 기간 중 소련 군대에 대한 독일의 보조금 지불 및 독일의 동맹 선택권을 포함하여 독일 주권의 행사에 대한 모든 제약을 소련이 폐기하기로 합의했음이 발표되었다. 콜 수상은 소련에 대한 광범위한 경제원조계획을 약속했다. 그리고 소련은 중립화 통일이냐 아니면 서독의 나토회원국으로 독일 분단의 계속이냐 사이에서 독일이 선택해야 한다는 자국의 오랫동안 변함없는 정책을 포기했다.[571]

고르바초프와 콜이 자신들의 합의를 자축하고 있는 동안 우크라이나가 소련공화국들 중 7번째로 자신의 독립을 선언했다. 러시아연방공화국처럼 우크라이나도 소련연방에 당장은 잔류하기로 선택했지만 소련 군대의 우크라이나 주둔 권한을 무효화했다. 이제 소련은 유럽의 재래무기(CFE) 조약을 거의 거부할 수가 없게 되었다. 소련은 곧 자신에게 강요될 것을 양보하는 것처럼 전진 지역으로부터 군대를 철수하는 약속을 하는 것이었다. 그러나 미국의 관점에서 보면 유럽의 재래무기 조약은 후에 우크라이나, 벨로루시 그리고 러시아 연맹과의 합의들을 결정하는 데 사용될 전례를 세웠다. 이제는 의회주의에 대한 공약이라는 한 가지 일만 남게 되었다.

9월 3일 베이커 국무장관은 전쟁의 예방을 넘어서는 실제적 평화구축 방안을 제시했는데, 그것은 미국의 비전을 향하게 하는 것, 전쟁을 막기 위해 침략을 계속 억제해야만 하는 것, 그리고 소련의 남은 힘에

---

571 *Ibid*.

대한 균형을 초월해 나가는 것 등이었다. 제1차적 과제는 정당성을 촉진시키는 것, 혹은 바꾸어 말하면 인민에 의해 선출되고 인민에 책임지는 정부를 촉진시키는 일이었다. 과거의 독재자들을 쓸어 낸 뒤 중 유럽 및 동유럽의 인민들은 지속할 수 있는 정당한 정치질서의 구축을 도모하고 있었다. 미국은 그들의 새로운 민주주의에 대한 미국의 헌신을 그들에게 보장하면서 계속 그들 편에 서야만 했다.[572] 베이커는 모든 국가의 자격기준으로 자유선거를 제안하고 또 그런 선거들을 모니터할 유럽안보협력회의(CSCE) 과정의 윤곽을 제시했다. 이 제안은 코펜하겐 선언에서 공식화되었고 그리고 나서 이 선언은 파리헌장에 의해 비준되었으며 파리평화의 중대한 문서상의 요소들 중 하나가 되었다. 고르바초프가 쿠데타에 의해 일시적으로 전복되었을 때 이 규정이 아주 극적으로 강조되었기 때문에 그 후 파리평화문서집의 최종적 문서인 모스크바선언은 민주정체가 국가체제에 의해서 보장될 것이며 만일 의회주의 모델을 유지하는 데 실패하면 어떤 국가의 주권도 상실된다고 명시적으로 규정했다.[573] 마침내 민주주의가 승리하고 국가들의 사회 즉 국제사회를 위한 새로운 헌법이 자리 잡게 되었다.

파리헌장(the Charter of Paris)은 형식상 이 헌장이 유엔헌장(the Charter of the United Nations)의 다소 명시적으로 이루어진 수정과 확장이다. 실제로 파리헌장을 포함하는 파리평화는 베르사유 그리고 유엔헌

572 James A. Baker, "The Common European Interest: America and the New Politics Among Nations," *U. S. Department of State Dispatch*, vol. 1(September 3, 1990), p. 36. Philip Bobbitt, *op. cit.*, p. 877에서 재인용.

573 Philip Bobbitt, *op. cit.*, p. 635.

장을 공표했었던 샌프란시스코평화에 대한 하나의 수정판으로 간주될 수 있을 것이다. 베르사유와 샌프란시스코체제에 대한 이 최종 수정판은 1975년의 헬싱키최종결의서를 필두로 하여 헌장에 하나로 모아진 코펜하겐과 모스크바 문서들뿐만 아니라 1990년 파리헌장에 이르는 유럽안보협력(CSCE)의 참가 국가들에 의해서 만들어진 일련의 정치적 합의들을 포함하고 있다. 이것들은 독일을 승인함으로써 의회민주주의를 위한 긴 투쟁의 최종적 종식을 상징했으며, 러시아가 의회주의 민족국가의 국제사회에 정식으로 가입되는 법적문서들을 만들어 냈다. 모두가 합쳐져서 이 합의들이 민족국가들의 사회 즉 국제사회의 헌법의 본문을 제공하고 있는 것이다.

1990년 11월 말 파리에서 3일 동안 소련, 미국, 영국, 독일, 및 프랑스를 포함하여 34개 민족국가들의 국가 원수나 정부 수반들이 1975년 헬싱키최종결의서의 서명 이래 두 번째로 모였다. 그러나 파리정상의 모임은 단순히 헬싱키최종결의서가 생각했던 후속모임들 중의 하나가 아니었으며 구체적 주제들 때문에 마련된 작은 모임들 중의 하나도 아니었다. 실제로 이런 성격의 정상회담은 사실상 과거의 유럽안보협력기구의 결정들이 상정하지 않았었다. 독일을 통일한 2+4합의에 유럽국가 사회가 축복하기 위해 헬싱키에서 처음 만났었던 당사국들의 이번 소집은 고르바초프가 제안했었다. 그런 포럼이 오직 몇 회원국들만이 당사국인 군비통제합의를 전 유럽공동체를 위해 확인함으로써 유럽안보협력기구의 22개 회원국들 사이에서 유럽 재래무기(CFE)조약의 서명을 완수하는 것으로도 느껴졌다.

끝으로 파리의 모임은 모든 회원 국가들에서 자유선거 채택을 공식화 했다. 이런 3가지 주제의 연계는 중요했다. 의회주의 선거의 형식에 대한 공약은 파리에서 포함된 다른 2개 문제들의 성공의 결과가 아니라 전제조건이었던 것이다. 이 회의에서 나온 파리헌장의 핵심규정들은 민주주의 그리고 평화와 통일의 새 시대(A New Era of Democarcy, Peace and Unity)라는 제1장에 포함되어 있다. 여기에서 자신들의 유일한 정부제도로서 민주주의를 건설하고 굳건히 하고 또 강화하겠다고 선언했다. 그리고 파리헌장은 헬싱키최종결의서의 제 원칙들을 확인하고, 유럽 재래무장조약을 환영하고 그리고 나서 독일을 통일한 1990년 9월 12일 모스크바에서 서명된 독일에 관한 최종타결조약의 명시적 승인으로 끝맺었다. 그래서 이 헌장의 제목이 자유선거와 인권을 위한 규정인 민주주의(democracy), 재래식 무장의 승인을 의미하는 평화(peace), 그리고 독일의 승인을 의미하는 통일(unity)이 되었던 것이다.

마거릿 대처 영국 수상은 파리헌장을 하나의 새로운 마그나 카르타(New Magna Carta)라고 불렀다. 이런 관찰은 하나의 헌법으로서 파리평화의 역할을 강조했다. 특히 아우구스부르크와 베스트팔렌 같은 이전의 헌법들은 종교적 자유나 이주의 권리 같은 인권과 국가의 권리를 국내 헌법들이 그러는 것과 똑같이 함께 묶었다. 마르나 카르타는 그런 권리들을 인정하는 것으로 되어 있다. 주권국가들의 경우에 인권을 확보하겠다는 그들의 약속이 마그나 카르타의 그것과 실제로 매우 유사하다. 파리평화는 모든 국가들의 법적 및 정치적 제도들이 준봉해야 하는 기준을 정하는 가장 우선적 헌정질서의 원천을 제공하고 있다. 그리하여 요컨대 파리평화는 유럽의 기나긴 전쟁을 끝내고 베르사유와 샌프란시스코에서 이룬 합의들을 수정했을 뿐만 아니라 하나의 보편적 국제법을 통해 유럽 민족국가들을 공식적으로 세계화하는 과정을 완결지었던 것이다. 국제사회에서 법의 통치라는 어쩌면 약 200년 전 칸트의 꿈이었던 그리고 약 80년 전의 윌슨의 비전이었던 국제사회의 의회민주 헌정질서 수립 계획이 마침내 현실화되었다고 말해도 좋을 것이다.

제14장

동아시아에서 유엔의 역할

—경찰관에서 유모로?

유엔을 역사적 관점에서 조망해 보는 것은 에 대한 평가의 근거가 되는 역사적 기록들을 확고히 하는 데 도움이 될 뿐 아니라, 이를 통해 보다 확실한 기초 위에서 규범적 판단을 내릴 수 있도록 한다; 그것은 유엔의 현재를 전체적인 시야에서 제대로 볼 수 있게 한다; 나아가서 그것은 미래에 있어서 유엔의 발전 진로를 판단할 어느 정도의 근거를 제시할 것이다.

—릴런드 M. 굿리치(Leland M. Goodrich)

만약, 세계가 평화유지활동에 대한 신념을 잃게 된다면, 그래서 새로운 세계적 무질서가 등장했을 때 그에 대한 대응이 단지 전면전 또는 완전한 평화의 양 극단 중 하나로 국한된다면, 세계는 지금보다 훨씬 더 위험한 곳이 될 것이다.

—육군대장 마이클 로즈 경(General Sir. Michael Rose)

20세기의 가장 열렬한 연애사건 중 하나는, 국제평화와 안보를 지키기 위한 범세계적 집단안전보장기구를 대상으로 한 것이었다.[574] 하지만 대부분의 연애가 그러하듯이 열정에 가린 눈은 위험을 보려 하지 않았고, 결국 한때의 감정적인 흥분은 사랑에 만족했던 만큼이나 환멸로 가

574 국제연맹규약과 국제연합헌장의 전문(preamble)들을 참조.

득 찼던 시간을 뒤로하고 사그라졌다. 첫 번째 연인이었던 국제연맹(League of Nations)은 이론상으로는 범세계적 기구로서 탄생되었다. 그러나 국제연맹은 미국 대통령 우드로 윌슨이 그 탄생에 있어 결정적 역할을 했음에도 불구하고, 실제로는 지역기구, 그것도 유럽지역기구에 불과했다. 미국 의회가 윌슨의 구상이었던 국제연맹에 대한 미국의 가입을 무산시키자, 연맹의 유럽적 성격은 더욱 확연한 것이 되었다.[575] 심지어 국제연맹에 헌신적이었던 국가들조차도, 유럽의 문제를 바라보면서 자신들의 시야를 훈련시켰기에, 세계 전체를 고려하기보다는 유럽과의 관계 속에서 연맹의 개념들을 발전시켜 나갈 수밖에 없었다.[576] 국제연맹은 기실 사춘기의 위기를 극복하지 못하였으며, 결국 19세의 나이로 요절하였다.

두 번째 연인이었던 국제연합(이하 유엔)은 진정한 범세계적 기구로서 탄생했다. 그러나 실질적으로는 유엔은 유럽 바깥의 국제기구가 되어 버렸는데, 이는 유엔이 유럽의 문제를 다루는 데 있어서 무능력을 드러냈기 때문이었다. 즉, 유엔은 체코슬로바키아, 그리스, 이란과 터키에 대해 확고한 방어를 제공하지 못하였는데 이는 안보리 상임이사국들이 상기의 새로운 국제적 긴장의 발생과 원인에 대해 확연한 시각차이를 드러낸 채 대치하고 있었다는 점에 기인하였다. 체코슬로바키

575 F. S. Northedge, *The League of Nations: Its Life and Times 1910-1946*(Leicester University Press, 1986), p. 137. 일본은 연맹에 있어서 매우 예외적인 존재였으며 기실 국제연맹규약에 대한 최초의 강력한 도전자가 되었고 1933년에는 연맹을 탈퇴하였다.

576 F. S. Northedge and M. J. Grieve, *A Hundred Years of International Relations*(New York, Praeger, 1971), pp. 174-176.

아에서의 공산 쿠데타는, 미국의 시각으로 볼 때, 비록 간접적이긴 할지라도 유엔헌장 제39조에 의거, 안보리가 침략행위(act of aggression)로 선언하고 이를 중단시키기 위한 조치를 취했어야 할 종류의 사건이었다. 그러나 다른 한편으로 소련의 시각에서는, 이는 부르주아 자본주의자들의 압제로부터의 해방을 위한 행동이었다. 결과적으로, 1949년 4월 집단방어체제인 북대서양조약기구(이하 NATO)가 수립되었으며 미국은 서부 및 남부 유럽 국가들에 대해 방어 우산을 제공하기 시작하였다. 이후로, 유럽은 유엔에 의한 집단안전보장체제를 한 번도 요청하지 않았으며 집단방어체제인 NATO와 WTO(바르샤바조약기구)가 유엔의 집단안보체제를 대체하게 되었다.[577]

그럼에도 불구하고, 유엔은 이로 인해 사망하지는 않았다. 유엔은 동아시아에서 발생한 침략행위를 응징하고자 역사적인 조치를 취하게 되는데, 이는 1950년 6월 안보리가 북한 공산군의 침략에 대응하여 남한을 지원하기로 결정한 것이었다. 그 이후로, 동아시아는 국제정치라는 요동치는 바다에서 유엔이 역할의 변화를 도모하는, 말하자면 일종

577 집단안보체제와 집단방어체제의 차이에 관한 선구적인 논의에 대해서는 다음을 참조. Arnold Wolfers, *Discord And Collaboration*(Baltimore: The Johns Hopkins University Press, 1962), 12장. 냉전이 시작됨에 있어 결정적으로 중요했던 초기의 몇 해를 지나면서, 미국은 자신의 국제정치적 고려에서 UN을 거의 완전히 배제하고자 하는 경향을 보이게 된다. 1947년 트루먼 독트린을 발표하여, 외부의 위협에 직면한 그리스와 터키 정부를 지원할 의사를 밝히는 것을 계기로, 미국은 국제적 문제를 다룸에 있어 UN을 우회하게 되었으며, UN에 대해서는 최소한 필요한 만큼의 관심만을 기울이게 된다. 여기에 대해서는 다음을 참조. Gordon A. Craig and Alexander L. George, *Force and Statecraft*, 3rd ed.(Oxford: Oxford University Press, 1995), pp. 95-96.

의 유엔의 "실험 무대"가 되었다. 그리고 그 실험의 결과는 이중적인 것으로 드러났는데, 이는 유엔이 몇몇 임무를 매우 성공적으로 수행했음에도 불구하고 많은 경우에 있어서 행동을 취하지 않은 과오를 범했기 때문이다.

제2차 세계대전의 종결과 함께, 한반도는 북위 38도선을 기준으로 분단되었다. 1947년 11월 14일, 유엔총회는 한 국민의 독립에 대한 긴급하고도 정당한 요구를 인정하여 유엔 한국임시위원단(United Nations Temporary Commission on Korea, UNTCOK)의 수립을 결정하였으며, 위원단의 감독하에 총선거를 실시하고 조속한 시일 내에 국회와 정부를 구성할 것을 권고하였다. 더불어 총회는 이후 한반도의 모든 점령군의 완전한 철수를 권고하였다.[578]

그러나 다음해 남한은 유엔의 산파 역할을 통해, 북한은 유엔의 개입이 없이 각자 자신의 독립을 주장하게 되었다. 그해 말에 이르러, 소련군은 북한에서 완전히 철수하였으며 미군은 이보다 6개월 늦은 1949년 9월 2일 남한으로부터의 철수를 완료하였다. 한편, 1948년 12월 12일 총회 결의안 195호는 유엔 한국위원단(United Nations Commission on Korea, UNCOK)으로 하여금 유엔 한국임시위원단의 임무를 계속하도록 결정하였는데, 이 위원단은 통일한국의 수립이라는 목표가 좌절되었음을 인정할 수밖에 없었고 나아가 내전 가능성을 경고하게 되었다.[579]

578 결의안 전문은 다음을 참조. Se-Jin Kim, ed., *Korean Unification: Source Materials with an Introduction*(Seoul: Research Center for Peace and Unification, 1976), pp. 101-102.

이에 반해 미국인들에게 있어서 한반도의 영토적 중요성은 그다지 큰 것이 아니었기에, 그들은 자신의 위신에 커다란 손상을 입지 않으면서 한반도로부터 발을 빼는 데에 주력하였다. 미국인들의 고려에 있어서, 유엔은 더 이상 중요한 역할을 수행하고 있지 못했다. 국무장관 딘 애치슨조차도 유엔에 대해 깊은 관심이나 존중심을 가지지 않았다.[580]

그러나 중국 내전에서 결국 공산당이 승리를 거두고, 미국의 핵무기 독점이 예상보다 빠른 1949년 끝나면서 미 · 소 간의 경쟁은 곧 동 · 서 진영의 대치상태가 되었다. 소련의 영토적 확장과 정치적인 야심을 차단하기 위해서는 엄청난 경제력과 군사 · 외교적인 모든 수단이 동원되어야 했다. 유엔은 이러한 수단들 중의 하나로 생각되었다. 이러한 이유로 인해, 애치슨 국무장관은 1950년 1월 12일 오늘날 너무도 유명해진 그의 역사적인 "방어선"(perimeter) 연설에서 누군가가 미국의 태평양 방어선 밖에서 군사적 침공을 일으킬 경우, 침략자는 "유엔의 헌장 아래 단결한 모든 문명세계의 결의"에 맞부딪칠 것이며, "유엔헌장은 외부의 침략에 맞서 독립을 수호하고자 하는 민족들이 의지하기에 결코 약한 갈대처럼 허약한 존재가 아님을 보여 왔다"[581]고 하였다.

1950년 6월 25일 북한이 남침을 감행하자, 미국은 유엔으로 하여금 조치를 취할 것을 요구하였으며, 워싱턴의 이러한 요구는 유엔 한국위원단이 북한의 행위를 미국이 보는 바와 같이 침략으로 확인함으로써

---

579 Gary B. Ostrower, *The United Nations and The United States*(New York: Twayne Publishers, 1998), p. 60.

580 Linda M. Fasulo, *Representing America*(New York: Facts on File Publications, 1984), p. 45.

581 Se-Jin Kim, ed., *op. cit.*, 1976, p. 88.

더욱 강화되었다.[582] 안전보장이사회는 이후 3일간 2차례 회의를 가지게 되는데, 6월 25일, 당일로 안보리는 북한으로 하여금 모든 적대행위를 중지하고 38선 이북으로 군대를 철수시킬 것과, 모든 유엔 회원국들로 하여금 북한을 지원하지 않으며 안보리의 결의안 집행에 필요한 모든 지원을 아끼지 말 것을 촉구하는 결의안을 통과시켰다.[583]

6월 27일, 안전보장이사회는 보다 중요한 결의안을 통과시키는데, 여기에서는 북한의 무력 공격을 평화에 대한 침해로 결정하였으며, 평화와 안보를 위해 즉각적이고 효과적인 조치를 취할 것을 요구하는 남한의 요청에 유의하여, 유엔 회원국들로 하여금 침략을 격퇴하고 국제평화와 안보를 복원하기 위한 지원을 제공할 것을 권고하였다.[584] 미국과 트뤼그베 리(Trygve Lie) 유엔 사무총장을 포함한 유엔 관리들은 공히 한반도에 파견되는 유엔군 지휘체계를 수립해야 할 필요를 인정하였다.[585] 따라서 그들은 7월 7일 유엔의 깃발 아래 미국의 지휘를 받는 통합사령부를 창설할 것을 제안하는 결의안을 제출하였다.[586]

이 당시 소련은 유엔에서 이루어지고 있는 집단적 조치를 차단할 수 있는 입장에 있지 못하였다. 그것은 중국의 새 공산정부가 유엔에서 대만 의석을 대체하는 것을 유엔이 거부한 데 대한 항의의 표시로, 소련

582 1950년 6월 25일 UNCOK이 UN 사무총장 앞으로 보낸 전문(telegram) 참조. 여기에 대해서는 *ibid.*, p. 120.

583 *Ibid.*, pp. 122-123.

584 *Ibid.*, pp. 127-128.

585 UN 사무총장의 이 시기에 대한 회고는 다음을 참조. Trygve Lie, *In The Cause of Peace*(New York: The Macmillan Company, 1954), 제18장.

586 여기에 대해서는, Se-Jin Kim, ed., *op. cit.*, 1976, p. 128.

이 유엔을 보이콧하고 있었기 때문이었다. 워싱턴의 입장에서 볼 때 소련이 유엔에 불참하고 있다는 것은 하늘이 준 기회였다. 동년 7월 27일, 소련은 안보리에 대한 보이콧을 중단하고 복귀하게 되는데 이는 소련이 순서에 의해 곧 안보리 의장국으로 예정되어 있었기 때문이었다. 그리고 일단 소련이 안보리에 복귀하자 한국 문제에 관한 안보리 회의는 성과 없는 상호 선전공세의 장으로 전락하고 말았다. 이렇게 되자 미국은, 회원국 대부분이 미국을 지지하며 이들에 대해 상임이사국들이 거부권의 영향력을 발휘할 수 없는 총회로 눈길을 돌리게 된다.

유엔군이 부산 지역을 둘러싼 방어선을 벗어나 천천히 북진을 시작하면서, 38선을 넘어 계속 진격할 것인지에 대해 유엔의 지시를 구하자, 1950년 10월 7일 총회는 1947-49년 사이의 유엔 결의안들이 민주적이고 독립적인 통일 정부를 한국에 수립하는 것이 목적이었다는 것을 상기시키면서, 압도적 지지로써 유엔군의 38선 돌파를 승인하였다. 더불어 사무총장에게 한국통일부흥위원단(the UN Commission for Unification and Rehabilitation of Korea)을 구성할 것을 요청하였다.[587]

---

587 *Ibid.*, pp. 132-133. 총회는 남북한에서 자유선거가 실시되도록 그 기초를 마련할 권한을 부여하는 결의안을 통과시킨 것이다. 그러나 이 결의안은 매우 모호한 문구로 이루어져 있는데, "한반도 전역에 걸쳐 안정을 도모할 제반 조건들을 확고하게 하기 위해 필요한 모든 적절한 조치들을 취한다"라고 되어 있다. 이 문구만으로는 북한을 향한 진공을 암시하는 어떤 구절도 찾을 수 없다. 그러나 맥아더는 자신의 재량으로 이 문서가 북진의 권한을 자신에게 부여한 것으로 해석했고, 휘하의 UN군은 다음 날 38선을 넘었다. UN이 이 군사적인 행동을 받아들이게 된 이상, 이것은 사실상 정부의 수반직을 누구든 권위를 쥐고 있는 곳에 맡기는 것에 동의하는 것과 같은 것이 되었다. 걸프전쟁의 경우, 부시 대통령은 이 전쟁을 통해 사담 후세인과 군사적으로 대결함에 있어서 다국적군 간의 합의가 위반되지 않도록 하기 위해 극도로 주의를 기울였다. 만약 부시 대통령이 바그다드를 향한 진군

미국 측에서 볼 때, 북한의 공산정부를 붕괴시키는 것은 미국의 군사적 고민을 제거하는 것일 뿐 아니라, 전술한 바의 유엔의 장기 목표를 촉진시키는 일이기도 하였다. 미국이 총회에서 거의 강압적으로 이 문제를 밀어붙임에 따라, 소련의 저항과 인도를 따르는 몇몇 아시아 국가들의 반대는 거의 무시되었다. 소련의 안보리 복귀는 미국이 총회에서 "평화를 위한 단결의 결의"(Uniting for Peace Resolution)를 주도하도록 자극하였다.[588] 이 "논란이 많았던" 결의안이 1950년 11월 3일 총회에서 통과되었다. 이 결의안은 평화에 대한 위협 또는 침해 그리고 실제적 침략행위가 발생했을 때, 상임이사국 사이의 합의 실패로 안보리가 국제평화와 안보의 유지라는 본연의 임무를 수행하지 못할 경우, 안보리에서 총회로 집단안보조치에 관한 권위를 전환하도록 하는 내용을 공식화하였다.[589] 결의안에 따라 총회에 이러한 권한을 부여하는 것을 정당화하기 위해, 미국은 총회가 헌장의 영역 내에서는 "어떤 문제나 사안에 대해서도" 토의하고 권고할 수 있다는 헌장의 제10조를 원용하였다.

동시에 "실제적인 조치를 필요로 하는 문제는 총회의 토론 이전이나 이후에 안보리로 회부되어야 한다"는 유엔헌장 제11조 2항이, 총회가

을 계속하도록 명령했다면, 다른 연합국들이 어떻게 생각했는지에 상관없이 바그다드가 점령되고 UN의 깃발이 그곳에 나부끼게 되었을 것이라는 점은 의심의 여지가 없다.

588 Rosalyn Higgins, *United Nations Peacekeeping 1946-1967*, vol. 2(Oxford: Oxford University Press, 1970), p. 164.

589 결의안의 내용은 다음을 참조. Leland M. Goodrich and Anne P. Simons, *The United Nations and the Maintenance of International Peace and Security*(Washington, D.C.: The Brookings Institution, 1955), Appendix, F., pp. 669-671.

집단적 조치(collective measures)를 권고할 수 있는 권리를 사실상 박탈한 것이라는 주장은 미국이 수용하지 않았다.[590] 미국은 소련이 이전까지 특히 프랑코하의 스페인에 대해 총회가 내놓은 외교 및 경제제재 권고를 지지했었다는 점을 지적하였다. 유엔헌장 11조의 "행동"(action)이라는 단어의 의미가 다양하게 해석될 수 있다는 점을 인정하되, 미국은 헌장의 문맥을 고려해 볼 때 "행동"이라는 단어는 권고라기보다는, "유엔헌장 7장에 규정된 안보리의 명령 또는 구속력 있는 집행결정"을 의미한다고 보는 것이 타당하다는 입장을 고수하였다. "안보리가 조치를 취할 기회가 있었음에도 불구하고 적절한 행동을 취하는 데 실패한 경우에 한해서" 총회가 행동을 취할 수 있도록 하였기 때문에, 이러한 상황에서 헌장 제11조 2항을 총회의 권한을 제한하기 위한 것으로 해석한다는 것은 언어도단이자 순환논리에 불과하다는 것이었다. 새로운 안보기구(유엔)의 장점을 부각시키기 위한 노력의 일환으로, 미국은 집단적인 무력행사의 원천은 자유를 수호하고 공동의 대의에 동참하고자 하는 국가들의 개별적 또는 집단적 결의에서 찾아야 한다고 주장하였다.[591]

1950년 11월 25일, 중공이 후퇴하는 북한군을 도와 기습적으로 전쟁에 참전하자, 총회는 "평화를 위한 단결의 결의"에 기초하여 중공을 침략자로서 규탄하는 결의안을 1951년 2월 1일 통과시켰다.[592] 사실 중공

590 Lawrence D. Weiler and Anne Patricia Simons, *The United States and The United Nations: The Search for International Peace and Security*(New York: Manhattan Publishing Co., 1967), p. 288.

591 *Ibid.*, p. 289.

592 Rosalyn Higgins, *op. cit.*, pp.167-168. 결의안 전문은 다음을 참조. Se-Jin Kim,

역시 일상적으로 미국과 그 동맹국들을 침략국으로 규탄하고 있었다. 그러나 미국이 침략자인 공산 중국을 응징하기 위해 헌장이 부여한 국제적 정통성을 확보했다는 점은 의심의 여지가 없었다. 중공이 협상을 거부하고 공세의 다음 단계로 진입하자, 유엔총회는 1951년 5월 18일 미국의 주도하에 압도적인 지지로써 후속 결의안을 통과시켰으며, 여기에서 미국은 중공에 대해 천연자원과 모든 종류의 군사관련 물품의 금수조치를 요구하였다.[593] 미국에 의해 주도된 1951년 2월 1일과 5월 18일의 두 결의안과 유엔이 중공의 의석을 인정하지 않은 점으로 인해, 중공은 유엔이 절대로 중립적인 기구가 아니라고 확신하게 되었다.

그러나 한국전쟁의 마지막 2년 동안 유엔은 방관자의 역할에 머무를 수밖에 없었다. 1953년 3월 스탈린이 사망하고 나서야, 분쟁의 해결이 가능해졌다. 휴전협정은 전쟁으로 쌍방이 모두 폐허로 변해 버린 1953년 7월 27일에야 조인되었으며, 정치적인 해결은 1954년 4월의 제네바 회의 이후가 되어서야 가능했다. 그러나 이때쯤에는 이미 세계의 관심은 인도차이나로 옮겨가 있었다.

비록 유엔의 후원으로 이루어진 휴전협정은 그 이후 한반도에 지속되고 있는 매우 불안정한 평화의 시발점이 되었지만, 어떤 측면에서 한국의 사례는 유엔이 그 헌장에 입각하여 무력 침략을 격퇴하고자 했다는 점에서 유엔의 절정기를 의미하는 것이었다. 비록 실로 우연한 시기에 소련이 유엔을 보이콧하고, 또 한편으로 미국이 그 시기에 소위 "기구 내의 헤게모니"[594]를 확보했기에 유엔헌장상의 무력사용에 관한 조

---

ed., *op. cit.*, p. 145.

593 결의안 전문을 참조하려면, *ibid.*, p. 146.

항이 적용될 수 있었지만, 유엔은 그 깃발 아래 침략자를 격퇴하기에 충분한 역량을 모아 집단안보의 조치를 실현시켰다. 이에 가까운 사례는 냉전이 종식된 이후 1991년 걸프전의 경우에서나 찾아 볼 수 있는 것이다. 한국에서의 유엔의 행동은 세계경찰로서의 행위였다고 명확하게 정의될 수 있다. 비록 기본적으로 미국에 의해 지배, 조정되기는 했으나, 한국전쟁은 국제법적으로는 유엔이 해낸 것처럼 되었다. 한편 이 전쟁에서 미국의 편에서 참전했던 국가들—대부분 유럽국가들—의 경우, 그들의 목적은 미국이 유럽의 냉전에 계속 개입하기를 원하는 자신들의 요구를 공고히 하기 위한 것이었다.[595] 과연 한국전쟁에서의 유엔의 역할은 절정을 이루었을 뿐 아니라 매우 독특한 것이기도 하였다.

그러나 총회에서 1950년 11월 채택된 "평화를 위한 단결의 결의"는 한국전쟁 당시 전쟁을 계속 수행하는 데 필요한 하나의 방안을 제시함으로써, 이후로 유엔의 다른 평화유지활동을 촉발시키는 계기가 되었다.[596] 한국전쟁은 향후 유엔이 무엇에 최선의 노력을 해야 하는가의

594 Toshiki Mogami, "The United Nations System as an Unfinished Revolution," *Alternatives*, vol. 15, no. 2(Spring 1990), p. 179.

595 Henry Kissinger, *Does America Need a Foreign Policy?*(New York: Simon & Schuster, 2001), p. 181.

596 Harold K. Jacobson, *Networks of Interdependence*, 2nd ed.(New York: Alfred A. Knopf, 1984), p. 170. 1956년 10월 30일, 안보리 내의 거부권 행사로 인해 이집트, 이스라엘 간의 휴전을 이끌어 낼 합의가 불가능해지자, 안보리는 1950년 11월 3일 통과되었던 총회결의 377(V)호, 소위 "평화를 위한 단결 결의"에 제시된 절차에 의거, 이 문제를 총회로 하여금 고려하게 하였다. "평화유지"활동은 이 용어가 개념화되기 이전부터 존재하였다. UN이 많은 부분에서 모델로 삼았던 국제연맹은 오늘날 평화유지활동으로 규정될 만한 다양한 사건들에 관계되었다. 여기에 대해서는 Alan James, "The Peacekeeping Role of the League of Nations,"

문제뿐 아니라, 국제평화와 안보를 유지하기 위해 어떻게 유엔이 최선의 방식으로 그 문제들을 다루어야 할 것인가를 현시하였다. 그러므로 유엔의 절정기였던 한국전쟁은 유엔과 국제사회 모두에게 하나의 마키아벨리적 순간으로 자리 잡게 된 것이다.

캄보디아의 내전은 단지 국가 내에서의 분쟁상황 이상의 것이었다. 캄보디아는 15년 이상, 베트남에 의해 지원받는 훈 센(Hun Sen)의 소위 "캄보디아 국가"(State of Cambodia)와 대학살의 주역 파당인 크메르 루주 사이의 전쟁으로 얼룩져 있었다. 유엔은 대학살이 절정에 달했던 양자 간 권력투쟁의 초기 단계에 이 문제를 전적으로 외면하고 있었다. 이는 크메르 루주를 지원하는 중국과 베트남의 지지를 받는 프놈펜 정부를 지원하는 소련이 각각 안보리 거부권을 행사함으로써, 유엔이 "어떤 조치를 취하는 것도 불가능한" 상황에 놓여 있었기 때문이었다.

1979년 베트남이 프놈펜에 헹 삼린(Heng Samrin)이 이끄는 신정부를 수립한 이래, 캄보디아에서는 3대 주요 저항집단에 의한 게릴라 운동이 활발하게 전개되었다. 3대 저항 조직은 노로돔 시아누크(Norodom Sihanouk) 공이 이끄는 "중립화된 평화롭고 협력적인 독립 캄보디아를 위한 민족통일전선"(FUNCIPEC), "크메르 인민의 민족해방전선"(KPNLF), 그리고 "캄푸치아 민주당"(크메르 루주)을 말한다. "캄보디아 국가"(즉 훈 센 정권)를 포함한 네 정파는 각각 자신이 캄보디아의 정통성 있는 통치 권력이라는 점을 주장하였다. 1982년에는 동남아시아 국가연합

International Peacekeeping, vol. 6, no. 1(Spring 1999), pp. 154-160 및 Paul F. Diehl, *International Peacekeeping*(Baltimore: The Johns Hopkins University Press, 1994), pp. 17-20 참조.

(ASEAN)과 미국, 중국의 촉구에 따라 캄보디아의 반정부세력 3개 정파가 시아누크 공의 지도하에 "민주 캄푸치아 연합정부"(CGDK)를 형성하였다. 비록 훈 센 정권이 캄보디아의 80퍼센트 이상의 영토에 대해 실제적인 지배권을 행사하고는 있었으나, 이 정권은 정통성이 결여되어 있었고, 구소련하 공산권을 제외하고는 국제사회의 인정도 받지 못했을 뿐 아니라 자발적인 국내 지지도 매우 취약하였다. 오히려 국제적으로 인정받은 캄보디아의 주권은 "민주 캄푸치아 연합정부"에 있는 것으로 간주되었다. 이러한 훈 센 정부와 민주 캄푸치아 연합정부 간의 통치권에 대한 상반된 주장은 국제사회에서의 대표권 문제를 야기하였다. 비록 민주 캄푸치아 연합정부가 합법적 정부로서 유엔의 의석을 차지하고 있었지만, 훈 센 정권은 실제로 나라를 통치하고 있는 모순이 지속되었다.

캄보디아의 국내적 갈등은 각각의 정파가 외부로부터의 지원을 확보하고자 경쟁함으로써 더욱 복합적인 것이 되었다. 각 정파는 외부의 후견국들을 끌어들이고자 했으며, 그 결과 더욱 복잡해진 갈등의 와중에서 캄보디아는 전면적인 사회적 혼란을 맞이하게 되었다. 1975년에서 79년 사이 벌어진 크메르 루주의 대량학살 이후, 37만 명 이상의 난민들이 타이의 국경지대로 이주하여 생명을 부지하고 있다는 사실은 캄보디아의 처참한 상황을 단적으로 보여 주는 것이었다. 이러한 상황에서 유엔이 처음부터 평화를 확보하기 위해 개입하였다. 당시 사무총장이었던 하비에르 페레스 데케야르(Javier Pérez de Cuéllar)는 유엔의 관료였던 라퓨딘 아메드(Rafeeudin Ahmed)로 하여금 훈 센 정부와 접촉하여 유엔이 중재(good offices) 역할을 수행할 용의가 있음을 전달하도록 지시하였다. 1982년에서 85년 사이 아메드(R. Ahmed)는 캄보디아 내 각 정파와 아세안(ASEAN) 국가들과의 협의를 통해 캄보디아의 4개 정파를 모두 배제하지 않는 포괄적 해결방안의 윤곽을 마련하였다. 이 방안은 휴전을 성립하고, 모든 외국 군대의 철수를 감독하며, 캄보디아의 중립화와 독립을 보장하고, 공정하고 자유로운 선거에 의해 진정한 민족자결권을 부여할 것이라는 내용을 담고 있었다. 더불어 이 방안에서는, 인권교육 프로그램을 수립하여 캄보디아가 "근래에 있었던 정치적 상황으로 회귀하지 않도록" 돕는다는 내용도 포함되어 있었다("근래에 있었던 정치적 상황"이란, 캄보디아에서 자행된 처참한 대량학살을 정치적이고 외교적으로 표현한 수사이다).[597]

1987년 12월이 되어서야 시아누크 공과 훈 센은 파리에서 비공식적으로 회담을 갖고 평화의 가능성에 대해 의견을 교환했다. 시아누크가 점차 노쇠해 간다는 점, 훈 센 정권이 국제사회의 승인을 얻고자 강력히 원한 점에 더하여 쌍방 간 군사력이 소진된 상태였기 때문에 각 정파는 평화협상에 열의를 보이기 시작했다. 결과적으로 유엔 사무총장의 지원과 인도네시아 외무장관인 알리 알타스(Ali Altas)의 주도로 2차례의 비공식적인 자카르타회담이 개최되었다. 이 회담에서는 캄보디아의 4개 정파가 모두 참가하였으며, 베트남, 라오스 및 아세안(ASEAN) 국가들도 참여하였다. 베트남을 위협으로 간주하던 아세안 국가들은 이제 베트남과 일종의 제대로 된 화해를 할 준비가 되어 있었다. 한편 베트남은 자신들이 짊어진 캄보디아라는 짐을 덜어내고자 하는 모습이

597 Michael W. Doyle, *UN Peace-Keeping in Cambodia: UNTAC's Civil Mandate* (Boulder: Lynne Rienner, 1985), p. 21.

역력했다. 캄보디아 점령은 베트남으로 하여금 막대한 인적 · 물적 손실을 강요했을 뿐만 아니라, 이로 인해 세계 시장에 대한 완전한 접근이 금지되는 대가를 치르고 있었기 때문이었다. 게다가 1979년 중국-베트남 간 전쟁으로 빚어진 중국과의 위험스런 전략적 대치상태와 이로 인해 일방적으로 소련에 의존하고 있는 상황 역시 베트남에게는 부담스러운 것이었다. 이러한 맥락에서 자카르타회담은 캄보디아의 평화를 향한 전환과정을 감독하고 조정하기 위한 국제적 메커니즘의 필요를 인식시키는 계기가 되었으나, 이러한 메커니즘이 어떻게 운영되어야 할 것인가에 대한 합의에는 이르지 못하였고 결국에는 교착상태로 빠지고 말았다.

이 시점에서, 프랑스 외무장관 롤랑 뒤마(Roland Dumas)가 알리 알타스와 함께 1988년 7월의 캄보디아에 관한 파리회담(the Paris Conference on Cambodia)을 공동으로 지원하기 시작했다. 그렇지만 5대 상임이사국과 유엔 사무총장을 포함, 18개국이 참여한 이 회담에서도 진전 상황은 미미했고, 1989년 9월 베트남이 캄보디아에서 철수하는 것을 계기로 내전이 재개되었다. 민주 캄푸치아 연합정부 측에서는 훈 센 정권의 독자적인 내구력을 시험해 보려는 의도였으며, 이에 대항하는 훈 센은 자신들의 정권이 캄보디아의 대부분 지역에서 여전히 견고한 상태임을 과시하고자 하였으나, 실제로 상당 지역의 지배권을 상실하고 말았다.

한편, 냉전의 종식으로 캄보디아 내전은 더 이상 어떤 외부 강국들의 이익에 부합하지 않게 되었다. 소련과 중국은 그들 각각의 피보호자였던 크메르 루주와 캄보디아 국가에게 만약 후견국들이 수용할 수 있는 평화협정의 조건을 수락하지 않으면 경제 · 군사적 지원이 계속되지 않을 것임을 경고했다고 전해진다. 전 세계로 중계된 천안문 광장의 학살 사건 이후 중국은 실추된 국제사회에서의 위신을 세우고자 노력하는 중이었으며, 미국의 부시 정권은 인도주의적 문제를 이유로 중국을 국제사회로부터 배제시키는 것을 원하지 않았다.[598] 결국, 1990년 1월 파리에서의 회담을 시작으로 뉴욕과 파리에서 매달 번갈아 열린 회담에서 안보리 5대 상임이사국들은 평화정착을 위한 주도권을 행사하였다. 그들은 포괄적으로 평화정착을 위한 윤곽을 마련하였고, 유엔 캄보디아 과도행정기구(UN Transitional Authority in Cambodia, UNTAC)에 강력한 통제기능을 부여하였다. 1990년 8월 27일이 되어서 5대 상임이사국들은, 그들이 평화정착을 위한 기본구도에 대해 합의를 이루었음을 발표하였고, 이어서 파리회담의 두 지원국들(프랑스와 인도네시아)에게 자카르타에서 캄보디아의 네 정파가 참여하는 비공식 회담을 개최해 줄 것을 요청하였다. 이어서 1990년 9월 10일 상기의 네 정치세력은 평화의 기본 틀을 수용하였으며, 네 정파 모두로 구성되고 전환과정에서 캄보디아의 주권을 수임하게 될 "최고국민회의"(Supreme National Council)의 결성을 발표하였다. 그러나 5대 상임이사국들이 각 정파들을 설득하여 그들이 수용한 기본구도를 실행시키는 데까지는 추가적으로 11개월이 더 걸렸다.[599] 이 파리협정(The Paris Agreement)은 1991년 10월 23일 이 합의가 발효되는 시점부터[600], 선거에 의해 구성된 의회가

---

598 Gary B. Ostrower, *The United Nations and the United States*(New York: Twayne Publishers, 1998), p. 195.

599 Michael W. Doyle, *op. cit.*, p. 24.

600 파리합의 내용의 발췌는 다음을 참조. Steven R. Ratner, *The New UN Peacekeeping: Building Peace in Lands of Conflict after the Cold War*(New York: St.

캄보디아에 새로운 주권정부를 수립할 때까지의—당시에는 1993년 8월 말 정도를 예상했다—전환기를 명확히 정의하였다. 그 기간 동안에는 최고국민회의가 캄보디아의 법률적 주권을 대표하며, 1992년 2월 안보리에 의해 설립된 UNTAC가 평화정착을 위한 합의사항을 실행하도록 하였다.

파리협정(공식 명칭으로는, "캄보디아 내전의 포괄적인 정치적 타결에 관한 협정")은 유엔이 놀라울 정도로 광범위한 새로운 역할을 수행하도록 하는 출발점이 되었다. 역사상 처음으로 국제사회가 유엔에게 한 회원국을 정치적 · 경제적으로 재편할 권한을 부여한 것이다.[601] 유엔은 이 전환기 동안 특별한 권한을 부여받았다. 민간행정으로의 전환에 있어서 핵심적인 부분들을 감독 · 통제하며, 선거를 조직하고 감시하는 임무에 더하여, UNTAC에게 휴전의 준수 여부와 모든 외국 군대의 철수를 감시함과 동시에 군대의 분할과 해산을 감독할 것이 요구되었다. 그 외에도, UNTAC은 선거가 실시될 때까지 인권과 개인의 기본적 자유에 대한 존중이 보장되는 환경을 조성하고, 유엔 난민고등판문관과 협조하여 타이 국경지대에 거주하고 있는 37만 명의 난민을 귀국시키며, 사회 경제적 부흥을 촉진시키도록 하는 임무도 수행할 것을 요구받았다.

이러한 UNTAC 초기의 공식 위임사항들을 고려해 볼 때, 우리는 두

Martin's Press, 1995), Appendix 2, pp. 251-257.

601 Michael W. Doyle and Nishkala Suntharalingam, "The UN in Cambodia: Lessons for Complex Peacekeeping," *International Peacekeeping*, vol. 1, no. 2(Summer 1994), pp. 118-119.

가지 중요한 영역에서 실패를 감지할 수 있다. 첫째로, 휴전의 달성과 그 후 각 정파가 보유한 군대(70퍼센트)를 분할하고 해체하며 무장해제시키는 것에 실패했다는 점을 들 수 있다. 그리고 이 점에 있어서의 실패는 참담한 결과를 야기하였다. 애초의 계획에 따르면, 5월의 총선거는 4개의 정치세력이 지닌 군사적 영향력이 선거 캠페인 자체에도, 또한 투표자들의 선택에도 영향을 미치지 못하도록 정치적 환경이 보장된 상태에서 실시될 예정이었다. 그러나 1992년 6월 크메르 루주는 UNTAC이 캄보디아의 훈 센 정부를 적절히 통제하지 않고 있다고 주장하며 병력의 분할을 거부했다. 그리고 일단 크메르 루주가 군대 분할을 거부하자, 이미 5만 5천 명 이상의 병력을 축소시켰던 나머지 정파들이 군대해산과 무장해제를 거부하였다.[602] 두 번째 실패는 "파리 협정"에서 구체화되었던 국방, 공안, 재정, 정보 그리고 외교의 5개 영역에서 캄보디아의 민간행정기구를 효과적으로 장악하지 못했다는 사실이다. UNTAC은 도저히 핵심적인 5개의 영역을 통제할 수 없었다. 통제의 실패는 곧, 군대해산의 가능성을 잠식하였고 군사력 해체의 실패는 분명히 다른 모든 유엔 위임사항의 힘을 약화시켰던 것이다.[603] 유엔은 아직 평화가 확보되지 못한 나라에서, 투표 과정에서 나타날 방해와 혼란의 가능성을 무릅쓰고 선거를 실시해야 하는 고통스런 딜레마에 직면하게 되었다. 1992년 12월에 이르러 UNTAC에게 부여되었던 여러 위임사항은, 단지 "자유롭고 공정한 선거"를 실시하는 것으로 축소되었다.

602 Michael W. Doyle, *op. cit.*, pp. 34-35.

603 *Ibid.*, p. 35.

아마도 유엔 사무총장의 특별대표(Special Representative of the UN Secretary General)였던 야스시 아카시가 취할 수 있었던 가장 핵심적인 단일 조치는 선거의 실시를 고수하는 것이었지만, 그는 앞서 언급했던 유엔 위임의 두 측면, 즉 자유롭고 공정한 선거가 시행되지 못할 것이며, 선거는 파리협정에서 구상한 것처럼 "중립적인 정치적 상황"에서 실시되지 못할 것임을 알고 있었다.[604] 크메르 루주의 선거 보이콧 협박과 UNTAC에 대한 폭력행사의 위협, 그리고 한 일본인 선거감시위원이 살해되는 상황 속에서, 아카시 특별대표는 선거의 강행은 필수적이라는 결정을 내렸다.[605]

이로 인해, 1993년 5월 23일에서 28일까지 캄보디아 국민들은 유엔의 지도 아래 실시된 선거에서 그토록 기다렸던 투표권을 행사하게 되었다. UNTAC과 일반 캄보디아 국민들 사이에는 특수한 파트너십이 형성되었다.[606] 일부 정파의 협박 기도 가운데서 몇 달을 지낸 뒤 실시된 선거였지만, 90퍼센트 이상의 유권자들이 투표에 참여한 것으로 집계되었다. 크메르 루주는 그들의 주 경쟁 세력이었던 FUNCIPEC에 대한 강력한 투쟁을 공언하였고, 실제로 FUNCIPEC 관계자가 이들에게 암살당하는 상황도 벌어졌다.[607] 심지어 훈 센 정부가 비밀선거를 실시하지 않겠다는 위협을 가함에도 불구하고, UNTAC은 결국 투표과정에

---

604 *Ibid.*, pp. 35-36.

605 Michael C. Williams, "Keeping the Peace in Cambodia," *Survival*, vol. 38, no.3(Autumn 1996), pp. 148-149.

606 Michael W. Doyle and Nishkala Suntharalingam, *op. cit.*, p. 135.

607 UNTAC의 인권분과에 따르면, 4월 7일부터 5월 19일 사이의 선거운동 기간 중 200명 이상이 사망하였다.

서의 비밀이 보장되도록 하였고, 캄보디아 국민들에게도 이 점을 분명히 확신시켰다.[608] 또한, UNTAC은 투표 및 개표과정에서의 안전을 보장하기 위해 필요한 조치들을 취함으로써, 일반 캄보디아 국민들에게 그들 역사상 처음으로 자신들의 미래에 대해 진정한 의견을 표출할 기회를 제공하였다. 이와 더불어 선거에서 캄보디아 유권자들이 보여 준 용기는 점차 현실화되는 재앙의 조짐으로부터 UNTAC을 구원한 힘이었다. 결국 아카시 특별대표의 대담한 도박은 성공을 거둔 셈이었다.

캄보디아 선거의 결과는 FUNCIPEC에게 힘을 실어 주면서, 각 정파들 간의 협상 지위와 균형을 변화시켰다. 그러나 궁극적으로 캄보디아의 새로운 지배권을 결정하는 것은 투표 결과라기보다는, 전반적인 정치 · 군사적 균형이었다. 선거 결과, FUNCIPEC는 58석을 확보하였으며, 캄보디아 인민당(훈 센의 캄보디아 국가 정당)이 51석을, 그리고 기타 3개 군소정당들이 11석을 차지하였다. 그러나 크메르 루주를 제외한다면, 훈 센의 캄보디아 국가 정당이 유일하게 효율적인 군과 현존하는 경찰력을 장악하고 있었다. 따라서 정파 간의 연대를 도모하는 협상이야말로 선거 그 자체만큼이나 중요한 것이었다. 비록 시아누크 공이 국가수반으로서 전반적인 책임을 맡았으나, 라나리드(Rannaridh)와 훈 센이 각각 FUNCIPEC와 캄보디아 정당을 대표하여 공동 수상으로 취임하고 장관직이 정파 간에 적절히 배분되었다는 점은 캄보디아의 현

608 선거의 성공에 있어서 중요한 요소 중 하나는 UNTAC의 라디오 방송(Radio UNTAC)이었다. 이 방송은 4대 정파의 선전공세를 우회하여 캄보디아 유권자에게 직접 호소하는 방식을 취함으로써, 캄보디아 정치의 새로운 행위자, 즉 유권자들을 고무시켰다.

실을 보여 주는 것이었다. 그러나 유엔 주도의 평화과정을 거부함으로써 크메르 루주는 국제사회로부터 정치적으로 추방되었으며, 더 이상 정치권력을 주장할 수 없는 상황이 되었다. 유엔의 위임통치가 없었더라면 크메르 루주는 중국으로부터 계속 지원을 받으며 게릴라전을 전개할 수도 있었을 것이다. 중국은 크메르 루주가 참여하지 않은 선거결과를 인정하지 않았을는지 모른다. 평화건설에 있어서 유엔의 역할이 없었더라면, 37만 명의 난민을 평화롭게 송환하는 것을 포함하여 UNTAC이 거둔 모든 성과를 상실할 수도 있었다.[609]

요약건대, 유엔은 캄보디아에서 역사적으로 지속된 권력게임의 속성을 변화시키지는 못하였다고 할 수 있다. 그러나 UNTAC에 의해 실시된 5월 총선거는 캄보디아의 미래를 위한 희망인 국민들에게 큰 힘을 실어 주었다. 국제적인 결과로는, 동남아시아 지역에서 국가들 간의 평화가 정착되었고, 캄보디아, 베트남, 라오스 및 중국 사이에 관계정상화가 이루어졌다. 캄보디아 정부는 결국 국제적인 승인을 얻게 된 것이다. 국내적으로는 캄보디아 정치의 두 주요정파가 참가한 정통성 있는 연합정부가 구성되었다. 또한 시민사회가 성장할 수 있는 정치의 장이 열렸으며 경제복구를 위한 노력이 가능해졌다. 이 모든 성과는

609 UN난민고등판문관(UNHCR)은 UNTAC에 직원을 파견하기도 하였으며, 캄보디아 난민의 송환은 UNHCR이 수행한 업무 중에서 가장 복잡하면서도, 가장 많은 자금을 지원받고 또한 가장 두드러진 결과를 보여 준 것이었다. UNTAC은 난민들이 자발적 의사에 따라 자신들이 원하는 지역으로 송환될 수 있도록 보장하였다. 여기에 대해서는 다음을 참조. Court Robinson, "Something Like Home Again: The Repatriation of Cambodian Refugees"(Washington, D.C.: U.S. Committee for Refugees, 1994).

UNTAC이 이곳에 있음으로써 가능해진 것이었다. UNTAC이 이룩한 성과들이 캄보디아의 정치적 건설을 위한 최종적 해결책이 된 것은 아니었지만, UNTAC이 없었더라면 내전의 구름은 여전히 캄보디아 전역을 뒤덮고 있었을 것이며 수많은 캄보디아인들이 고통의 세월을 보내는 것은 물론, 캄보디아의 강력한 군사력은 이웃한 태국마저 위협하는 상황이 되었을 것이다.[610]

사상 처음으로, 유엔은 단지 관찰하고 감시하는 역할을 넘어, 평화를 건설하고 국가를 수립하기 위해 캄보디아의 총선거를 조직하여 실시하는 임무를 수행하였다. UNTAC의 임무는 1만 5천 명의 평화유지군과 7천 명 이상의 민간 인력을 필요로 하였으며, 경비는 난민송환과 복구를 위한 비용을 제외하고도, 18개월 동안 15억 달러 이상이 소요되었다. UNTAC은 이해 정파들의 사전 동의에 기반하고 있었다. 그러나 이들 사이의 동의가 가지는 성격과 그 목적은 기존의 유엔 평화유지활동과 질적으로 다른 것이었다. 왜냐하면 UNTAC은 보다 확대되고, 깊숙이 관여하는 평화유지활동을 수행하였고 자신들에게 위임된 핵심적 사항들을 직접 실행하였기 때문이었다. 이러한 점에서 볼 때, 캄보디아에서 UNTAC의 활동은 소위 제2세대 평화유지활동의 범주에 드는 것이라고 말할 수 있으며, 유엔 또한 정통성을 부여하는 중재자의 역할을 성공적

---

610 1997년 7월 초, 제2수상 훈 센이 제1수상 라나리드를 상대로 일으킨 유혈 쿠데타는 캄보디아를 다시금 혼란으로 밀어 넣었다. 그러나 1998년 7월 26일의 총선거는 자유롭고 공정하게 이루어진 것으로 평가되었고, 국제사회로부터 캄보디아의 민의가 반영된 것으로 인정되었다. 크메르 루주의 반란은 종식되었고, 라나리드 공과 훈 센은 훈 센을 단일 수상으로 하는 연합정부를 다시금 구성하였다. 그리고 캄보디아는 1999년 4월 ASEAN의 10번째 회원국으로 가입하였다.

으로 수행했다고 평가할 수 있다.[611] 그러나 과연 이들이 거둔 결과가 들인 비용만큼의 가치가 있었는가,[612] 그리고 유엔의 노력이 없었더라면 이에 상응하는 결과를 얻는 것이 불가능했을 것인가라는 물음은 반드시 짚고 넘어가야 했다. 그러나 엄청난 규모의 비용 문제는 곧 잊혔고, 유엔은 동티모르에서 평화유지 및 건설을 위한 또 하나의 야심찬 활동을 시작하였다.

동티모르 분쟁 상황은 1975년 포르투갈의 신생 민주정부가 자신들의 식민지였던 동티모르에 대한 지배권을 소홀히 하였던 그 시기에 인

611 David Roberts, "More Honoured in the Breech: Consent and Impartiality in the Cambodian Peacekeeping Operation," *International Peacekeeping*, vol. 4, no.1(Spring 1997), p. 17. 50년에 걸쳐 발전해 온 UN의 평화활동은 흔히 "세대"라는 용어로 묘사되며, 세대가 지날수록 그 목적은 보다 야심적으로, 활동은 보다 복잡한 방향으로 전개되었다. "제1세대" 평화유지활동은 이해 당사자들이 동의하는 가운데, 평화유지군이 개입하여 체결된 휴전의 준수를 감독하는 비교적 간단한 방식이었다. 이에 반해 "제2세대" 활동은 보다 복잡한 것이었다. 제2세대 평화유지활동의 분기점이 된 것은 1988년의 안보리 결의안 626호이다. 이 결의안은, 1978년 나미비아의 독립과 앙골라에서의 쿠바군의 철수를 내용으로 하는 결의안 435호에 대해 쿠바, 앙골라 및 남아프리카공화국이 체결한 3자 협정의 실행을 확인하고자 하는 것이었다. "제3세대" 평화유지활동은 국내분쟁과 특히 인도주의적인 위기상황(humanitarian crisis)에서, UN이 당사국들의 동의 없이도 헌장의 제7장에 기초하여 강제력을 가진 활동을 수행할 수 있음을 의미하는 것이다. 그리고 이로 인해 UN의 수임사항은 과거에 비해 훨씬 비명시적이고 포괄적이면서도 한편으로 더욱 복잡해지게 되었다. 제3세대로 분류되는 평화유지활동이 가능해진 원인으로는 무엇보다도 냉전의 종식을 들 수 있다. 한편 제3세대 활동의 분기점이 된 것은 1991년 4월 5일, 150만 명에 달하는 이라크의 쿠르드족들에 대한 "평안제공 작전"(Operation Provide Comforts)을 강행한 안보리 결의안 688호였다. 당시 쿠르드족들은 1991년 2월 27일 걸프전의 휴전 이후, 이라크군 공화국 수비대의 가혹한 탄압을 피해 터키와 이란 국경으로 피난하고 있었다.

612 많은 관측통들은 실제로 소요된 비용은 UN의 공식 예산자료에 나타난 15억 달러를 훨씬 초과한다고 주장한다.

도네시아가 동티모르를 침공하면서부터 비롯되었다. 인도네시아는 동티모르 전역을 순식간에 유린하였으며 다음해 이 지역을 강제로 병합하였다. 오스트레일리아를 제외한 세계 어느 나라도 인도네시아의 동티모르 병합을 인정하지 않았음에도 불구하고, 유엔은 계속적으로 이 문제를 인도네시아 국내문제로 치부해 왔다. 1975년 이래 동티모르 독립운동은 인도네시아 군경에 의해 무자비하게 탄압받았으나, 독립운동의 불씨는 결코 완전히 꺼지지 않았다.

1998년 수하르토(Suharto) 대통령이 권좌에서 강제로 축출된 뒤, 신임대통령으로 취임한 하비비(B. J. Habibie)는 동티모르인들에게 자신들의 자치문제를 1999년 1월 실시할 국민투표로 결정하도록 한다는 데 동의하였다. 하비비는 동티모르인들에게 뿌리박힌 반인도네시아 정서를 전혀 모르는 것처럼 보였다.[613] 유엔의 관료들은 하비비의 예상과는 전혀 다른 결과가 나올 것임을 짐작하고 있었다. 믿기지 않을 정도로 부실한 정보력에 의존하는 인도네시아 지도자들은, 순진하게도 티모르인들이 자유로운 투표를 통해 인도네시아에 잔류하는 쪽을 택하리라고 믿었다. 인도네시아와 비자치지역의 행정권자로서, 포르투갈은 1999년 5월 5일 협정을 맺었으며, 또한 같은 날 유엔과 인도네시아 정부, 그리고 포르투갈 사이에 또 하나의 협정이 체결되었다. 이 협정들에 따르면, 1999년 8월 8일 동티모르의 미래를 결정할 "국민과의 협의"(Popular Consultation)가 열리도록 되어 있었다. 문제는 이 협정이 지난 24년간 동티모르인들을 가혹하게 탄압해 왔던 인도네시아 군대에게 모든 과정

---

613 James Traub, "Inventing East Timor," *Foreign Affairs*, vol. 79, no. 4(July/August 2000), p. 76.

에서의 안전에 관한 제반조치를 맡겼다는 점이었다. 한편, 6월 11일 안전보장이사회는 이 국민과의 협의를 조직하고 실행할 "유엔동티모르 파견단"(UN Mission in East Timor, UNMET)을 수립하였다. 그러나 여름으로 접어들면서 폭력사태가 빈발하였고, 유엔은 국민투표를 두 차례나 연기하여 8월 말에 실시할 수밖에 없었다.

당시 국제사회 일각에서는, 인도네시아군과 정부가 서로 협력하여 상황을 처리해 갈 것이라는 잘못된 추측을 하고 있었다. 8월 30일, 폭력적인 위협에도 불구하고 98퍼센트의 동티모르인들이 국민투표에 참가했고, 이 중 78.5퍼센트라는 압도적인 다수가 독립에 찬성표를 던졌다. 이렇게 되자, 인도네시아 군부—정부의 개입은 없었더라도—의 교사를 통해 동티모르 전역에서 폭력사태가 발생하기 시작하였다. 이에 포르투갈과 오스트레일리아는 안전보장이사회의 행동을 촉구하였고, 오스트레일리아의 제청으로[614] 안보리는 1999년 9월 15일 결의안 1264호를 채택하였다. 이 결의안에 의거해 오스트레일리아군 주도의 다국적군이 파견되어 지역의 안정과 평화를 복원하는 방안이 공식적으로 허가되었다.[615] 평화유지활동을 위해 인도네시아의 동의를 얻어야 할 법적인 필요는 없는 것처럼 보였다. 그러나 실질적으로는 어떤 종류의 강제조치도 인도네시아 정부의 동의 없이는 실행될 수 없다는 것이 명백해졌다. 이로 인해 1999년 9월 15일 하비비 인도네시아 대통령이 인

614 오스트레일리아는 이 당시 동티모르 사태 해결을 위한 강한 국내적 압력에 직면해 있었다. 그 원인으로는, 난민들로 인해 발생할 위기에 대한 우려감과 과거 오스트레일리아의 동티모르 정책에 대한 죄책감의 발로를 꼽을 수 있겠다.

615 결의안 전문은 다음을 참조. "Documentation," *International Peacekeeping*, vol. 7, no. 1(Spring 2000), pp. 265-266.

도네시아가 동티모르에서의 평화유지활동을 수락할 것임을 밝히는 성명을 발표하자, 안보리는 이를 환영하면서 결의안 1264호를 대체할 결의안 1272호를 1999년 10월 25일에 통과시켰다. 결의안 1272호는 유엔 산하의 동티모르 과도행정기구(UN Transitional Administration in East Timor, UNTAET)의 수립을 골자로 하고 있었다.

안보리는 UNTAET에 절대적인 권한을 승인하였으나 그 권한의 이론적 근거는 자유롭고 민주적인 티모르인들의 국가를 탄생시키는 데 있음을 분명히 하였다. 동티모르에서 유엔은 사상 처음으로 활동지역의 기존 조직이나 기구를 배제한 채, 일국의 행정권을 완전히 장악하였다. UNTAET는 입법 · 사법권 및 모든 행정권을 발휘할 수 있는 권한을 부여 받았다. 동티모르에서 유엔이 가지는 이러한 지위는 실상 입헌군주제 확립 이전의 군주권에 필적하는 것이다.[616] 게다가 결의안 1272호는 보다 구체적으로 다음과 같은 권한을 규정한 명문조항을 포함하고 있었다. 이를 살펴보면, 동티모르의 안전의 확보 및 법과 사회질서의 유지; 효과적인 행정권의 수립; 사회적 서비스의 발전을 지원; 인도주의적 구호물자의 적절한 전달과 이 과정에 대한 조정; 동티모르의 복구와 발전을 지원; 자치정부 건설 역량을 지원; 그리고 지속가능한 개발을 위한 제반조건의 조성을 지원하는 것이었다.[617] 유엔은 동티모르에서 (코소보에서 그러하였듯이) 전례 없이 광범위한 활동영역과 야심찬 목

616 Jarat Chopra, "The UN's Kingdom of East Timor," *Survival*, vol. 42, no. 3(Autumn 2000), p. 29.

617 Michele Griffin and Bruce Jones, "Building Peace through Transitional Authority: New Directions, Major Challenges," *International Peacekeeping*, vol. 7, no. 4(Winter 2000), p. 79.

적의식을 위임받았고, 이로 인해 스스로 미지의 영역으로까지 발을 들여놓은 셈이 되었다. 유엔이 부여 받은 위임사항은 심지어 캄보디아의 이행과정을 감독하던 임무와도 비교할 수 없는 극적으로 변화된 수준의 것이었다.

동티모르는 곧 유엔에서 "국가건설"[618]이라고 알려지게 된 새로운 실험을 위한 실험장이 되었다. UNTAET가 속한 상황이 이러하였다는 점은 다음의 사실을 역으로 보여 주는 것이었다. 즉, 비록 유엔이 "평화유지"의 기치를 내걸고—즉, 평화유지활동 담당 부서의 책임하에—동티모르에 개입하였지만, 실제로는 직접 헌장 11장의 "비자치지역에 관한 선언", 그리고 12장의 "국제신탁통치제도"(특히 76, 81, 83조),[619] 그리고 유명한 헌장 6과 1/2장인 "평화유지활동"의 원칙을 적용하여 활동하고 있다는 사실이었다. 1999년 9월 20일부터 동티모르에서 민병대의 폭력을 막기 위해 활동해 온 오스트레일리아군을 대신하여, 유엔 평화유지군이 2000년 2월 도착함으로써 동티모르는 이제 순수한 유엔 평화유지활동의 대상이 되었다. 그러나 평화유지활동이라는 용어 자체는 기술적인 수사에 불과하였다. 유엔이 내건 궁극적 목표는 동티모르에 새로운 국가를 건설한다는 것이었다. 이 목적을 달성하기 위해 UNTAET는 동티모르 정부의 권한을 사실상 담당한 것이었다. 사안이 아무리 복잡

618 James Traub, *op. cit.*, p.74.

619 그러나 신탁통치(trusteeship)이란 용어는 동티모르의 사례에서는 부적절한 것이었다. 동티모르는 신탁통치를 위한 3가지 요건에 부합하는 경우가 아니었기 때문이다. 세 가지 요건은 다음과 같다. 과거 국제연맹의 위임지역; 2차 세계대전 중 주축국의 영토로부터 분리된 지역; 그리고 UN의 신탁통치 지위를 자발적으로 수락한 지역이다.

한 것이라지만, 동티모르 같은 비자치지역에 있어서 "국가건설의 임무" 수행은 유엔헌장의 테두리를 벗어나는 것은 아니다. 그것은 곧 유엔의 임무인 것이다. 남은 문제는 어떻게 이 주어진 임무를 수행할 것인지로 귀착되었다.

동티모르를 떠나간 전문가 집단은 1999년 후반기 동티모르를 정치 · 경제적 진공상태라고 진단한다. 경제적인 측면에서 볼 때, 이는 대체로 사실이었다. 이미 1999년 8월의 선거 이전에도 동티모르는 인도네시아의 가장 빈곤한 지역이었다. 동티모르의 공식적 경제는 말 그대로 작동을 멈추었다. 현재 동티모르는 그야말로 빈털터리이며, 유엔은 이들이 가장 필요로 하는 것들에 대해 지원할 능력이 없어 보인다. 반면, 정치적으로는 "진공상태"란 표현이 매우 과장된 것이라 볼 수 있다. 왜냐하면, 이미 동티모르에는 "티모르 민족저항 평의회"(CNRT)가 존재하고 있었기 때문이다. CNRT는 인도네시아의 지배에 저항하는 여러 조직들을 총망라한 단체이며, 지난 25년 동안 대부분을 정글에서의 투쟁과 감옥살이로 보낸 사나나 구스마오(Xanana Gusmao) 의장은 이제 국제적 명성을 갖춘 확고한 지도자로 부상하고 있었다. UNTAET이 부여된 임무를 수행함에 있어 이 단체를 통해 티모르 민중의 의사를 확인하고자 하였기 때문에, CNRT가 가지는 지위는 매우 중요한 것이었다. UNTAET 활동이 전개되자 곧, CNRT는 티모르 민중의 대표로 간주되었으며 이로 인해 막대한 정치적 영향력을 행사하게 되었다. 그러나 한편으로는 티모르인들이 가지는 다른 다양한 의견이 배제되는 것은 아닌가라는 문제가 제기될 법하였다. CNRT의 대표성에 의심의 여지가 있다는 점은 2000년 8월 포르투갈어를 공용어로 채택한 결정에서도 엿 볼 수 있다. 동티모르에서 포르투갈어를 구사하는 사람은 총 인구의 10퍼센트에도 미치지 못했으며, 그나마 30세 이하의 청년층에서는 거의 전무하다시피 하였기 때문이었다. 더욱이 이 결정이 이루어진 때를 같이하여 "동티모르독립혁명전선"(Revolutionary Front of Independent East Timor, FRETILIN)이 CNRT를 탈퇴하였으며 동시에 수많은 소수 파벌들이 생겨나기 시작했다.[620] 일련의 상황들은 동티모르인들 사이에서 격렬한 권력투쟁이 시작될 가능성을 예고하는 것으로 보였다. 2000년 7월 14일 동티모르 지도자들과 유엔 사무총장 특별대표 간의 합의에 의해 "국민회의"(National Council)가 창설되었는데, 같은 해 10월에 이 조직은 33명의 기존 구성원을 36명으로 확대하였다. 오랜 기간 동안 세계 각지에서 동티모르 독립의 대의를 호소하였던 주제 라모스오르타(José Ramos-Horta)는 2000년 7월 14일 협약을 통해 국민회의와 함께 출범한 동티모르 과도정부의 외무장관직을 수락하여 내각에 참여하였다.[621]

구스마오는 CNRT 의장으로서 새해 전날 행한 연설에서 헌법을 채택하는 계획에 대해 구체적으로 언급하였다. 이 연설에서 그는 2001년 8월 30일 선출될 제헌의회는 단지 적당한 시간을 가지고 CNRT가 마련한 헌법 초안을 보완하기만 하면 될 것이라고 언급하였다. 이 제안은 CNRT 밖에서 활동하던 동티모르의 많은 비정부단체들에게는 근본적

620 Reports, International Peace Academy, http://www.ipacademy.org/publication/reports /research/publeastimorprint.htm(검색일 2001년 8월 8일).

621 국민회의(National Council)가 결성된 후, UNTAET는 동티모르 과도행정기구(ETTA: East Timor Transitional Administration)가 UNTAET의 통치와 행정기능을 대체할 것이라고 발표하였다. 이후로 ETTA는 정부와 같은 의미로 사용한다.

으로 매우 충격적인 것이었다. 이들은 구스마오의 제안이 수많은 티모르인들의 의사를 배제하겠다는 것을 보여 주는 것이라고 생각하였다. 구스마오는 후에 헌법 초안에 대해 국민들과 보다 폭넓게 협의한다는 주장을 수용하고 티모르인과 협의를 위한 국가 위원회를 제안하였는데 이번에는 국민회의 측에서 절차상의 "정치적 조작"의 우려를 언급하며 이를 거부하였다. 한편 구스마오는 국민회의가 무책임할 뿐 아니라 독립의 과정에 훼방을 놓고 있다고 비판하면서, 2001년 3월 28일 사임하였다.[622] 그리고 그의 은퇴는 아마도 영구적인 것이 될 가능성이 높다는 몇몇 징후가 보이고 있다. 그러나 실제적인 정치권력이 부재한 상황에서 "사임"이란—본질적으로 그 대화상대를 위협함으로써 UNTAET의 정당성에 도전하는 시도였지만—아마도 좌절감을 표현하고 동시에 변화를 추구하는 데 있어서 가장 효과적인 수단이라 할 수도 있었다. 그러나 구스마오가 진정 공식적인 정치무대에서 완전히 손을 떼게 된다면, 이는 유엔이 발을 디딘 동티모르에 정치적 진공상태를 실제로 초래하게 될 가능성도 높다.

유엔의 동티모르 개입과 가장 유사했던 사건을 고르라면, 캄보디아에서의 UNTAC활동을 들 수 있을 것이다. UNTAC은 이 지역에서의 활동을 위한 일종의 사전 준비의 경험을 축적한 것이라고 말할 수도 있다.[623] 그러나 캄보디아에서 유엔이 전환기의 관리자 역할을 한 것이라

622 2000년 8월 CNRT 의회에서도 구스마오와 라모스오르타는 두 번이나 사임하였지만, 곧 다시 복귀하였다.

623 Sue Downey, "The United Nations in East Timor: Comparison with Cambodia," Damin Kingsbury, ed., *Guns and Ballot Boxes: East Timor's Vote for Independence*(Clayton: Monash Asia Institute, 2000), pp. 117-134.

면, 동티모르에서 유엔의 역할은 새로운 국가탄생을 위한 산파역에 더 가까운 것이었다. 이곳에서 "평화유지"라는 용어는 점차로 부정확한 용어가 되어 간 것이 사실이며, 단지 동티모르에서 UNTAET이 수행한 총체적인 임무의 한 부분을 지칭할 뿐이었다. 동티모르의 장래와 이 지역에 대한 유엔의 개입에 대해 궁극적 평가를 내리기에는 아직 이른 감이 없지 않다. 그러나 여러 측면에서 동티모르의 사례는 "국가건설"이라 불릴 만한 새로운 세대의 평화유지 임무에 거의 완벽하게 상응하는 사례가 아닐 수 없다. 그러나 동티모르의 경우에서는 맹목적으로 권력에 집착하는 독재자가 없었다는 사실에 주목해야 한다. 이로 인해 다른 지역에서의 평화유지활동 사례와 비교해 볼 때, 동티모르에서의 활동은 상대적으로 수월했다고 볼 수 있다. 그러나 바로 이 사실로 인해 동티모르는 매우 예외적인 사례가 될 것이다.

유엔이 동티모르에 대한 인도네시아의 주권 주장을 받아들이지 않았고, 오스트레일리아가 한 세대 이상 추구해 오던 대 인도네시아 유화정책을 중단했다는 사실 자체가 동아시아에서 향후 다시는 되풀이될 것으로 보이지 않는 두 요소의 절묘한 결합이었다. 동티모르에 대해 오스트레일리아가 가지는 이해관계는 매우 이례적인 것이었으며, 동아시아 지역의 다른 어느 국가도 실패한 국가의 영토 내에서 인도주의적 개입을 주도할 것으로는 보이지 않는다. 현재까지 동티모르에 대한 유엔 개입의 경험이 동아시아 지역의 안보관에 영향을 주었다는 증거는 찾아보기 어렵다.[624] 불개입 원칙이야말로 소위 "아시아적 방식"의 불가

---

624 James Cotton, "Against the Grain: The East Timor Intervention," *Survival*, vol. 43, no.1(Spring 2000), p. 139.

결한 부분을 구성하고 있기 때문이다.[625] 그러나 이 독특하고도 역사적으로 우연한 동티모르의 사례에서, 유엔은 단지 산파역뿐만 아니라 끝없는 유모의 역할까지 수행하게 될지도 모르는 일이다. 그렇게 되면 그것은 인도주의적 개입 그 자체를 "고귀한" 것으로 여기는 대부분의 유엔 회원국들로 하여금 환상에서 깨어나도록 하게 될 것이다.

유엔의 창설 이래 동아시아지역에서는 국제평화와 안보를 위협하는 분쟁과 충돌이 무수히 발생하였다. 동아시아의 분쟁에 대해 유엔은 어떤 조치를 취했던 사례보다 더 많은 경우 이를 방치함으로써 태만의 죄를 저질러 왔다. 사실 유엔이 단지 방관자 혹은 필요할 때 외면하는 기회주의적인 친구처럼 행동한 사례는 수없이 찾아볼 수 있다.[626]

1950년 10월 21일, 중공은 무력으로 티벳을 침공하였다. 티벳은 분쟁의 평화적 해결을 유엔에 호소하였으나 아무런 성과가 없었다. 1958년 8월 23일을 시작으로 중공군은 거의 매일같이 대만 해안에 위치한 진먼 섬(金門島; Kinmen, Quemoy)을 향해 포격을 가하였다. 이 군사행동은 1955년 진먼 섬과 마쭈(Matsu)의 위기에 뒤이어 발생한 것이었다. 미국의 아이젠하워 대통령은 중공의 "침략행위"를 규탄하였으나, 분쟁기간 내내 어느 쪽도 유엔에 이 문제를 제기하지 않았다.[627] 수년이 지

625 *Ibid.*, p.127, "아시아적 방식"이란 여기서는 "아시아적 가치"라는 용어로 바꾸어 쓸 수도 있을 것이다. 이러한 맥락에 대한 보다 일반적인 논의는 다음을 참조. Han Sung-Joo, "Asian values: An Asset or a Liability?," Han Sung-Joo, ed., *Changing Values in Asia*(Tokyo: Japan Center for International Exchange, 1999), pp. 3-12.

626 이 장에서 서술할 다양한 사례들은, UN이 관심을 보인 정도에 따라 그 분량을 조절하였다.

627 최근의 문헌은 마오쩌둥의 이러한 시도를 흐루쇼프에 대한 도전이란 측면에서 해석하고 있다. 다음을 참조. Vladislav Zubok and Constantin Pleshakov, *Inside*

나 1962년 10월, 인도-중국 접경지역에서 중국인민해방군의 기습공격으로 양국 간 전쟁이 발발하였지만, 이번에도 유엔은 아무 곳에도 나타나지 않았다. 1963년 인도네시아는 거듭된 게릴라전의 성과에 힘입어 이리안자야(Irian Jaya; 파푸아 뉴기니)의 종주국인 네덜란드의 기세가 약화되자, 이 지역을 강제로 합병하였다. 그러나 인도네시아의 행위는 도리어 네덜란드령 동인도가 최종적으로 탈식민화되는 과정이란 이유로 옹호되었다.

유엔은 장기간에 걸친 베트남전의 종식 노력에 있어서도 별반 역할을 하지 못했다. 유엔은 1954년 프랑스와 베트남 간의 전쟁에 전혀 개입하지 않았고, 제2차 베트남전으로 불리는 미국과 북베트남과의 전쟁 기간 중에도, 1964년 우 탄트 사무총장이 중재를 제안한 한 번의 경우를 제외하곤 이 문제를 다루지 않았다. 그나마 그의 제안은 1965년 미국 측에 의해 거부당했다. 북베트남과 중공이 가입하지 않은 상태에서 유엔이 대화의 장으로서의 제 기능을 담당하리라 기대하는 것은 무리였다. 심지어 1965년의 불쾌한 경험에도 불구하고 중재 의사를 포기하지 않던 우 탄트 사무총장조차, 유엔 안보리가 분쟁 해결에 유용한 역할을 하지 못한다는 점을 인정했다. 그러나 그는 평화를 위협하는 문제들에 대해 사무총장이 안보리의 주의를 환기할 수 있다는 헌장 99장의 발동을 거부하였다. 북베트남이 1975년 베트남 전역을 통일한 이후, 새로운 베트남 정부는 인접 캄푸치아를 침공하여 1978년 크메르 루주 정부를 축출하였다. 이 여파로 1979년 중국과 베트남 간의 전쟁이 발

---

the Kremlin's Cold War: From Stalin to Khrushchev(Cambridge: Harvard University Press, 1996), pp. 220-229.

발하기에 이르렀지만, 이처럼 중요한 일련의 사건들은 유엔의 의제에 아예 오르지도 못하였다.

1969년 3월 우수리(Ussuri) 강 근처에서 중 · 소 국경수비대 간 무력충돌이 발생하여 양측 모두에 상당한 인명손실이 발생하였다. 양측이 충돌한 지역은, 소련 측은 다만스키, 중국 측은 전바오 섬이라 부르는 반 평방마일 넓이의 조그만 무인도였다. 1858년 아이훈조약(the Treaty of Aihun), 1860년 베이징조약(the Treaty of Peking)에 언급된 이 섬의 국제적 지위에 관한 문제는, 오랜 기간 동안 중 · 소 양국 간의 분쟁거리였다. 1969년 3월 2일, 양측은 서로 정반대되는 내용의 성명을 발표하였다. 소련 측에 따르면, 하얀 옷으로 위장한 약 300명의 중국군이 3월 1일과 2일 사이 얼어붙은 강을 건너 다만스키 섬으로 침투, 매복하였다. 다음날 아침 다시 30여 명의 중국군이 섬으로 접근했고, 이에 대응하려던 소련군을 향해 중국 측이 먼저 발포하여, 소련군 장교 1명을 포함한 31명이 사망하고 14명이 부상당했다는 주장이었다. 반면 중국 측은 장갑차량까지 동원된 대규모의 소련군 병력이, 일상적인 순찰임무를 수행하던 중국군을 향하여 발포, 다수가 사망 또는 부상했다고 발표하였다.[628] 3월 15일에는 3월 2일보다 훨씬 큰 규모의 충돌이 다시 벌어졌다. 그러나 당시 중공정부는 안보리 상임이사국은 물론 유엔 회원국조차 아니었으며, 근본적으로 국경분쟁에서 비롯된 이 무력충돌은 결국 어느 편에 의해서도 유엔에 상정되지 못했다.

한편 미국이 베트남전에 깊숙이 개입하고 있던 1968년, 한반도에서는

---

628 Alan J. Day, ed., *China and the Soviet Union 1949-84*(Longman, 1985), p. 93.

자칫 전면전의 재발로 비화될 뻔한 일련의 위기가 발생하였다. 1968년에는 북한특공대가 청와대 기습을 시도하였고, 같은 해 미 정보수집함 푸에블로(Pueblo)호 납치사건과 미 정찰기 EC 121기 격추사건이 잇달았다. 1976년에는 판문점 도끼만행 사건으로 유엔사령부 소속 인원들이 사망하였고,[629] 1983년에는 미얀마의 수도 랑군에서 한국 각료들에 대한 폭탄테러 사건이 일어났으며, 1987년에는 북한공작원에 의해 KAL기가 폭파되는 사건이 이어졌다. 평화와 안보를 위협하는 이러한 한반도의 일련의 사태에 대해서도 유엔은 고개를 돌린 채 외면하였다. 예외가 있었다면, 이는 1983년 9월 1일 소련의 대한항공기 격추사건이었다. 그렇지만 이 사건은 미 레이건 행정부가 유엔을 소련의 도덕성을 공격하는 데 이용하고자 하는 판단을 내렸기에 가능한 일이었다.

대한항공기 격추사건은, 정해진 항로를 벗어나 소련 영공을 2시간가량 비행하던 대한항공소속 보잉747기를 소련전투기가 공대공 미사일로 격추, 승무원 및 승객 269명이 전원 사망한 사건이었다. 사망자 중에는 다수의 미국인이 포함되어 있었다. 소련의 야만적인 행위를 규탄하던 미국의 관리들은, 곧이어 미국과 일본 정보기관이 당시 소련전투기 조종사들의 대화를 감청하였음을 알게 되었다. 대화를 녹음한 테이프를 통해, 소련이 KAL기에 아무런 경고를 보내지 않았으며 의도적으로 미사일을 발사했음이 밝혀졌다.[630]

629 저자가 이 사건을 위기관리 측면에서 분석한 논문은 다음을 참조. Sung-Hack Kang, "Crisis Management under Armistice Structure in the Korean Peninsula," *Korea Journal*, vol.21, no.4(Winter 1991), pp. 14-28.

630 Seymour M. Hersh, *The Target is Destroyed: What Really Happened to Korean Airlines Flight 007 and What America Knew about It*(New York: Random House,

유엔에서 소련 대표가 격추 사실에 대해 부인하자, 유엔 주재 미국대사 커크패트릭은 안보리 석상에서 보란 듯이 테이프를 공개하였다. 그 테이프를 통해 모든 것은 명백해졌다.[631] 테이프 공개 이후에도 계속 관련 사실을 부인하는 소련은 범죄자일 뿐 아니라 거짓말쟁이로 비춰지게 되었다. 소련이 계속적으로 그 책임을 부인하자, 미국은 안보리의 다수 회원국들로 하여금 명백한 결의안을 통해 민항기 격추를 비난하도록 선동하였다. 그러나 소련은 물론 거부권을 행사하여 결의를 무산시켰다. 이 사건에서 안보리는 분쟁을 해결하기보다는 미 · 소 간의 악화된 관계를 보여 주는 무대로 변질되었다. 미 · 소는 모두 유엔을 외교적 전장(battlefield)으로 삼은 듯이 보였고, 이 와중에 사무총장 하비에르 페레스 데케야르는 두 초강대국에 의해 유엔이 오용되는 모습을 바라보고 있을 수밖에 없었다.

동아시아에서는 NPT체제도 심각하게 위협받았다. 특히 북한이 NPT와 IAEA의 의무를 이행하는 데 두드러지게 저항하였다. 냉전이 종식된 후 남북한은 1991년 9월 유엔에 동시 가입하였다. 같은 해 12월 31일, 남북은 〈불가침과 화해에 관한 합의〉(남북기본합의서)를 조인하였으며, 핵무기 및 재처리 시설 보유 금지를 골자로 하는 공동 비핵화 선언에 서명하여 한반도 비핵화를 이룰 것에 합의하였다. 변화된 새로운 국제환경 속에서 북한은 1992년 1월 IAEA의 안전조치협정(Safeguards Agreement)에 서명하였다. 또한 남북은 다 같이 전해에 논의된 비핵화

1986), pp. 60-61.

631 Gary B. Ostrower, *The United Nations and the United States*(New York: Twayne Publishers, 1998), p. 184.

합의를 비준하였다. 1992년 5월 IAEA의 한스 블릭스(Hans Blix) 사무총장은 북한을 방문하여 "방사화학 실험실"(radio-chemical laboratory) 등을 둘러보았다. 1993년 2월 9일 블릭스 사무총장은 북한 내의 의심스러운 핵 폐기시설 두 곳에 대해 특별사찰을 실시하고자 한다는 의사를 북한 측에 전달하였다. 그러나 4일 뒤, 북한은 이를 거부하였다. 이에 2월 25일 IAEA 이사회는 특별사찰 요구를 수용하도록 북한에 한 달의 유예기간을 주었다. 그러나 북한은 다음날로 이 조치를 거부하면서, 이는 북한의 주권에 대한 침해라고 주장하였다. 더욱이 3월 12일 북한은 NPT 탈퇴를 선언하였고, NPT 10조 1항에 의해 탈퇴의 효력은 90일 이후부터 발효할 예정이었다.[632]

1993년 4월 1일 IAEA 이사회는 "IAEA는 안전하게 통제될 필요가 있는 핵물질들이 전용되었는지의 여부를 확인할 수 없다"라는 요지의 성명을 발표하였다. 그리고 한스 블릭스 사무총장은 이 사실을 안보리에 통보하였는데[633], 이로 인해 안보리는 한국전쟁 이후 처음으로 한반도

---

632 핵확산금지조약(NPT) 10조 1항은 조약을 체결한 각 당사국은 이 조약의 내용과 관련된 특수한 사안이 자국의 지고의 국가이익을 훼손한다고 판단하는 경우, 조약을 탈퇴할 수 있다고 명시하고 있다. 북한은 아마도 NPT 탈퇴가 특별사찰에 대한 모든 법률적 근거를 소멸시킬 것이라고 생각한 듯하다. 그러나 순전히 법률적인 관점에 입각한다면, 북한은 NPT 회원국이었던 동안은 안전조치에 관한 합의(safeguards agreement)위반에 대해서는 여전히 책임을 져야만 했다.

633 1968년 NPT 조약에 대한 서명이 시작되자, UN안보리 결의안 255호는 비핵국가가 핵보유국에 의해 협박당하거나, 핵공격의 대상이 될 경우 미국, 영국, 소련이 이들 국가를 지원할 것을 보장한 데 대해 정치적 무게를 더해 주었다. 냉전 종식 이후, 1995년 4월 1일 통과된 UN안보리 결의안 984호는 프랑스와 중국의 핵보유를 반영하여 결의안 255호를 보완하였으며, 5대 핵보유국이 비핵보유국에 대한 상기지원의사를 확인함으로써, NPT체제를 강화시켰다.

의 전쟁과 평화가 직결된 문제를 고려하기 시작하였다.[634] 이어서 5월 11일 안보리는 결의안 825호를 통해 북한에게 IAEA의 사찰에 응할 것과 NPT 탈퇴를 재고할 것을 촉구하였다. 중국과 파키스탄은 결의안 채택에서 기권하였다. 그러나 결의안이 통과된 다음날 북한이 이 요청을 거부함으로써 유엔의 권위는 직접적인 도전을 받게 되었다.

그러나 미국은 북한의 도전에 직면한 유엔을 지원하는 대신, 북한과의 고위급회담을 통해 이 문제를 직접적으로 해결하겠다는 의지를 표명했다. 미국이 직접 북한과의 협상에 나서게 되자 IAEA와 유엔은 유명무실한 존재가 되어 버렸다. 더욱이 이제 북한은 워싱턴과의 직접 대화 창구를 마련하였고, 이를 통해 미국 · 한국 및 IAEA간의 이해관계 차이를 이용함으로써 우위를 점할 수 있게 되었다. 실제로 북한의 대결적인 핵 외교는 성과가 있었다. 6월의 미 · 북 간 첫 고위급회담에서 북한은 NPT탈퇴를 "유보"하는 데 합의했다. 그러나 1993년 9월 3차 고위급회담은 연기되었고, 한스 블릭스 사무총장은 북한에서의 "안전조치의 지속성"이 위협받고 있다고 경고하였다. 11월 1일 한스 블릭스 사무총장은 유엔총회에서 포괄적 핵 안전협정에 대한 북한의 거부 정도가 점차 심해지고 있으며, 안전조치와 관련된 자료들의 지속성이 훼손되고 있음을 경고하였다. 이에 대해 유엔총회는 당일로 IAEA에 즉각적으로 협조하기를 거부하는 북한을 비난하는 결의안을 통과시켰다.[635] 그

634 David E. Sanger, "Atomic Energy Agency asks UN to move against North Korea," *New York Times*(April 2, 1993). IAEA는 규약 12조와 북한과의 핵 안전협정 19조에 의거하여 사안을 UN안보리에 보고할 권한을 가지고 있었다.

635 UN, "Documents GAI 8375"(November 1, 1993).

러나 총회는 이와 관련하여 제재 조치의 부과를 결의하거나, IAEA의 요구를 수락할 시한을 정하지는 않았다. 한편 결의안의 표결에 있어서는, 북한만이 유일하게 반대표를 던짐으로써 자신들의 고립된 상태를 명확히 보여 주었다. 1994년 3월 19일 IAEA 이사회는 한스 블릭스 사무총장에게 북한이 핵 안전조치에 관한 합의이행을 오히려 더욱 강경하게 거부하고 있다는 사실을 안보리와 총회에 통보해 주도록 요청하였다.

이 시점에 이르러서는 미국도 당근에서 채찍 쪽으로 정책방향을 선회하고 있었으며, 유엔의 제재조치를 위한 지원을 결집하고자 노력하고 있었다. 미국은 북한이 NPT의 의무를 따를 것을 요구한 1993년 5월의 결의와 사실상 아무런 차이가 없는 결의안을 마련하여 유엔에 제출하였다. 그러나 이에 대해 중국은 보다 약한 방식을 취해 줄 것을 제안하였다. 결국 1994년 3월 31일 유엔 안보리 의장에 의해 구속력이 없는 형태의 성명이 발표되었다. 이 성명에서는 비록 경제 제재가 언급되지는 않았으나, 안보리가 이 문제를 심층적으로 고려하기 위한 6주의 기한을 명시하였다.

1994년 6월 2일, 한스 블릭스 사무총장은 부트로스 갈리 유엔 사무총장에게 서한을 보내, IAEA는 북한의 핵물질이 다른 목적으로 전용되었을지의 여부를 검증할 능력을 상실했다고 밝혔다.[636] 당시는 아직 러시아가 제재에 대해 유보적 입장을 표명하던 때였다. 모스크바 측에서는 러시아 · 미국 · 중국 · 일본 그리고 남 · 북한의 참여로 구성되는

636 Michell Reiss, *Bridled Ambition*(Washington, D.C.: Woodrow Wilson Ceter Press, 1995), p. 269.

6자 회담 구상을 미국이 진지하게 고려하도록 압박을 가할 심산이었다. 이 구상은 러시아 외무장관 코지레프(Kozyrev)와 일본 외무장관 스토무 하타(Tsutomu Hata)와의 회담에서 처음 제기되었고, 1994년 3월경에는 이미 급류를 타고 있었다. 러시아가 한반도 문제에 영향력을 행사하기 위해 다자 간 포럼을 필요로 했다는 점은 냉전 종식 이후 러시아의 약화된 입지를 반영하는 것이기도 하였다.[637] 6월 8일, 미국은 러시아의 제안에 원칙적으로 동의하였으나, 세부사항과 일정은 유엔의 제재조치와 조율되어야 한다는 입장을 표시하였다. 따라서, 미국은 6월 중순경 남한, 일본 및 안보리의 다른 4개국들과 긴밀한 협의를 거쳐 북한에 대한 2단계 제재안을 공식화하였다. 미국의 결의안에 대해서 중국을 제외한 모든 당사국들은 찬성을 표명하였다.[638]

이 계획에 따라 미국은 안보리에 일단 30일 후로 효력을 가지는 1단계의 부분적 제재조치 승인을 요청하였다. 1단계 조치 기간이 종결되기 이전에 러시아는 한반도 문제에 대한 다자회담을 소집하였다. 이는 북한으로 하여금 본격적 제재조치가 발동되기 이전에 마지막으로 체면을 살리면서 위기를 수습할 기회를 주고자 하는 것이었다. 이상의 조치 이후로는 2단계로 본격적인 제재조치가 부과되도록 되어 있었다. 문제는 과연 중국이 이 결의안의 채택을 지지할 것인가라는 점이었다.[639] 6월 13일, 북한은 IAEA를 탈퇴하고 말았으며, IAEA는 3일 뒤 북한에 대

637 Fred Hiatt, "Moscow Proposes Conference to Deal with North Korea," *Washington Post*(March 25, 1994).

638 Michell Reiss, *op. cit.*, p. 270.

639 *Ibid*.

한 모든 기술지원을 중단하였다. 이어 미국의 페리(Perry) 국방장관은 주한미군을 강화하고 대북 정보수집활동을 강화할 것을 명령하였으며, 북한에 대한 미국의 예방적 공격논의가 광범하게 논의되기 시작하였다. 미국의 위성사진은, 북한군이 전시요새로 이동하기 시작했다는 불길한 사실을 포착하여 보여 주고 있었다. 아마도 이러한 북한의 행동은 미군의 증강, 그중에서도 패트리어트 미사일의 배치를 "사막의 폭풍 작전"(Operation Desert Storm)을 재연하는 전조로 해석했기 때문일 것이다.

클린턴 행정부가 유엔에서 제재방침을 공개적으로 밝힌 6월 15일, 전혀 예상치 못한 사건이 이 예민한 시점에서 발생하였고, 결과적으로 위기국면을 결정적으로 전환시켰다. 바로 미국의 지미 카터 전 대통령이 평양을 방문하여 북한지도부와 회담을 가진 것이었다. 클린턴 대통령은 북한이 늘 보내오던 초청이었기에 카터의 방북을 마지못해 허가했었다.[640] 그러나 카터와의 만남에서 북한 지도자 김일성은 IAEA 조사관들의 영변체류를 허가하고, 원자로의 핵 연료봉을 새로 교체하지 않으며, 이미 사용한 핵 연료봉을 재처리하지 않겠다는 의사를 밝혔다.

카터와 김일성 간의 합의로 인해, 유엔에서의 대북제재안 표결 결과는 불확실해졌고 더욱이 제재안 통과가 북한의 전쟁 도발을 자극할지 모른다는 상황에 직면하게 되자, 클린턴 정부는 말 그대로 하룻밤 사이에 북한에 대한 정책방향을 180도 수정하였다.[641] 워싱턴 측은 이제 북한의 의사가 신뢰할 만한 것인지에 대해 검토하기 시작했다. 미국과 북

---

640 Robert S. Litwak, *Rogue States and the US Foreign Policy*(Washinton D.C., The Woodrow Wilson Center Press, 2000), p. 216.

641 *Ibid.*, p. 272.

한은 7월 8일 제네바에서 회담을 가지게 된다. 이 과정을 통해 북한은 유엔의 제재를 피했을 뿐만 아니라 향후 제재조치가 부과될 가능성도 거의 불식시켰다. 미국은 이제 북한과 다시금 양자협상을 통해 사태를 해결하기로 하였으며, 유엔은 북한 핵 문제를 다룸에 있어 또 다시 옆자리로 밀려 나버렸다.[642]

한편 미 · 북 간 대화는 1994년 7월 8일 제네바에서 시작되었지만, 김일성 주석의 갑작스런 사망으로 인해 이후 회담은 8월로 연기되었다. 8월 초에 제네바에서 회담이 재개되었으며, 결국 1994년 10월 21일 미국과 북한 간에는 기본합의서(Agreed Framework)가 체결되었다.[643] 그러나 실상 기본합의서는 북한이 NPT와 IAEA 의무사항을 완전히 수용하는 것을 몇 년간 유예해 주는 것이었다. 1991년 남북한의 유엔 동시 가입이 이루어졌을 때 유엔이 적어도 북한 핵 문제를 해결함에 있어 부차적인 인센티브와 기회를 제공할 수 있을 것이라는 기대는 미국의 일방주의적인 행동으로 인해 사라지게 되었다.[644] 결국 말은 헛간을 떠나 버렸던 것이다. 기본합의서의 체결은 미국이 줄곧 견지해 오던 제재와 처벌 중심의 비확산 정책에 근본적 변화가 생겼음을 시사하고 있었

---

642 Lewis A. Dunn, "Meeting the Proliferation Challenge: What Role for the United Nations?," Charles William Maynes and Richard S. Williams, eds., *US Foreign Policy and the United Nations System*(New York: W. W. Norton, 1996), p. 95.

643 전문은 다음을 참조. *The Korea Times*, October 22, 1994 또는 Sung-Hack Kang, ed., *The United Nations and Keeping Peace in Northeast Asia*(Seoul: The Institute for Peace Studies, Korea University, 1995), pp. 206-209.

644 Sung-Joo Han, "Republic of Korea as a UN member," *Korea and World Affairs*, vol. 15, no. 3(Autumn 1991), p. 392.

다. 이번 경우 미국은 핵 확산을 방지하기 위해 경제적 유인을 제공함으로써, "비확산을 위한 달러 외교"를 펼친 셈이었다.

결국 기본합의서는, 몇 년 후 핵실험을 실시한 인도, 파키스탄은 물론 이란 ,이라크 등 핵 보유의 야망을 품고 있던 국가들에게, 반항은 대가를 보장한다는 인식을 심어 주는 잘못된 선례를 남기고 말았다. 이로 인해 비확산 레짐은 거의 붕괴되었다고도 볼 수 있다. 한편, 북한의 저항에 대해 강력한 제재를 가할 수 없었던 유엔 안보리의 무력함은 만천하에 드러났다. 그러나 유엔이 독자적으로 제재를 부과하거나 군을 파병할 수 있는 조직이 아니라는 점을 감안한다면, 유엔의 무능력함을 비난하는 것은 부당하다고 할 수 있다. 그럼에도 불구하고, 유엔이 북한의 도전적인 태도를 길들일 좋은 기회를 놓쳤다는 사실은 부인할 수 없다. 결론적으로 말하자면, NPT체제를 지키지 못한 책임의 태반은 유엔보다는 미국 측에 있다. 유엔은 오늘날 국제사회에 있어서 교황과 같은 위치에 있는 기구이며, 권력을 쥔 황제는 미국이기 때문이다. NPT에 대한 북한의 도전을 수습하는 과정에서 미국은 북한에 대해 상당한 예외를 인정하였고, 황제는 어느 순간엔가 "벌거벗은 임금님"이 되어 버린 자신의 모습을 발견했다.[645]

---

645 Donald Kagan과 Frederrick W. Kagan은 미국이 IAEA(또는 UN이라 할 수도 있다)를 젖혀 둔 채 독자적으로 북한과 협상하기로 한 결정과, 과거 영국이 코르푸(Corf)해협사건은 국제연맹에서 다루기에 적합하지 않다는 무솔리니의 주장을 수용하여 쌍무협상을 시도했던 사실을 비교하는 흥미로운 작업을 수행하였다. 영국은, 스스로가 국제연맹이 국제평화와 안보를 보장해 주기 원했음에도 불구하고, 코르푸해협사건 과정에서 국제연맹의 신뢰성을 심대하게 손상시켰다. 이를 통해 볼 때, IAEA(또는 UN)을 통한 접근을 포기했던 미국의 처사는, 미국 자신이 국제기구에 의한 핵무기 및 대량파괴무기의 확산방지 보장을 바랐던 만큼, 영

1996년 중국과 대만 간의 갈등은 동아시아에서 발생한 또 하나의 심각한 충돌이었으며 곧바로 미국의 개입을 불러왔다. 1996년의 대만해협 위기는 1958년 진먼 위기 이래 가장 심각한 양안 간 충돌이었다. 3월 초를 기점으로 중국은 대만 근처에서 연속적으로 세 차례의 군사훈련을 실시하였다. 3월 8일에서 15일 사이에 실시된 첫 번째 훈련은 미사일 발사 시험이 포함된 것이었다. 이어서 인민해방군은 12일부터 20일까지 해공군의 실탄사격 훈련을, 18일부터 25일까지는 대규모의 상륙 작전 훈련을 실시하였다. 대만은 비상경계상태에 들어갔고 미국은 이 상황에 즉각적으로 대응하였다. 미국은 중국의 "도발적이고(provocative) 무모한(reckless)" 행동을 비난하였으며, 항모 인디펜던스와 니미츠를 중심으로 한 두 그룹의 항모 전단을 대만 인근 해역으로 급파, 중국의 군사 행동을 감시토록 하였다. 중국 정부는 미국의 개입에 강한 불쾌감을 표시하였으며, 미 함대가 대만 해협으로 진입하지 말 것을 경고하였다. 미국은 이에 대해 아무런 약속도 하지 않았으나, 함대를 대만 해협으로 진입시키지는 않았다.

3월 25일, 중국은 3차례의 훈련을 모두 종결하였으며, 이틀 전 압도

국의 경우와 비슷한 결과를 야기한 것이었다. 이들의 최근 저서로 다음을 참조. *While America Sleeps*(New York: St. Martin's Press, 2000), pp. 352-353. 한편, 여기에서 IAEA를 논하며 이를 UN이라 할 수도 있다고 한 부분은 필자의 견해이다. 1931년 만주사태가 국제연맹규약을 현실에서 실천할 수 있는 기회였음에도 불구하고, (많은 회원국들의 기대와는 달리) 현실로 나타난 결과는 국제연맹을 무시한 채 행동하려는 암묵적인 합의와, 보다 편리한 양자협상을 통해 문제를 해결하려는 시도였다. 이 부분에 대한 훌륭한 조사 자료로는 다음을 참조. *The Limits of Foreign Policy*(London: Hamish Hamilton, 1972). 이러한 경향은 1938년 뮌헨협정에서 절정을 이루었던 30년대 국제정치의 특성이었다.

적 지지로 당선된 신임 대만총통 이등휘(Lee Teng Hui)에 대한 비난도 중단하였다. 이어 중국 측 대변인은 중국과 대만 양측은 하나의 중국원칙에 의거하여, 협상을 통해 서로의 이견을 조정해 나갈 것이라고 발표했다. 그러나 양측의 이견은 여전하였으며,[646] 양안 위기는 갈등의 전 기간 동안 결코 유엔에 상정되지 않았다. 유엔은 동아시아의 수많은 위기를 외면함으로써 태만의 죄를 저질렀으나, 대부분의 경우 이것은 냉전체제하에서 "검을 쟁기로 만들지 못하는" 근본적인 유엔의 무능력 때문이라 변명할 수도 있다. 그렇다고 하더라도, 탈냉전기에 일어난 북한의 도전과 대만 해협 위기에 대해 외면한 죄과는 무엇으로 설명해야 할 것인가?

루스벨트 대통령 그 자신도 언급한 바와 같이, 유엔은 전후세계를 위한 자신의 "원대한 구상"(Great Design)의 산물이다. 이 구상은 나폴레옹전쟁 이후 1815년 확립된 유럽협조체제의 일면을 띠고 있는 세력균형체제 형태를 가지고 있었다. 루스벨트는 나폴레옹 이후 유럽협조체제로의 회귀가, 그 자신이 더 이상 실현 불가능한 것으로 간주한 유럽식 세력균형체제와, 국제연맹의 전통에 기반한 지나친 이상주의 사이에서 중용을 취하는 현실적 대안이라고 보았다.[647] 1942년 1월 1일 26개 연합국 대표가 워싱턴에 모여 대서양헌장(the Artlantic Charter)의 원칙들을 준수하기로 서약한 국제연합선언(the Declaration by the UN)에

---

646 이 위기에 대해 철저히 다룬 문헌으로는 다음을 참조. Suisheng Zhao, ed., *Across The Taiwan Strait*(New York: Routledge, 1999).

647 Gordon A. Craig and Alexander L. George, *Force and Statecraft*, 3rd ed.(Oxford: Oxford University Press, 1995), p. 91.

서명하였다. 한편 1943년 10월 미 · 영 · 중 · 소의 외무장관들이 모여 "일반적 안보에 관한 모스크바 4국선언"을 발표하기 전까지, 소위 "3강"은 이미 안보문제에 있어서는 이 새로운 국제기구의 결정에 대한 거부권을 가질 것을 합의해 둔 상태였다. 미국의 루스벨트 대통령은 미국이 유엔의 강제행동 결정에 대하여 거부권을 가지지 않는 한 미국민, 특히 의회가 이 기구를 지지하지 않을 것임을 알고 있었다. 게다가 소련과 영국의 지지를 확보하기 위해서는, 이들 국가에게도 거부권을 확대하는 것 외에는 다른 방법이 없다는 점도 깨달았다.[648] 결국 거부권의 부여란 상기 3대 전시동맹국을 이 새로운 국제기구로 끌어들이기 위해 지불해야만 하는 비용이었다.

루스벨트 대통령은 국무장관 코델 헐이 자신의 "4대 경찰국가" 구상을 점차로 이후 유엔 안전보장이사회로 다듬어 가는 데 있어서 의견을 같이했다. 루스벨트 대통령은 미국과 소련은 우호협력관계를 지속해야 하며, 평화유지를 위한 공동의 노력을 기울여야 할 것이지만, 양국간의 모든 문제는 안전보장이사회 범위 밖에서 해결되어야 한다고 생각하였다.[649] 그 외에도 미국의 유엔에 대한 열정은 의심할 바 없이 자국의 이기심과 유엔을 통해 국제문제에 관한 미국의 부담을 줄이고자

648 국제연맹의 가장 큰 약점 중 하나는 강대국들이 전부 가입한 기구가 아니었다는 점이었고, 이는 집단안보의 원칙을 크게 손상시킨 원인이 되었다. 루스벨트는 1910년 민주당 부통령 지명자로 출마하였을 때, 미국의 연맹 가입을 지지하는 연설을 800여 회 이상이나 하였다. 새로운 국제기구 구상에 대한 루스벨트의 공약에 대해서는 다음을 참조. Townshend Hopes and Douglas Brinkley, *FDR and the Creation of the UN*(New Haven: Yale University Press, 1997). 특히 p. 9 참조.

649 Gordon A. Craig and Alexander L. George, *op. cit.*, p. 92.

하는 희망에 기반한 것이었다. 유엔 탄생을 둘러싸고 있는 낙관주의의 기운 속에는, 유엔이 국제 수준에서 정부가 국가에서 행하는 것과 동일한 역할을 수행할 수 있으리라는 인식이 자리 잡고 있었다. 그러나 이러한 생각은 큰 오해를 내포한 것이었으며, 유엔은 결코 정부와 같은 기구는 아니었다.

사람들의 관념에 자리 잡고 있던, "플라톤적 유엔"(Platonic UN)의 참모습은 한국전쟁 중에 드러났다. 다양한 역사적 우연의 결합으로 인해 한국전쟁은 유엔에게는 최전성기가 되었다. 또한 총회에서 채택된 "평화를 위한 단결의 결의"는, 무력 사용을 포함한 집단안보라 보기는 어려웠으나, 유엔의 개입에 대한 집단적 정당화의 장치로써 충분히 기능하였다.[650] 그러나 총회는 각 국가들에게 그 무엇도 요구할 수는 없었다. "평화를 위한 단결의 결의"는 이를 통해 미국이, 안보리에서 집단적 행동에 대해 다수의 도덕적 지지를 얻어낼 수 있었던 장치에 불과하였다. 그러나 아이러니컬하게도, 한국에서 보냈던 유엔의 절정의 시간들은 곧 그와 동시에 마키아벨리적 순간임이 드러나게 되었다. 왜냐하면 한국전쟁의 과정에서 대다수의 회원국들은, 집단안전보장을 담당하는 안보리가 기실 무력한 기구에 지나지 않음을 깨달았기 때문이다. 일단 소련이 복귀하자, 안보리는 잇단 거부권의 행사로 마비되어 버렸던 것이다. 플라톤적인 유엔에 애착을 가지고 있었던 사람들과 달리, 루스벨트 대통령은 이런 교착상황이 벌어질 가능성을 예상했었다. 한국에 대한 개입과 작전수행은 오직 미국의 결의와 자원을 통해 가능한 일이었

650 Inis L. Claude, Jr., *Swords into Plowshares*, 4th ed.(New York: Random House, 1971), p. 269.

다. 다수의 국가가 참전했다는 점에서 한국전에서 취해진 조치들에 ”집단적“이라는 수사를 붙일 수는 있지만, 사실상 그 조치들은 전적으로 미국에 의존하고 있었다. 유엔은 결코 세계평화를 이룰 “황제”가 아니었다. 유엔은 단지 일부 회원국에 의해 수행되는 집단적 조치를 정당화해 줄 수 있었던 “교황”일 뿐이었다.

냉전 종식 이후, 유엔은 국제평화유지의 기치하에 인도주의적 개입을 향한 길을 열었고, 이를 통해 헌장상의 회원국 국내 문제에 대한 불간섭 규정이라는, 자기부정의 굴레를 벗어던져 버렸다. 유엔은 평화유지활동을 통해 캄보디아의 내전 종식과 주변국과의 관계개선에 실질적인 역할을 담당하였다. 또한 유엔은 곧이어 인도주의적 개입의 명분하에 동티모르에 새로운 국가를 수립하며, 산파와 유모의 역할을 동시에 수행하였다. 유엔의 동티모르에서의 역할에 관한 최종평가를 내리기는 아직 이르다. 그렇지만 위에 언급한 세 가지 사례를 제외한다면 동아시아에서 유엔은 태만과 방조의 죄를 범하기를 거듭하였다. 그러므로 유엔이 동아시아의 평화와 안보에 기여한 바를 평가하기란 쉽지 않은 것이다. 그러나 일반적으로 말하자면, 유엔이 동아시아에서 수행한 실험적 역할은 관련 강대국들의 역할에 비해 그 중요성이 현저히 떨어지는 것이었으며, 유엔의 개입이 동아시아의 수많은 위기를 누그러뜨리는 결정적 요소가 되지도 못하였다. 동아시아에서 벌어진 폭력적인 충돌과 전쟁의 와중에서 수백만의 사람들이 죽어 갈 때도, 유엔은 옆으로 물러서 있었을 뿐이다.

비록 인도주의적 개입을 주장하는 것이 탈냉전기 유엔의제의 가장 두드러진 부분이기는 하지만, 이것이 전적으로 새로운 개념은 아니다.[651] 19세기 전반에 걸친 유럽열강의 오스만 터키에 대한 집단적 개입을 가능하게 했던 주장이나, 혹은 유럽 각국이 각지에서 미개한 국가들을 서구문명의 영향 아래로 부속시키기 위해 내세우던 명분은, 오늘날 인도주의적 개입의 논리와 놀랄 만큼의 유사성을 가지고 있다. 이처럼 필요하다면 인도적 규범을 강제할 수 있다는 인도주의에 대한 보편적 인식은, 한때 인류의 진보의 표시로 받아들여졌지만, 작금에는 서구 국가들조차도 이를 문화적 제국주의로 간주하고 있다.[652]

이런 이유로, 강대국의 제국주의적 개입을 두려워하는 대다수의 약소국들은 유엔의 인도주의적 개입이라 할지라도, 강한 저항감을 표출한다. 그러나 한편으로 오늘날에는 베스트팔렌 국제질서가 근본적인 위기상황을 맞이하고 있음에 주목해야 한다. 비록 모두가 동의할 만한 대안이 부상하고 있지는 않지만, 베스트팔렌 원칙은 계속적으로 도전받고 있다. 미국은 물론 다수의 유럽 국가들은 보편적인 인도주의적 관할이라는 개념에 부응하여, 경직된 불간섭 개념을 유지하는 것을 포기하였다. 2000년 9월 뉴욕에서 개최된 유엔 밀레니엄 정상회담에서는, 그 외 다수의 국가들이 이에 동의하였다.

그러나 19세기에 이르러서야 베스트팔렌체제가 침투하였던—그리고, 이로 말미암아 세계적 차원의 균형체제가 완성되었던—동아시아

651 UN의 인도주의적 개입에 관한 필자의 논의는 다음을 참조. Sung-Hack Kang, "Humanitarian Intervention: New Imperialism or Old Impropriety? Humanitarian Intervention and the United Nations," *The Japan Association For the United Nations Studies*(March 2001), pp. 37-56.

652 Michael Howard, *The Invention of Peace*(New Haven: Yale University Press, 2000), p. 97.

지역에 있어서, 베스트팔렌 질서는 여전히 확고부동한 상황이다. 군사력은 중국에게는 강대국 건설을 위한 핵심적 요소로, 또한 러시아에게는 아마도 재기를 위한 동력으로 간주되고 있다. 일본은 지속적으로 "정상국가화"를 부르짖고 있으며, 이는 유엔 안보리에서의 의석 확보와 오늘날 열강의 대열에 합류하겠다는 의미와 다르지 않다. 미국은 모든 열강의 부러움을 사는 독보적 군사강국임에 틀림없다. 브레진스키의 용어를 빌려 표현하자면, 동아시아는 여전히 세계열강의 지정학적인 "거대한 체스판"으로 남아 있는 것이다.[653]

한편, 중국과 한국은 고통스럽고 잠재적인 위험성도 내포한 통일의 문제를 떠안고 있다. 게다가 동아시아에서는 중요한 의미를 갖는 영토적 분쟁들이 잉태되어 있다. 즉, 중국과 말레이시아, 필리핀, 대만, 그리고 베트남이 연관된 남사군도(Spratly Islands)분쟁, 중국-러시아 간의 북방영토 문제, 중국-일본 간의 센카쿠(조어도)분쟁, 한국과 일본 간의 독도분쟁, 중국과 베트남 간의 서사군도〔西沙群島, the Paracel Islands〕분쟁, 그리고 캄보디아와 베트남 사이의 타이 만(Gulf of Thailand)분쟁이 그러한 경우에 해당한다. 주로 작은 섬들이지만, 이 지역이 가지는 전략적 중요성과 주변의 자연자원을 확보하고자 하는 국가들의 이해관계로 인해 분쟁 당사국 간의 타협이 이루어지기는 힘든 형편이다. 게다가 역사적 사례에서 미루어 볼 때, 1875년 러시아-일본 간의 쿠릴, 사할린 교환을 제외한다면, 단 한 치의 영토도 평화롭게 그 주인이 바뀌었던 적은 없었다. 비록 현재는 수면 아래 잠복되어 있지만, 영토분쟁은

653 Zbigniew Brzezinski, *The Grand Chessboard*(New York: Basic Books, 1997).

장래 어느 시점에서 부각될 여지가 충분하며, 만약 분쟁수역에서 석유 또는 기타 주요 자원이 발견되는 경우라면 유엔의 개입이 불가피하게 될 것이다. 그렇지만, 이 경우 유엔은 개입은 할지 모르나, 이 문제를 충분히 감당해 낼지 불확실하며, 과거 이 지역에서의 선례에 비춰 볼 때, 분쟁사안이 유엔에 회부되지 않을 가능성도 높다. 동아시아는 여전히 베스트팔렌 균형체제의 긴 그림자 속에 있기 때문이다. 또한 동아시아 국가들에게 있어서, 유엔은 여전히 국가의, 국가에 의한, 국가를 위한 기구이며, 그들이 보기에 유엔이 역사 속에서 자신이 수행할 역할을 발전시켜 왔더라도, 이는 동아시아와 관련하여 결정적인 적실성이 없다는 명백한 결론에 도달하였기 때문이다.

누구도 예측하지 못한 방식으로 냉전이 끝났을 때, 그 자리에는 1918년 제1차 세계대전의 진정한 종결을 불가능하게 했던 혼란과 갈등도, 2차 대전의 종식과 더불어 찾아온 이념대립이라는 철의 장막으로 인해 사실상 양분되어 버린 세계도 없었다. 냉전의 종식은 의심의 여지없이 자유주의적 국제주의의 승리였던 것이다.

이마누엘 칸트와 우드로 윌슨의 전통을 따르던 사람들에게 있어서, 더 나은 세계질서를 구축할 이보다 좋은 대안은 없었다. 세계평화와 안보에 위협을 끼친 사담 후세인에 대해 유엔헌장을 통한 접근이 이루어지자, 이들의 행복감은 더욱 고조되었다. 그러나 자유주의적 국제주의의 승리는 유엔과 국제사회에 의한 "인도주의적 개입"이란 고통스런 딜레마에 직면하게 되었다. 유엔은 사담 후세인을 굴복시켰고, 1991년 안보리 결의안 688호를 채택함으로써 인도주의적 개입을 향한 길을 열었다. 이 길을 따라 중동, 아프리카, 발칸지역, 중남미지역, 그리고 동아시아에서의 인도주의를 표방하는 평화유지활동이 이어졌다. 상황의 전개를 바라보며 자유주의적 국제주의자들은, 비록 그들의 사상적 원류인 칸트는 철저히 불개입을 주장하였지만, 베스트팔렌식의 강대국 중심 균형체제가 약화되어 간다는 점에 대해서 아마도 환영할 것이다. 그들이 종종 제기하는 불만은 유엔이 지나치게 국가 중심적 국제기구라는 것이었다. 이들은 정부보다는 각국의 국민들이 단결할 때 비로소 궁극적인 평화를 이룩하는 것이 가능하다는 논지를 편다.

그러나 국가는 전쟁을 가능케 하는 존재이기도 하지만, 평화를 만들어 낼 수 있는 존재이기도 하다. 평화는 그것이 아무리 불충분한 것이라도, 국가들 간의 합의를 통해서만 이룩되며, 오직 그 합의를 통해서만 유지될 수 있다. 국가는 시민들이 자신들을 다스릴 수 있는 유일한 기제이며, 시민들이 그 대표성을 부정하면 정통성의 한계에 부딪치고 만다. 국가가 정통성의 한계에 봉착하는 지경에 이르면, 시민들은 새로운 국가를 형성하게 된다는 것이 지난 10년간 발칸에서 목도한 현실이다. 그러므로 국가권위의 약화는 국제평화와 안보를 강화한다기보다는 오히려 약화시킨다고 보는 것이 옳을 것이다. 왜냐하면, 국가의 약화는 세계평화와 안보의 근간이 되는 국가의 국제적 책임을 더불어 약화시키기 때문이다. 만약 유엔이 이러한 권위를 갖고자 한다면 현재 국가에 대한 충성심을 유엔이 승계해야만 할 것이며, 이를 위해서는 몇 세대를 거칠지 모르는 문화와 가치의 동질화를 필요로 한다.

그러므로 공화국들의 존재를 세계평화의 핵심적 요인으로 본 칸트의 견해는 옳았다. 그렇지만, 이는 시민들이 반드시 전쟁에 반대하기 때문이 아니라, 공화국들이 시민들에게 복종을 명할 수 있다는 측면에서 옳은 것이다. 반면, 칸트의 시대에서조차 이러한 복종은 왕조들의 제한전쟁보다 훨씬 가공스런 전쟁을 가능케 하는 요인이 될 수 있었고, 클라우제비츠식의 표현을 따르자면 나폴레옹 시대의 전면전이 바로 그러한 전쟁이었다. 그럼에도 불구하고, 평화의 안정적 기반은 국가뿐이다. 물론 국가만이 필요충분조건은 아니며, 다른 전제조건들이 필요하게 된다. 즉, 시민의 자유의사로 채택된 법질서를 유지하는 데 필요한 정치적 단합과 그 기반이 되는 어느 정도의 문화적 동질성, 문화를 전수하는 데 필요한 최소한도의 교육, 그리고 높은 삶의 질이 그러한 조건이다. 이러한 조건이 결여되어 있거나 약화된 경우라면, 세계평화와 안보를 유지하는 유엔의 효과적 역할을 지탱하고자 하는 이해관계를 가진 공동체는 존재할 수 없는 것이다.

유엔은 본질적으로 국가 중심적 성격을 띤 기구로 존재하며, 국가가 끼치는 영향력은 유엔이 국제정치에 미치는 영향보다 훨씬 큰 것이 현실이다. 또한 유엔이 가지는 이러한 성격이 가까운 장래에 변화할 것이란 조짐은 보이지 않는다.[654] 특히 동아시아 대부분의 국가들에게 있어서는, 양자 간 방위협력 또는 일방주의적 방어체제야말로 평화와 안보를 지키는 기본적 수단이다. 유엔사령부가 여전히 주둔하는 한국을 포

654 미국은 1994년 5월을 기해 UN 평화유지활동에 대해 보다 보수적 입장으로 선회하였다. 대통령령(Presidential Decision Directive) 25호는 미국은 UN의 평화유지와 그 활동에 있어서 보다 신중한 태도를 취할 것을 확인하고 있다. 이 명령은 또한 미 대통령이 UN군에 포함되는 미군의 지휘권을 결코 포기하지 않을 것임을 더불어 보여 주고 있다. 이 명령에는 UN 임무에 미국이 개입하는 경우에 대한 17가지 전제조건이 규정되어 있다. 이 명령의 전문은 다음을 참조. Michael G. Mackinnon, *The evolution of US peacekeeping policy under Clinton*(London: Frank Cass, 2000), Annex 1.

함하여, 극히 소수의 국가들만이 안보문제에 있어 유엔에 전적으로 의존하는 양상을 보여 주었을 뿐이다. 그리고 이러한 상황이야말로, 초국가적 상호의존을 중시하는 조셉 나이(Joseph Nye)조차 자신의 동아시아 보고서를 현실주의적 인식에 기반하여 쓸 수밖에 없었던 이유일 것이다.[655]

1965년 3월 안보리 석상에서 코트디부아르의 유엔주재 대사였던 아르센 어셔(Arsene Usher)가 내뱉은 다음과 같은 냉소는 실로 선견지명이 담긴 것이었다. "두 약소국 간에 분쟁이 있을 땐 결국에는 분쟁이 사라진다. 강대국과 약소국 간에 분쟁이 발생하면 결국에는 약소국이 사라진다. 만약 두 강대국 간에 분쟁이 있게 되면 이때에는 유엔 안보리가 사라진다."[656] 어셔 대사의 발언은 적어도 동아시아에서는 여전히 사실이다. 동아시아에서 유엔의 모습이란 마키아벨리적인 지정학적 이해관계로 요동치는 바다에서 외로이 떠 있는 칸트주의의 섬과 같은 것이기 때문이다.

그럼에도 불구하고 유엔은 세계적 통치의 횃불을 들고 있으며, 주권국가들의 베스트팔렌 질서의 불완전성에서 야기되는 수많은 문제들을 조정하는 도구이자, 작금의 여러 부분에서 나타나는 급속한 변화를 관리하는 기제이다. 이러한 일들이 21세기 세계화의 함의 속에서 유엔이 수행해야 할 유용한 임무가 될 것이다. 그리고 이는 바로 대다수 회원

655 Joseph S. Nye, "'The Nye Report': six years later," *International Relations of the Asia-Pacific*, vol. 1, no.1(2001), p. 95.

656 Stephen Ryan, *The United Nations and International Politics*(New York: St. Martinis Press, 2000), p. 166에서 재인용.

국들이 유엔으로부터 원하는 것이기에 그러하다. 또한 바로 이 점 때문에, 유엔이 가지는 수많은 약점에도 불구하고 회원국들이 유엔을 떠나고자 하지 않는다. 19세로 요절한 국제연맹과는 달리 유엔은 소위 중년의 위기도 극복하였으며, 이제 환갑을 지냈다. 그리고 여전히 보다 나은 미래를 만들기 위한 유일한 희망으로서 존재하고 있다.

함마르셸드 사무총장이 50년 전에 관찰한 바대로, "유엔은 우리의 열망과 열망의 부족을 동시에 반영하고 있다. 그러나 항상 그러했듯이 지금 열망과 실적의 틈을 메우려는 끊임없는 노력이 바로 문명과 혼란의 차이를 낳는다."[657] 전쟁의 역사는 인류의 역사만큼이나 오래되었지만, 평화는 유엔과도 같이, 근대의 발명품이다. 그러므로 유엔을 통해 세계평화와 안보를 달성하려는 지속적인 노력이야말로 가장 도덕적인 선택이 될 것이다. 그러나 도덕적 선택은 선택하기보다 행하는 것이 훨씬 어려운 법이다. 유엔은 리바이어던이 되지 못하며, 세계의 철인왕이 되지도 못한다. 우리가 유엔으로부터 기대할 수 있는 최선의 것은, 아마도 아서 왕과 랜슬롯의 전설에서 보이는 바와 같은 온화한 기사(a gentle Knight)일 것이다. 이 온화한 기사는 강건하지만, 그의 힘은 공포나 적개심을 일으키지 않았다. 왜냐하면 사람들은 그의 힘이 도덕적 의무의 통제하에 있으며 공공의 이익에 도움이 된다는 것을 알고 있었기 때문이다. 기사는 바로 강하기 때문에 겸손할 수 있고 예의바를 수 있는 것이다. 그의 힘은 오직 사회에 위협을 가하는 범법자들만을 응징한

657 Paul Gordon Lauren, "The Diplomats and Diplomacy of the United Nations," Gordon A. Craig and Francis L. Loewenheim, eds., *The Diplomats 1939-1979* (Princeton, N.J.: Princeton University Press, 1994), p. 488.

다. 결국 기사의 온화한 목소리, 그러나 권위 있는 말은 그의 정통성을 드러낸다. 21세기를 맞은 유엔이, 그 고안자이자 설립자인 루스벨트의 의도처럼, 온화한 기사의 역할을 수행할 수 있느냐의 여부는 그 회원국들과 국제사회의 의지에 달려 있다. 왜냐하면, 유엔은 벌거벗은 황제처럼 그 자신이 직접 행사할 권력과 수단을 가지고 있지 않기 때문이다.

제15장

냉전 후 유엔의 인도주의적 개입

—시시포스에서 이카로스로?

> 정부가 명확한 정책을 가지고 있을 때—그때는 TV가 별로 영향을 미치지 못한다. 그러나 문제가 발생하고 그에 대한 적절한 정책이 마련되지 못했을 때에는 정부가 무언가를 해야만 한다. 그렇지 않으면 민과의 관계에서 재앙에 직면하게 될 것이다.
>
> —코피 아난 유엔 사무총장

장엄한 역사적 변화는 높은 기대를 수반한다. 그러나 높은 기대란 사막의 신기루처럼 적막한 현실로 우리를 실망시킨다. 냉전의 종식이 인류를 국제평화의 새로운 시대로 인도하고 국가권력의 축소와 국제연합의 권력 및 권위의 증가를 가져다줄 것으로 기대되었다면, 지난 10여 년 동안의 현실은 너무도 다르다는 점을 극적으로 보여 주었다. 냉전의 틀 속에서는 초강대국들이나 그들의 동맹국들에 의해서 더 큰 전쟁으로 확대되지 않도록 관리되어 왔던 지역분쟁들이 이제는 본질적으로 다루기 힘들게 되어 버렸다. 지역의 분쟁세력들은 자신들의 차이를 싸움을 통해서 해결하도록 대부분 방임되어 왔고, 국제사회에는 무력갈등이 초래하는 대규모의 인도주의적 요구 즉 많은 인도주의적 재앙들을 방지하기 위해서 인류라는 이름하의 국제공동체로부터의 개입이 필요하다는 요구들이 빈발했었다.

그 전환점은 1991년 4월, 유엔이 "안전보장이사회의 결의안 688호"에 기초하여 국제공동체는 자국민에 대해 견딜 수 없는 박해를 가하는 국가를 제지하기 위한 개입의 권리를 갖는다고 공식적으로 그리고 최초로 결정하면서 마련되었다. 그때 걸프전의 후유증 속에서 "사막의 폭풍 작전"이 이라크 북부에서 야만적인 탄압을 받는 쿠르드족에 대한 "구원 작전"으로 변형되었다. 최초로 유엔 안전보장이사회가 공동의 인류애가 때로는 "불개입의 원칙"에 우선함을 인정했던 것이다.[658]

소말리아 내전은 이러한 변화를 강화시켜 주었다. 소말리아에 대한 유엔의 초기의 평화적인 개입이 약탈집단과 소말리아 종족들에 대해 아무런 효과가 없는 것으로 판명되자 유엔 안전보장이사회 결의안 794호는 기아와 질병으로 고통받는 대중에 대한 적절한 식량지원과 의료공급을 보장하기 위한 군사적 개입을 승인했다. 그러나 이것은 소말리아 전역에서 창궐하는 군벌들을 무장해제하고 황폐화된 국가의 정치, 경제적 기간 조직을 재건하기 위한 "인도주의적 전쟁"으로 변형되었다.[659]

---

658 Rosemary Righter, *Utopia Last: The United Nations and World Order*(New York: The Twentieth Century Fund Press, 1995), p. 336.

659 Adam Roberts, "Humanitarian War," *International Affairs*, 69(July 1993), p. 440. '인도주의적 전쟁'에 관한 다양한 논의를 위해서는 Charles Krauthammer, "The Short, Unhappy Life of Humanitarian War," *The National Interest*, no. 57(Fall 1999), pp. 5-8; Donald K. Emmerson, "Moralpokitik: The Timor Test," *The National Interest*, no. 58(inter 1999/2000), pp. 64-68; Elliott Abrams, "To Fight the Good Fight," *The National Interest*, no. 59(Spring 2000), pp. 70-77 등을

그때 유엔은 미국이 아이티의 군사 작전에서 다시 직면한 "군사적 임무확대 증후군"에 직면했다. 구유고슬라비아와 르완다에서의 갈등들은 국제질서에 있어서의 주권의 퇴화를 잘 보여 주었다. 소말리아에서의 미군의 경험은 외국의 개입병력이 구호물자의 공급을 보장하고 통치질서를 수립하며 갈등으로 희생되는 사람들의 권리를 보호하려는 것조차도 결국은 그 자체가 점증하는 폭력과 더 많은 지역주민의 희생을 초래하는 촉진제가 되거나 심지어 그러한 희생의 양산에 공헌하는 폭력의 근원이 될 수도 있다는 사실을 보여 주었다. 인도주의적 이유에 근거하여 군사적 개입의 정당성을 가정한다고 해도 그것은 특정한 군사행동을 유엔의 당위적 명령으로 만들지 못할 것이며 유엔의 회원국들을 보편적으로 구속하지도 못할 것이다.

결국 "인도주의적 개입"은 유엔에 있어서 좀더 일반적으로 말하면, 우리 시대의 국제정치에 있어서 가장 주목할 만한 의제가 되어 있다. 인도주의적 개입은 어떤 정부의 대규모 인권침해를 종식시키기 위해서 종종 군사적인 강제수단을 이용하여 해당 국가의 동의 없이 그 국가에 개입하는 것을 의미한다. 아주 최근까지 우리는 "개입"이라는 용어에 "인도주의적"이라는 형용사를 붙이지 않았다. 그 대신에 국가의 주권을 위협한다는 의미의 "외부로부터의 개입"(outside intervention)이라는 말을 사용해 왔었다.[660] "외부로부터의 개입" 또는 국제적 개입이라는

참조.

660 '인도주의적 개입'이라는 용어는 매우 광범위한 의미에서 인도주의적 목적을 위한 비강제적 행위를 포괄하는 의미로 종종 사용된다. Comfort Ero and Suzanne Long, "Himanitarian intervention: A New Role for the United Nations?" *International Peacekeeping*, vol. 2, no. 2(Summer 1995), p. 141.

용어의 부정적이고 불유쾌한 의미 함축에도 불구하고 그것은 국제정치적 삶의 불가피한 일부가 되어 왔다.[661] 이러한 의미에서 인도주의적 개입은 "헌 통의 새 술"이라고 표현될 수 있을 것이다. 아니 어쩌면 "새 통의 오래된 술"이라고 하는 것이 더 정확할 것이다.

E. H. 카는 제2차 세계대전의 여파 속에서 20세기 전반기의 군사기술의 발달이 민족국가라는 것을 특히 군사적 및 경제적 안보 면에서 시대착오적인 것으로 만들고 있다고 판단하면서도 사람들의 정체성에 대한 욕구를 충족시켜 주기 위해 민족국가가 유지되기를 희망했다.[662] 또 다른 반세기 후 주권국가는 카가 희망했던 것처럼 홉스에 있어서의 국가 구성원의 삶과 사유재산의 보호자로서 또는 존 로크(John Locke)나 존 스튜어트 밀에 있어서의 국가 구성원의 권리의 수호자, 또는 루소에 있어서의 국가 구성원의 집단적 의지의 체현자로 여전히 간주되고 있다. 실제로 국가가 인권의 어떤 부분을 침해하고, 어떤 국가 구성원들의 안전과 사유재산을 공격하며, 또 사회를 분열시키는 적대적 집단들의 의지의 충돌 때문에 "일반의지"를 결여한 존재라고 할지라도 외국의 간섭은 여전히 그보다 더 큰 악으로 간주되고 있다. "좋든 싫든 내 조국을 위하여!"라는 애국적 절규는 현대 정치생활의 거의 모든 영역에서

661 다른 국가의 국내 문제에 대한 외국의 군사적 개입은 펠로폰네소스전쟁까지 거슬러 올라갈 수 있다. 아테네와 스파르타는 이웃 도시국가들에 있어서의 내란 혹은 민주주의자들(democrats)과 과두주의자들(oligarchs) 사이의 정치적 투쟁에 개입했다. 투키디데스에 의하면 정부의 교체를 원하는 자가 외부로부터의 원조를 요청하는 일은 자연스런 것이었다. Thucydides, *History of the Peloponnesian War*, trans. Rex Warner(Penguin Books, 1945), p. 242.

662 E. H. Carr, *Nationalism and After*(New York: Macmillan, 1945), p. 242.

국가의 주권이 지니는 불가침적 성격을 상징해 왔다. 그러므로 우리 국제관계학도들 모두가 지난 반세기 동안 이른바 "현실주의"라는 지배적인 학파 또는 패러다임에 사로잡혔던 것은 지극히 당연하다. 우리가 "현실주의"를 수용했는지, 아니면 그에 저항했는지의 여부는 중요하지 않다. 현실주의에서 갈등이란 무정부상태에서 홉스적 힘의 경쟁상황, 다시 말해 자연상태에서 국가 간의 자연스런 현상이며 오히려 설명될 필요가 있는 것은 국가들 사이의 드문 협조이다.

주권국가들 간의 완전한 국제체제는 경제학에서의 완전한 자유시장의 경우처럼 언제나 일종의 이념형이었다. 현실에 있어서는 기원전 416년 아테네인들이 밀로스인들에게 말했던 것처럼 강자는 자기들이 할 수 있는 것을 하고 약자는 그것을 인정해야 했다.[663] 다시 말해서 근대 국제관계사에 있어서 많은 국가들은 더 강한 국가에 의해서 정복되거나 통제되었고, 또는 자신들에게 부여된 내부적인 주권에 대한 제약에 직면했다. 더욱이 오늘날 국가주권은 두 개의 상반된 극으로부터의 심각한 압력을 받고 있다. 즉 기술과 전 지구적인 시장화의 보급 및 동질화 효과로부터의 구심력과 동시에 새로운 아니 갱신된 정신적 연대의 힘이라는 국지적이고 특수화하려는 원심력이다. 세계화 그리고 동시에 분열화의 힘은 여러 가지 면에서 거의 4세기 동안 문명의 기반을 제공해 온 근대국가와 국제사회에서 발견되는 통치의 능력을 능가하고, 좌절시키며 잠식하는 것으로 보인다. 현대 세계는 일종의 '오스트리아-헝가리"로 가득 차 있다.[664] 오늘날의 민족국가는 어떤 의미에서

663 Robert B. Strassler, ed., *The Landmark Thucydides*(New York: The Free Press, 1996), p. 352.

1815년 이전보다 더 약하며, 1648년 베스트팔렌조약으로 처음 수립된 이래 그 어느 때보다도 약하다고 주장할 수 있다. 그러나 민족국가를 대체할 어떤 새로운 종류의 정치적 조직체도 등장한 적이 없으며 또 등장하고 있지도 않다.

주권은 사실이 아니라 정치권력이 행사되고 또 행사되어야 하는 방식에 관한 주장의 표현이다.[665] 해럴드 라스키(Harold Laski)가 주장했듯이 주권국가는 절대적인 논리가 아니라 역사적인 논리를 대변하는 것이다. 국가는 본질적으로 역사적 진화과정을 통해서 현재의 상태에 이르렀다.[666] 국가주권의 이론은 근대국가의 요람으로 인식되어 온 유럽에서 근대국가의 진화과정과 병행 발전되어 왔다.[667] 국가주권의 개념은 16-17세기 유럽의 종교적, 사회적 그리고 경제적인 환경에 의해서 형성되었는데 그때 당시에 중앙집권적인 행정체제를 마련하고 폭력의 정당한 행사에 대한 본질적인 독점권을 보유하는 영토적으로 제한된 주권국가들의 체제가 봉건사회를 대체했다.

장 보댕과 토머스 홉스에게 주권은 최고의 강제력이었고, 주권에의 복종은 시민권을 정의하는 특징이 되었다. 그러나 존 로크는 중세적인

---

664 Stanley Hoffmann, *Duties Beyond Borders*(New York: Syracuse University Press, 1986), p. 201.

665 F. H. Hinsley, *Sovereignty*, 2nd ed.(Cambridge: Cambridge University Press, 1986), p. 1.

666 Harold J. Laski, *A Grammar of Politics*, 5th ed., Impression(London: George Allen & Unwin, 1978), pp. 44-48.

667 근대국가의 성격의 변화에 관해서는 Phillip G. Cerny, *The Changing Architecture of Politics: Agency and the Future of the State*(London: Sage, 1990)을 참조, 특히 제4장을 참조

자연법의 전통을 부활시켰고, 인민의 동의로부터 스스로의 정통성을 도출해 내는 경우를 상정함으로써 홉스적인 국가주권의 개념을 완화시켰다. 장 자크 루소는 국가주권이 무제한적이고 불가분적이라고 주장함으로써 입헌적인 함정으로부터 주권을 해방시키려고 했다. 그러나 루소로부터 헤겔의 절대적인 도덕적 존재로서의 국가의 이상화로 발전하는 것은 비교적 간단했다. 헤겔은 절대적인 도덕적 존재로서의 국가를 그것이 지상에 존재하는 정신이며 그 정신 스스로가 세계의 실제적인 형체와 어떤 세계의 조직화를 구현한다는 의미에서 신의 의지와 동일시했다.[668]

프랑스대혁명과 그 뒤를 이은 나폴레옹전쟁의 종결 이후 국가주권은 하나의 원칙으로서의 지도적인 유럽 국가들의 대외적 행동에 그 어느 때보다 더 활발하게 적용되었다. 그때 이후로 국가주권은 정치적 조직체를 규정하는 하나의 원칙이 되었다. 주권국가들은 국가 내부의 계급적, 인종적 또는 종교적 갈등을 해결하지는 못하더라도 관리하기 위한 주요한 수단이 되었을 뿐만 아니라 근대 국제관계의 핵심적인 요소가 되었다. 주권국가들은 여하한 경우에도 자신들보다 상위의 외부적 권위를 인정하지 않았다. 국가주권이라는 이데올로기는 근대 국가조직에 너무도 확고하게 침투해서 제1차 세계대전의 발생으로 국제체제가 붕괴되었을 때조차도 국제연맹의 경우와 같이 국가주권의 원칙을 억압하거나 제한하려는 제도적인 시도들이 실패로 끝날 수밖에 없었다.[669]

668 *Hegel's Philosophy of Right*, trans. T. M. Knox(Oxford: Clarendon Press, 1952), p. 166.

주권의 이데올로기는 제2차 세계대전 이후 유엔의 창설 그리고 전후 탈식민지화에 있어서 유엔의 역할에 의해서 오히려 강화된 것처럼 보였다. 그러나 유엔에 의해서 고무된 자결의 원칙은 인종집단이 아니라 영토에 초점을 맞추었고, 따라서 식민지 종주국들에 의해서 그어진 국경을 존중했다. 이로 인해 유엔의 회원국 수가 크게 증가했다. 그리고 국가주권 원칙은 유엔의 헌장에서 소중하게 규정되었다.[670] 유엔헌장 제2조 7항은 "본 헌장의 어떤 규정도 본질적으로 유엔에 어떤 국가의 국내적 관할권에 속하는 문제들에 개입하는 권한을 부여하지 않으며, 회원국들로 하여금 그러한 문제들을 본 헌장에 따른 해결에 회부하도록 요구하지 않는다"고 선언했다. 헌장에는 인도주의적 목적을 위한 무력의 사용에 관해서는 아무런 언급이 없다. 유엔은 본질적으로 국가들의, 국가들에 의한, 국가들을 위한 보편적 조직으로 존재해 왔다. 어떤 정부가 침략행위를 저지르고 안전보장이사회가 그에 대항하여 행동하는 경우에만 국내적 관할권에 대한 침해의 금지가 정지될 것이다. 헌장의 제2조 7항은 "이 (국내적 관할권의) 원칙은 제7장하의 강제조치의 적용을 손상시키지 않는다"고 분명하게 규정하고 있다. 유엔헌장은 인도주의적 개입에 관해서는 아무 말이 없다.

그러나 헌장을 구상할 때부터 유엔은 인권증진을 위한 기구가 될 수 밖에 없었다. 헌장의 제1조 3항은 인종과 성별, 언어 또는 종교에 대한

669 F. H. Hinsley, *op. cit.*, pp. 210-211.

670 강대국이든 약소국이든 모든 국가의 주권평등의 개념은 1907년 제2차 헤이그 평화회의에서 처음 공식적이고 명확하게 제시되었다. 이에 관한 논의는 Louis J. Halle, *History, Philosophy and Foreign Relations*(Lanham: University Press of America, 1987), p. 80.

차별이 없이 모든 사람의 인권과 기본적 자유에 대한 존중의 증진과 고양을 목적으로 한다고 선언하고 있다. 제13조는 인권의 실현을 지원하기 위한 연구의 제안과 권고를 총회에 위임하고 있다. 그리고 제56조는 제55조와 함께 국제연합의 모든 회원국들의 인권의 보편적인 존중과 준수라는 목적을 달성하기 위한 기구와 협력하여 공동의 그리고 개별적인 행동을 취하도록 하고 있다. 뿐만 아니라 유엔총회는 1948년 12월 10일 "세계 인권선언"을 채택했다. 그러나 냉전이 종식될 때까지 국가주권이 거의 언제나 인권에 우선했다.

냉전 종식 이후의 사람들은 유엔헌장이 "우리 유엔의 회원국(the states)들은 …"이 아니라 "우리 유엔의 사람들(the people)은 …"으로 시작된다는 사실을 갑자기 재발견하면서 유엔의 원칙이 국가주권이 아니라 개인의 주권 또는 인권이어야 한다고 주장하기 시작했고, 유엔으로 하여금 헌장의 새로운 해석에 기초하여 행동할 것을 촉구했다.[671] 국가주권에 대한 이와 같은 탈냉전의 도전은 장구한 국제관계사의 관점에서 보면 매우 독특하고도 심오한 것이다. 왜냐하면 과거처럼 자국의 힘의 지위와 이데올로기를 유지하거나 확장시키기 위하여 약소국의 주권을 침해하는 강대국가들 대신에 세계는 이제 자결원칙의 또 다른 표현, 즉 기존의 국가들에 대한 탈근대적 반란에 직면하게 되었기 때문이다. 이

---

671 1945년 당시에 제안된 새로운 기관의 원래의 헌장 전문 초안은 "체약 당사자들(The High Contraction Parties)은 〔…〕"으로 시작된다. 이와 같이 딱딱한 국제연맹 스타일의 도입부에 실망하여 최종적으로는 샌프란시스코에서 채택된 생동감 있는 전문으로 헌장을 다시 작성한 사람은 버지니아 길더슬리브(Virginia Gildersleeve)였다. Erskine Childers, "Forward" in Phyllis Bennis, *Calling the Shots* (New York: Olive Branch Press, 1996), p. viii 참조.

것은 서양의 발칸화[672] 또는 "국가 없는 민족"[673] 아니면 자국민들을 먹여 살리고 최소한의 질서도 유지하지 못함으로써 종종 내란상황으로 전락하여 결국 황폐해진 "실패한 국가"[674]라고 불릴 수 있을 것이다. 과거 탈식민지화 시대의 자결주의 원칙이 새로운 국가들을 창출한 반면 이러한 탈근대의 물결은 기존의 "주권"국가들을 파괴함으로써 시작되고 있으며, 여전히 새로운 국가의 창출을 목적으로 하고 있다. 우리는 전 세계적인 민중주의(populism)의 새로운 경향, 즉 "민중의 힘" 또는 "시민들의 목소리"를 주목하지 않을 수 없다. 우리가 경험하고 있는 정보혁명은 정부에 의한 국민들의 마음과 행동의 통제를 사실상 더욱 어렵게 만들고 있으며, 정부의 외교정책 의제의 많은 부분이 국민의 요구와 압력에 의해 설정되고 있다.[675]

결국 오늘날 대외적인 주권을 파괴하는 많은 요소들은 보편적인 인권의 추구라는 형태의 국내적인 기원을 가지고 있다. 이러한 현상은 국내 정치체제의 자유민주화가 국제체제로 파급되는 것을 의미한다. 국내에서 주권의 절대적인 힘이 제약되어야 했던 것처럼 국제관계에 있어서 국가주권의 힘도 핵심적인 영역에서 제한되어야 하고 또 국제적

672 Stjepan G. Mestrovic, *The Balkanization of the West*(London: Routledge, 1994).

673 Gidon Gottlieb, "Nations Without States," *Foreign Affairs*, vol. 73, no. 3(May/June, 1994), pp. 100-112.

674 Gerald Helman and Steven Ratner, "Saving Failed States," *Foreign Policy* (Winter 1992-93), pp. 3-20.

675 Stanley Hoffmann, "A New World and ITs Troubles," in Nicholas X. Rizopoulos, ed., *Sea-Changes: American Foreign Policy in a World Transformed* (New York: Council on Foreign Relations Press, 1990), p. 280.

인 기관들에 의한 감시와 감독을 받아야 한다는 것이다. 이것은 우리가 막 진입한 탈근대적 국제사회에 있어서의 자유민주주의적 이념의 "파급"을 대변한다고 하겠다.

국내 문제에 대한 개입이라는 새로운 문제는 1990년대에 유엔의 국제평화와 안전을 위한 주요 업무가 되어 있었다. 유엔의 평화유지활동은 이른바 헌장의 제6과 1/2장이라는 제1세대로부터 헌장의 제6과 3/4장이라는 제2세대로 이동했다고 말할 수도 있을 것이다.[676] 그리고 이것은 주로 이른바 CNN 요인 때문이다. 1995년 당시 유엔 사무총장이었던 부트로스 갈리는 "CNN은 안전보장이사회의 16번째 회원"이라고 말했다.[677] CNN 요인은 실재하지만 그러나 그 효과가 시간의 시험대를 견뎌 낼 것인지는 좀더 두고 볼 일이다.[678] 텔레비전에 넘쳐 나는 고통의 뉴스들의 최종적인 함정은 아주 아이러니컬하다. 그러한 고통에의 지속적인 노출은 우리를 그만큼 그것에 민감하게 만드는 것이 아니라 오히려 친숙하고 무감각하게 만들 위험이 있다. 다른 사람들의 고통이 일상화되어 있는 자들이 오히려 고통에 무관심해지는 경향이 있다는

---

676 '제6과 3/4장'이라는 용어는 리언 고덴커(Leon Gordenker)와 토머스 위스(Thomas G. Weiss)에 의해서 만들어졌다. 이들의 "The Collective Security Idea and Changing World Politics," in Thomas G. Weiss, ed., *Collective Security in a Changing World*(Boulder: Lynne Rienner, 1993), p. 15 참조.

677 Larry Minear, Colin Scott and Thomas G Weiss, *The New Media, Civil War & Humanitarian Action*(Boulder: Lynne Rienner, 1996), p. 4에서 재인용.

678 동의는 만들어지는 것이라고 생각하는 이른바 동의조작론자들(the manufacturing consent school of thought)은 보도매체들이 정책을 창출하는 것이 아니라 오히려 그것들이 정부의 정책을 지지하도록 동원된다고 주장한다. Piers Robinson, "The CNN effect: Can the news media drive foreign policy?," *Review of International Studies*, vol. 25, no. 2(April 1999), pp. 301ff.

것은 이미 잘 알려진 일이다.[679] 루소가 지적했듯이 사람들은 같은 광경에 오래도록 직면해 있게 되면 더 이상 감명을 느끼지 않는다. 습관은 우리로 하여금 모든 것에 익숙하게 만든다. 너무 많이 보게 되면 우리는 더 이상 상상하지 않으며, 다른 사람들의 불행을 감지하도록 만드는 것은 오직 상상력이다. 따라서 성직자나 의사들이 냉혹해지는 것은 죽음과 고통을 너무 많이 목격한 결과이다.[680] 그러한 상황은 텔레비전 시청자들에게도 해당된다. 하나의 희생자가 시야에서 사라지면 언제나 다른 희생자가 그 자리를 대치한다. 텔레비전으로 방영되는 불행은 히드라를 닮았다. 즉 우리가 아무리 열심히 공격해도 그것은 존속한다.[681] 항상 가까이에 존재하는 불행에 단련된 대도시의 거주자들처럼 우리 유엔의 사람들도 그다지 멀지 않은 미래에 텔레비전으로 매일 전달되는 먼 곳의 고통을 완전히 외면해 버릴지도 모른다.

지금 우리는 어떤 기존의 정부가 공동체를 대변할 권위나 사람들로 하여금 복종하도록 할 수 있는 권력을 가지고 있지 못한 상황, 즉 국내적인 혼란과 무질서의 상황을 종식시키기 위해서 강제적인 성격을 띠고 취해지는 국내 문제에의 개입을 고찰하고 있다. 국경 바깥의 외부세력에 의한 개입의 도덕적 권한에 관한 중심적인 문제는 중세 기독교의 "정의전쟁" 독트린으로부터 현대의 "인권"에 이르는 여러 가지 근거에

---

679 이런 CNN 효과에 관해서는 제1장에서 이미 언급했지만 여기서 반복하는 것은 그런 현상을 강조하기 위한 것이다.

680 Jean-Jacques Rousseau, *Emile or On Education*, trans. Allan Bloom(New York: Basic Books, 1979), p. 231.

681 Clifford Orwin, "Distant Compassion," *The National Interest*, no. 43(Spring 1996), p. 49.

호소하여 정당화되어 왔다. "정의로운 전쟁"의 전통에서는 다른 국가 내에서 공식적인 정책의 명분하에 신민들이 살해되는 경우가 발생하면 비록 그들이 지원을 거부하는 경우라 할지라도 그 국가의 내정에 개입하는 것이 자연법상의 권리, 심지어 의무라고까지 인정되었다.[682] 여기서는 유엔의 창설자들이 18세기의 존 로크를 기원으로 하는 근대의 정치적 자유주의의 지성적 후예라는 점을 언급하는 것만으로도 충분할 것이다. 국제정치에 관한 로크의 비전은 독립적인 시민사회들로 구성되고 점차로 확대되어 가는 하나의 국제적 시민사회이다. 시민사회에서는 자연법을 준수함으로써 서로가 평화롭게 살아가는 것이 요구된다. 로크의 주장처럼 시민사회란 자연법이 공적으로 승인된 실정법들과 함께 존중되고 유지되는 사회이다. 이 자연법하에서는 법률의 침해에 의해서 위협받는 다른 개인을 원조해야 할 의무가 있다. 이것을 어느 한 회원국가가 법률을 위배했을 때 국가들에게 적용시킬 수 있을 것이다. 로크는 자연법과 국제법을 지탱하기 위해 개입의 가능성을 염두에 두었을 것이다.[683]

---

682 Francisco de Vitoria, *Francisco de Vitoria: Political Writings*, ed. and trans. Anthony Pagden and Jeremy Lawrence(Cambridge: Cambridge University Press, 1991), p. 287. '정의전쟁'에 관한 현대의 연구로는 Paul Ramsey, *The Just War: Force and Political Responsibility*(New York: Charles Scribner's Sons, 1968); James Turner Johnson, *Ideology, Reason, and the Limitation of War: Religions and Secular Concepts, 1200-1740*(Princeton: Princeton University Press, 1974) and *Just War Tradition and the Restraint War*(Princeton: Princeton University Press, 1981); Michael Walzer, *Just and Unjust Wars*(New York: Basic Books, 1977); Jean Bothke Elshtain, ed., *Just War Theory*(New York: New York University Press, 1992) 등을 참조.

683 Howard Williams, *International Relations and the Limits of Political Theory*

그러나 로크는 기독교적인 정의전쟁과는 결별한다. 왜냐하면 그는 정의나 보복적인 응징의 전통성을 사실상 포기하고 징벌로서의 전쟁의 목적을 전 인류의 안전 확보라는 궁극적인 목적에 전적으로 종속시키기 때문이다. 그러나 어느 하나에 대한 위협은 당연히 모두에 대한 위협으로 간주될 수도 있기 때문에, 이것은 결국 모든 제3자가 "피해자" 측에 가담하여 "그의 싸움을 지지"할 권리뿐만 아니라 사실 어느 정도의 의무까지도 지닌다는 것을 의미한다.[684] 그것은 인류를 위한 집단안전보장[685]과 집단적 개입 아이디어의 정교화를 위한 토대를 제공한다.

우리 시대의 도덕적 개입주의자들은 어떠한 형태로든 대량학살이 벌어진다면 세계질서가 그만큼 더 침식될 것이기 때문에 대량학살 그 자체가 국제적인 평화와 안정에 위협이 된다고 주장한다. 그러나 역사적으로 보았을 때 이 논리는 민주주의체제에 살고 있는 사람들이 자신들의 국가이익에 대한 위협으로 볼 수 있고 따라서 군대를 필요로 하는 사건에 대비해 무엇을 필요로 했는가를 너무 쉽게 무시한다. 국가는 생명을 구하기 위해서만 다른 국가에 자국의 병사들을 보내는 것은 아니다. 국내적인 정책 결정의 과정에서 외국인들의 생명이란 그다지 큰 비중을 자지하지 않는다.[686] 도덕적인 이익이 전략적인 이익과 결부될 때에만 국민은 개입으로 인한 출혈을 용인할 것이다. 유태인에 대한 히틀

(New York: St. Martin Press, 1996), pp. 94-95.

684 Thomas L. Pangle and Peter and Peter J. Ahrensdorf, *Justice among Nations*(Lawrence, Kansas: University Press of Kansas, 1999), pp. 154-155.

685 Richard H. Cox, *Locke on War and Peace*(Oxford: The Clarendon Press, 1960), p. 150.

686 Michael Walzer, *Just and Unjust War*(New York: Basic Books, 1977), p. 102.

러의 만행이 미국을 제2차 세계대전으로 끌어들인 것은 아니었다. 진주만에 대한 공격이 미국을 전쟁으로 끌어들였던 것이다. 쿠르드인들에게 대한 사담 후세인의 독가스 살포가 미국의 개입을 초래하지 않았다. 사우디의 유전지대에 대한 그의 위협이 미국의 개입을 초래했던 것이다. 보스니아의 전쟁범죄 그 자체가 NATO의 개입을 부르지는 않았다. 결국 클린턴을 움직이게 만든 것은 발칸전쟁의 확대와 남쪽으로의 확전의 우려, 그리고 이 모든 요소들에 의한 NATO의 신뢰성에 대한 위협이었던 것이다.[687]

오늘날에는 과거보다 더 많은 인도주의적인 사건들에 대한 개입의 적절한 근거와 수단을 찾아내는 데 있어서 인권이라는 훌륭한 명분이 있다고는 해도, 국제평화와 안보의 유지를 위해 정당화되는 개입과 대규모 인권침해의 방지를 위해서 정당화되는 개입 사이의 구분을 불투명하게 만드는 문제들도 발생할 수가 있다. 한 국가의 상황 또는 행동이 다른 국가와 국민의 평화와 안보에 대한 중대한 위협이 될 수도 있지만 그것은 중대한 대규모 인권침해를 막기 위한 인도주의적 개입, 그리고 평화와 안정을 유지하기 위한 안전보장이사회의 의무와는 거의 관계가 없거나 전혀 관련이 없을 수도 있다. 유엔헌장은 평화와 안전의 영역에 있어서 안전보장이사회의 권한이 사실상 제한을 받지 않는다는 점을 아주 분명히 하고 있기 때문에 안전보장이사회는 국제평화와 안전의 의미를 주로 인권침해에 의해서 촉진될 수 있는 개입에까지 확장 적용하는 것을 선호한다.[688] 여기에 유엔의 "인도주의적 개입 원칙"이

687 Robert D. Kaplan, *The Coming Anarchy*(New York: Random House, 2000), p.101.

"과잉확장"(over-stretching)될 위험이 도사리고 있다. 그러나 집단안전보장과 인도주의적 개입은 분석에 있어서 구별되어야 한다. 왜냐하면 인도주의적 개입이라는 이름하의 국가주권의 침해가 유엔헌장 제7장에 의한 집단안보 행위가 고려될 때 간단하게 적용되는 것은 아니기 때문이다.

만일 어떤 정부가 침략행위를 저지르고 안전보장이사회가 그에 대항하는 행동을 하기로 결정하는 경우라면 제2조 7항의 국내적 관할권에 대한 침해의 금지규정은 정지될 것이다. 국내 사회를 위협하는 중대한 인권침해에 대한 인도주의적 개입과 국제질서를 위협하는 침략에 대한 집단안보 행위를 구별하지 못하면 인권침해에 대한 개입에 소극적이 되고 또 인도주의적 개입의 정당화를 위한 보편적 근거도 사라지게 될 것이다. 그러나 두 개념을 명확하게 구분하면 침략에 저항할 필요성을 느끼는 국민의 감정에 거짓으로 호소함으로써 인도주의적 개입을 정당화하려는 위험스런 경향을 피할 수 있다. 뿐만 아니라 이 두 가지 개념에 대한 지성적 불투명과 혼동은 국제평화와 안전을 보호하기 위해서 그러한 개입이 필요하다고 주장함으로써 다른 국가의 국내적 관할권에 대한 자신들의 부당한 개입을 정당화하는 강대국들의 전통적인 경향을 무분별하게 조장할 수도 있을 것이다.

인도주의적 개입은 하나의 독특한 유엔의 집단적 행위이다.[689] 만일

---

688 Robert C. Johansen, "Limits and Opportunities in Humanitarian Intervention," in Stanley Hoffmann, ed., *The Ethics and Politics of Humanitarian Intervention*(Notre Dame, Ind.: University of Notre Dame Press, 1996), p. 63.

689 1945년 이후 주로 유엔의 틀 밖에서 이루어진 인도주의적 개입 행위들에 관해서는 Michael Akehurst, "Humanitarian Intervention," in Hedley Bull, ed., *Inter-*

인도주의적 개입이 평화에 대한 위협 및 침략에 대한 지위와 융합된다면 강대국들은 아무런 무력공격이 발생하지 않는 경우라도 헌장의 제51조에 입각하여 인권과 평화에 대한 모호한 위협을 구실 삼아 자국의 이기적 이익을 위해 개입하려는 유혹에 빠질 수 있을 것이다. 일방적인 개입이 허용된다면 그러한 위험성은 특히 심각하고 국제체제를 불안정하게 할 것이다. 구별되지 못한 개입의 개념은 약소국들의 반대도 증가할 것이다. 인도주의적 개입에 대한 좀더 엄격한 이해가 있다면 그들의 반대는 더할 것이다. 아무튼 약소국들은 개입에 대해서 그다지 열광적이지 않은데 왜냐하면 1999년의 동티모르와 체첸의 경우에서처럼 개입이란 대개 강대국들에 대해서가 아니라 바로 자기들에 대해서 발생하기 때문이다.

인도주의적 개입을 필요로 하는 대규모의 인권침해가 발생하면 인도주의적 개입을 비인도주의적 개입과 구별하기 위한 객관적 기준의 모색도 종종 함께 발생한다. 이러한 문제에 관한 결정의 바로 그 어려움 때문에 우리는 인도주의적 개입이라는 바로 그 아이디어 자체를 포기해 버릴 수도 있다. 종종 불간섭과 비참여의 절대적인 규칙을 고집하는 것이 최선일 것이라 주장된다. 그러나 절대적인 규칙도 역시 무시될 것이며, 그렇게 되면 우리는 그 다음에 발생하는 상황에 대해 판단할 수 있는 아무런 기준을 갖지 못하게 될 것이다.[690]

유엔체제에서 인도주의적 개입은 원칙적으로 안전보장이사회의 합

---

vention in World Politics(Oxford: Clarendon Press, 1984), chap. 7을 참조. 냉전 종식 이전의 인도주의적 관점은 주로 해외의 자국민 보호에 관한 것이었다.

690 Michael Walzer, *Just and Unjust War*(New York: Basic Books, 1977), p. 108.

의에 의해서 결정되며, 그것은 거의 5개 상임이사국의 합의를 의미하게 된다. 오늘날 인도주의적 개입에 대한 객관적 기준이 부재한 상황에서 5개 상임이사국의 합의가 여전히 기준이다. 그러한 합의는 통상 있어 오지도 않았고, 또 오래 지속되지도 않을 것이다. 왜냐하면 냉전의 종식 이후 우리는 다문명과 다극의 세계로 진입했기 때문이다. 거의 반세기 전에 루이스 홀(Louis Halle)이 지적했고[691] 또 오늘날에는 새무얼 헌팅턴(Samuel Huntington)이 주장하는[692] 바와 같이, 각 문명은 우주 그리고 그 속에서 인간의 위치에 대한 특별한 비전을 나타내는 것이며, 외교정책은 오늘날에도 그러하듯이 국민성의 필연적인 반영이다. 어떤 면에서 유엔은 미국 문명의 산물, 좀 더 일반적으로 서구의 아이디어일 뿐만 아니라 어떤 독특한 미국적인 아이디어[693]의 산물이다.

안전보장이사회의 5개 상임이사국들은 새무얼 헌팅턴이 제시한 9개의 주요 문명권들 가운데 적어도 3개의 서로 다른 문명권을 대표한다. 만일 (몇몇 국가들이 제안하는 대로) 일본, 인도 그리고 브라질이 상임이사국이 된다면 그 국가들은 3개의 또 다른 문명국을 대표하게 될 것이며, 그렇게 되면 안전보장이사회에서 합의에 도달하는 것은 더욱더 어려워지게 될 것이다. 다시 말해서 그러한 이질적인 세계에서는 객관

691 Louis J. Hall, *Civilization and Foreign Policy*(New York: Harper & Brothers, 1952).

692 Samuel P. Huntington, *The Clash of Civilization and the Remaking of World Order*(New York: Simmon & Schuster, 1996).

693 미국의 세계관(worldview)에 관한 가장 흥미로운 논의는 아마 Louis Hartz, *The Liberal Tradition in America*(New York: Harcourt, Brace and World, 1995)일 것이다.

적 기준에 대한 보편적 동의뿐만 아니라 상임이사국들 사이의 합의도 더 어렵게 될 것이다.[694] 유엔의 사람들은 이제 "새로운 세계질서"의 행복감에서 벗어나 "새로운 세계 무질서"의 분열상태로 복귀했기 때문이다.[695] 그와 같이 확대된 안전보장이사회는 구체적인 일은 거의 하지 않으면서도 언제나 인류를 위해 장엄한 일을 하고 있다는 공허한 주장만을 되풀이할 것이다.

그러나 현 단계에서는 "개입할 것인가, 개입하지 않을 것인가"[696]는 문제가 되지 않는 것처럼 보인다. 개입의 반대자들조차도 국내 문제에 대한 개입이 결코 정당화될 수 없다고 주장하는 경우는 거의 없다는 점에서 원칙적으로 우리 모두는 이미 정도의 차이는 있을지언정 인도주의적 개입론자들인지도 모른다. 인도주의적 개입론자들은 무엇보다도 국제 평화와 안보에 대한 위협이 될 수 있는 대규모의 인권침해를 방지한다는 도덕적 입장에 의존해 왔다. 그러나 정당한 개입의 기준이 무엇인가에 관해서는 종종 모호한 자세를 취해 왔다. 그러므로 문제는 여전히 "언제, 누가, 무엇을 위해서 그리고 어떻게?"라는 것이다.[697] 그리고 이 문제에 대해서는 앞으로도 여러 해 동안 명확한 답을 얻을 수는 없을 것이다.

---

694 아시아의 사례에 관해서는 Han Sung-Joo, ed., *Changing Values in Asia*(Tokyo: Japan Center for International Exchange, 1999)을 참조.

695 음울한 미래의 세계에 대한 예견에 관해서는 Robert D. Kaplan, *The Coming Anarchy*(New York: Random House, 2000).

696 이 문구는 1967년 4월 《포린 어페어즈》(*Foreign Affairs*)지에 게재된 한스 모겐소의 논문 제목이기도 했다.

697 Stanley Hoffmann, *op. cit*.

인도주의적 개입에는 너무 많은 남용의 위험성과 실행상의 어려움이 내포되어 있기 때문에 국제공동체는 아주 조심스럽게 진행해야 한다. 소말리아와 보스니아에서 유엔 노력의 불행한 실패는 도덕적, 군사적 그리고 정치적인 어려움을 잘 보여 준다. 이러한 어려움에도 불구하고 대규모의 인권침해가 발생한 경우의 개입 거부나 인도주의적 개입의 전면적인 배제는 도덕적으로 수용할 수 없다. 이 두 가지의 입장이 상호 간의 긴장관계 속에 존재하는 것이다.

개인적인 관점에서 보면 주권에는 두 가지의 상충하는 측면이 존재한다. 한편으로는 자유주의적인 정치체제에서 살고 있는 자유주의적 지성인들이 주권의 침식을 일종의 진보로, 즉 자신들의 정부에 의해서 인간에게 가해지는 태만과 위해의 모든 범죄에 대항하여 진작 행해졌어야 할 개선으로 보기가 매우 쉽다. 어떤 조건하에서는 외부의 개입이 그러한 개선책을 제공할 수 있는 것도 사실이다.

그러나 다른 한편으로는 많은 사람들이 외부의 개입에 대해서 매우 의심스런 눈초리로 바라보는 것 또한 사실이며, 그들은 자신들의 정부와 대항하는 투쟁을 전개할 때조차도 자신들의 삶에 대한 한 가지 형태의 침해를 다른 형태의 그것으로 대치하려고 하지 않는다. 자유민주화가 국제관계에 살며시 침투해 들어오고 있는지는 모르지만, 그러나 다양한 형태의 국내적 비자유주의는 물론 국내적 민족주의가 외부의 행위자 그리고 유엔을 비롯한 국제기관의 역할 확장에 장벽을 이루고 있다.[698]

698 Stanley Hoffmann, *The Ethics and Politics of Humanitarian Intervention* (Notre Dame, Ind.: University of Notre Dame Press, 1996), pp. 18-19.

냉전 종식 이후 새로운 많은 현상들이 자국 이익을 정의하는 방법을 변화시켰지만, 국제정치와 경제의 신세력들의 힘을 정부의 힘과 혼동하는 것은 잘못이다. 국가는 규칙을 설정하고 또 국제정치의 게임규칙을 변화시켰다. 민족국가는 여전히 다른 어떤 대안적인 거대집단보다도 그 대부분의 구성원들에게 더 강력한 안전감, 소속감 또는 유대감 심지어는 개인의 정체성까지 제공하고 있다. 20세기의 전 기간에 걸쳐서 국가는 국제무대의 주요 행위자였고, 우리가 21세기를 내다보아도 여전히 그러할 것이다.

오늘날 유엔은 대규모 인권침해의 적절한 방지를 위해 필요한 능력을 가지고 있지 못할 뿐만 아니라, 부트로스 갈리 전 사무총장이 역설했던 평화집행군도 보유하지 못하고 있으며, 제43조 규정의 효력을 발효시키지도 못했다. 유엔은 앞으로도 끊임없이 변화하는 이합집산과 강대국 권력투쟁의 도구로 존재하면서, 결국 인류의 기본적이고 솔직한 분열을 반영하게 될 것이다. 그러나 이러한 장애물들(또는 수단의 부족)이 우리로 하여금 "가능성"이 없는 곳에는 타당한 "당위"도 존재하지 않는다고 말하면서 도덕적인 요청이나 인도주의적인 대의명분에 눈을 감아 버리거나 귀를 기울이지 않아도 좋은 것이라고 믿게 해서는 안 된다. 절박하게 요구되는 것은 유엔 능력의 확대이다. 왜냐하면 이것 이외의 유일한 대안이란 것은 국제평화와 안전을 위협할 만큼 충분히 증대하거나 절박하지도 않은 것으로 종종 치부하면서 국내적 재난에 무관심하거나, 아니면 국제적 안정과 보편적 정의에는 더 위험할 수도 있는 세력균형이나 영향권의 이름하에 강대국들의 더 전통적인 일방적 개입으로의 회귀일 것이기 때문이다. 유엔의 굳건한 합의에 의해서 지지되고 그러한 합의를 대표하는 세력들의 연합에 의해서 수행되는 개입은 국제평화와 정의, 그리고 질서에 기여하는 개입들과 이러한 목적들에 정면으로 배치되는 개입들을 구별하는 방법을 제공해 준다.

1990년경까지 유엔의 평화유지활동은 보통 바위를 산 정상까지 밀어 올리면 굴러 내리고 또 굴러 내린 바위를 다시 밀어 올리는 일을 영원히 반복하도록 저주받은 운명의 시시포스(Sisyphos)의 신화와 동일시되었다. 그러나 윌리엄 더치(William J. Durch)가 지적한 것처럼 1993년 이후 그 신화는 이러한 시시포스로부터 너무 높이 날아 태양에 의해 밀랍 날개가 용해됨으로써 추락해 죽은 비행사 이카로스(Icaros)의 그것으로 바뀌었다.[699] 소말리아, 앙골라, 보스니아 그리고 르완다 같은 곳으로 개입해 들어가면서 유엔은 지나치게 확장되었고 완전한 용해의 위험에 직면하게 되었다.[700] 그럼에도 불구하고 대부분의 유추와 마찬가지로 그러한 신화들은 정확한 것이 아니다. 모든 신화에는 예외가 있다. 그러나 이카로스의 비극은 분명 우리에게 기원전 415년 시칠리아의 아테네인들이나 1960년대 말 베트남의 미국인들의 경우에서처럼 유엔 사람들의 과잉확장 가능성에 대해 경고하고 있다.

결국 인도주의적 개입의 성공을 보장하는 최선의 방법은 국제연합의 깃발하의 집단적 개입이 공정하며 또 명확한 위임과 제한된 능력의 범위 내에 국한되고 또 어떤 강대국들의 도구처럼 보이지 않게 하는 일

---

699 William J. Durch, "Keeping the Peace: Politics and Lessons of the 1990s," in William J. Durch, ed., *UN Peacekeeping, American Politics, and the Uncivil Wars of the 1990s*(New York: St. Martin's Press, 1996), p. 22.

700 *Ibid*.

이다. 유엔은 고결한 인도주의적 개입을 위해서조차도 자신의 제한된 능력을 과잉확장해서는 안 된다.[701] 그렇지 않으면 인도주의적 개입이라는 새로운 명령은 과거의 외세 개입과 별로 다르지 않은 구시대적 제국주의의 망령으로 곧 전락하게 될 것이다. 상당한 주의와 분별이 요구된다. 신중함은 훌륭한 통치 능력의 핵심이다. 다시 말하면 우리는 골치 아픈 도덕적 문제들에 관해서 가톨릭 신학자들이 채택했었던 비례주의(proportionalism)로 알려진 원칙을 따라야 할 것이다. 비례주의는 인도주의적 개입에 대한 유용한 도덕적 어프로치를 제공해 줄 수 있다. 신학적 용어로 비례주의는 훨씬 더 많은 "선"을 가능하게 하기 위해서 어느 정도의 "악"을 행하거나 용인하는 것이다. 비례주의는 완벽한 도덕적 혹은 이념적인 실현을 추구하는 사람들에게는 저주의 대상일 수도 있다. 그러나 인도주의적 개입이 인류를 위한 또 다른 십자군전쟁이 되어서는 안 되기 때문에 비례주의는 무자비한 원칙을 건전한 상식으로 완화시켜 줄 것이다. 선택은 우리 모두의 운명이다. 요컨대, 인도주의적 개입에의 유혹은 매우 강렬할 수 있지만 그러나 우리는 이카로스의 아버지 다이달로스(Daidalos)의 현명한 충고에 귀를 기울여야 할 것이다. "너무 높이 날지 말아라!" 그리하여 '이카로스의 비극"을 우리 스스로 자초하지 말아야 할 것이다.

701 유엔 평화유지활동의 또 다른 문제는 주둔 기간의 과잉연장 문제라 하겠다. 즉 일단 개입한 경우에 비용이 엄청난 평화유지활동을 얼마나 오랫동안 지속시켜야 하는가의 문제이다. 유엔 평화유지활동의 목표는 평화유지 임무의 단순한 지속이 아니라 생명력 있는 정치적 타결을 촉진시키는 것이다. 유엔은 일단 평화유지군을 파견하고 나면 그것을 종식시키는 노력에서 소극적인 것 같다. 이것은 장기적으로 유엔의 평화유지활동에 부정적 영향을 미칠 것이다.

제16장

유엔개혁운동과 일본의 새로운 국제적 역할

—반복할 때인가 아니면 전진할 때인가?

유엔은 자신의 국익을 옹호하기 위한 국가들의 포럼(forum)이며, 일본은 그 속에서 더 큰 발언권을 얻기 위해 노력할 기회를 놓쳐서는 안 된다.
—《요미우리신문》 사설, 2005. 8. 14.

유엔은 신학(theology)이 아닌 하나의 도구이다. 그것은 단지 우리가 가진 몇 개의 선택 영역 중에 하나이며, 항상 가장 중요한 것도 아니다.
—존 볼턴(John R. Bolton)

유엔만이 할 수 있는 일들이 있다. 그러나 한편 유엔이 잘 할 수 없는 일들이 점점 많아지고 있다.
—월터 러셀 미드(Walter Russell Mead)

세계 어딘가에서 갈등 상황이 발생할 때면, 세계 수백만 가정의 TV수상기를 통해 소위 CNN 요인이 작용해 왔다. 그리고 보통 다음과 같은 질문이 따라온다. "유엔은 뭘 하는 거야?" 유엔은 갈등이 발생한 지역으로 파병하여 처리할 것으로 기대되었고, 만약 그렇게 하지 않으면 유엔의 활동은 실패한 것으로 치부되었다. 유엔의 실체에 대해서는 정치집단이나 정부집단 그리고 학계에서조차도 거의 이해되지 못하고 있다.[702] 유엔에 대한 이러한 몰이해(沒理解)에도 불구하고, 2005년은 유엔이 60주년이 되는 해이며, 제2차 세계대전의 종전 60주년을 알리는 기념적인 해로 기록되고 있다. 일본은 이 60년이라는 것이 60주년을 주기로 하는 중국식 12간지(the Chinese zodiac)를 가지고 재출발을 표시하는 한국인들과 중국인들에게는 중대한 시점을 나타낸다는 것을 잘 알고 있다. 오랜 역사를 또다시 반복할 때인가 아니면 화살처럼 새로운 시대를 향해 앞으로 나아갈 때인가? 일본인들은 앞으로 역사의 어느 길을 택해야 할지 궁금해 하고 있다. 과거 국제사회에서 오랫동안 익숙해져 온 "저자세"(low-key)라는 편안한 길은 오늘날 엄청난 세계 경제대국이 된 일본에게 더 이상 가능하지 않다. 게다가 60년 전의 전승국들과 많은 개도국들로부터 세계적인 차원의 정치적 책임성과 지도력을 떠맡으라는 요청도 빗발치고 있다. 동시에 하늘 아래 보다 영광스러운 자리에 오르고 싶어 하는 일본인들은 인류의 영원한 의제인 국제평화와 안보, 세계개발, 그리고 인권에 대한 보편적 존중을 얻고자 하는 유엔의 시시포스적인 노력에 공헌하고, 결과적으로 그런 노력들의 주도적인 지위를 얻으려 하고 있다.

일본은 1956년 9월에 유엔의 80번째 회원국이 되었다. 이는 일본이 1993년 유엔의 전신(前身)인 국제연맹(LN)으로부터 스스로 "퇴장"(walk-out)한 이후,[703] 20년 이상의 국제적 고립에서 벗어나, 국제공동체로의

702 Benjamin Rivlin, "UN's Frustrating Quest for Peace," *Christian Networks Journal*(Spring 2005), p. 47.

703 역사적으로 보자면, 일본의 군국주의 추구와 제2차 세계대전에서의 패배가 국제연맹으로부터의 철수와 1930년대의 다자주의에 대한 거부의 시작이었다.

완전한 복귀를 의미했다. 그렇지만 일본은 때때로 소심하지만 공공연한 비밀인 유엔 안보리의 상임이사국 지위를 얻기 위한 욕망을 드러냈다. 일본이 과거 국제연맹규약(The Covenant of the League of Nations)에서 원래 5개 강대국에 속했던 상임이사국 회원이었다는 역사적 사실을 감안하면, 그것은 충분히 이해할 수 있는 일이다. 세계기구로부터의 오랜 배제는 세계기구의 후발자로 다시 "들어간" 이후, 헌법에 정식으로 기입되어 있는 일본의 평화주의 사상들의 화신이 된 유엔의 개념과 결합되어 일본인들에게 유엔에 대한 이상주의적인 관점과 애착이라는 특별한 감정을 심어 주었다. 일본 정부는 유엔의 새로운 회원국이 되자마자 다른 민주주의 국가들과 협력하고, 아시아의 일원으로서의 지위를 유지하는 것과 더불어, 세 가지 외교정책의 핵심 중의 하나로 "유엔중심적 외교"(UN-centered diplomacy)를 지지하기 시작했다.[704] 사실, 일본 헌법의 전문에는 일본이 세계의 평화 애호가들의 정의와 신념을 믿으면서 자신들의 안보와 생존을 유지할 수밖에 없다는 점뿐만 아니라, 국제사회에 영광스러운 위치를 차지하고자 하는 소망 또한 명시되어 있다. 그러나 동서 냉전의 대치와 일본의 미국 중심의 양자주의 외교정책으로 인해, 냉전체제가 끝날 때까지 상임이사국 자리를 공개적이고 노골적으로 지원하는 것이 허락되지 않았다.[705]

---

704 Glenn C. Hook, Julie Gilson, Chrisopher W. Hughes and Hugo Dobson, eds., *Japan's International Relations: Politics, Economics and Security*(London: Routledge, 2001), p. 310. 사실, 일본 정부는 냉전 시대 동안 그러한 혁신적인 정책을 추진할 수도 없었고, 할 의지도 없었다.

705 Reinhard Drifte, *Japan's Quest for a Permanent Security Council Seat: A Matter of Pride or Justice?*(Oxford: Macmillan Press, 2000), p. 50.

국제사회에서 "영광스러운 지위"(honored place)를 확보하기 위해,[706] 일본은 일찍이 1960년대 후반부터, 비록 공개적이지는 않지만 최소한 은밀하게 혹은 간접적으로 유엔 상임이사국이라는 "영광스러운" 목표를 성취하기 위해, 그리스 신화의 탄탈로스(Tantalos)처럼 계속해서 노력해 왔다.[707] 편안한 엘리트적인 위치에 있는 사람들이 존엄성의 문제에 그다지 신경 쓰지 않는 것처럼, 최상위 국가들 역시 국가의 명예나 위신에 대해 그다지 걱정할 필요가 없다.[708] 그들이 그럴 수 있는 것은 자신들에게 존경을 보이지 않는 사람들을 그들의 사회에서 막돼먹은 녀석들이나 혹은 불량국가로 치부하고 무시할 수 있기 때문이다.[709] 2

---

706 국제사회에서 일본의 지위를 평가하는 데는 몇 가지 기준들이 있지만, 유엔 안보리의 상임이사국이 가장 우선적인 기준이라고 말할 수 있다. 왜냐하면, 상임이사국이라는 자리는 한 나라의 국위(國威)를 강화시키고, 막대한 위치를 제공하며, 그 때문에 국제사회에서 공식적으로 "엘리트주의의 강대국 클럽"의 회원국으로 만들기 때문이다. 그렇지 않다면 왜 일본이 안보리의 새로운 상임이사국이 되어야만 한다는 문제를 둘러싸고 그러한 소란과 격렬함이 발생했겠는가?

707 1945년 6월 25일 유엔헌장이 체결되었을 때, 일본은 모든 서명국들과 전쟁 중이었다. 사실, 유엔헌장에는 "오늘날의 헌장에는 헌장의 서명국들과 2차 대전 동안 적국이었던 어떤 국가들과의 관련된 행동을 무효화하거나 막지는 않는다"고 언급되어 있는 구적국(舊敵國)조항(제53조, 77조 1항, 107조)에 일본에 대한 특별한 언급이 포함되어 있다. 일본에게 유엔에 가입하는 것과 "구적국"이라는 이미지를 지우는 것은 국제사회에서 긍정적으로 공헌하는 회원으로서 스스로를 재정의하려는 노력의 핵심이 되었다. 구적국조항은 비록 유엔총회에서 삭제를 승인했는데도 불구하고, 그 개정을 완성하기 위한 관료적 절차의 복잡성으로 인해 여전히 변하지 않고 남아 있다. 이 점에 대해서는 Michael J. Green, *Japan's Reluctant Realism: Foreign Policy Changes in an Era of Uncertain Power*(New York: Palgrave, 2001), pp. 196, 321, no. 8을 참고.

708 Ronald Dore, *Japan, Internationalism and the UN*(London: Routledge, 1997), p. 97.

709 국제관계학이 대부분 미국과 영국이라는 최강의 국가들에서 대학 학문 분야의

차 대전의 패자로서 일본인들 사이에는 안보와 경제적 이익은 말할 것도 없이, 국위(國威)를 향상하려는 강력한 욕망이 있었다. 그들은 유엔의 문을 통해 소위 "정상적인 강대국"(Normal Great Power)으로 되돌아가길 원했던 것이다.

1987년 나카소네 수상이 베네치아에서 열린 G-7정상회담에서 일본이 "준상임이사국"(quasi-permanent) 지위가 되어야만 한다고 제안한 이래로, 일본 외무성은 자국의 경제력이 보다 높이 평가받을 만한 가치가 있다는 점에 대한 일본 국민과 미국의 합의를 기다리면서 상임이사국이 되기 위한 토대를 쌓아 갔다.[710] 그러한 상황에서 곧 걸프전쟁이 발생해서 다국적 군대를 지원하라는 국제사회의 강력한 압력에 직면하자, 일본은 130억 달러의 재정적 공헌을 하기 위해 세금을 올렸다. 그러나 이런 엄청난 재정적 공여는 위험한 상황에서 인적인 파견을 하지 않았다는 이유로, 단순한 "수표장 외교"(checkbook diplomacy)라고 비난받았다. 1991년 6월 일본은 마침내 걸프만에 지뢰를 제거하기 위해 소해정을 파견하기로 결정했다. 그리고 이런 예상치 못한 일본 자위대의 파병은 작전상으로나 정치적으로 엄청난 성공을 거두었으며, 유엔 평화유지법을 위한 길을 열었다. 1991년 9월 국제평화협력법(the international peace cooperation law)이 일본 국회에서 통과되었다. 일본 자위대의 무력사용에 대한 능력은 법률상 엄격히 제한되었지만, 그것은

하나로서 발전해 왔다는 사실은 충분히 그럴 만한 가치가 있는 존엄성(dignity) 추구의 중요성이 왜 다루어지지 않는지를 설명해 준다. 그러나 투키디데스 시대 이후, 존엄성 혹은 명예(honor)는 안보나 이익과 더불어 외교정책의 중요한 동기 중의 하나로 인식되어져 오고 있다.

710 Michael J. Green, *op. cit.*, p. 202.

캄보디아와 그 이후 모잠비크, 골란 고원 및 다른 위험지역에서의 유엔 활동에 일본이 법적, 정치적으로 참여할 수 있는 발판이 되었다. 게다가 평화유지활동에 참여를 강화하기 위해, 일본은 인간안보, 경제 저개발, 환경오염 그리고 전쟁 이후의 "국가건설"(nation-building)과 같은 비군사적 성질의 국제문제 해결에 공헌하는 능력의 중요성을 계속해서 강조해 왔다.[711]

유엔 창설 50주년인 1995년은 일본에게 유엔 안보리 상임이사국이 되려는 진취적인 노력을 위한 목표 일정을 제공했다. 일본이 미국에게 안보리 상임이사국에 대한 한층 강력한 관심을 표명하기 시작했을 때 미국은 암묵적인 지지를 보내면서도, 일본이 지도적 위치에 서야 하며 스스로 자신의 주장이 정당함을 입증하라고 경고했다.[712] 1993년 클린턴 행정부의 출범과 동시에 취임한 매들린 올브라이트 유엔 대사는 일본의 상임이사국에 대한 희망을 보다 공공연하게 지지했지만, 또다시 일본이 거기에 들어가기 위한 자신만의 로드맵을 만들라고 주장했다. 또한 일본은 유엔총회가 1993년 "공평한 대표성의 문제와 안보리 회원국의 증가와 기타 안보리에 관련한 문제들에 관한 포괄적 실무위원회"를 창설했을 때, 예상하지 못했던 기회를 얻게 되었다. 1993년 7월 일본 외무성은 실무위원회에게 안보리에서 "가능한 한 최대한의 역할"을 수행하고자 하는 의도를 밝히는 정책안을 마련했다.[713]

---

711 Bardo Fassbender, *UN Security Council Reform and the Right of Veto: A Constitutional perspective*(The Hague: Kluwer Law International, 1998), p. 243.

712 Michael J. Green, *op. cit*.

713 *Ibid*., p. 204.

일본 외무성은 왜 일본이 유엔 안보리 상임이사국이 되어야 할 시점에 왔는지에 대해 4가지 논거를 발표했다.[714] 첫째, 유엔 안보리는 비핵국가를 필요로 한다. 둘째, 일본은 유엔 평화유지활동에 참여하고 있다. 셋째, 일본이 유엔 예산의 막대한 분담을 하고 있는 만큼 더 많은 정치적 대표권이 주어져야만 한다. 넷째, 다른 유엔 안보리 이사국들과 비교해 일본은 군사력을 증강하거나, 핵무기를 개발하지 않을 것이다. 그러나 그런 주장에도 불구하고 1995년 목표 일정은 아무런 성과 없이 지나갔다. 주요 장애물은 안보리 개혁 자체의 복잡성이었다. 포괄적 실무위원회는 97년 이후에 유엔 안보리를 지금의 5개국에 다른 주요국들을 포함시켜 15-24석으로 확대시키자는 라잘리 이스마일(Razali Ismail) 위원장의 구체적인 개혁 방침에 동의할 수 없었다. 그리고 이것은 당시 일본과 독일이 상임이사국이 되는 것은 기꺼이 받아들이나, 안보리의 주요확장에 대해서는 반대하던 미국 및 기존 상임이사국들로부터의 차가운 반응을 받았다. 국제사회의 요구사항이 보다 다양하게 되고 그에 따라 다양한 역할을 수행하기 위해, 안보리의 여러 문제들, 즉 업무수행, 구성, 거부권 등에 대한 개혁 압력이 점차 증가했음에도 불구하고 유엔의 개혁 움직임의 기운은 그때 이래로 얼마간 사라졌다. 개혁에 대한 압력이나 움직임도 안보리의 운영방식을 점차 공개적으로 바꾼 것 이외에는 거의 변화시키지 못했다. 그런데 갑자기 코피 아난 유엔 사무총장이 역사적인 2002년 〈유엔 새천년 보고서〉(UN Millennium Report)에서 다음과 같이 안보리 개혁의 필요성과 시급성을

714 "Bidding for UN seat," *Japan Economic Journal*(June 13, 1994).

발표했다.

> 유엔은 스스로 변화된 시대에 적응해야만 한다. 하나의 중요한 영역은 〔…〕 안보리의 개혁이다. 안전보장이사회는 효율적으로 작동해야만 하지만, 또한 의심할 여지없는 정통성(legitimacy)을 지니고 있어야 한다. 이런 두 기준은 해결책이 모색되어야 하는 시간이 한정되어 있다. 나는 회원국들이 더 이상 지체하지 말고 이런 도전에 매달리도록 촉구한다.[715]

개혁의 필요성은 이미 2000년 9월 제55차 유엔총회에 즈음하여 유엔 회원국들이 표명했던 "모든 면에서 안보리의 포괄적인 개혁을 달성하기 위해 우리의 노력을 강화하자"는 결의안에서 나타났었다.[716] 그럼에도 불구하고 코피 아난 사무총장은 자신의 보고서에서 안보리 개혁의 연기된 과정을 다시 말해야만 했다. 그는 "세계의 많은 사람들이 안보리의 규모와 구성이 불충분하게 대표되고 있다"고 여긴다는 사실에도 불구하고, 유엔에서 거의 10년 가까이 개혁이 논의되어 왔는데도 회원국들은 여전히 안전보장이사회 회원국의 증가를 허용하는 방책을 교묘히 피하고 있다고 개탄했다.[717]

2005년 3월 사무총장은 〈더 큰 자유 속에서—개발, 안전 및 모두를

715 Kofi Annan, *We, the People: The Role of the United Nations in the 21st Century*(New York: United Nations Publications, 2002), p. 69.

716 A/RES/55/2

717 Strengthening of the United Nations: An Agenda for Further Change, A/57/387

위한 인권〉(In Larges Freedom: Towards Development, Security, and Human Rights for All)이라는 제목으로 유엔개혁에 대한 자신의 광범위한 계획보고서를 내놓았다. 사무총장은 그가 안보에 대해 위탁했던 두개의 보고서, 즉 2004년 12월의 위협과 도전, 그리고 변화에 관한 고위급 패널팀의 보고서인 〈보다 안전한 세계—우리의 공동책〉(A More Secure World: Our Shared Responsibility)과, 2005년 1월에 배달된 〈개발에 투자—새천년 개발 목표 달성을 위한 실질적 계획〉(Investing in Development: A Practical Plan to Achieve the Millennium Development Goals)이라는 제목의 새천년 프로젝트팀의 보고서에 스스로 응답을 제시했던 것이다. 고위급 패널의 101 개혁 권고사항은 모든 유엔활동의 전체 범위에 해당하는 것이었고, 만약 그것이 시행되었다면, 유엔의 효율성과 효과는 매우 강화될 수 있었다. 그 보고서의 가장 혁신적인 제안들은 억압과 위협 속에서 붕괴로 치닫고 있는 국가들의 문제에 초점을 맞추는 것을 핵심기능으로 하는 "평화구축위원회"(A Peacebuilding Commission)[718]의 창설, 평화와 안보 문제에 책임을 지는 부사무총장직(Deputy Secretary-General)의 창설, 소멸해 가는 군사위원회의 폐지, 개도국에

718 "평화구축"은 안보와 발전이라는 두 의제를 연결해 주는 교각이다. Ramesh Thakur, "Freedom From Fear: Effective, Efficient, and Equitable Security" in Paul Heinbacker and Patricia Goff, eds., *Irrelevant or Indispensable: The United Nations in the 21st Century*(Waterloo, Ontario, Canada: Wilfrid Laurier University Press, 2005), p. 120. Ramesh Thakur에 의하면 평화구축을 위해서는 2억 5천만 달러가 고정된 기금이 되어야 할 것이다. 다음을 볼 것: Ramesh Thakur, "U.N. Reforms: An Asian Perspective," a paper presented at p. 14; Report of the Secretary General, "In Larger freedom: Towards Development, Security, and Human Rights for all," A/59/2005(March 21, 2005).

게 보다 큰 대표성을 부여할 뿐만 아니라 유엔에 재정적, 군사적, 외교적으로 가장 공헌하는 국가들을 포함시키기 위한 안보리 회원 자격의 개혁이었다.[719]

사무총장은 처음부터 유익한 견해와 그렇지 못한 견해를 동시에 받아들여서 이런 비전이 유엔 전체에 채택되어져야만 한다고 주장하는 것으로 보아, 마치 유엔의 미래를 이런 개혁계획에 건 것 같다. 예전에는 결코 사무총장이 유엔 최고의 정부 간 정치기구의 개혁에 그렇게 확고히 자신의 이름을 건 적이 없었다. 안보리의 개혁은 그의 전임자들이 현명하게 개입하려고 하지 않았던 영역이다.[720] 이 개혁계획에서 일본은 무엇보다도 안보리의 확대에 가장 큰 관심을 가지고 있다. 일본에게 하늘이 내려 준 기회가 왔고, 일본 정부는 유엔 개혁계획에 대한 사무총장의 마차에 편승했고, 개혁 움직임을 촉진하기 위해 모든 노력을 경주해 왔다.

패널이 제안하고 사무총장이 지지한 유엔개혁이 달성되면, 유엔의 평화와 안보에 대한 추구는 덜 좌절될 수도 있으나, 이것이 쉽게 달성될 수 있다고 생각하는 것은 환상이다. 왜냐하면 헌장의 정식 수정은 총회의 3분의 2의 찬성과 안보리 상임이사국 5개국을 포함한 유엔총회 회원국 전체의 3분의 2의 비준이 필요한 만큼 달성하기 힘들다. 사무총장이 제안한 상임이사국의 기준은 재정적 혹은 군사적 공헌에 있어서 이미 공동의 노력에 커다란 도움을 준 그런 회원국들에게 보상하려 한

719 Benjamin Rivlin, *op. cit.*, pp. 49-50.

720 Edward C. Luck, "The UN Security Council: Reform or Enlarge?" in Paul Heinbecker & Patricia Goff, eds., *op. cit.*, p. 143.

다. 한편으로는 이것은 공평하게 보이며 상식적이다. 그러나 다른 한편으로, 만약 추천된 상임이사국들이 그런 자리 없이도 이미 주요 공헌을 해 왔다면, 왜 그들은 훨씬 더 많은 공헌을 할 수 있는 위치에 있어야 하는가 아니면 일단 상임이사국 지위를 얻은 후에도 그렇게 공헌할 이유가 어디에 있겠는가? 공평성의 견지에서 보았을 때, 그 기준은 매력적이지만 새로운 상임이사국 회원을 추가하는 것이 유엔의 집단적 행동을 위한 실제적인 새로운 자원들을 창출할 것이라는 주장은 지나치게 낙관적이다.[721] 현 상태에서 대부분의 회원국들은 유엔개혁의 문제에서 자국의 국익을 추구하는 데 있어서 오늘날의 세계에서는 상호의존 없이는 독립도 없다는 것을 믿으면서, 모두의 이익을 위한 공동선을 향상시키기 위해 타국과 협력해야만 한다는 것을 깨닫지 못하고 있다.

60년 전에 유엔이 무엇이 되고 무엇을 하도록 창설되었는지와 지금의 유엔이 실제적으로 무엇이 되었고 무엇을 하고 있는지를 비교한다는 것은, 유엔체제에 대한 가장 인식력 있는 논평자나 가장 근면한 학생들마저도 초라하게 만들 것이다. 1945년 고안된 유엔헌장은 세계적 통치의 본질적인 요소들을 경제적, 사회적 문제들에 제공하는 프로그램뿐만 아니라, 헌장 원문에는 포함되어 있지 않은 관행이나 수단, 다시

721 Edward C. Luck. *op. cit.*, p. 150. 일본의 경우, 안보리 상임이사국 자격이 없으면, 일본의 유엔에 대한 공헌은 줄어들 위험이 있다. 후쿠시마 아키오(Fukushima Akiko)는 일본의 역할과 공헌 사이의 비대칭적인 관계는 일본 내 유엔 지지자들에게 반감을 가져올 것이라고 경고한다. 미국 의회와 같이, 일본의 중의원은 일본이 안보리의 자리를 제공받을 때까지는 일본의 공헌이 옳지 않다면서, 유엔을 위해 일본의 납세자의 돈을 사용하는 것을 허락하지 않을 것이다. Fukushima Akiko, *Japanese Foreign Policy: The Emerging Logic of Multilateralism*(New York: St. Martins Press, 1999), p. 182 참고.

말해, 평화유지군이나 평화를 위한 협력 등을 주권국가의 기구가 받아들일 만큼 충분히 유연하게 되었음이 지난 수년간 증명되었다. 세계적 통치라는 것은 국제공동체가 자신의 공동의 문제를 관리하는 다양한 방법들을 통틀어서 말하는 것이며, 다양한 이해관계를 받아들이고 국제적 수준에서 협력적인 자세를 취하는 과정이다. 요컨대 로렌스 핑켈슈타인이 정의한 것처럼, "세계적 통치는 주권 당국 없이 국경을 초월한 관계들을 통치하는 것이며, 국내에서 정부가 하는 것을 국제적으로 하는 것이다."[722]

유엔은 세계적 통치에 깊이 관련되어 있지만, 세계정부는 아니다. 이 두 개념의 구별은 유엔을 이해하는 데 결정적이다.[723] 50년 전 랠프 번치(Ralph J. Bunche)가 지적했듯이 유엔은 행정부나 입법부가 없다. 따라서 유엔은 세계정부도 아니며, 나아가 그것과 비슷한 상태에 있지도 않다.[724] 그러나 오늘날과 같은 세계적 상호의존 시대에 유엔 정치의 집단적 과정이 세계정치 환경에 영향을 줄 수 없다고 주장하는 것은 분명 옳지 않다. 그러나 유엔체제는 여전히 주변 환경에 훨씬 더 의존적이다.[725]

---

722 Lawrence S. Finkelstein, "What is Global Governance?" *Global Governance*, vol. 1, no. 3(September-December 1995), p. 369.

723 James P. Muldoon, Jr., *The Architecture of Global Governance*(Boulder, CO. : Westview Press, 2004) 참조.

724 Ralph J. Bunche, "The Attack on the UN," *The Progressive*(June 1953).

725 Ernst Haas, "Dynamic Environment and Static System: Revolutionary Regimes in the United Nations," in R. Gregg and M. Barkun, eds., *The United Nations System and its Function: Select Readings*(Princeton: Van Nostrand, 1968), p. 172; Stanley Hoffmann, "International Organization and the International System,"

한국전쟁 이후 40년 동안 실질적으로 마비되어 있었던 유엔 안보리는 냉전의 종식과 더불어 기능하는 제도로 다시 등장하기 시작했다. 1990년, 안보리에게 미국주도의 회원국 연합에 의한 무력 사용의 권한을 부여하도록 촉구했던 이라크의 쿠웨이트 침공과 합병은 "헌장으로의 복귀"(back to the Charter)라는 기치하에 안보리에서 "도취된 시대"를 가져왔다. 이라크의 부분적인 무장해제를 도모하고, 이라크 소수 종족의 보호를 조장하며, 쿠르드인들에게 인도주의적인 원조를 제공하기 위한 이라크에 대한 안보리의 결정은 그들 자신들의 권리에서 뿐만 아니라 많은 점에서 선례가 되었다는 점에서 중요했다. 안보리는 이라크에 대한 결정이 성공적으로 수행되었기 때문에 유엔 평화유지활동에 있어서의 제약과 제한들이 사라졌다고 믿는 것 같았다. 그러나 그 이후 안보리는 국제 평화와 안보에 있어서 유엔의 창시자들도 전혀 예상하지 못했고, 유엔이 거의 경험하지 못했던 위협들인, 시민전쟁과 공동체간의 분쟁이라는 어두운 바다 속으로 뛰어들었다. 다른 말로 하자면, 유엔 안보리의 의제는 다방면에 걸쳐 확장되었고, 유엔에게 기대되는 역할이 다양화되고 복잡하게 되었다.

유엔 안보리가 마침내 성숙했다는 세계적인 합의가 생겨나기 시작하자, 1992년 1월 31일 안보리의 첫 번째 정상회담이 열렸다. 그리하여 부트로스 갈리 당시 유엔 사무총장은 앞으로 직면할 군사적 갈등들을 미리 막기 위해 유엔 평화유지군의 "예방적 배치"(preventive deployment)와 사무총장의 지휘하에 신속히 배치될 수 있는 독립적인 유엔군

---

in *Janus and Minerva, Essays in the Theory and Practice of International Politics*(Boulder: Westview Press, 1987), chapter 14.

의 창설을 지지하는 〈평화를 위한 의제〉(An Agenda for Peace)라는 야심적인 문서를 만들었다. 그러나 유엔 평화유지군이 보스니아와 소말리아에서 패배하여 오히려 기대했던 것과 반대의 결과를 얻게 되고, 잇달아 몇 십 년 만에 유엔의 가장 우둔한 실패인 르완다에서의 대량학살을 막지 못하는 무능력을 보였다. 심지어 열성적인 부트로스 갈리 사무총장조차도, 〈1995년 평화를 위한 의제에 대한 보충서〉(The Supplement to an Agenda for Peace)에서 유엔이 보다 제한된 평화구축과 평화유지 임무를 다루도록 재촉받는 현 상황에서는, 어쩌면 아주 제한된 규모의 경우를 제외하고는 유엔이 작전을 배치하고 직접적으로 지시 · 지휘 · 통제하려는 시도는 어리석은 일이 될 것이라고 시인해야만 했다.

그러나 유엔과 안보리에 대한 사망진단서가 씌어지지는 않았다. 2차 세계대전의 잿더미 속으로부터 5개 전승 연합국들에 의해 유엔이 창설된 이래, 60년의 시간은 이제는 유엔의 정치과정에서 고려해야만 할 일본, 중국, 독일의 경제적, 정치적, 기술적, 군사적 부활과 성장을 가져다주었다. 중국(PRC)은 1971년 안보리 상임이사국 자리를 얻었다. 독일과 일본은 비록 미국과 일종의 상임 동맹관계를 유지해 왔지만, 지금까지 비상임이사국 지위에 머물러 있다. 어떤 의미에서, 유엔은 원래 그 국가들의 군사적 침략의 재발을 막기 위해 만들어졌기 때문에 그것은 충분히 이해할 수 있는 일이다. 그러나 유엔은 국제평화와 안보를 위한 보편적 기구임을 천명해 오면서, 1956년과 1973년에 일본과 독일을 각각 합법적인 회원국으로 받아들였다. 두 국가는 모두 개도국들에게 경제적 원조의 주요 공급원이 되어 왔다. 두 국가는 자신의 경제력을 바탕으로, 그리고 유엔과 그 확대 프로그램에서 공헌하기 위해 몇

십 년 동안 지원의 양을 늘려 온 점을 바탕으로 안보리 상임이사국 자리를 주장하고 있다.

우리의 세계화 시대 그리고 그에 따른 세계적 통치의 시대에서, 세계적 차원의 민주적 과정의 부족으로 인해, 여전히 거의 주목받지 못하는 힘의 한 형태는 발언권(voice)과 투표권(vote)에 수반하는 힘이다. 유엔은 초기의 51개국에서 192개국으로 성장했다. 이런 성장은 전통적인 외교방식들에서는 거의 힘이 없는 개별적 국가들도 총회를 여는 것을 통해, 전통적인 강대국들 아니 초강대국들에게 "의회적" 압력을 행사하려는 토의를 통해 자신들의 발언권과 투표권을 모을 수 있는 포럼의 확장을 동반했다.[726] 그러므로, 그러한 일종의 "입법적인" 과정은 직접적인 입법을 의미하는 것은 아니지만 정통성에 대한 신뢰를 축적하는 효과를 발생시킨다.[727] 이것을 조셉 나이가 말하는 "연성권력"[728]이라고 부를 수 있을 것이다. 그것은 로버트 콕스(Robert Cox)가 "일반적인 문제들에 대한 광범위한 동의를 이끌어 내어 국제적 레짐을 형성하는 것"이라고 표현했던 보편적 기구의 능력이다. 유엔체제의 세계정치 속에서 국제 레짐과 그들의 연성권력은 강제하는 능력에 못지않게 효과적이다. 여기서 논점은 유엔체제가 일종의 세계정부가 되려 한다는 것이

---

726 유엔체제가 시작된 이래로 유엔체제에 가입한 대다수의 국가들에게 1국 1표 원칙을 기본으로 하는 다수결원칙의 확장은, 좋든 나쁘든, 절차적인 혁명이 되었다.

727 Lawrence S. Finkelstein, ed., *Politics in the United Nations, System*(Durham: Duke University Press, 1988), pp. 18-19.

728 Joseph S. Nye, Jr., *Bound to Lead: The Changing Nature of American Power*(New York: Basic Books, 1990), pp. 31-33 and "Soft Power," *Foreign Policy*, no 80(fall 1990), pp. 166-171.

아니다. 오히려 유엔은 대규모 군사력의 사용 능력이 없는 반면에, 정통성을 부여하는 데 유일한 능력을 가지고 있음을 강조하고자 함이다. 앞으로 워싱턴이 국제적 여론에 부딪히고 이라크에서 스스로 자초한 어려움을 경험하게 된다면, 미국은 보다 긍정적 관점에서 유엔을 보게 될 것이다.

그러나 안보리와 일반적 유엔체제는 미국을 필요로 한다. 그렇지만 오늘날 그리고 향후 미국은 얼마나 안보리를 필요로 할 것인가? 대부분의 다른 안보리 상임이사국들과는 다르게, 미국은 상임이사국이라는 자리로부터 자신의 초강대국 지위를 얻고 있지 않다. 미국은 도움이 필요할 때나 필요한 곳에 안보리를 기꺼이 이용해 왔지만, 군사적 개입에서는 다른 국가들의 어떠한 작전 개입도 필요로 하지 않는다. 그럼에도 불구하고 미국은 자신이 위험한 시도를 할 때나 하는 곳에 참가국들을 격려할 일종의 "안전망"으로 안보리를 계속 가치 있게 평가할 것이다. 지난 10년 동안의 미국과 안보리의 관계를 회고해 보면, 미국이 이따금씩 안보리를 전진시킨다는 것을 알 수 있다. 미국은 탈냉전 환경 속에서 안보리가 할 수 있는 대응을 확대시킨 안보리의 실천적 혁신을 지원했던 것이다. 그러나 다른 측면에서 보면, 동일하고 또 비슷한 문제에서 미국은 안보리의 노력을 손상시키고 또 자국이 도와 창출한 바로 그 적실성을 감소시킨다. 미국은 일관성이 없었으며 그리고 종종 자국이 도와서 이룩한 바로 그 변화에 반하게 행동해 왔다.[729] 안보리는 미국

---

729 이러한 안보리에 대한 미국 정책의 모순적인 역동성의 역설은 시간과 이슈에 따라 좌우되고 의존하는 서로 다른 요소들과 더불어서 여론, 국회의 행동주의, 행정 각처 등의 여러 가지 복잡한 혼합을 통해 이루어지는 미국 정책결정 과정의 부

의 이익에 영합하기를 강요했으며, 그러한 안보리의 업적은 약화시키고 적실성을 유지하려고 애쓰는 정통성을 손상시켰다.

그러므로 가장 명백한 문제는 안보리에서 삼손 같은 거인인 미국을 어떻게 다루는가이다. 미국은 군사력 및 경제력을 소유하고 있으며, 쌍무적 외교나 때로는 일방적인 힘의 사용을 통해 보다 쉽게 국가적 목표를 달성할 수 있다는 것을 알고 있다. 미국과의 특별한 대접받는 관계가 많은 국가들의 분별 있는 정책적 목표가 될 것이기 때문에, 미국은 그러한 양자적 협상을 위한 파트너를 쉽게 찾을 수 있을 것이다. 그러나 미국은 유엔이라는 다자적 체제에서 손을 떼지 않았다. 세계무역기구(WTO)나 브레턴우즈기구들에서와 같이, 유엔에서도 매우 적극적인 역할을 하고 있다. 그러나 미국은 일반적으로 협상에 있어서 자신의 행동을 제약하는 것은 피하며, 국제기구 사무국들의 어떠한 강화도 반대하는 자세를 취하고 있다. 안보리가 직면하고 있는 주된 도전은 안보리의 주변부화나 혹은 종종 안보리의 포섭을 위협하는 미국과 다른 이사국들 간의 위험한 관계를 지속할 것인가이다. 안보리는 더 강한 국가들을 규범과 제도 안에 옭아매는 것이 보다 약한 국가들의 이익이다. 안보리가 다른 상임이사국들에게는 미국의 힘을 봉쇄하고 관리하는 포럼으로 여겨져 왔지만 미국은 번번이 그런 노력에 강력히 저항할 것이다. 미국인들의 국익의 관점이 때로는 다른 나라와는 다르다는 것은 아주 이해할 만한 일이다. 안보리에서 다른 상임이사국들의 관심은 정도는 다르지만 미국이라는 초강대국을 규제하고자 희망한다는 측면에서 일

산물이었다.

치한다. 왜냐하면 부분적으로 그들은 미국이 행동의 구속 없이 이권을 자유로이 추구하는 것이 그들 자신의 이해와 충돌할 수 있다는 것에 두려움을 느끼며, 또 부분적으로는 국제적 영향력의 면에서, 그들 자신의 자리와 거부권을 강화하고자 하기 때문이다. 이 후자의 경우는 더 이상 강대국 반열에 들지 않는 프랑스나 독일에게 특히 해당된다. 어떤 측면에서 안보리는 인도(전 세계 인구의 17퍼센트)와 일본(세계 생산량의 14.3퍼센트)과 같은 주요 강대국들이 여전히 배제되고 있는 반면, 과거의 세계 강대국들의 "은퇴자를 위한" 집의 성격이 너무 많다.[730] 2001년 9월 11일, 정신이 번쩍 들게 하는 시간이 미국에게 난폭한 죽음에 대한 공포와 자신의 취약성에 대한 새로운 정서와 인식을 불어넣어 주었다. 이것은 〈미합중국의 2002년 국가안보전략〉(the 2002 National Security Strategy of the United States of America)에 요약되어 있다. 이것은 미국에 가장 커다란 위험이 강대국의 공격으로부터 오는 것이 아니라 실패한 국가로부터 온다고 지적하고 있다. 이것은 미국의 힘을 제한하고자 하는 안보리와 국제사회에서의 못된 시도들을 보다 의심하게 해 주었다. 그러므로 미국이 안보리의 효율성과 능률을 침해할 가능성이 있는 보다 "중립적인" 강대국들을 안보리에 포함하는 것을 원하지 않는 것도 충분히 이해할 수 있는 일이다.

모든 것을 고려해서 보면, 결국 미국은 안보리의 5개 상임이사국 구

730 Walter Russell Mead, *Power, Terror, Peace and War: America's Grand Strategy in a World at Lisk*(New York: Alfred A. Knopf, 2004), p. 133. 안보리는 점차 무능력해지고 있는데, 그것은 아시아의 일본과 인도는 배제된 반면, 유럽의 국가들이 (5개의 비토국 중 3개국) 지배하고 있기 때문이다. 효과적이 되기 위해서는, 제도들은 힘의 현실을 반영해야만 한다. 안보리는 지금 그렇게 하지 않고 있다.

조를 지속하려고 하는 한편, 안보리를 자신의 외교정책의 통로로 삼을 것인지 아닐지를 사례별로 평가할 것이다. 이런 미국의 안보리에 대한 도구적이고 기회주의적인 접근방법은 안보리를 어지럽게 하겠지만, 미국 외교정책의 도구가 아닌 안보리는 국제연맹의 경우와 같이 아마도 비효율적이 될 것이다.

안보리 회원국 특히 상임이사국들이 협력한다면 안보리는 많은 일을 할 수 있다. 하지만 그들의 의견이 분열되었을 때 안보리는 종종 정부 간 비타협에 대한 희생양이나 독단적으로 행동하는 강대국 정부를 위한 구실로 전락한다. 유엔의 장단점은 상임이사국가들 간 합의에 달려 있다. 이상적으로, 안보리 상임이사국들은 안보리 안에서 함께 일할 때 책임감 있고 집단적이 될 수 있다. 그러나 실제로도 안보리는 책임감 있게 행동하거나 혹은 집단적이나 둘 중 하나일 수밖에 없다. 그들이 책임감 있게 행동하고 있다는 것은, 그들이 자국을 위한 대사로서 개개국의 국익에 따라 행동하고 있다는 것을 의미한다. 그러나 그들이 집단적으로 행동하려 할 때에는 그들은 자신이 책임을 져야 한다. 그들이 공동으로 국익을 향상시키기 위해 협력할 수 없을 땐, 대표성이나 혹은 책임성이 침묵하게 되며, 또 집단성도 침묵한다. 다시 말하면, 안보리의 대표성과 효율성 사이는 교환 관계(trade off)가 있다. 그러한 문제는 대부분의 나라들이 소위 말하는 4개국 집단 즉 G-4(브라질, 독일, 일본, 인도) 국가들과 53개 아프리카 연합으로 대표되는 안보리의 확대 문제에 있어서 자국의 이익을 최대화하는 데 맞추어 안보리 개혁계획안을 전개시켜 온 지금의 안보리 개혁 과정에서 명백하게 나타나고 있다. 유엔은 서로 다른 국민들에게 서로 다른 것을 대변한다. 유엔개혁도 마찬가지이다. 다른 회원국들은 각기 다른 요구를 한다. 최빈국들은 유엔이 세계무역을 위한 조건을 공평하게 하고, 부채를 경감하고, 부유국들에게 개발원조 약속을 이행하게 하는 등의 개발문제에 보다 관여하길 원한다. 반면, 부유한 국가들은 유엔이 부패척결, 더 큰 책임성, 보다 사적 영역의 이니셔티브, 더 나은 정부와 빈부 국가 사이의 안정적 동반자 관계를 고집하길 원한다. 서양은 지금의 유엔 인권위원회가 다르푸르(Darfur)와 같은 위기가 발생했을 경우에는 비효율적이며 행정적으로 뒤처지고 지나치게 정치화되었다고 간주한다. 그러나 보다 강력한 개입을 위한 더 큰 힘과 비상통치권을 가진 훨씬 더 강력한 상설 인권위원회를 제안한 오늘날의 개혁은 세계 곳곳에 있는 독재자들과 부정축재한 지도자들에게 경종을 울리고 있다.[731] 테러리즘에 대한 문제 역시 서양과 무슬림 세계를 가르고 있다. 미국은 모든 형태의 테러리즘을 일괄적으로 비난하는 것을 부정하는 세계공동체는 높은 도덕적 토대를 잃었다고 주장한다. 그러나 아랍 측은 "국가" 테러리즘을 포함하고 또 정당한 "저항"을 허용하는 정의를 원한다. 많은 회원국들은 지금의 개혁 마차에 편승하는 데 주저할 것이다. 그러므로 유엔에게 변화는 쉽게 오지 않을 것이다.

코피 아난 사무총장의 과감한 개혁계획은 안보리의 역사, 진단 그리고 처방에 있어서 결함을 가지고 있다.[732] 첫째, 사무총장의 보고서는 안보리가 "오늘날의 지정학적 현실을 보다 잘 반영할 뿐만 아니라 국제공동체 전체의 보다 더 많은 대표성을 필요로 한다"[733]는 상식적인 말

731 Michael Binyon, *The Daily Yomiuri*(August 26, 2005).

732 Edward C. Luck, *op. cit.*, p. 143.

을 되뇌고 있다. 이런 주장은 유엔 공동체 내에서 매우 자주 그리고 여러 번에 걸쳐 반복되어 왔기에, 더 이상 아무도 왜 유엔헌장이 안보리는 말할 것도 없고 유엔의 어떤 기관을 서술하는데 "대표적" 혹은 "민주적"과 같은 용어를 사용하지 않는지를 묻지 않는다. 1945년 샌프란시스코에 모인 강대국들에게 가장 큰 관심은 과거 국제연맹 안전보장이사회의 결점, 즉 평등권, 합의 규칙들, 그리고 1930년대 중반 즉 제2차 대전의 전야에 가장 많이 늘어난 이사국 수 같은 결점을 회피하는 것이었다. 그들은 안보리가 대표성을 띄어야 하며 민주적이거나 평등성이 있어야 한다는 개념을 명시적으로 거부했다. 시대가 안보리보다도 훨씬 더 많이 변한 것은 사실이다. 따라서 안보리의 구성과 절차들이 급격하게 변경되어야 할 필요가 있다고 주장하는 사람들은 창설개념을 부활시키는 것이 아니라 뒤집으려 한다는 것을 인정해야 한다.[734]

국제 평화와 안전에 대한 안보리 상임이사국 후보국의 공헌에 관한 제23조 1항의 사항들을 충족하는 상임이사국 자격 기준에 관해서 말한다면, 샌프란시스코회의에 앞서 미국, 영국, 소련에 의해 선발된 5개 상임이사국들은 세계에서 가장 힘 있는 나라들이었다는 것을 근거로 선택된 것이 아니었음을 상기해야 한다. 당시 프랑스와 중국은 그런 강대국이 아니었지만 그러나 그들은 파시즘에 대항한 전쟁에 주요 동맹국이었다. 그 시점에서 유엔은 초기의 세계의 보편적인 기구가 아니라 하나의 동맹체제였다. 만약 안보리가 그 구성원의 확대에 따라 보다 강하

733 Report of the Secretary General, "In Larger freedom: Towards Development, Security, and Human Rights for all", A/59/2005(March 21, 2005).

734 Edward C. Luck, *op. cit.*, p. 144.

고 더 효율적이게 된다면, 왜 사무총장은 인권위원회가 더 실천력 있고 믿을 수 있게 되기 위해서 그 규모를 줄어야 한다고 말하는가?[735] 보다 작은 것이 때로는 더 낫다는 것은 창설자들의 주장이었다.

둘째, 사무총장의 표현을 인용하자면, 안보리의 구성이 "시대착오적이거나 혹은 불충분하게 대표되었다"라는 정서가 확대되고 있다.[736] 그러나 정치적 인기나 정서는 유엔의 가장 중요한 기관을 급격히 변화시킬 만큼 충분한 근거가 되지 않는다. 특히 안보리 확장에 대한 초창기의 압력이 상임이사국 자리에 대한 열망에 의해 생겨났다는 점에서 볼 때, 안보리가 당시에 실제적인 영향력을 가지고 있다고 믿었던 유엔 기관이었기 때문에, 상임이사국이면 정치적이고 심리적인 이익을 누릴 수 있다는 인상이 만연해 있었음을 증명해 준다.[737] 유엔의 다른 기관들에게는 그러한 재촉을 하지 않았다는 사실이 그 증거이다. 그럼에도 불구하고 사무총장과 고위급 패널은 안보리가 빈약한 상태에 있으며 그것의 정통성과 신뢰성이 낮고 또 하락하고 있으며, 따라서 힘의 현실이 이사회 테이블에 일단의 새로운 행위자들을 요구한다는 진단을 내놓았다. 그러나 실제로 안보리는 지난 15년 동안의 활동들, 즉 결의안이나 성명서를 통해, 푸른 헬멧의 평화유지군의 파병을 통해, 그리고 많은 사건들이 있었음에도 거부권이 행사되지 않았음을 통해 보았을 때 오히려 그것의 정점에 도달하고 있었다. 사무총장은 안보리의 문제들은 정치적이기보다는 제도적인 것이라고 주장하는 것 같다. 만약 안

735 *Ibid.*, p. 145.

736 Report of the Secretary General, *op. cit.*, para. 165.

737 Edward C. Luck, *op. cit.*, p. 145.

보리 이사국이 24개국으로 증가한다면, 그 24개 회원국들이 최근 이라크에 대한 합의를 낼 수 있었을 것 같은가? 개혁은 정치적 파편화가 아니라 정치적 수렴이 따라야 한다.[738] 게다가 사무총장의 보고서에서는 국민이 지독히 학대당하는 경우에, "보호할 책임의 독트린"과 보다 주도적이고 주의적인 입장을 승인하고 있다. 그러나 상임이사국 지위를 원하는 4개 국가들(G-4) 중 2개국(브라질, 인도)은 그러한 인도주의적 개입을 명백히 반대하는 국가들이며, 다른 두 나라(독일, 일본)도 그런 작전들에 참가하는 데 있어서 정치적 혹은 헌법적 제약들을 가지고 있다.[739] 그러나 가장 흥미를 끄는 언급들은 "오늘날의 지정학적 현실"(geopolitical realities of today)[740]에 관한 것과 "오늘날의 세계에서 힘의 현실"(the realities of power in today's world)[741]에 관한 것이다. 우리는 소위 단극체제 속에서 살고 있다. 심지어 경제에 있어서도 미국은 제2의 경제대국인 일본 GNP의 2.5배에 달한다. 안 그래도 강성권력이 집중되어 있는 마당에, 왜 상임이사국의 수를 두 배 이상 늘려야 하는 것인가?[742] 사무총장의 주장은 설득력이 없다. 안보리의 확대를 위한 개혁계획은 오늘날의 힘의 현실을 반영하는 것이 아니라, 오히려 그것을 부정하거나 반대하는 것으로 들린다.

셋째, 사무총장의 보고서는 확대된 안보리가 어떻게 자신의 임무를

738 *Ibid.*, p. 146.
739 *Ibid.*, p. 147.
740 Report of the Secretary General, *op. cit.*, para. 168.
741 *Ibid.*, para. 169.
742 *Ibid.*, p. 147.

수행해 나가며 혹은 새로운 이사국들이 상임이사국 자리를 얻자마자 어떻게 행동할 것인지에 대해 많은 관심을 보여 주지 않는다. 단순히 안보리 이사국의 수를 늘리는 것은 그 기능을 향상시켜 주는 것은 아니다. 게다가 지역을 기준으로 뽑은 안보리의 새로운 이사국들이 그 지역의 주변국들이나 혹은 다른 나라들에게 대표국가라고 인정받는 것도 아니다. 실제로 오늘날 안보리를 확대하려는 노력에 있어서 중요한 방해물은 지역 내부의 깊은 분열로부터 나오고 있다.

평화와 안전문제들을 다루는 데 있어서 유엔의 최선의 역할은 "갈등의 예방"이다. 이는 유엔의 중재능력에 힘을 실어 주는 것과 적극적으로 유엔을 갈등에 끼어 넣는 것을 의미한다. 또한 국제관계의 모든 영역에서 유엔을 법의 원천으로, 그리고 법률하의 수행행동의 집행의 감시자로 촉진하는 것을 의미한다.[743] 그러나 우리가 예전부터 지금까지 가지고 있던 모든 것은 고결한 "유엔개혁을 위한 제안"이며, 새로운 청사진 혹은 백서(白書)일 뿐이다. 심지어 그 모든 제안들이 받아들여지고, 유엔이 개혁된다고 해도, 오로지 역사만이 우리가 지금 하고 있는 것이 "인류의 전환점"이 될지, 혹은 세계적 통치라는 새로운 꿈에 취한 "거대한 수사학적 파티"에 지나지 않을지를 말해 줄 것이다.

지금까지 국제사회에서 일본의 역할은 무엇이었는가? 어떻게 우리는 그것을 특징지을 수 있는가? 타카시 이노구치(Takashi Inoguchi)는 데이비드 레이크(David Lake)의 국제적 역할에 대한 분류를 적용해서

743 Lawrence S. Finkelstein, "The United Nations at 100? Alternative Scenarios," in Han Sung-Joo, ed., *The United Nations: The Next Fifty Years*(Seoul: Ilmin International Relation Institute, Korea University, 1996), p. 29.

일본의 국제적 역할을 설명하는 데 있어서 일본을 지원국(supporter)으로서의 역할을 한다고 정의 내렸다.[744] 데이비드 레이크는 국제사회에서 국가 역할의 대부분을 형성하는 경제의 상대적 규모(the relative size)와 상대적 생산성(relative productivity)을 중심으로 국가들을 지도국(leader), 지원국(supporter), 약탈국(spoiler), 무임승차국(free rider)이라는 4개의 행위자로 분류했다.[745] 각각 다음과 같은 특징을 가진다.[746] 첫째, 지도국은 상대적인 규모가 가장 크며, 상대적인 생산성도 가장 높다. 지도국은 세계경제와 국제환경을 관리하기 위해, 자신의 이익에 적합하게 여러 가지 협정들을 고안한다. 지도국은 그런 협정체제의 제1차적 비용은 부담하지만, 그 협정들이 자국에게 이로운 선택들을 반영한다. 둘째, 지원국은 상대적 규모면에서는 지도국보다는 어느 정도 작으나, 상대적 생산성에 있어서는 지도국과 거의 비슷하다. 지원국은

744 Takashi Inoguchi, "Japan's Images and Options: not a challenger, but a supporter," in *Japan's International Relations*(London: Pinter Publishers, 1991), chap. 1(Originally published in Japanese in 1986 and in English in 1987 in *Japan's Foreign Policy in an Era of Global Change*, London: Pinter Publishers, 1993, chap. 2).

745 David A. Lake, *Power, Protection, and Free Trade: International Sources of US Commercial Strategy, 1887-1939*(Itaca: Cornell University Press, 1988). 국제적인 역할의 분류는 가장 먼저 David A. Lake, "International Economic Structure and American Foreign Economic Policy, 1887-1934," *World Politics*, vol. 35. no.4(July 1983), p. 521에 나타났다. 레이크의 이론은 국제경제체제에서 갈등과 협력 모두가 원인이 될 수 있다는 것이다. 전략에 대한 체제 수준의 이론으로서 그리고 국내적 수준의 특성들로부터 분리되고 어떻게 민족국가가 다른 국가들과의 관계를 만드는지에 대해서만 초점을 맞추는 이론으로서, 레이크의 이론은 킨들버거(Charles P. Kindelleberger)와 길핀(Robert Gilpin)의 두 패권안정이론들의 대안을 제공했다. 위의 레이크의 논문을 참고. pp. 519-520.

746 Takashi Inoguchi, *op. cit.*, pp. 10-13

지도국에 의해 만들어진 국제적 규범과 관행들을 지원하고 따른다. 지원국은 때로는 "주니어 파트너"(Junior partner)라고 불린다. 셋째, 약탈국은 상대적인 규모가 지도국과 거의 비슷하나, 상대적 생산성에 있어서 지도국이나 지원국보다는 적다. 약탈국은 국제적 규범과 관행들에 반대하며, 그것들을 무너뜨리려 시도한다. 그러나 협정체제 전체의 파괴를 시도하지 않는다는 점에서 도전국(challenger)과는 다르다. 넷째, 무임승차국은 비록 상대적인 생산성이 지도국이나 지원국과 같은 수준이 될 수 있더라도, 상대적으로 규모가 작다. 그러지 않으면 약탈국의 생산성보다 낮을 수도 있다.

타카시 이노구치에 따르면, 일본은 무임승차국도, 도전국도 아니다. 때로는 무임승차국이나 혹은 도전국으로 인식되어 왔더라도, 자신의 경제적 규모와 생산성의 수준에 따라 국제경제활동을 지원하고 촉진해 왔다는 점에서 일본은 지원국이다.[747] 그러나 일본은 미국의 패권이 아직 끝나지 않았을 뿐만 아니라, 그런 미국의 패권이 얼마간은 더 계속될 것이기 때문에, 지도국이 될 수 없다. 국제사회에서 일본의 역할을 지원국으로 정의 내려 온 이후, 이노구치는 지원국이 그렇다고 맹목적 추종자는 아니라고 강조했다. 지도국의 기대를 충족시키기 위한 비용이 너무 비싼 경우에, 지원국은 자신의 이익을 옹호할 수 있는 능력을 가지고 있기에 지도국의 이익을 무시할 것이다.[748] 지원국이 어떤 선택을 하느냐에 따라 그 자신뿐만 아니라 세계적인 번영에도 영향을 줄 만

747 데이비드 레이크는 1983년의 논문에서 일본은 1980년대 후반 혹은 1990년대 초반 지원국이 될 것이라고 예상했다. 앞의 논문 참고, p. 540.

748 Takashi Inoguchi, *op. cit.*, p. 12.

큼의 폭넓은 선택권과 커다란 힘을 가지고 있다는 측면에서 지원국도 무임승차국과는 다르다. 결과적으로 지원국에게는 그러한 선택 시의 이익과 비용을 보다 신중하게 고려해야 하는 것이 필요하다.[749] 이노구치는 일본은 지원국이 되어야 하며, 장기적인 적극적인 정책 공헌을 채택하고 그것을 지속적이고 신중하게 실행해야 한다는 점을 주장하고 있다.[750]

케네스 월츠는 만약 국가들이 자신의 힘을 최대화하길 원한다면, 그들은 힘이 보다 더 강한 쪽에 낄 것이라고 주장했다.[751] 일본은 자신의 힘을 최대화할 수 있는 방법을 모색할 것이고, 지도국과 대립되는 위치에 서는 것보다는 지원국으로서 편승할 것이다. 그렇다면, 일본은 어떻게 지원국으로서의 역할을 수행할 것인가? 이노구치는 일본이 단지 지도국을 지원하는 것뿐만 아니라 전체적인 생산성을 보다 높일 수 있는 방법 속에서, 자국의 진정한 특성을 보여 줄 수 있는 지원국이 되어야 한다고 대답했다.[752] 일본은 자국의 경제를 보다 자유화해야 하며, 개도국 경제들과 적극적으로 협력을 하고, 다양한 방법들을 통해 산업을 증진하기 위해 선진국들과 협력하고, 개도국과 선진국 모두와의 재정적 협력에 힘써야 한다. 일본의 정책은 새로운 정신을 받아들여야만 한다. 즉, 소극적인 정책을 탈피해야 하며, 미 · 일 안보동맹을 통한 방위

---

749 *Ibid.*, p. 33.

750 *Ibid.*.

751 Kenneth N. Waltz, *Theory of International Politics*(Reading, Mass,: Addison-Wesley, 1979), p. 126.

752 Takashi Inoguchi, *op. cit.*, p. 35.

원조를 추가하는 것뿐만 아니라, 진심으로 전 세계의 최선의 이익에 관련된 지구적 차원의 개념을 산출할 유엔의 행동을 강화하는 데 신중하고도 평화적으로 협력해야 한다.[753] 그렇게 하면 일본은 조만간 다가올 세계적 통치의 세계에서 지도국이 될 수도 있을 것이다. 왜냐하면 데이비드 레이크에 따르면, 지원국들은 상대적 생산성이 높은 중간 규모를 가진 나라들이기 때문이다. 지원국들은 단순히 더 작거나 혹을 덜 효율적인 패권적 지도국들이 아니다. 또한 국제경제를 일방적으로 이끌 수도 없으며, 또한 패권적 지도국들처럼 장기적 이득을 위해 비싼 단기적 비용을 기꺼이 치르지도 않을 것이다. 오히려 지원국들은 자신들의 단기적 비용과 이익을 계산하려고 하며, 특정 목표를 향한 집단적 운동을 위해 흥정하는 것을 선호한다.[754] 이노구치는 일본이 데이비드 레이크의 분류에 의한 지원국의 엄격한 의미를 가진 지원국보다는 미래의 지도국처럼 행동하길 기대한다.

지원국 행동의 궁극적인 결과 혹은 목표는 패권국을 대체해서 그 자신이 새로운 지도국이 되는 것이다. 그러한 발전단계를 정당화하기 위해서, 이노구치는 근대 서구 역사에서 어떻게 지도국의 위치가 한 나라에서 다른 나라로 변화했는지에 대한 역사적 설명을 제공하고, 지도국들과 패권국이 종종 도전국들이 아닌 지원국들의 서열에서 나왔다는 점을 강조했다.[755] 제1차 세계대전이 끝나기 전에, 미국은 오늘날 일본

753 *Ibid.*, p. 34.

754 David A. Lake, "International Economic Structure and American Foreign Economic Policy 1887-1934," *World Politics*, vol. 35, no. 4 (July 1983), pp. 521-522.

755 *Ibid.*, p. 17.

이 미국의 주니어 파트너로서 행동해 왔던 것처럼, 영국의 주니어 파트너로 급속히 성장했다. 자동생산방식이 발달하면서, 1910년대 미국의 생산성이 급격히 증가했다. 미국은 1차 대전 종전 이후, 유럽의 부흥과정에서 지원국으로서의 역할을 했다. 그러나 양차대전 사이에 미국은 영국과의 주니어 파트너 자리를 역전시켰다. 역할전환의 마지막 단계는 미국의 군사력이 유럽에 배치되었을 때였다. 미국은 지도국 영국의 추종국 혹은 지원국의 역할을 하면서도, 미국은 반식민주의와 자유무역의 기치 아래 대영제국의 체제적 및 지리적 특권들을 침식하는 데 큰 역할을 수행했다. 그러므로 크리스토퍼 손(Christopher Thorne)에 따르면, 그들은 "이름뿐인 동맹"(allies of a kind)이었다.[756] 미국이 무임승차국에서 지원국으로 변화하기까지는 75년이라는 시간이 걸렸고, 그런 다음에야 지도국이 되었다.[757] 그리고 지원국에서 지도국으로의 변화는 지도국 영국과의 상호협력과 경쟁이라는 두 요소의 혼합을 통해 발생했다.[758] 일본은 미국과의 상호교류와 경쟁의 혼합을 통해 지도국이 되려고 한다는 점에서 미국의 예를 따라가고 있다. 역사만이 우리에게 같은 역사적 패턴이 미래에도 반복될 것인지 아닌지에 대해 말해 줄 것

756 Christopher Thorne, *Allies of a Kind: The United States, Britain and the War against Japan, 1941-1945*(Oxford; Oxford University Press, 1978).

757 Takashi Inoguchi, *op. cit.*, p. 17.

758 17세기 말, 포르투갈에 도전해서 승리한 국가는 스페인이 아니라, 포르투갈이 스페인과 싸우고 있는 동안에 남겨진 곳을 가로채고, 독립을 얻고, 포르투갈의 세계 무역을 상속받았던 네덜란드였다. 18세기, 네덜란드에 도전해서 패권을 얻은 국가는 프랑스가 아니라, 네덜란드와 함께 프랑스와 싸웠던 영국이었다. 20세기에 패권을 얻은 국가는 1914년과 1939년 두 번에 걸쳐 영국에 도전했던 독일이 아니라, 영국과 함께 싸운 미국이었다. *Ibid.*, pp. 17-18 참고.

이다. 그러나 그것은 현시대의 일본인들과 미래 세대의 일본인들의 희망과 기대가 될 것이다.

지금까지 일본인들이 국제사회에서 지원국으로서의 역할을 받아들이고 수행해 왔다고 하더라도, 21세기에도 그들은 같은 행동을 계속할 것인가? 지금의 그리고 미래의 일본인들이 유엔에서조차도 지원국의 역할에 만족할 것인가? 일본인들이 그렇게 하길 기대하는 것은 합리적이지 않다. 왜냐하면 변화라는 것은 인간의 마음과 민주주의 사회에서의 여론의 본질적인 특성이기 때문이다. 게다가 1960년 이후 유엔 안에서 비록 성공하지는 못했지만, 조용한 혁명이 있었다.[759] 이런 혁명의 본질은 유엔 내부에서 이제는 국가들의 실제 힘의 관계가 더 이상 되풀이될 수 없는 체제가 존재한다는 것이다. 유엔 밖의 체제 혹은 베스트팔렌 국제체제는 비록 국가의 주권평등을 바탕으로 했지만, 실제로 국가들 사이에 불평등이 묵인되고 있는 체제이다. 유엔의 새로운 제도개혁의 방향은 절차적 문제 이상의 것이 되었다. 대신, 그것은 "보다 약한" 회원국들에게 목소리를 낼 수 있는 권한을 준다. 이런 메커니즘은 힘의 논리를 뒤집어 버렸다. 세계기구 바깥에서는 덜 강력한 국가가 조직 안에서 보다 강력하게 될 수 있게 되었다. 이는 곧 패권의 근원이 역전됨을 의미한다. 결과적으로 새로운 패권은 "기구 내의 헤게모니"(in-organization hegemony)라고 불릴 수 있을 것이다.

다른 말로 하자면, "기구 밖에서" 패권적인 미국은 유엔 내에서도 반드시 자신의 패권을 유지하는 것이 아니다. 왜냐하면 군사력의 명백한

---

759 Toshiki Morgami, "The United Nations System as an Unfinished Revolution," *Alternatives*, vol. 15, no. 2(Spring 1990), pp. 179-180.

"대체성 부족" 때문에,[760] 조셉 나이가 명명한 "강성권력"은 "연성권력" 만큼 영향력을 미치지 못할 수 있다. 나이의 강성권력은 군사력과 경제력이라는 서로 다른 두 가지 형태의 힘들이 포함된다. 보통 군사력이 날카로운 힘이라고 한다면, 경제력은 강요하는 것만큼이나 유혹하기 때문에 끈끈한 힘이다.[761]

만일 일본이 "새로운 종류"의 초강대국이라고 불릴 수 있다면,[762] 일본의 강한 힘은 연성권력으로부터라기보다는 강성권력 중 경제력에서 나온다. 셰익스피어가 말했듯이, 돈은 매우 설득력 있는 무기이다. 게다가, 대표 하위체계가 국제기구와 국가들을 연계시키는 메커니즘인 참가자 하위체계의 영향력으로부터 벗어날 수 없기에, 안보리를 포함한 국제기구 내에서의 정책결정은 패권적 초강대국의 정책의 단순한 복사판일 수 없다.[763]

로버트 콕스와 해럴드 제이콥슨은 매우 영향력 있는 독특한 저서인 《영향력의 대해부》(*The Anatomy of Influence*)에서 영향력(Influence)이 대체로 어떻게 국제기구 내에서 정책결정에 도달하는지를 설명하고자, 국

760 David Baldwin, "Power Analysis and World Politics: New Trends versus Old Tendencies," Klaus Knorr, ed., *Power, Strategy and Security*(Princeton: Princeton University Press, 1983), p. 8.

761 Water Russell Mead, *op. cit.*, p. 25. 나이의 연성권력 개념은 가치나 문화와 같은 달콤한(sweet) 힘과, 단순한 아이디어의 힘보다 더 강제적인 그람시적인 권력 헤게모니로 나눌 수 있다.

762 Craig C. Garby and Mary Brown Bullock, ed., *Japan: A New Kind of Superpower*(Washington, D.C.: The Woodrow Wilson Center Press, 1994).

763 대표성과 참가자 하위체제의 개념에 대해서는 Robert W. Cox and Harold K. Jacobson, *The Anatomy of Influence: Decision Making in International Organization*(New Haven: Yale University Press, 1974), pp. 17-19 참조.

제기구들 내에서 영향력이 행사되는 방식들을 분류했다.[764] 영향력은 많은 방식들로 행사될 수 있는데, 그것들은 특별히 영향력이 행사되는 중요한 방식에 따라서 창안(initiation), 거부(vetoing), 통제(controlling), 중재(brokerage)의 4가지로 분류했다. 각각의 정책결정에서 몇몇 행위자나 행위자 집단들은 틀림없이 이니셔티브를 가지고 있으며, 그 때문에 그들은 창안자(initiator)가 된다. 어떤 행위자들을 아마 의사소통의 선상에서의 전략적 위치 때문에, 혹은 광범위한 정치적 자원에 대한 통제 때문에, 창안자들을 막는 힘을 보유하고 있는데, 따라서 그들은 거부자(vetoer)가 된다. 자원에 대한 통제나 공식적인 권위 혹은 어떤 다른 이유 때문에 알려진 혹은 추측한 견해들을 고려해야만 한다는 행위자도 있다. 그들을 통제자(controller)라고 부를 수 있다. 마지막으로 참가자들 사이에서 중재자로 기능하거나 합의 도출자로 기능하는 이들이 있는데, 그들이 중재자(brokerage)이다.[765]

창안과 거부에 대해서는 행위자들을 밝혀낼 수도, 책임을 물을 수도 있다. 창안자들 혹은 거부자들이 행사하는 긍정적 혹은 부정적인 영향력의 강도는 주관적인 요인들과 객관적 요인들에 따라 다르다. 즉, 얼마나 중요한 제안이 행위자들로 하여금 정책으로 결정하기 쉽게 하는가? 혹은 얼마나 강하게 다른 행위자들이 그 문제에 동의하거나 반대하는가? 중재자들은 문제에 관련된 모든 행위자들의 행동에 수정을 일으키는 것을 통해 영향력을 행사한다. 보다 성공적인 중재는 어느 한쪽의 경쟁자를 강화하는 것이 아니라, 협력으로 가기 위해 두 측을 모두

764 *Ibid.*, p. 12.

765 *Ibid.*

도와줄 수 있는, 즉 문제를 해결할 수 있는 그 무엇을 추가하는 것이다. 통제자의 영향력은 행위자가 실제로 행동하는 방식과 마치 통제자가 체제의 일부분이 아닌 것처럼, 혹은 그의 힘과 의도가 다르게 평가된 것처럼 행동하는 방식 사이의 차이 속에서 나타난다. 어떤 한 국가는 유엔의 행동을 위한 특정한 제안을 시도하고자 하지만, 다른 나라가 그 제안을 강하게 반대하기 때문에 그렇게 하는 것을 그만 둘 수도 있다. 아마도 보다 자주 창안자들은 통제자가 가지고 있는 견해를 알게 될 것이며, 그러므로 그들의 승인 혹은 지지를 얻기 위한 방식에서 계획을 구체화할 것이다. 즉, 통제자들은 비록 실제적으로 고안하거나 반대하는 데 거의 참여하지 않더라도, 국제기구에서 커다란 영향력을 가지고 있다.[766] 어떤 이는 이를 통제자라기보다 패권(hegemon)이라고 부르고 싶어 할 것이다.

그렇다면 콕스와 제이콥슨에 의하면, 일본은 어떤 형태의 행위자라고 할 수 있는가? 어떻게 일본은 안보리를 비롯한 유엔의 정책결정에 있어서 영향력을 행사할 수 있을까? 일본은 통제자나 거부자의 역할을 할 수 없다. 일본은 패권국도 아니며, 더욱이 안보리에서 거부권을 가지고 있지도 않다. 그러므로 일본은 유엔 정치 속에서 창안자가 되거나 중재자가 될 수 있었다. 1980년대 일본은 유엔에서 창안자 혹은 중재자로 행동하기 시작했다. 그 당시 일본에게 그런 활동을 할 수 있는 기회가 주어졌던 것은 유엔이 재정, 관리, 혹은 정체성의 영역에서 일련의 위기를 겪고 있었기 때문이었다. 미국은 1970년대부터 소위 제3세

766 *Ibid.*, pp. 12-14.

계 국가들이 자국을 표적으로 삼자, 유엔에 대한 깊은 불신감을 갖게 되었고, 그 결과 레이건 행정부는 탈유엔화하는 경향을 보였다. 제3세계 국가들은 미국을 공격하고 고립시키기 위해 유엔의 논쟁을 중동, 남아프리카, 남북문제에 집중시키고자 했다. 유엔은 1970년대 미국에게 "위험스러운 곳"으로 인식되기 시작했다.[767]

미국이 유엔의 창설자임은 말할 것도 없고 가장 많은 재정적 기여자인 미국의 의지를 무시하는 유엔의 투표제도에 반대함으로써 자신의 재정적 기여를 자제했다. 그러한 상황에서 일본은 미국과 주요 공헌국가들의 지지를 다시 얻고 그것을 굳건히 하기 위해 유엔의 개혁을 추진하는 창안자의 역할을 수행하기 시작했다.[768] 1986년 일본의 제안으로 정부 간 고위급 전문가 그룹(the Group of High-Level Intergovernmental Experts)이 조직되었을 때, 일본에게 유엔의 개혁은 무엇보다 중요한 관심사가 되었다. 그룹18(Group of 18)이라고 알려진 정부 간 고위급 전문가 그룹의 임무는 유엔의 행정적, 재정적 문제들에 대한 철저한 재검토를 수행하는 것이었다. 1980년대 일본은 유엔에 자발적 기여뿐만 아니라 분담금에 있어서도 미국 다음으로 많은 두 번째 기여국이 되었다. 즉, 1986년에 이르러서 일본의 분담금은 소연방의 분담금을 초과했고, 미국 다음의 순위로 올라섰다. 또한 유엔의 다양한 운영상의 활동들에 대한 기여도 급속히 증가했다. 제41회 G18 회의의 보고서에서

767 *Ibid*.

768 Abrahn Yeselsen and Anthony Gaglione, *A Dangerous Place: The United Nations as a Weapon in World Politics*(New York: Grossman Publishers, 1974); Daniel P. Moynihan, *A Dangerous Place*(Boston: Little, Brown, 1978).

는 예산 편성과정 속에 "합의원칙"을 포함시키자는 일본의 제안이 채택되었다.[769] 계획과 조정(coordination) 위원회의 정책결정 과정에서 합의원칙을 도입한 것은 유엔 스스로 개혁하고자 하는 고무적인 노력의 신호가 되었고, 미국에 의해서도 받아들여졌다. 1986년 말, 미국은 1억 달러를 제공했다. 게다가 미 행정부는 미 의회에게, 유엔과 관련된 재정적 문제들에 가중투표절차를 채택하도록 하고, 유엔과 그 산하기구들에 할당된 예산에 대한 미국의 분담금의 최고한도를 20퍼센트로 정하도록 했던 카세바움법안을 개정하도록 했다. 일본이 창안한 행정적 개혁은 성공적이었음이 증명되었다.[770]

일본은 또한 유엔 평화유지활동의 다양한 기능을 강화하려 노력했다. 1980년에 일본은 유엔헌장과 기구의 역할 강화에 대한 특별위원회에 유엔의 현장조사 기능의 재강화에 관한 제안서를 제출했다. 1982년 일본은 유엔 평화유지 기능의 강화와 확장에 관련한 기술적 연구들을 착수하기 위해 사무총장 산하의 전문가 집단을 창설하는 것을 주요 특징으로 하는 해결책을 고안했고, 합의에 의해 통과시켰다. 그 때문에 동시에 헌장 제99조하의 사무총장의 평화유지 역할도 강화되었다. 또한 일본은 1980년대 많은 인도주의적 문제들에도 개입했다. 1979년까지 유엔의 인도주의적 활동과 일본의 연관성은 제한되어 있었다. 1979년 한 해 동안, 일본은 유엔난민기구(UNHCR)에 1천만 달러에서 6천5

---

769 Sadako Ogata, "Japan's Policy toward the United Nations," in Chadwick F. Alger, Gene M. Lyons, and John E. Trent, eds., *The United Nations System: The Policies of Member States*(Tokyo: United Nations University Press, 1995), p. 243.

770 *Ibid.*, p. 244.

백만 달러로 6배 이상의 기여금을 증가시켰고, 그때부터 지금까지도 유엔난민기구에서 미국 다음 두 번째로 큰 기여국이 되었다. 1984년 아프리카에 심각한 기근이 발생하자, 일본은 10억 달러 이상의 식량원조를 약속했다. 유엔에서, 아프리카 그룹은 아프리카의 위험한 상황에 대한 성명서의 채택을 조정하기 위해 일본에게 도움을 청했다. 아프리카의 위태로운 경제상황에 대한 선언은 결국 1984년 12월 유엔총회에서의 합의에 의해 채택되었다. 이 사건을 통해, 일본이 중재자가 될 수 있음을 증명했다. 위와 같은 사건들은 일본이 유엔에서 창안자 혹은 중재자로서의 역할을 수행한 몇 번의 명백한 실례들이다.

일본은 안보리나 유엔 전체의 정책결정과정에서 창안자나 중재자라는 새로운 역할을 활발히 수행할 수 있다. 그러나 유엔에서 갑작스럽게 눈에 띄게 향상된 일본의 지위는 오랫동안 저자세적인 일본의 행동에 익숙해져 있던 다른 많은 국가들로부터 공격의 대상이 될 가능성이 있기 때문에, 일본은 창안자보다는 중재자로서 더 활동할 수 있다. 게다가 일본인들은 역사적으로 오래전부터 일본 정치에서 합의구축(consensus-building)이라는 "일종의 특성"을 발전시켜 왔다. 합의구축은 중재자가 수행할 것으로 기대되는 일이다. 따라서 일본에게는 중재자로 행동하는 것이 일종의 홈그라운드에서 행동하는 것으로, 익숙한 분야라고도 말할 수 있다. 일본은 미래에 유엔과 국제사회에서 "정직한 중재자"로 인식되도록 노력할 수 있을 것이다. 그것은 일본의 외교정책, 특히 유엔에 대한 정책에서 결코 손해 보는 나쁜 전략이 되지는 않을 것이다. 중재자는 자신들의 성공적인 역할 수행으로부터 이득을 유지할 것이다. 아마 그것은 주로 명성의 향상과 그 결과적으로 그들에 대한 신뢰의 강화와 같은 장기적인 이득일 될 것이다. 성공적인 중재자에 대한 명성은 일본에게 정치 커뮤니케이션의 네트워크 속에서 전략적으로 유리한 위치를 가져다줄 것이다. 그에 따라 일본은 점차 다른 회원국들에 의해 고려의 대상이 되고 또 그렇게 알려지게 될 것이다. 이것은 일본에게도 새로운 정치적 자산을 만들어 줄 것이다. 일본은 특히 상임이사국 자리를 확보할 수 있을 때, 안보리에서도 중재자로서의 많은 기회를 갖게 될 것이다.

국제기구 안에서 행위자들 사이의 상호방식에는 분석적인(analytical) 방식과, 협상적인(bargaining) 방식이라는 두 가지가 있다.[771] 분석적인 방식이 유리할 때에는, 서로 간의 차이가 사실들을 조사하고 거기에 합리적인 분석 기술들을 적용하는, 지적인 과정에서 정해진다. 보통 이 방식은 행위자들이 가치와, 정책결정의 원칙과 기준들에 동의할 때 적용된다. 이는 법원이나 전문가 기구에서 정책을 결정할 때 사용되는 방식이다. 이런 조건들이 부재하거나, 특히 이익에 대한 중요한 갈등이 있을 때, 합리적인 기술들로는 결정되기가 쉽지 않기 때문에 보통 협상이 정책결정의 방식이 된다. 유엔 안보리는 바로 그러한 장소다. 만약 합의에 도달하고자 한다면, 중재자가 강력한 영향력을 행사할 수 있는 과정 속에서 타협을 바탕으로 해야 가능할 것이다.

게다가 안보리 회원국들은 항상 비공식적으로 협의할 필요가 있었다. 모든 비(非)이사국들과 대부분의 사무국 직원들에게 닫혀져 있고, 공식적 기록도 없는, "비공식적 협의" 혹은 "비공식"이야말로 1990년대

771 Robert W. Cox and Harold K. Jacobson, *op. cit.*, p. 14.

까지 안보리의 전형적인 행동양식이었다.[772] 비회원국들은 정보를 알지 못했고, 대기실에서의 정보 쪼가리들을 얻는 것으로 정보를 급히 긁어모아야 하는 굴욕적인 경험을 해야만 한다. 1992년까지 비회원국이 주도하는 병력파견국들(the troop-contributing countries, TCCs)은 만약 안보리가 종종 위험한 상황에서 안보리의 결정을 지원하기 위해 그들의 국가적 자산의 제공을 기대한다면, 자신들과 최소한의 협의를 거쳐야 한다고 요구했다.[773] 그 결과, 안보리의 업무 프로그램을 보다 명확하게 하고, 안보리와 병력 파견국 사이의 모임을 만들기 위해 많은 방법들이 채택되었다. 그럼에도 불구하고 현재의 일하는 방식들은 여전히 상임이사국들에게 훨씬 더 유리하며, 정보들에 대한 계속적인 억제는 안보리의 업무로 지속되고 있다. 이 속에서, 사무국은 그들의 무언의 파트너이다. 일본은 중재자로서 새로이 "떠오르는 별" 같은 회원국이 될 수 있을 것이다.

1990년대 소비에트연방이 붕괴되고, 그 결과 냉전체제가 종식되는 동안, 국제체제의 비구조적 특징은 걸프전 이후 조지 부시 대통령이 선언했던 "신세계질서"가 실현가능하고 또 바람직한 것인가에 대한 광범위한 논쟁을 야기했다. 국제문제의 새로운 구조는 "일극적 세계", "외로

772 비공식적인 P-5회담체제는 영국의 유엔 상임위 대표자인 존 톰슨 경(Sir John Thomson)이 1986년 말 어떻게 하면 그들이 잔인한 이란-이라크 전쟁의 조기 종전에 공헌할 수 있는지에 대한 비공식적 회의를 위해 P-5 국가의 대표자들을 자신의 집으로 초청했을 때부터 정기적으로 열려 왔다.

773 David M. Malone, "Conclusion," in David M, Malone, ed., *The UN Security Council: from the Cold War to the 21st Century*(Boulder: Lynne Rienner, 2004), p. 630.

운 초강대국", "극초강대국"라는 새로운 용어하에서 아직 드러나지 않았다. 그런데 2001년 9월 11일의 끔찍한 공격이 발생했다. 시꺼먼 하늘을 가로지르는 한 줄기 번개와 같이, 9 · 11은 별안간에 진정한 전략적 풍경을 제공했다. 미국의 부시 행정부는 새로운 국제질서의 개념을 구상하는 일이 무엇보다 중요한 임무라는 점을 깨닫고, 미국의 국가안보는 말할 것도 없이, 국제평화와 안보에 있어서의 새로운 위협에 극적인 방식으로 대응했다.

부시 대통령의 국제질서는 세계적 통치 체제와 관련된 국제제도와 법규를 만들거나 강화하기 위해 노력하는 것보다는, 안보와 군사적 위협에 대해 위협으로 대응하는 것으로 구성된다. 이런 부시의 새로운 국제질서 속에서, 미국은 국가 안보의 필요성과 예방전쟁의 원칙에 의해 통치하며, 그런 맥락 속에서 다른 행위자들과 국제기구들의 행위와 적합성을 판단한다. 유엔과 같은 국제제도와 국제법은 미국의 국익에 맞추어서 내려지는 평가에 따라 그 적합성을 판단해서 사용되거나 버려지는 도구 혹은 장애물이 될 것이다. 미국의 정책목표의 우선순위는 세계적 통치를 위한 능력을 증진시키는 것이 아니다. 사실, 세계적 통치의 능력이 일방적이든 협력적이든 힘을 효과적으로 행사하는 미국의 능력과 충돌하는 한, 그들은 부적당한 귀찮은 존재, 혹은 일만 꼬이게 하는 요소로 간주된다.[774] 이런 미국의 태도는 유엔이 세계적인 일들을 다루는 데 중심적인 역할을 하는 규칙에 토대를 둔 질서를 선호하는 많은 다른 국가들과 껄끄럽게 만든다. 그러나 유엔 중심의 세계비전이 세

774 Steven E. Miller, "Terrifying Thoughts: Power, Order, and Terror After 9/11," *Global Governance*, vol. 11, no. 2(April-June 2005), p. 249.

계적 통치의 지원국들에게는 매력적인 것이라 할지라도, 오늘날의 국제사회에서 중요한 사실 중의 하나는 미국이 유엔을 토대로 한 세계가 아니라 미국을 토대로 한 세계를 주도해 나가려는 결의에 차 있다는 것이다.

오늘날 전 세계의 국가들은 단순히 미국의 세계 비전에 동의하지 않는 국가들과, 유엔체제로 대표되는 국제적 삶 속에서의 국제제도들의 역할에서부터 반테러 전쟁을 포함한 국제 공동체가 다양한 관점에서 받아들여야만 특별한 정책들과 우선순위들에 이르는 광범위한 문제들에 대해 미국과의 근본적인 차이를 가지고 있는 국가들로 나눌 수 있다.

첫 번째 그룹은 독일, 캐나다, 그리고 대부분의 개도국들이다. 이들 국가들은 천국은 만약 우리가 그곳에 닿으려고 노력만 한다면 우리 손안에 들어온다는 것과, 미국의 패권적 힘을 유엔에 복종하게 할 수만 있다면, 세계는 영원한 평화를 향한 길로 순탄히 나아갈 것이라고 믿는다. 그들은 예전에 정치적으로 취급되었던 문제들을 보다 더 많이 다루기 위해, 그리고 유엔에게 미국과 같이 개별적인 행동을 하는 국가에 맞서기 위한 보다 큰 힘을 실어 주기 위해서 국제제도의 네트워크를 널리 확대하고 강화하려 한다.

두 번째 그룹은 프랑스, 러시아, 중국과 같은 국가들이 포함된다. 이들 국가들은 여전히 전통적인 "힘의 정치" 원리를 통해서 사고하며, 미국의 패권적 힘에 균형을 맞추거나 그것을 억제할 필요가 있다고 믿는다. 그들은 소위 외교정책에서의 현실주의자이며, 일반적으로 유엔이 이끄는 세계적 통치를 중요시하는 이상적인 몽상가나 그들의 환상을 참을 수 없어 한다. 그들은 국제관계가 항상 궁극적으로 힘을 중심으로 전개될 것이라 믿는다. 이는 그들이 여전히 베스트팔렌적인 국가중심의 세계에 살고 있음을 의미한다.

미국의 입장에서는 볼 때는, 이 두 그룹은 미국의 힘을 제한하는 데 있어서 유엔의 역할이 중요하다는 점에 대해서는 어느 정도 동의하고 있다. 그들은 자신들의 국익을 향상하는 일에 몰두하고 미국이 계속적으로 힘을 키우는 것에 저항하고자, 미국을 고립시키기 위한 방법을 모색하는 데 많은 시간을 소비하며, 미국 지도자들을 애먹인다. 독일인과 캐나다인들이 유엔에게 보다 힘을 주는 것을 워싱턴이 내켜 하지 않는다는 점에 대해 미국인들에게 설교할 때면, 미국의 정책 결정자들은 사고현장으로 급파되던 응급차 운전사가 거만한 경찰관에게 과속으로 잡혀서 차를 한쪽에 대고 설교를 듣고 있는 것과 같은 느낌이 들 수 있다.[775] 희생자들은 죽어 가고 있는데, 경찰관은 여전히 운전자에게 설교만을 하고 있고, 응급차는 설교가 끝날 때까지 사고현장에 진입할 수 없다.

두 그룹은 미국에게 불이익이 가도록 아주 좋아하면서 위선적으로 연합해서 집중공격을 가한다. 두 그룹은 세계 비전에 대해서 정반대의 의견을 가지고 있을 뿐만 아니라, 미국의 정책에 대한 건설적인 대안을 함께 마련해 나갈 수도 없다. 하지만 그들은 종종 순전히 미국을 저지하기 위해서 아니면 최소한 미국을 난처하게 만들기 위해 소극적 연합을 형성할 수가 있다. 첫 번째 이상주의적 집단은 근본적으로 미국이

775 Walter Russell Mead, *op. cit*. p. 66.

안보리의 승인을 받고서만 군사적 행동을 개시하길 원한다. 두 번째 현실주의 그룹의 프랑스, 러시아, 중국은 안보리에 거부권을 가지고 있기 때문에, 그런 지위는 중국과 같은 비민주적인 국가나, 프랑스와 러시아와 같은 과거의 강대국들은 자신들의 이익을 위협하는 미국의 어떠한 행동도 막을 수 있다는 의미가 있다. 이것은 첫 번째 그룹의 입장이 두 번째 그룹에게 책임을 지우는 것을 의미한다.

미국은 유엔의 다수 회원국의 허가 없이는 행동할 수 없는 세계에 살길 원치 않는다. 만약 프랑스, 러시아, 중국이 위험천만하고 점차 커지고 있는 미국의 힘에 대항해 자신의 국익을 지키기 위해 가능한 모든 수단을 사용하고, "더러운 힘의 정치"를 시행할 수 있는 정당한 권리를 가지고 있다고 주장할 수 있다면, 미국 역시 자신의 힘에 반대하고 제한하는 것을 막을 수 있는 똑같은 권리를 가지고 있다. 즉, 미국은 경쟁자들의 힘을 줄이기 위해 자신의 힘과 영향력을 사용할 수 있는 "평등한 권리"를 가지고 있다고 생각한다. 힘의 정치의 세계에서 힘의 제약은 유엔에서의 훌륭한 연설이나 결의안의 통과에 의해서가 아닌, 오로지 힘에 의해서만 가능하다. 그러므로 유엔에게 있어서 중요한 도전은 안보리의 규모가 아니라 미국과의 불안정한 관계와 관련이 있다. 안보리가 미국의 힘과 군사력을 사용하려는 경향에 대등한 평형추로 기능하기를 희망하는 유엔의 많은 국가들에게는, 안보리의 확대를 통해 미국의 강성권력을 보다 큰 투표의 다수결이라는 연성권력으로 대등하게 균형 맞출 전망은 매우 유혹적인 것임에 틀림없다.[776]

776 Edward C. Luck, *op. cit.*, p. 151.

그러나 부시 행정부의 입장에서, 독일이나 프랑스가 미국 외교정책에 거부권을 행사하는 것은 기이한 일이다. 군사력의 사용을 허가하는 안보리의 2차 결의안 없이도 이라크에 대한 공격을 감행하기로 한 부시 대통령의 결정은, 미국이 유엔의 관점을 공유하고 있지 않았다는 명백하고 분명한 표현이었다. 안보리와 유엔은 느리지만 철저한 숙고의 과정을 통해 합의에 도달하려는 경향을 가지고 있다. 안보리에서의 결정은 타협을 기본으로 하며, 그래서 가장 느리며 가장 주저하는 국가의 속도에 맞춰서 움직이는 경향이 있다. 그러한 제도는 21세기에 요구되는 신속한 대응을 매우 어렵게 한다. 게다가 그러한 국제제도가 작동하기에는 사람들 사이의 문화적, 정치적 분화가 너무나 커서, 아주 작은 문제에 관한 것이 아니면 특히 신속한 동의를 얻어낼 수 없다.

미래의 미 행정부가 부시 행정부가 유엔에 사용했던 몇몇의 수사는 피할지도 모르겠지만, 어떤 미국 대통령도 유엔이 자국의 국가 안보에 필요하다고 판단되는 행동을 저지할 수 있다는 상황을 받아들일 수는 없을 것이다. 또한 미래 대통령들은 안보리 중의 가장 느리거나 반미적 성향을 가진 회원국들의 입장에서 움직이는 유엔에게 미국의 핵심적인 이익을 방어하는 일을 맡길 수는 없을 것이다. 주권을 포기하는 것은 미국에게는 매우 어려운 일이 될 것이다. 미국의 새로운 정책 방향을 세계적 통치의 계획 쪽으로 돌리기 위해서는 상층부에서의 정책 변화 이상의 것이 요구된다. 이는 미국 헌법과 정치문화에 있어서의 근본적인 변화가 요구된다.[777] 미국은 대량살상무기 프로그램을 추구하고 있

777 Jeremy A. Rabkin, *Law Without Nations? Why Constitutional Government Requires Sovereign States*(Princeton, N.J.: Princeton University Press, 2005, p.

는 테러지원 국가들을 "우선적이고, 가장 먼저, 그리고 가장 빠르게"[778] 다룰 것이 틀림없다. 부시 대통령이 《미합중국 국가안보전략》(*National Security Strategy of the United State of America*)에서 제안했던 것처럼, "평화와 안보를 위한 유일한 길은 행동을 취하는 길이다."[779]

미국의 입장에서, 유엔체제는 탈9 · 11(Post 9 · 11) 시대의 현실과 요구들을 반영해서 변화되어야만 한다. 만약 유엔과 같은 제도들이 변할 수 없다면, 그것은 그들이 비난받는 구실이 되며, 무시받는 충분한 이유가 될 것이다.[780] 새로운 위협에 대한 두려움에 직면해서, 그 도전에 대응하기 위한 미국의 주된 계획은 유엔체제에 의해 주도되는 세계적 통치로는 보이지 않는다. 오히려 9 · 11 이후의 환경에서는 선제(preemption), 체제변화(regime change), 민주화 등이 주된 전략으로 적합하다고 보고 있다. 부시 행정부에게 이 새로운 싸움이야말로 새로운 세계질서 속에서의 핵심이다. 극단주의 이슬람 세력의 위협은 과거 소련의 위협을 대신해 미 외교정책의 제1의 동인 제공자가 되었다.

만약 미국의 대유엔에 관한 이러한 입장 분석이 틀림없다면, 일본은 중재자의 역할을 수행하고자 할 때 매우 어려운 상황에 직면할 것이다. 일본은 때때로 미국과 유엔 내의 다른 두 그룹들 사이에서 어느 쪽을 지지할 것인지를 선택해야만 할 것이다. 만일 일본이 그들 사이를 중재

248.

778 David Frum and Richard Perle, *An End to Evil: How to Win the War on Terror*(New York: Ballentine Books, 2004), p. 82.

779 *National Security Strategy of the United State of America*(Washington, D.C.: White House, September 2002), p. 1.

780 Walter Russell Mead, *op. cit.*, p. 234.

하길 바란다면, 일본이 어떻게 이 나눠진 세 진영을 타협에 도달하도록 만들 수 있을까? 그것은 일본의 유엔 중심적 외교정책에 있어서 역사적 기회인 동시에 악몽이 될 것이다.

그렇다면 일본은 유엔을 토대로 하지 않은 세계에서 유엔을 토대로 한 세계적 통치 개념의 옹호자가 될 수 있을까?[781] 만약 일본이 그렇게 되길 원한다면, 미국과의 어느 정도의 마찰을 견딜 수 있어야만 한다. 과연 일본이 그렇게 할 수 있는가? 일단 일본이 유엔 안보리 상임이사국이 되고 난 이후에도, 일본인들은 19세기 일본의 천황-쇼군(emperor-shokun)의 이원적인 체계를 벗어나 "메이지유신"을 단행했던 것처럼, 21세기의 국제사회를 위해 "부흥된 유엔"을 만들어 낼 수 있는가? 그러나 미국이 2001년 9월 11일의 "커다란" 사건 이후 이미 "교황"과 "황제"를 겸한 것처럼 행동하고 있다면, 세계적 통치의 진정한 지도자로서 유엔을 재건하려는 일본인들의 "혁명적" 노력은, 극단적인 애국심에도 불구하고 혁명에 실패했던 사이고 다카모리(Saigo Takamori)의 경우처럼, 유엔의 "진정한 글로벌 거버넌시즘"에도 불구하고 혁명에 실패하는 비극적인 결과를 맞이하게 될 것이다. 더구나 일본은 궁극적으로 중재국을 넘어서 지도국이 되려고 한다. 그러나 일본은 먼저 미국과의 평화로운 동맹에 어렴풋이 나타나고 있는 "난처한 파트너십"(troubled partnership)을 어떻게 관리하는가를 배워야만 한다. 그러나 아리스토텔레스가 아주 오래전에 말했듯이, "누구든지 당신들 사이에서 최고가 되려고 하는 자는, 모든 이의 하인이 되어야만 한다." 일본이 기꺼이 그렇

781 Lawrence S. Finkelstein, *op. cit.*, p. 17.

게 할 것인가? 일본인들은 지도국은 차치하고, 중재국으로서의 임무를 해낼 만큼 충분히 국제화되었거나 세계화되었는가? 일본인들이 중재자로서의 역할을 잘 수행하게 되어서 그들 손에 국제문제를 맡길 만큼 충분히 믿을 만한가? 일본은 국제적 모임에서 어떻게 하면 효과적으로 자신을 표현하는지, 그리고 효과적인 개입을 하는 데 도움이 되는 친구나 친분관계의 개인적인 연계망을 어떻게 형성하는지를 터득했는가? 아니면 아사히신문의 유키오 마츠야마(Yukio Matsuyama)가 주장한 것처럼,[782] 일본인들은 세대가 바뀌기를 기다려야만 하는가?

1970년대 후반 일본의 군사력에 극적인 변화가 일어나기 시작했다. 당시 미국은 베트남에서 군대를 철수했고, 한반도에서 주한미군의 전면 철수를 계획하고 있었으며, 동아시아에 배치된 미군의 규모를 줄이는 중이었다. 1979년 이란의 정치혁명과 소련의 아프가니스탄 침공 사건이 발생한 이후, 미국은 군사력을 페르시아만에 보다 집중했으며, 동아시아에서 일본에게 한층 강하게 비용분담을 요구하기 시작했다. 레이건 행정부 시절 미군의 증강은 미 군사력을 강화시켰으나, 유럽, 중동, 아시아에서의 개입이 증가함에 따라, 미군은 그 지역들에 산만하게 배치되어 있었다. 미국은 이런 상황에서, 자신의 아시아 동맹국에게 보다 많은 도움을 요청했고, 그에 따라 일본은 세계 최고 중에 하나로 꼽히는 공군과 해군을 건설하기 시작했고, 그 발전은 탈냉전 시대에도 계속되었다. 그러나 일본은 핵무기, 강력한 육군, 탄도미사일, 대형 항공

782 Yukio Matsuyama "The need to wait for a generation change," in Ronald Dore, *op. cit.*, pp. 162-168.

모함 및 기타 공격적인 작전에 필요한 전력 등 다른 많은 군사력을 구축하는 것은 자제했다. 일본은 군사력 구조에 결함을 가지고 있다. 그러나 그러한 결함은 많은 국가들에게 흔히 있는 일이다. 왜냐하면 국가는 자신의 지리적인 위치와 위협환경, 안보전략을 토대로 해서 군사력을 조직하는 경향이 있기 때문이다. 이제 일본은 공군력과 해군력에 있어서 세계적인 지도국이다. 그러므로 일본의 평화주의와 반군국주의를 강조하는 학자들과 정책 결정자들이 국내의 여론과 변화된 사회적 규범이 일본 지도국들에게 부과하는 제한들을 과장해서 말하고 있는 것이라고 할 수 있다. 일본 정부는 원하기만 한다면, 여론을 자신에게 유리한 쪽으로 몰고 갈 수가 있다.[783] 케네스 월츠는 "강대국 클럽의 문은 EC, 독일, 중국, 일본이 두드리기만 하면 열릴 것이며,"[784] 지금의 일본은 팔만 뻗으면 강대국의 외투를 받을 준비가 되어 있으며,[785] "국가가 강대국이 되지 않기로 선택하는 것은 구조적 비정상"[786]이라고 주장했다.

일본의 군사적 역할에 대한 기존의 민감한 반응이 여전히 국외적으로 존재하고 있으며, 국내에도 일본의 야심적인 외교정책을 제한하는

---

783 Jennifer, M. Lind, "Pacificism or Passing the Buck? Testing Theories of Japanese Security Policy," *International Security*, vol. 29, no. 1(summer 2004), p. 120.

784 Kenneth, N. Waltz, "Emerging Structure of International Politic's," in Michael E. Brown, Sean M. Lynn-Jones, and Steven E. Miller, eds, *The Perils of Anarchy*(Cambridge, Mass.: The MIT Press), p. 52 〔이 논문은 원래 *International Security*, vol. 18, no. 2 (Fall 1993)에 실렸다〕.

785 *Ibid.*, p. 53.

786 *Ibid.*, p. 56.

역사적, 국내적 요인들과 헌법적 정치적 제약들이 있다. 그렇기에 일본은 국제사회라는 난폭한 세계에서 강대국 클럽의 문을 두드리는 대신에, 유엔 안보리 상임이사국을 향한 여정을 택했다. 유엔은 일본이 자신의 힘을 발휘하고 다른 국가들에게 자신의 의견을 받아들이도록 하는 데 유용한 무대와 채널을 제공한다. 일본이 택한 길은 결국에는 "정상적인 강대국"(normal great power)의 지위와 위신, 궁극적으로 국제적 인정의 명예라는 목적지로 이끌 것이다. 그런 다음에, 일본이 평화유지활동과 유엔헌장 제7장에 따른 집행행동을 포함해서 국제평화와 안보유지에 뚜렷한 공헌을 할 수 있을 것인지, 그리고 미국으로부터 필수 불가결한 독립을 할 용기를 불러일으킬 수 있는지가 중요한 문제가 될 것이다. 일본에서 유엔을 토대로 한 안보체제 구축에 참여하고자 하는 노력을 지지하는 사람들은 민족주의자들(nationalist)인 반면에, 민족주의에 가장 명백히 반대하며 국제적인 이상주의를 선호하는 사회주의자와 학자들은 "평화헌법의 옹호"에 너무나 집착한 나머지 아직까지도 평화유지활동에 참여하는 것이 그것을 흔들려는 미국의 시도에 또 한 번 양보하는 것으로 간주하는 것은 참으로 이상한 패러독스이다.[787]

냉전이 끝나자, 일본에서는 미국의 속박을 떨쳐 버리고 미국에게 "노(NO)라고 말할 수 있는" 시간이 왔다는 기대와 분위기가 어느 정도 증가하고 있었다.[788] 그러나 곧 대부분의 일본인들은 걸프전에서의 미국의 압도적으로 우월한 힘을 보고는 미국의 패권이 이미 지나간 과거의

787 Ronald Dore, *op. cit.*, p. xv

788 Ishihara Shintaro, *Japan That Can Say No; Why Japan Will Be The First Among Equals*(London: Simon & Shuster, 1991).

일이 아니라 앞으로 닥쳐올 파도(wave)라는 것을 깨닫게 되었다. 그리곤 일본은 미국의 수동적인 무임승차국로 남기로 결정했을 뿐만 아니라, 국제평화 유지라는 명목으로 이라크의 일본 자위대를 파병하는 것과 같이 적극적으로 미국 패권을 지지하기로 결정한 것처럼 보인다.[789] 일본은 편승이 "이득을 얻을 수 있는 기회"를 유지시켜 줄 것이기에, 미국의 마차 위에 계속해서 머물러 있을 것이다.[790]

게다가 역사적으로 보았을 때, 편승은 일본 외교정책의 전형적인 스타일이었다. 20세기 초 일본은, 한반도를 차지하려는 목적으로 러시아와 전쟁을 치르기 전에 대영제국에 편승했다. 또한 제1차 세계대전 당시에는 아시아의 독일령 지역을 얻고자 3국협상 국가들에게 편승했다. 1940년 5월의 독일의 충격적인 군사적 승리 이후에는, 호소야 치히로(Hosoya Chihiro)가 분석한 것처럼, 2차 대전의 주축국들이 미래의 승리자라고 확신하고 독일에 편승했다.

> 일본인들의 눈에 독일의 점증하는 국가적 위신은 불가침 조약의 체결 후에 친나치적(pro-Nazi) 정서가 몰락에서 부활한 결과로 보였다.

---

789 일본 자위대의 이라크 파병에 대한 분석은 Matake Kamiya, "From Passive to Active: Transformation of Japan's Pacifism as the Most Fundamental Factor behind the SDF Dispatch to Iraq," in Sung-Hack Kang, ed., *The United Nations and Global Crisis Management*(Seoul: Korean Academic Council on the United Nations System, 2004), chap. 13. 참조.

790 Randall L. Schweller, "Bandwagoning for Profit: Bringing the Revisionist State Back In," *International Security*, vol. 19 no. 1(Summer, 1994), pp. 72-107; Peter Van Ness, "Hegemony, not anarchy: Why China and Japan are not balancing US unipolar power," *International Relations of the Asia-Pacific*, vol. 2, no. 1(2002), pp. 131-150.

> 여론의 이런 변화는 일본에서 자연적으로 친영국-일본-미국파와 친주축국파 사이의 힘의 균형에 영향을 주었다. 둘째, 이제 인도차이나와 동인도에 있는 프랑스령과 네덜란드령의 식민지가 일본인들의 눈앞에 아른거리고 있었으며, 동남아시아로 진출할 기회를 잡으려는 분위기가 일본 사회 전 계층에 퍼졌다.[791]

미래의 승리자에게 편승하고, 동남아시아에서의 국가적 이익을 확보하려는 당시 일본인들의 욕망은 "버스를 놓치지 말라"(Don't miss the bus)라는 슬로건에 의해 사로잡혔다.[792]

오늘날, 미국적인 방식이 미래의 파도인가 아니면 과거의 일인가? 미국의 패권적 방식이 미래의 파도가 되든 그렇지 않든, 국제평화와 안보를 추구하는 유엔이라는 신전은 삼손같이 강력한 미국 없이는 비극적인 바벨탑이 되고 말거나 아니면 국제연맹의 비극적인 운명을 되풀이할 것이다. 필리스티아 사원의 삼손처럼, 몰락하는 미국의 힘은 전 세계에 수락할 수 없는 피해를 주게 될 것이다. 다시 말해, 미국의 몰락은 미국인들에게뿐만 아니라 미국인들을 싫어하거나, 할 수만 있다면 미국인들을 없애고자 하는 많은 사람들을 포함해서 미국 국경 너머에 살고 있는 수백, 수십억의 사람들에게도 대재앙이 될 것이다.[793]

그러나 일본의 유엔 중심 외교정책이 반드시 미국과의 관계에서 대

---

791 Hosoya Chihiro, "The Tripartite Pact, 1939-1940," in James William Morley, ed., *Deterrent Diplomacy: Japan, Germany, and the USSR, 1935-1940*(New York: Columbia University Press, 1976), p. 206.

792 *Ibid.*, p. 207.

793 Walter Russell Mead, *op. cit.*, p. 9.

립을 심화시키는 정책을 의미하는 것은 아니다.[794] 그러나 미국의 안보 동맹국인 일본은 자신이 옳다고 판단될 때, 미국과 의견을 달리할 수 있는 용기를 갖고 있는지의 여부를 입증하는 도전에 직면하게 될 것이다. 대부분의 일본인들은 여전히 세상은 위험한 곳이며, 미국을 유용한 친구라고 본다. 일본은 핵무기를 개발하고 도쿄까지 닿을 수 있는 미사일 발사실험을 하고 있는 북한에 대한 불확실성을 직접 마주하고 있다. 핵과 미사일 문제는 북한과 일본 사이의 관계 정상화가 이루어지기 전에 해결되어야만 한다. 게다가, 러시아와의 영토분쟁이 여전히 남아 있으며, 부상하는 중국의 도전도 계속되고 있다. 그러나 일본인들 사이에는 일본이 세계정치에 보다 능동적으로 참여하고 또 일차원적인 경제대국 그 이상이 되어야 한다는 분위기가 널리 퍼져 있다.[795] 어떻게 하면 일본은 국가적 위신을 잃지 않으면서 미국과 입장을 달리하거나 동의할 수 있을까? 그리고 얼마나 성공적으로 유엔에서 자국의 어려운 외교정책을 수행할 수 있을까? 물론, 그것은 일본의 외교적 역량에 달려 있다.

호세 오르테가 이 가세트(José Ortega y Gasset)는 《대중의 반란》(*The Revolt of the Masses*)이라는 저서에서 창조적인 삶(creative life)에 대해 다음과 같이 기술하고 있다.

창조적인 삶이란 인간존엄성에 대한 활발한 인식을 계속하는 끊임없

794 Ronald Dore, *op. cit.*, p. xxxviii

795 "National Defense Program for FY2005 and After" and *Diplomatic Bluebook 2004: Japanese Diplomacy and Global Affairs in 2003*(Tokyo: Ministry of Foreign Affairs, 2004) 참조.

> 는 자극에 대해 품위 있게 처신하는 굳건한 정신 건강의 체제를 뜻한다. 창조적인 삶은 활기 있는 삶이며, 다음의 두 상황 중 하나의 상황에서만 가능하다. 즉, 자신이 통치자가 되거나 다른 누군가에 의해 통치되는 세계에서 자신의 위치는 찾는 상황, 그리고 내가 통치하거나 혹은 내가 복종하는 상황이 그것이다. 복종이라고 해서, 나는 단순히 순종을 의미하는 것은 아니며—그것은 지위의 격하(格下)이다—, 반대로 지도자를 존경하고, 그의 지도력을 수용하며, 그와 연대하고, 그의 휘하에 열성적으로 참가하는 것을 말한다.[796]

만약 국제사회에서 소위 "국내적 유추"가 가능하다면, 일본은 가능성 있는 독립적인 중재자의 역할을 수행하려 하기보다는 열성적인 지원국으로서 패권국 미국에 계속해서 편승하는 것이 국제적인 안정을 위해 그리고 일본 자신의 창조적인 삶을 위해 더 낫지 않을까? 일본이 정직한 중재자로서의 활발한 역할을 수행하고자 하는 "바람"을 가지고 있으며, 유엔의 위임 없이 군사력을 사용하는 미국의 결정에 불만을 갖고 있음에도 불구하고, 일본 안보에 있어서는 미국과의 동맹이 유엔보다 훨씬 결정적인 것이 현실이 아닌가? 그렇다고 한다면, 세계 특히 이웃 아시아 국가들은 오늘날 그리스 신화의 오르페우스(Orpheus)와 같은 일본이 21세기에 20세기의 전반 반세기 동안 그랬었던 것처럼, 좌로! 우로! 하고 모멸적인 고함을 지르는 훈련교관으로 변할 것이라는 전망에 덜 우려할 것이다. 요컨대, 21세기의 일본인에게 지금의 역사를 반복할

796 José Ortega Y Gasset, *The Revolt of the Masses*(New York: W. W. Norton, 1932), pp. 144-145.

때인가 아니면 전진할 때인가? 물론 그것은 일본인들의 선택에 달렸다. 아직 주사위는 던져지지 않았다.

제17장

21세기 세계헌정질서의 현황
—기로에 선 유엔체제

> 세계지도자들은 샌프란시스코의 정신을 다시 불러 일으켜 더 큰 자유의 명분을 증진시킬 신세계계약을 창출 해야만 한다.
> —코피 아난 유엔 사무총장

> 미국으로 하여금 지구적 통치(global governance)의 계획 쪽으로 새롭게 지향시키는 것은 최고 지도자의 정책 이상이 요구 될 것이다. 그것은 미국의 헌정 및 정치문화에서 근본적 변화를 필요로 할 것이다.
> —제러미 래킨(Jeremy A. Rakin)

"우리 유엔의 인민들은 전쟁의 참화로부터 후손들을 구하기로 결심하였다." 이렇게 유엔헌장 전문은 시작한다. 평화는 유엔의 주요업무이다. 평화의 추구가 모든 다른 일들을 대신한다. 유엔의 제1차적 목적은 헌장의 제1조 1항에서 천명된 것처럼 국제평화와 안전을 유지하는 것이다. 그리고 그 목적을 달성하기 위해서 평화에 대한 위협의 예방과 제거를 위해 집단적 조치를 취하는 것이다. 평등한 권리와 인민들의 민족자결, 정의와 국제법, 경제사회 문화 혹은 인도주의적 성격의 국제적 문제들의 해결을 위한 협력 그리고 인권의 향상과 같이 그 다음에 선언된 모든 다른 원칙들은 세계적 평화를 강화하기 위한 기타의 적절한 조치들로 간주될 수 있다.

지난 60여 년에 걸쳐 유엔체제는 헌장의 전문에서 표명된 아이디어임과 동시에 평화, 인간안보, 정의 및 인권을 함양하고 지구를 인간생명을 지탱해 주고 향상시키기 위해 보다 더 쾌적한 곳으로 만드는 데 헌신하는 제도적 구조이다. 아이디어로써 유엔체제는 야심적 의제를 요구한다. 그 아이디어를 실행하는 제도로서 유엔체제는 기구들의 정교한 네크워크로 구성된다. 유엔체제는 세계정부가 아니다. 그러나 그것은 세계적 통치(관리)의 표명, 즉 주권정부의 권위는 없지만 질서 있는 세계의 기능에 본질적인 정치적 메커니즘이다. 세계정부와 혼동해선 안 되는 세계적 통치는 국제공동체가 공통의 문제와 국제적 차원에서 다양한 이익이 조정되고 협력조치가 취해지는 과정을 관리하는 많은 방식들의 총합이다. 이 요소들이 모두 함께 자신들이 살아가고 있는 지구상에서 안전하고 건강한 환경을 조성하는 데 있어서 세계의 국가들과 사람들을 돕는 지도적 메커니즘이다.[797]

오늘날 유엔체제(UN System)라는 용어는 2가지 방식으로 사용된다. 첫째는 헌장에서 수립된 6개 주요기관을 말한다. 즉, 총회, 안전보장이사회, 경제사회이사회, 신탁통치이사회, 국제사법재판소, 및 사무국을 말한다. 기술적으로 정확한 이름은 유엔기구(the United Nations Organization)이다. 네덜란드의 헤이그에 소재하는 국제사법재판소와 세계 여

797 Benjamin Rivlin, "The UN Reform Conundrum," *American Foreign Policy Interests*, vol. 27(2005), p. 367.

러 유엔 사무실에 소재하는 여러 개의 보조기관들을 제외하고 이 유엔 체제는 원래 유엔헌장의 틀 내에서 활동하는 사무총장의 지휘하에 뉴욕의 유엔 본부에 소재하고 있다. 그 용어의 두 번째 사용방식은 보편적 다자적 정부 간 국제제도들 즉 전문기구들의 포괄적 집합을 일컫는다. 국제노동기구, 세계은행 그리고 국제금융기구(IMF) 같은 것들은 유엔보다 먼저 창설되었다. 이 기구들은 각자의 헌장에 의해 운영되고 자체의 고유한 회원제도와 보통 사무총장이라고 부르는 최고 행정관리를 갖고 있다. 유엔체제의 이 두 가지 함축은 유엔가족(the United Nations Family)으로 흔히 불린다. 총회는 15개의 보조기관을 갖고 있고 안보리는 제재위원회(the committee on Sanctions) 같은 여러 개의 중요한 보조기관들과 현재 16개의 평화유지활동을 운영 중에 있다. 경제사회이사회는 6개의 지역위원회와 10개의 기능적 위원회를 산하에 두고 있다. 또한 세계보건기구(WHO) 식량 및 농업기구(FAO) 그리고 세계지적소유권기구(WIPO)를 위시하여 15개의 전문기구를 갖고 있다.[798] 이것은 정말 하나의 엄청난 대가족이다. 앞서 존재했던 국제연맹과 국제우편연맹 같은 몇몇 국제기능기관과 국제노동기구 같은 국제기구들과는 대조적으로 진화하는 유엔체제는 성장하는 지구적 상호의존과 인간안보의 개념하에서 가정되는 범세계적인 경제적 및 사회적 제 권리와 필요성의 존재에 대한 인정을 반영했다. 국제협력의 향상을 방해했던 어

798 유엔전문기구의 설립에 관한 기본적 독트린의 데이비드 미트래니(David Mitrany)와의 관련성에 관한 논의는, Rasemary Right, *Utopia Lost: The United Nations and World Order*(New York: The Twentieth Century Fund Press, 1995), pp. 33-38 참조.

두운 냉전의 시대에서조차 세계는 다자적 제도와 프로그램의 꾸준한 성장을 목격했다. 어느 정도 주권국가들의 무정부적 국제체제가 국가들의 국내적 관할권 안으로 확장하는 새로운 다자적 제도들에 의해서 수정되고 있었다. 따라서 세계기구임과 동시에 회원 국가들의 기구로서 지구적 관심과 회원 국가들과 그들 국민들의 욕구에 대응해 나가는 유엔체제 내의 긴장은 유엔체제의 기본적 계획자체의 필연적 결과이다.[799]

1990년대 초 세계는 유엔과 유엔 사무총장이 중심적 역할을 수행하는 진실로 새로운 국제질서의 문턱을 넘는 듯했었다. 1991년 미국의 부시 대통령이 "신국제질서"에 관해서 말했을 때 그는 냉전 시대와는 달리 원래 유엔이 의도했던 대로 기능할 수 있는 재탄생을 언급하고 있었다. 클린턴 대통령이 집권하자 그는 적극적 다자주의(assertive multilateralism) 정책을 채택했다. 그의 매들린 올브라이트 유엔 대사는 1993년 6월 "냉전의 종식이 유엔을 갑작스럽게 혼란한 세계를 지도하고 보호하는 노력의 중심에 놓았다"고 말했었다.[800]

그러나 우리가 경험으로 알고 있듯이 냉전의 종식은 갈등이 없는 세계가 아니라 새로운 난제들을 안고 있는 세계로 우리를 안내했다. 즉 유엔 평화유지, 지역기구의 역할, 실패한 국가문제, 인권, 인간안보, 국가의 주권 세계화의 후유증 등등이 그것들이다. 유엔은 억제된 긴장들이 냉전질서의 위력에 의해 더 이상 고압적으로 억누를 수 없게 된 세

799 Boutros Boutros-Ghali, "Global Leadership After the Cold War," *Foreign Affairs*, vol. 75, no.2(March/April) 1996, p. 87.

800 1993년 6월 11일 뉴욕의 외교관계위원회에서 행한 연설에서.

계의 곳곳에서 잇달아 터지는 갈등의 폭발에 직면했다. 유엔이 임시방편적 방법으로 이런 상황에 관여하면 할수록 유엔은 고장 나서 수리가 필요하다는 것이 더욱 분명해졌다. 그것들이 어떻게 수리되어야 하는지에 충분한 관심을 기울이지 않은 채 안보리가 수행한 여러 가지 평화유지활동과 헌장에서 약속한 대로 모든 사람들의 경제적 사회적 조건을 향상시키라는 저발전국가들의 점증하는 압력의 결과로 유엔은 인적 및 재정적 자원의 한계를 넘는 과적의 짐과 지나친 활동의 확대로 위태로운 상태에 있었다. 그러나 1991년 이라크의 쿠웨이트 침략으로 제1차 걸프전에서 안보리 상임이사국들이 모두 협력하고 1992년 1월 전례없는 안보리 정상회담으로 "신국제질서"의 구축과 "헌장으로의 복귀"가 기대되었다. 안보리 정상회담은 당시 부트로스 갈리 사무총장에게 유엔의 능력강화 방안을 강구하도록 요청했고 그는 "평화를 위한 의제"(Agenda for Peace)를 제시했다. 이것은 냉전시기에 개발된 전통적 유엔 평화유지활동을 훨씬 넘어 평화제작과 평화집행을 위한 유엔의 책임을 강조했다. 또한 그것은 급박하거나 실제적인 노골적 침략에 대응하기 위해 사무총장의 지휘하에 상설적 토대 위에서 긴급 전개 평화집행 부대의 창설을 촉구하는 권고들을 포함했다. 사무총장에 의한 이런 제안들은 비록 글자 그대로는 아니지만 헌장의 제43조에서 47조에 이르는 정신을 따르는 것이었다. 높아진 상호의존, 점증하는 세계화, 희석된 국가주권, 이라크의 쿠웨이트 침략에 대한 집단적 거부 그리고 나미비아, 캄보디아, 중앙아메리카, 모잠비크, 하이티 및 앙골라에서 갈등해소를 향한 유엔의 움직임 등이 함께 결합하여 보다 강력하고 또 보다 더 효율적인 유엔을 향한 모멘텀이 작동되었다. 이것은 유엔의제의 전환을 분명히 보여 주는 것이었다.

뿐만 아니라, 경제적 사회적 인도주의적 및 생태계적 불안정이라는 비군사적 원천들도 평화와 안전에 위협이 된다고 안보리 정상회의가 선언했을 때 사회적 및 경제적 문제들의 중요성도 높아졌다. 이와 동시에 비정부 간 기구들을 국제적 의제 형성에 중요한 행위자로 불러들이는 국제적 혹은 범지구적 시민사회의 급격한 성장은 세계화와 상호의존의 결과로부터 오는 압력하에서 주권의 약화로 파생된 간격을 채우는 "신외교"의 출현에 관해 말할 수 있게 하였다.[801] 공공정책을 결정하는 데 있어서 정부와 정부 간 국제기구의 독점이 비정부 간 국제기구들의 높아 가는 발언과 점점 효과적 조치들에 의해 도전받고 있었다. 유엔이 조직한 준의회적 세계회의들은 회의결과를 형성하는 데 비정부 간 기구들이 전례 없는 공적 역할을 담당할 무대를 마련했다. 1992년 환경과 개발에 관한 리오회의, 1993년 빈에서 개최된 인권회의, 1994년 카이로의 인구회의, 1995년 코펜하겐의 사회계발회의, 1995년 베이징의 여성 지위에 관한 회의 등이 바로 그런 경우들이다.

그러나 유엔은 인적 및 재정적 자원의 한계를 실감하게 되었다. 소말리아, 르완다, 그리고 보스니아 사태에서 유엔 평화유지활동은 유엔의 한계를 보여 주었다. 평화유지의 결손이 야기한 위기를 통해 유엔의 개혁요구는 모든 유엔활동으로 파급되었다. 이것은 유엔을 개혁하려는 여러 가지 노력들을 유엔 내외에서 새롭게 유발시켰다. 1945년 국제기구에 대한 샌프란시스코회의에서 대립적 세계관과 국가이익 사이

801 Benjamin Rivlin, "The UN Reform Conumdrum," *American Foreign Policy Interests*, vol. 27(2005), pp. 369-370.

의 타협으로 탄생한 유엔헌장의 변경을 위한 제안은 시작 때부터 상정되었다.[802] 가장 현저한 것으로, 안보리나 거부권을 행사하는 5개 상임이사국에 부여된 권한은 본기구가 모든 회원 국가들의 주권평등의 원칙에 기초한다는 헌장 제2조의 명백한 천명과 모순되어 개혁요구를 유발시켰다. 총회의 제한된 역할과 헌장 제8장 "지역기구"의 모호한 다른 문제들도 또한 의문시되었다.

그러나 무엇보다도 1945년 이후 국제적 조건들이 변했다. 우선 회원국 수가 51개국에서 192개국으로 늘었다. 신탁통치이사회 같은 기관들은 유용성을 다했으며 다른 주요기관, 즉 경제사회이사회는 기본적인 조정기능을 수행하는 데 부족함이 많다. 유엔과 어떤 전문기관들 그리고 총회의 위원회와 보조기관들 사이에 중복이 늘어났다. 그러나 안보리는 유엔 회원국의 변화가 반영되지 않았으며 운영의 투명성이 부족하다고 비판받아 왔다. 1992년 안보리 정상회담에서 발표된 성명이 보여 주듯 안보가 새로운 의미를 갖게 되었다. 그 성명은 국제평화와 안전의 개념 속에 평화와 안전에 위협이 된다고 선언한 경제적, 사회적, 인도주의적 및 생태계적 분야의 불안정이라는 비군사적 원천을 포함했다. 나아가서 그것은 이런 문제들의 해결에 최우선을 둘 필요가 있다고 역설했다.[803] 유엔의 활동범위가 확대된 것이다.

세상이 크게 변했다. 따라서 이곳저곳에서 유엔의 전제들과 구조를

---

802 냉전 시대의 개혁 노력에 관해서는 Maurice Bertrand, "The Historical Development of Efforts to Reform the UN," in Adam Roberts and Benedict Kings bury, eds., *United Nations, Divided World: The UN's Role in International Relations*, 2nd ed.(Oxford: Clarendon Press, 1993).

803 UN Doc S/PV 3046(January 31, 1992), pp. 144-145.

재고할 것을 요구했다. 유엔 연구자들은 세계역사상 하나의 독특한 순간에 탄생한 유엔이 변화하는 환경과 보조를 맞추기 위해서 변할 필요가 있을 것이라는 것을 언제나 잘 알고 있었다. 오늘날 유엔개혁은 곧 유엔헌장의 개정을 의미한다. 그리고 헌장의 개정은 공식적 수정을 요구하는 것으로 안전보장이사회의 5개 거부권을 행사하는 상임이사국들을 포함하는 총회에서 2/3 이상의 찬성표를 필요로 한다. 이것은 어려운 절차로 지금까지 별로 사용되지 않았던 절차이다. 지금까지 오직 3차례 수정안이 채택되었다. 탈식민화 후 유엔 회원국의 증가에 따른 대응책으로 이루어진 그 수정안들은 구조문제를 다루었다. 첫 번째는 안보리 이사국의 수를 11개국에서 15개국으로 확대했으며 두 번째와 세 번째는 경제사회이사회의 회원국 수를 18개국에서 27개국 그리고 다시 54개국으로 각각 늘리는 것이었다. 유엔의 역사가 보여 주는 것처럼 만일 유엔개혁이 헌장에 규정된 임무와 구조가 실천되는 방식의 변화를 의미한다면 개혁을 위한 상당한 이유가 있다. 그러나 인간 삶의 모든 측면들과 그에 관련된 정교한 국제적 하부구조를 다루는 문제들의 광대함과 복합성은 유엔개혁을 복잡하고 어려운 문제들의 집합체로 만들고 있다.

유엔 창설 이래 유엔개혁 문제는 전문적 지식공동체 내에서 하나의 중대관심사였다. 그것은 외교관, 국제공무원, 유엔에 파견된 비정부기구들의 대표들, 유엔 문제에 관한 학문적 및 미디어 전문가들, 그리고 자국의 다자기구 참여에 대한 감시 책임을 맡고 있는 주요 유엔 회원국 입법의원으로 구성된 비교적 소규모의 국제 직업적 계급(international professional caste)이다.[804] 오늘날 유엔개혁은 전문가들 사이에서뿐만 아니라 이라크 문제와 식량계획을 위한 석유의 스캔들 등으로 광범위한 대중들 사이에서 논의되는 화제가 되고 있다. 유엔개혁은 서로 다른 사람들에게 상이한 것을 의미한다. 유엔이 별로 구제 가능성이 없다고 보는 일종의 유엔 폐지론자들이 있다. 그들에게 개혁은 유엔의 해체를 의미한다. 유엔의 지속적 존속을 믿는 일종의 보존주의-수정주의자들에겐 유엔을 보다 효율적으로 만들기 위해 개혁이 필요하다는 일반적 동의가 있다. 그러나 남과 북 사이에, 남과 북 내부에서 미국과 몇몇 동맹국을 포함하는 나머지 국가들 사이에서 그리고 사무총장과 지도적 회원국가들 사이에 대립적이고 화해하기 어렵게 보이는 조망들에 의해서 유엔 개혁문제는 구름에 덮여 있다. 뿐만 아니라, 유엔체제 자체 내에서도 즉 총회의 위원회들과 사무국 부서들 그리고 몇몇 지역의회와 전문기구들 사이에도 개혁방안에 대한 불일치가 있다. 그것은 크게 보아 유엔 내에서 어떤 문제가 다자협력의 의제가 되어야 하는가 하는 내용에 관한 것과 프로그램을 수행하도록 마련된 제도와 기관들이 어떻게 개선될 수 있는가 하는 구조에 관한 문제로 분류할 수 있다. 이것들은 개혁이 어떻게 수행되어야 하는가 하는 의문을 제기하고 있으며 이것은 정치적 맥락 속에서 제기되었기 때문에 참으로 곤란한 문제가 아닐 수 없다.

유엔은 세계정치의 보다 큰 틀의 일부분이다. 유엔의 192개 회원국들, 유엔의 관료제들, 조직된 국내의 특수이익집단, 그리고 수많은 지도적 국제비정부기구들 등 모두가 정치적 맥락에서 유엔을 보고 있다.

---

804 Benjamin Rivlin, "The UN Reform Conundrum," *American Foreign Policy Interests*, vol. 27(2005), p. 365.

참으로 모두가 해럴드 라스웰(Harold Lasswell)의 정의처럼 "누가 무엇을 언제 어떻게 얻을 것인가"[805]라는 세계정치 과정에 관여하고 있다. 이 과정에서 핵심은 영역, 돈 그리고 어떤 경우엔 이데올로기에 대한 일련의 투쟁들이다. 서로 간에 상쇄하는 대립적 이익이 너무 많아서 유엔개혁에 대한 합의적 동의를 상정하기가 어렵다. 유엔이 직면하고 있는 주요 딜레마는 힘, 특히 개혁의 분야에서 힘에 대한 대립적 인식과 관련된다. 결정들이 192개의 법률상 주권적으로 평등한 국가들의 총회의 회원 총수를 반영해야 하는가 아니면 유엔의 바깥세계에서 지배적인 실제능력과 힘을 반영해야 하는가? 이런 것들은 유엔개혁에 내재하는 다루기 힘든 문제들이다.

1997년 코피 아난이 신임 사무총장으로 취임했을 때 그는 개혁 사무총장으로 불렸음 직했다. 그가 천명한 목표는 유엔에 "개혁의 문화"를 가져와 유엔의 개념과 질 그리고 봉사의 방법을 진화시키는 것이었다.[806] 1997년에 취임 직후 착수한 그의 처음 노력은 사무총장의 관할권내에 속하는 하나의 "개혁패키지"였다. 즉 그것들은 주로 내부운영에 관한 개혁으로 효율적 프로젝트, 프로그램과 무관한 지출의 고비용 감소를 통해 행정의 간소화, 불필요한 보고서들의 중단, 다른 보고서들의 빈도 축소, 및 불필요한 문서화의 감소들을 도입하는 것이었다. 코피 아난의 개혁 권고안들은 〈유엔의 재생—개혁을 위한 프로그램〉이라는 보고서에 구현되었는데 이것은 유엔 창설 이래 가장 광범위하고

805 Harold D. Lasswell, *Politics: Who Gets, What, When and How*, 1st. ed.(New York, 1936).

806 1997년 7월 16일 개혁에 관한 총회의 특별회의에 행한 성명.

원대한 개혁으로 불렸다. 그러나 사무부총장직의 신설과 개발배당액의 수립 같은 몇 개의 변경 제안은 예산문제와 관련되기 때문에 회원국들의 영역에 속했고 총회의 승인을 필요로 했다. 총회는 승인했다. 그러나 이 모든 일은 수년간 계속된 재정적 문제의 일부였다.

미국은 정규예산과 평화유지 특별예산의 최대 기부국이다. 미국의회는 비용을 줄이라고 유엔에 계속 촉구했으며 여러 해 동안 분담금 지불을 보류하겠다고 위협했고 또 실제로 그렇게 했으며 심지어 유엔에 대한 법적 의무를 불이행하기까지 했다. 유엔 창설 때부터 미국은 유엔의 예산을 포함하는 행정 구조를 감시하려고 했다. 그리하여 5개 상임이사국들 간의 신사협정이 원래 유엔사무국 핵심부서의 주도를 나눌 때 미국은 행정 및 재정업무의 사무차관보의 자리에 미국인을 고집했다. 정치와 안보 문제는 소련이, 경제 문제는 영국, 사회 문제는 프랑스, 그리고 신탁통치 및 비자치영토는 국민당 중국에게 주어졌었다. 이런 책임의 할당은 유엔에 대한 미국의 태도를 분명히 말해 주었다. 즉 미국의 최우선 정책은 지출을 억제하는 것이었다. 그에 따라서 미국은 이 목적을 달성하기 위해서, 또 미국의 외교정책에 해가 되거나 미국의 주권에 대한 침해로 간주되는 유엔의 조치나 프로그램에 대한 미국의 대응을 과시하기 위해 분담금 지불을 보류하는 전술에 의존했다. 미국의회는 유엔기구들에게 지불하는 미국 분담금을 20퍼센트로 줄이도록 마련된 1979년 켐프 모이니한 법안(the Kemp-Moynihan Amendment), 1985년 카세바움 솔로몬 법안(the Kassebaum-Solomon Amendment), 그리고 그 비율을 보다 더 과감하게 줄이려는 1985년의 그램 루드만 법안(the Gramm-Rudman bill) 같은 조치를 통해서 그런 방법을 사용하는 데 핵심적 역할을 수행했다.

미국과 유엔 간의 소원한 상태는 레이건 정부 시기에 더욱 심했다. 유엔도 미국의 불만에 귀를 기울였다. 그리하여 유엔예산에 대한 투표 절차를 변경하여 이제는 합의제로 채택되게 되었으며 이것은 사실상 미국에게 비용을 억제하는 무기를 준 것이다. 유엔의 재정적 위기의 밑바닥에는 보다 큰 세계 경제적 몫을 위한 제3세계의 요구가 있으며, 이것은 최고 부국인 미국에 대한 요구였다. 그러나 예산안의 합의제로의 변경이 빈국과 부국 사이의 격차 확대에서 보듯이 범세계적 개발의 도전을 충족시키는 유엔의 역할과 책임에 대한 끊임없는 논쟁과 HIV/AIDS 유행병, 내란, 광범위한 인권유린 그리고 환경에 대한 대립적 문제들 같은 고통스런 과제들을 유엔의 의제에서 별로 제거하지 못했다. 바로 이런 문제들과 기타 범지구적 도전들에 대한 염려가 2000년 9월 총회의 새천년 정상회의의 주제였다. 이 회의결과 자유, 평등, 단결, 관용, 자연의 존중과 책임 공유라는 6개의 근본적 공유의 가치를 제시하는 '유엔 새천년 선언"(the United Nations millennium Declaration)이 채택되었다. 그리고 이 선언의 요구를 실현하기 위해 사무총장은 새천년 개발 목표(the millennium Development Goals)을 달성하기 위한 전략에 대해 유엔에 자문할 독립적 자문기구인 유엔 새천년 프로젝트(the UN millennium Project)를 설치하였다. 그 목표들을 2015년까지 빈곤, 기아, 질병, 문맹, 환경 악화 및 여성 차별을 줄이는 목표에 국제적으로 동의한 것들이다. 2005년 1월 그 자문기구는 최빈국들이 목표를 달성하도록 돕는 데 요구되는 필요한 범지구적 정책 돌파구들의 상세한 청사진을 담고 있는 '개발에 투자—새천년 개발 목표를 달성키 위한 실질적 계획"(Investing in Development: A Practical Plan to Achieve the millennium Development Goals)을 제시했다.[807]

다른 한편, 2003년 3월 안보리를 무시하고 이라크에 미국 주도의 예방전쟁이 전개되자 코피 아난 사무총장은 유엔이 제대로 작동하지 않는다면서 "급진적 개혁"을 위해 목청을 높였다. 그는 평화와 안전의 폭넓은 분야에서 세계가 직면하고 있는 주요 위협과 도전을 조사할 과제를 부여한 "위협, 도전 및 변화"에 대한 16명의 고위레벨 패널(High-Level Panel) 위원들을 임명했다. 사무총장이 촉구하는 "급진적 개혁"의 취지는 평화와 안전 분야에 국한되었지만 그러나 패널의 임무는 광범위하게 해석되어야 하고 평화와 안전에 대한 미래의 위협에 직접적 관련을 갖는 만큼 그것의 분석과 권고사항들이 경제적 및 사회적인 분야를 포함하여 다른 영역과 기구들에게까지 확대되어야 한다는 것이었다. 이런 만만찮은 도전에 직면한 고위레벨 패널은 2004년 12월2일 99페이지에 달하는 〈보다 안전한 세계—우리의 공동책임〉(A More Secure World: Our Shared Responsibility)이라는 보고서를 제출했다. 이 보고서는 2005년 3월 21일의 새천년정상회의 보고서 〈보다 큰 자유 속에서—모두를 위한 개발 안전 및 인권을 향해〉(In Larger Freedom: Toward Development, Security and Human Rights for All)에서 사무총장에게는 영감의 원천이었다. 고위레벨 패널의 보고서는 3개의 제목하에 101개항의 권고사항들을 담고 있다.[808]

---

807 이 프로젝트는 컬럼비아 대학교의 제프리 색스(Jeffrey Sachs) 교수가 주도한 것으로 학계 공적 및 사적 분야, 시민사회단체 및 유엔기관에서 차출된 독립적 전문가들로 구성된 10개의 특수전문위원회에 265명의 개발 전문가들이 참여했다.

〈집단안보와 예방의 도전〉

· 빈곤 전염병 그리고 환경 악화
· 국가 간 및 국가들 내의 갈등
· 핵, 방사성, 화학 및 생물 무기
· 테러
· 탈국경적 조직범죄
· 제재의 역할

〈집단안보와 무력의 사용〉

· 무력사용—규칙과 지침
· 평화집행과 평화유지 능력
· 갈등 후 평화건설
· 민간인 보호

〈21세기를 위한 보다 효과적인 유엔〉

· 총회
· 안전보장이사회
· 평화건설위원회
· 지역기구
· 경제사회이사회
· 인권위원회
· 사무국
· 유엔헌장

808 UN Doc. A/59/565(December 2, 2004).

고위레벨 패널이 포괄적인 상세한 리스트를 택한 것은 놀라운 일이 아니다. 평화와 안전에 대한 위협은 불안정의 근원과 분리될 수 없다. 따라서 유엔의 존재 이유인 집단안보기구의 향상과 수리는 그들의 지원이 필요한 전 세계의 조망과 욕구들을 고려해야만 한다. 그러나 합의를 도출하려는 것은 중요한 개혁결과의 가능성을 감소시킨다. 패키지는 다자외교의 특징인 "동시 다발적 외교"(synchronized diplomacy)의 복잡한 과정을 통해 협상되어야만 한다.

안보리의 이사국에 관한 헌장의 규정의 개혁은 유엔의 창설 때부터 유엔에 파견되는 많은 대표자들의 마음속에 늘 있었다. 안보리 구성에 관한 논쟁은 여러 가지 쟁점들을 맴돈다. 거부권을 행사하는 5개 상임이사국과 그렇지 못하는 다수국 간의 불평등문제, 대표성을 높이기 위해 안보리 수를 확대하는 문제, 거부권의 유무를 떠나 상임이사국 수를 늘리는 문제, 어떤 상임이사국을 대체하기 위해 지역적 대표성을 토대로 삼는 문제와 비상임이사국을 선발하는 문제, 헌장 제23조 규정을 근거로 상임이사국 자격의 기준 설정 문제 그리고 윤번제 임기문제 등의 다양한 문제들이다. 고위레벨 패널과 사무총장은 이런 문제들 중 많은 것들을 다루었고 거부권 없는 상임이사국의 수를 늘려서 그것을 24개국까지 확대하여 안보리를 보다 더 대표성 있게 만드는 몇 개의 안들을 권고했다. 그러나 안보리의 확대 특히 상임이사국의 확대는 회원국들 사이에서 첨예하고 분열적이고 심지어 양분화시키는 쟁점이었다. 그것은 현재 그리고 가까운 장래에도 그럴 것이다.[809]

---

809 Edward C. Luck, "Rediscovering the Security Council: The High-Level Panel and Beyond," in Ernes to Zedillo, ed., *Reforming the United Nations for Peace and*

고위레벨 패널 보고서의 발표는 안보리의 새로운 상임이사국 자리를 노리는 국가들의 열광적 활동을 폭발시켰다. 유엔활동에 지속적이고 또 중요한 재정적 기여국가라는 기록을 근거로 상임이사국 자리를 위해 오랫동안 작전을 펴 온 일본은 상임이사국 자리를 모색하는 독일, 브라질 및 인도와 합류했다. 그들은 6개의 새 상임이사국과 4개의 새 비상임이사국을 추가하고 거부권 문제는 15년간 유보하면서 안보리의 이사국 수를 현재 15개국에서 25개국으로 늘리자는 제안을 했다. 그런 내용을 담은 결의안 초안을 23개국의 후원국을 가진 이 4개국 집단은 총회에 상정했다. 4개국 집단의 그런 시도에 대해 반응은 여러 곳에서 나왔다. 4개국이 속한 지역 내에서 반대가 있었다. 인도에 대해선 파키스탄이, 일본에 대해선 중국이, 독일에 대해선 이탈리아가 그리고 브라질에 대해선 아르헨티나가 반대했다. 미국은 일본의 상임이사국 진출에 대해서는 적극적으로 찬성하지만 독일의 진출을 원하지 않았고 나머지 두개 국가들에게 관해서는 냉담하다. 미국은 중국 및 러시아와 함께 어떤 신속한 조치도 반대했다. 또 다른 제안은 아프리카연합(African Union)에서 나왔는데 이것은 거부권을 가진 2개의 아프리카 국가들과 함께 6개의 상임이사국을 포함하여 11개의 자리를 추가하여 총 26개국으로 안보리이사국 수의 학대를 주창했다. 이 두 제안들은 결국 타협점을 찾지 못한 채 안보리 이사국의 개혁문제는 표류하게 되었다. 평화건설위원회는 큰 대립 없이 쉽게 경제사회이사회와의 협의 후 안보리에 의해서 설립되었다.

Security(New Haven, Conn.: Yale Center for the Study of Globalization, 2005), p. 144.

고위레벨 패널이 제시한 101개 항목의 권고사항들은 모두가 한 번에 성취될 수 없는 것들이다. 자연히 우선순위를 정하는 문제가 등장할 수 밖에 없다. 그러나 이것 또한 누가 우선순위를 정할 것인가 하는 어려운 문제가 제기된다. 안보리의 이사국 선출을 위해 지리적 배분이 아닌 다른 기준을 세우는 일, 테러리즘, 인도주의적 개입을 정의하는 일, 인권위원회를 개편하는 일, 가중치 투표 같은 많은 문제들이 여전히 분열적 쟁점으로 남아 있다. 어떤 의미에서 우선순위의 합의를 도출하는 것은 결국 정치일 것이다. 유엔에서 이것은 192개 주권국가들의 모순적 이익과 조망들을 화합하는 비상한 지도력을 요구하는 "동시다발적" 외교로 귀착된다. 현재의 단극적 세계에서 그런 지도력은 미국에 의해서 제공되어야만 할 것이다.

토머스 위스(Thomas Weiss)가 적절히 지적했던 것처럼 오늘날 두개의 세계기구가 존재한다. 하나는 범세계적 회원국을 가진 유엔이고 또 하나는 미치는 범위와 힘에 있어서 범세계적인 미국이다.[810] 따라서 과거에도 늘 그랬던 것처럼 최근의 유엔개혁 노력에서도 미국의 태도와 역할이 결정적으로 중요하다는 것은 자명하다. 오늘날 소위 국제적 단극체제의 세계에서 미국은 어떤 역할을 할 것인가, 즉 유엔과 미국관계가 어떻게 될 것인가가 유엔개혁 문제의 핵심이 아닐 수 없다. 그런데 유엔과 미국의 관계는 2003년에 또다시 저조하게 되었다.

유엔은 안보리 이사국 문제, 재정, 평화유지 및 내부관리 문제들에 대한 일련의 위기에 직면하고 있다. 그리고 이런 위기들의 중심에 유엔

810 Thomas G. Weiss, "Security Council Reform: Problems and Prospects in September 2005," *UNA-USA Policy Brief*, no. 9(June 23, 2005).

창설의 주도국이며 유엔 예산의 최대 분담국으로서 유엔의 "가장 중요한 회원국인 미국이"[811] 있다. 미국 내의 유엔에 대한 국내 정치적 논란을 반영하여 미국 정부는 자국의 분담금에 상한선을 정하고 다른 회원국들 사이에 재정적 부담을 분산시키려 했다. 그런 가장 최근의 표명은 헨리 하이드(Henry Hyde) 의원이 주재하여 하원위원회에서 채택한 "2005년 유엔개혁법안"[812]으로 이것은 만일 유엔이 이 법안에서 제시한 과감한 개혁을 수행하지 않을 경우 유엔에 대한 미국의 분담금을 50퍼센트나 삭감하도록 되어 있다.

평화의 파괴와 평화유지활동에 관련된 위기들은 자발적 국가들의 연합형성이나 코소보에서 북대서양조약기구 같은 지역기구나 리베리아에선 경제사회이사회가 관련함으로써 일반적으로 개선되었다. 노골적으로 말하면 여러 가지 위기들의 개선된 해소들은 국제평화와 안전의 유지에 대한 책임을 수행하는 데 있어서 안보리의 구조와 기능에 있어서 최소의 변화로 이루어졌다. 유엔이 "지나간 시대의 닳아빠진 그래서 거의 쓸모없는 유물"[813]이라는 가혹한 비난을 받기도 하지만 미국의회가 위임한 초당적 12인 특별위원회는 제법 건설적 보고서를 내놓았다.[814] 이것은 효율적 유엔이 미국의 외교정책의 이익 목표 그리고

---

811 Edward C. Luck, *Mixed Messages: American Politics and International Organization, 1919-1999*(Washington, D. C., 1999), p. 1

812 "House Resolution, 2745"(2005년 6월 7일).

813 Louise Frechette, "The United Nations: Adapting to the Twenty-First Century," in Paul Heinbecker and Patricia Goff, eds., *Irelevant or Indispensable? The United Nations in the 21st Century*(Waterloo, Ont. : Wilfrid Laurier University Press, 2005), p. 10.

814 이것은 뉴트 깅리치(Newt Gingrich) 전 하원의장과 조지 미첼(George J.

가치를 지원하는 데 여러 가지 중요한 역할을 수행할 잠재력을 갖고 있기 때문에 효율적 유엔이 미국의 이익에 부합한다고 주장했다.[815] 이것은 또한 사무총장의 과거개혁안들을 칭송하면서도 후속조치가 없었음을 비판했다.

유엔행정에 대한 미국의 오랜 관심에 발맞추어 이 특별위원회는 유엔체제의 효율성, 정직성, 투명성 및 책임성을 확보하기 위한 여러 개의 추진 가능한 권고 사항들에 동의했다. 그것들은 첫째, 식량을 위한 석유계획(the Oil for Food Program)에서와 같은 제2의 추문의 발생을 방지하기 위한 감사권을 가진 독립적 감시위원회의 창설, 둘째, 사무국의 일상적 업무를 관리하는 고위관리의 임명과 그리고 셋째, 사무총장에게 최고관리들을 대체할 권한의 부여이다. 여기서 마지막 세 번째 권고사항은 회원국들에 의한 유엔사무국 인사의 밀착 관리라는 거의 신성시된 관행을 깨는 것이다. 과감한 개혁을 요구하는 또 다른 영역은 특정된 사업을 사실상 약속하는 회의에서 이루어진 엄숙한 맹세를 수행하거나 새천년 선언과 그와 유사한 데서 행한 엄숙한 공약을 수행하지 않는 많은 회원 국가들의 무책임한 행태이다. 이 특별위원회가 지적했듯이 유엔은 개별 민족국가로 구성된 기구이다. 유감스럽게도 너무도 자주 회원 국가들은 자신들이 개입을 막거나 혹은 유엔조치를 반대한 경우에 실패의 책임을 모두 유엔에 돌리는 것이 편리하다는 것을 알

Mitchell) 전 상원이 주제한 "American Interests of the UN Reform: Report of the Task Force on the United Nations"라는 보고서로 수도 워싱턴 D.C.에 소재하는 미국 평화연구소(the United States Institute of Peace)가 2005년에 출간하였다.

815 *Ibid.*, pp. 2-3.

게 되었다. "인종 학살을 중단시키는 데 유엔이 너무 자주 실패했다"는 말은 실제로는 유엔의 회원국들이 유엔에 의한 조치를 차단하거나 손상시켰다고 보는 것이 옳게 이해하는 것이다.[816]

이 특별위원회의 입장은 미국이 세계지도국으로서 자신의 역할을 수행하는 데 있어서 미국이 우호국들과 동맹국들 및 국제기구들과 함께 일해 나가야 한다고 믿는 외교 정책 결정자들의 다자주의적 국제주의학파를 반영하고 있다. 그러나 이런 입장을 신보수주의자들 사이의 강력한 일방주의적 국제주의 성향과 크게 대조를 이루는데 이들은 유엔이란 미국의 이익에 빈번히 반하는 일을 하기 때문에 상당히 해가 되고 만일 시대에 맞게 변하지 않는다면 차라기 폐기되어야 한다고 믿는다.[817] 존 볼턴(John Bolton) 현 유엔주재 미국대사는 그런 사고의 소위 신보수주의자들 중 한 사람이다. 그는 유엔이 미국 외교정책의 유용한 도구가 될 수 있다고 믿는다. 그에게 유엔은 학문적인 이론들과 추상적인 모델들을 증명하는 것이 아니라, 미국이 자국의 이익을 향상시키기 위해 유엔을 이용하려고 선택하는 때나 장소에서 사용되어야 한다.[818] 부시 행정부의 관점에서 보았을 때, 볼턴은 미국에게 유엔을 구할 적합한 사람이다. 볼턴 대사도 유엔이 처음 창설되었을 때에는 훌륭한 발상이었으며, 그것이 미래의 공헌을 위해 지속되어야 할 가치가 있었다는 점은

---

816 *Ibid.*, p. 4.

817 David Frum and Richard Perle, *An End to Evil*(New York; Ballantine Books, 2003), pp. 232-234.

818 John R. Bolton, "The Creation, Fall, Rise, and Fall of the United Nations," in Ted Galen Carpenter, ed., *Delusions of Grandeur: The United Nations and Global Intervention*(Washington, D.C.: Cato Institute, 1997), p. 58.

인정했다. 그러나 그는 유엔이 미국의 군대, 미국의 행동의 자유 혹은 미국의 이익을 희생할 만큼의 가치는 없다고 결론 내렸다. 미래를 위한 진정한 질문은 미국이 자신이 생각하고 있는 우선순위를 똑바로 유지시켜 나가는 방법을 알고 있느냐는 것이다.[819]

그렇다면, 과연 무엇이 미국에게 우선적으로 중요한 일이 될 것인가? 존 볼턴에 따르면, 미국은 다음의 것들을 강조할 것이다.

첫째, 미국은 국제적인 차원에서 지리적으로 균형을 이루는 일종의 할당제(quota system)를 통해 안보리를 개혁 혹은 확장하는 데 동의하지 않을 것이다.[820] 안보리를 개혁하려는 바람만으로 적어도 특정한 환경 속에서는 안보리가 효과적으로 작동할 수 있는 현재의 능력을 방해해서는 안 된다.

둘째, 미국은 전통적인 유엔의 평화유지활동을 고수할 것이다. 즉, 미국은 유엔의 "평화집행"(peace enforcement), "국가건설"(nation building), 그리고 안보리의 "확대"(enlargement)라는 개념에 동의하지 않을 것이다. 볼턴에 의하면, 그러한 순진한 개념들은 미국의 핵심적인 이익과 거리가 먼 유엔의 작전활동에 미국의 인적 및 물적 자원들을 투입하는 결과를 낳았다. 그러한 개념들은 미국의 세계 지도력을 항상 달가워하지 않는 사람들과 자국의 비전과 관심을 부끄러움 없이 주장하는 미국보다는 온순하고 길들여진 미국을 선호하는 사람들의 승리를 대변한다. 전통적인 평화유지활동에서 있어서도 유엔 지휘하의 병력은 사무총장의 통제가 아닌 안보리의 통제하에 운영되어야 한다. 그것이 유엔

---

819 *Ibid*.

820 *Ibid*., p. 56.

헌장의 입안자들이 의도했던 계획이었다. 사무총장은 행정에만 전염해야 하며 군사적 문제는 참견하지 말아야 한다.[821] 그는 세계의 대통령이 아니다. 그가 항상 외교관이 되는 것도 아니다. 그리고 그는 지구의 대표적 친구가 아니다. 그리고 무엇보다도, 그는 세계연방군의 최고 사령관이 절대 아니다. 그는 최고 행정 책임자일 뿐이다.[822]

셋째, 미국은 유엔의 행정 및 재정개혁을 추구할 것이다. 유엔은 비경제적으로 과도하게 많은 직원들, 중복되는 산하기관들, 끊임없이 열리고 중복되고 있는 국제회의나 회합 그리고 출판물들, 계약 시의 부패와 정실 문제 그리고 조달 문제들을 제거해야만 한다.[823] 미국은 유엔 산하기관들의 재정조달 방식에서도 과감한 변화를 기대한다. 미국은 회원국 정부로부터의 순전히 자발적인 공헌에 의해 운영되는 유엔체제를 지향하면서 회원국들에게 배당된 분담액을 전부 없애려 시도할 것이다. 그런 자발적 기여제도는 유엔과 그 각각의 산하기관으로부터 자국이 지불한 돈만큼의 가치를 얻었는지에 대해서는 각자 스스로 판단하게 된다. 그것은 유엔체제가 주된 기여국들, 특히 가장 큰 기여국인 미국에게 잘 반응하게 하기 위한 장거리 여정이 될 것이다.[824]

게다가 존 볼턴은 현실주의적인 미국의 유엔헌장 초안자들이 의도했던 대로, 유엔이 "국제평화와 안보"에 위협이 나타나는 경우에 한해서만 역할을 수행해야 한다면서 조심스럽게 유엔의 활동 범위를 제한

821 *Ibid*.

822 *Ibid*., p. 55.

823 *Ibid*.

824 *Ibid*., pp. 57-58.

하고, 국제적 차원의 사회사업은 피해야 한다고 믿는다.[825] 그렇다면, 그는 유엔의 사회적, 환경적 의제나 세계경제발전에서의 유엔의 역할을 지지하는 데 주저하게 될 것이다. 개발 원조의 개념은 원래 미국에 의해 제안되었고, 유엔은 당시의 참신한 개념을 신속하게 승인하고, 1950년에 스스로 국제적 "기술원조 프로그램"을 도입했다.[826]

그 후 수십 년 동안, 유엔체제는 저소득 지역의 성장과 발달이라는 기치하에 국가 대 국가의 대규모 자원 이동이 현대 국제질서의 보편적인 특징이 되어야만 한다는 주장을 세계적으로 널리 받아들이도록 애써 왔다. 오늘날에도 유엔은 그 나름대로 정부개발원조(ODA)의 중심적 조달기구로 남아 있다. 그러나 유엔체제가 제2차 세계대전 후부터 지금까지 개발을 위해 사용한 수천억 달러가 세계에서 가장 빈곤한 지역의 물질적 진보에 긍정적인 공헌을 했는지는 매우 의심스럽다. 미국의 최종적 분석에 따르면, 바로 그 분야야 말로 유엔에 있어서 가장 심각한 실패로 보이는 분야이다. 효과 없고 무책임하며, 때로는 명백히 해로운 경제정책들이 개발을 담당하는 유엔개발기구들에 의해 일상적으로 채택되어 왔고, 옹호되어 왔으며, 보조금이 지급되어 왔다.[827] 볼턴이 개발에 대해 이러한 시각들을 공유한다면, 어떻게 미국이 유엔의 야심적인 프로젝트인 밀레니엄 개발 목표를 달성하기 위해 활발하고 관대하게 지원할 것을 기대할 수 있는가?[828] 미국은 2002년 말에 빈곤

---

825 *Ibid.*, p. 46.

826 Nicholas Eberstadt, "The Impact of the UN's 'Development Activities' on Third World Development," in Ted Galen Carpenter, ed., *op. cit.*, p. 213.

827 *Ibid.*, p. 223. 확실히, 주목할 만한 예외들은 있었지만, 그것들이 단지 그 예외들일 것 같다.

극복을 위한 밀레니엄 도전 계좌(the Millennium Challenger Account, MCA)를 유엔에 위탁하지 않고 단독적으로 세웠다. 밀레니엄 도전 계좌에 따르면, "건전한" 정치적, 경제적 정책들, 즉 낭비와 부패를 방지하기에 충분한 투명성과 감시체제가 있으며, 민주주의가 공고화되고, 민간 부분을 우선시하는 정책들을 채택하는 국가들이 매년 몇 십억 달러의 추가적인 개발 원조금을 지원받을 수 있다. 즉, 추가적인 원조는 개혁에 대한 보상 혹은 개혁을 시행하는 자극제가 된다. 2004년 7월에는 밀레니엄 도전법인위원회에는 70여 개의 국가들이 다가오는 회계연도에 원조를 받기 위한 경쟁 후보국들로 지명되었다.[829]

그러나 미국의 역할이 유엔에게는 결정적이다. 오직 미국의 지도력만이 안보, 인권, 세계개발이 쓸데없는 희생물로 전락해 버리는 파벌들간의 투쟁으로 변질되지 않고, 강제적이면서도 관대하게 다른 강대국들을 서로 협력하게 만들고, 공동의 평화와 번영에 대한 도전에 대응할 수 있는 보다 통합된 세계를 만들도록 이끌 수 있다.[830] 만일 미국의 불가결한 위치를 평화적으로 대처할 수 있는 다른 초강대국들이 존재한다면 미국의 헤게모니가 끝나느냐의 문제는 중요하지 않다. 그러나 그러한 신호는 전혀 나타나고 있지 않다. 부분적으로, 유엔은 미국의 힘

828 볼턴 대사는 2005년 9월 유엔 정상회의에 밀레니엄 목표에서 다른 모든 언급들은 삭제하고 미국이 원하는 것만을 39쪽 정도로 해서 수정안을 제출했다. 왜냐하면 워싱턴은 발전 원조에 GNP의 0.7퍼센트를 소비하도록 기증 국가들에게 요청하는 것을 또 다른 목표로 했기 때문이다. *The Daily Yomiuri*(August 28, 2005), p. 6.

829 Richard N. Hass, *The Opportunity: America's Moment to Alter History's Course*(New York: Public Affairs, 2005), p. 120.

830 *Ibid.*, p. 198.

과 결정을 다자적 구조 틀과 의제에 묶기 위해 창설되었다. 유엔의 창시자들은 미국이 새로운 안보체제 밖에 머물지 않도록 해서 국제연맹의 실패를 또다시 반복하지 않기로 결심했었다.

현재 유엔체제는 기로에 서 있다. 과감한 개혁을 통해 보다 효과적인 유엔으로 즉 세계헌정질서의 구축을 향해 나갈 것인가 아니면 막다른 길을 택해 결국 역사의 쓰레기통에 팽개쳐질 것인가? 유엔체제가 다루어야 할 실질적인 범지구적 문제들은 그 수와 복잡성에서 크게 확대되었으며 유엔의 존재가치가 의문시되고 있다. 1945년에 창설된 기구는 지난 60년 세월 동안 녹슬었고 따라서 업데이트가 필요하다. 그러나 그것이 충족되거나 적어도 화합되어야 할 많은 대립적 이익들 때문에 한 두 차례의 거대한 유엔총회정상회의로 달성될 수 있는 것이 아니다. 유엔체제는 참으로 어려움에 처해 있다. 그러나 막다른 길을 선택할 필요는 없다. 역사는 유엔헌장이 융통성이 있음을 보여 주었다. 유엔의 성공적 헌장상의 목적달성은 결국 모든 국가들의 이익이 인류의 생존이라는 보편적 이익을 위해 함께 일할 필요성과 일치한다는 것을 인정하는 모든 회원국들의 특히, 안보리 상임이사국들의 의지에 달려 있다. 유엔은 다시 그것이 창설될 때 그랬던 것처럼 자발적 연합이 되어야 한다. 유엔의 정통성은 재수립되고 국가들은 회원국이 될 때 했던 공약을 지켜야 하고 새천년 정상회의 선언 같은 찬미적 선언들을 서명할 때 약속을 지켜야만 한다. 그리고 그런 목적 달성을 위해서 오늘의 단극적 국제체제의 세계에서 미국의 개입은 아주 중요하다.

21세기의 여러 가지 도전들을 헤쳐 가기 위한 새로운 솜씨를 개발하기 위해 헌장의 융통성을 활용하는 데 있어서 유엔공동체 내에서 미국의 지도력은 본질적으로 필수적이다. 세계 지도력을 행사하기 위해서는 미국도 모두가 미국의 지도를 자동적으로 따르지 않을 것이며 또 유엔이 미국 외교정책의 수단으로만 간주될 수 없다는 사실을 인정해야만 한다. 그리고 모든 회원국들은 유엔의 업데이트 즉 과감한 개혁에 성공적으로 도달하기 위해 동시다발적 외교의 창의력을 발휘해야만 한다. 그럼에도 불구하고 오늘날 대부분의 회원 국가들은 자국의 이익을 추구하는 데 있어서 인류의 공동선을 증진시키기 위해 조직된 국제적 무대, 즉 유엔체제에서 타국들과 함께 일해야 한다는 것을 제대로 인식하지 못하고 있다. 그러나 벤저민 리블린(Benjamin Rivlin)의 지적처럼 "오늘날 우리가 살고 있는 세상에선 상호의존 없이는 독립은 존재하지 않는다".[831] 따라서 우리에게 필요한 것은 코피 아난 유엔 사무총장의 주장처럼 세계의 지도자들이 샌프란시스코의 정신을 다시 불러일으켜 보다 큰 자유를 증진시킬 새로운 세계계약을 안출해야만 할 것[832]이라고 해도 결코 지나친 말은 아닐 것이다. 왜냐하면 지속되는 평화를 가능하게 할 안정의 조건을 창출하기 위해서 분명히 전략적 접근이 필요하겠지만, 평화 그 자체를 수립하기 위해서는 다른 보다 적극적인 조치들이 요구되기 때문이다. 그러나 그것들이 가까운 장래에 실현될 수 있을 것이라는 희망은 어쩌면 신기루에 가까울 것이다.

---

831 Benjamin Rivlin, "UN's Frustrating Quest for Peace," *Christian Networks Journal*(Spring 2005), p. 50

832 Kofi Annan, "In Larger Freedom: Decision Time at the UN," *Foreign Affairs*, vol. 84, no. 3(May/Jul. 2005), p. 66.

제18장

결론

—인간 神과 세계화의 도전

> 런던의 주민은 침대에서 차를 마시면서 전화로 전 지구상의 여러 가지 생산물을 주문할 수 있었다. —그는 원하기만 하면 여권이나 다른 정식 절차 없이 어느 나라나 어느 기후지대로든 값싸고 편안한 통행수단을 확보할 수 있었다. —일상적인 사회 및 경제적 삶의 국제화 (세계화)는 실제로 거의 완성되었다.
>
> —존 메이너드 케인스, 1919

19세기 초 프랑스의 지성 알렉시스 토크빌은 그의 불멸의 명저《미국의 민주주의》제1권의 말미에서 다음과 같이 예언했었다.

> 오늘날 서로 다른 지점에서 출발했지만 동일한 목적지(끝)로 향해 가는 것처럼 보이는 두 큰 나라가 있다. 러시아인들과 미국인들을 두고 하는 말이다. 두 나라는 아무도 눈치 채지 못한 사이에 성장해 버렸다. 그리고 인류의 관심이 다른 곳을 향해 있는 동안에 그들은 다른 나라들 사이에서 갑자기 전면에 나섰다. 그리고 세계는 거의 같은 시기에 그들의 존재와 그들의 거대함을 깨달았다. 모든 다른 나라들은 거의 자신들의 한계에 도달한 것처럼 보인다. 그리고 그들은 자신들

의 힘을 유지하기만 하면 되지만 이 두 나라는 여전히 성장 중에 있다.—미국인은 자연이 그에게 준 장애물들과 투쟁하고 있다. 러시아인들의 적들은 사람들이다. 미국인은 황야와 야만적 삶과 싸운다. 러시아인들은 온갖 무기로 문명과 싸운다. 그러므로 미국인들의 정복들은 쟁기로 얻어진다. 러시아인들의 정복들은 검으로 얻어진다. 영국계 미국인들은 자신들의 목적을 성취하기 위해 개인적 이익에 의존하고 또 사람들의 유도되지 않은 힘과 상식을 자유롭게 발휘한다. 러시아인들은 사회의 모든 권능을 단 한 사람에게 집중한다. 미국인의 주된 수단은 자유이며 러시아인들의 주된 수단은 복종이다. 그들의 출발점이 다르다, 그리고 그들의 과정도 같지 않다. 그러나 그들 각자는 지구의 반씩의 운명을 지배하도록 하늘의 뜻에 의해 정해진 것처럼 보인다.[833]

토크빌이 마치 신의 계획을 훔쳐보기라도 한 것처럼 러시아와 미국은 제2차 세계대전 후 약 반세기 동안 계속된 냉전기간 동안 전 세계를 반씩 양분하여 사실상 지배했었다. 토크빌의 예언은 20세기에 진실로 실현되었던 것이다. 그러나 토크빌도 양국 중 궁극적으로 어느 나라가 그 경합에서 승리할 것인가까지는 예언하지 못했다. 반세기에 걸친 치열했던 양극적 경합에서 20세기의 황혼에 미국이 최종적 승리를 거두었다. 그것은 미국의 자유민주주의가 승리한 것이었다. 더구나 그것도 전쟁을 치르지 않고 쟁취한 승리였다. 그리하여 자유민주주의는 새로

833 Alexis de Tocqueville, *Democracy in America*, vol. 1, ed. Phillips Bradley (New York: Vintage Books, 1945), p. 452.

운 기반을 얻게 되었다. 이런 역사적 사건을 프란시스 후쿠야마는 "역사의 종말"이라고 선언했다. 지금까지 세계의 역사를 만든 것이 힘의 정치의 궁극적 양식인 전쟁이었다면 역사가 끝나 버린 것인지도 모른다. 왜냐하면 민주국가들은 서로 간에 전쟁을 하지 않을 것이기 때문이다.[834] 그러나 보편적 세계평화에는 역사가 없다. 적어도 힘의 정치에 실행자들이 만들어 온 역사에는 없다. 괴테를 원용한다면 역사가 없는 사람들은 행복하다. 그러나 두 초강대국의 시대는 불안한 시대였다. 인류는 핵무기에 의한 파괴 위협과 함께 살아가는 방법을 배웠다.[835] 초강대국 간 치열한 군비경쟁의 종언은 전 지구적 안도감을 가져다주었다. 그리고 전 세계인들은 항구적 평화의 시대가 도래하길 기대했었다. 그러나 냉전 종식 이후, 바꾸어 말해서 "포스트 역사의 시대"는 결코 지상의 평화라는 약속의 땅이 아니었다. 알고 보니 그곳은 여전히 치열한 투쟁과 지속적인 협력이 동시에 발생하는 전통적인 "국제사회"의 모습과 근본적으로 다르지 않았다.

"역사의 종말"이라는 개념은 200년 전에 개념의 역사에 들어갔다. 1806년 헤겔은 예나에서 나폴레옹이 프로이센의 군대를 패배시킨 것에 관해 명상했고 역사가 끝났다고 선언했었다. 나폴레옹을 등장시킨 프랑스대혁명은 군주들과 성직자들 및 특권층에게 치명적 타격을 가했었다. 그 잔해에서 새로운 질서가 일어날 것이다. 인간들은 역사의 다

834 역사의 종말과 국제정치에 관한 저자의 상세한 비판적 논의에 관해서는 저자의 《카멜레온과 시지프스—변천하는 국제정치와 한국의 안보》(서울: 나남, 1995), 제1장 참조.

835 강성학·정천구 역, 《핵 시대를 어떻게 살 것인가》 참조.

음 단계로 진입할 것이고 다시는 그곳을 떠나지 않을 것이다. 따라서 더 이상의 역사는 없으리라는 것이었다. 후쿠야마는 소련과 그 제국의 전 속국들에 걸쳐 공산주의의 패배와 자유민주주의의 승리에 관해 명상하다가 역사가 끝났다고 다시 한 번 선언했다. 적대적 이데올로기의 이름으로 수행하던 전쟁과 탄압의 역사로부터 회복된 인류가 이제는 세상을 보다 살 만한 곳으로 만드는 자신의 일을 자유롭게 해 나갈 것이다. 후쿠야마의 책의 매력은 그 선언의 진실성의 미확인에도 불구하고 다른 형태의 무역사적 예언주의인 공상과학 문학처럼 미국적 심리에서 공명했다.[836] 공상과학의 아주 다양하고 또 그것의 문학적 성격이 종말적 역사와는 차이가 큰 것이지만 이 두 장르는 공통적으로 이 지구상에서 살았고 또 여전히 살고 있는 사람들의 역사를 전전으로 무시하고 있다. 공상과학의 등장인물들은 국적이 없다. 만일 공상과학 속의 사람들이 서로 전쟁을 하면 그들은 지구상 힘의 정치의 역사적 전투장에서가 아니라 우주공간에서 전쟁을 한다. 그들은 화성을 위해 죽인다. 그리하여 이 세상의 역사가 종말을 고한다. 그리되면 지상의 힘의 정치도 종말을 고한다. 이런 식으로 공상과학 작가들의 정치적 무지가 종말적 역사가들의 정치적 억지 이론과 공동의 기반에서 만난다. 양쪽이 다 같이 역사란 아무것도 가르칠 것이 없다고 동의한다. 새로운 질서를 위한 아무런 선례가 없다. 역사의 짐을 덜어 버린 인류는 자유롭게 미래를 만든다. 공상과학과 종말적 역사라는 이런 기묘한 한 쌍이 인기가 높다. 이 둘은 외교문제에서 고립주의라는 미국 민주주의의 원초적 이

836 Robert Strausz Hupé, *Democracy and American Foreign Policy*(New Brunswick, N.J.: Transaction Publishers, 1995), p. 115 .

데올로기에 부응한다.[837]

그러나 냉전의 종식이 강대국 간 갈등의 종말을 의미하는 것일까? 강대국 정치의 역사란 영원히 폐업한 것일까? 그리스 역사가 투키디데스 이래 역사가 보여 주었듯이 역사란 힘과 갈등의 역사이기 때문에 강대국 정치의 종말은 간단히 말해 역사의 종말을 고하는 것인가? 아니면 이 모든 것이 그냥 지나가는 상상에 불과한 것은 아닐까? 개념의 역사란 놀라움으로 가득하다. 어떤 개념이란 한때 광범위하게 수용되다가 다른 때에 그러지 않는다. 국제관계 사건의 역사도 그렇다. 그러나 그것이 과거 언제 발생한 사건들의 단순한 기록만은 아니다. 또한 역사적 과거란 하나의 독립적 과정도 아니다. 그것은 인간들이 이룬 것이거나 아니면 실패한 것이다. 국제관계사의 연구란 과거 국가들의 경험적 증거가 되는 발자국을 조사하는 것이다. 과거의 중요한 사건들은 관련된 정책 결정자들, 즉 인간들의 산물이다. 그래서 그것은 본질적으로 규범적이다. 왜냐하면 인간이란 개인이든 국가로서의 집단이든 옳은 행위와 그른 행위, 좋은 행위와 나쁜 행위의 문제들이 조만간에 제기될 수밖에 없는 행위를 서로에게 행하기 때문이다. 국제사회는 모든 국가들에게 적용되는 규범과 규약을 제도화하려고 노력했다. 그리고 그것들은 처음에 유럽에서만 적용되었지만 그 후엔 전 세계로 확대 적용되었다. 그런 규범과 규약들이 항상 엄격하게 적용되지는 못했으며 빈번하게 위반되기도 했지만 그럼에도 불구하고 그것들은 꾸준히 확대되고 또 발전되어 왔다. 어떤 의미에서 그것들은 여전히 세계적 법의 통치라

837 *Ibid.*, p. 116.

는 "약속의 땅"을 향해 나아가는 발전 도상에 있다. 지금까지 그것들의 성취도 결코 적지 않았다. 그럼에도 불구하고 그것들의 역사적 성취의 뜻 깊은 중요성이 국제정치학 분야에서 충분히 인정받지 못했다. 따라서 국제정치학의 교육에서도 비교적 동한 시 되어 왔다. 평화의 역사보다는 전쟁의 역사가 주류적 관심사였다. 우리가 평화를 건설하고 유지하기 위해서는 평화를 깨트린 전쟁의 원인과 과정의 역사 연구 못지않게 전쟁을 종결시키고 평화를 수립한 평화의 제도화 노력에 관한 역사 연구도 중요한 것이다. 그것을 통해 우리는 평화수립의 간접적 경험과 필요한 기술 혹은 평화로의 접근방법을 배울 수 있을 것이기 때문이다.

인류의 역사가 공동체의 성격과 규모의 변화과정이라면 국내사회에서처럼 국제사회에서도 법의 통치를 지향하는 범세계적 공동체의 수립을 위한 투쟁의 역사라고 볼 수는 없는 것일까? 만일 그러한 역사관이 수락될 수 있다면 국제사회에서 세계헌정질서 수립을 위한 본격적인 노력과 투쟁은 20세기 초에 제1차 세계대전의 종결과 함께 시작된 것이라고 말할 수 있을 것이다. 그리고 그것은 토크빌이 말했던 두 거인 중 서쪽 거인 즉 미국이 제1차 대전에 참가하여 연합국들을 승리로 이끈 뒤 미국의 헌정질서를 범세계적으로 적용 수립하려고 시도한 데서 그 출발점을 찾아야 할 것이다. 비록 그 출발점이 완벽하지 못했고 그 결과 파시스트, 나치스 전체주의적 헌정질서의 도전으로 제2차 세계대전을 치르고 전후 공산전체주의 헌정질서와의 경합을 겪으면서 끈질기게 그 생명과 특성을 유지해 온 자유 의회민주주의적 헌정질서의 구현체가 바로 오늘날 우리가 함께 살아가는 유엔이라고 해도 과언은 아닐 것이다.

유엔은 보편적 헌정질서 수립의 첫 시도였던 국제연맹의 계승자요 제2차 대전의 승전국들 특히 미국의 주도로 창설된 진실로 전 지구적 보편 기구이다. 그러나 마치 프랑켄슈타인 박사와 그 피조물의 관계처럼 미국과 유엔관계는 애증이 엇갈리는 관계를 지속해 오고 있다. 아니 저자가 이미 본서에서 비유했듯이 미국과 유엔의 관계는 슐레이만과 교황의 관계, 즉 황제와 교황과의 관계에 비유하는 것이 더 적절할 것이다. 그들이 단결하면 이루지 못할 것이 없지만, 그들 관계가 상호 무관심이나 더욱 나아가 혐오하는 관계로 변하면 국제적 힘과 보편적 도덕적 정당성의 원천이 서로 분리되어 세계는 혼란 상태를 겪게 될 것이다. 국제사회에서 힘은 결정적일 수 있다. 그러나 도덕적 정당성이 없는 물리적 힘은 존경받지 못하고 장기적으로 저항에 직면하게 된다. 그리고 물리적 힘에 의해 뒷받침되지 못하는 도덕적 정당성은 벌거벗은 교황처럼 그 권능을 인정받기 어렵다. 따라서 세계적 헌정질서의 명실상부한 수립과 통치를 위해서는 물리적 힘과 도덕적 정당성이 어떻게든 결합되어야 한다.

인류는 시시포스처럼 항구적 국제 평화를 달성하기 위해 노력해 왔다. 그러나 마치 그리스 신화 속의 또 다른 비극적 상징인 탄탈로스처럼 그 목표를 아직도 달성하지 못하고 있다. 그것은 어쩌면 마치 천국을 향한 바벨탑처럼 끝내 완성할 수 없는 꿈인지도 모른다. 그러나 오직 미래의 역사만이 궁극적으로 그것을 입증할 수 있을 것이다. 그러나 지난 1세기간의 세계헌정질서의 수립을 위한 인류의 노력이 모두 헛된 것은 아니었다. 비록 느리고 불완전하며 늘 비싼 비용을 요구했지만 오늘날 우리 모두가 국제사회에서 도덕적 정당성을 중요한 것으로 당연히 여기게 된 것만큼이나 국제헌정질서는 발전했다고 말할 수 있을 것이다. 윌슨주의 혹은 제도적 국제주의는 국제정치학자들에 의한 비판의 오랜 주제였다. 한스 모겐소를 필두로 하여 조지 케넌(George Kennan)은 주로 미국 지도력의 법률주의적-도덕주의적 몰두를 공격했다.[838] 헨리 키신저는 관리된 균형정책을 제안하면서 세계의 균형에 봉사할 것을 요구했다. 두 사람 모두 윌슨의 순진함을 강조했다. 키신저는 외교정책의 시험으로 그 자체의 도덕적 완성을 요구하는 나라는 도덕적 완성은 물론 안전마저도 성취하지 못할 것이라고 경고한다.

"국가란 국력을 극대화하려는 유일한 목적을 갖고 있다." 이런 사고방식과 명제는 국제관계에 대한 소위 현실주의적 패러다임의 전략적 접근방법이 아닌 다른 모든 접근방법들을 사실상 배제했다. 따라서 냉전이 종식될 때까지 위협받는 국가의 사활적 이익이란 논란의 여지가 거의 없었다. 전략적 필요성이 국가이익을 결정지었다. 그러나 냉전이 종식되고 헌정질서의 적합한 형태에 대한 경합이 끝나 버리자 전략적 필요성이 국가이익을 독점적으로 결정짓던 시대도 동시에 끝나 버렸다. 그리하여 이제는 모든 국가들, 특히 민주주의 국가에선 국가이익을 정의하는 일이 쉽게 논란의 대상이 된다. 그리하여 국가이익이 항구적인 지정학적 위치의 필연성이나 피할 수 없는 대외적 갈등의 필요성 못지않게 국내의 정파적 입장의 충돌에 기인하게 되었다.[839] 특히 전시나 국가의 생존이 위협받을 땐 전략적 계산이 우선한다. 왜냐하면 전략을

838 George F. Kennan, *American Diplomacy 1900-1950*.

839 Stanley Hoffmann, "Politics among Nations: The Struggle for Power and Peace," *The Atlantic*(November, 1985), p. 134.

무시하는 국가는 힘이 지배하는 곳에서 이겨내길 기대할 수 없기 때문이다. 근대 군사전략의 아버지 카를 폰 클라우제비츠가 전쟁 수행에 관해서[840] 쓸 때 그의 관심은 소위 보다 나은 평화를 가져올 수 있을 전쟁의 승리였지 평화수립 그 자체가 아니었다.

평화 그 자체를 수립하기 위해서는 전략적 접근을 넘어서는 다른 보다 적극적인 조치들이 필요한 것이다.[841] 바꾸어 말해서, 전략적 접근은 국제적 안정의 확보에 치중하기 때문에 단순한 전략적 안정을 넘어서 평화체제의 수립을 달성하기 위해서는 국제사회의 보편적 원칙들을 제도화하는 노력이 필요한 것이다. 국제연맹과 유엔은 그런 시도의 구현체들이었다. 윌슨과 루스벨트가 아주 분명하게 이해했던 것은 지속가능한 외교정책의 마르지 않는 미국 내의 우물이었다. 그들은 미국 정부의 가장 강력한 수단을 쓰면서 대중의 승인을 추구했다. 우리는 미국 국가 수립 이전에는 주권정부가 자국의 법에 의해 행동이 구속받지 않았으며 바로 그런 이유 때문에 미국이 성문헌법을 가진 최초의 근대국가였다는 사실을 기억해야 한다. 윌슨과 루스벨트 두 지도자는 3부로 구성된 연방주의의 정치구조를 국제사회 전체에 적용하려고 했었다.

그러나 국제연맹도 유엔도 각각 자신의 규약과 헌장의 약속을 제대로 지키지 못했다. 국제연맹은 일본의 만주침략과 이탈리아의 리비아 및 에티오피아(아비시니아)의 침략과 독일 히틀러의 폴란드 기습공격

840 Carl von Clausewitz, *On War*, ed. and trans. Michael Howard and Peter Paret (Princeton: Princeton University Press, 1976).

841 Michael Howard, *The Causes of War and other Essays*(London: Temple Smith, 1983), p. 27.

으로 이어지는 일련의 도발적 도전을 받고 붕괴되어 버렸다. 긴 냉전시대는 물론 냉전체제의 종식 후 쿠웨이트를 해방시키면서 "현장에로의 복귀"를 자랑하던 유엔도 유고슬라비아의 해체 과정에서 야기된 3차례의 유고슬라비아의 전쟁과 9 · 11테러 및 그에 대한 이라크전쟁 발발 과정에서 또 다시 본연의 무력함을 여실히 노출시켰다. 이제 어쩌면 유엔은 새롭게 환골탈태하지 않으면 국제연맹의 운명을 되풀이 할지 모르는 그런 갈림길에 접어든 것이다. 그것은 냉전의 종식과 함께 유엔을 구성하는 회원 국가들의 성격이 달라지고 그와 함께 유엔이 처해 있는 환경인 국제사회가 변하고 있으며 이들의 상호 및 상승작용은 유엔 헌정질서의 근본적 변화를 요구받고 있기 때문이다. 여기서 아이러니컬한 것은 최근 시도되고 있는 유엔개혁은 그것이 오히려 유엔의 생명력을 단축시키는 의도하지 않은 결과를 가져 올 가능성마저 잉태하고 있다는 사실이다. 유엔 개혁이 요구하는 유엔 안보리의 확대와 세계복지정책의 획기적 증대 요구는 유엔 그 역할에 있어서 민주복지 지향의 세계정부인 것처럼 기대함으로써 사실상 "유엔의 국제연맹화"가 시도되고 있기 때문이다. 전혀 세계정부가 아닌 유엔에 세계정부와 같은 역할의 기대는 엄청난 무리이고 환상이다. 유엔이란 본질적으로 그리스 신화의 안타이오스(Antaeus)처럼 회원국들, 특히 회원 강대국들의 지원이라는 땅에 발을 붙이지 않고서는 이름뿐인 무력한 존재에 지나지 않는다.

오늘의 유엔은 급속히 변화하는 새로운 세계에 처해 있다. 우선 전략적 위협이 세계화되었다. 핵무기와 기타 대량파괴 무기들은 인접국가가 아닌 지구의 어느 곳으로부터도 공격받을 수 있게 되었다. 둘째는 시장의 세계화이다. 정보화 기술의 발전은 자본의 급속한 순간적 이동을 가능하게 함으로써 시장이 전 세계화되었다. 셋째는 문화의 세계화와 최근 통신망의 발전에 의존하는 보편적 정보체계의 결과로 민족국가가 개방의 확장을 요구받는 심한 압력에 처해 있다. 즉 이러한 세계화는 오직 개방의 확장을 통해서만 세계화에 의해 부과되는 새로운 위험으로부터 국가가 자신을 지킬 수 있게 되었다. 러시아와 중국도 어쩔 수 없이 무역을 개방했다. 북한은 거부했다. 그래서 북한은 굶주리게 되었다. 어쨌든 세계화의 심화는 고용이나 복지, 교육, 문화 그리고 군사적 조직마저도 독립적이고 독특한 정책을 추구할 국가의 독점적 능력을 직접적으로 공격하게 될 것이다. 민족국가가 자신의 정체성을 점점 상실함에 따라 첨예한 문화적 국경선도 법적 및 전략적 주요성이 손상되고 있다. 민족국가들이 민족적 문화가치를 위해 법이나 전략을 구사할 능력이 줄어들고 있다는 말이다.

세계화는 민족국가에 의해 대변되는 집단적 고유 가치들을 손상시켰으며 그 대신 보다 철저한 개인의 이득으로 관심을 돌렸다. 민족국가는 너무 경직되어 있고 경제행위를 포함하여 너무 많은 행동규칙을 갖고 있으며 특수이익 집단들에 사로잡혀 있다. 그리하여 어떤 면에서 민족국가가 오히려 자국국민에게 심지어 일종의 적으로 보일 수도 있게 되었다. 그렇다고 그러한 현상이 민족국가의 종식과 그에 따른 신중세(new medievalism)의 도래를 선언하는 것도 또 다른 환상이다. 권력은 국가로부터 여러 비국가행위자들에게로 이동할 것이며, 그것들이 정부의 공식적 권력행사를 비국가행위자들의 세계질서로 대치하려 할 것이다. 이러한 현상은 정부 없는 세계관리(global governance without government)[842]라는 용어로 표현되고 있다. 그러나 이런 견해는 국가가 헌정적 질서에서 단지 새로운 변화를 겪고 있다는 주장과는 달리 국가가 소멸하고 있다는 궁극적 결론과 일치하는 것이다. 그러나 비정부행위자들에 그렇게 권한을 부여한 정보기술혁명은 국가를 파괴하지 않고 단지 변화시킬 뿐이다. 아무리 영향력이 큰 비정부집단들도 국가가 없는 환경에선 제대로 기능할 수가 없다. 현재의 세계화된 삶이란 두 주에서 인용한 세계화, 즉 제1차 세계대전 발발 이전에 케인스가 말한 국제화 혹은 세계화의 서술 수준에 아직도 도달하지 못한 실정이다.[843]

다시 말해, "민족국가"가 다시 시들해진다고 해서 "국가" 그 자체가 소멸하고 있는 것은 아니다. 민족의 복지를 중심으로 하는 민족국가가 시장에서 기회를 중시하는 소위 시장국가(market-state)로 변하고 있을 뿐이다. 국가는 언제나 국민들로 하여금 국가를 위해 자신들의 목숨을 걸게 하는 데 의존했다. 각 국가의 헌정질서는 바로 이것을 수행하는 방법을 찾은 것이다. 민족국가는 국민의 복지향상이라는 국가의 사명이 각 국민의 개인적 위험을 감수하게 하는 타당한 정당화를 제공하는 거라고 국민들을 설득했다. 그런데 만일 그런 국가가 민족의 문화적 가치를 더 이상 지탱해 갈 수 없다면 시민들의 희생을 요구할 자격이 약화될 수밖에 없다. 실제로 새로운 문화적 가치들은 그것들이 너무나 파편적이고 또 너무나 개인주의화되어 국가에 의해 즉각적으로 육성시키

842 James N. Resenau and Ernst-Otto Czempiel, eds., *Governance without government: order and change in world politics*(Cambridge: Cambridge University Press, 1992).

843 John Maynard Keynes, *The Economic Consequences of the Peace*(New York: Harcourt, Brace and Howe, 1920), pp. 11-12.

기에 적합하지 않다. 그렇게 하기엔 국가란 너무 서툴고 너무 느리게 움직이며 그것들을 떠받쳐 줄 식별력이 너무 부족하다. 그리하여 민족국가의 보수주의자들에겐 세계화가 새로운 탈국가적 제도에 혐오스런 "주권의 상실"을 의미하는 반면에, 민족국가의 자유주의자들에겐 이런 발전을 자본주의의 모든 영업규제들을 국가의 손아귀에서 제거해 버리고 국가적 삶을 세계화된 시장의 가혹한 명령에 굴복시킬 위험이 있다는 것을 의미한다.

그러나 시장국가로의 전환도 "국가"가 간단히 소멸하는 것을 의미하지 않는다. 이제는 부를 축적하는 것이 보다 넓은 영토를 획득하는 것보다도 더 중요하게 되었다면 가장 매혹적인 국가정책으로 사람들과 자본을 "유혹"하는 것이 절대적으로 중요하다. 예를 들어 중국에게 티베트를 움켜쥐고 있는 것이 언젠가는 거의 부적절한 것이 될지도 모르지만 그러나 홍콩의 반환은 중국의 국내총생산(GDP)을 일순간에 26퍼센트나 증가시켰다.[844] 오직 국가만이 그런 일을 할 수가 있었다. 투자를 위한 재정적 및 법적 안정 그리고 교육받은 노동력과 세금 친화적 안식처를 보장해 주는 것도 모두가 국가통치행위이다. 따라서 전환의 본질을 간단히 공적 목적에서 사적 목적으로, 즉 공동복지를 확보해 줌으로써 정당성을 획득하는 국가로부터 이제는 개인적 이익을 만족시킬 가능한 가장 폭넓은 기회를 제공하는 데서 정통성을 확보하는 그런 국가로 바뀌고 있을 뿐이다.

이런 국가의 형태와 역할의 본질적 전환은 한국인들에겐 참으로 당

---

844 Philip Bobbitt, *The Shild of Achilles*(New York: Alfred A. Knopf, 2002), p. 470

혹스럽기 짝이 없는 현상이다. 남북의 분단으로 아직 민족국가를 완성하지도 못한 한국인들에게, 민족의 공동복지라는 민족국가의 본질적 소명을 만끽해 보지도 못한 상황에서 국가의 본질이 다시 변하고 있기 때문이다. 한민족은 통일된 민족국가라는 목적지에 모두가 도착하기도 전에 이제 다시 길을 재촉해야 하는 처지가 되어 버렸다. 북한 동포와 함께 떠나기 위해 늦더라도 더 기다려야 하는지 아니면 우선 일부인 남한만이라도 그 길을 나서야 하는 것이 옳은지 한국인들은 선택을 강요받고 있는 것이다.

그러나 민족사적 선택은 너무도 자명하다. 민족의 삶이 세계사적 변화의 파도에 휩쓸리지 않고 파도타기에 성공하기 위해서는 남한만이라도 길을 재촉하지 않을 수 없다. 그래야 한민족이 세계의 역사적 변화와 발전의 행진에서 또 다시 탈락되지 않을 것이기 때문이다. 국제사회를 구성하는 핵심적 요소인 국가의 변화는 자연히 국제사회의 변화를 초래할 수밖에 없다. 그리고 민족국가들의 국제적 연합체인 오늘의 유엔은 바로 그런 역사적 전환의 소용돌이에 휩싸여 있다.

세계화된 국제사회에서 20세기 민족국가 모델 중심의 유엔이 시장국가 모델 중심의 제도로 새롭게 환골탈태한다면 어쩌면 오늘의 유엔이 안고 있는 정통성의 의구심과 그에 따른 문제들을 해소할 수 있을지도 모른다. 시장국가들의 헌법은 부에 기초하여 가중치를 두는 투표제도를 허용하는 주식회사들의 규약과 비슷하게 될 것이기 때문이다. 만일 그런 국제사회의 헌법이 채택된다면 우리는 세계주권자(a world sovereign)의 "가면"을 포기해야만 할 것이다.[845] 왜냐하면 "주식회사"가 보편적 법률을 제정하지는 않기 때문이다. 그러나 국제법을 후원하는 세계주권자의 이미지를 포기한다는 것은 우리가 시장국가들의 사회 즉 신국제사회에 가장 적합한 주권적 변화로 나아가는 데 도움이 될 것이다. 뿐만 아니라, 그런 이미지를 털어 버림으로써 우리의 안보제도들을 보다 명확히 할 것이다. 우리는 유엔헌장의 제42조와 제43조의 작성자들이 기대했던 것 같은 세계군대를 소유하지는 않을 것이다. 그 대신에 우리는 안보리와 조화롭게 행동하지만 지휘를 받지는 않는 그런 일종의 북대서양조약기구의 병력 구조를 갖게 될 것이다. 그러기 위해서 우리는 국제법이 보편적인 것이고 따라서 "국제사회의 법"이 되어야 한다는 전제에서 벗어나야 한다. 그리고 동시에 민족국가로 구성된 국제사회에서 폭력과 전쟁이 그 체제를 형성하는 데 어떤 역할을 했으며 또 어떤 역할을 계속할 것인가를 명확하게 이해해야만 할 것이다. 요컨대, 오늘날 민족국가를 전제로 한 그리고 그것들로 구성된 국제사회는 전례 없는 도전적 사태발전을 직면해 가고 있다고 하겠다.

첫째, 인권을 자국의 규범으로 국내법과 무관하게 모든 국가들 내에서 고수하도록 요구되는 압력.

둘째, 국경선을 국경선 내의 사회보호를 비효과적으로 만드는 핵무기와 기타 대량파괴 무기의 광범위한 배치.

셋째, 환경을 파괴하거나 이민, 인구폭발 질병이나 기아를 통해 국가를 위협하는 그런 국경선을 초월하는 지구적 및 탈국경적 위험의 확산.

넷째, 국가의 자국의 경제문제관리를 효율적으로 제약할 만큼 자본투자의 이동에서 국경을 무시하는 세계경제제도의 성장.

---

845 Philip Bobbitt, *op. cit.*, p. 475.

다섯째, 국경선을 전자 공학적으로 침투하고 민족의 언어와 관습 그리고 문화를 위협하는 지구적 통신망의 수립.

이런 다섯 가지 도전들의 결과로 인해서 머지않아 국가는 이런 도전들을 반영하고 또 처리해 나갈 수 있는 새로운 구조적 국내 질서가 출현해야 할 것이다. 뿐만 아니라 국가의 새로운 토대의 출현은 국제사회의 헌정상의 가정들을 변화시킬 것이다. 왜냐하면 국제사회의 헌정적 틀도 구성원들의 국내적 헌정적 원리에서 유래하기 때문이다. 근대국가는 중세와 그것이 대치한 중상주의적 질서보다도 전쟁을 더 효과적으로 수행할 수 있는 헌정질서를 조직할 필요성이 분명해졌을 때 생겨났다. 즉 군사혁명이 사회가 자신들을 방어하기 위해서 재정과 행정의 조직체계를 필요로 함으로써 근대국가를 낳았던 것이다. 중요한 각 군사혁명이 국가의 근본적 헌정질서상의 정치혁명을 가능하게 했다면 오늘날 우리가 이제 막 경험하기 시작하는 군사혁명도 국내 및 국제적 새로운 헌정질서를 잉태하고 있다고 해도 과언이 아니다.

억제와 확실한 보복 그리고 압도적 재래식 군사력이 다가오는 시장국가 시대에는 민족국가의 냉전 시대와 비슷한 안정을 제공할 수 없게 되었다. 왜냐하면 국가에 대한 위협의 원천이 이제는 너무 산재해 있고 또 위장하기가 너무 쉽게 되었기 때문이다. 우리는 신분이 알려지지 않은 공격자를 억제할 수 없으며 우리가 보유한 재래식 폭력의 바로 그 대단함으로 인해 공개적으로 도전받을 것 같지 않다. 그 결과 우리는 목표물 혹은 위협 중심적 평가에서 취약성 분석으로 전환하는 것을 필요하다는 것을 이제 막 감지하기 시작했을 뿐이다. 목표물 혹은 위협에 근거한 전략은 적의 자산에 대해 보복하는 데 의존한다. 알려진 목표물에 대한 보복의 위협이 평화를 유지한다. 그러나 보복할 목표물을 알지 못할 때 취약성 중심의 전략은 평화를 유지하기 위해 여러 가지 방어책을 사용해야 할 것이다. 또한 강대국가들의 합의에 입각한 저강도 갈등에 개입을 성공적으로 관리할 수 있다면 시장국가들의 새로운 헌정질서도 수립될 수 있을 것이다.

선진 강대국들 세계의 중요한 하부구조가 직면한 심각한 취약성 때문에 그들 간의 협력이 발생하고 더 나아가서 불가피하게 되고 있다. 따라서 그런 공통된 취약성이 정보공유와 시장의 협력을 통해 국제사회를 강화시키는 초석이 될 것이다. 그러나 시장국가는 과거 민족국가와는 다른 협약을 제시할 것이다. 시장국가는 의회주의든 공산주의든 아니면 파시즘이든 시민들의 복지 향상을 약속했던 민족국가와는 달리 자국 국민들의 기회를 극대화하려고 할 것이기 때문이다.[846] 바로 이러한 역사발전의 현상을 인식하고 인류문명의 앞날에 끼칠 의미를 탐구하는 것이 일차적으로 중요하다. 그렇게 할 때에만 우리가 살고 있는 세계는 물론이고 이제 등장하는 세계를 보다 더 잘 이해할 수 있으며 그런 시대적 요청을 보다 더 효과적으로 주장할 수 있을 것이다.

뿐만 아니라 시장국가의 보편화는 결코 갈등 없는 사회를 약속하지 않는다. 그것은 모든 사회에서 갈등을 일으킬 것이다. 국가마다 상이한 시장국가의 발전도 갈등을 유발할 것이다. 그러나 더 중요한 것을 지적한다면, 시장 국가들의 지구적 사회 혹은, 다시 말해, “국제사회”가 정부의 약화와 공식적 국제제도들이 무기력화의 시대에 치명적인 안보

---

846 *Ibid.*, p. xxvi.

상의 도전들을 직면할 것이다. 이런 도전들을 모든 선진 탈근대 사회의 국가들이 스스로의 안녕에 도전하는 새로운 기술적 위협 속에서 국내적으로 민주주의와 시민자유를 유지하기 위해 애쓰는 과정에서 어려운 문제들을 제기할 것이다. 그러나 어쩌면 시장국가들이 여러 시장을 잘 수립하고 그리고 그 솜씨가 평화적인 국가들을 보상하고 또 서로가 필요한 기술을 공유함으로써 교육, 생산성, 투자, 환경보호 공중건강 분야에서 기회를 진작시키는 국제체제를 발생시킬 수도 있을 것이다. 그리고 이런 분야에서 협력의 습관은 안보협력을 위한 전례들을 제공할 것이다. 예를 들어 제3세계의 경제개발을 도우면서도 지구의 온난화를 중지시키는 유일한 방법으로 어쩌면 안전한 핵에너지 기술이 제공될 수 있을 것이다. 국내적 어려움도 시장이 가능하게 해 주는 국제적 정보공유를 통해 해결될 수 있을 것이다.

그러나 다른 한편으로 시장은 모든 집단들에게 정치적 대표권을 잘 보장하거나 동등한 발언권을 제공하지는 못한다. 따라서 정치과정이 가장 강력한 시장 행위자들에게 복종하지 않을 것이라는 보장이 없기 때문에, 시장은 소외된 사람들과 민족이나 인종 그리고 자치권을 상실한 사람들의 공격 목표물이 될 수 있다. 그리고 이러한 현상을 우리는 이미 세계 도처에서 빈번히 목격하고 있는 것이다. 투쟁의 역사는 계속될 것이다. 그러나 그것이 국제사회의 안정과 평화, 즉 기존의 "헌정질서"를 전복하는 정도로 대규모의 폭력적 투쟁이 되지 않도록 관리해 나가는 능력이 정치 지도자들에게 절실히 요구되고 기대된다고 하겠다.

오늘날 국제정치의 실제현장에선 강대국들이 아니 어쩌면 유일한 초강대국인 미국이 국제질서의 관리자 역할을 수행하고 또 그런 목적을 위해 국제사회에 의해 일반적으로 인식되고 또 인정되는 특별한 권리와 의무를 향유하고 있다. 바로 그렇기 때문에 강대국들은 신좌파들에 의해서 그들이 국제사회에서 일종의 수호천사(guardian angel)처럼 행동하고 있다고 비판받는다.[847] 신좌파의 비판자들은 강대국 책임의 개념이란 단지 강대국가들의 군사적 위력의 만연된 배경적 위협의 강제력에 수립되고 또 유지되는 헤게모니식 세계질서의 진정한 현실을 감추는 가면 쓴 의젓한 얼굴에 지나지 않는다고 주장한다.[848] 바꾸어 말해서 강대국들은 치국적의 윤리를 방어하는 막중한 책임을 수행함으로써 국제질서를 창조하는 것이 아니라 자신들의 강력하고 또 참을 수 없는 정치적 의지들을 다른 모든 국가들에게 강요하고 또 그런 상황에서 최대한의 이득과 혜택을 보기 위해 그들의 강제력을 사용함으로써 국제질서를 창조한다는 것이다. 그리고 그들 중 최대의 범죄국가가 세계의 헤게모니로 보이는 자본주의의 미국이다.

요컨대 좌파들에게 치국책이나 국제질서의 관리를 위한 윤리는 가면에 지나지 않는다. 이런 비판은 국제정치학이라는 학문의 책임에 관한 중요한 도덕적 함의를 갖는다. 정치학자들이 정부의 공식적 입장의 앵무새가 되어 부패할 수 있다. 그러나 그것은 어디까지나 개인적인 학술적 순결의 문제이다. 초연한 방식으로 국제적 치국책의 정치적 활동에 관해 학술적 이해를 모색하는 것은 학술적 독립성을 위태롭게 하지

---

847 Nicholas J. Wheeler, "Guardian Angel or Global Ganester: A Review of the Ethical Claims of International Society," in *Political Studies*, vol. 44(1996), pp. 123-135.

848 Fred Halliday, *Rethinking International Relations*(London: Macmillan, 1994), p. 104.

않는다. 국제사회의 국제정치의 원칙들과 전통적인 규범이나 도덕을 참조하여 국가들의 외교정책과 행위에 관해 학술적 설명을 시도하는데 본질적으로 부패할 것은 아무것도 없다. 국가의 이익이란 진실로 도덕적 카테고리이며 그 이익을 옹호하는 것은 그 국가의 국민의 입장에선 정당한 행위이다. 신좌파의 비판자들은 그것을 수용하지 않는다. 그들은 국가를 허수아비 정치 엘리트들의 수중에 그러나 그들을 조종하는 이기적인 경제적 이익의 강력한 통제하에 있는 힘의 도구적 기관들이라고 생각한다. 세계적 헤게모니가 전지전능한 신과 같은 기관으로 간주된다. 그러나 이런 입장이나 모델은 대체로 결정론에 빠져 비현실적이다. 거기엔 지성, 어리석음, 경험, 판단, 오해, 통찰력, 오산, 통찰력의 결핍, 지식, 제한된 정보, 오보, 우행 및 정치활동과 관련되는 기타의 모든 아주 인간적인 장점, 약점 그리고 실패 같은 것들을 위한 공간이 없다.[849] 또한 그런 분석에는 비판자들의 이데올로기적 처방 외엔 도덕적 개념이나 담론을 위한 공간도 없다.

그러나 정치인들과 외교관들의 실제담론은 단순히 도구적인 것이 아니라 동시에 분명히 규범적이다. 그것은 국가의 이익과 옹호하는 지도자들의 도덕적 책임의 개념과 그것을 가능하게 해 주는 평화와 안전의 조건들을 유지하기 위한 강대국들의 도덕적 책임의 개념을 포함한다. 국가의 지도자들은 자신들의 정책과 행동을 서로 간에 그리고 또 자국의 국민들에게도 정당화해야만 하기 때문에 그런 도덕적 담론이 없이는 국제관계를 수행할 수가 없다. 만일 국가 지도자들이 네오마르

849 Robert Jackson, *The Global Covenent: Human Conduct in a World of States* (Oxford: Oxford University Press, 2000), p. 377.

크스주의적 견해에 따라 대외정책을 수행한다면 그들은 실질적인 도덕적 담론을 갖지 않을 것이고 또 그리하여 어떤 규탄이나 정당화의 수단도 박탈당할 것이다. 그들에겐 한마디로 책임이 없을 것이다. 그들은 욕망과 권력만 갖게 될 것이다. 강대국은 최대한 약소국을 자유롭게 착취할 것이다. 약소국은 헤게모니에 말없이 항복할 의무가 있을 뿐이며 그렇지 않으면 그 결과를 직면할 것이다. 그러나 강대국이든 약소국이든 국제사회의 구성원들 국가들이 그들의 관계를 그렇게 수행한다고 볼 수 없다. 또한 국제정치에서 국가 간 엄청난 힘의 격차와 강제력의 현실은 네오마르크스주의의 코즈모폴리턴적인 도덕적 조망을 구성하는 범세계적 사회정의의 드높은 이상보다는 보다 더 적실성 있는 규범적 배경에 비추어 이해되어야 한다.

18세기 데이비드 흄(David Hume)이 당시 존재하거나 역사의 기록에 남아 있는 거의 모든 정부는 원래 찬탈이나 정복 아니면 그 두 개 모두 위에 수립되었다는 지적했다.[850] 그것을 전면 부정하기는 어려울 것이다. 그것은 비록 오늘날 많은 전제국가들이 완화되거나 민주화 되었지만 여전히 세계정치의 부인 못할 현실이다. 국제적 질서와 정의는 분명히 바로 그런 현실 위에서 수립되어야만 한다. 비록 이상에 미치진 못하지만 현존하고 또 가능한 한 발전하려고 모색하는 여전히 가치 있는 국제사회를 옹호하는 것은 강대국가들의 정당한 책임으로 간주될 수 있다. 그리고 바로 그 강대국가들에 의해 불완전하지만 그런 책임이 대체로 수행되고 있다.[851] 강대국 중심의 다원적 국제사회의 세계정치는

850 C. W. Hendel, ed., *David Hume's Political Essays*(Indianapolis: Bobbs-Merrill, 1953), pp. 43-61 참조.

계속되고 있고 또 1945년 샌프란시스코체제 즉 오늘의 유엔체제 속에도 안보리의 상임이사국 지위와 그들의 거부권 제도는 그런 전통과 원칙을 답습하고 있다. 그리고 그것들은 유엔체제를 대치하는 보다 효율적인 어떤 국제제도가 성공적으로 수립되고 실질적으로 작동하지 않는 한 장기간 계속될 것이다.

그러므로 오늘날 사실상 모든 중요한 외교정책들은 장기적인 것이다. 또한 민주국가의 외교정책수행은 비민주국가의 경우보다도 훨씬 더 어렵다. 미래에 대한 비전으로 국민 대중들의 열정을 통제하고 순간의 열망을 가라앉히기가 쉽지 않다. 그래도 본질적으로 장기적인 외교정책은 그 어떤 속성보다도 일관성을 필요로 한다. 일관되지 못한 지도력은 용어상 모순이다. 미래에 대한 비전으로 주도되지 않는 외교정책결정은 맹목적이다. 그러나 국민의 거대한 다수는 즉각적 욕구에 의해 움직인다. 그리고 오늘날의 정보혁명의 덕택으로 민주국가의 대중들은 외교문제에 관해 너무도 많은 정보를 갖고 있기 때문에 그들은 순간의 사건들에 대해서 세계의 미래에 관한 조망을 저버리고 즉각적이고 실용적으로 반응하는 경향이 있다. 그들은 모든 것을 다 알고 있기에 정책의 일관성이나 장기적 정책이 필요하다고 생각하지 않는다. 문제는 그런 주장이 모두 다 틀린 것은 아니라는 점이다. 그러나 그것은 반만의 진리에 지나지 않는다. 정보기술이란 모든 과학적 기술이 그러하듯 사회적으로 그리고 도덕적으로 중립적이다. 그 기술은 모든 다른 기술처럼 창조적임과 동시에 파괴적인 성격을 동시에 갖고 있다. 정보란

851 Robert Jackson, *op. cit.*, p. 378.

풍부하고 또 소비자에게 흘러 들어가기 전에 편견에 의해 편집되지 않는 한 진실로 민주주의의 생명선이다. 민주주의의 핵심적 가정은 미디어가 왜곡해서 보도하지 않는 한 종국에는 사람들이 진실과 허위를 구별할 수 있다는 것이다.

그러나 만일 미디어가 우리가 어디에 있었고 또 현재 어디에 있는지를 아주 정확하게 알 수 있도록 최선을 다해 돕는다고 할지라도 미디어가 우리가 어디로 가고 있으며 심지어 어디로 가야 하는지까지 우리에게 말하길 기대하는 사람은 아무도 없다. 그것은 정치 지도자의 일이다. 통찰력이 그의 소명의 징표이다. 정치 지도자의 과제는 국민들에게 미래에 대한 비전으로 즉각적인 욕구를 잠재우도록 설득하는 것이다. 민주적 외교정책의 역사는 바로 이런 과제에 성공했거나 아니면 실패했던 지도자들의 역사인 것이다. 그러므로 정치 지도자란 미래의 비전을 갖고 있지만 그것은 자신의 국민들에게 직접 전달하거나 혹은 그것을 확인해 줄 수 없는 고전적 드라마의 주인공들과 비슷하다.

일반 국민들은 경험을 통해서만 배운다. 그리하여 그들은 행동하기엔 너무 늦었을 때에만 그것을 안다. 그러나 정치 지도자는 자신의 통찰력이나 직감이 이미 경험인 것처럼, 즉 자신의 영감이 진리인 것처럼 행동해야만 한다. 헨리 키신저의 말처럼, 바로 이런 이유로 인해 정치 지도자들은 종종 자신들의 조국에서 명예를 얻지 못하는 예언자들의 숙명을 공유한다. 왜냐하면 그들은 언제나 자신들의 계획을 국내적으로 직접 정당화시켜야 하는 어려운 과제를 안고 있기 때문이다. 그의 위대성은 그들의 직감이 경험으로 현실화된 후에, 보통 회고적으로만 분명하다. 따라서 정치 지도자는 국민들의 체험과 자신의 비전 사이에서, 즉 국가의 전통과 그것의 미래 사이에 있는 간격을 메울 수 있는 일종의 교육자가 되어야만 한다. 그런 과업에서 기회란 무한한 것이 아니다. 오직 이따금씩 통찰력과 환경의 행운의 결합만이 비상한 결과를 가져올 수 있을 것이다. 우드로 윌슨 대통령에겐 그런 행운이 없었다. 그리하여 한때 인간 神으로 불렸던 윌슨 대통령은 세계평화의 바벨탑을 구축하려는 고전적 드라마의 비극적 주인공이 되고 말았었다. 결국 그가 구축하려 했던 평화의 바벨탑이 무너졌지만 인간 神들인 주권국가들의 "국제사회"는 여전히 그곳에 있다. 그리고 국제사회는 그것 평화의 수호천사처럼 유엔을 세우고 보다 나은 세계를 위한 대토론회를 열고 있을 뿐이다. 그러나 인류의 세계평화제도를 구축하려 했던 정치 지도자로서 윌슨의 헌신적 정신과 예언자로서 그가 점화한 평화의 바벨탑을 위한 횃불은 결코 꺼지지 않고 우리가 늘 기억하는 셰익스피어 비극의 주인공들처럼 언제나 인류와 함께 있을 것이다.

제19장

에필로그
—국제정치의 균형자는 아무나 될 수 있는 것이 아니다

> 우리는 남들에 의해서가 아니라 우리 자신들의 불화로 없어졌었다. 바로 지금도 우리는 남들에게 패배하지 않고 있지만 바로 우리 자신들이 스스로 정복되고 또 패배하고 있다.
> —플라톤

우리는 무엇보다도 평화로운 세상을 소망한다. 특히 한국인들은 한반도에서 제2의 한국전쟁의 재발을 막기 위해서라면 어떠한 대가도 지불할 용의에 차 있다. 뿐만 아니라 한반도의 평화체제의 수립을 위해 그동안 많은 정책연구기관들은 물론 학계에서도 적지 않은 노력과 다양한 방법론적 모색을 해 왔다.

그러나 평화의 수립을 위한 간절한 소망과 다양한 방법의 모색과 구체적 실천노력이 한반도의 우리 시대 우리 세대만의 창조적 활동이거나 전유물이 아니다. 세계사에서 참혹한 전쟁 후에는 거의 언제나 항구적 평화수립을 위한 노력이 경주되었다. 한국인들의 한반도 평화체제의 제도적 수립 구상과 노력에 앞서 인류는 특히 유럽인들은 참혹했던 제1차 세계대전을 치르면서 새로운 세계평화체제를 계획하고 그것을 제도적으로 구현했었다. 그것이 바로 인류 역사상 최초의 보편적 세계평화유지기구인 국제연맹이었다. 따라서 국제연맹의 재조명은 그 후예인 유엔의 장래를 내다보는 데 도움이 될 뿐만 아니라 세계평화와 안보를 위한 오늘의 헌정질서를 더 잘 이해할 수 있을 것이다. 뿐만 아니라, 우리가 소망하는 한반도의 평화체제가 제도화에 성공한다고 가정할 경우에 그런 국제적 평화체제가 실제로 얼마나 오랫동안 평화를 보장할 수 있을 것인가를 전망해 보는 데 있어서도 국제연맹의 창설과 작동 경험에 대한 검토는 우리 시대에도 여전히 적지 않은 적실성을 갖게 될 것이다.

돌이켜 보면 평화제도는 창설하기도 참으로 성공적으로 운영하기도 어려운 정치적 기술이었다. 1918년 11월 독일이 정전조건을 수용했지만 최종적 평화는 파리평화회의에 달려 있었다. 그러나 파리회담에서 강대국 대표자들은 독일의 배상금액의 규모와 패전국의 영토에 대한 통제와 같은 구체적 문제들에 대해서뿐만 아니라 현대외교의 성격 그 자체에 관해서 충돌했다. 윌슨 대통령은 그 어떤 지도자보다도 포괄적이고 이상적인 비전을 갖고 있었다. 그의 비전은 진정한 군비축소, 독일과 오스트리아 제국의 몰락으로 등장하는 민족들의 자결 그리고 바다의 자유에 대한 헌신과 같은 것들을 포함하고 있었다. 그리고 그것은 무엇보다도 국가 간에 갈등과 분쟁을 도덕과 법을 통해 이성적으로 해결하고 항구적 평화의 확보를 국제연맹 창설의 주된 목적으로 삼고 있었다.

국제연맹은 윌슨의 평화로운 미래의 건설에 중심적인 것이었기에 그는 국제연맹의 수립을 독일과의 베르사유조약에는 물론이고 그 후에 있었던 불가리아, 헝가리, 오스트리아 그리고 터키와 각각 체결하는 모든 평화조약에 직접 집어넣었다. 그리하여 국제연맹은 전후 평화수립의 핵심이 되었다. 그러나 국제연맹과 세계평화정착 간의 삼투성이 전부는 아니었다. 어느 주권국가도 평화조약을 비준하지 않고서도 국제연맹에 가입할 수 있었다. 더구나 이 조약들의 어느 당사국도 평화조약의 조항에 계속 구속을 받지만 연맹으로부터 탈퇴할 수 있었다. 당시 윌슨은 미국의 참전 기회를 힘의 균형 체제를 국제연맹을 통한 하나의 집단안보체제로 전환시키는 기회와 수단으로 사용하길 염원했다. 그러나 프랑스의 클레망소 수상을 비롯하여 유럽의 지도자들은 집단안보의 개념에 아주 회의적이었다. 각국의 처지가 판이하게 달랐던 것이다.

당시 윌슨 대통령은 전투의 현장에서 3천 마일이나 떨어져 있는 국가를 대변했다. 미국의 사상자 수는 비교적 미미했다. 더구나 미국은 종결과 함께 새로운 물질적 이득을 얻게 되었다. 즉 1914년 미국은 채무국이었다. 그러나 1918년 미국은 지구상에서 최대 채권국이 되었다.[852] 반면에 프랑스는 전쟁으로 황폐화되었다. 1918년까지 전체 2천2백만 명의 남자 인구 가운데 거의 150만 명의 젊은이가 전사했고 추가로 4백만 명이 부상했다. 프랑스의 경제와 정치제도는 미국인들이 어떻게 해도 결코 감을 잡을 수 없을 만큼 깊은 상처를 입었다. 그리하여 프랑스인들은 전통적 자신감 즉 그들을 활력(élan)을 상실했다. 그리하여 그들은 독일과 전쟁에 의해 거의 과대망상증에 빠질 정도였다. 따라서 윌슨 대통령이 국제연맹과 신외교의 화신이었다면 클레망소 수상은

852 Gary B. Ostrower, *The League of Nations From 1919 to 1929*(Gardern City Park, New York; Avery Publishing Group, 1996), p. 7.

그의 반테제였다. 윌슨이 평화유지의 수단으로 집단안보를 믿었다면 클레망소는 여전히 회의론자였다. 프랑스보다도 인구 면에서 35퍼센트나 더 많은 독일과의 또 다른 전쟁을 두려워한 클레망소는 오랜 전통의 군사동맹이 고상한 집단안보의 실험보다는 더 잘 자국의 안보를 제공한다고 믿고 있었다. 그러므로 국제연맹에 대한 그의 지지는 기껏해야 미온적일 수밖에 없었다. 그렇다고 해서 클레망소는 결코 군국주의자가 아니었다. 그는 전형적인 반성직자들인 소규모 토지 소유자들의 정당인 급진 사회당의 지도자였다. 그는 공화정의 이상에 헌신적이었고 자기 세대의 여느 프랑스인 못지않게 제3공화국을 상징했다. 그는 훨씬 더 극단적인 민족주의자들을 피하려고 노력하는 애국자였다. 클레망소는 좋은 이유에서 호랑이라는 별명이 붙었다. 그는 탁월한 정치적 투사였으며 윌슨의 신외교 주창에 대항하여 자국의 전통적 이익을 옹호하기 위해 자신의 모든 능력과 기술을 발휘했다.

평화회의에서 또 다른 주인공은 영국의 데이비드 로이드 조지 수상이었다. 그는 민첩하고 역동적인 인물이었다. 그는 윌슨의 민족자결의 신념을 공유했지만 대영제국을 위협할지도 모르는 유럽 밖의 민족들에게 민족자결원칙의 적용을 거부했다. 그는 또한 독일을 유럽외교의 주류 속에 복귀시키려는 윌슨의 희망을 공유했다. 그러나 그는 동시에 국제연맹에 대해서는 별로 열정을 느끼지 못했으며 공개외교와 해상의 자유에 대한 윌슨의 동정심을 전혀 갖고 있지도 않았다. 영국인들은 신외교를 거부했고 조지 수상은 그들의 대변자로서 파리회담에 무거운 마음으로 참석했었다.

그 밖에도 많은 다른 정치 지도자들이 파리회담에 참석했다. 나중에 첫 국제연맹총회의 의장이 된 현명하고 다감한 외교관인 벨기에의 폴 헤이만스(Paul Hymans)는 약소국들의 비공식 대변자 노릇을 했다. 약소국가들은 윌슨의 국제연맹 계획을 지지했다. 그것은 두개의 중요한 이유 때문이었다. 하나는 국제연맹이 강대국가들의 힘이 정의를 만든다는 전통적 태도로부터 자신들을 보호할 수 있으리라는 기대였고, 또 하나는 국제연맹의 공식적 절차와 투표를 통해 그들이 거의 경험한 적이 없는 국제무대에서 어느 정도의 평등성을 제공받을 것이라는 이유에서였다. 헤이만스는 열렬한 국제주의론자였으며 체코슬로바키아의 에드워드 베네스(Eduard Benés)와 그리스의 엘루데리오스 베니젤로스(Eleftherios Venizelos)를 포함하는 다른 약소국 대표들의 유능한 도움을 받았다. 그들은 모두가 약소국들의 이익을 보호하려고 애를 썼지만 10개국 위원회(the Council of Ten)를 구성하여 별도로 회합을 갖는 강대국 대표들에 의해서 압도당했다.[853] 결국 강대국원칙이 작동했던 것이다. 당시 노부아키 마키노(Nobuaki Makino) 일본 대표는 국제연맹의 집단안보 개념에는 별다른 관심이 없었고 오직 태평양에서 일본의 영토적 팽창을 확보하고 인종적 평등의 지위 문제에만 관심을 기울였다. 비토리오 오를란도 이탈리아 수상은 동맹국들이 1915년 이탈리아의 참전을 유인했던 영토적 약속을 존중하도록 설득하는 과제를 부여안고 참석한 부드러운 신사였다. 일본과 이탈리아의 대표들은 자신들의 목적 달성이 어렵게 되자 각자가 회의장을 떠나겠다는 위협까지 했었다.

853 이 10개국 위원회는 나중에 5개국 위원회(미국, 영국, 프랑스, 이탈리아, 일본)가 되었고 일본 대표가 자국에 직접 관련된 문제와 관련된 회담 외엔 참석하지 않는 관계로 결국에는 4개국 위원회(the Council of Four)가 되었다.

파리평화회의에 참가하지 못한 패전국 독일, 오스트리아는 아무런 영향력이 없었다. 배제된 러시아의 볼셰비키 정부도 마찬가지였다. 독일, 오스트리아 그리고 소련은 신외교의 원칙에 승전 동맹국들보다도 더 많은 동정심을 갖고 있었지만 파리회담에서 그들의 불참은 윌슨주의에 대한 보편적 지지를 감소시켰다.

미국의 일반 국민들도 신외교에 대한 열망이 부족했다. 윌슨은 본국에서 보다도 유럽에서 더 열렬히 찬양받았다. 전단의 표제들은 윌슨을 서양의 구원자로 선언했다. 항상 자신을 아주 심각하게 생각하는 습관이 있는 윌슨은 자연히 그런 찬양의 의미를 과장했다. 그리하여 다른 비극적 인물들처럼 윌슨은 자신이 믿고 싶은 것을 믿었으며 자신이 듣고 싶은 권고만을 들었다. 평화회의에 참석한 아주 예리한 관찰자들 중 하나였던 케인스는 윌슨의 기질이 지적이 아니라 신학적이며 윌슨이 마치 돈키호테 같았다고 빈정대기도 했다.[854] 어쨌든 윌슨은 국가들의 연맹이 후에 평화를 위협할 수 있는 모든 불의를 바로잡을 것으로 굳게 믿었다. 미래에 대한 그의 신념은 그의 장로교회 신에 대한 신앙심과 같았다. 그는 국제평화와 안전이 국제연맹의 기둥 위에 얹혀 있다고 믿었다. 그래서 그는 파리에서 연맹의 규약을 작성하는 데 대부분의 시간을 보냈다. 그리고 그는 그것을 '협약'(Covenant), 즉 성서적이나 법률적인 특징을 갖는 어떤 것을 의미하는 성약 혹은 규약이라고 불렀던 것이다. 그것은 국내 정치사회에서 일종의 헌법과 같은 것이다.

그러나 "국제헌정질서"라는 개념은 그동안 지배적인 미국적 국제정

854 John Maynard Keynes, *The Economic Consequence of the Peace*(New York: Harcocurt, Brace and Howe, 1920), pp. 41-42.

치학 분야에서 담론의 주류에 속하는 개념은 아니다. 그것은 영국학계에서 주로 사용되는 개념이지만 그럼에도 불구하고 그 개념에 전제로 하는 "국제사회"(international society)라는 개념은 아주 빈번하게 사용되어 왔다. 모든 사회에는 헌법(constitution)이 있다. 물론 모든 헌법이 성문헌법은 아니다. 예를 들어 영국의 헌법은 불문법이다. 모든 사회가 국가를 필요로 하는 것도 아니다. 그러나 사회가 되는 것은 어떤 특수한 방식으로 구성되기 때문에 헌법을 갖는다. 국제사회도 선진국의 헌법처럼 언제나 엄격히 지켜지지 못하고 후진국의 헌법처럼 번번이 짓밟히면 국제사회의 헌법적 원칙들을 역사적으로 꾸준히 모색해 왔다. 만일 군사문제에서 어떤 혁명이 전쟁에서 어떤 헌정질서의 승리를 가능하게 하면 그런 승리를 비준하는 평화회의가 정당한 국가들의 사회에, 즉 각 시대를 가르는 전쟁 후 국가들 간 합의의 토대 위에 재구성된 사회에 가입하는 조건을 정했다. 시대를 가르는 신기원적 전쟁을 종식시키는 각 대규모 평화회의가 국가들의 사회, 즉 국제사회의 헌법을 썼다. 그러나 모든 헌법은 또한 미래 갈등의 씨앗을 자체 내에 안고 있다. 1789년의 미국 헌법은 "권리 장전"과 함께 노예제도와 지방자치의 규정을 내포하고 있었기 때문에 1861년의 내전을 잉태하고 있었다.

비슷하게 1815년의 빈이나 1713년의 위트레흐트에서 제정되었던 것 못지않게 1648년 베스트팔렌에서 제정된 국제헌법도 방금 종식된 갈등을 타결했지만 앞으로 올 갈등의 조건을 정했다. 전환기의 우리 시대에 이런 개념의 중요성은 만일 우리가 다음의 시대를 가르는 전쟁의 필연성과 그것이 취할 상이한 형태까지 감지할 수 있다면 다음 그런 전쟁을 형성할 수 있다는 점이다. 그렇지 못하면 우리는 점점 난폭한 아나

키와 국제적 환경과 어쩌면 21세기 초반에 지각 변동 같은 전쟁을 직면할 것이다. 그러나 경천동지할 전쟁의 가능성이 21세기를 위협한다고 할지라도 역사적으로 축적되어 온 기존의 헌정질서의 원칙을 강화하고 또 우리의 시대적 요구에 부응하는 새로운 헌정적 원칙들을 추가하고 유지해 나간다면 그런 비극적 전쟁을 촉발시킬 국제사회의 제도적 붕괴를 피할 수 있을 것으로 기대할 수 있을 것이다. 그렇다면 국제연맹의 경험은 아주 소중하다.

국제연맹규약은 국제사회의 새로운 성격의 헌법이었다. 과거의 국제사회의 헌법이 "평화의 조약"(the Treaty of Peace)이었다면 국제연맹규약은 역사상 최초로 "평화를 위한 조약"(the Treaty for Peace) 조약이었다. 이 새로운 헌법의 입법자들이 된 제1차 세계대전의 정치 지도자들은 유엔의 입법자들인 제2차 세계대전의 지도자들 즉 윈스턴 처칠, 이오시프 스탈린, 프랭클린 루스벨트만큼 인상적이지는 못했다. 그러나 미국의 윌슨 대통령은 분명히 역사적으로 그들의 발전 선각자요 일종의 예언자였다. 역사가들이 윌슨의 역사적 위상에 대해 모두 다 확신하는 것은 세계 최대의 막강한 국력의 미국을 대표하는 윌슨 대통령이 없었더라면 국제연맹의 창설은 결코 불가능했을 것이라는 사실이다. 국제연맹은 미국의 국가적 위상 윌슨의 비전과 의지 그리고 정치적 지도력의 산물이었던 것이다.

그러나 윌슨 대통령의 고결한 비전과 헌신적 지도력에도 불구하고 그는 끝내 성공하지 못했다. 자신의 국민들이 연맹을 거부했고 또 연맹의 창설과정에서부터 이견으로 맞섰던 동맹국들인 프랑스와 영국이 필요할 때 베르사유체제의 헌법인 연맹의 규약을 준수하지 않고 또 그 정신에 입각하여 행동하지 않았기 때문이었다. 그렇다면 명백하게 드러난 유럽동맹 국가들과 윌슨으로 상징되는 미국 간[855]의 그런 이견은 어디에서 기인하는 것일까? 그것은 유럽과 미국 간의 지정학적 조건과 역사적 경험 그리고 철학적 인식체계의 차이에서 오는 것이라고 집약될 수 있을 것이다.

우선 첫째로, 근대 유럽 국가들은 지리적인 인접성으로 인해 국가들 상호 간에 늘 경계할 수밖에 없었다. 그런 지리적 인접성은 거의 필연적으로 수많은 갈등들은 초래할 수밖에 없었다. 따라서 국가 이성 즉 항상 대외적 위협으로부터 국가안보를 최우선 정책으로 삼고 언제든 전쟁도 불사하는 소위 "대륙국들"의 "방위문화"가 유럽인들 속에서 발전되었던 것이다. 반면에 미국인은 건국 이래 대서양과 태평양이라는 거대한 두 대양에 의해 동서로부터 보호받고 국력의 현저한 격차로 인한 남북으로부터의 위협이 사실상 부재했기 때문에 지리적 조건은 평화를 평상시적 정상적인 상태로 인식하는 "해양국가"적 사고를 갖게 되었다. 따라서 그들은 국부 조지 워싱턴의 경고를 따라 유럽의 힘의 투쟁에 끼어들지만 않으면 되는 지리적 조건을 갖고 있었다.

둘째로, 유럽과 미국의 역사적 경험도 판이한 것이었다. 유럽 국가들의 긴 역사는 국가 간 전쟁의 역사였으며 평화란 다음 전쟁을 준비하는 기간에 지나지 않았다. 특히 근대국가 체제가 수립된 이후엔 "전쟁이란 수단을 달리한 정책의 연속에 지나지 않는다"는 카를 폰 클라우제

855 여기에서 필자는 미국의회에 의에 윌슨의 연맹조약이 가까스로 거부되었지만 유엔 창설로 윌슨의 정신이 이어지는 미국의 정책을 "미국적" 입장으로 간주할 것이다.

비츠의 정의는 당위적 원칙이 아니라 현실적 진리였다. 따라서 유럽인들에겐 국제정치란 곧 힘의 투쟁이었던 것이다. 반면에 최초의 근대 민주국가인 미국은 치열했던 독립전쟁의 기억은 말할 것도 없고, 1860년대 초기의 비참했던 남북전쟁의 참화가 그들이 기억할 만한 전쟁 역사의 거의 전부였다. 대외적 위협이 거의 없던 미국인들에게 전쟁은 역사 속에서도 아득한 것이었다. 유럽에 힘의 균형이 유지되는 한 미국은 안전했다. 유럽이 평화의 창조자라면 미국은 평화의 소비자였다.

셋째로, 지적된 지리적 조건과 역사적인 실제 경험은 유럽인들과 미국인들 사이엔 서로 다른 국제정치에 대한 철학적 인식체계를 갖게 했다. 그런 철학적 인식체계가 유럽에선 마키아벨리, 홉스, 마이네케, 슈미트, 모겐소로 이어지는 소위 힘의 정치를 정상적인 국제관계의 본질로 간주하는 대변자들을 낳았다면, 미국에선 일종의 탈정치적인 로크와 애덤 스미스의 정신을 구현한 윌슨과 같은 이상주의자를 배출했던 것이다. 유럽인들은 국가안전의 유지와 국제적 사회의 안녕을 생산하고 수호하는 전사의 신념체계를 개발, 발전 그리고 전승시켰다면 미국은 평화의 소비자로서 자신들이 직접 경험하는 국내정치의 연장선상에서 도덕적, 법률적 행동 양식을 국제사회에서도 기대하는 국제평화주의자의 신념체계를 내세워 그것을 전사들의 세계인 유럽에까지 보편화시키려는 염원을 발전시켰던 셈이다. 그리하여 대륙의 유럽인들은 거의 언제나 누가 적이고 친구인가를 구별하고 적에 대처하는 것이 삶의 방식이었다면 미국인들에겐 적과 친구의 구별은 불필요했고 오직 전쟁 그 자체가 적이고 평화 그 자체가 친구였다.

이러한 유럽과 미국 간의 대조적 철학적 인식체계 혹은 세계관은 20

세기 말 냉전 종식과 함께 오히려 뒤바뀌게 되었다. 제2차 세계대전 후 치열한 양극적 대결 체제 속에서 서방세계의 수호자로서 앞장선 미국이 전사의 인식체계와 신념을 발전시켰다면 미국의 방위 속에서 오랜 평화의 소비자였던 유럽인들이 이제는 국제사회의 법과 도덕을 강조하는 아이러니컬한 역사적 전환이 이루어진 것이다.[856] 어쩌면 이런 차이는 전방의 늘 긴장 속에서 경계에 임하는 군인과 후방의 평화스런 일상적 삶을 관리하는 행정요원 간에 대외적 위협을 보는 시각과 사고방식의 근본적 차이에 견줄 만한 것이라고 말해도 좋을 것이다.

유라시아 대륙의 한쪽 끝에 자리한 한반도의 한국인들에겐 그 지리적 조건상 위협이란 항상 북쪽 대륙에 있었다. 그리하여 중국대륙에 강력한 통일 국가가 수립되면 결국 그 국가에 편승하여 안전을 모색했다. 그러나 해양으로부터 오는 어떤 세력도 배척했다. 한국인들이 편승한 중화제국이 보호자의 역할을 제대로 수행하지 못하는 것이 분명한 경우에도 해양세력인 일본이 편승을 요구할 때 그것을 끝내 거부함으로써 결국 강제로 굴복당하고 국권을 상실하기까지 했다. 그 과정에서 이이제이, 즉 균형 정책(balancing)도 시도해 보았지만 힘없는 균형자를 인정하는 국가는 없었다. 대륙세력과 해양세력이 비슷한 힘으로 한반도에서 맞대결을 하자 그 결과는 한반도의 분단이라는 민족적 비극을 초래하고 말았다.

---

856 비슷한 요지의 보다 상세한 분석을 위해서는 Robert Kagan, *Of Paradise and Power: Anerica and Europe in the New World Order*(New York: Knopf, 2003); Bruce Bawer, *While Europe Slept: How Radical Islam Is Destroying the West from Withen*(New York: Doubleday, 2006) 참조.

그렇다면 반도 국가는 결국 분단이 지정학적 조건의 필연적 결과일 수밖에 없는 것일까? 반도의 한국인들은 어떤 철학적 신념체계를 갖고 어떤 안보전략을 구사해야만 자율적 삶을 영유할 수 있는 것일까? 가장 이상적으로 우리가 힘의 균형자 역할을 수행하면서 독립적이고 자주적인 국제적 삶을 개척해 갈 수 없는 것일까? 또한 우리는 대륙적 힘의 투쟁의 안보전략과 해양국가의 도덕적이고 법률적인 국제정치의 철학적 신념체계와 전략 중에서 우리는 어떤 것을 택해야 할 것인가? 아니 전통적으로 유럽의 소위 현실주의와 미국의 이상주의 그리고 냉전 종식 후에 뒤바뀐 유럽의 이상주의와 미국의 현실주의를 넘어서서 그것들의 반도국가식 통합의 방법은 없는 것일까? 또 다시 바꾸어 말해서, 윌슨과 모겐소를 통합하는 제3의 길은 없는 것일까? 아니 우리가 소위 강대국들을 슬기롭게 이용하면서 국제사회의 평화질서 구축과 유지에 주도적 역할을 할 수는 없는 것일까? 우리의 삶과 보다 직접적으로 관련된다고 인식되는 동북아의 소위 4강들 속에서 단순한 객체가 아니라 주체로서 오히려 그들을 주도할 수 없다면 최소한 그들 간의 균형자 역할을 할 수는 없는 것일까?

이런 의문들에 답을 시도해 보기 위해 우리의 처지에 관련하여 적절한 역사적 교훈을 주는 타국들의 사례는 어떤 것이 있을까? 강대국에 둘러싸인 약소국의 비슷한 처지의 역사를 가진 국가로 폴란드와 한때 역사적으로 영세중립의 모델이 되기도 했던 벨기에가 종종 언급되기도 하지만 필자는 제1차 세계대전 후 무솔리니 치하의 이탈리아의 경우가 어쩌면 유용한 교훈을 제공할 수 있다고 생각한다.

제1차 대전 발발 전에 독일의 3국동맹체제의 일원이었던 이탈리아는 전쟁 발발 후 3국동맹에서 철수하고 영국과 프랑스의 식민지 확보 약속을 받아들여 3국협상 측에 가담하였다. 그리고 독일 동맹국들과 전쟁에서 값비싼 희생을 치렀지만 1919년 파리평화회의에선 윌슨 대통령의 민족자결원칙과 반식민지정책에 막혀 당시 이탈리아의 오를란도 수상은 아무것도 보상받지 못하고 "깨끗한 손"이지만 결국 "빈 손"으로 파리에서 돌아올 수밖에 없었다. 이탈리아는 불만으로 들끓었다. 비스마르크에 의한 독일의 통일을 도운 후 로마로 진격한 이탈리아는 프랑스의 보복을 두려워하여 독일의 3국동맹에 가담했었다. 전쟁 후 프랑스는 오히려 독일에 대한 승리로 국력이 강화되었을 뿐만 아니라 이제는 발칸지역과 다뉴브 강 연안 및 아프리카에서 이탈리아의 "정당한" 영향권 확대를 막고 있었던 것처럼 보였다. 이탈리아의 민족주의자들은 자국의 훼손된 승리의 관점에서 분노의 감정을 표출했다. 그리고 그들은 과거의 동맹국들에 대한 복수를 꿈꾸었다. 그리하여 종전 직후 강대국들 사이에서 등걸이 외교정책으로 기울었다.

1919년 이탈리아를 휘감았던 분노에 찬 분위기는 베니토 무솔리니(Benito Mussolini)의 정신세계에 깊이 영향을 미쳤다. 이 이탈리아 파시즘의 지도자(Duce)가 1922년 정권을 잡았을 때 그는 파리평화회의에 의해 수립된 기존의 질서에 도전했다. 그에겐 그것이 프랑스의 헤게모니 체제였으며 자신의 조국을 패전국가들 쪽으로 몰고 가는 것이었다. 무솔리니는 이탈리아의 자존심과 국가적 위신을 2가지 주요 방법으로 회복시키려고 했다. 하나는 베르사유조약의 수정으로 위장하여 발칸에서 그리고 다뉴브 강 연안에서 영향권을 확보하고, 또 하나는 아프리카에서 이탈리아제국을 수립하는 것이었다. 이런 그의 야심엔 특별히 파시스트적인 것은 아무것도 없었다. 왜냐하면 과거 이탈리아의 자유주의 정치가들도 비슷한 제국주의적 목표를 추구했었기 때문이다. 더구나 국가의 행동양식에 관한 무솔리니의 많은 개념들은 그 자신이나 파시스트 이론가들에 의해서 발명된 것이 아니라 민족주의자들의 신념으로부터 전유된 것들이었다. 무솔리니가 확실하게 수립된 전략은 부족했지만 일관되고 또 결코 잊은 적이 없는 팽창주의적 목적들을 갖고 있었다.

1920년대 무솔리니의 외교정책의 주요 테마는 수정주의 즉 현상의 타파였다. 그러나 여러 가지 제약으로 무솔리니의 현상타파정책은 본격적으로 착수되지 못했다. 우선 최고 지도자로서의 신참인데다 국내 문제에 사로잡혔고 또 통화의 안정을 위해 국제 경제에 의존해야 했기 때문이었다. 그러나 무엇보다도 그는 발칸과 다뉴브 연안지역에서 지배적인 국가로 프랑스를 대치할 만한 군사력을 갖지 못했었기 때문이었다. 사실 당시 무솔리니의 반볼셰비즘 덕택으로 1920년대 유럽의 많은 보수주의 세계에서 그는 기존질서의 파괴 활동가보다는 "좋은 유럽인"으로 간주되었다. 1934년 12월에 무솔리니는 이탈리아가 아프리카에서 대규모 공격을 위한 총동원을 시작할 절호의 순간이 왔다고 감지했다. 그리하여 1935년 10월 그가 에티오피아의 침공을 단행했을 때 서방 강대국들은 별로 의미 없는 제재조치의 적용을 제외하고는 이탈리아의 침공을 중지시킬 아무런 조치를 취하지 않았다. 그리하여 무솔리니는 하일레 셀라시에(Haile Selassie) 황제의 무력한 병력에 대해 결정적인 승리를 쟁취할 수 있었다. 무솔리니는 서방세계에 성공적으로 도전한 것에 대해 대단한 자부심을 느꼈지만 그의 새로 수립된 로마제국이 영국과 프랑스로부터 즉각적인 승인을 받지 못했을 때 심한 모욕감을 느꼈다. 그에게 존경심을 표하기는커녕 서방 강대국들은 무솔리니를 힘없는 사람들을 골라서 공격한 무책임한 전쟁 도발자로 치부했다. 이탈리아는 제국을 건설할 자격이 없단 말인가? 무솔리니와 이탈리아 국민들은 서방제국들의 이중기준을 간과하지 않았다.

1936년 5월 이탈리아제국을 수립한 뒤 무솔리니는 기로에 서게 되었다. 그는 서방국가들과 반히틀러전선이나 히틀러와의 동맹이나 아니면 그들 간의 균형자로서의 역할을 택할 수 있었다. 그는 서방국가들로부터 식민지 양보를 얻어내기 위해서 독일과의 동맹을 맺겠다고 위협할 수 있는 균형자의 역할을 오랫동안 선호했었다. 그것은 그가 아주 자랑하는 "결정적 영향력행사"의 전략이었다. 그러나 이 전략을 추진하는 데 성공할 수 있기 위해서는 무솔리니에게 조종력과 힘이 필요했다. 그러나 그는 진실로 어느 것도 결코 갖고 있지 않았다. 더구나 1936년 7월 11일에 제3제국이 "신사협정"을 서명하여 오스트리아를 통합하려는 거보를 내딛자 그의 조종력은 심각하게 제한되어 버렸다. 그것은 참으로 아이러니컬한 것이었다. 왜냐하면 그때 무솔리니는 군내의 인기와 군사적 승리의 정점에 있었기 때문이다. 그때 히틀러의 행동에 대한 무솔리니의 묵시적 동의는 독일에 대한 이탈리아의 유화정책의 시작을 표시했다.

더구나, 에티오피아의 침공 후 철저히 파시스트적이라고 서술될 분명한 테마가 그의 외교에 영향을 주기 시작했다. 그것은 민주주의와 공산주의에 대한 증오와 배금주의적 제국주의자들인 서방 강대국들이 부패와 인구 하락에 의해 치명적으로 병들고 있다는 점증하는 그의 믿음이었다. 이것이 이전의 이탈리아의 손상된 승리의 감정과 섞어서 이런 파시스트적인 테마들은 이탈리아의 국익에 대한 무솔리니의 이해를 왜곡하고 또 변질시켰으며 자신의 등거리 외교정책을 손상시켰다. 그리하여 1936년 7월 말에 무솔리니는 스페인의 공화정부에 대한 프란시스코 프랑코 장군의 쿠데타 측에 잘못된 개입을 했다. 기대했던 신속한 작전 대신에 이탈리아는 내란의 유사에 빠졌다. 그러나 그는 더욱 더 호전적이 되어 갔다. 자신이 승리를 이어가고 있다고 확신한 그는 서방국들이 타락하고 무기력하여 전체주의적 힘에 맞설 수 없을 것이라는 자신의 선전을 스스로 믿게 되었다.

1938년 2월 무솔리니가 지중해에서 저돌적 조치를 고려하고 있을 때 히틀러는 다음 달 오스트리아로 저항받지 않고 진격해 버렸다. 무솔리니는 히틀러의 대담한 기정사실화 작전의 성공에 보기 좋은 얼굴을 내미는 것 외에 달리 할 수 있는 일이 없었다. 그 순간부터 이탈리아는 독일의 군사적 철장에 갇히는 신세가 되었다. 이런 현실은 1938년 9월 뮌헨회의를 주재하여 소위 "평화를 구하는" 공정한 중재자로 나섬으로써 은닉되었다. 이 회의는 불운한 체코슬로바키아를 희생시키면서 수데텐란트를 독일이 병합하도록 허용했고 체코슬로바키아의 동맹국인 프랑스와 유화적 영국에 의해 체코슬로바키아는 궁지에 몰렸었다. 에티오피아와 스페인에서 이탈리아의 침공 때문에 영국과 프랑스로부터 더욱 멀어진 무솔리니는 1939년 5월 22일 히틀러와 스틸조약(the Pact of Steel)을 체결함으로써 유럽에서 균형자 역할과 독일과의 평형성을 재장악하려 했다. 그러나 주축(the Axis) 내에서 평형성은 무솔리니 자신의 기이한 신화에 지나지 않았다. 히틀러를 견제하고 이탈리아의 결정적 영향력을 성취하려는 전술적 책략은 프랑스가 식민지 영역에서 그에게 전혀 겁먹지 않고 양보를 거절했을 때 완전히 빗나가 버렸다. 영민하게 시행된 힘의 정치에 근거하기보다는 유럽에서 결정적 균형자로 행동하려는 무솔리니의 노력은 일단 이탈리아의 수단을 넘어섰으며 3류 마키아벨리언에 의해서 수행되었다.[857]

더구나 무솔리니의 등거리 외교는 결코 공평하지도 공정하지도 않았다. 무솔리니는 나치 독일과의 긴밀한 연계를 맺을 수는 있었지만 그러나 서방국가들과는 결코 친선을 이룰 수 없었다. 권위주의체제로 이끌린 그는 민주주의 국가들에 의해서 거절당했다. 무솔리니는 1940년 6월 10일 이념적 동기에서가 아니라 사건들에 끌려서 전쟁에 빠져들었다. 외교정책에서 그의 파시스트 이데올로기란 엄격히 정의된 교리문답책에 지나지 않았다. 즉 그것은 무솔리니의 모순적이고 불같은 성격에 의해 격화된 편견과 역사적 분노의 엉성하고 일관성 없는 결합이었다. 그의 팽창주의적 외교정책의 목적은 원래 파시스트들에 의해서가 아니라 민족주의자들에 의해서 정해졌었다. 그는 분명히 자신의 파시

857 H. James Burgwyn, *Italian Foreign Policy in the Interwar Period 1918-1940* (Westport, connecticut: Praeger, 1997), p. xvii. 무솔리니의 외교형태에 관한 보다 상세한 역사에 관해서는, Gaetans Salvemini, *Prelude to World War II* (London: Victor Gollansz, 1953); James Barros, *The Corf Incident of 1923: Mussolini and the League of Nations*(Princeton, N.J.: Princeton University Press, 1965); John F. Coverdale, *Italian Intervention in the Spanish Civil War* (Princeton, N.J.: Princeton University Press, 1975); G. W. Baer, *The coming of the Italo-Ethiopian War*(Cambridge, Mass., 1967); Federico Chabod, *Italian Foreign Policy: The Statecraft of the Founders*(Princeton, N.J.: Princeton University Press, 1966); Denis Mack Smith, *Mussolini's Roman Empire*(London: Longman, 1976)을 참조.

스트적 색채를 가했으며 또 파시스트 용어로 자신의 제국주의를 표현했다. 그러나 외교정책은 종종 일관성 없이 임기응변식으로 결정되었던 것으로 드러났다. 그는 한편으로 힘의 균형에 관한 현실적 평가와 다른 한편으로 야심과 두려움에 의해 촉발된 열정의 돌풍 사이에서 오락가락했었다. 때때로 그는 자신의 선전 혹은 이념을 스스로 믿었다. 그러나 그는 또 때때로 의구심에 사로잡히기도 하였다. 많은 것이 이탈리아에 대한 다른 국가들의 행동과 반작용에 달려 있었다. 그는 전쟁을 통해 영광을 쟁취하려는 욕망을 넘어서는 근본적으로 이념적인 원칙들에 따라 행동했다고 보기 어려웠다. 역사적 분노에 의해 물들고 현대의 카이사르가 되려는 과대망상광적 욕구에 의한 행동주의 때문에 무솔리니는 결국 자신을 스스로 불안한 궁지에 빠뜨렸던 것이다.

무솔리니는 이탈리아의 진정한 군사적 및 경제적 약점을 반영하는 외교의 수행을 시도하지 않았다. 소수의 아첨꾼들 속에 고립된 무솔리니는 자신의 직감력을 믿었고 또 자신의 판단이 틀릴 수 없다고 믿고자 했다. 신비한 민족주의와 미래지향적 열망으로부터 그는 숙명론과 자발적 참여주의의, 대중에 대한 경멸과 기독교의 흘린 피를 통해서 구원받는 데 대한 대중들의 비합리적 믿음의 이상야릇한 혼합을 배양했다. 그러나 이탈리아인들은 그의 영웅적 기준에 부응하기를 거부했다. 그들은 무솔리니의 군사적 모험주의에 지쳤다.

서방국가들로부터 배척당한 무솔리니는 결정적으로 친독일적 관점을 가진 중재자로 이탈리아를 내세우거나 혹은 남부 유럽으로 독일의 팽창을 봉쇄할 교활하게 꾸민 발칸의 중립 진영에 대해서 히틀러가 피해의식을 갖지 않길 희망했다. 1940년 3월까지만 해도 그는 유럽에 대한 독일의 지배까지는 가지 않는 상태에서 전쟁을 끝낼 "제2의 뮌헨"을 주재할 희망을 버리지 못했다. 만일 독일이 프랑스를 침입하지 않았었더라면 이탈리아의 비교전국 지위는 무한정 계속되었을 것이다. 그러나 프랑스에서 거둔 히틀러의 전격 승리가 모든 것을 바꾸어 버렸다. 더 이상 "평화회의"의 아이디어를 품을 수 없게 되자 그는 이제 고통스런 현실에 직면했다. 프랑스가 패배하고 영국의 항복이 임박해 보였기 때문에 무솔리니는 히틀러에 도전하는 것은 미친 짓이라고 생각했다. 그래서 너무 늦기 전에 가담하는 것이 더 좋을 것이라고 판단했다. 그 결과 프랑스를 공격함으로써 무솔리니는 자신의 운명을 봉해 버렸다. 그는 역사에서 가장 악명 높은 "재칼"로서 역사에 기록될 것이다.[858]

무솔리니는 약자의 위치가 분명해진 순간에 이탈리아의 운명을 독일에 묶어 버리는 선택을 했다. 이런 치명적 결정은 수년간 아마추어 외교와 국제정치의 개인화, 과도한 야심과 파시스트 이데올로기에 의해 파탄지경이 된 외교적 계산의 결과였다. 전쟁의 제국건설에 대한 무솔리니의 신념을 고려할 때 그는 이탈리아의 자원 부족과 대규모의 현대 전쟁의 지원물자로 거대한 군사력을 공급할 수 없는 자국의 저개발된 산업 능력에 어울리는 제한된 목적의 외교정책을 정교하게 수립하지 못했다. 히틀러는 압도적 힘의 우위의 입장에서 무솔리니를 대했다. 그는 이탈리아를 동맹국으로 필요로 하지 않았다. 그는 감상적 이유에

---

858 *Ibid.*, p. 227. 냉전 종식에 뒤이은 한국의 유엔 가입 후 한국 외교정책의 스타일을 분석하면서 재칼의 가능성에 관한 필자의 논의를 위해서는, 강성학, 《새우와 고래싸움—한민족의 국제정치》(박영사, 2004)의 제7장, 〈유엔 가입과 한국 외교—여우와 고슴도치〉를 참조.

서 무솔리니의 동승을 즐겼을 뿐이다. 1940년 6월에 무솔리니를 히틀러의 품안으로 결국 밀어 넣은 것은 이탈리아의 능력 한계에 대한 쓰라린 자각이었다. 이탈리아는 이제 히틀러의 처분에 전적으로 의존하는 제3제국의 위성국가에 지나지 않았다. 무솔리니는 히틀러의 전차에 뒤늦게 편승함으로써 그 한 번의 도박에 파시스트 정권과 이탈리아의 두체(지도자)로서 자신의 생존을 위해 자기 조국의 국가적 운명을 걸었던 것이다. 그러나 무솔리니는 자기가 그토록 염원하던 이탈리아의 "균형자 역할"을 시도하지 못한 채 결국 독일에 재칼처럼 편승하는 전략을 택하고 말았으며, 그 편승 대상의 잘못된 선택으로 인해서 무솔리니는 궁극적으로 조국의 국가 이익마저 희생시킨 파시스트 정권과 자신의 지위는 물론 생명까지도 보존할 수 없었다. 그의 국력이 뒷받침하지 못하는 "균형자"로서의 역할에 대한 꿈은 신기루를 쫓는 "한여름 밤의 꿈"에 지나지 않았던 것이다.

"국제 간의 균형자 역할"과 행세란 참으로 매력적인 유혹이다. 마치 국가 간의 관계를 인형극을 공연하듯 자기 뜻대로 수행할 수만 있다면 그런 지도자와 국가는 참으로 국제사회의 부러운 대상이 될 것이다. 그러나 지난 약 350여 년의 근대 국제정치의 역사에서 국제적 균형자의 성공적인 역할이란 극소수 국가와 그들의 지도자들에게 국한되었다. 17세기 중반기에 프랑스의 리슐리외, 18-19세기에 영국의 지도자들, 19세기 후반 독일의 비스마르크 그리고 냉전 종식 후 미국의 대통령들만이 담당할 수 있는 것이었다. 그것도 그 국가들이 국제사회의 최정상의 지위와 국력이 그런 외교술의 발휘를 가능하게 해 주었다. 국제적 균형자란 어떤 국가의 어느 지도자가 스스로 나서서 하겠다고 선언하여 인정되거나 수행할 수 있는 역할이 아니다. 자국의 국가적 역량을 고려하지 않고 무조건 나서게 되면 무솔리니의 이탈리아의 경우처럼 조국의 멸망을 자초할 수도 있는 위험스런 도박, 즉 슬기롭지 못한 외교정책과 전략으로 판명나고 말 것이다.

소위 민주화 이후 한국 외교정책의 난제는 근본적으로 사회의 전 분야에 걸친 급속한 민주주의적 의식의 확산과 허무주의적 충동으로 초래된 한국외교정책의 "비정치화"에 있다고 생각된다. 그것은 마치 역사적으로 과거 제1차 세계대전 후 독일 바이마르공화국 시절의 민주정치와 사회를 여러 가지 면에서 연상시킨다. 바꾸어 말하면 가장 큰 문제는 공공질서유지와 평화유지의 주권적 권한의 "국가의 권능"이 존중받지 못하고 있다는 사실이다. 윌슨과 베버는 주권적 국가란 정당한 무력수단의 독점체라고 정의했었다. 그러나 당시 바이마르공화국 시대 독일의 공권력은 자유민주주의라는 이름으로 행사되는 사적 폭력수단의 난무로 엄밀한 의미의 "근대국가의 속성"을 상실하고 있었다. 한편으로 과격한 파시스트들과 또 다른 한편으론 급진적 공산주의자들이 사회적 극심한 혼란과 정치적 허무주의로 몰고 갔다. 바로 그런 위험한 혼란 상태에서 "주권자란 예외적인 경우를 결정하는 사람"[859]이라고 선언하면서 대통령의 비상대권에 입각한 새로운 "리바이어던"의 수립을 주장하면서 "정치적인 것이란 적과 동지를" 구분하는 것이라고 정의했던 당시 독일의 대표적 헌법학자가 바로 카를 슈미트였다.[860] 그러나

---

859 Carl Schmitt, *Political Theology: Four Chapters on the Theory of Sovereignty*, trans. George Schwab(Cambridge, Mass.: MIT Press, 1986), p. 5. 원래 독일어판은 1922년 출간.

슈미트가 참여한 나치스 정권의 독일국가는 그가 기대했던 "리바이어던"이 아니라 그의 제자 프란츠 노이만(Franz Neumann)이 서술한 것, 즉 국가가 아닌 무법천지의 무질서와 무정부 상태의 비히모스였다.[861]

따라서 21세기 초 한국의 민주주의가 1세기 전 독일의 바이마르공화정의 민주주의의 비극을 멍청하게 되풀이하지 않기 위해서는 당시 독일 민주주의의 역사와 슈미트의 비극적 운명으로부터 교훈을 얻어야 할 것이다. 급격한 민주화와 저항하기 어려운 세계화의 파고 속에서 국가주권의 몰락과 점증하는 국가 간 경쟁의 심화로 인한 긴장이 날로 심각해지고 있으며 그것의 극복도 긴급한 과제이다. 이런 21세기 초 한국의 국가적 위기 속에서 올바른 외교정책은 치명적으로 중요하다. 왜냐하면 외교정책은 국민의 일부가 아니라 국가 전체의 운명과 직결되기 때문이다.

한국의 외교정책이 국력의 강화와 개인의 자아실현을 통한 국민행복의 증진 그리고 궁극적으로 통일된 부강한 민주-민족국가의 지향이라면 그런 이성적 목적을 달성하기 위해 선택하고 구사해야 할 한국의 합리적 외교 전략이란 어떤 것이어야 할까? 그런 추상적 질문에 정확

---

860 그의 이 저서와 정치이론 및 영향에 관해서는 제2장에서 이미 비교적 상세히 논의했다.

861 John P. McCormick, *Carl Schmitt's Critique of Liberalisin*(Cambridge, U.K.: Cambridge University Press, 1997), p. 285; Franz Neumann, *Behemoth: The Structure and Practice of National Socialism,1933-1944*(New York: Harper & Row, 1944), p. xii. 슈미트는 비히모스를 종교적 광신주의와 혁명의 상징으로만 이해했다. Carl Schmitt, *The Leviathan in the State Theory of Thomas Hobbes: Meaning and Failure of a Political Symbol*(West port: Greenwood Press, 1996), p. 21. 원래 독일어판은 1938년 출간.

히 답하기는 참으로 어렵다. 그러나 적어도 하나의 소극적 답을 할 수는 있을 것이다. 그것은 분명 앞서 지적한 것처럼 한국이 동아시아의 균형자 역할을 자처할 일은 아닌 것 같다. 한국인들에게 그런 특권적 지위와 역할은 한동안 적어도 우리의 현 세대에게 주어질 것 같지 않다. 그것은 20세기 초 일본의 제국주의의 침략적 위협 앞에서 우리 조상들은 물론 당시 중국이나 러시아, 독일, 프랑스 혹은 미국도 성공적으로 수행할 수 없었던 그런 역할이었다. 그렇다면 한반도의 역사에서 오랫동안 비교적 성공적으로 국가의 존립을 유지시키고 발전할 기회를 부여한 것은 최강 최선의 문명국가에게 편승하는 길이 아니었던가?[862] 반도 국가의 한국인들은 치열한 힘의 정치를 심화시키는 대륙 국가들처럼 마키아벨리식으로만 행동할 수 없다. 그렇다고 해서 해양국가의 자유주의적 국제주의자인 미국의 윌슨같이 국제도덕과 국제법의 지배를 앞장서 주장하고 그것들을 실제로 구현할 수 있는 능력의 소유자처럼 행동하는 돈키호테가 되어서도 안 될 것이다.

그렇다면 대륙과 바다를 공유한 반도국가에 살고 있는 한국인들이 대륙적 힘의 국제정치를 해양적 법과 도덕의 정치로 전환시키는 데 기여할 수 있는 길을 장기적으로 꾸준히 모색하면서 당장은 단기적으로는 우선 국가와 민족의 생존과 번영에 기여할 수 있는 슬기로운 정책과 효과적인 전략을 수행해 나가야 할 것이다. 오늘과 내일의 한국 지도자

---

862 이 문제에 관한 필자의 상세한 논의를 위해서는, 강성학, 《새우와 고래싸움—한 민족과 국제정치》(박영사, 2004), 특히, 제1장 〈한민족과 국제정치—역사의 교훈과 전망〉; 제2장 〈주한 미군과 한미관계—중년의 위기인가 황혼의 이혼인가〉; 제5장 〈한국 외교정책의 특성—편승에서 쿼바디스로?〉 등을 참조.

들에게 우선적으로 요구되는 것은 바로 그러한 "국제정치적 안목", 즉 "정신과 마음의 자세"이다. 그러나 그러한 정신과 마음의 자세란 하루아침에 사나이다운 "단호한 결심"에 의해서 이루어지는 것이 아니라, 그것은 올바른 "역사 철학"에 대한 충분한 교육과 그것의 줄기찬 "내면화"에 의해서만 이루어질 수 있는 것이 아닐까 한다. 종종 인용되어 여기서 재활용하는 것이 다소 주저스럽지만, 셰익스피어가 〈줄리어스 시저의 비극〉에서 캐시우스의 입을 통해 말했듯이

> 이봐, 브루투스. 결함은 우리의 별들에게 있는 것이 아니라
> 바로 우리들 자신 속에 있는 것이라네…

참고 문헌

강성학. 《소크라테스와 시저—정의, 평화 그리고 권력》. 박영사, 1997.

_____. 《시베리아 횡단 열차와 사무라이—러일전쟁의 외교와 군사전략》. 고려대학교출판부, 1999.

_____. 《카멜레온과 시지프스—변천하는 국제질서와 한국의 안보》. 나남, 1995.

_____. 《이아고와 카산드라—항공력 시대의 미국과 한국》. 오름, 1997.

_____. 《새우와 고래싸움—한민족의 국제정치》. 박영사, 2004.

강성학 편저. 《유엔과 국제위기관리》. 리북, 2005.

_____. 《동아시아의 안보와 유엔체제》. 집문당, 2003.

_____. 《동북아의 평화사상과 평화체제》. 리북, 2004.

_____. 《UN과 한국전쟁》. 리북, 2004.

강성학·정천구 역. 《핵시대를 어떻게 살 것인가》. 1985.

김경원. 《전환시대의 생존전략》. 삶과 꿈, 2005.

김용구. 《세계외교사》. 서울대학교출판부, 2006.

"Documentation." *International Peacekeeping*, vol. 7, no. 1. Spring 2000.

Abrams, Elliott. "To Fight the Good Fight." *The National Interest*, no. 59. Spring 2000.

Akehurst, Michael. *Intervention in World Politics*. Edited by Hedley Bull. Oxford: Clarendon Press, 1984.

Akiko, Fukushima. *Japanese Foreign Policy: The Emerging Logic of Multilateralism*. New York: St. Martins Press, 1999.

Annan, Kofi. *We, the People: The Role of the United Nations in the 21st Century*. New York: United Nations Publications, 2002.

_____. "In Larger Freedom: Decision Time at the UN." *Foreign Affairs*, vol. 84, no. 3. May/Jul. 2005.

Baer, G. W. *The coming of the Italo-Ethiopian War*. Cambridge, Mass., 1967.

Baker, James A. "The Common European Interest: America and the New Politics Among Nations." *U. S. Department of State Dispatch*, vol. 1. September 3, 1990.

Baldwin, David. "Power Analysis and World Politics: New Trends versus Old Tendencies." *Power, Strategy and Security*. Edited by Klaus Knorr. Princeton: Princeton University Press, 1983.

Barnett, Michael. "The New United Nations Politics of Peace: From Juridical Sovereignty to Empirical Sovereignty." *Global Governance*, vol. 1, no. 1. Winter 1995.

Barraclough, Geoffrey. An Introduction to *Contemporary History*. Penguin Books, 1986.

Barros, James. *The Corf Incident of 1923: Mussolini and the League of Nations*. Princeton, N.J.: Princeton University Press, 1965.

Bawer, Bruce. *While Europe Slept: How Radical Islam Is Destroying the West from Withen*. New York: Doubleday, 2006.

Berlin, Isaiah. *The Crooked Timber of Humanity*. Princeton, N.J.: Princeton University Press, 1990.

_____. *Four Essays on Liberty*. Oxford: Oxford University Press, 1969.

Bernard, J. F. *Talleyrand: A Biography*. Capricorn Books, 1974.

Bertrand, Maurice. *United Nations, Divided World: The UN's Role in Inter-*

national Relations. 2nd ed. Edited by Adam Roberts and Benedict Kings bury. Clarendon Press, 1993.

Beschloss, Michael R. and Talbott Strobe. *At the Highest Levels: The Inside Story of the End of the Cold War*. Boston: Little, Brown, 1993.

Best, Antony, Jussi M. Hanhimaki, Joseph Maiolo, and Kirsten E. Schulze. *International History of the Twentieth Century*. Routledge, 2004.

Blaker, Coit. *Hostage to Revolution: Gorbachev and Soviet Security Policy, 1985-1991*. New York: Council on Foreign Relations Press, 1993.

Black, Cyril E., Jonathan E. Helmreich, Paul C. Helmreich, Charels P. Issawi, and James McAdams. *Rebirth: A history of Europe since World War II*. Westview Press, 1992.

Bobbitt, Philip. *The Shield of Archilles: War, peace, and the Course of History*. New York: Alfred A. Knopf, 2002.

Bohme, Helmut. *The Foundation of the German Empire*. Oxford University Press, 1971.

Bolton, John R. *Delusions of Grandeur: The United Nations and Global Intervention*. Edited by Ted Galen Carpenter. Washington, D.C.: Cato Institute, 1997.

Bonnin, Georges. *Bismarck and the Hohenzollern Candidate for the Spanish Throne*. London: Chatto & Windus, 1957.

Boutros-Ghali, Boutros. *An Agenda for Peace*. 2nd ed. New York: United Nations, 1995.

Brands, H. W. *Woodrow Wilson*. New York: Times Books, Henry Holt, 2003.

Brown, Eugene and J. William Fulbright. *Advice and Dissent*. University of Iowa Press, 1985.

Brzezinski, Zbigniew. *The Grand Chessboard*. New York: Basic Books, 1997.

Bull, Hedley, Benedict Kingsbury, and Adam Roberts, eds. *Hugo Grotius and International Relations*. Oxford: Clarendon Press, 1990.

______. "Martin Wight and Theory of International Relations." *British Journal of International Studies*, vol. 2, no. 2. July 1976.

Bunche, Ralph Johnson. "The Attack on the UN." *The Progressive*. June 1953.
Burgwyn, H. James. *Italian Foreign Policy in the Interwar Period 1918-1940.* Praeger, 1997.

Carr, E. H. *Nationalism and After*. New York: Macmillan, 1945.
Campbell, John C. *The United States in World Affairs 1945-1947*. Harper and Brothers, 1947.
Campell, Thomas M. *Masquerade Peace: America's U.N. Policy, 1944-1945*. Tallahassee: Florida State University Press, 1973.
Canavan, Francis. *Edmund burke: Prescription and Providence*. Carolina Academic Press, 1987.
Cannadine, David. *What is History Now?* Palgrave Macmillan, 2002.
Cerny, Phillip G. *The Changing Architecture of Politics: Agency and the Future of the State.* London: Sage, 1990.
Chabod, Federico. *Italian Foreign Policy: The Statecraft of the Founders*. Princeton, N.J.: Princeton University Press, 1966.
Chihiro, Hosoya. "The Tripartite Pact, 1939-1940." *Deterrent Diplomacy: Japan, Germany, and the USSR, 1935-1940*. Edited by James William Morley. New York: Columbia University Press, 1976.
Childers, Erskine. "Forward." *Phyllis Bennis, Calling the Shots.* New York: Olive Branch Press, 1996.
Claude, Inis L. Jr. *Swords into Plowshares*. 4th ed. New York: Random House, 1971.
Clausewitz, Carl von. *On War*. Edited and translated by Michael Howard and Peter Paret. Princeton: Princeton University Press, 1976.
Conquest, Robert. *Reflections on a Ravaged Century*. W. W. Norton, 2000.
Cotton, James. "Against the Grain: The East Timor Intervention." *Survival*, vol. 43, no.1. Spring 2000.
Coverdale, John F. *Italian Intervention in the Spanish Civil War*. Princeton, N.J.: Princeton University Press, 1975.

Cox, Richard H. *Locke on War and Peace.* Oxford: The Clarendon Press, 1960.

Cox, Robert W., and Harold K. Jacobson. *The Anatomy of Influence: Decision Making in International Organization*. New Haven: Yale University Press, 1974.

Craig, Gordon A. and Felix Gilbert, eds. *The Diplomats 1919-1939*. Princeton University press, 1981.

Craig, Gordon A. and L. Loewehein, eds. *The Diplomats 1939-1979.* Princeton University Press, 1994.

Craig, Gordon A. and Alexander L. George. *Force and Statecraft: Diplomatic Problems of Our Time*. 3rd ed. Oxford: Oxford University Press, 1995.

Cregg, Robert W. *About Face?* Boulder: Lynne Rienner, 1993.

Day, Alan J., ed. *China and the Soviet Union 1949-84*. Longman, 1985.

Devlin, Patrick. *Too Proud to Fight: Woodrow Wilson's Neutrality*. Oxford: Oxford University Press, 1974.

Diehl, Paul F. *International Peacekeeping.* Baltimore: The Johns Hopkin's University Press, 1994.

Divine, Robert A. *Second Chance: The Triumph of Internationalism in America during World War II*. New York: Atheneum, 1971.

Dodd, William E. *Woodrow Wilson and His Works*. New York, 1932.

Dore, Ronald. *Japan, Internationalism and the UN*. London: Routledge, 1997.

Downey, Sue. "The United Nations in East Timor: Comparison with Cambodia." *Guns and Ballot Boxes: East Timor's Vote for Independence*. Edited by Damin Kingsbury. Clayton: Monash Asia Institute, 2000.

Downs, George W., ed. *Collective Security beyond the Cold War*. Ann Arbor: The University of Michigan Press, 1994.

Doyle, Michael W. *Empires*. New York: Cornell University Press, 1986.

_____. *Ways of War and Peace*, New York: Norton, 1997.

_____. *UN Peace-Keeping in Cambodia: UNTAC's Civil Mandate*, Boulder:

Lynne Rienner, 1985.

Doyle, Michael W. and Suntharalingam Nishkala. "The UN in Cambodia: Lessons for Complex Peacekeeping." *International Peacekeeping*, vol. 1, no. 2. Summer 1994.

Drifte, Reinhard. *Japan's Quest for a Permanent Security Council Seat: A Matter of Pride or Justice?* Oxford: Macmillan Press, 2000.

Duffy, Christopher. *Frederick The Great: A Military Life*. London: Routledge, 1985.

Dunn, Lewis A. "Meeting the Proliferation Challenge: What Role for the United Nations?" *US Foreign Policy and the United Nations System*. Edited by Charles William Maynes and Richard S. Williams. New York: W. W. Norton, 1996.

Durch, William J. "Keeping the Peace: Politics and Lessons of the 1990s." *UN Peacekeeping, American Politics, and the Uncivil Wars of the 1990s*. Edited by William J. Durch. New York: St. Martin's Press, 1996.

Egerton, Gergo W. *Great Britain and the Creation of the League of Nations: strategy, politics and international orgarnization 1914-1919*. Scholar Press, 1979.

Eichelberger, Clark M. *Organizing for Peace; A Personal History of the Founding of the United Nations*. New York: Harper & Row, 1977.

Elshtain, Jean Bothke, ed. *Just War Theory*. New York: New York University Press, 1992.

Emerson, Rupert. "Colonialism, Political Development, and the UN." *The United Nations in Balance: Accomplishments and Prospects.* Edited by Norman J. Padelford and Leland M. Goodrich. New York: Praeger, 1965.

Ero, Comfort and Long Suzanne. "Humanitarian intervention: A New Role for the United Nations?" *International Peacekeeping*, vol. 2, no. 2. Summer 1995.

Etzold, Thomas H. and John Lewis Gaddis, eds. *Containtment: Documents on American Policy and Strategy 1945-1950*. New York Columbia, 1978.

Fassbender, Bardo. *UN Security Council Reform and the Right of Veto: A Constitutional perspective*. The Hague: Kluwer Law International, 1998.

Fasulo, Linda M. *Representing America*. New York: Facts on File Publications, 1984.

Ferguson, C. Clyde, Jr. "The Politics of the New International Economic Order." *The Changing United Nations: Options for the United States*. Edited by David A. Kay. New York: The Academy of Political Science, 1977.

Finger, Seymour Maxwell. *Your Man at the UN*. New York: New York University Press, 1980.

_____. "The Reagan-Kirkpatrick Policies and the United Nations." *Foreign Affairs*, vol. 62, no. 3. Winter 1983/84.

Finkelstein, Lawrence S. "The United Nations at 100?: Alternative Scenarios." *The United Nations: The Next Fifty Years*. Edited by Han Sung-Joo. Seoul: Ilmin International Relations Institute, 1996.

_____. "The Struggle to Control UNESCO." *The United Nations in World Politics*. Edited by David P. Forsythe. New York: Macmillan, 1989.

_____. "The United Nations: Then and Now." *International Organization*, vol. 19, no. 3. Summer 1965.

_____. "What is Global Governance?" *Global Governance*, vol. 1, no. 3. September-December 1995.

_____. *Politics in the united nations System*. Duke University Press, 1988.

Finkelstein, Lawrence S., ed. *Politics in the United Nations System*. Durham: Duke University Press, 1988.

Forsythe, David P. *The Politics of International Law*. Boulder: Lynne Rienner, 1990.

_____. "The UN and Human Right at Fifty: An Incremental Resolution."

Global Governance, vol. 1, no. 3. Sep-Dec. 1995.

Franck, Thomas M. *Nation Against Nation: What happened to the U.N. Dream and What the U.S. Can Do About It*. Oxford: Oxford University Press, 1985.

Frechette, Louise. *Irelevant or Indispensable? The United Nations in the 21st Century*. Edited by Paul Heinbecker and Patricia Goff. Waterloo, Ontario, 2005.

Freeman, Michael. *Edmund Burke and the Critique of Political Radicalism*. Oxford, 1980.

Frei, Christoph. *Hans J. Morgenthau: An Intellectual Biography*. Baton Rough: Louisiana State University Press, 2001.

Friedman, Thomas L. *The Lexus and the Olive Trees: Understanding Globalization*. Farrar Straus Girous, 1999.

Frum, David and Richard Perle. *An End to Evil*. New York, Ballantine Books, 2003.

Fukuyama, Francis. *The End of History and The Last Man*. The Free Press, 1992.

Gaddis, John Lewis. *The Cold War: A New History*. The Penguin Press, 2005.

_____. *The Long Peace: Inquires into the history of the cold war*. N.Y. Oxford University Press, 1987.

_____. *We now know: rethinking cold war history*. Clarendor Press, 1987.

_____. *The landscape of history: now historians map the past*. Oxford University Press, 2002.

Gall, Lothar. *Bismarck; The White Revolutionary 1871-1898*, vol. 1. Translated by J. A. Underwood. London: Unwin Hyman, 1986.

Garby, Craig C. and Mary Brown Bullock, ed. *Japan: A New Kind of Superpower*. Washington, D.C.: The Woodrow Wilson Center Press, 1994.

Gates, Robert. *From the Shadows: The Ultimate Insiders Story of Five Pre-*

sidents and How They Won the Cold War. New York: Simon & Schuster, 1996.

Gerson, Allan. *The Kirkpatrick Mission: Diplomacy Without Apology, America at the United Nations 1981-1985.* New York: The Free Press, 1991.

Gerth, H. H. and C. Wright Mills. *Max Weber: Essays in Sociology*. Oxford: Oxford University Press, 1946.

Gilbert, Martin. *A History of the twentieth century*, vol I-III.

Gildea, Robert. *Barricades and Borders, Europe 1800-1914*. Oxford University Press, 1987.

Goodrich, Leland M. *The United Nations.* Crowell, 1965.

Goodrich, Leland M. and Edvard Hambo. *Charter of the United Nations: Commentary and Documents*. Boston: World Peace Foundation, 1946.

Goodrich, Leland M. and Anne P. Simons. *The United Nations and the Maintenance of International Peace and Security*. Washington, D.C.: The Brookings Institution, 1955.

Gottlieb, Gidon. "Nations Without States." *Foreign Affairs*, vol. 73, no. 3, May/June 1994.

Green, John Richard. *History of the English People*, vol. 4. New York, 1878.

Green, Michael J. *Japan's Reluctant Realism: Foreign Policy Changes in an Era of Uncertain Power*. New York: Palgrave, 2001.

Grenville, John A. S. *Europe Reshaped 1848-1878*. Brighton, Sussex: Harvester Press, 1976.

_____. *A History of the World in the twentieth century*, vol. I, II. The Belknap press of Harvard University press.

Griffin, Micheal and Jones Bruce. "Building Peace through Transitional Authority: New Directions, Major Challenges." *International Peacekeeping*, vol. 7, no. 4. Winter 2000.

Groom, A. J. R. "The Advent of International Institutions." Paul Taylor and A. J. R. Grooms. *International Organization: A Conceptual Approach*. London: Francis Pineer, 1978.

Gulick, Edward Vose. *Europe's Classical Balance of Power*. New York: W. W. Norton & Company, 1955.

Haas, Ernst. "Dynamic Environment and Static System: Revolutionary Regimes in the United." *The United Nations System and its Function: Select Readings*. Edited by R. Gregg and M. Barkund. Princeton: Van Nostrand, 1968.

Haas, Richard N. *The Opportunity: America's Moment to Alter History's Course*. New York: Public Affairs 2005.

Halle, Louis J. *History, Philosophy and Foreign Relations*. Lanham: University Press of America, 1987.

_____. *Civilization and Foreign Policy*. New York: Harper & Brothers, 1952.

Halliday, Fred. *Rethinking International Relations*. London: Macmillan, 1994.

Han, Sung-Joo. "Republic of Korea as a UN member." *Korea and World Affairs*, vol. 15, no. 3. Autumn, 1991.

_____. "Asian values: An Asset or a Liability?" *Changing Values in Asia*. Edited by Han Sung-Joo. Tokyo: Japan Center for International Exchange, 1999.

Hartz, Louis. *The Liberal Tradition in America*. New York: Harcourt, Brace and World, 1995.

Haslam, Jonathan. *No Virtue Like Necessity: Realist Thought in International Relations since Machiavelli*. Yale University Press, 2002.

Helman, Gerald and Steven Ratner. "Saving Failed States." *Foreign Policy*. Winter 1992-93.

Hendel, C. W., ed. *David Hume's Political Essays*. Indianapolis: Bobbs-Merrill, 1953.

Hersh, Seymour M. *The Target is Destroyed: What Really Happened to Korean Airlines Flight 007 and What America Knew about It*. New York: Random House, 1986.

Higgins, Rosalyn. *United Nations Peacekeeping 1946-1967*. vol. 2. Oxford:

Oxford University Press, 1970.

Hilderbrand, Robert C. *Dumbarton Oaks: The Origins of the United Nations and the Search for Postwar Security*. Chapel Hill: University of North Carolina Press, 1990.

Hinsley, F. H. *Sovereignty*. 2nd ed. Cambridge: Cambridge University Press, 1986.

Hobbes, Thomas. *Leviathan: or the matter forme and power of a commonwealth ecclesiasticall and civil*. Edited by Michael Oakeshott. Macmillan Publishing Co., 1962.

Hochman, Jiri. *The Soviet Union and the failure of collective security, 1934-1938*. Cornell University Press, 1984.

Hoffmann, Stanley. *Janus and Minerva: Essays in the Theory and Practice of International Politics*. Boulder and London: Westview Press, 1987.

______. *Sea-Changes: American Foreign Policy in a World Transformed*. Edited by Nicholas X. Rizopoulos. New York: Council on Foreign Relations Press, 1990.

______. *Duties Beyond Borders*. New York: Syracuse University Press, 1986.

______. "The Politics and Ethics of Military Intervention." *Survival*, vol. 37, no. 4. Winter 1995-96.

______. *The Ethics and Politics of Humanitarian Intervention*. Notre Dame, Indiana: University of Notre Dame Press, 1996.

______. "Politics among Nations: The Struggle for Power and Peace." *The Atlantic*. November 1985.

Hoffman, Ross J. S. and Levack Paul, eds. *Burke's Politics: Selected Writings and Speeches of Edmund Burke on Reform, Revolution, and War*. Alfred A. Knopf, 1949.

Holborn, Hajo. "The Prusso-German School: Moltke and the Rise of the General Staff." *Makers of Modern Strategy from Machiavelli to the Nuclear Age*. Edited by Peter Paret. Princeton: Princeton University Press, 1986.

Holsti, Kalevi J. *Peace and War: Armed conflicts and international order 1648-1989*. Cambridge University Press, 1991.

Hook, Glenn C., Julie Gilson, Chrisopher W. Hughes, and Hugo Dobson, eds. *Japan's International Relations: Politics, Economics and Security*. London: Routledge, 2001.

Hoopes, Townsend and Douglas Brinkly. *FDR and the Creation of the U. N.* New Haven: Yale University Press, 1997.

Hoover, Herbert. *The Ordeal of Woodrow Wilson*. Washington, D.C.: Woodrow Wilson Center Press, 1992.

Howard, Michael. *War in European History*. Oxford: Oxford University Press, 1986.

_____. *The Invention of Peace*. New Haven: Yale University Press, 2000.

_____. *The Causes of War and other Essays*. London: Temple Smith, 1983.

Howard, Michael and W. M. Roger Louis. *History of the twentieth century*. Oxford University Press 1998.

Hughes, Thoman L. "The Twilight of Internationalism." *Foreign Policy*, no. 61. Winter 1985-86.

Huntington, Samuel P. *The Clash of Civilization and the Remaking of World Order*. New York: Simmon & Schuster, 1996.

Inoguchi, Takashi. *Japan's International Relations*. London: Pinter Publishers, 1991.

Jablonski, Edward. *A Pictorial history of the World War I*. Doubleday, 1977.

_____. *A Pictorial history of the World War II*. Doubleday, 1979.

Jackson, Robert. *The Global Covenent: Human Conduct in a World of States*. Oxford: Oxford University Press, 2000.

Jackson, Robert and Carl G. Rosberg. "Why Africa's Weak States Persist: The Empirical and Juridical in Statehood." *World Politics*, vol. 35, no. 1. 1982.

Jacobson, Harold K. *Networks of Interdependence: International Organizations and the Global Political System*. 2nd ed. New York: Alfred A. Knopf, 1984.

Jakobson, Marx. *The United Nations in the 1990s: A Second Chance?* The Twentieth Century Fund, 1993.

James, Alan. "The Peacekeeping Role of the League of Nations." *International Peacekeeping*, vol. 6, no. 1. Spring 1999.

James, Madison. *The Federalist Papers*, no. 51.

Johansen, Robert C. *The Ethics and Politics of Humanitarian Intervention*. Edited by Stanley Hoffmann. Notre Dame, Indian: University of Notre Dame Press, 1996.

Johnson, James Turner. *Ideology, Reason, and the Limitation of War: Religions and Secular Concepts, 1200-1740.* Princeton: Princeton University Press, 1974.

_____. *Just War Tradition and the Restraint War*. Princeton: Princeton University Press, 1981.

Jrasbim, Jean E. *The United Nations: Confronting the Challenge of a Global Society*. Edited by Jean E. Krasno. Boulder: Lynne Rienner, 2004.

Kacowicz, A. *Zones of Peace in the Third World*. New York: SUNY Press, 1998.

Kagan, Donald and Frederick W. Kagan *While America Sleeps: Self-Delusion, Military Weakness, and the Threat to Peace Today*. New York: St. Martin's Press, 2000.

Kagan, Robert. *Of Paradise and Power: America and Europe in the New World Order*. New York: Knopf, 2003.

Kang, Sung-Hack, ed. *The United Nations and Global Crisis Management*. Korean Academic Council on the United Nations System(KACUNS), 2005.

_____. *The United Nations and Keeping-Peace in Northeast Asia*. Seoul Computer Press, KACUNS, 1995.

Kang, Sung-Hack, et al. *UN, PKO and East Asian Security: Currents, Trends and Prospects*. KACUNS, 2002.

_____. *The UN in the 21st Century*. KACUNS, 2000.

Kaplan, Robert D. *The Coming Anarchy*. New York: Random House, 2000.

Kennedy, Paul M. *The Rise and Fall of the Great Powers*. London: Unwin Hyman, 1988.

Kennedy, Ross A. "Woodrow Wilson, World War 1, and an American Conception of National Security." *Diplomatic History*, vol. 25, no. 1. Winter 2001.

Keylor, Willam R. *The Twentieth Century-World: An International History*. Oxford University Press, 1996.

Keynes, John Maynard. *The Economic Consequences of the Peace*. New York: Harcourt, Brace and Howe, 1920.

Kilgore, Arthur. "Cut Down in the Crossfire?" *International Relations*, vol. 8, no. 6. November 1986.

Kim, Kyung-Won. *Revolution and International System: A study in the breakdown of International Stability*. New York University Press, 1970.

Kim, Se-Jin, ed. *Korean Unification: Source Materials with an Introduction*. Seoul: Research Center for Peace and Unification, 1976.

Kimmich, Christoph M. *Germany and the League of Nations*. The University of Chicago press, 1976.

Kirkpatrick, Jeane J. *Legitimacy and Force: Political and Moral Dimensions*. New Brunswick: Transaction Books, 1988.

Kissinger, Henry. *Diplomacy*. New York: Simon & Schuster, 1994.

_____. *A World Restored: Matternich Castlereagh and the Problem of Peace 1812-1822*. Boston, Mass.: Houghton Miffein Company, 1957.

_____. "Reflections of Bismarck." *Philosophers and Kings: Studies in Leadership*. Edited by Dankwart A. Rustow. George Brazillar, 1970.

_____. *Does America Need a Foreign Policy?* New York: Simon & Schuster,

2001.

Knock, Thomas J. *To End All Wars: Woodrow Wilson and the Quest for a New World Order*. New York Oxford University Press, 1992.

Knudsen, Tonny Brems. "Humanitarian Intervention Revisited: Post-Cold War Responses to Classical Problems." *International Peacekeeping*, vol. 3, no. 4. Winter 1996.

Koslowski, Rey and Friedrich Kratochwil. "Understanding Change in International Politics: The Soviet Empire's Demise and the International System." *International Organizations*, vol. 48. Spring 1994.

Krasner, Stephen D. *Structural Conflict: The Third World Against Global Liberalism*. Berkeley: University of California Press, 1985.

Krasno, Jean E., ed. *The United Nations: Confronting the Challenges of a Global Society*. Boulder: Lynne Rienner, 2004.

Lake, David A. *Power, Protection, and Free Trade: International Sources of US Commercial Strategy, 1887-1939*. Itaca: Cornell University Press, 1988.

_____. "International Economic Structure and American Foreign Economic Policy 1887-1934." *World Politics*, vol. 35, no. 4, July 1983.

Laski, Harold J. *A Grammar of Politics*. 5th ed. London: George Allen & Unwin, 1978.

Lasswell, Harold D. *Politics: Who Gets, What, When and How*. 1st ed. New York, 1936.

Lauren, Paul Gordon. "The Diplomats and Diplomacy of the United Nations." *The Diplomats 1939-1979*. Edited by Gordon A. Craig and Francis L. Loewenheim. Princeton, N.J.: Princeton University Press, 1994.

Lebow, Richard Ned. *The Tragic vision of Politics*, Cambridge University Press, 2003.

Lewy, Guenter. "The Case for Humanitarian Intervention." *ORBIS*, vol. 37, no. 4. Fall 1993.

Lewis, Flora. *Europe: Road to Unity*. Touchstone, 1987.

Lie, Trygve. *In The Cause of Peace*. New York: The Macmillan Company, 1954.

Lind, Jennifer M. "Pacificism or Passing the Buck? Testing Theories of Japanese Security Policy." *International Security*, vol. 29, no. 1. Summer 2004.

Link, Arthur S. *Woodrow Wilson: Revolution, War and Peace*. Illinois: Harlan Davidson, 1979 .

Link, Arthur S., ed. *Papers of Woodrow Wilson 1966-1992*, vol. 41. Princeton: Princeton University Press,

Lippmann, Walter. *U. S. Foreign Policy: Shield of the Republic*. Boston: Little Brown, 1943.

Litwak, Robert S. *Rogue States and the US Foreign Policy*. Washington, D.C.: The Woodrow Wilson Center Press, 2000.

Lorenz, Joseph P. *Peace, Power and the United Nations*. Boulder: Westview Press, 1999.

Luard, Evan. *A History of the United Nations: The Years of Western Domination, 1945-1955*, vol. 1. New York: St. Martin's Press, 1982.

_____. *War in International Society*. I. B. Tauris & CL, 1986.

Luck, Edward C. "The UN Security Council: Reform or Enlarge?" *Irrelevant or Indispensable: The United Nations in the 21st Century*. Edited by Paul Heinbecker & Patricia Goff. Waterloo, Ontario, Canada: Wilfrid Laurier University Press, 2005.

_____. "Rediscovering the Security Council: The High-Level Panel and Beyond." *Reforming the United Nations for Peace and Security*, Edited by Ernes to Zedillo. New Haven, Conn.: Yale Center for the Study of Globalization, 2005.

_____. *Mixed Messages: American Politics and International Organization, 1919- 1999*. Washington, D. C., 1999.

Lyons, M. and John E. Trent, ed. *The United Nations System: The Policies of*

Member States. Tokyo: United Nations University Press, 1995.

Machiavelli. *The Discourse*, III.

_____. *The Prince*.

Mackinlay, John and Jarat Chopra. "Second Generational Multinational Operations." *The Washington Quarterly*, vol. 15, no. 3. Summer 1992.

Mackinnon, Michael G. *The evolution of US Peacekeeping policy under Clinton*, Annex 1. London: Frank Cass, 2000.

Maksoud, Clovis. "The Arab World's Quandary." *World Policy Journal*, vol. 8, no. 3. Summer 1991.

Maland, David. *Europe in the Seventeenth Century*. Macmillan, 1966.

Malone, David M. *The UN Security Council: from the Cold War to the 21st Century*. Edited by David M. Malone. Boulder: Lynne Rienner, 2004.

Mangone, Gerald J. *A History of International Organization.* New York: McGraw-Hill, 1954.

Mansfield, Harvey C. *Manliness*. New Haven: Yale University Press, 2006.

_____. *Machiavelli's Virtue*. Chicago: The University of Chicago Press, 1966.

Mayer Arno, J. *Wilson vs. Lenin: Political Origins of the New Diplomacy*. Yale University Press, 1964

McCormick, John P. *Carl Schmitt's Critique of Liberalism*. Cambridge, U.K.: Cambridge University Press, 2007.

McDougall, Walter A. *Promised Land, Crusader State: The American Encounter with the World Since 1776*. Boston: Houghton Mifflin, 1997.

McKay, Derek and H. M. Scott. *The rise of the Great Powers 1648-1815*, Longman, 1983

McNamara, Robert S. and James G. Blight. *Wilson's Ghost: Reducing the Risk of Conflict, Killing, and Catastrophe in the 21st Century*. New York: Public Affairs, 2001.

Mead, Walter Russell. "Trains, Planes, and Automobiles: The End of the Postmodern Moment." *World Policy Journal*, vol. 12, no. 4. Winter 1995/96.

_____. *Power, Terror, Peace and War: America's Grand Strategy in a World at Lisk*. New York: Alfred A. Knopf, 2004.

Meagher, Robert F. *The US, the UN, and the Management of Global Change*. Edited by Toby Trister Gati. New York: New York University Press, 1983.

Meier, Heinrich. *The Lesson of Carl Schmitt: Four Chapters on Distinction between Political Theology and Political Philosophy*. Chicago & London: The University of Chicago Press, 1998.

Meineke, Friedrich. *Machiavellism: The Doctrine of Raison D'Etat and Its Place in Modern History*. Boulder and London: Westview, 1984.

Meisler, Stanley. *United Nations: The First Fifty Years*. New York: The Atlantic monthly Press, 1995.

_____. "From Great Hope to Scapegoat." *The Washington Monthly*. July/August 1996.

Mestrovic, Stjepan G. *The Balkanization of the West*. London: Routledge, 1994.

Michael, Mandelbaum. *The ideas that conquered the world: Peace, Democracy, and Free Markets in the Twenty-frist Century*. Public Affairs, 2002.

Michalak, S. "The League of Nations and the United Nations in World Politics: a Plea for comparative research on universal international organizations." *International Studies Quarterly*, vol. 15. 1971.

_____. "The United Nations and the League." *The United Nations in International Politics*. Edited by Leon Gordenker. Princeton University Press, 1971.

Miller, Steven E. "Terrifying Thoughts: Power, Order, and Terror After 9/11." *Global Governance*, vol. 11, no. 2. April-June 2005.

Minear, Larry, Colin Scott, and Thomas G. Weiss *The New Media, Civil War & Humanitarian Action*. Boulder: Lynne Rienner, 1996.

Mogami, Toshiki. "The United Nations System as an Unfinished Revolution." *Alternatives*, vol. 15, No. 2. Spring 1990.

Moisy, Claude. "Myths of the Global Information Village." *Foreign Policy*, no. 107. Summer 1997.

Morefield, Jeanne. *Covenants without Swords: Idealist Liberalism and The Spirit of Empire*. Princeton: Princeton University Press, 2005.

Morgenthau, Hans J. *Scientific Man versus Power Politics*. Chigaco: University of Chicago Press, 1946.

_____. *La Notion de Politique et la Théorie des Differents Internationaux*. Paris, 1933.

_____. *Politics among Nations; The Struggle for Power and Peace*. 6th ed. New York: Alfred Knopf, 1985.

_____. *Truth and Power: Essays of a Decade, 1960-1970*. New York: Praeger, 1970.

_____. *A New Foreign Policy for the United States*. New York: Afred Knopf, 1969.

_____. *The Restoration of American Politics*. Chicago: University of Chicago Press, 1962.

Moynihan, Daniel Patrick. *A Dangerous Place*. New York: Berkeley Books, 1980.

Muldoon, James P. Jr. *The Architecture of Global Governance*. Boulder, CO.: Westview Press, 2004.

Muravchik, Joshua. *The Imperative of American Leadership*. Washington, D.C.: The AEI Press, 1996.

Ness, Peter Van. "Hegemony, not anarchy: Why China and Japan are not balancing US unipolar power." *International Relations of the Asia-Pacific*, vol. 2, no. 1. 2002.

Neumann, Franz. *Behemoth: The Structure and Practice of National Socialism, 1933-1944*. New York: Harper & Row, 1944.

Newman, Edward. *The United Nations in the New World Order: The World Organization at Fifty*. Edited by Dimitris Bourantonis and Jarrod

Wiener. London: Macmillan, 1995.

Nichollos, A. J. *Weimar and the Rise of Hitler*. Macmillan, 1979.

Nish, Ian. *Japan's Struggle with Internationalism: Japan, China and The League of Nations, 1931-33*. London: Kegan Paul International, 1993.

_____. *Japanese Foreign Policy in the Interwar Period.* Westport, Connecticut: Praeger, 2002.

Northedge, F. S. *The League of Nations: Its Life and Times 1920-1946*. Leicester University Press, 1986.

Northedge, F. S. and M. J. Grieve. *A Hundred Years of International Relations*. New York: Praeger, 1971.

Notter, Harley. *The Origins of the Foreign Policy of Woodrow Wilson*. Baltimore: The Johns Hopkins Press, 1937.

Nussbaum, Arthur. *A Concise History of the Law of Nations*. New York: Macmillan, 1947.

Nye, Joseph S. *Bound to Lead: The Changing Nature of American Power*. New York: Basic Books, 1990.

_____. "Soft Power." *Foreign Policy*, Number 80. Fall 1990.

_____. "'The Nye Report', six years later." *International Relations of the Asia-Pacific*, vol. 1, no.1. 2001

Ogata, Sadako. *The United Nations System: The Policies of Member States*. Edited by Chadwick F. Alger, Gene M. Lyons, and John E. Trent. Tokyo: United Nations University Press, 1995.

Ortega Y Gasset, José. *The Revolt of the Masses*. New York: W. W. Norton, 1932.

Orwin, Clifford. "Distant Compassion." *The National Interest*, no. 43. Spring 1996.

Orwin, Clifford and Tarcov Nathan, ed. *The Legacy of Rousseau*. Chicago: The University of Chicago Press, 1997.

Osiander, Andreas. *The States System of Europe, 1640-1900*. Oxford: Clarendon Press, 1994.

Ostrower, Gary B. *The United Nations and the United States 1945-1995*. New York: Twayne Publishers, 1998.

_____. *The League of Nations From 1919 to 1929*. Garden City Park, New York: Avery Publishing Group, 1996.

Oye, Kenneth A. *International Relations and the End of the Cold War*. Edited by Richard Ned Lebow and Thomas Risse-Kappen. New York: Columbia University Press, 1995.

Pangle, Thomas L. and Peter J. Ahrensdorf. *Justice among nations: on the moral basis of power and peace*. Lawrence, Kansas: University Press of Kansas, 1999.

Paret, Peter, ed. *Makers of Modern Strategy: From Machiavelli to the Nuclear Age*. Princeton: Princeton University Press, 1986.

Parkinson, Fred. *States in a Changing World: A Contemporary Analysis*. Edited by Robert H. Jackson and Allen James. Oxford: Clarendon Press, 1993.

Parsons, Anthony. "The United Nations in the Post-Cold War Era." *International Relations*, vol. 2, no. 3.

Patterson, W. M. Knight. *Germany from Defeat to Conquest*. London: Allen & Unwin, 1945.

Pellet, A. "the Opinions of the Badinter Arbitration Committee." *European Journal of International Law*, 3. 1992.

Queater, George. *The International Politics of Television*. Lexington, Mass.: Lexington Book, 1990.

Rabkin, Jeremy A. *Law Without Nations? Why Constitutional Government Requires Sovereign States*. Princeton, N.J.: Princeton University Press, 2005.

Ramsey, Paul. *The Just War: Force and Political Responsibility*. New York: Charles Scribner's Sons, 1968.

Randall, John Herman. *The making of the Modern Mind*. Columbia University Press, 1940.

Ratner, Steven R. *The New UN Peacekeeping: Building Peace in Lands of Conflict after the Cold War*, Appendix 2. New York: St. Martin's Press, 1995.

Ray, Stannard. *Woodrow, Life and Letters, New York, 1927-1939*, vol. 1.

Reiss, Michell. *Bridled Ambition*. Washington, D.C.: Woodrow Wilson Center Press, 1995.

Resenau, James N. and Ernst-Otto Czempiel, ed. *Governance without government: order and change in world politics*. Cambridge: Cambridge University Press, 1992.

Rhodes, Benjamin D. *United States Foreign Policy in the Interwar Period 1918-1941*. Westport, Connecticut: Praeger, 2001.

Rieff, David. "The Humanitarian Trap." *World Policy Journal*, vol. 12, no. 4, Winter 1995/96.

Right, Rosemary. *Utopia Lost: The United Nations and World Order*. New York: The Twentieth Century Fund Press, 1995.

Risse-Kappen, Thomas. "Did 'Peace through Strength' End the Cold War? Lessons from INF." *International Security*, vol. 16. 1991.

Rivlin, Benjamin. "UN's Frustrating Quest for Peace." *Christian Networks Journal*. Spring 2005.

_____. "The UN Reform Conundrum." *American Foreign Policy Interests*, vol. 27. 2005.

Robert, F. *Issues in the History of International Relations: the Role of Issues in the Evolution of the State System*. Westport, Conn.: Praeger, 1987.

Roberts, Adam. "Humanitarian War." *International Affairs*, 69. July 1993.

Roberts, Adam and Benedict Kingsbury, ed. *United Nations, Divided World: The UN's Roles in International Relations*. 2nd ed. Oxford: Clarendon

Press, 1993.

Robert, Strausz Hupe. *Democracy and American Foreign Policy*. New Brunswick, New Jersey: Transaction Publishers, 1995.

Robertson, A. H. *Human Rights in the World: An Introduction to the Study of the International Protection of Human Rights*. New York: St. Martins, 1982.

Robinson, Court. *Something Like Home Again: The Repatriation of Cambodian Refugees*. Washington, D.C.: U.S. Committee for Refugees, 1994 .

Robinson, Piers. "The CNN effect: Can the news media drive foreign policy?" *Review of International Studies*, vol. 25, no. 2, April 1999.

Rothenberg, Gunther. *Makers of Modern Strategy from Machiavelli to the Nuclear Age*. Edited by Peter Paret. Princeton: Princeton University Press, 1986.

Rousseau, Jean-Jacques. *Emile or On Education*. Translated by Allan Bloom. New York: Basic Books, 1979.

Russell, Ruth B. *A History of the United Nations Charter: The Role of the United States, 1940-1945*. Washington, D.C.: Brookings Institution, 1958.

_____. *The United nations and United States Security Policy*. The Brookings Institution, 1968.

Ryan, Stephen. *The United Nations and International Politics*. New York: St. Martinis Press, 2000.

Sady, Emil J. *The United Nations and Dependent Peoples*. Washington, D.C.: Brookings Institution, 1956.

Sanger, David E. "Atomic Energy Agency asks UN to move against North Korea." *New York Times*. April 2, 1993.

Salvemini, Gaetans. *Prelude to World War II*. London: Victor Gollansz, 1953.

Schlesinger, Stephen C. *Act of Creation: The Founding of the United Nations*,

Boulder: Westview Press, 2003.

Schmitt, Carl. *Political Theology: Four Chapters on the Theory of Sovereignty*. Translated by George Schwab. Cambridge, Mass.: MIT PRESS, 1986.

Schweller, Randall L. "Bandwagoning for Profit: Bringing the Revisionist State Back In." *International Security*, vol. 19, no. 1. Summer, 1994

Sciolino, Elaine. "New US Peacekeeping Policy De-emphasizes Role of the UN." *New York Times*. May 6, 1994.

Scott, William A. and Stephen B. Withy. *The United States and the United Nations: The Public View, 1945-1955*. New York: Manhattan Publishing Company, 1958.

Seward, Desmond. *Metternich: The First European*. Penguin Group, 1991.

Shintaro Ishihara. *Japan That Can Say No; Why Japan Will Be The First Among Equals*. London: Simon & Shuster, 1991.

Shklar, Judith. "Redeeming American Political Theory." *American Political Science Review*, 85. 1991.

Shown, Eric. *The UN Exposed: how the UN sabotages America's security and fails the world*. Penguin group, 2006.

Smith, Denis Mack. *Mussolini's Roman Empire*. London, 1976.

_____. *Mussolini*. Granda Publishing, 1986.

Smith, Gene. *When the Cheering Stopped: The Last Years of Woodrow Wilson*. New York, 1964.

Smith, Michael. "The League of Nations and International Politics." *British Journal of International Studies*, vol. 2. 1976.

Smith, Michael Joseph. *Realist Thought from Weber to Kissinger*. Baton Rouge and London: Louisiana State University Press, 1986.

Soffer, Jonathan. "All for One or All for All: The UN Military Staff Committee and the Contradictions within American Internationalism." *Diplomatic History*, vol. 21, no. 1. Winter 1997.

Söllner Alfons, "German Conservatism in America: Morgenthau's Political Realism." *Telos*, no. 72. Summer 1987.

_____. *The Concept of the Political*. Translated by George Schwab. New Brunswick New Jersey: Rutgers University Press, 1976.

_____. *The Leviathan in the State Theory of Thomas Hobbes: Meaning and Failure of a Political Symbol*. Westport: Greenwood Press, 1996.

Spykman, Nicholas. *America's Strategy in World Politics*. New York: Harcourt, Brace, 1942.

Stanlis, Peter J. *Edmund Burke and the Natural Law*. The University of Michigan, 1958.

Strassler, Robert B., ed. *The Landmark Thucydides*, New York: The Free Press, 1996.

Strauss, Leo. "Notes on Carl Schmitt, The Concept of the Political." Heinrich Meier. *Carl Schmitt and Leo Strauss: The Hidden Dialogue*. Translated by J. Harvey Lomax. Chicago: The University of Chicago Press, 1995.

Streit, Clarence K. *Union Now: The Proposal for an Inter-Democratic Federal Union*. New York: Harper & Brothers, 1940.

Stoessinger, John G. *The United Nations and the Superpowers*. 4th ed. New York: Random House, 1977.

_____. *The Might of Nations: World Politics in Our Time*. Random House, 1982.

_____. *Power and Order; The United Nations and the Superpowers*. 1964.

Taylor, A. J. P. *The First World War: An illustrated history*. Penguin books, 1963.

_____. *The Second World War: An illustrated history*. Penguin books, 1975.

Taylor, Paul. *International Organization in the Modern World*. London: Pinter Publishers, 1993.

Thakur, Ramesh. *Irrelevant or Indispensable: The United Nations in the 21st Century*. Edited by Paul Heinbacker and Patricia Goff. Waterloo, Ontario, Canada: Wilfrid Laurier University Press, 2005.

Theibault, John. "The Rhetoric of Death and Destruction in the 'Thirty Years'

War." *Journal of Social History*, vol. 27. Winter 1993.

Thorne, Christopher. *Allies of a Kind: The United States, Britain and the War against Japan, 1941-1945*. Oxford: Oxford University Press, 1978.

Thucydides. *History of the Peloponnesian War*. Translated by Rex Warner. Penguin Books, 1945.

Tocqueville, Alexis de. *Democracy in America*, vol. 1, 2. Edited by Phillips Bradley. New York: Vintage Books, 1945.

Tolley, Howard, Jr. *The UN Commission on Human Rights*. Boulder: Westview Press, 1987.

Tomasevski, Katarina. *Challenges to the United Nations: Building a Safer World*. Edited by Erskine Childers. New York: St. Martine's Press, 1995.

Traub, James. "Inventing East Timor." *Foreign Affairs*, vol. 79, no. 4. July/August 2000.

Truman, Harry S. *Memoirs: The Year of Decisions*, vol. 1. Garden City, New York: Doubleday, 1955.

Ulam, Adam. *The Rivals: America and Russia Since World War II*. New York: Viking Press, 1971.

United Nations, *The League of Nations 1920-1946*. New York and Geneva, 1996.

Urguhart Brian. *A Life in Peace and War*. New York: W. W. Norton, 1987.

Victoria, Francisco de. *Francisco de Victoria, Political Writings*. Edited and translated by Anthony Pagden and Jeremy Lawrence. Cambridge: Cambridge University Press, 1991.

Waldo, Dwight. "Political Science: Tradition Discipline, Profession, Science, Enterprise." *Governmental institutions and processes*. Edited by Fred Greenstein and Nelson Polsby. Handbook of Political Science, vol. 5. Reading, Mass.: Addison-Wesley, 1975.

Walters, F. P. *A History of the League of Nations*. London: Oxford University Press, 1952.

Waltz, Kenneth N. *Theory of International Politics*. Reading, Mass.: Addison-Wesley, 1979.

_____. *The Perils of Anarchy*. Edited by Michael E. Brown, Sean M. Lynn-Jones, and Steven E. Miller. Cambridge, Mass.: The MIT Press.

Walzer, Michael. *Just and Unjust War*, New York: Basic Books, 1977.

Washburn, John L. "United Nations Relations with the United States: The UN Must Look Out for Itself." *Global Governance*, vol. 2, no. 1. January-April 1996.

Watson, Adam. *The Expansion of International Society*. Edited by Hedley Bull and Adam Watson. Oxford: Oxford University Press, 1984.

Weber, Max. *From Max Weber: Essays in Sociology*. Edited and translated by H. H. Gerth and C. Wright Mills. New York: Oxford University Press, 1958.

Weiler, Lawrence D. and Anne Patricia Simons. *The United States and The United Nations: The Search for International Peace and Security*. New York: Manhattan Publishing Co., 1967.

Weiss, Thomas G. "Triage Humanitarian Interventions in a New Era." *World Policy Journal*, vol. 11, no. 1. Spring 1994.

_____. "Security Council Reform: Problems and Prospects in September 2005." *UNA-USA Policy Brief*, no. 9. June 23, 2005.

Weiss, Thomas G. ed. "The Collective Security Idea and Changing World Politics." *Collective Security in a Changing World*. Boulder: Lynne Rienner, 1993.

Weiss, Thomas G., David P. Forsythe, and Roger A. Coate. *The United Nations and Changing World Politics*. Boulder: Westview Press, 1994.

Wells. H. G. *The Outline of History*. London: Jeorgy newnes, 1920.

Wheeler, Nicholas J. "Guardian Angel or Global Ganester: A Review of the Ethical Claims of International Society." *Political Studies*, vol. 44. 1996.

Wight, Martin. "Anatomy of International Thought." *Review of International Studies*, vol. 13, No. 3. July 1987.

Willetts, P. *The Globalization of World Politics*. Edited by J. Baylis and S. Smith. Oxford: Clarendon Press, 1997.

Williams, Howard. *International Relations and the Limits of Political Theory*, New York: St. Martin Press, 1996.

Williams, Michael C. "Keeping the Peace in Cambodia." *Survival*, vol. 38, no.3. Autumn 1996.

Wilson, Woodrow. *Division and Reunion, 1829-1889*. New York, 1893.

_____. *Congressional Government: A Study in American Politics*. Boston: Houghton, Mifflin, 1885.

_____. *The Interpreter of English Liberty*. Mere Literature.

Wolfers, Arnold. *Discord And Collaboration*. Baltimore: The Johns Hopkins University Press, 1962.

Yeselsen, Abrahn and Gaglione Anthony. *A Dangerous Place: The United Nations as a Weapon in World Politics*. New York: Grossman Publishers, 1974.

Yoder, Amos. *The Evolution of the United Nations System*. 3rd ed. Washington, D.C.: Taylor & Francis, 1997.

Zacher Mark M. *Governance Without Government: Order and Change in World Politics*. Edited by James N. Rosenau and Ernest-Otto Czempiel. Cambridge: Cambridge University Press, 1992.

Zelikow, Philip and Rice Condoleezza. *Germany Unified and Europe Transformed: A Study in Statecraft*. Cambridge, Mass.: Harvard University Press, 1995.

Zhao, Suisheng, ed. *Across The Taiwan Strait*. New York: Routledge, 1999.

Zubok, Vladislav and Pleshakov Constantin. *Inside the Kremlin's Cold War: From Stalin to Khrushchev*. Cambridge: Harvard University Press, 1996.

찾아보기

저자 약력

강성학姜聲鶴 고려대학교 정치외교학과 교수

고려대학교 정치외교학과 졸업
고려대학교 대학원 정치학 석사
미국 Northern Illinois University 대학원 정치학 박사
영국 런던 정경대학(LSE) 객원교수
고려대학교 영자신문사 주간
고려대학교 정치외교학과 대학원 주임
고려대학교 정치외교학과 과장
고려대학교 정경대학 교학부장
한국국제정치학회 상임연구이사
한국정치학회 이사
한국세계지역연구협의회 이사
유엔평화유지활동 특별위원회 한국대표
정책과학대학원 국제관계 과장 및 고위정책과정 주임교수
고려대학교 정책대학원 교학부장
일본 동경대학교 객원연구원
일본 와세다대학교 교환교수
고려대학교 교무처장
재단법인 고려대학교 BK21사업지원 재단상무이사
미국 유엔체제학회(ACUNS) 이사
한국 유엔체제학회(KACUNS) 회장
한국정치학회 부회장
재단법인 고려대학교 BK21사업지원 재단감사
고려대학교 평화연구소 소장
한국풀브라이트 동문회 회장
고려대학교 정책대학원 원장
한국쉐브닝 동창회 회장(현재)
고려대학교 정경대학 교수(1981년 3월 1일-현재)

저서

《시베리아 횡단열차와 사무라이—러일전쟁의 외교와 군사전략》
《카멜레온과 시지프스—변천하는 국제질서와 한국의 안보》(1995년 제1회 한국국제정치학회 저술상 수상)
《이아고와 카산드라—항공력 시대의 미국과 한국》(미국 학술지 *FOREIGN POLICY*가 서평을 게재)
《소크라테스와 시이저—정의, 평화, 그리고 권력》
《북한외교정책론》(공편)
《주한미군과 한국안보협력》(공저)
《정치학원론》(공저)
《셰익스피어의 정치철학》(역)
《핵시대를 어떻게 살 것인가》(공역, 1995년 문화공보부 선정도서)
《불평등한 세계》(역)
《제국주의의 해부》(역)
《키신저 박사와 역사의 의미》(역)
《자유주의 정의론》(역)
The United Nations and Keeping Peace in Northeast Asia (편저)
The UN in the 21st Century (공편저)
UN, PKO and East Asian Security : Currents, Trends and Prospects (공편저)
《동아시아의 안보와 유엔체제》(편저)
《동북아의 평화사상과 평화체제》(편저)
《시베리아와 연해주의 정치경제학》(편저)
《새우와 고래싸움—한민족과 국제정치》
《유엔과 한국전쟁》(편저)
UN and Global Crisis Management (편저)
《유엔과 국제위기관리》(편저)
《용과 사무라이의 결투—중(청)일전쟁의 국제정치와 군사전략》(편저)

인간 神과 평화의 바벨탑

국제정치의 원칙과 평화를 위한 세계헌정질서의 모색

초판 발행 2006년 12월 5일
초판 2쇄 2007년 10월 10일
지은이 강성학
펴낸곳 고려대학교출판부
www.kupress.com
kupress@korea.ac.kr
136-701 서울특별시 성북구 안암동
02-3290-4230, 4232
Fax 923-6311
찍은곳 한국컴퓨터인쇄정보

ISBN 978-89-7641-587-5 93340

값 32,000원